Beijing No.4 Intermediate People's Court

跨行政区划法院改革的探索与实践

（2019年卷）

Exploration and Practice

of

Trans-administrative Region Court Reform

（2019）

刘　毅／主编

法律出版社 | LAW PRESS

跨行政区划法院改革的探索与实践
（2019 年卷）

编辑委员会

五年，我们这样走过

（代序）

光阴荏苒，转眼间北京市第四中级人民法院迎来了建院五周年的日子。五年的探索实践，我们的审判力量实现了从数量到质量、从人员到结构、从技能到素养的全方位提升，综合实力实现了跨越式的发展。五年来，我们从改革探索的艰辛中体会快乐，从改革果实的丰硕中品尝幸福，同时我们也将一如既往地继续为深化改革而排除艰难，拼搏向前。这五年是大家团结一心、奋勇前进的五年，是完成自身蜕变、新陈交替的五年，是坚守初心，勇担使命的五年，是披荆斩棘，走出四中院改革发展特色道路的五年。

——五年来，我们始终坚持政治引领，以党建带队建促审判，推动跨区划法院改革建设发展各项工作全方位提升。全院以习近平新时代中国特色社会主义思想为根本遵循，将旗帜鲜明讲政治放在各项工作首要位置，强化理想信念，提升工作能力，自觉在工作中不断提高政治站位，切实增强“四个意识”，坚定“四个自信”，做到“两个维护”。不折不扣贯彻落实中央、市委全面深化改革各项部署，积极探索推进跨行政区划法院改革，不断优化完善案件管辖，塑造人民群众看得见、信得过、可感受、能评价的公平正义。从严从实抓好全面从严治党各项工作，以政治建设统领全院改革建设发展各项事业，切实把抓好党建作为最大政绩的要求落到实处，狠抓基层党支部建设，持之以恒落实中央八项规定精神，着力打造一支忠诚、干净、担当的干部队伍，为改革法院的建设发展提供有力组织保障。

——五年来，我们科学创新审判机制方式，着力提升审判质效。深化立案登记制改革，确保登记立案工作的规范、准确、公正、高效。坚持把非诉讼纠纷解决机制挺在前面，强化诉源治理，推动诉前矛盾化解机制创新。推动案件分流和速裁调解机制建设，做到简案快办，繁案精办，类案统办，实现效率和公正的统一。在集中管辖审理走私类刑事案件中开展认罪认罚从宽试点，建立“侦控辩审”四方联席会议机制，推进庭审实质化，扩大法律援助范围，确保刑事案件律师辩护全覆盖，确保案件公正裁判，防范冤假错案。妥善审理环境资源公益诉讼等重大敏感案件，助力污染防治攻坚战。发布仲裁司法审查案件审理指南，提高案件审理水平，促进仲裁作用的有效发挥，保障首都营商环境建设。强化涉外商事案件审判能力，掌握涉外商事纠纷审判的话语权，助力首都国际交往中心建设。认真做好涉网纠纷二审审理工作，在构建网络治理规则提升网络治理水平中贡献司法智慧。提高行政审判工作站位，加大行政机关负责人出庭应诉力度，强化审判延伸职能，建立区政府常务会议讲法机制，发布各区涉诉司法统计审查报告和依法行政司法建议书，支持政府依法行政，切实推动法治政府建设。深化执行体制改革进程，实现裁执分离，创设“立保同步，保调对接，立审执衔接”的工作机制，推行执行过程“菜单式”节点跟踪制度，确保执行流程可视、可控。

——五年来，我们深化推进司法体制改革，激发跨区划法院改革潜能不断释放。作为全市首批整建制综合改革试点法院，五年来，四中院积极发挥跨区划法院案件管辖的独特优势，立足服务首都“四个中心”建设，着力把北京打造成为国际商事纠纷解决优选地，为京津冀协同发展和“一带一路”倡议实施提供司法服务保障。积极推进审判权运行机制改革，加强制度建设，院庭长办案制度化、常态化。改革审判委员会工作机制，强化审判委员会宏观指导职能，充分发挥法官会议解决重大问题、统一裁判标准的积极作用。深化综合配套改革，正确把握司法责任制的内涵，真正做到审判组织依法公正行使审判权与院庭长依法审判监督权的协调统一。优化内设机构的扁平化职能配置，确保人尽其才，以最少的机构设置保障法院正常运行。深化信息技术运用，率先上线掌上智慧法院，推动机制改革与现代科技应用的深度融合，确保司法体制改革各项措施落地生根，促进审判体系和审判能力现代化。

——五年来，我们用心营造优良和谐的内外部环境，为干警提供干事创业的优良平台。始终坚持以人为本的发展理念，立足建设一支适应改革需要、满足法院发展的优秀队伍的目标，不断加强人才培养，推动干警成长成才。适应融媒体时代发展，加大宣传力度、拓宽合作广度，提升跨区法院的知名度，扩展跨区法院的朋友圈。结合改革法院的职能特点，用好官方媒体宣传主阵地，讲述跨区划法院好声音、传播司法改革正能量。优化与院校间长效合作的机制，共建审判交流与研究合作培养平台，充分发挥科研机构的学术优势，促进年轻干警专业知识水平的不断提升。坚持加强干部选任工作规范化建设，规范干部选拔任用工作，为优秀青年人才成长搭建平台。坚持严管与厚爱结合，制订关爱干警办实事计划，为干警创造良好的学习环境。引导青年干警参与重点课题研究，发挥法官委员会作用，在涉及干警事项决策中实现自我管理，组织文体活动保障干警身心健康。

跨行政区划法院改革是事关国家诉讼格局调整的重大改革，是前无古人的事业，是摸着石头过河的探索，是新时代司法改革的长征路，需要有人为之付出和奉献。四中院全体干警始终按照中央、市委部署和要求，争做改革的促进派和实干家，将自己的职业前途和四中院的发展建设紧紧联系在一起，以“雄关漫道真如铁，而今迈步从头越”的气魄和勇气在跨行政区划法院改革事业留下了孜孜以寻的足迹，走出了一条有“四中特色”的改革法院的道路，书写了一段属于四中院人的历史。今天我们将五年来四中院人的探索与创造付诸文字，装订成册，就是记录这段的历史，以更好地激励和鼓舞大家不忘初心、牢记使命，继续走好未来改革的路。

是为序。

北京市第四中级人民法院党组书记、院长 劉毅

2019 年 12 月 30 日

目　录

第一编　调查研究

第二编 典型案例

第三编　新闻发布

第一编
调查研究

跨行政区划法院案件管辖制度研究*

课题组**

司法是维护社会公平正义的最后一道防线。长期以来，我国司法不公、司法公信力不高的问题较为突出，其中，社会关注度高、重大的案件受到地方保护和行政干预现象比较严重，诉讼“主客场”问题亟待解决。为提升司法公信力，破解地方保护、行政干预造成的诉讼“主客场”现象，中央把探索设立跨行政区划人民法院、审理跨地区案件作为司法改革的重点内容。随着全国首批跨行政区划法院在上海、北京先期设立，跨行政区划法院已经成为全面深化法院改革的前沿阵地。由于跨行政区划法院在我国属于新生事物，缺乏既有经验可循，尤其是案件管辖制度，其是跨行政区划法院赖以存在的前提和基础，在跨行政区划法院制度中居于核心地位。因此，有必要加强对跨行政区划法院的案件管辖制度及其设置的深入研究，合理确定跨行政区划法院案件管辖范围，从而构建普通案件在行政区划法院审理、特殊案件在跨行政区划法院审理的诉讼格局。

一、设置跨行政区划法院的必要性

在我国全面深化改革的进程中，中央与地方关系作为国家治理体系的重要内容，是决策者长期以来极为关注的核心问题。以属地管理、行政逐级发包等为特征的传统地方治理模式①在一定意义上促进了经济的高速发展，同时

---

* 本文为最高人民法院2016年度重大司法调研课题《跨行政区划法院案件管辖制度研究》阶段性成果。

** 课题组成员包括石东弘、王靖、马军、陈良刚、杨晋东、霍振宇、黄天闻，执笔人为杨晋东、霍振宇、黄天闻。

① 参见周黎安：《转型中的地方政府——官员激励与治理》，格致出版社2008年版。

也带来了一系列不容忽视的问题。其中，作为全国性公共产品供给的一些领域被切割为地方化归属，严重影响了建立良好市场秩序所需的统一性基础设施。自20世纪90年代中期以来，中央陆续推动“垂直化管理”浪潮，分税制改革加强了中央政府的税收能力，银行系统的垂直管理增强了中央政府对金融的宏观调控能力。工商、质检、食品药品监督、国土资源等领域变为省内垂直管理，与基层地方政府逐步脱钩。本轮司法改革所提出的探索建立与行政区划适当分离的司法管辖制度不妨视为中央政府选择性集权①改革的延续，其旨在进一步理顺央地关系，促进作为中央事权的司法权的回归，建立统一的市场秩序保障机制，是推进国家治理体系和治理能力现代化的重要体现。也只有将设置跨行政区划法院这一具体的改革措施置于全面深化改革的背景下进行系统性考察，才能准确把握改革的必要性与重大意义。

（一）强化中央司法权统一行使，排除地方干扰

我国属于单一制国家，司法权是中央事权，具有国家权力属性，地方法院不是地方的法院，而是国家设在地方代表国家行使审判权的司法机关。但从现行司法体制来看，我国3500多个地方法院中，绝大多数都对应或依附于相应的行政区划，法院的编制、人事和经费保障都依赖和受制于地方，不但未能将司法权的中央属性充分体现出来，反而在有的案件处理中，出现了诉讼“主客场”、地方保护主义、地方政府行政干预等严重影响司法公正的问题。有鉴于此，党的十八大后，党中央重启司法改革议程，其核心议题之一就是让司法权回归国家属性的本来面目，并以此作为本轮司法改革顶层设计的重要理论基点，据此构建全面深化人民法院改革的逻辑结构。而探索设立跨行政区划的人民法院，正是凸显司法权中央事权属性的涉及司法体制改革的具体措施之一，从对司法管辖区划进行调整的视角出发，使司法管辖与行政区划适当分离，以此强化中央司法权统一行使，从体制上排除地方因素对公正司法的干扰，确保一部分涉及地方利益的案件得到公正处理，促进国家法律得到统一正确实施，保证中央政令畅通。同时，打破地方保护的壁垒，建立起促进平等交易的良好市场秩序。因此，设立跨行政区划法院事关国家治理体系与地方治理结构的变化及司法权的配置，对于统一市场体制，约束

---

① 参见郑永年：《中国模式：经验与困局》，浙江人民出版社2010年版。

公权力行使具有不可替代的作用。

（二）确保人民法院依法独立公正行使审判权

在我国，全面深化司法改革是一项极其复杂的系统工程，其实现路径必然有赖于一系列相互联系、相互配套、互为因果的改革任务按次序协同推进，单兵突进的改革措施往往难以奏效。为保障审判权独立公正地行使，排除内部行政化管理模式的影响，本轮司法改革大力推进审判权运行机制改革，实行“让审理者裁判，由裁判者负责”的司法责任制；为排除外部干扰，在司法的体制性改革范畴内，至少有推动省以下地方法院人财物统一管理、最高人民法院设立巡回法庭、探索设立跨行政区划的人民法院等几项改革措施是针对司法地方化的困扰提出，以最大限度确保人民法院依法独立公正行使审判权。有观点认为，实现人财物省级统管以后，跨行政区划法院将失去存在的意义。事实上，它们之间的关系并非叠床架屋或相互排斥，而是相辅相成，相互补充，相得益彰。首先，从域外经验考察，司法管理的集中性、统一性与去地方化和跨区域设置法院是两套并行不悖的制度体系，并未见二者之间的冲突与重复。其次，法院人财物统管是司法管理与保障层面的制度机制，而跨区划设置法院则是司法管辖层面的制度规范，二者功能与解决问题的侧重点不同。比如，法院人财物统管并不能确保国家法律统一正确实施；单纯设立的跨行政区划法院的人财物可能被置于法院所在地行政体制的管理下，如部分海事法院经费被置于所在市的财政管理体制下，即便跨行政区划开展审判工作，也难以确保依法独立公正行使审判权。最后，由于体制改革具有依次逐步协同推进的特点，因此，改革措施间的相互配合就更有必要。本着循序渐进的原则，本轮司法管理体制改革的重点是推动省级以下地方法院人财物统一管理，而非中央统管。事实上，中央统管是否适合于我国现实国情仍是一个值得商榷的问题，这就更有设立跨行政区划法院的必要，可以弥补省级统管未能完全解决的一些问题。正如有的学者指出的，以省级统管的新司法体制为依托，再以逐步建立的跨行政区司法为支撑，有可能探索出一条适合中国国情的中央统一司法权与地方司法有限自治权之间的合理边界，以解决或缓解重大法律政策事项的全国统一、司法精英化与面对严重地区性差异兼顾当地民情民风、司法亲民化目标之间的紧张关系。[①] 另外，省级统管的改革措施也并非一蹴而就，需要分步实施，在相关法律修订、完善前，省以下地方法院法官即使统一由省级提名，仍需按现行法定程序任免，难免仍会保留地方干预的空间，这样看，设立跨行政区划法院，就显得尤为重要。

（三）调整完善现行司法管辖制度

在我国，诉讼法中确立了以级别管辖和一般地域管辖为基础的司法管辖制度，并辅以专属管辖、选择管辖、指定管辖等管辖制度。同时，在地方各层级法院设置上又与行政区划基本对应，形成司法管辖区与行政区划高度重叠的现状。二者相结合，在司法实践中就形成了司法权地方化、诉讼主客场的弊端。应当说，我国以往司法管辖的制度设计，突出了便利当事人诉讼的管辖确定原则，尽量减轻当事人参加诉讼的负担，就近诉讼，就地执行。对于多数案件而言，这种管辖制度并不存在问题，在便利诉讼的同时，与公正司法的价值目标并不冲突。然而，对于一部分易受地方因素影响的案件，单纯以方便诉讼为原则确定管辖制度，就可能与人民法院公正行使审判权这一管辖确定原则相冲突，从而助长了地方保护主义和行政干预。近年来，为有效破解司法权运行的地方干扰问题，司法实践中针对特殊案件进行了提级管辖、异地管辖、指定管辖、集中管辖的探索和创新，取得了一定成效，但均未能完全摆脱司法地方化的困境。比如，提级管辖的不足之处在于容易让基层矛盾上移到大中城市，不利于纠纷的就地解决，而且还会进一步加大上级法院的审判压力；异地管辖的不足之处在于其并不能完全排除地方政府通过曲线方式干预案件审理；指定管辖的不足之处则在于其随意性太大，不利于管辖制度的稳定，集中管辖可能会造成案件分布不均，与法院负担均衡的管辖原则相悖。因此，探索设立跨区划法院，建立与行政区划适当分离的司法管辖制度是我国既有司法管辖制度的有益补充和完善，该制度设计本身就具有以往管辖制度所不能涵盖的优越性，有助于从整体上摆脱司法体制面临的困境。

---

① 傅郁林：《最高人民法院巡回法庭的职能定位与权威形成》，载《中国法律评论》2014 年第 4 期。

（四）满足人民群众的司法需求

人民法院改革积极回应人民群众的根本司法需求，努力在全社会实现公平正义，这已成为我国司法改革的一项基本经验，也是设计改革方案的重要指导思想。改革实践证明，符合人民群众司法需求的改革措施，才有长久的生命力。长期以来，社会公众对于我国的司法公正颇有微词，并认为司法腐败现象并不少见。审判实践中，有的特殊类型案件上诉率、申诉率、信访率很高，反映了人民群众对法院审判工作信任度不高，不少当事人在诉讼一开始就体现出对法院能否公正审理案件的担忧和对法院的对抗情绪。法院完全依法行使审判权，有时也难以得到理解和认同。客观理性地分析这种现象，影响司法公信力的主要因素一方面可以归结为法院自身，另一方面则在很大程度上受到与行政区划高度重合的司法管辖体制的影响。如果将易受地方因素干扰的特殊类型案件集中划入跨行政区划法院审理，不仅能够有效阻断地方保护和行政干预的途径，也能够让人民群众产生对人民法院的信任感，有助于让人民群众感受到司法公正，有效回应其司法需求，从而形成良性循环。

二、跨行政区划法院的界定

党的十八届三中全会提出，探索建立与行政区划适当分离的司法管辖制度；党的十八届四中全会提出，探索设立跨行政区划的人民法院和人民检察院，办理跨地区案件。在我国全面深化人民法院改革的进程中，准确定位跨行政区划法院的性质、职能、特点，使其区别于我国传统意义上按照行政区划设置的普通法院和专门法院，是探索构建有中国特色的与行政区划适当分离的司法管辖制度的基础性前提。

（一）域外设置法院及司法管辖制度比较考察①

比较考察世界范围法制发达的国家和地区设置法院及司法管辖的制度经验，不难发现，其共性在于司法管辖区与行政区划并非严格一一对应，这也

① 参见最高人民法院中国应用法学研究所编，韩苏琳编译：《美英德法四国司法制度概况》，人民法院出版社 2008 年版；参见宋冰编：《读本：美国与德国的司法制度及司法程序》，中国政法大学出版社 1998 年版。

构成我国跨区划设置法院主流学术观点的实证素材。由于历史传统、国家政权结构、社会制度、法律文化等的差异，我国对于司法管辖区调整的制度安排难以完全借鉴西方经验，但这并不排斥对先进的法院组织体系及管辖制度有选择地吸收，尤其是在特定类型案件的管辖方面。

1. 司法体系

世界范围主要法制发达的国家和地区的司法体系根据其国体结构与所属法系的不同而有较大差别。在单一制国家，实行一元化司法体制，设置中央与地方两级法院系统；在联邦制国家，实行双重司法体制，联邦与各州均有相对独立的法院系统。英美法系国家法院体系较为复杂多样，并不严格区分专业类型，大陆法系国家法院体系相对简单清晰，专业化特征明显。二者的差别并不能掩盖其所具有的共性因素，即国外法院的设置一般都不与行政区划严格对应，即便在地方法院或州法院范畴内，法院也并非与地方各级行政区划完全重合。因此，国外并不存在我国司法体制中具有普遍性的行政区划法院。例如，美国属于联邦制国家，就联邦法院系统而言，存在联邦地方法院、联邦巡回法院和联邦最高法院，其中，联邦地方法院和联邦巡回法院的设立并非完全与联邦州和联邦特区相对应；德国也属联邦制国家，普通法院系统包括地方法院、地区中级法院、州高等法院和联邦最高法院，其中，地方法院、地区中级法院的设立并非一一对应于相应的行政区划；法国是单一制国家，其普通法院体系分为初审法院、上诉法院和最高法院，作为民事初审法院的大事法院和作为刑事初审法院的重罪法院都是省内跨区域设置，而上诉法院的管辖则涵盖多个省；日本也是单一制国家，其普通法院系统包括简易法院、地方法院、高等法院和最高法院，其中，高等法院跨都、道、府、县设置，跨区划管辖地方法院的上诉案件。

2. 管辖原则与特点

一是普通管辖与特殊管辖相结合原则。通过比较考察不难发现，国外法院系统对案件的管辖普遍区分普通管辖与特殊管辖，即数量最多、案件类型最具普遍性的刑事、民事案件一般均由普通法院管辖，而专业性强、涉及特殊利益保护等案件则由专门法院或特殊法院管辖。二是小额、轻微、简易案件就近管辖原则。国外的简易法院、小事法院、就近法庭等设置出于便民考虑，一般都设在基层行政区划内，就近解决小额民事诉讼、情节轻微的刑事案件等。三是重大案件跨地区管辖原则。在国外法院的设置中有一个显著的特点，就是在最高法院与地方法院之间，总有一级地区或上诉法院系统，超越地方行政区划设置，其意义在于避免地方利益纠葛，或处理跨区域纠纷案件。如德国的地区法院、美国的联邦地区法院和联邦上诉法院、法国的大事法院和上诉法院、日本的高等法院等，其管辖案件类型也多为大额民事案件、商事案件、刑事重罪案件等重大案件。

3. 管辖类型

（1）专业案件的管辖

案件专业性强，涉及某一特殊专业领域的知识或技能，有别于传统的民事、刑事案件，如财税案件、社会保障事务案件、劳动争议案件、商事案件、破产案件、邮政案件、农事案件等。此类案件一般由跨行政区划设置的专门法院管辖，如德国法院系统的财税、社会、劳动法院，法国法院系统中的劳资、商事、社会保障事务、农事租赁均等法院以及美国的联邦税务法院、国际贸易法院等。

（2）行政案件的管辖

行政案件不仅专业性强，而且涉及国家权力的相互制约、行政政策的变化调整以及公共事务争端，大陆法系国家和地区如德国、法国及我国台湾地区普遍单独设置行政法院，作为与普通法院对应的专门法院，管辖各类行政案件与公法争议，可见行政案件作为特殊案件，由跨行政区划的专门法院管辖，是域外各国与地区的通例。

（3）涉及特殊利益保护案件的管辖

婚姻、亲权、身份、继承等家事案件和未成年人权益保护案件由于涉及特殊群体的特殊利益保护，在一些国家和地区普遍设有家事法院、未成年人专门法庭等司法机构，专门审理相关案件。如美国的地方家庭法院、青少年法院、孤儿法院、遗嘱检验法院，日本的家事法院，法国的未成年人专门法庭等。

（4）特殊事项案件的管辖

如美国的外国情报窃听法院，法国为打击有组织犯罪和金融犯罪设置的跨地区特殊司法机构，以及出于特殊需要，在特定时期进行的指定专属管辖或集中管辖，如恐怖活动犯罪由巴黎大审法院管辖。

（5）重大案件的跨区域管辖

在德国，大额民事案件、商事案件、重罪刑事案件均由跨区域设立的地区法院管辖，同样，法国的民事大事法院不与省内行政区划严格对应，负责审理大标的民事案件、不动产案件。美国的联邦法院则负责解决跨州联邦争议。日本的内乱罪由高等法院作为一审案件受理。

（二）跨区划设置法院的主要学术观点

通常认为，在我国，绝大多数法院设置与行政区划相对应，行政区域与司法管辖区高度重合，法院人财物受制于地方，导致司法权的中央事权属性与管理保障上的地方性产生冲突，司法权的运行易受地方因素影响和干扰。[①]为从体制上破除地方因素对法院依法独立公正行使审判权的干扰，学界与实务界自人民法院“一五改革纲要”开始，便纷纷建言献策，对跨行政区划设置法院进行了有益的理论探索与比较法考察。[②] 在关于跨行政区划设置法院的各种方案中，使法院与行政区划完全脱钩，重新构造单一的或复合的司法体系之观点居于主流地位。例如，有的学者主张按照全国各地经济、地理、人文等客观因素，从方便人民诉讼的角度出发，通过重新划分司法区的方式设置高级人民法院和中级人民法院[③]；有的学者主张不按现有行政区划设置法院，而是按照人口及纠纷的数量、交通状况和通讯状况等重新划分司法区划，重新设置法院，形成跨省、跨市（县）的司法体系[④]；有的学者主张重新设置司法区划，让一个基层法院管辖几个县级行政区域，一个高级法院管辖几个省级行政区域[⑤]；另有学者认为，在社会主义法律体系已经基本形成的背景下，中级法院和基层法院完全可以在管辖地域范围上，打破与地方行政区划的对应关系，并设立相应的独立司法管辖区[⑥]；还有学者主张，可以借鉴美国跨州设置联邦上诉法院的经验，把我国分为若干大司法管辖区，并各设一个巡回法院，然后再把各省、自治区、直辖市不按行政区划分为若干司法管辖区，各设一个上诉法院，最后在每个县各设一个初审法院，从而彻底摆脱行

---

① 最高人民法院司法改革领导小组办公室编写：《〈最高人民法院关于全面深化人民法院改革的意见〉读本》，人民法院出版社 2015 年版，第 25 页。

② 参见王利明：《司法改革研究》，法律出版社 2001 年版，第 179 ~ 183 页。

③ 参见章武生、吴泽勇：《司法独立与法院组织机构的调整》（上），载《中国法学》2000 年第 2 期。

④ 参见刘会生：《人民法院管理体制改革的几点思考》，载《法学研究》2002 年第 3 期。

⑤ 参见赵贵龙：《设立大司法区：司法体制改革的重点工程》，载《人民司法》2003 年第 6 期。

⑥ 参见蒋惠岭：《法律体系形成后的司法改革》，载《人民法院报》2011 年 9 月 16 日，第 5 版。

政区划对司法管辖区的影响①。

通过对上述观点的考察，不难发现，在跨区划设置法院的具体构想上，尽管还存在着在基层、中级人民法院层面实现跨区划管辖，或是在中、高级法院层面实现跨区划管辖，抑或一步到位，在高、中、基层法院完全实现跨区划管辖的争论，但与在司法区划与行政区划之间发生根本性的位移，以“错位”的方式完成司法区划的调整，从而构建与行政区划彻底分离的司法管辖制度的思路则显得较为一致。

（三）设立跨行政区划法院中央文件精神解读

探索建立与行政区划适当分离的司法管辖制度，探索设立跨行政区划的人民法院和人民检察院，办理跨地区案件。这一有关司法体制改革的重要举措来源于党的十八届三中、四中全会通过的两份重要文件，即《中共中央关于全面深化改革若干重大问题的决定》和《中共中央关于全面推进依法治国若干重大问题的决定》。上述中央文件精神及其对我国司法体制改革的顶层设计是执政党的重要方针、政策，正确解读中央文件精神，是准确把握跨行政区划法院制度设计的关键所在。

习近平总书记在《中共中央关于全面推进依法治国若干重大问题的决定》的说明中指出，随着社会主义市场经济深入发展和行政诉讼出现，跨行政区划乃至跨境案件越来越多，涉案金额越来越大，导致法院所在地有关部门和领导越来越关注案件处理，设置利用职权和关系插手案件处理，造成相关诉讼出现“主客场”现象，不利于平等保护外地当事人合法权益、保障法院独立审判、监督政府依法行政、维护法律公正实施。探索设立跨行政区划的人民法院和人民检察院，有利于排除对审判工作和检察工作的干扰、保障法院和检察院依法独立公正行使审判权和检察权，有利于构建普通案件在行政区划法院审理、特殊案件在跨行政区划法院审理的诉讼格局。上述“说明”应当是对中央关于设立跨行政区划人民法院制度设计最为权威的解读，认真加以分析研读，不难发现，其主要包含了三个方面的内容：一是在我国当前行政区划与司法管辖区划高度重叠的体制下，行政诉讼案件、重大跨区划案件容易导致法院所在地有关部门和领导插手案件处理，影响独立审判与公正司

---

① 参见关毅：《法院设置与结构改革研究》，载《法律适用》2003年第8期。

法，即部分案件易受地方干扰；二是设立跨行政区划法院的目的和意义在于排除地方因素对审判工作的干扰、保障法院依法独立公正行使审判权；三是要建立起普通案件在行政区划法院审理、特殊案件在跨行政区划法院审理的诉讼格局，也就是说，跨行政区划法院要作为我国既有法院组织架构体系内行政区划法院系统的补充，而非颠覆行政区划法院体系，完全实现跨行政区划设置法院。

显然，中央文件精神中所体现出的设立跨行政区划法院的改革思路与跨区划设置法院的主要学术观点并不一致，而是另辟蹊径，在立足现实国情、降低改革成本等前提因素下，探索建立一种能使司法区划与行政区划适当分离而非彻底分离的司法管辖制度。其原因在于：第一，我国现有 3500 多个地方法院，绝大多数法院设置与行政区划相对应，这样的司法体制具有便于明确管辖、方便诉讼、容易获得地方党政部门大力支持的优势，从我国的诉讼传统考察，行政区划法院系统仍然有存在的必要；第二，易于受地方因素干扰的案件数量仅占据了案件总量的一部分而非全部，司法实践证明，多数案件在行政区划法院可以得到公正审理；第三，确保人民法院依法独立公正行使审判权，排除地方因素干扰的改革措施不仅仅是跨区划设置法院一项，还包括省级以下法院人财物统一管理，建立领导干部干预司法活动、插手具体案件处理的记录、通报和责任追究制度等多项配套措施。相关配套制度建立完善后，行政区划法院依法独立公正审理案件更有保障；第四，在全国范围内重新划分司法管辖区，使法院与行政区划完全脱钩，需要巨大的改革成本。仅以省内按地区设立的中级人民法院为例，如果打破地区界限，重新合并组建，就需要耗费大量的人力、物力与财力。而设立跨行政区划法院的改革是在改造我国现有铁路运输法院基础上进行的，铁路运输法院本身具有跨行政区划管辖案件的特点，司法资源可以再重新充分利用，能够实现资源整合，优化配置，降低改革成本。

综上，中央改革文件精神中所体现出的设立跨行政区划法院改革思路的着眼点在于案件管辖的筛选与跨区划法院的设置并举，而非单纯通过重置司法管辖区实现全部案件的跨区划管辖。这就要求我们采取的司法区划调整措施应当要有适度性，而不是对现有司法区划进行彻底性的调整或改变。同时，将一部分跨区划、易受地方干扰的案件从司法辖区与行政区划高度重合的行政区划法院剥离出去，统一交由有限设立的跨行政区划法院集中管辖，从而实现普通案件在行政区划法院审理、特殊案件在跨行政区划法院审理的双重诉讼管辖模式，这才是我国设立跨行政区划法院的基本定位。在制度层面考察设置跨行政区划法院，还应立足于中央文件精神，各种相应的制度设计应当围绕而非脱离这一定位进行。

（四）跨行政区划法院的基本定位

1. 性质

应当说，跨行政区划法院的设立是我国构建与行政区划适当分离的司法管辖制度的一种重要表现形式。它既不同于我国既有的军事法院、海事法院、知识产权法院等专门法院，也不是传统意义上与行政区划相对应的地方普通法院，而是一种特殊法院，其特殊性体现在：（1）跨行政区划设置，即法院这一司法单位没有对应的行政区划单位，而我国传统意义上的地方高级、中级、基层人民法院则通常与省级、地级、县级行政区划单位一一对应。（2）跨行政区划管辖特殊类型案件。我国传统司法管辖制度以级别管辖和地域管辖为主，即按照一定标准划分上下级法院之间受理第一审案件的分工和权限，以及确定同级法院在各自辖区，也就是行政区划内受理第一审案件的分工和权限。而跨行政区划法院的管辖制度则以案件符合易受地方因素影响、跨行政区划、重大等特殊类型标准为基础构建，从而实现司法管辖区与行政区划相分离。需要注意的是，如直辖市普通中级人民法院和湖北省汉江中级人民法院、河南省济源中级人民法院、海南省第一、第二中级人民法院等中级人民法院，以及广东省中山市第一人民法院、东莞市第一人民法院、海南省三亚市城郊人民法院等基层人民法院，虽然不存在对应的地级或县级行政区划单位，或者说其管辖范围也是跨行政区划的，但由于不符合跨行政区划管辖特殊类型案件的特征，因此，不属于跨行政区划法院。

2. 职能

根据中央深改组审议通过的《设立跨行政区划人民法院、人民检察院试点方案》规定，跨行政区划人民法院所在地高级人民法院以司法文件形式指定管辖下列案件：（1）跨地区的行政诉讼案件；（2）跨地区的重大民商事案件；（3）跨地区的重大环境资源保护案件、重大食品药品安全案件等；（4）跨行政区划人民检察院提起公诉的案件和公益诉讼案件；（5）高级人民法院指定管辖的其他特殊案件。为保持管辖范围上的连续性，跨行政区划人民法院仍管辖原铁路法院受理的刑事、民事案件。根据《最高人民法院关于全面深化人民法院改革的意见——人民法院第四个五年改革纲要（2014－2018）》（以下简称《深化改革意见》）规定，跨行政区划法院受理特殊类型案件，主要审理跨行政区划案件，重大行政案件，环境资源保护、企业破产、食品药品安全等易受地方因素影响的案件，跨行政区划检察院提起公诉的案件和原铁路运输法院受理的刑事、民事案件。根据上述规定，跨行政区划法院的主要职能是审理跨行政区划、重大、易受地方因素影响等特殊类型案件，以及相应的审判监督、司法执行、指导下级跨行政区划法院审判工作、决定国家赔偿等。

3. 管辖特点

由于我国跨行政区划法院的制度设计是以实现对易受地方干扰的特殊案件集中管辖为核心，而非司法管辖区与行政区划的完全脱离，因此，案件管辖的确定就显得尤为重要与关键。如果管辖范围设置过宽，随意容纳一些并不具有特殊因素的案件，则可能使跨区划法院失去存在的意义；如果管辖范围设置过窄，则又有可能无法充分发挥跨区划法院的职能作用。因此，有必要科学设置跨行政区划法院案件管辖原则，作为筛选特殊案件的基本标准。根据中央部署精神和《设立跨行政区划人民法院、人民检察院试点方案》以及《深化改革意见》的相关规定，跨行政区划法院的案件管辖范围呈现出以下特点：一是易于受到地方干扰或行政干预，如行政案件、跨地区民商事案件；二是案件有一定的特殊性，如跨地区因素、重大因素、公共利益因素、适用特殊程序因素、专业性因素等；三是案件管辖范围有一定的机动性，授权高级人民法院可以对其他特殊案件指定管辖，为根据不同时期特征确定的特殊类型案件留有余地和空间。综上，易受地方干扰构成特殊案件的首要特征，存在跨地区因素的案件在行政区划法院审理可能更易于受到地方干扰，因此，案件本身具有跨地区因素是一个外在的、显性的、较易判断的特点，但不应将跨地区因素作为识别特殊案件的首要甚至唯一特点。

4. 意义

跨行政区划法院的设立是我国司法体制改革的重要环节，是作为国家事权的审判权由中央行使、克服司法地方化的具体体现。其重要意义不言而喻：其一，作为构建公正、高效、权威司法体制的突破口，具有纲举目张的功效，对于整个司法体制改革而言，可以起到牵一发动全身的作用；其二，有利于排除地方保护主义对审判工作的不当干扰，打破诉讼“主客场”，保障人民法院依法独立公正行使审判权，提升司法公信力，确保国家法制统一；其三，通过司法管辖区的适度调整荡涤长期以来司法外部行政干预的陈腐气息，特别是对于破解特定类型案件立案难、审理难、胜诉难、执行难，监督政府依法行政等问题具有重要价值；其四，能够让人民群众产生对司法机关的信任感，从而有助于让人民群众感受到司法公正，形成通过司法实现社会正义的良性循环；其五，设立跨行政区划法院是构建特殊案件在跨行政区划人民法院审理、普通案件在行政区划人民法院审理的诉讼格局的基本支撑。

5. 相对的稳定与绝对的发展——我国跨行政区划法院跨度的两重性

我国跨行政区划法院围绕司法权能的实现，在跨地区、跨案件类型的基础上，进行相对动态的案件管辖。

跨行政区划法院管辖跨地区，是跨行政区划管辖的直接特征。跨行政区划法院所管辖地区是动态发展的。本轮司法改革对人民法院在省以下推进人、财、物统管，一省之内的司法地方化、行政化可以得到一定遏制，但是对于省际间的司法地方保护没有直接效果，故跨行政区划法院管辖范围应当跨出省级层面。但是我国各省之间或者相邻省之间的利益冲突与协作程度并不相同，因此短期内并无在全国范围内进行跨行政区划法院管辖划片，而应当首先针对地区间利益冲突明显，或者协作较多的地区设立跨行政区划法院，然后随着各省之间的发展，再逐步新设立跨行政区划法院，或者扩大原有跨行政区划法院管辖范围。

跨行政区划法院管辖跨类型，是跨行政区划管辖的深层特质。与行政区划法院和专门法院不同，跨行政区划法院管辖的案件类型既有案件类型之间的跨，也有某一案件类型之内的跨。案件类型之间的跨，是指跨行政区划法院管辖的案件类型既非普通行政区划法院管辖的案件类型那么普遍，也非专门法院管辖案件那么专业，而在于案件是否具有跨地区联动因素。某一案件类型之内的跨，则是指在某一类案件甚至同一案由案件中，只有具有跨地区联动因素的案件才纳入跨行政区划法院管辖，而非某一类案件均由跨行政区划法院管辖。跨行政区划法院管辖所跨案件类型，是以社会、地区的发展实际为基础，并随之调整变化。例如，在跨行政区划法院设立初期，为了着力解决行政诉讼地方干预、推进法治政府建设、抓好法治进程中的“关键少数”，将行政案件相对集中到跨行政区划法院，但是随着法治政府建设逐步完善，行政诉讼不再非常态，地区化影响不再影响，裁判尺度已得到较好的统一后，绝大多数行政案件无须集中到跨行政区划法院管辖，可以通过成立专门的行政法院来进行解决，而跨行政区划法院则继续审理其他具有跨地区联动因素的案件。

三、跨行政区划法院设置与案件管辖在北京的实践

我国首批跨行政区划法院设立以来，跨行政区划法院试点工作稳步推进，在组织结构、内部管理、案件管辖等方面都积累了宝贵的经验，为我国跨区划审理特殊案件制度的发展与完善奠定了坚实的基础。在跨行政区划法院履职过程中，也发现了一些亟待解决的问题，有必要进行深入思考与妥善解决。对我国跨行政区划法院设置与案件管辖进行实证考察，是构建跨行政区划法院体系，完善跨行政区划法院案件管辖制度的必经之路。

（一）设置选择与管辖确定

1. 设置与管辖

根据中央深改组审议通过的《设立跨行政区划人民法院、人民检察院试点方案》，在现行法律框架内，跨行政区划人民法院应由其管辖区域的共同上一级人民代表大会及其常委会产生，对其负责，受其监督。目前，设立跨行政区划人民法院只能在直辖市进行试点。鉴于北京、上海两地工作基础较好，可先在这两地进行跨行政区划人民法院试点，依托北京、上海两地现有铁路运输中级法院，加挂北京市第四中级人民法院、上海市第三中级人民法院牌子，作为跨行政区划人民法院，先行试点。我国首批设立的跨行政区划法院，经所在地高级人民法院以司法文件形式分别指定管辖下列案件：北京市第四中级人民法院管辖下列第一审案件：（1）以北京市区（县）人民政府为被告的行政案件；（2）按照级别管辖标准，应由北京市中级人民法院管辖的金融借款合同纠纷案件、保险纠纷案件、涉外及涉港澳台的商事案件；（3）跨地区的重大环境资源保护案件、重大食品药品安全案件；（4）北京市人民检察院第四分院提起公诉的案件；（5）北京市高级人民法院指定管辖的其他特殊案件；（6）原北京铁路运输中级法院管辖的民事、刑事案件。上海市第三中级人民法院依法管辖下列案件：（1）以市级人民政府为被告的第一审行政案

件，以市级行政机关为上诉人或被上诉人的第二审行政案件（不包括知识产权行政案件）；（2）上海市人民检察院第三分院提起公诉的案件；（3）上级法院指定管辖的其他案件。

2. 管辖特点

根据跨行政区划试点法院案件管辖情况的考察，目前案件管辖范围涵盖了行政案件、刑事案件、民商事案件，以及与之对应的执行案件，具有以下特点：一是将以直辖市各区县人民政府为被告的第一审行政案件实行跨区划管辖，在一定程度上防止了区县人民政府对行政区划法院依法独立公正行使审判权的影响；二是将跨地区的重大环境资源保护案件、重大食品药品安全案件纳入跨行政区划法院管辖范围，此类案件一般情况下都会对社会公共利益造成影响，且一般涉及两个或两个以上行政区划，符合跨行政区划法院管辖特点；三是保留了指定北京铁路运输中级法院管辖的金融借款合同纠纷、保险合同纠纷一审案件及原铁路专属管辖案件，保持了现有管辖的稳定性，既强调了改革性又保证了稳定性，保证了管辖制度的平稳有序衔接。

3. 划分标准

跨行政区划法院案件管辖类型确定之初，除以《设立跨行政区划人民法院、人民检察院试点方案》和《深化改革意见》中有关管辖问题的规定为依据，充分考虑了案件所应具有的易受地方干扰、跨地区、重大、特殊性等因素外，还考虑了以下因素：一是案件管辖的确定应保持现有审判秩序的稳定性，管辖范围可逐步调整到位；二是有的案件虽具备重大与跨地区因素，但出于政治敏感性和社会公众可能误解等因素，未纳入管辖范围；三是现有审判资源配置情况，管辖案件数量应与编制人员配置相匹配；四是全市范围内各中级人民法院任务量横向比较的均衡性问题；五是方便当事人诉讼原则；六是有的案件结案难度大、耗时长，跨行政区划法院作为新成立的法院，一审案件较多，暂不纳入管辖范围。

（二）北京跨区划法院实践运行情况

北京市第四中级人民法院于2014年12月30日挂牌收案，至今已运转进入第三年。2014年印发的《北京市高级人民法院关于北京市第四中级人民法院案件管辖的规定》中关于四中院管辖案件范围表述为，北京市第四中级人民法院管辖下列第一审案件：（1）以本市区（县）人民政府为被告的行政案件，但目前各区（县）人民法院受理的以区（县）人民政府名义办理不动产物权登记的案件，仍由各区（县）人民法院办理；（2）按照级别管辖标准，应由本市中级人民法院管辖的金融借款合同纠纷案件、保险纠纷案件、涉外及涉港澳台的商事案件；（3）跨地区的重大环境资源保护案件、重大食品药品安全案件；（4）北京市人民检察院第四分院提起公诉的案件；（5）北京市高级人民法院指定管辖的其他特殊案件；（6）按照《最高人民法院关于铁路运输法院案件管辖范围的若干规定》《北京市高级人民法院关于指定北京铁路运输中级法院和北京铁路运输法院受理案件范围的通知》，由北京铁路运输中级法院管辖的案件。

根据上述规定，截至2017年年底，四中院共受理各类案件8702件，其中，以北京市各区政府为被告的行政案件6012件，占69.1%。以重大金融保险纠纷、涉外及涉港澳台商事纠纷、环境资源、食品药品等公益诉讼为主体的特殊重大民商事案件1391件［其中，重大环境资源保护案件14件（公益诉讼）、消费者权益保护公益诉讼1件、重大食品药品安全案件0件］，占16.0%。以特殊重大主体职务犯罪案件、重大走私类案件为主体的刑事案件122件，占1.4%。涉大标的执行案件1177件，占13.5%。结案共计8321件，累积结案率95.6%，办案情况总体良好，总体审判质效稳步提升。

三年间，四中院依法妥善审理了社会关注的北京市首例申请撤销“非遗”案、妥善调处北京首例“毒跑道”大气环境污染公益诉讼案，受理的环境民事公益诉讼案件数量位居全国法院之首。

（三）取得的成效与不足

跨行政区划试点法院自履职以来即按照中央司法改革部署要求，启动整建制、全方位改革模式，进行司法人员分类管理，突出法官主体地位，实行扁平化管理方式，落实司法责任制，加强与社会各界沟通联系，自觉接受外部监督。在履职过程中，立足跨区划法院职能定位，在“跨”字上下工夫，在“特”字上做文章，逐步形成以行政案件为主体，兼顾重大跨区划民商事案件和部分特殊类型刑事案件的案件受理格局。通过对跨区划试点法院改革实践与探索的考察，应当说，无论是外界评价还是内部管理，与传统法院相比，都取得了不小的进展，因此，跨区划法院改革初见成效的评价是中肯的。随着改革的不断深化推进，试点法院存在的各种问题与困境也在不断显现，有细心的观察者发现，跨区划试点法院履职以来取得的种种成效，更多的来自审判权运行机制改革，并不为跨区划法院所独享。这也就意味着，设置跨区划法院本身的制度功能发挥是有限的，这种有限性直接导致一些学者对设置跨区划法院改革的现实必要性产生质疑。但是，从跨区划试点法院收案不断攀升，甚至常有全国各地的当事人前来咨询立案的现状来考察，设置跨区划法院改革又确实是广大民众所殷殷期待的。因此，发现并突破跨区划法院发展的瓶颈性障碍，使此一项关涉体制变革的改革措施真正落地生根，发挥应有的功效，回应社会种种质疑与期待，是目下所迫切需要解决的关键性问题。

（四）存在的主要问题及成因

1. 立法及制度障碍

目前，我国跨行政区划法院仅在直辖市中院范围内进行试点，并未涉及省、自治区及基层范畴，主要原因在于现行立法和制度的障碍。根据现行《人民法院组织法》的有关规定，基层人民法院包括县、自治县、不设区的市、市辖区人民法院；中级人民法院包括在省、自治区内按地区设立的中级人民法院，在直辖市内设立的中级人民法院，省、自治区辖市的中级人民法院，自治州中级人民法院；高级人民法院包括省、自治区、直辖市高级人民法院。这就意味着，在现行法律框架下，设立跨省、自治区、直辖市的人民法院或在省、自治区内设立跨行政区划人民法院尚存制度障碍。因此，目前只能优先考虑将直辖市内铁路运输中级法院改造为跨行政区划中级法院。

2. 直辖市中院作为跨行政区划法院试点存在局限性

首先，按照现行司法体制的架构，直辖市普通中院已经在一定程度上实现了市内跨区县管辖案件，跨行政区划中级法院仅在跨区县集中统一管辖特殊案件方面具有优势，典型性不强、示范意义不足，难以复制推广。其次，在省、自治区内设立跨行政区划中级法院具有重大意义，能够避免地区中院或省、自治区辖市中院与行政体制高度重合而导致的诉讼主客场现象。但随着地方法院人财物省级统管改革的推进，来自地市、区县一级的地方干预将逐步减少，跨省域案件和涉及省级利益案件的司法公正更加需要制度性保障。最后，设立跨省、自治区、直辖市的人民法院能够彻底解决省际干预的问题，并可与最高人民法院巡回法庭相衔接，从而构建起完整的跨行政区划法院案件管辖制度。但目前，试点法院受制于现行法律与管理体制，难以实现跨省域管辖。即便试点法院通过全国人大常委会授权或最高人民法院指定管辖的方式审理跨省案件，地方高级人民法院仍作为其上诉法院，与最高人民法院巡回法庭难以对接，依旧无法避免跨省案件省内审的困境。

3. 案件管辖标准有待于进一步完善

案件管辖的合理设置是跨行政区划法院保持旺盛生命力的核心要素，从试点法院案件管辖实践考察，目前还存在一些问题：一是管辖标准不明确。中央和最高人民法院的文件中，对跨行政区划法院管辖的案件类型基本作出了较为明确的规定，但在实践中，尚存在一些理解和认识上的误区。比如，对跨区划因素强调过多，而忽视案件本身具有的重大、易受地方干扰等因素，从而将一些本应纳入跨行政区划法院管辖范围的案件排除在外。应当明确，跨区划固然是案件管辖的一个重要标准，但并非唯一标准，有效排除各种地方因素对案件审判的不当干扰，确保法院依法独立公正行使审判权才是跨行政区划法院案件管辖的终极目标。二是确立管辖范围之初考虑因素过多。在确立试点法院案件管辖范围之初，除法定因素外，还涉及了方方面面的因素，这对于保障现有审判秩序的稳定性、持续性、衔接性固然具有重要意义，但其中有的考虑，从长远看，可能会阻碍跨行政区划法院案件管辖的合理定位。随着改革的推进，跨行政区划法院案件管辖应不断调整，逐步完善。三是目前已经确定的案件管辖类型中，有的并不符合跨行政区划法院的职能定位，需进一步整合。比如，“大交通”刑事案件仅由特定的公安机关负责侦查，其他方面并无特殊性可言，而且大多案情简单，几乎不存在可能受到地方干预的因素。如果类似案件大量充斥于跨行政区划法院，则有违跨区法院设立的初衷。

此外，有学者在深化推进跨区划法院、检察院改革的论证过程中，提出了改革的正当性与合法性、改革的现实必要性与改革成本、改革的整体推进与改革措施间的相互协调等关键性问题，这些问题都是在进行制度设计过程中需要深入考量并着力解决的。

四、跨区案件要素构成下的案件现状分析——以京津冀地区为例

（一）京津冀地区跨区法院的管辖规定

北京市高级人民法院发布《履职公告》，对京跨区划法院的管辖案件范围

作出规定。作为京津冀地区的跨区划法院，北京市第四中级人民法院的行政管辖范围为以本市区（县）人民政府为被告的行政案件，但不包括目前各区（县）人民法院以区（县）人民政府名义办理不动产物权登记的案件。民事管辖范围为按照级别管辖标准，应由本市中级人民法院管辖的金融借款合同纠纷案件、保险纠纷案件、涉外及涉港澳台的商事案件，以及跨地区的重大环境资源保护案件、重大食品药品安全案件。刑事管辖范围为北京市人民检察院第四分院提起公诉的案件。还包括原由铁路中院受理的刑事、民事案件。从中可以看出，北京市第四中级人民法院管辖范围具有跨区性、专业性、延续性的特点，属于“多元管辖模式”。

从管辖级别上看，北京四中院仅管辖一审行政案件，似乎定位为一审法院。其管辖规定的局限体现在三个方面，一是未突破原直辖市中级人民法院的管辖范围。二是对跨区划的因素强调过多，忽视案件本身具有的重大、易受地方干扰、专业性等因素。三是对管辖案件范围规定不具体，可操作性不强。

（二）京津冀地区跨区划案件审理情况

截至2017年12月，北京市第四中级人民法院审理案件数量共8702件，其中69.1%为行政案件，占收案的主要部分，与同批挂牌的上海三中院情况基本一致。① 京津冀跨区划法院的民刑案件的类型在一定程度上凸显了跨区划法院管辖内容上的特殊性。例如，北京四中院审理的贪污贿赂案件，此类案件被告人身份特殊，存在行政干预的可能性较大。北京四中院审理较多的是民事金融借款合同纠纷、保险纠纷案件，其具有去行政化或专业化的因素，同时案件数量又比较适宜。但此类案件均未表现出社会影响力、涉案标的、量刑期限等方面的典型特征，说明京津冀地区对其跨区划法院管辖的民事、刑事案件所做的细分度有待提高。

就行政案件而言，行政案件的审理效果一般可以从立案率、实体裁判率、行政机关败诉率、上诉率、申诉率、发回重审和改判率等方面考察。对于行政案件而言，在四中院成立前，北京法院年均立案率为32%，实体裁判率为21%，行政机关败诉率为7.87%，上诉率为70.06%，发回重审和改判率为

① 罗霄悍：《跨区划法院成立三年迈出三大步》，载《人民法院报》2017年11月20日，第2版。

10.08%。而北京市第四中级人民法院成立后，仅截至2016年，立案率已上升至88%，行政诉讼进入实体裁判的比例为34%，相较于往年有了较大好转。① 这种数据性的变化直观地体现出在改革之前司法裁判受到一定程度的行政干预的问题，但是是否可以通过数据的变化论证案件的跨区划管辖实现了司法公正，促进了司法独立性的形成，解决了司法裁判受到行政干预的问题，还需要进一步地考量。

（三）京津冀地区案件集中管辖模式选择

关于京津冀地区案件集中管辖的方式，主要有以下三种设想：第一种是由“专门法院管辖专门案件”，目前京津冀地区成立的专门法院仅仅只有知产法院和海事法院，仅能对知识产权和涉外民商事案件实现专门管辖，而这两类案件的数量很少，意义有限。短时期内，京津冀地区也不可能迅速组建其他门类的专门法院，因此，此设想不可行。第二种是由“普通法院异地管辖案件”，该模式扭曲了上下级之间的关系，增加了当事人双方的诉讼成本，影响案件的协调处理，② 如果长期推行，还将形成新的干涉，失去异地管辖的去行政化意义，可以说，此方式存在巨大的负面效应。第三种是由“跨区划法院集中管辖特殊案件”，该方式的优点是：第一，可以避免案件受到地方行政干预，实现审判独立，减少相关利益方的异议；第二，可以体现诉讼专业化的特点，提高专业案件的处理效果；第三，有利于统一区域的法律适用，推进区域的协同发展进程；第四，还可以节约司法成本，最大效率地利用跨区划法院解决京津冀地区特有的社会与经济发展难题；第五，已有北京四中院和上海三中院利用铁路法院改制成功转型，实现对特殊案件跨区域集中管辖的先例，证明了该方案的可行性；第六，灵活、可塑，不排除在条件成熟后将跨区划法院转化为专门法院管辖某一类案件的可能性。综上，“跨区划法院集中管辖模式”无疑是实现京津冀地区案件集中管辖的首选方案。当然，成立京津冀跨区划法院也面临诸多困难，要解决好这些问题，就必须首先对京津冀跨区划法院的司法职能、特殊定位、环境条件进行梳理。

---

① 相关公开数据源于《北京四中院建院一周年：受理案件中行政案件超七成》，载光明网：http：//news. gmw. cn/2015 - 12/31/content_ 18306697. htm，最后访问日期：2017年6月3日。相关观点参见江必新：《中国行政审判体制改革研究——兼论我国行政法院体系构建的基础、依据及构想》，载《行政法学研究》2013年第4期。

② 叶赞平：《行政诉讼管辖制度改革研究》，法律出版社2014年版，第103页。

（四）京津冀地区跨区划法院的特殊司法职能

世界范围内的诉讼实践说明，社会是否需要设立特殊法院来审理某类案件，从来就不单纯是一个理论问题，更是政治架构的设计与机制的选择问题，是立法、行政与司法之间的权力分配问题。① 美国、德国和英国，在法理上都将司法辖区和行政辖区严格区分，实践中在地理上进行区隔设置。② 我国设置跨区划法院，是对高度重合原有格局的有效补充和修正，从微观上使普通法院的一个审判庭对地方行政权的监督，转变为一个与地方行政权力没有千丝万缕关系的独立的法院的监督，从而切断司法权对行政权的依附。可以说，构建跨区划法院极其管辖制度的起点是防止地方行政权对中央司法权的蚕食，终点是实现审判独立与司法公正。

一般而言，跨区划法院的设置还要有高度的专业化程度为依据。例如，德国行政法院的设置原因之一为“原有的行政法院设计已经无法满足德国社会对专业审判的需求”。③ 目前，我国大面积受行政机关掣肘的案件主要是行政案件，而且目前普通法院行政法官专业化水平比较低，不能适应行政审判日益复杂的专业性要求，这就决定了跨区划法院需要以行政案件为的主要管辖类型。随着行政争议的专业化程度日益明显，特别是诸如税务、土地、海关、质检等领域的案件逐年增多，靠普通法院的行政庭审理这类案件就显得“心有余而力不足”。因此两点，必须强调跨区划法院行政审判的专业性。

（五）京津冀地区跨区划法院的特殊定位

任何改革都不能一蹴而就。例如，德国普通法院司法改革有四个阶段，分别是“统一司法”“节流去冗”“司法重建”“司法效率”。④ 我国相关立法

---

① 江必新：《中国行政审判体制改革研究——兼论我国行政法院体系构建的基础、依据及构想》，载《行政法学研究》2013 年第 4 期。

② 杜如益：《德国跨行政区划法院的特色与成因分析——兼论其对中国跨行政区划法院的启示》，载《清华法律评论》2015 年第 2 期；章晶：《美国司法辖区与行政区划之关系——兼论中国跨行政区划法院改革》，载《清华法律评论》2015 年第 2 期。

③ Vgl. Helumt R. Külz,［Hrsg］. Staasbürger und Staatsgewalt：Verwaltungsrecht und Verwaltungsgerichtsbarkeit in Geschichte und Gegenwart, S. 3 ff.

④ 参见德国历次司法改革的文献：Referenten – Entwurf eines Ersten Gesetzes zur Reform der Rechtspflege, Nov. 1973. Einzelbegründung, S. 1 – 84；Bericht der Kommission für Gerichtsverfassungsrecht und Rechtspflegerrecht, S. 25 – 60, Deutscher Bundes – Verlag G. m. b. H, herausgegeben vom Bundersministerium der Justiz 1975。

修改与配套改革完成之前，是跨区划法院发展的探索期。此时，京津冀跨区划法院的管辖体系的设置，不能“一步到位”，而应对探索阶段的难题做出有价值的尝试：（1）京津冀跨区划法院不存在像普通法院一样的对口上下级特殊法院，其需要在级别管辖和管辖事项上与普通法院实现对接。（2）不宜进行专一的行政审判，如若排斥民刑案件，则会出现问题，一是行政干扰、地方干预下的民事案件、刑事案件、民刑交叉案件审理无法获得应有的保障，大大削弱跨区法院功能的实现；二是跨区法院将走向专门的行政法院，与改革的初衷相违背。

然而，就实际层面而言，案件数量既是支撑法院运行的现实要求，也是反映司法资源利用率的直观要素。跨区划法院作为改革先锋，可以说仍是襁褓中的婴儿，“特殊案件”内涵与外延不明，如果以此暂停收案，或仅有少量收案，则跨区法院将“还未吃饱饭就开始讲究口味”，将面临生存危机。在此背景下，作为全国首批跨区法院试点地区，上海与北京采取了不同策略支撑案件运行。上海三中院采取了与上海知产法院合署办公的模式，成立三年以来，累计收案超过 1 万件，其中知识产权类案件占比超一半，知识产权类案件支撑强劲。而北京四中院三年来累计收案 8000 余件，行政案件占比超过一半，以行政审判支撑为主。可见，上海与北京的跨区划法院在支撑路径上作出了不同选择。

跨区划法院的性质应当定位为特殊的管辖，特殊表现在以下方面：一是以行政审判为主的多元化管辖格局。关于上海三中院的数据已表明，执着与专一的行政审判将大大限制受案量。更为重要的是，受到行政干扰、地方干预阴霾笼罩的案件并非仅仅只是行政案件，还有一定数量的民刑案件。致力于“去行政化”的跨区划法院应当涤清历史使命，“专业的行政审判和多元的审判格局”才是更有远见的选择。二是北京跨区划法院以跨京津冀三地、上海跨区划法院以长三角地区为主要管辖地域。以北京为例，在京津冀司法一体化以及依托具有跨区划传统的铁路法院建制的背景下，京津冀跨区划法院具有跨区划管辖的优势。但三地经济发展、社会发展客观上存在较大差异，这些都是构建京津冀跨区划法院管辖体系所必须考虑的问题。

（六）京津冀三地差异及其对管辖设置的影响

首先，三地的政治地位不对等。虽然三地同属于一个层级的地方行政区域，三地的政府与法院在法律上地位平等，但是，在实质上，京津冀协同发展突出的是“有序疏解北京非首都功能”的战略核心，京津冀协同发展仍然是以北京市的需要作为第一要务，这就造成了三地事实上的不对等。行政案件对审理机关与被诉行政机关的事实地位极其敏感，因此，构建京津冀跨区划法院管辖体系，必须充分考虑三地的政治地位差异。

其次，三地司法现状不同。[①]（1）三地案件数量不均衡。河北省 2015 年前十个月行政案件数量为 3358 件，重大民商事案件为 36 件；天津市行政案件 4302 件，重大民商事案件 52 件，北京市则为 6485 件与 132 件。三地行政与重大民商事案件总量大，但各自的案件数量不均衡。这就要求京津冀跨区划法院必结合三地的司法能力进行案件分流。（2）三地行政案件效果各有特点。三地的“四率”存在一定差异，尤其是统计中发现河北省部分基层法院相对人胜诉率仅为 5.2%，与北京天津差距较大，因此京津冀跨区划法院在考虑对河北省基层行政案件进行分流时，应当对此充分考虑。（3）三地也存在一些集中管辖的便利因素，如房屋拆迁引发的行政纠纷均是三地审理的主要案件类型。这一因素便于京津冀跨区划法院实现集中管辖，进行专业审判。

最后，三地自然条件差异大。已有研究显示，案件的数量与 GDP 总量、人口数量是正相关的。北京市面积 1.64 万平方公里，共有 2100 万人口，人均地区生产总值为 99,995 元，天津市面积 1.19 万平方公里，共 1400 万人口，人均地区生产总值 105,231 元，河北省则有 18.9 万平方公里，7200 万人口，但人均地区生产总值只有 39,984 元[②]。例如，德国慕尼黑机场建成后，议会预计到其附近的经济、交通的改善会带来人口的增加和诉讼量的增长，在机场附近新设了法院，以方便公民寻求法律救济。[③] 数据充分表明，京津冀三地面积差别较大，集中管辖必然将带来诉讼不便利、司法资源不配套等问题。虽然有研究表明，大多数相对人认为“公正审判的重要性远大于法院的远

---

① 北京市案件数据来自北京市法院内网信息球。河北省案件数据来自中国裁判文书网。天津市数据参见烟颐、先海、玉萍：《天津高院首次公布行政审判白皮书》，载《天津日报》2015 年 12 月 10 日，第 15 版。统计时段皆为 2015 年前十个月。

② 易鹏、王妍：《审视与构建：建立与行政区域适度分离的司法区域划分制度研究——以南方某省的实证分析为视角》，载贺荣主编：《司法体制改革与民商事法律适用问题研究：全国法院第 26 届学术讨论会获奖论文集》（上），人民法院出版社 2015 年版，第 67 页。

③ Gesetzentwurf der Saatregierung, GesetzzurÄnderung des Gesetzes über die Organisation der OrdentlichenGerichte im Freistaat Bayern.

近”①，但进行案件分流时，应当结合三地的经济、交通、通信差异进行构建，并考虑允许赋予当事人选择权。

五、北京市跨行政区划法院纠纷解决中心职能发挥与民商事管辖

理想中跨行政区划法院体系的构建与管辖制度的完善无疑需要顶层设计、修法乃至修宪、现行司法体制调整等一系列先决条件的跟进，这是一项庞大的系统性工程，短期之内无法实现。然而，改革之路却不应因此而止步不前或有所延缓，我们需要保持一种立足当下、面向未来的务实进取态度，理性对待跨区划法院改革试点进程中遭遇的种种困境，充分发挥主观能动性与创造力，用足用好现有制度，在有限与有为的空间内，攻坚克难，补齐短板，强化跨区划试点法院职能作用的发挥。细心考察，不难发现，国家的京津冀协同发展战略、最高人民法院开展的行政案件集中管辖试点改革，以及以往对于行政案件异地管辖、指定管辖、提级管辖的有益探索，包括历史形成的铁路法院跨区域管辖的特点，都在现有体制、立法、制度的框架下为跨区划法院改革试点职能作用的进一步拓展提供了现实的可利用资源，为跨区划试点法院真正实现跨区划管辖特殊案件，创造典型意义、体现示范价值，推广成熟经验提供了坚实的保障。

（一）依托跨区划法院平台建立区域纠纷解决中心

1. 制度设计

区域协同发展是我国的重大国家战略，有利于统一规划产业布局、生态结构，建立一体化市场，平衡地区间经济发展，区域一体化建设无疑需要统一高效的司法保障。以京津冀协同发展为例，最高人民法院制定《关于为京津冀协同发展提供司法服务和保障的意见》，建立京津冀法院联席会议机制，提出推动建立区域性纠纷解决中心，探索将北京市第四中级人民法院的案件管辖范围拓展到天津、河北，由北京市第四中级人民法院管辖跨京津冀行政区划特定范围、特定类型的重大民商事案件的工作部署。

① 程琥：《国家治理现代化与我国行政法院设置问题研究》，载《法律适用》2015 年第 2 期。

2. 必要性与可行性

在推进京津冀协同发展战略实施进程中，由于利益格局、利益分配等重大调整，不可避免地会产生大量法律纠纷，特别是跨京津冀地区的法律纠纷必将大量涌现。这些纠纷如果得不到及时有效解决，必然严重影响京津冀协同发展进程。建立京津冀地区纠纷解决中心，将有助于京津冀协同发展进程中各类纠纷，特别是跨区域纠纷的公正高效解决，服务保障京津冀协同发展，同时有助于实现跨京津冀地区重大案件审判标准的统一，实现京津冀地区司法的标准化和统一化，以司法的一体化推动中央战略部署的有效落实。

作为跨区划法院改革试点的北京四中院无疑是京津冀区域纠纷解决中心的不二之选：一是在跨行政区划法院设立京津冀地区纠纷解决中心符合中央改革部署要求。根据中央深改组审议通过的《设立跨行政区划人民法院、人民检察院试点方案》规定，跨行政区划人民法院所在地高级人民法院以司法文件形式对跨地区的重大民商事案件、跨地区的重大环境资源保护案件、重大食品药品安全案件等指定管辖。京津冀协同发展首要的是要在交通一体化、生态环境、产业对接三个重点领域率先突破，在这一过程中，必定因生态环境对接导致环境资源案件、食品药品案件的产生，因产业对接调整引发重大商事纠纷，而这些案件都属于跨区法院的案件管辖范围，在跨区法院设立京津冀地区纠纷解决中心统一管辖相关案件，符合中央关于设立跨区法院的定位和要求。二是跨行政区划法院与区域纠纷解决中心功能具有高度一致性。中央设立跨区法院，主要目的是通过由跨区法院集中管辖审理跨行政区划、重大、易受地方因素影响等特殊类型案件，解决审判实际中存在的行政干预和诉讼“主客场”等问题。区域纠纷解决中心的建立是为了解决京津冀地区跨区域的重大、易受地方因素影响的特殊纠纷，使跨京津冀地区重大纠纷得到公正高效和统一规范的审理，这与跨行政区划法院功能定位具有很高的同质性。三是在跨区法院建立京津冀地区区域纠纷解决中心具有经济成本低、法律效果好等优势。京津冀协同发展已经实质性启动，司法的服务保障必须尽快跟进。北京四中院作为中央确定的改革试点单位已经运行一年多，并在排除地方司法干预、解决诉讼“主客场”问题方面初显成效，司法公信力初步建立。依托北京四中院建立京津冀地区纠纷解决中心，能够在最短时间内通过最低的成本实现对京津冀协同发展中出现的跨区域重大民商事纠纷的公正高效裁判。四是在跨区法院建立京津冀地区区域纠纷解决中心有利于树立我国良好的司法形象、提升司法公信力。建立区域纠纷解决中心，是法治发达国家和地区的通常选择，美国、英国、新加坡和我国香港特别行政区均有类似设置。依托北京四中院建立京津冀地区纠纷解决中心，既可以在我国探索建立类似区域纠纷解决中心探索经验，为将来建立国际化区域纠纷解决中心奠定基础，也可以充分体现本轮司法改革所取得的成果，向世界展示我国司法事业的发展进步。五是在跨区法院建立京津冀地区区域纠纷解决中心能够强化跨区划试点法院职能作用，充分体现跨区划法院本应具有的“跨区划管辖”和“管辖特殊类型案件”之特点，有助于解决跨区划法院试点推进过程中的“瓶颈”性障碍，为跨区划法院未来发展创造可复制、可推广经验。

3. 具体方案

设立京津冀地区纠纷解决中心应立足于解决京津冀协同发展中的重大特殊案件，为三地协同发展中提供优质司法保障。一是建议结合京津冀协同发展战略，将特定范围、特定类型重大民商事案件集中至北京四中院管辖审理，赋予跨区法院对于特殊重大民商事案件的区域纠纷解决功能，打造京津冀地区区域纠纷解决中心。二是结合北京作为国际交往中心的定位，将京津冀地区涉外商事案件集中至北京四中院管辖，发挥首都法院优势，树立良好对外形象。

具体而言，建议京津冀地区区域纠纷解决中心具体案件管辖类型包括：一是大标的跨区域买卖合同案件。主要包括分期付款买卖合同纠纷、凭样品买卖合同纠纷、试用买卖合同纠纷、互易纠纷、国际货物买卖合同纠纷、网络购物合同纠纷、电视购物合同纠纷。二是重大涉国家金融机构金融借款合同案件。主要包括金融借款合同纠纷（包括保理、综合授信、委托贷款、信托贷款等金融机构融资贷款合同）、金融不良债权转让合同纠纷、金融不良债权追偿纠纷。三是重大保险案件。主要包括财产保险合同纠纷、人身保险合同纠纷、再保险合同纠纷、保险经纪合同纠纷、保险代理合同纠纷、进出口信用保险合同纠纷、保险费纠纷。四是重大涉外商事案件。主要包括重大涉外商事案件、涉及京津冀仲裁案件、承认执行国外判决仲裁案件。五是重大环境资源、食品药品安全及消费者公益诉讼案件。主要包括环境资源（包括环境污染、破坏生态）、产品责任纠纷、医疗损害责任纠纷、重大食品安全事故、特别重大食品安全事故、重大药品安全突发事件、特别重大药品安全突发事件中的受害人所提起的民事诉讼案件、消费者公益诉讼案件。六是纳入国家计划调整企业的破产案件。主要包括申请破产清算纠纷、申请破产重整纠纷、申请破产和解纠纷。2015 年，北京法院受理的上述案件共 74 件。七是其他重大特殊民商事案件。包括与京津冀地区协同发展密切相关的重大、疑难、复杂案件和新型案件。

除通过指定管辖或特殊授权方式将上述案件交由北京四中院管辖审理外，根据区域纠纷解决中心的通常规则，建议赋予当事人选择管辖权，即当事人在民商事活动中可以约定将京津冀地区跨区域的其他纠纷提交至北京四中院管辖。

（二）集中管辖商事类涉仲裁案件

由跨行政区划法院集中管辖商事类涉仲裁案件，是人民法院依法对仲裁进行支持和监督，不断完善仲裁司法审查制度，促进仲裁发展、增强仲裁公信力、实现纠纷多元解决的可行途径。在经济一体化、全球化的背景下，无论是国内还是国际，商事仲裁已经成为解决经贸纠纷、推进法治建设的重要力量。从法治理论角度来看，司法与仲裁都是具有高公信力的中立性纠纷解决机制，二者相比较而言，仲裁更倾向于效率，司法更倾向公正，互为补充，同时司法具有终局性，同时为仲裁提供了保留性——即约定仲裁条款有效的可以排除司法管辖。出于司法与仲裁二者相互的这种尊重，仲裁仅有在法律规定的情况下才可被司法所否定，有鉴于此，对于仲裁的司法审查、监督与执行涉及的是整个国家的纠纷解决机制，属于特殊的司法案件，是国家司法主权的重要体现，其审理的标准应当得到统一。从司法实践角度来看，涉仲裁案件当前过于分散，而商事类涉仲裁案件由于涉及标的较大，往往也成为地方干预、行政干预的重要对象，管辖之争在商事类涉仲裁案件中屡见不鲜。另外，商事类仲裁案件管辖过于分散，审查标准在实践中不统一，也不利于促进和监督仲裁事业的健康发展。长期以来，最高人民法院对商事仲裁在解决纠纷中的地位和作用高度重视，先后发布了 30 余项与仲裁相关的司法解释和规范性文件，充分尊重当事人的意思自治，依法履行仲裁司法审查的支持与监督职能。最高人民法院发布并实施支持和鼓励仲裁发展的司法解释及重要司法文件，要求依法加强涉“一带一路”沿线国家当事人的仲裁裁决司法审查工作，使仲裁司法审查裁判规则更加明确和更具可操作性，促进国际商事海事仲裁在“一带一路”建设中发挥更加重要的作用。由跨区划人民法院集中管辖商事类涉仲裁案件，建立健全诉讼与仲裁相衔接的工作机制，统一对仲裁案件进行司法审查和执行的标准，形成法院与仲裁机构间的协调联动机制的有益探索。跨区划人民法院集中管辖商事类涉仲裁案件，提升仲裁司法审查的专业化水平，探索仲裁司法审查案件的公开化、诉讼化模式，有助于构建司法支持仲裁的大格局，进一步满足中外市场主体的多元化纠纷解决需求。

（三）充分发挥铁路法院跨区划管辖案件的资源优势——跨行政区划试点法院对原铁路法院管辖范围的继承与突破

在我国既有的专门法院体系内，铁路法院的司法管辖区是以各铁路局运营范围来划分的，与行政区划相分离，具有跨区划管辖案件的特征，这也是中央以改造现有铁路运输法院为基础设立跨行政区划法院改革思路的动因。实现跨区划法院改革试点在跨区划管辖案件方面的局部突破，可以充分利用这一资源优势。2016年7月，经最高人民法院批准，上海市高级人民法院决定由上海铁路运输法院集中管辖市内部分区域行政案件，上诉于上海市第三中级人民法院，为部分行政案件在跨区划试点法院集中管辖创造了有益的经验。北京四中院是在改造北京铁路运输中级法院基础上形成的京津冀地区唯一一家跨区划改革试点法院，传统上，北京铁路运输中级法院又管辖北京、天津、石家庄三家铁路运输基层法院的上诉案件，与京津冀地区协同发展战略正相契合，将某种专业性较强的特定类型案件以省、直辖市高院指定管辖的方式交由该地区铁路运输基层法院审理，上诉于北京四中院，并不存在现行制度上的障碍，不仅可以实现跨区划试点法院跨省域管辖的突破，而且能够弥补北京四中院审级设置尚不完善的缺憾。目前，经天津市高级人民法院指定，天津市的环境保护行政案件已由天津铁路运输法院集中管辖，可以尝试将该部分二审案件纳入北京四中院管辖范围，并逐步形成由北京四中院管辖京津冀三地环境保护行政二审案件的诉讼格局。

目前的两家跨行政区划试点法院均依托两地现有铁路运输中级法院成立，原铁路运输法院审理的铁路案件本身即具备跨区划性，因此铁路司法天然具备跨行政区划特质。在此基础上进行跨行政区划法院试点工作，能够有效利用以往铁路法院对跨区划案件的审判经验，整合现有优势司法资源，为跨区划法院的设立及管辖范围的设计提供坚强有力的制度基础，为区域协同发展、推进区域一体化建设提供统一高效的司法保障。

全国第一家跨行政区划试点法院上海市第三中级人民法院于2017年5月1日开始实行民商事案件集中管辖改革试点工作，除原由铁路运输中级法院管辖的民事案件之外，将涉环境资源保护（应由上海海事法院管辖的除外）、食品药品安全的民商事案件、企业破产案件（执行转破产案件除外）以及航空、公路、水路等货物运输合同纠纷、货运代理合同纠纷案件（应由上海海事法院管辖的除外）纳入跨区划集中管辖范围。北京市第四中级人民法院在保留了原北京铁路运输中级法院管辖的铁路专属管辖民事案件、金融借款合同纠纷以及保险合同纠纷一审案件的基础上，增加了涉外及港澳台商事案件、跨地区重大环境资源保护案件及重大食品药品安全案件。以上突破进一步完善了跨区划法院的民商事案件管辖类型，使跨区划法院逐步向区域性纠纷解决中心的功能定位靠拢，为探索构建“普通案件在行政区划法院审理，特殊案件在行政区划法院审理”的诉讼格局迈出了坚实步伐。

原北京铁路运输中级法院被指定管辖金融借款合同案件与保险合同案件的目的在于解决铁路法院属地管辖后的案源问题，优化配置审判资源。在改造铁路运输法院为跨区划法院的进程中对这两种案件类型的管辖权予以保留，保持了现有管辖的稳定性，同时，金融借款合同纠纷与保险合同纠纷近年来呈现的趋势与案件性质也符合跨区划法院审理特殊案件的定位，尤其是重大涉国家金融机构金融借款纠纷与重大保险纠纷中，均易受到地方干扰而产生诉讼“不平等”现象，故符合在跨区划法院审理的案件类型。

重大涉国家金融机构金融借款纠纷，包括委托借款纠纷、金融不良债权转让合同纠纷、金融不良债权追偿纠纷等。金融机构经营行为关乎国家金融稳定，涉及国家利益，因此对重大金融借款纠纷的裁判尺度和审理结果将影响金融秩序，并对借款人的行为有重大指引作用。此外，金融机构在金融借款合同中一般处于优势地位，其在所属行政区划内亦具有相当程度的影响力，对此类案件实行属地管辖往往会形成对其有利的“主场”优势，产生诉讼“不平等”现象。2016年发布的《北京市第四中级人民法院金融借款合同纠纷审判白皮书》中显示，北京市四中院受理的金融借款合同纠纷呈上升趋势，不断创新的融资形式导致案件呈现重大、疑难、复杂的特点，且涉案被告众多、涉外埠占比高，呈现跨区划性。重大涉国家金融机构金融借款纠纷呈现出的上述特点，符合跨行政区划法院民商事案件管辖特殊性因素，可以交由跨行政区划法院审理。

重大保险纠纷，包括财产保险纠纷、人身保险纠纷、保险代理合同纠纷、保险经纪合同纠纷等。随着我国保险业的发展，保险市场主体不断增加，服务领域不断拓宽，保险资产不断壮大，保险影响力日渐深远。随之而来，保险合同纠纷案件也呈现大幅度增长的趋势，出现了许多新情况和新问题，如消费信贷保险等新类型保险合同纠纷不断出现，案件逐渐呈现多样化、复杂化的趋势。从社会影响来看，一个案件的审理会给同批险种的理赔带来冲击，对当事人和相关群体的影响重大。此外，随着信息技术的快速发展与广泛普及，互联网及移动互联已成为保险机构销售和服务的新兴渠道，投保人可在保险公司所在区域外购买保险产品，因此保险纠纷存在一定跨区划性。当保险公司在其所在行政区划内进行诉讼，因其具有强势地位与主场优势，也对处于弱势的消费者不利。因此，重大的保险纠纷具备“易受地方干扰”“影响民生消费领域”“跨行政区划”等特点，可以由跨行政区划法院进行管辖。

环境资源保护与食品药品安全均属于重大民生利益范畴，具有公益性质，其审理结果为社会公众广泛关注，对社会稳定具有重要影响。中央政法委试点方案稿与《深化改革意见》将这两类案件纳入跨区划法院管辖范围，体现出其需要跨区划管辖的迫切性与必要性。在跨地区重大资源环境保护案件中，由于生态环境本身具有整体性和区域性，污染环境、破坏生态的行为会产生跨区域蔓延的现象，且部分污染企业、资源开发企业可能对所在行政区划的经济发展有重要贡献，相应诉讼亦可能遭受地方保护主义干预，因此跨地区环境资源保护案件在跨区划法院审理，能够有效保证人民法院独立行使审判权，维护司法公正，为环境资源提供整体性司法保护。在重大食品药品安全案件中，受害者一般人数众多且分布较广，带有明显的跨地区特征，且被告一方可能为从事特许经营或处于垄断地位的大型企业，受到当地政府保护，而受害者往往势力薄弱，无法与被告相抗衡，因此跨地区重大食品药品安全案件适宜由跨区划法院审理。

近年来，涉外及涉港澳台案件大量增多，包括买卖、借款、公司、票据、信用证、保险等，案件类型愈加复杂，最高人民法院多次指定地方法院跨区划集中管辖涉外及涉港澳台商事案件。涉外及涉港澳台商事案件具有跨区域、专业性高、法律关系复杂、送达程序烦琐等特点，且涉及不同国家与地区之间的法律适用问题，事关我国司法主权与国家利益，因此应视为特殊案件，划入跨区划法院管辖范围。集中管辖此类案件将有助于人民法院充分发挥审判效能，使涉外案件获得及时公正解决。同时，集中管辖本身具有跨区划性，也有利于排除地方干扰，提高司法公信力，并助力区域协调发展，推动区域性纠纷解决中心的建立，为国家“一带一路”发展战略提供公正高效的司法服务。

《深化改革意见》中提出，跨行政区划法院主要审理的案件中包括企业破产案件。破产案件作为非诉案件，主要从程序上解决企业破产问题，在程序上具有特殊性，亦在一定程度上符合跨区划法院管辖案件的特点。虽然有些国家设立了专门的破产法院，对破产案件实行集中管辖，但根据《深化改革意见》的精神及《最高人民法院关于审理企业破产案件若干问题的规定》第2条“中级人民法院一般管辖地区、地市级（含本级）以上的工商行政管理机关核准登记企业的破产案件；纳入国家计划调整企业的破产案件，由中级以上人民法院管辖”的规定，并非所有企业破产案件均适宜在跨区划法院集中管辖，仅应将重大企业破产案件纳入管辖范围，尤其是纳入国家计划调整企业的破产案件。目前普通企业的破产案件能够在行政区划法院得到有效审理，并且属地管辖能够为破产案件当事人提供便利，并不具备需要跨区划解决的特点。而纳入国家计划调整企业的破产案件往往涉及重大企业，关乎民生及社会重大利益，依法应由中级以上人民法院管辖，并且具备程序特殊性与易受地方干预等特点，适宜纳入跨区划法院管辖范围。

上海市三中院将航空、公路、水路等货物运输合同纠纷案件与货运代理合同纠纷案件纳入管辖范围，进一步扩大了原上海铁路运输中级法院对交通运输案件的管辖范围，呈现出向“大交通运输司法”转型的趋势。除铁路外，航空、公路、水路等运输方式也具有天然的跨区划性，因此大运输案件符合跨区划法院管辖案件的特点。但是跨区划法院主要审理特殊案件，大运输案件虽然具备跨区划性，但有些案件仍为普通案件，尤其是标的额较低、案情简单的货运合同纠纷案件，不宜由跨区划法院管辖，仍应由行政区划法院管辖。而对于标的额较大、法律关系复杂、社会关注度高的货运合同及货运代理案件，适宜进行跨区划管辖。一方面有利于提高案件审理的专业化程度，尤其是航空运输等相关领域的案件专业化程度高，纠纷逐年增多，案件量逐年增长。另一方面促进了大交通领域的概念成形，海陆空运输都由专业法院审理，进一步深化了司法改革。

（四）其他可由跨区划法院管辖的案件分析

一些特殊案件，因其满足跨区特殊案件要素，也可由跨区划法院进行管辖。

1. 执行类案件

跨区划法院的探索不仅有利于解决“立案难”“审判难”问题，也可助力于解决“执行难”难题。执行作为诉讼程序的最后阶段，是落实法律文书上所载明的权利的关键环节。我国一直存在执行难的困境。其中执行管辖的制度是执行制度的重要组成部分，目前关于民事执行管辖的规定散见于《民事诉讼法》《最高人民法院关于适用〈中华人民共和国民事诉讼法〉若干问题的意见》《最高人民法院关于人民法院执行工作若干问题的规定（试行）》《最高人民法院关于适用〈中华人民共和国民事诉讼法〉执行程序若干问题的解释》等规范性文件中，根据上述规定，民事执行管辖以级别管辖为主、第一审法院管辖优先、其他一审同级法院管辖为辅的管辖制度。但在司法实践中，这样的规定尚不足以形成规定严谨、布局合理的体系。同时在进行跨区域执行时，法院往往采用的是委托执行和异地执行这两种方式。委托执行是指负责执行生效法律文书的人民法院将被执行人与被执行财产在外地的案件，委托给当地同级人民法院执行的一种方式，是为了解决委托法院异地执行产生过高人力、物力、财力成本的一种制度设计。[①] 但是在实践中委托执行制度的功效并未得到完全发挥。其中部分原因在于当地法院对被执行人的存在地方保护主义。我国的国家计划、预算、财政税收等都据行政区划做了相应的划分，当地政府及相关机关不可避免为地方经济发展需要，保护一些纳税企业，成为被执行人的盾牌。区划法院本身依托于当地，有种属于当地政府机关的错觉，因此对涉及影响该地财政收入的执行，法院本身也存在抵触心理，可以说地方保护主义不仅存在于当地政府的干预，因此给法院执行造成障碍，也存在于法院自身。[②] 因此引入跨区划法院管辖有利于改变这种缺陷和不足之处。

目前，我国法院管辖的执行类案件主要包括执行实施案件、执行异议案件、执行恢复案件、执行监督案件、执行协调案件等类型。我国《民事诉讼

---

① 赵祥华：《民事执行管辖问题研究》，载《山东审判》2003年第2期。

② 邵俊武：《论执行管辖的完善与地方保护主义的遏止》，载《当代法学》2001年第6期。

法》中规定执行案件一般由生效裁决的第一审法院或与第一审法院同级的财产所在地人民法院执行，其他法律文书的执行由被执行人住所地或被执行财产所在地人民法院执行。[①] 因此，由跨区划法院一审的案件的执行也应当由跨区划法院管辖。此外，对于某些涉及当地财政收入的大型企业和纳税主体的财产执行案件，存在地方保护主义隐患的，也可利用委托执行制度，委托给跨区划人民法院执行。

2. 保全类案件

民事保全制度是指为了确保将来的民事执行顺利进行，或者避免可能或正在发生的损害，在民事执行条件具备之前，法院依职权或依申请决定限制民事主体处分财产，或要求民事主体为或不为某种行为的程序，[②] 财产保全是其中最常见的一种。在民事诉讼程序中，保全制度与管辖制度是相互独立的两种制度。但是当事人在进行财产保全时，需要先选择管辖法院；被保全人和案外人对保全措施有异议时，也涉及保全法院是否有管辖权的问题。因此，在这些问题上，财产保全制度和管辖制度又存在交叉之处。但保全的管辖在我国《民事诉讼法》中被认为是跟随实体诉讼来确定的。在诉前保全中若出现保全法院与实体立案法院不一致的，应当将保全移送至受理案件的法院。因此，对于现已属于跨区划法院管辖的重大民商事案件、环境资源等案件中的保全属跨区划法院管辖是顺理成章的。

财产保全直接影响被保全人的财产处分自由，是一种强制性很强的民事制度。因此保全与执行一样也是较为容易受到地方保护主义干涉，地方政府及相关协助人出于对地方经济的保护，容易对保全的实施做出干扰，如通知被保全人转移财产以躲避保全等。在此情形下，跨区划法院具有天然优势，由其管辖此类财产保全案件也将更有助于实现保全的目的。

3. 司法协助类案件

司法协助是指不同国家之间，根据自己国家缔结的国际条约或互惠原则，相互协作，为对方代为一定诉讼行为。司法协助可以分为一般协助和特殊协助，一般协助是代为送达诉讼文书，代为调查取证，提供有关法律资料等；

---

① 《民事诉讼法》第 224 条规定，发生法律效力的民事判决、裁定，以及刑事判决、裁定中的财产部分，由第一审人民法院或者与第一审人民法院同级的被执行的财产所在地人民法院执行。法律规定由人民法院执行的其他法律文书，由被执行人住所地或者被执行的财产所在地人民法院执行。

② 毕玉谦、谭秋桂、杨路：《民事诉讼研究及立法论证》，人民法院出版社 2006 年版，第 252 页。

特殊协助是指互为承认并执行对方法院制作的生效裁决和涉外仲裁机构制作的生效裁决。我国《民事诉讼法》规定当事人申请承认与执行外国法院和仲裁机构的生效裁决，应当向有管辖权的法院提出。这就要求该案件至少有一个管辖联结点在国内法院。而在国内具体管辖法院的选择上，跨区划法院可以成为较优的选择。因为司法协助案件较为复杂，在管辖确认上，要根据我国目前签订的双边条约或与他国的互惠原则来确定。而我国与他国签订的双边条约就较为繁杂，根据我国外交部官方统计数据，截至2017年2月，我国已与70个国家缔结司法协助条约、资产返还和分享协定、引渡条约和打击“三股势力”协定共135项。其中，民刑事司法协助条约19项，刑事司法协助条约40项，民商事司法协助条约20项，资产返还和分享协定1项，引渡条约48项，打击“三股势力”协定7项。因为司法协助案件数量相对较少，因此法院平时对该类型案件的审判以及众多的条约的关注也相对较少，一旦涉及此类案件的处理，还需要进行现场学习。如果由跨区划法院进行集中管辖可以更为集中地关注司法协助案件审理的相关规定，久而久之更为专业地审核司法协助案件。这有利于对该类型案件的审理，也能将其他法院从烦琐的工作中解放出来，更加集中地提高其他类型案件的审判技能。

4. 自赔案件

自赔案件是指人民法院办理的本院作为赔偿义务机关的国家赔偿案件。①作为国家赔偿制度的一部分，自赔具有保障当事人权益、救济受损害权益、监督人民公正行使审判权的功能。虽然实践中自赔案件的数量较少，但仍反映出法院在审理自赔案件中存在立案难、案件审理质量不高、逾期不作赔偿决定等不足。这使当事人的损害得不到合理救济，也有损司法权威与公信力，究其原因在于现行自赔案件的审理程序上存在先天缺陷，由法院自己审理自己的“错误”并判定自己承担赔偿义务，本身存在中立性不足的隐患，甚至对自赔案件的审理产生较大的干扰，为此有必要创新自赔案件的管辖制度。有学者提出自赔案件宜采集中管辖，减少自赔案件审理的阻力。② 在司法实践的探索中，也早已有自赔案件集中管理的创新，天津市在2014年9月1日起在全国率先开始试点基层人民法院自赔案件集中管辖。将全市基层法院管辖

---

① 《最高人民法院关于人民法院办理自赔案件程序的规定》第1条。

② 张建平：《探索自赔案件集中管辖　不断提高司法公信力》，载《天津政法报》2016年10月28日，第4版。

的自赔案件集中至 3 个基层法院集中管辖，基本完成基层法院自赔案件跨区域去行政化进程。[①] 跨区划法院的实践也将为自赔案件提供了最适合的基础，跨区划法院的建制充分满足跨区域、去行政化的要求，并能在审理中保持超然的中立地位，实现审判的公正独立和国家赔偿制度的保障和救济的功能。也有利于化解受害人与法院之间的纠纷，为社会稳定和谐消除隐患。

除上述案件类型外，还有学者认为刑事案件中的强制医疗案件、重大互联网犯罪案件，民商事案件中的反垄断、反不正当竞争案件等也应当归入跨区划法院的管辖范围。随着实践的发展，跨区划法院管辖范围的清单也必会随之增减，跨区划法院也将在探索中以找准定位，更好地发挥“跨”“特”的特征优势。

六、北京市跨区划法院管辖审理行政案件的研究

党的十八届三中全会提出，探索建立与行政区划适当分离的司法管辖制度；党的十八届四中全会提出，探索设立跨行政区划的人民法院和人民检察院，办理跨地区案件。作为本轮司法体制改革顶层设计核心举措之一的设立跨区划法院，其主旨在于排除地方因素对审判工作的干扰，保障法院依法独立公正行使审判权，建立普通案件在行政区划法院审理、特殊案件在跨行政区划法院审理的诉讼格局。毋庸置疑，行政诉讼案件在我国当下的司法体制中，极易受到地方行政干预，无论从我国行政审判近 30 年的风雨历程考察，还是从最高人民法院为破解行政诉讼“立案难、审理难、胜诉难、执行难”的困境，先后进行的数次管辖制度改革审视，行政诉讼案件理应成为跨行政区划法院管辖的主要案件类型之一。在决策者关于司法改革顶层设计的解读中，也明确提及了行政诉讼案件作为特殊案件在跨区划法院管辖审理有利于保障法院独立审判、监督政府依法行政、维护法律公正实施等重大意义。与此同时，《行政诉讼法》第 18 条第 2 款明确规定，经最高人民法院批准，高级人民法院可以根据审判工作的实际情况，确定若干人民法院跨行政区划管辖行政案件。最高人民法院制定的《关于人民法院跨行政区域集中管辖行政案件的指导意见》中，进一步明确了已经设立跨行政区划法院的北京、上海，

---

① 王斗斗：《天津首试基层院自赔案集中管辖》，载《法制日报》2014 年 9 月 27 日，第 5 版。

可以逐步将行政案件向跨区划法院及两地铁路运输基层法院集中。从而在立法及司法政策层面为跨区划法院集中管辖审理行政诉讼案件提供了充分的依据。根据京沪两地跨区划试点法院管辖审理行政诉讼案件的实践观察，不难发现，以行政诉讼案件为主体的收案态势已经逐步形成，甚至常有全国各地的当事人前来咨询行政案件在跨区划法院的管辖状况，可见在跨区划法院管辖审理行政诉讼案件确是广大民众所殷殷期待的。然而，跨区划试点法院在集中管辖审理行政诉讼案件的发展方面却是不容乐观的，在确定跨区划试点法院管辖范围之初，行政案件所占比重有限，类型也较为单一，与直辖市其他中级人民法院相比，并无特色可言。跨区划试点法院履职以来取得的种种成效，更多的来自审判权运行机制改革，而并不为跨区划法院所独享，这也就意味着，设置跨区划法院本身的制度功能发挥是有限的。再加之理论界与实务界对“在跨区划法院集中管辖行政案件”众说纷纭，争议很大。一部分意见认为要区分设立跨区划法院办理特殊案件和合理调整行政诉讼案件管辖制度两项改革措施，不宜借跨区划法院的“壳”实现行政案件的集中管辖，或变相成立专门的行政法院，要为中央进一步明确跨区划法院案件管辖范围留有余地。以上种种因素导致跨区划试点法院成立近两年来，在行政诉讼案件的管辖范围上并无太大突破，既未实现大面积的集中管辖，也未跨出现有的直辖市区域，实现跨省域管辖的有益尝试。有鉴于此，北京四中院专门成立课题组，以北京四中院成立以来审理行政案件的实践为样本，集中考察目前跨行政区划法院改革试点管辖审理行政案件存在的现实问题并分析成因，为进一步明确扩大跨区划法院行政案件管辖范围及跨区划法院未来发展提出可行性建议。

（一）行政案件审理的基本情况

作为全国首批跨行政区划法院和全市首批整建制综合改革试点法院，北京四中院挂牌履职之初就积极推行立案登记制改革，坚决清除限制立案的各种“土政策”和人为障碍，对依法应当受理的案件，做到有案必立、有诉必理，切实保障当事人诉权。2015 年，北京四中院共受理行政、民事、刑事、执行等各类案件 1893 件，其中以区政府为被告的一审行政案件 1397 件，占全院收案总数的 73.8%，是 2014 年全市法院受理的该类案件总量 216 件的近 7 倍，占 2015 年全市各中级人民法院受理一审行政案件（不包括北京知识产权法院受理的知识产权行政案件）总数的 54.27%。北京四中院严格执行 2015 年 5 月 1 日起施行的新行政诉讼法，在受理的 1397 件一审行政案件中，2015 年行政诉讼法实施前受理的有 334 件，占 23.91%；2015 年行政诉讼法实施后受理的有 1063 件，占 76.09%。2015 年北京四中院共审结行政案件 1324 件，结案率 94.77%。行政案件数量大幅上升既反映出北京四中院落实立案登记制取得明显成效，也反映出北京四中院作为跨行政区划法院在摆脱地方保护和行政干预方面取得积极进展，行政诉讼救济渠道更加畅通（见图 1）。

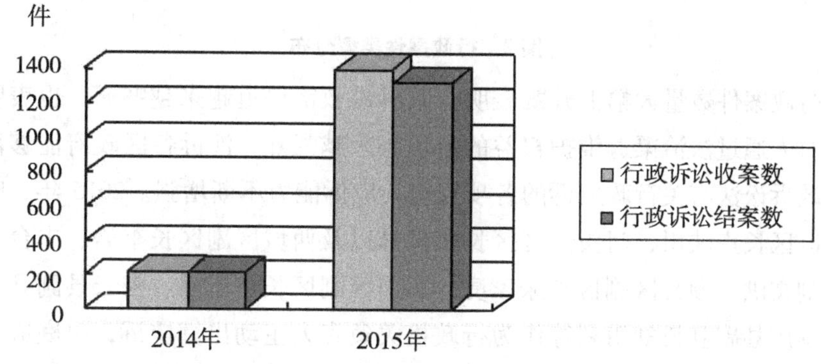

图 1　2014 年、2015 年以北京市各区政府为被告的一审行政案件数量对比

北京四中院审理的行政案件涉及城市管理、土地资源、环境保护、社会保障、食品药品、文化教育、村务公开等诸多行政管理领域（见图 2）。在被诉行政行为中，北京四中院审理的行政案件涵盖政府信息公开、房屋征收补偿、行政复议、行政许可、行政强制、行政不作为等诸多类型。其中，涉及被征收人重大财产权益的房屋征收补偿案件以及因棚户区改造、房屋征收拆迁、土地征收腾退等引发的政府信息公开、行政不作为等案件占行政案件收案总数的七成以上，表明涉民生行政案件仍是当前北京四中院行政审判工作的重点。2015 年行政诉讼法实施以来，诸如行政复议机关作共同被告、行政协议类、原告请求一并审查规范性文件、行政案件当事人请求一并解决民事争议等新类型案件不断涌现。在北京四中院审理的行政案件中，北京市 16 个区政府均已涉诉，涉诉案件数量较多的区为海淀区、朝阳区、西城区、东城区，该四城区涉诉案件共占全部受理案件总数的 75.52%。上述情况与四城区人口密度较大、城市管理、棚户区改造、疏解非首都功能等紧密相关。

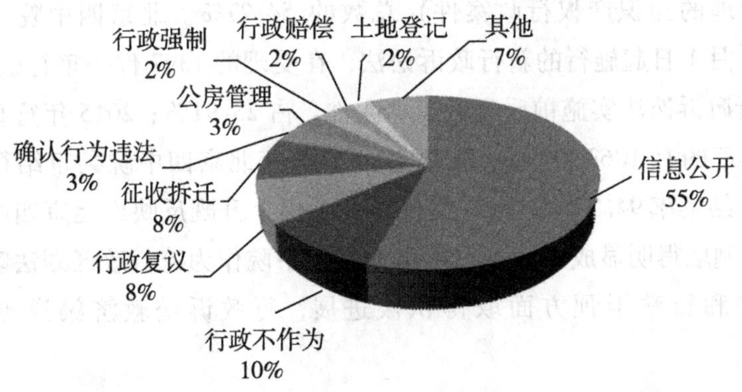

图 2　行政案件类型分布

行政案件数量大幅上升既表明行政诉讼救济渠道越来越畅通，也表明行政相对人通过法治渠道维护权益的意识越来越强烈。涉诉各区政府能够落实新行政诉讼法有关行政应诉的各项规定，应诉能力不断增强。2015 年，时任顺义区区长卢映川、门头沟区区长张贵林以及西城区副区长李岩、丰台区副区长刘文洪、顺义区副区长朱家亮、房山区副区长卢国懿、密云县副县长郭鹏、延庆县副县长刘明利等作为行政机关负责人主动出庭应诉，出庭应诉案件多为重大、疑难或新类型案件，且既出庭又"出声"，对于有效化解行政争议、密切官民关系起到积极作用。行政机关负责人不能出庭的，均委托工作人员出庭，行政机关工作人员出庭率达到 100%。同时，律师在行政诉讼中的积极作用更加凸显，在 2015 年北京四中院审结的 1324 件一审行政案件中，原告委托律师代理的案件有 478 件，占比达到 36. 10%；被告委托律师代理的案件有 726 件，占比达到 54. 83%。为充分保障律师执业权利，北京四中院在全市率先制定出台《关于充分保障律师执业权利，共同维护司法公正的若干规定（试行）》并向社会公开发布；优化律师执业环境，设立专门的律师工作室及更衣室，开通律师立案窗口，为律师执业提供便利；与市司法局、市法律援助中心合作在全市法院率先将法律援助工作站引入北京四中院立案大厅，由律师为当事人即时提供法律服务和法律援助。

2015 年北京四中院审结的一审行政案件中，判决行政机关败诉的案件占全部实体判决案件的 25. 24%。败诉行政机关涉及 12 个区政府。从案件类型看，在行政机关败诉案件中，政府信息公开类案件占 51. 25%，行政复议类案件占 17. 50%，公房租赁类案件占 11. 25%，行政不作为类案件占 6. 25%，行政强制类案件占 5%，房屋征收补偿类案件占 3. 75%，其他类型案件占 5%。

在有力监督行政机关依法行政的同时，北京四中院依托司法与行政良性互动平台和行政争议多元化解机制，充分发挥协调和解在化解行政争议中的重要作用，加大行政争议协调和解力度，努力促进行政争议实质性解决。2015 年，北京四中院在案件审理中通过协调和解工作促使行政争议得到实质解决并由原告撤回起诉的案件共 81 件。

通过审理政府信息公开行政案件，减少政府信息不公开、“暗箱操作”等违法行为的发生，加快阳光政府建设，有助于实现法治政府建设所要求的全面推进政务公开。通过对行政不作为案件的审理，运用判令行政机关限期履行法定职责等方式，有效地监督和纠正了政府机关的怠政行为，有助于实现深入推进依法行政所要求的依法全面履行政府职能，坚决纠正不作为，克服懒政、怠政。通过审理市政建设、征地拆迁等重大民生案件，有助于规范房屋、土地征收程序，形成对行政相对人合理、完善的保护机制，促进我国经济社会发展和城市化进程在法治的轨道上不断推进。通过附带审查行政机关自行制定的“红头文件”，从源头上及时纠正违法行政，维护国家法制统一，确保中央政令畅通。例如，在北京四中院审理的治理黑车系列行政案件中，通过对政策性文件的审查，以司法建议的形式指出治理黑车联合执法行动中存在的问题，引起涉案政府机关高度重视，提出了整改措施，改变了长期以来以区治理黑车办公室作为执法主体，实施行政强制措施的局面，将治理黑车工作纳入法治的轨道。又如，在北京四中院审理的打击非法开采矿产资源联合执法专项行动系列案件中，通过对政府通告的审查，指出运动式、突击式执法方式潜在的问题，建议政府机关改进执法方式、规范执法程序。

（二）目前跨区划法院管辖审理行政案件存在的主要问题及成因分析

1. 案件管辖不完整

一是重大行政案件有待于进一步纳入。中央深改组审议通过的《设立跨行政区划人民法院、人民检察院试点方案》及《深化改革意见》将重大行政案件、跨地区的行政案件作为跨行政区划人民法院行政案件的管辖标准。符合上述标准的具有典型意义的重大行政案件远未纳入四中院管辖，如以国务院部门为被告的一审行政案件级别高、政策性、专业性强，往往涉及国家某一行政管理领域政策调整或职能更新，社会影响力大，社会关注度较高，符合“重大行政案件”的标准，以市政府为被告的一审行政案件也符合“重大行政案件”标准。将上述案件纳入四中院行政案件管辖范围，符合中央及最高人民法院对跨行政区划法院的管辖定位。二是审级不完整。四中院作为跨行政区划综合性中级人民法院，应当履行中级人民法院的审判职能，发挥二审审级监督职能。目前，四中院管辖的刑事、民事案件均包含一审、二审案件，唯独行政案件只管辖部分一审案件，不管辖行政上诉案件。审级不完整已经严重影响四中院审判职能充分发挥，不利于行政审判监督调研、司法能力提升以及队伍建设。三是重大环境资源保护、食品药品安全行政案件尚未纳入管辖范围。根据中央深改组审议通过的《设立跨行政区划人民法院、人民检察院试点方案》及《深化改革意见》规定，跨行政区划法院主要审理跨地区重大环境资源保护案件、重大食品药品安全案件等，上述案件涵盖涉及重大环境资源保护和食品药品安全的刑事、民事和行政案件，而上述行政案件目前尚未纳入四中院管辖范围，不利于跨行政区划法院对特殊案件审判职能的全面发挥。

2. 裁判标准不统一

目前，根据法律规定应当由中级人民法院管辖的行政案件分散于本市四个中级人民法院，案件审理裁判标准不统一的现象较为突出，尽管市高级法院一直通过各种方式促进裁判标准统一，但效果并不明显。裁判标准不统一使行政机关面对同一类型案件不同的裁判标准往往无所适从，从而导致行政机关执法标准的不统一，进而影响司法公信力，不利于实现司法公正，同时也影响法律的统一实施。

3. 行政审判专业力量有所削弱

由于行政执法涉及领域众多，行政审判专业化要求越来越高，本市行政诉讼案件分布不均衡，行政审判工作量差异很大。目前本市行政审判专业力量相对薄弱，再加之行政审判机构设置分散，四个中级人民法院都设置有各自的行政审判庭，不利于行政审判的专业化和队伍的集约化，造成人才资源和编制的浪费。

4. 分散审判与行政综合执法的改革要求不协调

深化行政执法体制改革要求根据不同层级政府的事权和职能，按照减少层次、整合队伍、提高效率的原则，合理配置执法力量。其中，推进综合执法，大幅减少市县两级执法队伍种类，重点在食品药品安全等领域内推行综合执法，有条件的领域可以推行跨部门综合执法。随着跨部门、跨地区综合行政执法的推进，必然对行政案件管辖提出新要求。作为对行政执法进行监督的行政诉讼，也应该及时回应行政执法体制改革的现实需求并作出相应调整，否则不仅不符合深化行政执法体制改革的发展方向和执法要求，也会制约行政执法体制改革的进一步推进，还会对行政应诉工作带来诸多不便，造成执法成本高效率低。

5. 分散审判导致维稳风险点增加

行政诉讼反映出的社会矛盾往往较为尖锐，滋扰性诉讼甚至恶意诉讼等也时有发生。由于涉民生案件占比很高，往往蕴含群体性纠纷，当事人非理性表达诉求的情形较多，矛盾纠纷化解难度大。目前，由于行政案件分散审判，各院都不得不投入较大的人力、物力应对可能存在的突发事件，使维稳风险点增多，成本投入加大。

6. 目前行政案件的管辖尚不能满足人民群众的司法需求

多年来，行政案件的上诉率、申诉率、信访率高居不下，与人民群众认为法院行政审判工作司法公信力不高密切相关。跨行政区划法院成立以来，初步解决了行政诉讼立案难、审理难、执行难等突出问题，被告败诉率明显提高，实现了群体访、越级访“零记录”的良好质效。人民群众对跨区划法院审理行政案件能够有效摆脱地方保护和行政干预、实现公正司法抱以很大希望，很多诉讼当事人表示愿意将行政案件交由四中院审理。但目前四中院行政案件管辖范围有限，尚不能满足广大人民群众的司法需求。

7. 在直辖市设置跨行政区划法院典型意义不足

在京沪两地率先设立中级人民法院层面的跨区划法院，虽然没有现行立法的障碍，但就跨区划法院职能而言，典型性不强。按照现行司法体制的架构，直辖市普通中院已经在一定程度上实现了市内跨区县管辖案件，跨行政区划中级人民法院仅在跨区县集中统一管辖特殊案件方面具有优势，并未突破跨区划管辖界限。

8. 涉部委行政案件量多面广，应诉不便

新行政诉讼法确立了“行政复议双被告”制度，根据司法解释规定，作出原行政行为的行政机关和复议机关为共同被告的，以作出原行政行为的行政机关确定案件的级别管辖。这就导致国务院部委机关作为共同被告，涉诉案件量多面广，需要在全国各地法院出庭应诉，十分不便。

9. 2017年区政府涉诉一审行政案件呈现新动向

受立案登记制全面推行和新行政诉讼法正式实施叠加影响，2017年北京四中院受理区政府涉诉一审行政案件呈现两个新特点变化：一是数量进入新一轮快速增长周期；二是信息公开诉讼大幅下降，案件类型中房屋土地征收拆迁腾退引发的案件占比跃居首位。

（三）行政案件跨行政区划集中管辖的法治意义

实践中，在行政区划法院设行政审判庭审理行政案件，由于行政案件所在地法院的人、财、物归地方管理，这种行政审判体制机制很难摆脱地方保护和行政干预。特别是这种保护和干预关系已经固化，如果不对行政审判体制机制及时进行重大调整，行政诉讼突出问题仍将难以解决。实践证明，我国行政诉讼法是一部良法，特别是2017年新修订的行政诉讼法受到社会普遍关注和高度评价。这部新法能否得到有效实施，能否从根本上解决长期存在的行政案件“立案难”“审理难”“执行难”等突出问题，还有待观察。因此，应该在新法实施之初，通过落实新法有关将行政案件跨行政区划管辖的规定，及时对已经固化的行政诉讼体制机制进行调整完善，从而为新法有效实施创造良好的司法环境和实施条件。

设立跨行政区划法院的目的在于解决有关部门和领导插手案件处理，导致有关诉讼出现“主客场”问题。跨行政区划法院案件管辖在于把分散于行政区划法院管辖的某几类特殊案件集中到跨行政区划法院管辖，没有集中管辖就没有跨行政区划法院。行政案件涉及行政权力与公民权利之间、政府与人民群众之间的关系，其涉及面最广、社会关注程度最高、最易引发纠纷。作为“民告官”的行政诉讼调整的是不平等主体之间的行政法律关系，行使审查监督各级行政机关行政行为合法性的重要职责，体现的是司法权对行政权的监督与制约机制。实践中，有的地方政府以影响当地经济社会发展大局为由插手案件处理，有的政府部门怕败诉，不愿意当被告，干预、阻碍人民法院受理行政案件。相较于民事案件、刑事案件，行政案件更容易受到地方保护和行政干预，导致行政诉讼出现诉讼“主客场”现象。从长期的审判实践看，对民事、刑事案件的干扰导致司法不公，产生“关系案、人情案、金钱案”等“三案”问题，更多的是以个体隐蔽方式出现，而对行政案件更多的是以部门组织形式公然进行干预。面对这种干预，行政案件所在地法院往往有顾虑，不愿意受理案件，也有的法院为了获得当地政府的工作支持，甚至不惜以牺牲公正审判去主动迎合，让行政审判丧失维护社会公平正义的最后一道屏障作用。因此，行政案件应该是跨行政区划法院重点管辖的特殊案件。同时，把其他涉及地区重大利益之争容易受到地方保护和干预的重大民商事等类型案件剥离出来，形成跨行政区划法院集中管辖行政案件的同时，还办理一定种类的跨行政区划重大民商事案件、刑事案件等诉讼格局，依法独立公正审理案件有了制度保障。

当前，人民法院出现的“立案难”“审理难”“执行难”问题，主要发生在行政审判领域，这也是人民群众反映强烈的突出问题。行政诉讼对于公民、法人及其他组织等相对人来说，是一种不可或缺的司法救济制度，其作用的发挥在于维护公民、法人及其他组织的合法权益，监督和规范行政行为。据统计，我国每年因行政行为引发的信访纠纷约有400万至600万件，大量行政纠纷进入信访渠道，其中一个重要原因是解决行政纠纷渠道不畅，一些本应纳入行政复议、行政诉讼渠道解决的案件因种种原因没有进入。2014年全国各级法院受理一审行政案件15.1万件，同比上升16.3%，这是近年来行政案件增长幅度较大的一年，但一审行政案件总数在行政信访纠纷总量中占比很低。《中共中央关于全面推进依法治国若干重大问题的决定》以及2017年修改的行政诉讼法对解决行政诉讼“立案难”“审理难”“执行难”等突出问题提出明确要求和具体措施，下一步关键在于实施。公正高效权威的行政诉讼制度能否建立起来，如何在行政诉讼领域落实立案登记制改革，人民群众反映强烈的“立案难”“审理难”“执行难”问题能否得到实质解决，政府与人民群众的和谐“官民”关系能否重新塑造起来，关键要对现行行政审判体制机制进行完善，让行政案件实现跨行政区划集中管辖，真正把行政权关进法治笼子，有权不能任性。

《中共中央关于全面推进依法治国若干重大问题的决定》强调，“根据不同层级政府的事权和职能，按照减少层次、整合队伍、提高效率的原则，合理配置执法力量。”其中，推进综合执法，大幅减少市县两级执法队伍种类，重点在食品药品安全等领域内推行综合执法，有条件的领域可以推行跨部门综合执法。随着综合执法的推进，特别是跨部门综合执法，这都必然对行政案件管辖提出新要求。行政执法日益凸显的跨部门、跨地区综合执法特性，这是对行政执法体制的重大调整，作为对行政执法进行监督的行政诉讼制度，也应该及时回应行政执法体制改革的现实需求并作出相应调整，否则仍然坚持由行政区划法院管辖，这不仅不符合深化行政执法体制改革的发展方向和执法要求，也会制约行政执法体制改革的进一步推进，也对行政应诉工作带来诸多不便利，造成执法成本高效率低。

《深化改革意见》围绕建成具有中国特色的社会主义审判权力运行体系这一关键目标，提出了 7 个方面 65 项司法改革举措，其中专门就探索设立跨行政区划的法院、改革行政案件管辖制度等作出专门规定。2014 年 12 月，随着全国首批跨行政区划法院在上海、北京先期设立，跨行政区划法院已经成为全面深化人民法院改革的前沿阵地。《深化改革意见》提出的改革举措目前正在跨行政区划法院稳步有序推进，行政案件目前是跨行政区划法院管辖的一类案件。行政案件跨行政区划集中管辖，虽然是局部改革，但能够产生全局性的意义。从先期成立的全国首批跨行政区划法院运行情况看，进一步明确案件管辖范围仍然是当前亟待解决的问题，行政案件跨行政区划集中管辖已经成为跨行政区划法院进一步深化改革和可持续发展的重要工作。

（四）完善跨区划法院管辖审理行政案件的建议

1. 建议将主要类型行政案件在跨行政区划法院集中管辖

根据中央设立跨行政区划法院改革精神，易受地方干扰是确定跨行政区划法院案件管辖范围或者说是判断识别特殊案件的首要标准，同时也是其他标准中的应有之义，以行政案件最为典型。在三大诉讼之中，行政诉讼由于被告一方恒定为行政机关，法院的人财物又受制于地方，如果受诉法院的司法管辖区与作为被告行政机关的管辖区域位于同一行政区划内，则对于被告而言，永远处于“诉讼主场”的有利位置，案件易于受到地方行政干预，影响司法公正和司法公信。因此，几乎所有行政案件都有受到行政干预的可能。我国为治疗长期以来行政诉讼“立案难、审理难、胜诉难、执行难”的顽疾，先后进行了提级管辖、异地管辖、指定管辖、集中管辖等多种管辖制度改革的尝试，其目的都在于克服地方保护主义和行政干预，公正审理行政案件。从落实中央设立跨行政区划法院的目的看，将行政案件集中管辖与跨行政区划法院改革两项改革措施紧密结合十分必要和紧迫。目前，在本市可以先进行中级法院层面的集中试点，建议由北京四中院集中管辖原由市第一、第二、第三中级人民法院管辖的行政案件。

2. 建议跨行政区划法院的人财物保障及时跟进

从跨区划法院应有的规格和人员素质要求上看，由于肩负审理重大特殊案件，确保依法独立公正行使审判权，强化司法权中央事权属性的特殊职能，应通过遴选方式择优集中一批审判业务精英和最具办案能力的法官，使其享有较高的法官等级或行政职级，并应由省级人大常委会任免。但目前两级铁路法院与同级普通法院相比，行政级别不高反低，无论是领导干部还是普通法官，无论是遴选还是调配的人员，行政职级都要低半格，缺乏吸引力，不利于审判资源的优化配置，难以引进优秀人才。尤其是在目前行政诉讼案件大幅上升的情形下，应当把行政审判质效和行政审判队伍的稳定放在首要位置。鉴于跨区划法院的职能、地位，建议尽快推动解决跨区划法院试点规格、级别偏低的问题。

3. 建议集中管辖审理涉部委行政案件

涉国家部委行政案件往往涉及国家某一行政管理领域政策调整或职能更新，政策性、专业性比普通行政案件更强，社会影响更大，对行政审判专业化的要求也更高。自2017年《行政诉讼法》实施以来，涉国家部委案件数量大幅攀升，案件中的新情况、新问题层出不穷，审理难度空前提高。行政复议双被告制度使部委机关可能面临在全国各地出庭，应诉不便的局面。在新的形势下，涉国家部委案件分散管辖的传统模式已对行政审判质效的提升构成严重制约，也不符合进一步推进和深化司法改革的现实需求。有鉴于此，建议尽快将涉国家部委行政案件调整由北京四中院集中管辖。

4. 建议集中管辖京津冀地区重大环境资源保护、食品药品安全、公益诉讼行政案件

结合京津冀一体化协同发展的战略构想，建议采取指定管辖方式，使北京、天津、石家庄铁路运输法院集中管辖部分具有特殊管辖必要的行政案件，如环境资源保护案件、食品药品安全案件、公益诉讼案件等，上诉至北京四中院。能够直接服务于京津冀一体化协同发展战略，在案件管辖上适度打破区域界限，更具跨区划管辖的典型意义，有利于构建将特殊案件特殊管辖审理的诉讼格局，有利于跨区划法院改革试点创造可复制、可借鉴的经验。

5. 建议完善审级制度，依托铁路法院建立基层、中级跨行政区划法院，依托最高人民法院巡回法庭建立跨行政区划高级人民法院

审级制度改革与跨区划法院改革试点内容息息相关，二者协同推进，有

助于探索构建完整的跨区划法院审级体系。因此，建议结合《人民法院组织法》和《法官法》的修改，从顶层设计和立法完善层面推动跨区划法院未来的发展，依托铁路法院建立基层、中级跨行政区划法院，依托最高人民法院巡回法庭建立跨行政区划高级法院。

6. 建议跨行政区划法院设置与铁路法院升级改造同步推进

跨区划法院是充分利用我国铁路运输法院现有资源、编制、力量组建，其中一个重要的考虑是在现有基础上不增加新编制，司法资源重新利用，能够实现资源优化整合，降低改革成本。一方面解决了铁路法院收案不足的问题，另一方面也有利于铁路法院转制移交地方后的升级改造。因此，建议跨行政区划法院设置与铁路法院升级改造同步推进。

7. 建议尽快完善特殊案件管辖制度，统一跨行政区划法院案件管辖标准及类型

中央深改组审议通过的《设立跨行政区划人民法院、人民检察院试点方案》以及《深化改革意见》中，对跨行政区划法院管辖的案件类型作出了相关规定，但对于“跨地区案件”“跨行政区划案件”“特殊案件”等概念内涵、外延的理解上，不尽相同。这就必然导致跨区划法院改革试点对案件管辖的原则、标准、范围存在理解不一致、不协调的问题。而案件管辖制度，恰恰是跨行政区划法院赖以存在的前提和基础，在跨行政区划法院制度中居于核心地位。因此，建议尽快完善特殊案件管辖制度，统一跨区划法院案件管辖标准及类型。

8. 建议给予跨行政区划法院改革试点更大的政策空间和特殊授权，使其在“跨”字与“特”字上真正有所突破，使改革试点更具典型意义

从跨区划法院审理的案件类型看，多为一审重大、疑难、复杂、有广泛社会影响、易受地方干扰的大案要案。目前四中院行政一审案件人均已达 200 件，已经突破饱和工作量，法官办案压力很大，工作严重超负荷，不利于改革试点的良性运行。建议在资源配置和扁平化管理模式探索实践方面给予跨区划法院改革试点更大的政策空间。

七、跨区法院的级别管辖分析

级别管辖是解决上下级法院之间受理第一审案件的分工和权限问题，而

跨区法院作为司法改革的新兴“产物”，在级别管辖方面的规定较少，可以说正处于一种初期的“过渡”阶段，存在一些“空白”和“疏漏”之处，具体的划分标准和今后改革的方向仍需要不断的探索和完善。而在现阶段的试点过程中，跨区法院的级别管辖问题已经有所显现，地域划分、级别设置、各级法院的管辖范围等问题都有待明确，新的级别设置和管辖规定需要进一步改革和试点。跨区法院的级别管辖问题主要可以分为“定级”、“分级”和“量级”三个方面。

（一）跨区法院的“定级”问题

1. 现有“定级”的原因

十八届四中全会提出“探索涉立跨行政区划的人民法院”，随着改革号角的吹响，相应设立了北京市第四中级人民法院和上海市第三中级人民法院两家法院进行改革试点。不难看出，新设立的两家试点法院级别都为中院，都是在原有铁路运输中级法院的基础上改建而成，而如此设置的原因在于：

第一，从改革目的来看，建立跨行政区划法院的根本目的是排除或者说减弱地方保护对审判工作和检察工作的干扰，即司法“去地方化”。而我国现有的司法区划与行政区划高度重合，行政区划的范围原则上决定基层法院地域管辖的范围，区域的重合导致行政干预司法的情况时有发生，易滋生“官官相护”的现象，尤其对于行政案件，改革的目的就是改变这种现状。行政案件因其被告身份的特殊性作为改革关注的重点，而要做到去地方化、打破地方干扰、避免行政案件中被告身份的影响的最直接的思路就是提高审级，由中院管辖。一般的中级人民法院都跨越几个行政区，管辖几个基层法院的上诉案件，从而将司法区划从行政区划中划分出来，尽量减轻行政干预，这是现阶段独立司法区划最直接、最简便的方式。

第二，从实际操作来看，除行政案件以外，对于其他的跨行政区划的案件，如重大环境资源保护案件、企业破产、食品药品安全等跨区域的刑事、民事案件，往往涉及的多个行政区划的当事人，或者损害结果发生在多个行政区划内，如果由普通基层法院审理，不仅在确定管辖方面易出现争议，在取证、执行中也极易发生问题，所以为了明确管辖及便于审理，设定为中院审理能够更为便捷，更有效地和各区划公检法、政府等进行沟通，有利于案件的审理。

第三，现有资源方面，改革前，除了普通法院外，我国还设有几种专门法院，而专门法院的管辖区域与行政区划本身就是分离的，包括铁路运输法院、知识产权法院、海事法院、林区法院、矿区法院等。① 而铁路运输法院近年来管辖案件数量较少，各地区分布也较为广泛，具备改革的先前条件。

故而，新设立的两个试点法院都是在原有铁路运输中级法院基础上改建的级别为中级的跨行政区划法院。可以说在“过渡”阶段，这样的设置是合理的。但是现在试点已满两年，“过渡”性的规定也暴露出很多问题，而这些问题都是下一步的改革的方向。

2. 现有“定级”的问题

按照现有的级别管辖规定，以本市区县人民政府为被告的行政案件都在试点中院一审，这样的管辖划分在实际操作中带来了很多问题。

第一，对行政案件的管辖划分只看被告身份，而不看案件标的额和影响程度，所有案件不分大小都在中级人民法院审理，导致很多较为轻微的案件在中级人民法院一审，在高级人民法院二审，这样不仅有浪费司法资源之嫌，同时案件没有分流，所有行政案件都涌入中院，使得中院的办案压力极大，如果案件上诉也会给高院增加很多案件量，而且相对于民事、刑事案件，行政案件的审级过高，造成了三类型案件的审级不平衡。

第二，集中审理会对当事人诉讼便利产生影响。跨行政区划法院以及专门法院，都是将某一类案件集中审理，在带来减少地方保护、更专业化等好处的同时，也牺牲了当事人的诉讼便利。普通法院按照行政区划管辖，当事人在辖区内参与诉讼，而跨区法院管辖的案件，不论当事人在哪个区域，都只能到这一个法院来参加诉讼，跨区法院的管辖区域一般面积较大，导致当事人参加诉讼的路程较远，增加当事人诉讼成本。

第三，实际操作方面，虽然跨区法院的设置使行政案件的审理集中了，但是现阶段行政法官却难以集中。② 改革前各个法院都有行政法官，而改革后随着行政案件的集中，普通法院的行政法官的人员变动难以跟上，导致有的法院“案多人少”，而有的法院却“有人无案”，人员的调动和安排也是一个难题。

---

① 参见陈卫东：《跨行政区划人民法院改革研究》，载《财经法学》2016 年第 6 期。

② 参见程琥：《行政案件跨行政区域集中管辖与行政审判体制改革》，载《法律适用》2016 年第 8 期。

第四，对于以区县政府为被告的案件基本实现了跨地区审理，但以市级政府为被告的案件还是在本行政区划内审理。可见，现阶段的改革只是解决了区县一级行政案件的去地方化问题，而单一的跨区法院级别设置难以应对多级的政府机关。对于以市级政府甚至更高级别政府为被告的行政案件管辖缺少规定，现阶段的改革只解决了一部分的问题，跨得不彻底的问题较为明显。

第五，案件级别管辖规定范围不清，很多情况下导致管辖争议而需要指定管辖。如“重大环境资源保护案件、重大食品药品安全案件”中的“重大”缺少明确规定，什么情况、什么条件、什么因素满足“重大”都不明确，在司法实践中难以掌握。而跨区法院与普通法院的管辖量级有何区分也没有规定，使这些规定没有参考，空有条文而难以适用。

现有的规定存在上述诸多问题，进一步深化改革势在必行。而针对上述问题，简单地增加跨区法院的案件类型或是明确其管辖标准都是不够的，需要做的不仅是增加跨区法院的审级，在辖区设置上也需要更加简明的划分，具体又分为“分级”和“量级”两个方面。

（二）跨区法院的“分级”问题

跨区法院的“分级”回应的是针对上述问题，如何划分跨区法院的管辖区域和级别设置的问题。

地域方面，有学者认为：“在法院设置上，比较简单可行的做法是，在目前18个铁路运输中级法院、61个铁路运输基层法院的基础上，构建省内跨行政区划法院，没有铁路运输中级法院的地方补齐相关设置。”① 此种方式虽然从操作上来讲较为简便易行，但不可避免的就是难以解决跨得不彻底的问题，以市政府、省政府为被告的案件难以去行政化的问题。对此我们认为，可以采取大行政区划的方式，即在整合专门法院的基础上，将地理位置相近、风俗习惯相近的地区划为一个行政区划，总体上划分为几个大的司法区划，比如京津冀、东北三省、江浙沪等。

级别方面，在每个地域内，分别设立基层、中级、高级三级跨行政区划法院，形成一套完整的跨区划法院体系。具体的级别管辖可以参照普通法院级别管辖的规定，即以标的额和社会影响等因素为划分标准，一般案件在基

① 陈卫东：《跨行政区划人民法院改革研究》，载《财经法学》2016年第6期。

层人民法院审理，重大或涉外案件在中级人民法院审理，上级法院审理下一级法院的上诉案件。在每个地域内设立基层人民法院时，应避免和行政区划重合，在划分时主要参照各区域内的人口数量和在整个地域内的位置。上述构想的原因如下：

第一，独立于行政区划的司法区划能够解决上述跨的不够大的问题。现有的跨行政区划法院虽说一定程度上跨越了区县甚至市级的行政区划，但整体上还没有突破省、直辖市的区划。以试点的两个法院为例，管辖的都是以本市区县人民政府为被告的行政案件。而在一个省、直辖市内，由本地法官审理本地政府，难免会受到“地方保护”“跨得不够大”的质疑。所以在跨区法院的管辖区域设计上一定要突破现有最大的行政区划——省、直辖市的地域范围，建立跨省区的跨区法院，法官也应从各地遴选，或者尝试采用几年制的轮岗制度，进一步减弱地域因素对司法的影响。而为了减弱中国地域广阔所带来的习惯法差异，在区域划分时一定要考虑各省之间的风俗习惯，将地域相近、习俗相似的省市划分为一个区域。同时，跨省的法院设置也可以解决上述对于以市级、省级政府等为被告案件的去行政化问题。而这种“脱离行政区划设立法院也是司法作为中央事权的必然要求”。①

第二，此种完全独立于行政区划的司法区划设置是世界各国的共同选择，在很多国家都有参照，如英国、法国、德国、日本等都建立了独立于行政区划的司法管辖区。英美法系中以美国为例，联邦法院系统把全国划分为各自设有联邦地区法院的 94 个司法管辖区，在其之上还设置了总共 13 个巡回法院，每个巡回法院下管辖数个地区法院。大陆法系以日本为例，日本法院体系类似于一种金字塔结构，最高法院是顶点，而高等法院、地方法院和家事法院则是中间层，最后简易法院就是金字塔的基层。② 这些跨区法院的设置都与行政区划不同，并且最大限度地突破了行政区划的限制。③

第三，设立基层、中级、高级三级法院则能有效解决行政案件的分流及审级过高问题。将标的额小、影响力小的案件交由基层法院审理，标的额较大或影响力较大的案件由中级法院审理，将案件分流，减少现阶段一个中院

① 参见陈卫东：《跨行政区划人民法院改革研究》，载《财经法学》2016 年第 6 期。

② 参见杨宁：《跨行政区划司法管辖制度与法院内部行政管理权的膨大——以日本的金字塔型法院结构为鉴》，载《清华法律评论》2015 年第 2 期。

③ 参见张晓：《论我国跨行政区划法院》，华东政法大学 2016 年硕士学位论文。

审理全部行政案件的审判压力，而设立多个基层法院，更加便于当事人诉讼，节约当事人的诉讼成本。同时，设立三级法院，有利于优化司法资源。随着案件分流，基层法院承担大部分普通案件的审理，减轻中院的审判压力，给大案要案、典型案例更多的研究和审判空间。现阶段将跨区法院混在普通法院中，这种模式带来了很多问题，所以将跨区划法院和普通法院分开，分别设立各自的三级审判体系是改革的必然方向，这样才能真正实现普通案件在普通法院审理，特殊案件在跨区划法院审理的目标。

（三）跨区法院的“量级”问题

在跨区法院的地域划分和级别划分明确之后，级别管辖的下一个问题就是明确具体各级别法院之间管辖标准的问题。管辖标准应以案件性质、所跨地域为主，级别管辖方面应参照普通法院视案件性质对具体数额等标准进行上下调整。

对于行政案件，首先看被告级别，以区县政府为被告的行政案件一审由基层跨区法院审理，以市级政府为被告的行政案件一审由中级跨区法院审理，以省级政府为被告的行政案件由高级法院审理。其次看案件标的和影响力，如果案件涉及的标的额较大或者因为涉及其他因素导致案件的社会影响力较大的应该由上一级跨区法院一审。

对于刑事和民事案件，也应首先以所跨区域为管辖标准，如果案件涉及多个地域当事人或者案件损害结果发生在多个区域的，应由跨区法院管辖。所跨区域涉及多个跨区法院管辖范围的，应由当事人选择管辖法院或者指定管辖。其次看案件标的和影响力，对于金额巨大或情节严重的案件，应升级审理。同时对于刑事和民事案件的级别管辖标准，应参照各管辖区域内普通法院，根据各地经济情况确定具体金额及情节标准，并根据案件性质等进行调整。[①] 对于现有规定中的“重大”等词语进行明确解释，进一步细化管辖标准，明确管辖金额。

八、跨行政区划法院组织体系与管辖制度的完善

构建相对完整的跨行政区划法院组织体系，进一步厘清特殊案件管辖制

① 参见余茂玉：《级别管辖制度的新思考》，载《广西政法干部学院学报》2004 年第 3 期。

度的原则、标准，并使理论探索在修法过程中有所体现，以立法形式固化改革经验成果，从而建立起普通案件在行政区划法院审理、特殊案件在跨行政区划法院审理的双重诉讼格局。同时，在作为增量的跨行政区划司法体系与作为存量的行政区划司法体系以及现行审制度级之间形成科学配置，进而谋求中央统一司法权与有限的地方司法自治权之间、重大法律政策事项的法治统一与地区差异之间、精英司法与亲民司法之间的平衡与协调，最终形成普通法院、专门法院、跨行政区划法院三大法院系统并立的新型人民法院组织架构，是本轮司法体制改革的重中之重。

（一）完善立法

改革必须在法治的轨道上进行，重大改革事项必须做到于法有据，司法体制改革亦不例外。设立跨行政区划法院是司法体制改革的破冰之举，必须坚持立法先行，相关法律的滞后不应成为改革前行的障碍。建议立法机关抓紧修改相关法律，引领和保障改革稳步推进，避免由于立法跟进不足的原因所导致的改革措施打折扣、不到位，甚至引起负面效应。2017 年新修订的《行政诉讼法》第 18 条第 2 款规定，经最高人民法院批准，高级人民法院可以根据审判工作的实际情况，确定若干人民法院跨行政区域管辖行政案件。该法首次提出跨区域管辖的概念，在我国诉讼管辖制度史上具有划时代的意义，但这还远远不够。目前关于司法体制和审判组织设置的法律有宪法、人民法院组织法和相关诉讼程序法等。近期修改宪法并不现实，但建议在修订《人民法院组织法》时，一是在总则部分增设“根据实际需要，国家设立跨行政区划人民法院，审理特殊案件”条款，明确跨行政区划人民法院的法律地位。二是在原法有关法院的种类条款中增加一项——“跨行政区划人民法院”，明确跨行政区划法院的法律地位，使高级、中级人民法院包括但不限于地方各级人民法院，也将涵盖跨行政区划人民法院。为进一步设立跨省、自治区、直辖区市人民法院扫清制度障碍。三是参照专门法院的组织、职权由全国人大常委会另行规定的方式，明确“跨行政区划人民法院的组织和职权由全国人大常委会另行规定”，以形成独立的跨行政区划人民法院组织规范。四是在法院院长和法官产生的条款中增加“跨行政区划法院院长由跨行政区划共同上级人大选举，副院长、庭长、副庭长、审判员由跨行政区划共同上级人大常委会任免”[①] 或“跨行政区划法院院长由产生该法院的人大选举，副院长、庭长、副庭长、审判员由产生该法院的人大常委会任免”等内容，进一步明确跨行政区划法院人员选举、任免问题。此外，今后在修订民事诉讼法、刑事诉讼法时，还可以在管辖条款中增加跨行政区划法院案件管辖范围等内容，为跨区划管辖民事、刑事案件提供立法保障。

（二）跨行政区划法院体系的构建

1. 设置

在相关立法修订完善，制度障碍消除之后，可以尝试构建我国跨行政区划法院体系。为降低改革成本，与地方法院人财物省级统管改革相协调，设置跨行政区划法院一是数量应当有限，规模不宜过大，辖区有必要跨越省域；二是管辖的特殊案件具备易受地方干预、跨区划、重大等多重因素，符合诉讼法规定的中级人民法院一审管辖标准；三是受案数量不宜过多，通过省级统管、管辖调整或审级监督可以实现公正审理的普通案件应排除于跨区划法院管辖范围之外。全国范围内，跨区划法院可以考虑设置三级：在省、自治区、直辖市内，可以根据地理位置，交通状况、人口、辖区面积、案件数量等因素，设置若干跨区划基层人民法院；设置 1 ~ 3 个跨区划中级人民法院；在华北、东北、华东、中南、华南、西南、西北等区域各设置 1 个跨区划高级人民法院，考虑到特殊案件的分布情况和密集程度，跨省高院的设置也不一定要与我国传统意义上的大行政区相对应。

为优化审判资源，设立跨区划中级人民法院的改革应首先在改造铁路运输法院的基础上进行，但如果从资源整合上，整体改制成本过高，在部分铁路运输法院的传统管辖分布、配套设施、人员素质能力等不适合改建为设立跨行政区划法院的情形下，也可以考虑利用与行政区划不存在对应关系的普通法院资源，改造为跨区划法院。值得注意的是，无论是改革的纲领性文件，还是学者的研究论证，都将最高人民法院的巡回法庭与跨区划法院相提并论，二者的受案范围也存在高度的同构性。而在改革试点的实践中，恰恰没有将二者联系在一起共同谋划，协同推进，从而导致了当前改革中最高人民法院巡回法庭功能异化，跨区划法院改革难于突破的局面。从改革的发展看，为

---

① 参见马怀德：《跨区划法院应如何建构》，载《中国审判》2015 年第 5 期。

充分利用司法资源，可以考虑将最高人民法院的巡回法庭改建为跨省设立的跨区划高级人民法院，或将跨区划中级人民法院直接对接最高人民法院巡回法庭，实行“飞跃上诉”，以解决目前跨省域案件无法摆脱地方高院二审，最高人民法院巡回法庭案件不足，功能不畅等问题。此外，跨区划设立的高级人民法院可以发挥多种功能，兼顾知识产权法院、海事法院上诉案件的审理职能，与专门法院层级体系的未来发展、完善相互协调。

2. 审级

有必要依托审级制度改革进一步加强对跨行政区划法院设置及管辖制度的顶层设计和立法完善。十八届四中全会决定提出，完善审级制度，一审重在解决事实认定和法律适用，二审重在解决事实法律争议、实现二审终审，再审重在解决依法纠错，维护裁判权威。跨行政区划法院审级制度的设置应当与审级制度改革紧密联系，协调一致。一是根据完善不同审级法院职能定位的改革方向，科学确定各级跨行政区划法院案件管辖范围；二是积极探索如何通过提级审理程序，确保跨省域重大民事、行政案件裁判公正；三是充分发挥上级跨行政区划法院统一法律适用职能，保证国家法律统一正确实施；四是逐步建立起科学合理的跨行政区划法院审级体系。

（1）按照诉讼级别管辖规定，原由区县级法院管辖的特殊案件可由跨区划基层人民法院集中管辖，二审上诉至跨行政区划中级人民法院。

（2）按照诉讼法级别管辖规定，原由普通中级人民法院管辖的一审重大特殊案件交由跨区划中级人民法院集中管辖审理，二审上诉至跨区划高级人民法院。

（3）按照诉讼法级别管辖规定，原由省、自治区、直辖市以上高级人民法院管辖的一审特别重大特殊案件可由跨区划高级人民法院集中管辖审理，二审上诉至最高人民法院。

由此形成完整的“四级二审终审”的跨行政区划法院审级体系。在审级问题上，还可以考虑给予案件当事人适当的管辖选择权，尊重当事人意思自治，如对于在跨区划中级人民法院审理的一审重大特殊案件，当事人有权选择上诉至省内高级人民法院或跨区划高级人民法院。

3. 组织

根据跨区划法院的性质，配合省级统管的改革方向，中级以上跨区划法院未来不宜仍由省级人大及其常委会产生。省内跨行政区划管辖的跨区划基层人民法院由省、自治区、直辖市人民代表大会产生，其院长由省级人大选举产生，副院长、庭长、副庭长、审判员由省级人大常委会任免。建议将跨行政区划中级人民法院、高级人民法院划归中央统一管理，由全国人民代表大会产生，其院长应由全国人大选举产生，副院长、庭长、副庭长、审判员应由全国人大常委会任免，经费由中央财政统一保障。跨行政区划法院机构设置应当精简，实行审判组织专业化、扁平化管理，设行政、民事、刑事等审判庭及其他司法行政机构，人员采取分类管理，落实法官员额制，实行法官审判责任制。为确保跨行政区划法院能够依法履职，机构规格应当与其职能相对应。跨行政区划中级人民法院规格应当定位略高于直辖市中院，跨行政区划高级人民法院规格应当定位略高于省高院。

4. 步骤

（1）探索阶段。从我国首批跨行政区划法院在京沪两地设立之日起五年内，积极探索、深入调研跨区划法院设置及管辖经验，尤其注重案件管辖方面的系统研究，力争归纳、整理出一套适于跨区划法院管辖的特殊案件的案件类型以及明确、具体的案由，为跨区划法院的发展奠定基础。此外，尽快推动《人民法院组织法》修订中增设明确跨区法院法律地位的条款规定。同时，以服务京津冀协同发展、长三角区域一体化建设国家战略为基本定位，积极争取通过全国人大常委会授权或最高人民法院指定管辖的形式，在跨省域管辖重大特殊案件方面有所突破，由北京四中院和上海三中院分别集中审理京津冀地区、长三角地区跨区划重大特殊案件。充分利用原铁路法院两级的跨区划管辖格局，积极探索基层跨区划法院管辖的特殊案件集中后上诉至中级跨区划法院的跨省上诉管辖模式，为跨区划法院利用原有铁路法院跨区划管辖优势管辖特殊案件创造有益经验，真正实现设置跨区划法院的目的。

（2）推广阶段。五年后，在最高人民法院层面推动形成《最高人民法院关于设立跨行政区划法院改革指导意见》，为进一步在全国范围推进设立跨区划法院的改革进程进行指导。充分利用原铁路运输中级法院系统跨区划设置的司法资源，加以必要的整合改造，初步形成跨区划中级法院在全国设置的整体方案并逐步扩大试点范围。同时，科学、明确的确定跨区划法院案件管辖范围，确保跨区划中级法院分布合理、管辖科学、体系完整，职能作用充分发挥。

（3）完善阶段。配合省级以下地方法院人财物统一管理改革的基本完成，跨省设立跨区划法院，或改造最高人民法院巡回法庭，使其成为跨省设立的跨区划高级人民法院的改革措施应逐步提上日程，从而形成较为完善的跨区划基层人民法院、跨区划中级人民法院、跨区划高级人民法院的跨区划法院层级体系。

表1 我国法院层级体系结构对比表

法院层级	普通法院	跨区划法院	专门法院
最高（第一级）	最高人民法院		
高级（第二级）	省、自治区、直辖市高级人民法院	跨行政区划高级人民法院（兼专门法院上诉审职能）	
中级（第三级）	在省、自治区内按地区设立的中级人民法院、省、自治区辖市中级人民法院、直辖市中级人民法院、自治州中级人民法院	跨行政区划中级人民法院	海事法院、知识产权法院等
基层（第四级）	县人民法院、市人民法院、市辖区人民法院、自治县人民法院	跨行政区划基层人民法院	

（三）跨行政区划法院管辖制度的完善

1. 需要厘清的几个关系

（1）集中管辖与特殊管辖的关系

集中管辖是指一定时期内，根据审判工作的需要，将法定应由不同法院按照诉讼一般管辖原则管辖审理的某类案件交由若干特定法院管辖审理的制度，它是各地各级法院为了优化司法资源配置、改善司法环境、增强司法统一性、提高审判质量而探索实行的一种案件管辖办法。全国层面，由最高人民法院决定实行集中管辖的案件曾包括：涉外民商事案件、部分知识产权案件、涉及金融危机的商事案件等。近年来，最高人民法院为破解行政诉讼立案难、审理难、执行难等突出问题，积极推进跨行政区域集中管辖行政案件工作。而特殊管辖则是将易受地方因素影响的特殊类型案件指定由跨行政区划法院审理的管辖制度。集中管辖与特殊管辖的关系既有交织又有区别，共性因素在于二者都是将某类案件集中统一交由一个法院管辖，从这种意义上说，特殊管辖就是将特殊案件置于跨行政区划设置的法院集中管辖，是广义上集中管辖的一种形式。二者的主要区别在于集中管辖往往具有时间性、管辖案件类型单一，集中的前提大多是案件具有专业性，集中地法院具有审判优势；特殊管辖则具有法定性、案件类型相对固定，由跨行政区划法院集中管辖易受地方因素影响的特殊类型案件，主旨在于排除地方干扰，确保法院依法独立公正行使审判权，提高司法公信力。从长远看，集中管辖仅仅是过渡性方案，其发生的前提一般是“一定时期，根据审判工作实际情况或实际需要”，随意性较大，规范性不足。确定集中管辖的方式更多的是司法政策，甚至具有地方因素，此外，集中管辖很可能会造成同一地区不同法院间任务量失衡。因此，曾在全国范围内实行集中管辖的案件，在条件成熟时，有必要将专门法院或跨区划法院作为其最终归宿。知识产权法院的设立很好地解决了知识产权案件集中管辖的问题，目前争议最大的问题是如何处理行政案件集中管辖与作为特殊案件的行政案件在跨区划法院审理的关系。应当明确，跨行政区划法院不是专门法院，不应将某一特定类型案件完全纳入其管辖范围。通过在行政区划法院集中管辖或省级统管能够实现公正审理的案件，并无必要由跨区划法院管辖审理。

（2）专门管辖与特殊管辖的关系

专门管辖是依据诉讼法规定某类案件只能由特定法院管辖，其他法院无权管辖，如知识产权案件仅由知识产权法院管辖，海事案件仅由海事法院管辖。与专门管辖相对应的是专门法院，专门管辖的案件不属于普通法院管辖范围，也不是按照地域来确定管辖范围，而是根据案件的专业类型划分管辖。其与特殊管辖的共性在于都是突破一般地域管辖界限，实现跨区划集中管辖案件。二者的主要区别在于管辖案件类型不同，确定管辖的因素或者说管辖的目的不同。专门管辖的案件类型具有专业性、技术性强等特点，应由专门法院集中优势审判力量统一管辖。以知识产权案件由知识产权法院专门管辖为例，其目的在于进一步规范和强化知识产权保护，统一知识产权案件裁判标准，提高知识产权案件审判效率等，[①] 显然有别于特殊管辖所需考虑的案件易受地方因素影响等管辖目的。在二者关系的处理上，专利、商标、著作权等知识产权行政案件相对于普通行政案件而言，专业性特征显然大于受地方干扰因素，而且，知识产权行政案件的专门管辖具备跨区域特征，也可以在

① 最高人民法院司法改革领导小组办公室编写：《〈最高人民法院关于全面深化人民法院改革的意见〉读本》，人民法院出版社2015年版，第46页。

一定程度上排除地方影响，因此，知识产权行政案件更适宜由知识产权法院专门管辖。

（3）一般管辖与特殊管辖的关系

一般管辖是指根据诉讼法的规定，按照一定原则确定各级法院之间和同级法院之间受理案件的分工和权限，主要包括级别管辖和地域管辖。特殊管辖是在级别管辖的基础上，超越地域管辖，将具备特殊因素的特定类型案件交由跨行政区划法院管辖，是一般管辖制度的例外。二者的联系在于特殊管辖并不排斥级别管辖，并且按照一般管辖中的级别管辖确定受理案件的一审法院。二者的区别在于特殊管辖并不按地域管辖标准确定同级法院之间受理案件的分工和权限，而是根据案件的特殊性标准决定是否由跨区划法院管辖。在二者关系的处理上，如果按照一般地域管辖标准确定案件受理法院可能会受到地方因素干扰，则应适用特殊管辖标准，由跨区划法院管辖。

（4）时空因素与特殊管辖的关系

从案件地域特征看，特殊案件类型的分布可能并不均衡，如在发达地区的大中城市，企业破产、食品药品安全的案件并不鲜见，在工业区，环境资源保护案件则可能成为主要案件，而在欠发达地区，可能相关案件较少。但以行政机关为被告的行政案件数量则较为恒定，不易受地域因素影响。因此，在设置跨行政区划法院时，应充分考虑特殊案件与地域特点的关系问题，根据特殊案件的集中分布情况，确定特殊管辖区域。从时间因素考察，特殊案件在一定时期内是绝对的，而从长远来看，则是相对的。如西方国家的环境资源保护案件在特定历史时期是特殊案件，当今则成为普通案件。因此，特殊案件类型并不绝对固定，而是处于动态的变化过程中，需要根据社会发展变化情况适时进行调整，这就决定了特殊管辖的范围要保留一定的机动空间，以适应跨区划法院职能的需求。

2. 管辖原则

第一，排除地方干扰原则。管辖案件的确定要符合设立跨行政区划法院的目的，即从制度上防止行政干预、地方干扰和地方保护主义，保证法院的中立性，保证法院依法独立行使审判权，从而确保公正司法，保证国家法制统一。

第二，案件重大特殊原则。跨行政区划法院管辖的案件要具有一定的特殊性。中央提出“构建普通案件在行政区划法院审理、特殊案件在跨行政区划法院审理的诉讼格局”，因此，对于特殊案件的定位十分关键。这种特殊性主要体现为诉讼主体特殊、涉案领域特殊、案件重大、影响广泛、适用特殊程序等。

第三，案件管辖范围机动性原则。跨行政区划法院管辖的案件范围要有一定的机动性，符合科学发展的规律。确定适当、合理的案件规模，为根据特殊案件类型动态发展变化情况，适时调整管辖留有余地。

第四，管辖选择权原则。诉讼管辖制度应当广泛承认当事人的选择权，尊重当事人意思自治，跨区划法院管辖制度也不例外。对跨区划法院管辖的案件，当事人出于诉讼便利、信赖等考虑，有权选择向行政区划法院或跨区划法院起诉，这样当事人一般比较愿意接受自己选择的结果。当然，管辖选择权行使的前提是自由与理性，而非强制或滥用，且应当遵守专属管辖与级别管辖的规定。在民事诉讼，管辖选择权更多的体现于协议管辖，可以适当扩展其适用范围；在行政诉讼，可以赋予原告管辖选择权。

第五，法检管辖范围一致性原则。跨行政区划法院与跨行政区划检察院案件管辖范围必须始终确保协调一致，严格按照跨区划管辖标准确定案件管辖范围，不能因案件量等现实因素随意扩大或限缩案件管辖范围，导致一部分不具备特殊管辖条件的案件进入跨区划法院管辖范围。

上述跨行政区划法院案件管辖原则构成判断案件管辖范围的最基本的标准，在设置跨区划法院案件管辖范围的具体标准时，应当注意要综合考虑上述各项原则的内涵与外延，切忌简单以某一项特殊因素作为识别特殊案件的依据。如跨地区案件未必一定会受到不当干扰，单以这一项因素来判断特殊案件显然是不准确的。同时，应当把易受地方干扰与行政干预因素作为判断特殊案件的首要标准与共性因素，案件的其他特殊性因素都要与该因素相结合才有可能进入跨区划法院案件管辖范围。

3. 管辖标准

（1）易受地方干扰

易受地方干扰是确定跨区划法院案件管辖范围或者说是判断识别特殊案件的首要标准，同时也是其他标准中的应有之义，以行政案件最为典型。案件本身是否具有跨区划因素，不应作为行政案件是否应由跨区划法院管辖的识别标准。如果案件同在行政区划法院审理，原告与被诉行政机关位于同一区域的案件并不比跨区域的案件少受干预，因此，以跨区划、跨地区界定跨区划法院管辖行政案件的范围并不科学。在三大诉讼之中，行政诉讼由于被告一方恒定为行政机关，法院的人、财、物又受制于地方，如果受诉法院的司法管辖区与作为被告行政机关的管辖区域位于同一行政区划内，则极易受到地方行政干预，影响司法公正和司法公信。因此，几乎所有行政案件都有受到行政干预的可能。这也是世界范围法制发达国家和地区普遍设立行政法院，专门集中管辖行政案件的主要原因之一。我国为治疗长期以来行政诉讼“立案难、审理难、胜诉难、执行难”的顽疾，先后进行了提级管辖、异地管辖、指定管辖、集中管辖等多种管辖制度改革的试验，[①] 其目的都在于克服地方保护主义和行政干预，公正审理行政案件。随着行政案件管辖制度改革以及地方法院人、财、物省级统管改革的渐次推进，部分普通行政案件能够在行政区划法院得到公正审理。而对于事关确保中央政令畅通、维护国家法制统一、建立统一市场规则、保障重大民生利益等重大行政案件，如以国务院部门、省级人民政府、县级以上地方人民政府为被告的行政一审案件，原本依法就应由中级人民法院管辖，又具备重大、易受地方干扰等特征，无疑属于特殊案件，应纳入跨区划法院管辖。

（2）跨地区重大利益之争

由于涉案双方当事人不在同一行政区划，与一方当事人位于同一区划的受诉法院往往易受当地地方保护主义的影响，不利于平等保护外地当事人合法权益，造成诉讼主客场现象，具有跨区划因素的重大民商事案件即其适例。强调其重大因素是由于越是重大利益之争，受诉的行政区划法院越易受到地方势力关注和插手干涉。有学者认为，民事审判中的地方保护主义是影响司法公正的最大因素[②]。尤其是诉讼一方当事人属于地方政府扶持或与之有关联的国有企业、垄断产业、集体组织等情形下，在行政区划内具有行政、经济等方面的影响力，按照民事诉讼的一般地域管辖原则，其往往利用诉讼主场优势等地缘性因素通过本地法院对外地企业实体利益与程序利益产生影响。当地法院对本地当事人的天然偏向性使得诉讼结果不自觉地向本地当事人倾斜。不仅在我国会有此现象，以美国为例，实证显示，由被告选择审判地而

① 参见叶赞平：《行政诉讼管辖制度改革研究》，法律出版社2014年版。该书立足于司法实践，对我国行政诉讼经历的提级管辖、异地管辖、集中管辖等改革探索及各自利弊得失进行了深入系统的分析论证。

② 李浩：《论改进管辖制度与克服地方保护主义》，载《法学家》1996年第5期。

其审判地未被更改的案件中，原告的胜诉率为58%，在被告成功将审判地移送的案件中，原告的胜诉率仅为29%。[1] 这种地缘性偏见除导致实体上对外地当事人的不公外，还可能导致对其程序利益的侵害，如程序的拖延、程序申请事项的拒绝等，以及诉讼成本支出方面的不平等。因此，分离一方当事人与本地法院之间存在的特殊地缘关系，由跨行政区划法院审理类似案件，是维持法院中立地位的不二之选。

（3）涉及重大民生利益，具有公益性质

涉及重大民生利益，具有公益性质的案件为社会所广泛关注，本身也多具有跨区域，易受地方影响等因素，如包括公益诉讼在内的重大环境资源保护案件、重大食品药品安全案件、重大消费者权益保护案件等。以环境资源保护案件为例，生态环境具有整体性和区域性的内在特征，环境介质具有跨区划流动的特点，污染环境、破坏生态的行为也往往带有跨区域因素，相应地，其也要求进行整体性司法保护，跨区划法院的设置与环境资源案件的审判特点正相契合。而重大食品药品安全、重大消费者权益保护等案件，侵权行为常带有弥散性，受害者众多，遍布各地，而涉诉一方又可能是大企业，有行业垄断地位，或者长期从事某种特许经营，能够制定规则、格式合同等，甚至影响当地政府，进而干扰行政区划法院公正审判。因此，符合这一标准的案件，适宜纳入跨区划法院管辖范围。

（4）适于统一指定管辖

梳理跨行政区划法院案件管辖标准，不应忽视适于统一指定管辖的情形。例如，对于存在管辖权冲突或管辖权异议，且不易识别、确定管辖权的案件，可能因地方因素导致争夺管辖权的情形发生。因此，有必要启动指定管辖程序，统一指定于不存在管辖权争议的跨区划法院管辖。再如，对于地方党委、政府组成人员、人大代表、政协委员以及省部级以上领导干部等特殊主体职务犯罪和渎职犯罪的案件，司法实践中通常由上级法院指定异地审理，但指定的随意性较大，侦查、起诉、审判三个阶段的指定管辖经常难以形成有效衔接，造成司法效率低下。将此类案件统一指定于跨区划法院审理，既能消除地方干预，也能提高诉讼效率。

上述跨区划法院案件管辖标准（见表2）可以作为判断识别特殊案件的

---

① 孙邦清：《民事诉讼管辖制度研究》，中国政法大学出版社2008年版，第128页。

主要依据，当然，不排除根据社会的变化发展，审判经验的积累，总结归纳出更为适切、新颖的标准，不断促进跨区划法院案件管辖标准的完善。

表 2　跨区划法院管辖标准与具体案件类型对照表

管辖标准	案件类型
易受地方干扰	以国务院部门、省级人民政府、县级以上地方人民政府为被告的行政案件、司法工作人员职务犯罪和渎职犯罪案件、重大责任事故类刑事案件等
跨地区重大利益之争	大标的跨区域买卖合同案件、重大涉国家金融机构金融借款合同案件、重大保险案件等
涉及重大民生利益、具有公益性质	重大环境资源保护案件、重大食品药品安全案件、重大消费者权益保护案件、纳入国家计划调整企业的破产案件、公益诉讼案件等
适于统一指定管辖	地方党委、政府组成人员、人大代表、政协委员以及省部级以上领导干部等特殊主体职务犯罪和渎职犯罪的案件等

附件一：

关于跨行政区划人民法院的立法建议稿

为建立与行政区划适当分离的司法管辖制度，构建普通案件在行政区划法院审理、特殊案件在跨行政区划法院审理的诉讼格局，明确跨行政区划人民法院的组织、职权、地位和管辖原则，保障审判权依法独立公正行使，排除地方干扰，维护司法公正，特作如下规定：

第一条　根据实际需要，国家可以在省、自治区、直辖市一级行政区划内、跨省、自治区、直辖市一级行政区划设立跨行政区划人民法院，审理特殊案件。

各跨行政区划法院管辖区域的划分，由最高人民法院规定。

第二条　跨行政区划人民法院管辖对国务院部门或县级以上地方人民政府所作行政行为提起诉讼的案件、跨地区重大民商事案件、跨地区重大环境资源保护案件、重大食品药品安全案件、重大消费者权益保护案件、跨行政区划人民检察院提起公诉的案件和公益诉讼案件、上级法院指定管辖的其他特殊案件。

第三条 根据诉讼法级别管辖的规定，跨行政区划基层人民法院管辖上述第二条规定的第一审特殊案件。

第四条 根据诉讼法级别管辖的规定，跨行政区划中级人民法院管辖上述第二条规定的第一审特殊案件和对跨行政区划基层人民法院判决、裁定不服，提起上诉、抗诉的案件。

第五条 根据诉讼法级别管辖的规定，跨行政区划高级人民法院管辖上述第二条规定的第一审特殊案件和对跨行政区划中级人民法院判决、裁定不服，提起上诉、抗诉的案件。

第六条 跨行政区划人民法院审判工作受最高人民法院监督，跨行政区划人民法院接受人民检察院法律监督。

第七条 跨行政区划基层、中级人民法院院长由所在地省、自治区、直辖市人民代表大会选举，副院长、审判委员会委员、庭长、副庭长、审判员由所在地省、自治区、直辖市人民代表大会常务委员会任免。

第八条 跨行政区划高级人民法院院长由全国人民代表大会选举，副院长、审判委员会委员、庭长、副庭长、审判员由全国人民代表大会常务委员会任免。

第九条 跨行政区划人民法院基层、中级人民法院对所在地省、自治区、直辖市人民代表大会常务委员会负责并报告工作，跨行政区划高级人民法院对全国人民代表大会常务委员会负责并报告工作。

第十条 跨行政区划人民法院经费由中央财政统一保障。

第十一条 跨行政区划人民法院机构设置应当精简，实行审判组织专业化、扁平化管理，设行政、民事、刑事等审判庭及其他司法行政机构，人员采取分类管理，落实法官员额制，实行法官审判责任制。

附件二：

关于设立跨行政区划人民法院的建议方案

为贯彻落实《中共中央关于全面推进依法治国若干重大问题的决定》中关于“探索设立跨行政区划人民法院”的改革部署，现就全国范围内设立跨行政区划人民法院提出如下建议方案：

一、设置区域、级别

全国范围内，跨区划法院可以考虑设置三级：在省、自治区、直辖市内，可以根据地理位置，交通状况、人口、辖区面积、案件数量等因素，设置若干跨区划基层人民法院；设置1～3个跨区划中级人民法院；在华北、东北、华东、中南、华南、西南、西北等区域各设置1个跨区划高级人民法院，考虑到特殊案件的分布情况和密集程度，跨省高院的设置也不一定要与我国传统意义上的大行政区相对应。

二、审级

原由区县级法院管辖的特殊案件可由跨区划基层人民法院集中管辖，二审上诉至跨行政区划中级人民法院，再审至省内高级人民法院。原由普通中级人民法院管辖的一审重大特殊案件可由跨区划中级人民法院集中管辖，二审上诉至跨省高级人民法院，也可以在未来省级高级人民法院人财物实现中央统管后，上诉至省内高级人民法院，再审至最高人民法院。由此形成“四级二审终审”的跨行政区划法院审级体系。在审级问题上，还可以考虑给予案件当事人适当的管辖选择权，如对于在跨区划中级人民法院审理的一审重大特殊案件，当事人有权选择上诉至省内高级法院或跨区划高级人民法院。

三、组织

根据跨区划法院的性质，配合省级统管的改革方向，跨区划基层人民法院、中级人民法院均应由省、自治区、直辖市人民代表大会产生，其院长应由省级人大选举产生，副院长、庭长、副庭长、审判员应由省级人大常委会任免。跨区划高级人民法院由于跨越省级行政区域管辖案件，因此，只能由全国人民代表大会产生，其院长应由全国人大选举产生，副院长、庭长、副庭长、审判员应由全国人大常委会任免。跨行政区划基层人民法院、中级人民法院对所在地省、自治区、直辖市人民代表大会常务委员会负责并报告工作，跨行政区划高级人民法院对全国人民代表大会常务委员会负责并报告工作。跨行政区划基层人民法院、中级人民法院干部管理方式应以省级党委统管为主，跨行政区划高级人民法院干部管理方式应与最高人民法院一致，由中央统管。同时应充分发挥地方高级人民法院和最高人民法院党组熟悉审判工作、了解法院干部的优势，加大对干部的管理权限。与跨行政区划人民法院相对应，应设置相应的跨行政区划人民检察院，实施法律监督。

四、机构设置

跨行政区划法院机构设置应当精简，实行审判组织专业化、扁平化管理，设行政、民事、刑事等审判庭及其他司法行政机构，人员采取分类管理，落实法官员额制，实行法官审判责任制。为确保跨行政区划法院能够依法履职，机构规格应当与其职能相对应，跨行政区划中级人民法院规格应当定位略高于直辖市中院，跨行政区划高级人民法院规格应当定位略高于省高院。

五、实施步骤

（一）探索阶段。从我国首批跨行政区划法院在京沪两地设立之日起至2017 年，积极探索、深入调研跨区划法院设置及管辖经验，尤其注重案件管辖方面的系统研究，力争归纳、整理出一套适于跨区划法院管辖的特殊案件的案件类型以及明确、具体的案由，为跨区划法院的发展奠定基础。同时，以服务京津冀协同发展、长三角区域一体化建设国家战略为基本定位，积极争取通过全国人大常委会授权或最高人民法院指定管辖的形式，在跨省域管辖重大特殊案件方面有所突破，由北京四中院和上海三中院分别集中审理京津冀地区、长三角地区跨区划重大特殊案件。为跨区划法院利用原有铁路法院跨区划管辖优势管辖特殊案件创造有益经验，真正实现设置跨区划法院的目的。

（二）推广阶段。2017 年后，随着《人民法院组织法》的修改完善及《最高人民法院关于设立跨行政区划法院改革指导意见》的形成，设置跨区划法院的立法障碍消除，可以较大规模推进设立跨区划法院的改革进程。充分利用原铁路运输中级人民法院系统跨区划设置的司法资源，加以必要的整合改造，初步形成跨区划中级人民法院在全国设置的整体方案并逐步扩大试点范围。同时，科学、明确的确定跨区划法院案件管辖范围，确保跨区划中级人民法院分布合理、管辖科学、体系完整，职能作用充分发挥。

（三）完善阶段。配合省级以下地方法院人财物统一管理改革的基本完成，推动跨省设立跨区划高级人民法院，与最高人民法院及其巡回法庭有效对接，积极争取跨区划法院人员、经费中央统管，从而形成较为完善的跨区划法院层级体系。

附件三：

特殊案件案由

一、行政案件

1. 对国务院部门所作行政行为提起诉讼的案件；

2. 对省、自治区、直辖市人民政府所作行政行为提起诉讼的案件；

3. 对地市级人民政府所作行政行为提起诉讼的案件；

4. 对县级人民政府所作行政行为提起诉讼的案件；

5. 海关处理的案件；

6. 其他重大特殊行政案件。

二、民商事案件

（一）大标的跨区域买卖合同案件

分期付款买卖合同纠纷、凭样品买卖合同纠纷、试用买卖合同纠纷、互易纠纷、国际货物买卖合同纠纷、网络购物合同纠纷、电视购物合同纠纷。

（二）重大涉国家金融机构金融借款合同案件

金融借款合同纠纷、金融不良债权转让合同纠纷、金融不良债权追偿纠纷。

（三）重大保险案件

财产保险合同纠纷、人身保险合同纠纷、再保险合同纠纷、保险经纪合同纠纷、保险代理合同纠纷、进出口信用保险合同纠纷、保险费纠纷。

（四）重大环境资源保护案件

大气污染责任纠纷、水污染责任纠纷、噪声污染责任纠纷、放射性污染责任纠纷、土壤污染责任纠纷、电子废物污染责任纠纷、固体废物污染责任纠纷、环境公益诉讼纠纷。

（五）重大食品药品安全案件

产品责任纠纷、医疗损害责任纠纷、重大食品安全事故、特别重大食品安全事故、重大药品安全突发事件、特别重大药品安全突发事件中的受害人所提起的民事诉讼案件、消费者公益诉讼案件。

（六）纳入国家计划调整企业的破产案件

申请破产清算纠纷、申请破产重整纠纷、申请破产和解纠纷。

（七）商事类涉仲裁案件

其他重大特殊民商事案件。

三、刑事案件

（一）司法工作人员职务犯罪和渎职犯罪案件

司法工作人员实施《刑法》第八章、第九章所规定的犯罪，且被告人为副局级以上领导干部，或被告人应当被判处无期徒刑以上刑罚的案件。具体包含以下案由：贪污、挪用公款、受贿、单位受贿、利用影响力受贿、行贿、对单位行贿、介绍贿赂、单位行贿、巨额财产来源不明、隐瞒境外存款、私分国有资产、私分罚没财产、滥用职权、玩忽职守、故意泄露国家秘密、过失泄露国家秘密、徇私枉法、民事、行政枉法裁判、执行判决、裁定失职、执行判决、裁定滥用职权、私放在押人员、失职致使在押人员脱逃、徇私舞弊减刑、假释、暂予监外执行、徇私舞弊不移交刑事案件。

（二）特殊主体的重大职务犯罪案件

地方党委、政府组成人员、人大代表、政协委员等特殊主体实施《刑法》第八章所规定的犯罪，且被告人为副局级以上领导干部，或被告人应当被判处无期徒刑以上刑罚的案件。具体包含以下案由：贪污、挪用公款、受贿、单位受贿、利用影响力受贿、行贿、对单位行贿、介绍贿赂、单位行贿、巨额财产来源不明、隐瞒境外存款、私分国有资产、私分罚没财产。

（三）因存在特殊情形，认为有必要在跨行政区划人民法院审理的部分省部级以上领导干部职务犯罪案件

案由同（二）。

（四）跨地区的重大环境资源保护和跨地区的重大食品药品安全刑事案件

被告人所实施的重大危害环境资源和重大食品药品安全的犯罪行为具有跨地区性或其危害结果具有跨地区性，依法应当由中级人民法院管辖的案件。具体包含以下案由：污染环境、非法处置进口的固体废物、擅自进口固体废物等；生产、销售假药、生产、销售劣药、生产、销售不符合安全标准的食品、生产、销售有毒、有害食品等。

（五）海关缉私机关侦办的走私类刑事案件

走私武器、弹药、走私核材料、走私假币、走私文物、走私贵重金属、走私珍贵动物、珍贵动物制品、走私国家禁止进出口的货物、物品、走私淫秽物品、走私废物、走私普通货物、物品等。

（六）其他重大特殊刑事案件

诉讼保全中责任保险担保方式的实务问题及对策研究

马　军

保全作为人民法院根据申请人的申请，为避免转移、毁损财产的执行难或造成损害，而采取紧急强制性措施的一种制度，具有便捷、快速、预先保护债权人权益，避免债务人逃避债务，保障胜诉目的落实的优势。2012 年修订的《民事诉讼法》及 2015 年最高人民法院发布的《关于适用〈中华人民共和国民事诉讼法〉的解释》（以下简称《民诉法司法解释》），不仅规定了财产保全与行为保全，丰富了保全内容，并以自由裁量原则取代了全额担保原则，即规定了“在诉讼中，人民法院依申请或者依职权采取保全措施的，应当根据案件的具体情况，决定当事人是否应当提供担保以及担保的数额”（《民诉法司法解释》第 152 条第 3 款），上述规定均在于建构更为有效的临时性救济措施体系，降低申请保全的担保门槛。从多年保全制度的司法实践运行分析，法院为防止当事人滥用保全制度，避免在时间紧迫的情况下，无法充分审查保全行为的正当性，从而导致保全错误需承担责任，往往坚持申请人提供担保数额相当于保全标的价值。正如有些学者研究提出的“事实上提供担保成为审查保全的唯一要件”①，如何破解保全担保的高门槛，全国各地法院不断在实践中尝试探索新的路径，尤其在采取引入新的担保方式上摸索出一些有益的经验，由最高人民法院审判委员会通过的《关于人民法院办理财产保全案件若干问题的规定》（以下简称《财产保全案件规定》）中对担保数额和担保方式均采取了降低门槛、丰富担保方式的做法。

---

① 刘君博：《保全程序中担保的提供与担保数额的确定——〈民事诉讼法〉司法解释第 152 条的意义及其适用》，载《法律适用》2015 年第 8 期。

一、在财产保全中引入责任保险担保方式的优势分析

采取有效的诉前或诉中保全措施，不仅能发挥保全制度应有的功能，促进审判和调解工作的顺利展开，同时能够达到防止债务人转移财产，确保生效判决顺利执行，保护当事人合法利益的实现。在当前的司法实践中，一方面，常遇到被告怠于履行债务，消积应诉，采取躲避送达，无理管辖异议等方式拖延诉讼、增加审理期限；另一方面，原告申请财产保全时，需提供等值现金或无权利负担的土地房产作为担保，使因债务承担经济压力的当事人不堪重负，保全制度成为一项“成本高昂”的制度。债权人无力提供担保导致无法保全，不仅放纵债务人消极应诉，也给债务人违法转移、隐匿财产留有了可乘之机。究其实际原因，担保的限定条件较多，审查程序烦琐，传统担保方式存在诸多局限性，限制了当事人充分行使通过保全来预先确保生效判决得以执行的诉讼权利，最终导致审判面对“送达难”“诉讼难”“执行难”的问题。

2014 年开始，原中国保险监督管理委员会（以下简称保监会）批准保全责任保险产品并对申请该项业务的保险公司的保险条款予以备案。全国各地法院对是否接受保险公司的保全责任保险作为担保做法不一，全国已经有 20 余家高院发文认可保险公司保单在保全担保中的法律效力。其后，已于 2016 年 10 月 17 日由最高人民法院审判委员会通过，自 2016 年 12 月 1 日起施行的《财产保全案件规定》第 7 条规定：“保险人以其与申请保全人签订财产保全责任险合同的方式为财产保全提供担保的，应向人民法院出具担保书。”确定了保险公司保单在保全担保中的法律效力。

以北京市第四中级人民法院为例，其作为北京市首家试点探索保全责任保险的法院，从 2015 年开始试点，2016 年 2 月率先制定出台了《关于在民商事审判财产保全中引入责任保险担保方式的规定》并向社会进行公开发布，[①] 随后进一步制定了《关于诉讼财产保全责任保险审核与对接工作规范》。根据北京四中院 2016 年 8 月发布的《金融借款合同纠纷审判白皮书》显示的数据分析，该院所涉重大金融借款合同纠纷案件审理中一系列关键指标呈现出明

① 参见《北京四中院：在民商事审判财产保全中引入责任险》，载《法律与生活》2016 年第 6 期。

显向好的发展趋势。在通过引入责任保险担保方式后，配合“立保同步，保调对接、立审执相衔接”工作机制的运行，使法院在案件审理过程中打破了部门间的壁垒，使案件流转、财产保全等在相关部门共同参与、协调配合下高效完成。该院上诉案件比例从2014年的35.11%下降到2016年的15.38%，公告案件占比从2014年的13%下降到2016年的5%，管辖异议案件从2014年的占比28.72%下降到2016年的11.86%，仅2016年上半年适用“立保同步”工作机制保全的金融案件有51件，保全标的额达70亿元。

诉讼保全责任保险，是对传统财产保全担保方式的扩展和丰富，不仅使“老赖”没有机会转移资产，而且有利于促进调解、化解纠纷，及时兑现权利人的财产权益。审判实践中该担保方式得到法官的认可，如北京市第四中级人民法院在审理原告北京某公司，被告河北某公司等金融借款合同纠纷中，原告北京某公司于2016年1月28日向法院提出财产保全的申请，要求对被告河北某公司的价值人民币5042万元的财产采取查封、扣押、冻结等诉讼财产保全措施，提供诉讼保全责任保险，从提起申请到完成财产保全措施仅用时5天，防止了被告转移资产。在此案中，原告按3.5‰的标准共支付了18.2万元的担保费。而原告咨询了一个担保公司，不但担保费的收费标准在7‰到8‰之间，同时还要进行资产评估，时间可达20天左右。上述案件因及时保全财产，仅审理三个月左右就调解结案①。

作为一种新的保全担保，保险担保与传统担保相比具有几大优势：一是保险机构资产雄厚，赔偿能力强；二是保险机构通过保险费率核算确定的保险费低廉，有利于降低当事人的诉讼成本；三是保险机构在提供责任保险时会进行风险评估，预防和降低保全错误风险；四是保险机构以出具保单保函和保险合同的方式提供担保，无须申请人提供同等价值的财产；五是保险机构运作专业规范，手续简便高效，有利于提高保全效率。从一定意义上讲，诉讼保全责任险的创设是对民事诉讼财产保全制度的创新，既符合财产保全担保规则的一般要求，又补强了担保规则的局限性，由保险人直接承担赔偿责任，不仅为当事人维权提供了更为有效的路径，也更有利于降低诉讼当事人的保全风险。

---

① 参见北京市第四中级人民法院（2016）京04民初26号民事调解书。

二、保全责任保险担保的理论问题研究

作为一种新的担保方式，法院在接受保全责任保险过程持慎重态度，在研究中遇到的主要问题有两个：一是保全责任保险能否作为诉讼保全的担保方式；二是责任保险作为诉讼保全担保的合理性。

（一）保全责任保险能否作为诉讼保全的担保方式

《民事诉讼法》第100条规定，人民法院采取保全措施，可以责令申请人提供担保，申请人不提供担保的，裁定驳回申请。上述规定是诉讼保全提供担保的法律依据。司法程序中的担保依诉讼法规定有三种，即诉讼保全担保（包括财产保全担保、行为保全担保），先予执行担保，执行程序担保。以责任保险作为诉讼保全担保，目前主要适用于财产保全，也有行为保全，如浙江唐德影视股份有限公司与上海灿星文化传播有限公司、世纪丽亮（北京）国际文化传媒有限公司诉前行为保全申请。①

保险公司能否提供担保呢？在司法程序中的担保与经济活动中的担保是否相同呢？有观点认为保险机构不能提供担保。目前《保险法》《担保法》均无禁止保险机构提供担保的规定。《中国保监会关于规范保险机构对外担保有关事项的通知》（保监发〔2011〕5号）中规定："各保险集团公司、保险公司、保险资产管理公司：为规范保险机构对外担保行为，防范保险经营风险，现将有关事项通知如下：一、自本通知发布之日起，保险公司、保险资产管理公司不得进行对外担保。本通知所称对外担保，是指保险机构为他人债务向第三方提供的担保。但不包括保险公司在正常经营管理活动中的下列行为：（一）诉讼中的担保。（二）出口信用保险公司经营的与出口信用保险相关的信用担保。（三）海事担保。"从上述规定分析，中国保监会禁止保险机构对外担保，其目的是"规范保险机构对外担保行为，防范保险经营风险"。保险机构在正常经营管理活动中采取的"诉讼中的担保"不在禁止范围内，但该通知规定的"诉讼中的担保"系指保险机构因自身经营管理活动涉及诉讼而提供担保，上述通知未涉及保险机构能否以保险产品向司法机关提

① 参见《"中国好声音"名称纠纷昨晚裁定 维持原保全裁定》，载微信公众号"方安思达知识产权"，2016年7月5日。

供担保的内容。实际上，责任保险经中国保监会备案足以证明上述通知所禁止对外担保的范围不包括保全责任保险担保。

《民事诉讼法》中的担保与经济活动中的担保是否相同呢？相同的文字，因不同的立法目的，在不同的语境下，往往不具有同样的内涵。诉讼保全担保旨在保证有对错误保全承担赔偿责任的能力，其与担保法中的担保目的和功能均有所区别。对此有学者研究认为“司法程序中的担保根据民事诉讼法的规定操作并运行，在法律适用上，由民事诉讼法这类程序法调整，不适用担保法，也不适用民法”。[①] 从两者性质上分析，《民事诉讼法》系程序法，保全中的担保系为保障诉讼安全为目的的担保行为，《担保法》系实体法，其对担保的规定系在私法领域的经济活动中，以保障债权为目的的担保行为。具体区别有以下几方面：（1）担保关系成立的行为不同。诉讼保全担保系单方法律行为，由担保人向法院提供担保的意思表示，一经法院审核同意即发生法律效力。《担保法》规定的经济活动中的担保，往往系双方或多方法律行为，当事人签有担保合同或条款。（2）担保行为的目的不同。诉讼保全担保的目的在于一旦发生错误保全时，担保能够发挥向被侵权人承担赔偿责任的功效；而经济交易中的担保，目的在于保障合同履行及交易安全，在形成债务时担保人承担一般或连带保证责任，抵押等物权担保则可享有优先受偿权。（3）担保关系生效的条件不同。诉讼保全担保以法院作出裁定，发出协助通知书要求有关部门在规定的时间内不办理财产转移手续或者债务人停止清偿或向法院提存到期债权等，而经济活动中的担保依据法律规定以登记、交付等公示行为为要件，有些担保需要到有关部门办理登记手续。（4）适用的法律不同。诉讼保全担保适用《民事诉讼法》，经济活动担保适用《物权法》《担保法》《合同法》等。

在解释保全责任保险是否可以作为诉讼保全担保方式时，归纳有以下两个关键要点：一是认可保全责任保险作为《民事诉讼法》中担保方式之一，其有别于传统担保方式；二是将《民事诉讼法》中的担保区别于经济活动中的担保。无论将诉讼保全中的责任保险担保作非担保法意义上的担保理解，还是基于保监会批准已经赋予诉讼保全责任保险担保以合法性，都有其合理性。

① 曹士兵：《中国担保制度与担保方法》（第 3 版），中国法制出版社 2015 年版，第 29 页。

有观点认为，保全机构提供的是保单保函或保险合同并非担保，更近似于保证人的保证。对于该问题，笔者认为，应当清楚认识到保险合同虽有别于传统意义上的担保，但也不是保证。能否将保单保函或保险合同作为一种新的担保方式，取决于司法程序中为保全提供担保的目的。从《民事诉讼法》规定诉讼保全需要提供担保的目的予以解释，其有保障诉讼安全、在错误保全时能够承担责任的目的，无疑具有赔偿功能的责任保险完全能够胜任这一任务。因此，笔者认为，对司法程序中的担保作合理解释，将保险公司与申请人签订的责任保险合同作为保全担保方式之一，为确保保险公司承担担保责任，应让保险公司同时向法院提供保证书，以保证书中明确担保的范围、承担的责任等内容。

（二）责任保险作为诉讼保全担保的合理性

财产保全责任保险，是指财产保全申请人作为投保人与保险人签订的保险合同，约定财产保全责任保险权利义务。投保人按照合同约定支付保险费，保险人按照财产保全责任保险合同约定承担赔偿或者给付保险金责任。在发生保全错误时，财产保全申请人依据财产保全责任保险的约定，要求保险公司在保险限额内予以赔偿，保证被保全人所遭受到的损失得以赔偿，继而实现诉讼财产保全担保的目的。

与责任保险具有相类似功能的保险类型还有保证保险，如何理解保证保险的性质，我们可从最高人民法院判决与答复的内容中加以理解。最高人民法院审理中保财产保险有限公司青岛市分公司与中国银行山东省分行、青岛惠德工艺礼品有限公司追索信用证垫付款纠纷案①的判决中载明，“在保证保险中，义务人是投保人。义务人以保险公司为保证人，为自己的信用担保，在其信用产生危机的时候，由保险人来代为履行义务。保险公司是以保险的方式来完成这种保证的，义务人为此要缴纳保险费。保险人有代位求偿权，即在赔偿权利人的损失后，有权要求权利人转让并取得向义务人追偿的权利，并可在缔约时，从投保人处取得反担保……从其所形成的民事法律关系来看，更符合保证的法律特质，即中保公司为中行山东分行与惠德公司之间的债权债务关系提供保证。因此，应当认定中保公司为保证人，由于其出具了《进

① 最高人民法院（1998）经终字第291号民事判决书。

口付汇履约保证保险单》，在该公司与惠德公司、中行山东分行之间形成了保证关系。对这一关系应适用《中华人民共和国担保法》及相关的司法解释”。另外，在《最高人民法院对湖南省高级人民法院〈关于中国工商银行郴州市苏仙区支行与中保财产保险有限公司湖南省郴州市苏仙区支公司保证保险合同纠纷一案的请示报告〉的复函》中答复，“保证保险是由保险人为投保人向被保险人（即债权人）提供担保的保险，当投保人不能履行与被保险人签订合同所规定的义务，给被保险人造成经济损失时，由保险人按照其对投保人的承诺向被保险人承担代为补偿的责任。因此，保证保险虽是保险人开办的一个险种，其实质是保险人对债权人的一种担保行为……适用有关担保的法律”。通过最高人民法院的判决和答复，我们可以归纳出保证保险有以下主要特征：(1) 保证保险是信用担保，保险人地位是保证人；(2) 保证保险适用担保法；(3) 保证保险承担的是代为履行义务或代为补偿责任；(4) 保证保险的保险人享有代位求偿权，可以在缔约时从投保人处取得反担保；(5) 保证保险的受益人非投保人，而是基础交易合同明确约定的相对人。

法律并未禁止保证保险作为诉讼保全担保方式，但从性质上责任保险更符合司法程序中担保的需求。第一，从保全错误损害赔偿角度分析，责任保险更符合诉讼保全担保的要求。根据《民事诉讼法》第105条的规定，“申请有错误的，申请人应当赔偿被申请人因保全所遭受的损失”。有学者认为，“在‘申请有错误’的损害赔偿责任中，被申请人的损害是由申请人错误地申请民事保全的行为所造成的，与一般的侵权行为没有本质区别，不同之处在于申请人利用司法程序侵犯被申请人的合法权益，是一种新类型的民事侵权行为”①。《最高人民法院关于当事人申请财产保全错误造成案外人损失应否承担赔偿责任问题的解释》（法释〔2005〕11号）规定：“根据《中华人民共和国民法通则》第一百零六条、《中华人民共和国民事诉讼法》第九十六条等法律规定，当事人申请财产保全错误造成案外人损失的，应当依法承担赔偿责任。”该解释引用《民法通则》第106条确定了对于财产保全错误应适用过错原则承担侵权责任。因此，申请财产保全错误，本质上属于一种民事侵权行为，因保全损害所承担的赔偿责任属于民事侵权责任。对此学者研究认为，“结合我国目前实际情况和司法现状，应该将过错原则作为申请民事保全

---

① 潘牧天：《滥用民事诉权的侵权责任研究》，上海社会科学院出版社2011年版，第108页。

错误损害赔偿的归责原则”，[①] 基于过错原则承担赔偿责任在保险法类型上应适用于责任保险，而非保证保险。第二，从承担保险责任角度分析，保证保险受限于合同约定的明确相对人，而责任保险则可保障任何第三方利益。保证保险的被保险人或受益人限于基础合同的相对方，在诉讼中应是可列入保险合同的被申请人，这就存在无法保障案外人权益的可能，因为保全错误除了向被申请人赔偿外，还有对未知的、不特定的案外人赔偿，责任保险保障范围则为申请人错误保全对第三方造成的损失，包括被申请人与不特定的案外人。第三，从最终承担赔偿责任的角度分析，保证保险基于保证人地位和合同约定，保险人享有代位求偿权，而申请人投保的目的在于错误造成损失时风险的分担，如果保险人享有代位求偿权，其向谁求偿？如果向投保人求偿有违订立保险合同的目的，而责任保险则不能代位求偿，保险人是最终赔偿责任的承担者。因此保全责任保险更符合诉讼保全提供担保的需求。对此，《财产保全案件规定》第 7 条中明确规定，“保险人以其与申请保全人签订财产保全责任险合同的方式为财产保全提供担保的，应当向人民法院出具担保书”，肯定了以责任保险方式提供担保。

三、保全责任保险运行机制问题研究

（一）严格财产保全合法性审查与担保资质审查，限制保险人设定的免责条款，确保实现诉讼中双方当事人权利的平衡保护

法院采取保全措施时，应当充分考虑如何确保诉讼双方当事人利益的平衡保护，确保保险人有能够承担赔偿责任，且避免因过苛的免责条款设定导致保险合同目的无法实现，损害申请人与被申请人或案外人的权利。严格审查保全理由、保险人资格和保险合同内容，能够兼顾防范错误保全申请、保险赔偿得以实现和防止保全程序滥用的多重保护功能。对申请人以责任保险担保方式提供担保的，人民法院应经审查具体案件情况、保全理由以及保险机构资信状况、经营许可、担保范围、责任承担等内容再行决定是否接受。具体包括：（1）申请保全提交的材料是否齐备，财产保全申请书内容是否符

① 肖建国、张宝成：《论民事保全错误损害赔偿责任的归责原则——兼论〈民事诉讼法〉第 105 条与〈侵权责任法〉第 5 条的关系》，载《法律适用》2016 年第 1 期。

合规范。即申请书是否载明了申请人和被申请人的基本情况、申请保全的事实和理由、保全金额、保全标的物及财产线索。(2) 申请保全的理由是否符合法定事由。即是否存在可能因当事人一方的行为或者其他原因，使判决难以执行或者造成当事人其他损害的情况。(3) 对申请诉前保全的，严格审查是否存在因情况紧急，不立即保全是否存在会使其相关权益人合法权益受到难以弥补的损害的情形。(4) 申请保全的财产权属是否明确，数额是否适当。即申请保全的财产是不是被申请人所有的财产或者双方争议的财产，申请保全的财产的数额是否超过了诉讼请求的数额。(5) 申请保全的担保手续是否有效，即担保形式是否合法。对提供财产担保的，担保财产的数额是否与请求保全财产的数额相当；对提供责任保险担保的，保险机构是否具有相应担保资格以及是否经过了中国保监会的批准。(6) 对保险机构出具的担保函，要严格审查担保函所述承担担保责任的内容、期限、方式等，尤其应当限制保险人免责条款的设定，避免过苛免责条款导致保险事故发生后保险人拒赔。法院对保险人准入采取开放态度，遵循市场规律，允许依法平等竞争，允许有规定资质条件的保险公司平等参与提供责任保险担保。同时严格审查监督，建立必要的保险人退出机制。除对保险人资质条件进行审查外，在发现保险人存在经营状况严重恶化，有丧失或者可能丧失履行承担保险责任能力情形的；违反法律规定，损害社会公共利益，可能严重危及或者已经严重危及公司偿付能力的；具有拒不承担责任保险担保责任的行为，且不能证明其合法性的；保险人不按照相关程序要求出具担保书（函）及相关材料证明等情形的，有权拒绝其提供责任保险担保，并责令其退出责任保险担保机制。

（二）建立保全立、审、执衔接机制，贯彻审执分离原则，确保各司其职、相互制约

在诉讼保全中明确责任保险作为担保方式后，法院应当建立与之配套的机制。司法实践主要需要解决以下三个方面的问题：一是解决保全裁判与保全执行实施的分工问题，二是解决保全裁判与保全执行实施的衔接问题，三是解决保全异议的审理问题。

首先，审判权是“裁判权”，执行权是“实施权”，审执分离是一项完善我国司法管理体制和司法权力运行机制的重要举措。在保全中贯彻审执分离原则的关键在于厘清保全裁决与执行实施的职责权限，强化审判与执行之间

的分工制约。原有的保全裁定与实施均由立案或审判庭进行，影响立案、审判的有序工作，正常安排的立案、庭审工作与突发性保全工作相冲突，并且立案庭、审判庭对执行实施不专业，导致立案庭、审判庭不愿采取保全措施。因此，在机制运行中应当将诉前保全的“裁判权”定位于立案庭，以实现窗口便捷高效受理当事人诉前的请求；将诉中保全的“裁判权”定位于民商事审判庭，以保证进入审理程序的案件，由对案件最“知情”的民商事审判庭进行裁判；将财产保全的“实施权”定位于执行局，以确保在案件审理的同时，由专业执行团队及时高效地实施执行。

其次，加强立审执的衔接程序，建立“立保同步，保调对接，立审执相衔接”的工作机制，使法院在案件保全过程中打破了部门间的壁垒，保证保全的运转，有效避免审执分离后出现审执争权或相互推诿、效率低下等问题。

最后，对于被申请人或案外人（利害关系人）对保全提出的执行行为异议，采取裁执分离的原则，由审判庭负责审理，确保执行实施与执行裁判彻底分离，保证被申请人或案外人（利害关系人）可以通过异议与复议程序获得有效救济，通过有效的“裁执分离”全面平衡地保障各方利益。

（三）适当降低财产保全担保“门槛”，引导诉讼全程受理财产保全申请，允许多种形式联合担保，实现司法效能的全方位提升

法院充分运用责任保险作为新担保方式，坚持方便当事人诉讼，有效简化审查程序，探索在立案和审判阶段建立了诉讼保全释明引导机制。对于目前财产保全的适用率仍然较低，究其原因，与申请人未能提供足额担保额度和法院严苛的实质性审查不无关系。一方面，降低财产保全提供的担保额度，以足以承担赔偿责任担保代替等额担保；另一方面，不再进行以判断申请人是否能够胜诉的实质性审查，而代之以保全申请理由与担保合法的形式性审查。同时应允许组合形式的担保，即允许申请人在能够提供部分担保的情况下，选择对其他担保部分提供责任保险担保。这一方式有利于最大限度地为当事人降低诉讼成本。适用组合担保方式申请担保，是财产保全方式、方法、对象和启动阶段的适度结合。

（四）对接人制度的建立和责任保险保全的规范化和模板化

保险传统业务模式是各保险公司通过保险从业人员和保险代理机构进行

商业化市场运作，这与法院在诉讼保全所需要的司法服务定位有所区别。在寻求避免保险经营的商业化，确保责任保险从业人员专业化和降低以虚假保险合同担保的审查风险，法院应当与保险公司建立诉讼对接人制度。诉讼保全责任保险由保险公司指定的专人承办、专人负责，以实现专业化司法服务功能，防止诉讼保全责任保险的商业化、风险性。具体做法是保险人建立专业诉讼对接负责机制。保险人指定唯一专业负责部门和对接负责人，向法院出具指定诉讼财产保全责任保险对接负责函，载明负责部门及对接负责人电话，并明确承诺诉讼财产保全责任保险仅由该对接负责人办理。法院根据案件情况对诉讼财产保全责任保险相关事宜向上述对接负责人核实保险情况，保险人对接负责人负有核实并如实告知义务。保险人上述负责部门及对接负责人发生变化时，及时向法院出函告知。通过细化关于诉讼财产保全责任保险审核与对接工作规范将责任保险保全进行规范化，并采取模板化审查方式提高效率与减少审查环节，规范审查内容。保险人应将统一出具的书面担保书（函）、资质证明材料等相关文件向法院提交备案。保险人出具与备案的文件不一致的材料时，法院对该诉讼财产保全责任保险的责任保险担保不予认可。

四、诉讼保全责任保险担保实务问题及建议

《财产保全案件规定》虽然确认了诉讼保全责任保险合同可以作为保全担保，但仅作出一条原则性的规定，尚难解决实务操作中的诸多问题。在诉讼保全责任保险制度的运用中，今后一段时期主要会遇到以下问题值得学界与司法实务界进一步研究：

1. 审查保险机构承保能力与担保主要内容

随着司法解释对保全责任保险担保的认可，会有更多保险公司开展该项保险业务，全国有二百余家保险公司，其资金与业务模式不尽相同，法院应当设定适当条件审查保险公司的承保能力以避免风险。《保险法》第 101 条规定，“保险公司应当具有与其业务规模和风险程度相适应的最低偿付能力”。第 103 条规定，“保险公司对每一危险单位，即对一次保险事故可能造成的最大损失范围所承担的责任，不得超过其实有资本金加公积金总和的百分之十；超过的部分应当办理再保险”。在保险公司普遍开展业务时，其业务模式总量与风险程序应当没有评估与披露的程序与规定，对于大标的如涉及数十亿元

的案件，应有“不得超过其实有资本金加公积金总和的百分之十”的审查方式。保险公司在提供责任保险担保时，目前采取保函、担保书、保单和保险合同等多种方式，尚不统一，需要制定统一的规范，尤其防止保函等提交给法院的担保材料与保险合同约定不一致，以及保险合同设定了过苛的免责条款，导致投保人利益受益问题。

2. 防范滥用保全制度问题

由于保全成本的降低，并且保全错误的风险转移给保险公司，因此可能引发申请人滥用保全制度，侵犯他人权益的风险。如何加强法院、保险公司对申请人提出保全合理性的审查，并设定申请人因自身恶意、滥诉或者重大过失导致保全错误时，承担相应的责任。对此目前实践中，因为大多法院都要求保险公司不设定免责条款，而为防范申请人过失造成保险风险增加，所以责任保险合同条款往往会约定申请人作为被保险人时应负有一定义务，在其不履行义务时保险人享有追偿权。如在中国人民财产保险股份有限公司制定的《中国人民财产保险股份有限公司诉讼财产保全责任保险条款》中就明确规定了被保险人负有重大情况告知义务、未经保险人同意不得与因财产保险错误而起诉的当事人进行和解义务、避免因怠于行使诉讼权利而承担不利诉讼后果的义务，如违反上述义务导致损失时，则在保险人向被申请人先行赔付后，有权向被保险人追偿。[①] 中国平安财产保险股份有限公司制定的《中国平安财产保险股份有限公司诉讼财产保全责任保险条款》中也有相应规定。[②] 笔者认为，虽然基于《保险法》理论保险人应向被保险人赔偿，以及《保险法》仅规定了保险人享有代位行使被保险人对第三者请求赔偿的权利，[③] 但依据诉讼保全责任保险的特性，应允许保险人在责任保险合同中设定被保险人未履行义务，在先行赔付后进行追偿的条款。追偿条款的设定随着审判实践发展应当更加具体合理，该条款具有防范滥用保全制度和避免被保险人存在重大过失损害保险人利益的功能。

3. 保全担保范围与申请保全范围问题

一般情况下，申请保全范围应当与保全担保范围相一致，但实际情况则

---

① 《中国人民财产保险股份有限公司诉讼财产保全责任保险条款》第 13 ~ 16 条。

② 《中国平安财产保险股份有限公司诉讼财产保全责任保险条款》第 7 ~ 10 条。

③ 《保险法》第 60 条规定，因第三者对保险标的的损害而造成保险事故的，保险人自向被保险人赔偿保险金之日起，在赔偿金额范围内代位行使被保险人对第三者请求赔偿的权利。

较为复杂。申请人在申请保全时往往并不掌握全部财产线索与财产状况，会出现可能保全时提供的财产线索不足，随着保全或诉讼的进行不断变更、增加，申请保全的财产有可能已经移转，如在银行账上存款的流动，不动产已经设有抵押或可能被其他法院查封。上述情况的出现都会造成保险公司审查保全责任保险合同时保全财产内容与实际保全财产不相符。对此保险公司应当约定保全财产的价值，如对保全价值3亿元的提供担保，应当在审查保全财产的基础上，对变更财产内容可能出现的风险予以风险防控和评估，这需要有更加严密的合同条款设计。

4. 保全错误赔偿诉讼问题

由于保全责任保险运行时间不长，尚未全面展开，形成诉讼的案例不多，在如何进行赔偿上没有成熟的经验做法。在被申请人或案外人（利害关系人）提出错误保全造成损失时，保险公司往往难以确定是否属于错误保全，也难以确定赔偿损失数额。因此保全公司在责任保险合同中会设定被保险人请求赔偿时，应向保险人提供法院判决书，[①]或者约定“发生保险责任范围内的损失，保险人按照人民法院判决和本保险合同约定，在保险单载明的责任限额内进行赔偿”[②]。上述条款约定基本确定了保险公司赔偿的前提是法院的判决，这就涉及保全错误赔偿之诉问题。依据最高人民法院的《民事案件案由规定》中规定的“因申请诉前财产保全损害责任纠纷”与“因申请诉中财产保全损害责任纠纷”两个案由，当事人为保全被申请人或案外人（利害关系人）起诉申请人，在该程序中能否追加保险公司作为被告或第三人，目前尚未有明确的规定。法院判决保全申请人承担错误保全赔偿责任时，其审判事实系基于申请人与案外人（利害关系人）之间的法律关系，该判决并不能确定申请人与保险公司之间的责任划分，比如申请人滥用诉权、严重过错、超保全担保标的申请查封，这也导致可能在保险人与申请人之间还需要通过另行诉讼加以认定。由于在“财产保全损害责任纠纷”之诉中，审判限于申请人与案外人（利害关系人）之间，申请人基于最终赔偿责任的转移而的消极诉讼不进行抗辩，也会损害保险人的利益。因此，笔者建议可以研究将保险公司列为被告或第三人，在“财产保全损害责任纠纷”之诉中一并审理，这样更有利于保障保险公司诉讼权利，分清责任，避免申请人消极诉讼，及时赔偿错误保全造成损失一方，减少各方诉讼成本。

---

① 《中国平安财产保险股份有限公司诉讼财产保全责任保险条款》第11条。

② 《中国人民财产保险股份有限公司诉讼财产保全责任保险条款》第19条。

突破邻避困境：区域环境治理语境下环境资源案件跨区集中管辖设置探究

——以京津冀三地环保案件管辖模式选择为例

张 玮

京津冀协同发展是中央确定的国家重大发展战略。在京津冀一体化背景下，环境资源司法作为社会场域和司法场域的交汇点，成为地方综治体系中特别是区域环境治理中的重要一环，甚至是最后一道防线。为完善京津冀地区环境资源案件的管辖格局，最高人民法院于2016年就已提出“积极探索生态环境保护案件集中管辖或专门管辖制度”①。《最高人民法院关于为京津冀协同发展提供司法服务和保障的意见》为京津冀地区环境司法管辖制度改革明确了思路，但因其内容表述十分抽象笼统，缺少明确的程序指引，施行三年来环境资源案件跨省域管辖的司法实践几乎未有突破，京津冀三地各自的法治力量仍然未跨出各自边界，呈现较强的分割态势。在涉环境资源案件审理工作中，三地法院存在明显的案件量差异明显、力量整合不够、裁判标准不统一等突出问题。治理的理想目标是善治，即公共利益最大化的管理活动和管理过程。② 为了有效发挥规则治理的作用，避免三地因各自利益的狭隘考虑相互推诿扯皮，直至陷入“邻避”困境③，必须明确环首都地区环境保护类案件的管辖思路，利用管辖制度设置的优势，强化京津冀环保治理的协调统一和“一盘棋”意识，打造京津冀环境资源案件审理“一体化”格局。

---

① 最高人民法院2016年2月发布的《关于为京津冀协同发展提供司法服务和保障的意见》。

② 参见俞可平：《治理与善治》，社会科学文献出版社2000年版，第16页。

③ 邻避效应：居民或当地单位因担心建设项目对身体健康、环境质量和资产价值等带来负面影响，从而产生不愿其建在周围的心理。

一、京津冀三地人民法院在区域环境治理中的效能发挥

（一）环境司法参与区域环境治理的主动性和灵活性

“当前处在社会转型期，社会结构深刻变动，利益格局深刻调整，思想观念深刻变化”，① 法院是社会矛盾最为敏感的传感器，尤其在以陌生人为特点的超大城市，各类矛盾冲突往往不加裹挟迅速反映到司法案件中。环首都地区在快速发展的同时遭受严重的“大城市病”侵袭，引发雾霾锁城、水资源匮乏和生态环境失衡等区域性环境问题。三地囿于行政区划、经济利益、政绩考核等隐性考虑缺乏强硬的协调治理措施，在相互推诿中酿成严重后果。近五年首都环保侵权特殊类型案件总量迅速上升，笔者通过北京法院智汇云数据分析平台以“环境侵权”作为关键词进行搜索，案件总量从2014年的1件、2015年的3件、2016年的2件、2017年的12件，上涨至2018年的11件，侵权案件中涉及污染类型涵盖水污染、大气污染、噪声污染、土壤污染或放射性物质污染等类型，从案件审理的过程中可知，法院比其他部门更先感受到环境矛盾产生和演变趋势，多数情况下也是首要防线。因此司法必须是积极能动而非消极无为，需要主动回应环保领域中的急迫问题。

（二）环境司法解决环境矛盾的多样性及救济性

环境侵害具有的长期性、风险不确定性、损害不可计量性、随时扩大性、跨区域性、与科学紧密相连性。由此引发的环境侵权案件往往涉及环境科学领域的专业性知识，从基础性的各种污染源的一般科学认识到司法诉讼中污染行为的认定、因果关系的认定、损害后果和环境修复费用的认定，一般需要环境科学领域的学者专家参与审判以给予解答、论证和确认，其结果具体高度可靠性和衡平性，仅从裁判文书中的显性记载统计可得，2014~2018年首都环境侵权已结案件共计29件，其中运用鉴定方式的案件占比为55%（见表1）。在一般侵权案件中，可以采用法院和解、调解或引入第三方进行矛盾化解等多种方式，无论诉讼或非诉纠纷解决渠道在程序安排、效力确认、行

---

① 参见习近平：《在广东考察工作时的讲话》（2012年12月7日至11日），载中共中央文献研究室编：《习近平关于全面深化改革论述摘编》，中央文献出版社2014年版。

为指导方面均具有天然优势。而在被侵权人救济方面，除一般的损害赔偿方式外，可以采用生态修复、生态服务功能恢复、环境治理、支付生态环境修复费等专门环境法律责任承担方式，其环境侵权救济和恢复性较强。①

表1 北京地区近5年环境侵权案件鉴定情况统计

序号	案号	鉴定内容
1	(2017) 京03民终3482号	上诉人提交北京市环境卫生监测站融雪剂《检测报告》二份，用以证明首发集团公司按规定使用合格融雪剂
2	(2018) 京0116民初7321号	被告提交同一施工标段其他施工地点的鉴定报告用以证实自己施工产生的噪声未达到相应超标标准
3	(2017) 京02民终4725号	上诉人申请对其房屋损坏与海龙公司施工是否存在因果关系及其房屋修复价格进行鉴定、评估，法院咨询鉴定机构，鉴定机构表示因涉及的农村房屋无具体标准导致该种类型因果关系无法鉴定
4	(2017) 京03民初273号	原告委托北京市环境保护科学研究院对本案院内地块土壤污染调查，出具《朝阳区十八里店乡十八里店村337号西北角的院内地块土壤污染调查报告》，经鉴定造成损害
5	(2015) 一中民终字第02189号	被上诉人自行委托北京美居室内环境测试中心进行检测，上诉人提交民用建筑隔声领域三位专家书面意见
6	(2017) 京02民终4727号	法院委托北京市建筑工程研究院建设工程质量司法鉴定中心的权威专家共同勘验
7	(2017) 京02民终4728号	法院组织北京市建筑工程研究院建设工程质量司法鉴定中心进行现场勘验
8	(2017) 京03民初177号	北京市通州区环境保护监测站以被诉电镀厂为受测单位出具《检测报告》
9	(2017) 京02民终5066号	本院组织北京市建筑工程研究院建设工程质量司法鉴定中心进行现场勘验

① 《最高人民法院关于审理环境侵权责任纠纷案件适用法律若干问题的解释》第8条规定："对查明环境污染案件事实的专门性问题，可以委托具备相关资格的司法鉴定机构出具鉴定意见或者由国务院环境保护主管部门推荐的机构出具检验报告、检测报告、评估报告或者监测数据。"《最高人民法院关于审理环境民事公益诉讼案件适用法律若干问题的解释》第20条规定："原告请求恢复原状的，人民法院可以依法判决被告将生态环境修复到损害发生之前的状态和功能。无法完全修复的，可以准许采用替代性修复方式。人民法院可以在判决被告修复生态环境的同时，确定被告不履行修复义务时应承担的生态环境修复费用；也可以直接判决被告承担生态环境修复费用。生态环境修复费用包括制定、实施修复方案的费用和监测、监管等费用。"

续表

序号	案号	鉴 定 内 容
10	（2014）一中民终字第02666号	原告委托北京市劳动保护科学研究所室内环境司法鉴定中心作出《司法鉴定书》
11	（2017）京02民终4730号	法院组织北京市建筑工程研究院建设工程质量司法鉴定中心进行勘验该中心向法院作出函复
12	（2015）四中民初字第00233号	法院委托环境资源部环境规划院环境风险及损害鉴定评估研究中心进行鉴定
13	（2016）京04民初89号	法院委托密云县环境保护局出具环境污染意见，认为监测结果符合土壤环境质量标准
14	（2016）京0102民初21090号	原告提交北京天衡诚信环境评价中心出具的《检测报告》
15	（2018）京民终453号	原告提交环保鉴定中心出具的《关于北京多彩联艺国际钢结构工程有限公司废气污染废气治理工艺的相关说明》
16	（2015）昌民初字第11304号	北京市昌平区环境保护局向法院出具《关于昌平区马池口镇南车时代车辆有限公司污水直排问题的基本情况》及回复函

（三）环境司法作为规则治理的统一性和预期性

京津两地同属海河流域，冀地95%以上同属该流域，且京津冀三地由于地域相近、文化互通等原因，环保案件审判中具有同一性与多样性、隐蔽性与外化性相互交织的特点。如果以生态系统或功能区划定环保案件管辖范围可以有效整合审判力量、统一裁判尺度。全国部分地方省市已经开始着手探索与行政区域适当分离的环境资源案件的管辖制度。2007年，贵州省综合考虑环境生态系统的特点，如河流流域、山峦构成等，划分不同司法保护板块，实现环境资源类案件在“板块”内集中管辖。在全国法院系统中率先建成“145”环境资源案件审判的格局。① 生态环境保护案件实行跨行政区划的集中管辖，也可借此集中能力较强的法官精英对于生态环境保护案件开展专门性司法，塑造专业法官队伍，积累审判经验并促进环境司法能力的整体提升。

---

① 贵州省“145”环境资源审判的格局具体是指1个省法院生态环境保护审判庭，4个中院生态环境保护审判庭，5个基层法院生态环境保护审判庭。贵州省5个基层法院设立的环保庭，其上诉法院为所在市（州）中院，省高院环境审判庭则负责审理不服上述中院判决的案件。通过指定管辖的方式，指定这4个中级人民法院、5个基层人民法庭在前述确定的司法保护范围内，对跨行政区域（指市、州）的民事、刑事、行政案件实行集中管辖。

二、区域环境治理语境下京津冀地区环境资源案件集中管辖的必要性分析

（一）避免环境治理地方保护和“公地悲剧”的需要

当前的司法管辖制度基本是以行政区域为界限进行划分的，而京津冀地区各环境要素具有流动性、系统性、整体性特点，[①] 其造成了环境污染跨越多个行政区域，法院在审判案件时，往往囿于其局部性地域管辖的权限，对生态环境保护案件所涉及其他地域的生态环境保护爱莫能助。对于跨界污染，尤其是行政边界地区的污染治理在京津冀三地缺乏内生动力。而在当前的司法体制下，目前法院和环保部门在人事任免和财政支持上都严重依赖当地政府，司法在涉及重大利益情况下会可能受到行政不当干预而无法公正裁决，长此以往最终造成公地悲剧，对生态环境以及群众生命与财产造成严重侵害。地方治理应当从传统的“控制—附随—服从”转变为“博弈—协作—互补”，这种模式的转型产生对区域协作的强烈需求，京津冀环保案件的审理要想打破“县域—市域—省域”的传统审理模式，从而实现“省域一体化”的转变，必须首先确定案件管辖的地域性问题。确定诉讼管辖权是人民法院司法权的实现形式，相较于“分散管辖、集中管控”等“软措施”，管辖作为“硬手段”通过明确一个法院所拥有的权力性质和范围，以及划定可行使职权的地域，使环境司法脱离属地范围得到相对公正审理，从而避免地方保护和公地悲剧。

（二）统一裁判及执法标准尺度的现实需要

裁判标准不统一问题由来已久，也是引发环保类案件上诉、再审案件数量居高不下的主要原因，尤其环保案件中，因三地实际情况和违法成本不同，在案件办理尺度上存在诸多差异（见表 2）就此可能引发个别当事人利用管辖设置漏洞逃避处罚，或者对同一污染源造成的损害后果、因果关系认定标准不一的情况出现。

---

① 比如，北京市 2018 年 5 月发布了第二次霾的源解析结果，研究显示，北京市全年 PM2.5 主要来源中本地排放占 2/3，区域传输占 1/3，区域传输对 PM2.5 的年贡献率有所上升。

表2 裁量标准出现差异的典型情况

争议焦点	关于裁量标准的不同处理方式	案号
因果关系认定	"被侵权人对于污染行为与损害后果之间因果关系具有关联性的证明标准应当为低度盖然性标准，被告所使用的是含有氯化物的融雪剂，依据相关科学资料显示，含有氯化物的融雪剂对水泥道路具有一定的腐蚀性，故原告已经完成了关联性的举证责任"	（2017）京03民终3482号
	"原告应就其房屋所受损害应提交证据证明与董立军生产作业行为之间的关联性，被污染者即被侵权人就污染行为导致其损害之间的关联性应提交证据予以证明，以排除多因一果的可能性从而达到高度盖然性的证据要求，即只有在可以合理排除其他关联性可能之后，再由污染者即侵权人承担不存在行为与损害后果之间因果关系的举证责任"	（2018）京0113民初6570号
	"本案诉争焦点在于被告施工行为产生的噪音是否达到国家规定赔偿标准，因双方均未提交证据证实自己的主张，对原告请求不予支持"	（2018）京0116民初7321号
	"现有证据已经表明因楼顶制冷机冷却水塔噪音大，在设计上有缺陷，从而导致相邻水塔旁业主户内噪音超标、本楼二层住户有噪音。御水苑公司应就其排放行为与损害之间不存在因果关系提出有效证据"	（2015）一中民终字第02189号
鉴定费用承担	根据《最高人民法院关于审理环境民事公益诉讼案件适用法律若干问题的解释》第22条规定："原告请求被告承担检验、鉴定费用，合理的律师费以及为诉讼支出的其他合理费用的，人民法院可以依法予以支持。"由七被告承担鉴定费用197, 700元	（2017）京03民初273号
	鉴定费254, 660元，由原告负担，已交纳125, 000元，对于尚未交纳的129, 660元，于本判决生效之日起十五日内交纳	（2015）四中民初字第00233号
连带赔偿问题	被告主张与密云县城乡道路建设指挥部已就相关达成补偿协议，并约定被补偿单位、村集体或个人再提出问题，由密云县城乡道路建设指挥部负责接待并予以解决故申请追加密云县城乡道路建设指挥部上级行政单位北京市密云区人民政府作为第三人参加诉讼，未被允许	（2017）京03民终3482号
	现已无法区分各被告的污染物排放量，污染损害结果亦不可分。因此，公益诉讼起诉人要求七被告承担环境侵权连带责任，连带赔偿生态环境修复费用	（2017）京03民初273号

产生裁判结果的不统一问题主要有以下原因：一是法律本身具有一定程度的模糊性和不确定性，随着经济社会发展和矛盾纠纷的复杂化、多元化，现行法律体系在面对一些案件时具有一定程度的局限性和滞后性，因法律本身存在不确定性、模糊性乃至法律空白，造成原则性条款在司法实践中被大量适用，此乃同案异判的主要原因。二是自由裁量权的地域化和差异化。在法律法规没有明确规定或者法律不健全的情况下，各地的规范意见带有滞后性，京津冀三地的意见有相互冲突的情形，产生有差别的地域化的裁判结果。三是不同法官受法学理论基础、知识层次、认知差异、社会经验和价值评判等因素的影响，对法律的理解认知水平和适用尚不统一，由此造成环保类案件审理规则、损害赔偿标准等存在较大差异。

（三）整合力量参与社会风险防控和资源共享的需要

目前京津冀法院在区域风险防控等司法协同方面各自为政、力量分散，环境诉讼不仅涉及个人利益，而且可能出现多重法律关系的交叉、法律责任的竞合或聚合，在近五年首都地区 29 件审结案件样本中，侵权人涉众（10 人以上）或涉企业的占比达到 86.2%，在处理京津冀地区环保案件缺乏统一研判机制，导致在处理涉及环境的敏感性案件时有两种极端做法，一种是对案件中蕴含的社会风险预测和预防不足，另一种是采取过于谨慎或中立的态度，没有将其作为有效参与社会风险防控的突破口，为此召开的区域间联席法官会议次数寥寥。涉环境资源案件个案裁判结果很容易成为社会的“靶向”，三地法院必须加强对敏感案件的甄别，加强联动审理和案件生成，起到更好的解释、宣扬法律的导向。除此之外，三地法院之间的协作不深入、不精细有以下突出表现：其一，京津冀三地法院目前案件信息、数据存在壁垒，信息共享困难，北京的“智汇云”平台、“睿法官”系统，天津的信息化 3.0 版，河北的“智审 1.0”审判辅助系统现阶段无法实现数据对接和共享。其二，司法协作仍然体现在整体工作理念和专项工作开展上，各法院之间参与程度和响应态度不一，效果缺乏实践检验。从目前京津冀法院之间的协作形式上看，主要集中于立案、送达、执行协助等程序性事项，涉及重点领域的常见案件的会商频率比较低，对一些案件的会议纪要或裁判指引辐射范围有限。如若将某些特定案件实行集中管辖，则带来更强的“黏合剂”效应，通过对重大敏感案件集中审理可有效防控风险并使得京津冀司法力量得到更广泛更有效的融合。

三、京津冀地区环境资源案件管辖模式选择及构建

任何制度设计或制度创新应立足本国国情，否则将南橘北枳。从全国范围的试点方案以及文件要求来看，环境资源类案件管辖集中的方式有指定管辖①、三审合一②（两审合一）、巡回法院管辖③、专门法院管辖④等具体方式。聚焦环首都地区，在生态环境保护类案件集中管辖制度的探索上，河北省石家庄市中级人民法院设立专门的“环境保护审判庭”，实现“三审合一”⑤；河北省经最高人民法院批准，确定石家庄、邢台、保定、沧州、唐山、张家口中院作为试点法院⑥，受理第一审环境民事公益诉讼案件，试点辖区“集中管辖”。天津市目前的环境保护行政案件指定由天津铁路法院集中管辖，上诉案件经最高院指定由北京市第四中级人民法院管辖⑦，环保案件跨省域范围实现异地管辖有所突破。但从目前的实施效果看，京津冀三地探索实施的指定管辖、集中管辖、“三审合一”等审判方式大部分为自发实践，而真正实

---

① 指定管辖是上级法院用裁定的方式，让下级法院对个案进行管辖的制度，部分地方在探索初期是通过指定管辖的方式来解决跨行政区域环境资源案件的司法管辖问题。

② 三审合一：在法院内部设立环境资源审判庭，该内设机构与所属人民法院的管辖权相对应，如最高人民法院、北京市延庆区人民法院、山东省东营市经济技术开发区法院设立环境资源审判庭。

③ 最高人民法院于 2015 年 1 月在广东省深圳市、辽宁省沈阳市设立了巡回法庭，负责审理跨行政区域的重大案件。2016 年 11 月最高院又在重庆市、陕西省西安市、江苏省南京市、河南省郑州市增设巡回法庭。

④ 自 1978 年改革开放之后，基于资源开发利用与环境保护的需要，我国相继设立了森林法院、油田法院、矿区法院、海事法院等专门法院。2016 年 3 月，最高人民法院发布《关于为长江经济带发展提供司法服务和保障的意见》，要求充分利用海事法院跨行政区划管辖的优势，妥善审理长江流域环境污染、生态环境破坏案件，探索建立长江流域水资源环境公益诉讼集中管辖制度。

⑤ 石家庄市中级人民法院环境保护审判庭主要职能为：审理辖区内涉及环境保护的第一、二审刑事案件；审理第一、二审涉及大气、水、土壤等自然环境污染侵权纠纷民事案件；涉及地质矿产资源保护、开发有关权属争议纠纷民事案件；涉及自然资源环境保护、开发、利用等环境资源民事纠纷案件；审理涉及环境保护的第一、二审行政案件；审查辖区内行政机关申请人民法院强制执行的涉及环境保护方面的非诉执行案件。

⑥ 河北省高级人民法院下发《关于进一步建立实施环境司法执法联动工作机制的意见》，探索建立与行政区划适当分离的环境资源集中管辖制度。该意见指出，中级人民法院可以在本辖区内选定环境资源案件数量多、审判力量强的 2～5 个基层法院，设立环境保护审判庭或环境保护合议庭，集中审理辖区内应由基层法院管辖的第一审环境资源案件。

⑦ 参见《最高人民法院关于指定北京市第四中级人民法院管辖天津铁路运输法院审理的环境资源保护行政案件上诉案件的通知》（法〔2017〕318 号）。

现了跨域管辖突破的有益尝试仅仅限定在天津铁路运输法院的环境资源行政案件类型上，截至2017年京津两地跨域上诉案件数量仍未突破个位数。综合来讲，京津冀三地仍然囿于行政区划、地方利益、政绩考核等担忧，将各自的法治力量在各自辖区内故步自封，造成政策制定执行的狭隘性，环保案件集中管辖制度亟待跨出突破性的一步。

这实质性的“一步”该如何跨为好。据笔者考察，目前指定管辖、三审合一、专门法院管辖等方式现阶段难以突破区域环境司法的现实壁垒。首先对于指定管辖方式，无论是“个案指定”还是“类案指定”方式，均违背管辖法定的司法原则。指定管辖作为法定管辖规则之外的一种管辖确定方式，其仅适用于管辖权争议或者管辖不明的情况，由于个案特殊性对法定管辖进行个案调整、不可避免地存在一定的可选择性和不确定性，如果不加规范可能会导致恣意。对于上级人民法院预先对某一类案件的管辖权进行批量式调整的“类案指定管辖”的方式，具有一定的可预测性，但以行政命令方式统一、批量式的集中指定管辖，违背了指定管辖仅适用于特殊情况、个别案件的立法本意，缺乏明确的法律依据，且在地方保护主义的驱使下，无论上级法院如何指定，难保其他与之有利害关系的地区法院不会提出异议。

而集中管辖方式也有不足，对于“三审合一”或“二审合一”的集中方式，从全国范围的实践来看，[①] 环境资源案件集中管辖的试点工作在“庭内集中”和“院内集中”的阶段性实践已经基本完成，无论是试点法院的数量还是级别都呈现出遍地开花的局面。但从实践效果来看，它依附于传统的审判庭或合议庭，多数为在原来某个审判庭加挂牌子，有的审判庭形同虚设，设立目的主要为审理一批当地环境资源棘手案件，临时性特点明显，且审判力量主要来自传统庭室，均是以前办理普通案件的法官，人员流动性较大，大多数合议庭的成员所具有的环境资源类的专业知识与普通法官相差无几，这种做法既不能培育案源，也无法确保专业法官的办案质量。

对于“专门管辖”的方式，专门法院是典型的跨区划法院[②]。在近40年实践中发挥了较大制度优势。这种方式有三点优势：第一，符合环境要素流动性和跨行政区域性的特点。这样可以很好地解决跨行政区域环境资源案件

① 截至2017年4月，全国法院共设立环境资源审判庭、合议庭和巡回法庭956个，其中，专门审判庭296个，合议庭617个，巡回法庭43个。

② 陈卫东：《跨行政区划人民法院改革研究》，载《财经法学》2016年第6期。

问题。第二，抗干扰能力相对较强。专门法院属中级法院建制，管辖权具有跨行政区域特征，人财物均由所在省管理。第三，专门的审判机构集中审理，对环境资源案件的整体把握和裁判尺度的统一具有很强优势。部分学者也提出设想，建议设立以流域为基础的专门性流域法院，集中管辖跨京津冀省级行政区划生态环境保护案件。① 但是，从考察的情况来看，成立专门法院管辖审理环境资源类案件尚不具有成熟的条件，首先，从数量上看，据学者统计，从2014年到2016年10月，京津冀三地的环境污染责任纠纷案件审结共计168件，② 可以说京津冀三地的环境资源类案件总体数量仍然处于低位，特殊案件作为例外情况在数量上远远不及普通案件。其次，涉及环境资源案件多数涉众且较为敏感，假设专门法院审理案件的水平不高、抵御社会风险能力不强、机制运行不畅、案件收的进来却办不出去，则会对区域社会法治体系造成较大影响。

京津冀司法协同化的发展路径要遵循“城市群密切联系原则”③，协同应当是一种以共同利益为动机、以相互关系增进为导向、立足长远的、广泛而灵活的、高度融合的组织化行为模式。④ 在京津冀地区思想未完全统一、协作机制未完全建立的当下，探索环境资源案件跨行政区划集中管辖，特别是跨省级行政区划的集中管辖，非一朝之功而要稳妥前行。据此，笔者认为，当下并不急于建立跨省级环保专门法院，而是赋予某一现有专门法院以集中管辖环境资源案件的职权，应分“两步走”实现京津冀环境资源案件集中管辖，当前“第一步走”的最优选择应为在京津冀地区按照“司法保护板块”选择“铁路运输”基层法院集中审理普通环境资源一审类案件，上诉至指定中院，而“重大”环境资源类⑤案件交由北京市跨区法院（四中院）进行初审，上诉至北京市高级人民法院。最高人民法院在京津冀三地协作方面应当作为桥

① 李雷、李庆保、张勇：《京津冀协同环境司法中的集中管辖问题研究》，载《河北法学》2017年第11期。

② 张乃伦：《京津冀协同发展背景下环境侵权类案集中管辖问题探究》，载中国法院网：www.chinalawedu. com/web/23185/wa1903211299. shtml，最后访问日期：2019年11月18日。

③ 刘树成：《现代经济辞典》，凤凰出版社、江苏人民出版社2005年版，第28页。

④ 肖爱、李峻：《协同法治：区域环境治理的法理依归》，载《吉首大学学报（社会科学版）》2014年第3期。

⑤ “重大”案件的范围包括：（1）环境损害或污染物跨省级行政区划案件；（2）疑难复杂的民行或民刑交叉案件；（3）跨省有重大影响的案件；（4）环境公益诉讼案件；（5）以县级以上人民政府为被告的环境行政诉讼案件；（6）高级人民法院报请最高人民法院指定或最高人民法院直接指定其审理的一审案件。

梁纽带起到重要的统筹和推动作用。

首先，按照“司法保护板块”集中是环境整体保护和去地方化的考虑，“司法服务板块”的选择应综合考虑生态系统或生态功能区、案件性质、专业审判人员集中情况、环境资源案件数量、人口及经济发展水平等因素进行筛选和确定。从生态系统的角度划定“司法保护板块”对案件进行审理，[①] 防止分段治理各自为政的现象，更有利于生态系统的修复，因环境审判涉及环境科学知识的盖然性分析较多，环境公益诉讼专门性问题需要结合环境科学知识之专业性，实现人员集中也有利于实现裁判的统一，塑造专业团队。更为重要的是，从集中管辖设想提出以来，“到底由谁管如何管”的争议从未停止，从三地的功能定位角度讲，河北地区“三区一基地”的定位中的重要一项是“京津冀生态环境支撑区”且河北人口最多、地缘范围最大，但河北经济文化相对落后，对污染治理的支付能力和案件审判力量相对不足。[②] 从综合实力来讲，北京对河北周边地区的带动作用和辐射功能日益增强，但案多人少压力凸显，恐难承载全部案件量，这一问题也同样制约着天津地区。如若按照物理板块划定管辖，减少三地间的利益争执和推诿扯皮，并且普通环境资源案件跨区域集中，可以较大程度上使该类案件得到异地审理，公正性得以提升。

其次，选择改造铁路运输法院集中审理一审案件有以下五方面考虑。一是有效消除地方保护和行政干预形成的诉讼“主客场”现象，铁路运输法院与普通法院不同，其没有对应的行政区划单位，将环境资源案件交由铁路运输法院管辖，可有效防止地方干预，维护司法权威。二是有利于生态环境的整体保护，生态环境具有整体性和区域性的内在特征，环境介质具有跨区域流动的特点，环境污染和生态破坏的行为也往往带有跨区域因素，铁路运输法院的设置与环境资源案件的审判特点也相契合。三是可有效分离一方当事人与本地法院之间存在的特殊地缘关系，维持法院中立地位，并通过人员集中塑造专业审判团队。四是有利于构建普通案件在行政区划法院审理，特殊案件在跨行政区划法院审理的新型诉讼格局，实现环境保护类案件审理专门

① 例如，贵州省高级人民法院根据主要河流流域范围将全省划分为四个生态功能保护板块，由四个中院五个基层法院对环保案件实行集中管辖，海南省高级人民法院在该省五大河流流经的市、县实行环境资源案件由5个基层法院实行集中管辖。

② 参见《国民经济和社会发展统计公报》中的统计结果。

化。五是有效利用一批闲置司法资源，通过进行司法体制综合配套改革，推动司法供给侧结构性改革，实现对超大规模法院的案件合理分流以及对案件分布极不均衡的合理调配，满足人民群众多元的司法需求。这样规定能够确保环境资源案件得到有效审理，并且使当前改革动作不大，易于操作，也能有效实现案件集中管辖的初衷。

最后，普通环境资源案件选择由基层法院管辖审理，而非提级管辖的考虑在于，一是大部分环境资源案件的加害人主观恶性较小，损害后果轻微，未达到需提级管辖的程度。二是相较于较为重大的环境资源案件，普通案件受到司法地方保护的消极影响较为不明显，由跨区基层法院进行审理很大程度上足可避免诉讼“主客场”问题。而重大环保案件初审应选择北京四中院管辖，是因为河北省基本公共服务方面同京、津直辖市之间仍然存在差距，地方司法能力可能相对较弱，由河北省高级人民法院管辖的设想不符合审级制度规定，将重大案件的管辖权下放至河北省中级人民法院又难以有效防止异地或京津地区党委政府的干预。北京四中院依托铁路运输中院整体改造而来，作为全国首个跨区法院在重大疑难案件办理中发挥了较为积极的作用，[①]整建制改革的效果也比较明显。由北京四中院管辖重大环境资源案件，北京市高级人民法院承担普通案件再审和重大案件二审的审判职能较为合理。

除此之外，京津冀三地要不断强化基层化解矛盾的能力，发挥地方多元调解在协调环境案件主体利益中的作用。不仅如此，更要建立健全司法与行政联动机制，积极与公安机关、检察机关、环境保护机关的对接配合，最大限度地提高委托异地执行事项的效率，尽快形成多元共治格局。

而对于环境案件跨区集中的“第二步走”，笔者认为，如果要摆脱环境司法地方保护主义，则需要将中央司法权下沉至一定级别的地方，使中央司法权实现对因可能受地方干涉或因行政区划限制而无法达到生态系统整体性保护案件的管辖，借此实现中央司法权对于地方环境司法的某种衡平与补充功能。因此，生态环境保护案件集中管辖改革的下一步，应考虑建立跨行政区划管辖的中央法院系统，这一系统的审级设置可以设置如下：以“司法保护板块”为依托对管辖区域进行划分，改造铁路运输基层法院成立跨区法院审理环境资源类一审案件，参考五大督查中心的设置与管辖范围进行区域的划

---

① 北京四中院履职以来共受理环境民事公益诉讼案件 16 件，数量居全国首位。其中社会组织提起诉讼的 13 件，检察机关提起诉讼的 3 件，审结 11 件。

定，成立环境资源跨区二审法院，将最高人民法院六个巡回法庭作为再审法院，由此形成较为完备的跨区法院环境审判组织体系。

四、结语

当下，京津冀区域环境保护和治理的任务仍然十分艰巨。环境司法作为环境区域治理的重要一环，必须打破“一亩三分地”各自为政的现状，在管辖地域范围划定、审级制度规定，与检察院系统衔接机制建设上统一谋划部署，从而从根源上解决环境污染，实现一体化区域污染治理和环境改善目标。

以危险方法危害公共安全犯罪认定的规范与完善

——基于对1124份相关判决的考察

江珞伊　徐宇翔

《刑法》第114条和第115条对以危险方法危害公共安全犯罪的罪状，只简单规定为“以其他危险方法危害公共安全，尚未造成严重后果的”“以其他危险方法致人重伤、死亡或者使公私财产遭受重大损失的”，因而理论和实务中对于“危险方法”“公共安全”的含义存在不同认识，致使司法实践中该罪成为“口袋罪”，存在罚及无辜和轻罪重判等问题。故笔者从1124份相关判决入手，从外在失范现象、内在失范原因、具体规范理解和整体完善路径四个方面，探索本罪认定中的问题并提出完善建议，以期为本罪的规范适用提供有益借鉴。

一、实证检视：以危险方法危害公共安全犯罪司法失范现象探析

笔者通过中国裁判文书网，以“以危险方法危害公共安全”进行全文检索，共检索出相关判决1124份①，通过阅读整理，探析本罪认定中存在的问题。

（一）本罪司法失范整体问题

1. 行为涵摄过宽。在1124份判决中，以本罪认定的共656份，所涉行为20余种（见图1），其中包含了部分不应认定为本罪的行为，主要分为四种情

① “1124份”为2018年4月26日10时32分的全部检索结果。

况：一是认定为“其他危险方法”，但对公共安全不具有直接危险的，如盗窃消防水枪喷头等行为。二是针对特定的人实施犯罪，未危害公共安全的，如针对特定的人射击或撞击等行为。三是涉及公共安全而未构成其他犯罪，但不具有本罪行为所要求的危险性而认定为本罪的，如盗窃窨井盖等行为。四是虽危害公共安全，但未达到本罪所要求程度的，如行驶的车辆中乘客拉动方向盘或干扰司机但并未产生实质危险的行为。上述行为的认定使得本罪逐渐成为风险社会的新生口袋罪，有学者指出，本罪中“‘其他危险方法’的扩大已经到了近乎荒唐的地步”①。

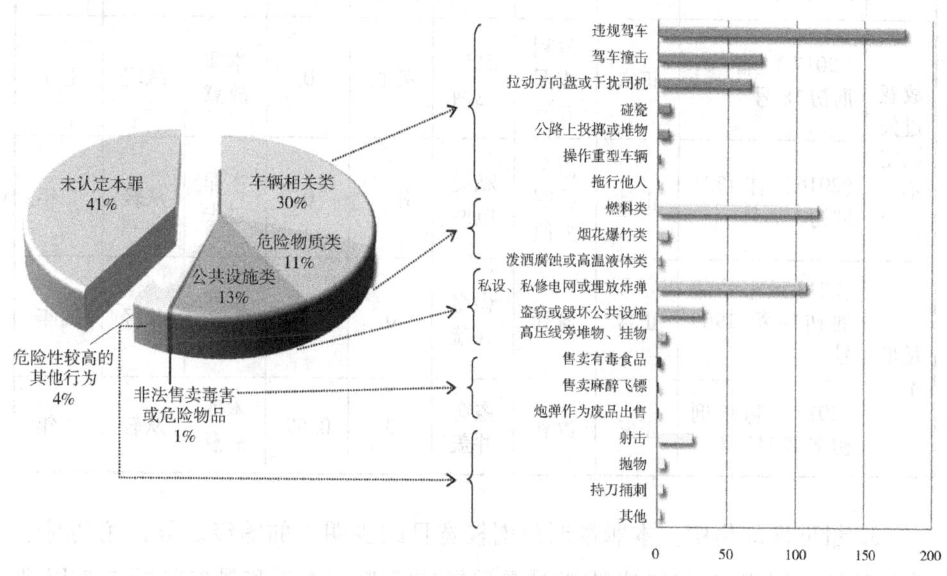

图1 1124份本罪相关判决行为分布图

2. 同案异判频发。一方面，对于相同或相似行为，样本中存在较多对构成本罪与否或对本罪故意与过失认定不一的情况，显失公平；另一方面，在认定为本罪、结果相近且量刑情节相似的情况下，有时量刑差异也较大，如表1所示中三对判决的对比。

---

① 于志刚：《口袋罪的时代变迁、当前乱象与消减思路》，载《法学家》2013年第3期。

表1 相似判决对比表

分类	案号	主体状态	行为目的	行为方式	人身损害（人）	财产损失（万元）	认定罪名	量刑情节	量刑
罪名认定不一	(2017) 吉07刑终113号	正常	不详	超速驾车	死亡6+受伤2	不详	交通肇事罪	从轻	六年
	(2015) 穗中法刑一初字第00403号	饮酒	不详	超速驾车	死亡6+轻伤1	不详	本罪故意	从轻	十五年
故意过失认定不一	(2017) 晋07刑初18号	正常	盈利或图方便	私设电网	死亡	0	本罪故意	减轻	七年
	(2016) 桂1321刑初133号	正常	盈利或图方便	私设电网	死亡	0	本罪过失	从轻	二年
量刑不一	(2013) 珠香法刑初字第1969号	正常	盈利	盗窃井盖	0	2.36	本罪故意	从轻	四年
	(2014) 聊东刑初字第443号	正常	盈利	盗窃井盖	0	0.59	本罪故意	从轻	六年

3. 量刑区间集中。本罪量刑范围较宽且缺少明确的等级划分，尤其对于样本中占比69.97%的尚未造成严重后果的行为，入罪和量刑的标准难以把握，导致以下两种结果：一是，法官量刑时多在刑罚起点三年左右量刑，其他刑罚区间适用极少（见图2）；二是，危害程度和损害结果相差较大的案件却判处了相同或相似的刑罚（见表2）。

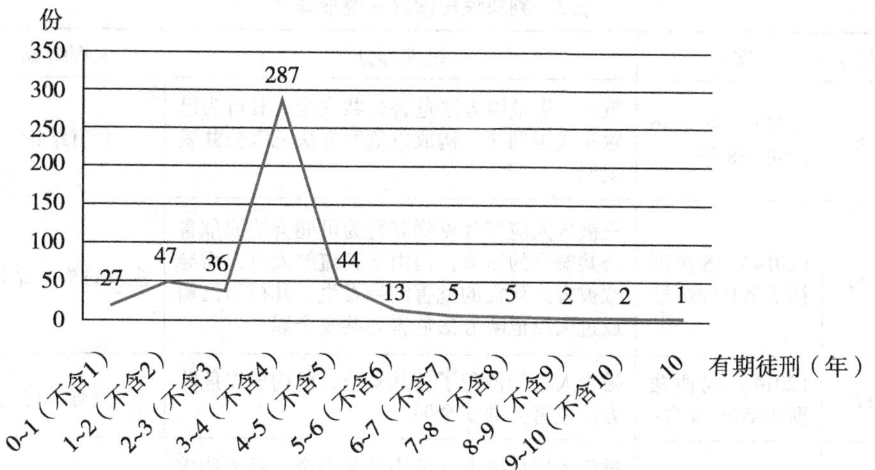

图2 本罪故意形态且尚未造成严重后果的459例判决有期徒刑分布图

表2 本罪故意形态且判处三年有期徒刑部分判决对比表

案号	主观方面			客观方面			刑罚	
	主观心态	主体状态	行为目的	行为方式	人身损害（人）	财产损失（万元）	量刑情节	量刑
(2017) 苏0205刑初755号	故意	正常	泄愤	拉动方向盘或干扰司机	0	0.00	从轻	三年
(2014) 棠刑初字第152号	故意	正常	报复或追赶	拉动方向盘或干扰司机	轻微伤3	0.00	从轻	三年
(2014) 博刑初字第73号	故意	正常	报复或追赶	拉动方向盘或干扰司机	0	14.50	从轻	三年
(2018) 鄂0192刑初108号	故意	正常	泄愤	拉动方向盘或干扰司机	轻微伤3	9.90	从轻	三年
(2014) 临刑初字第69号	故意	正常	报复或追赶	拉动方向盘或干扰司机	轻伤14	不详	从轻	三年

4. 文书说理简略。样本中多数判决的说理都不够充分、较为概括，对案件事实与“公共安全”、“其他危险方法”和足以“危害公共安全”等条件的符合性常常一带而过。为展示样本中说理情况，笔者对656份判决样本进行系统抽样，分段间隔为60，起始编号为6，共抽出11个样本，如表3所示。

表3　判决说理情况系统抽样表

编号	案号	说理部分	说理组成
6	（2017）京0116刑初268号	被告人以危险方法危害公共安全，其行为已触犯我国刑律，构成以危险方法危害公共安全罪	只有结论
66	（2014）洛南刑初字第00062号	三被告人应当预见到其行为可能会造成危害公共安全的后果，但由于其疏忽大意，而导致被害人死亡的危害结果发生，其行为已构成过失以危险方法危害公共安全罪	主观过失＋结论
126	（2014）揭西法刑初字第44号	被告人行为侵犯了公共安全，已构成以危险方法危害公共安全罪	只有结论
186	（2016）粤0106刑初317号	被告人以危险方法危害公共安全，尚未造成严重后果，其行为已构成以危险方法危害公共安全罪	只有结论
246	（2018）鄂1224刑初8号	被告人以私设电网的危险方法危害公共安全，致一人死亡，其行为已构成以危险方法危害公共安全罪	行为简述＋结论
306	（2014）淮刑终字第00102号	被告人在公共道路上驾驶机动车强行冲撞、剐蹭他人车辆并撞伤抓捕民警，其行为已严重危及不特定多数人的生命、健康及公私财产安全，已构成以危险方法危害公共安全罪	行为简述＋结论
366	（2014）石刑初字第43号	被告人遇事不能正确处理，在公共场所以点燃液化气罐的方法危害公共安全，尚未造成严重后果，其行为已构成以危险方法危害公共安全罪	行为简述＋结论
426	（2008）上刑初字第403号	被告人为泄私愤，以枪击方法危害公共安全，其行为已构成以危险方法危害公共安全罪	行为简述＋结论
486	（2013）邢东刑初字第304号	被告人携带汽油在公共场所扬言达不到目的即点燃汽油，其行为已构成以危险方法危害公共安全罪	行为简述＋结论
546	（2012）杭余刑初字第1537号	盗窃正在使用中的公路设施，虽未造成严重后果，但已危害公共安全、其行为已构成以危险方法危害公共安全罪	行为简述＋结论
606	（2011）光刑初字第222号	被告人非法架设电网，以危险方法危害公共安全，过失造成他人死亡，其行为已构成过失以危险方法危害公共安全罪	行为简述＋结论

（二）本罪司法失范具体表现

1. “参照具象”缺失。本罪是刑法分则中仅有的没有具体行为规范的罪名，虽然按照通说应比照放火、爆炸等行为予以认定，但一方面，在认定罪名为本罪的判决中，部分判决未考虑或未谈及认定行为与所参照的放火等行为的符合性；另一方面，虽参照了放火等行为但对其特征的理解亦不统一，侧重行为危险性者有之，侧重侵害范围者有之，侧重伤亡即时性者有之。

2. “危险方法”稀释。在本罪的认定中，法官常以实际损害后果或危险之虞来反推行为的危险性，认为只要造成严重后果，行为必定符合本罪，从而忽视了对本罪“其他危险方法”的危险性的判断。行为危险性的判定被危害公共安全的结果所稀释，导致认定的行为脱离了《刑法》第114条和第115条的范畴，使本罪实际上成为整个刑法第二章的兜底条款。

3. “具体情境”脱离。本罪存在危险犯，无须造成现实损害也能入罪。很多法官对“危害公共安全”的危险直接进行推定，脱离行为发生时的具体情境，将行为抽象出来，凭主观想象评判行为的危险性，使很多通常具备一定危险性、但在个案中并未造成实际危险的行为被纳入本罪，这与具体危险犯的要求背道而驰。①

（三）本罪司法失范原因剖析

1. 法律规范的“空白地”。本罪中“公共安全”、“其他危险方法”和“危害公共安全”的含义都存在争议，量刑范围较宽且缺少明确等级划分，司法解释亦没有具体规定，使法官在适用本罪时缺少“参照系”，从而导致了行为认定模糊、刑罚适用不均等问题。

2. 以刑制罪的“司法图式”。适用其他罪名的量刑与行为后果难以匹配时，存在通过适用本罪来改变量刑区间的现象，由此导致刑罚与行为性质的关系逐渐疏离，而报复性刑罚的色彩愈加浓厚。如酒后驾驶引发的交通肇事案件，事故后果一般的，往往认定为交通肇事罪，造成恶性事故的，很多判决往往认定为本罪。

3. 司法舆论的“避风港”。近年来交通运输、食品安全等领域案件频发，

---

① 参见叶锋：《以危险方法危害公共安全罪司法适用的微观透视——以构建本罪统一的裁判规则为中心》，载《法律适用》2017年第3期。

背后都有公众对恶性案件的重刑主义诉求。而本罪规定的模糊性、危险犯的非实害性和刑罚的严厉性，使其成为寻求重刑、疏解舆论的途径。

综上所述，本罪的抽象性既是其存在价值，也是其失范缘由，关键在于如何把握“抽象尺度”。针对本罪现有的司法失范现象和原因，应严格其认定标准，进一步规范其适用。

二、规范梳理：以三要素构建涵摄模型

在规范本罪适用时首先须明确认定本罪的原则和方法，这既是细化法定要素的基础，也是法官自由裁量时考量的因素。

第一，立足规范保护目的。“刑法规范包括显性的规范言语表达与隐性的规范保护目的，前者划定了规范文义，后者决定着文义射程”，① 在认定本罪时，要先判定行为是否实际危害到了公共安全，对于针对特定人的行为或者是没有造成实际危险的行为，不符合本罪的保护目的。

第二，坚持刑法谦抑原则。本罪的扩张适用使部分没有直接危险性或危险性不足以达到“危害公共安全”程度的行为被纳入刑法的调整范围，行为危险性与刑罚严厉性失衡。故在本罪认定中，应坚持刑法谦抑原则，危险性不大的行为可通过行政处罚或民事责任予以规制。

第三，适用只含同类规则。只含同类规则，“源自拉丁语‘ejusdem generis’，是指法律列举未穷尽时，若随后附有总括性规定，则对该规定的解释限于与所列举者同类的事物。”② “其他危险方法”作为放火等行为的总括，必须与放火行为具备相似的危险性，这样本罪才具有预测可能性。适用此规则时，同时应兼顾体系、历史等解释方法，以保证规范的内部协调。

第四，参照典型案例指导。除法国、美国外，多数国家的刑法典中都有纯正兜底犯的规定。③ 各国除通过控制数量、细化规定外，司法中主要通过案例指导来限制兜底条款适用。在我国，案例指导主要指最高人民法院、最高人民检察院发布的指导案例，认定时应参照适用，进行先例区辨。

---

① 姜涛：《规范保护目的：学理诠释与解释实践》，载《法学评论》2015 年第 5 期。

② 王安异：《对刑法兜底条款的解释》，载《环球法律评论》2016 年第 5 期。

③ 参见白建军：《坚硬的理论，弹性的规则——罪刑法定研究》，载《北京大学学报（哲学社会科学版）》2008 年第 6 期。

为规范本罪适用，应以此原则和方法为基础，从统一标准、优化量刑和完善措施三个方面构建系统的认定规则（见图3，即本文第二部分和第三部分关系图），其中明确刑法规范中三个要素的含义和判断标准是核心。

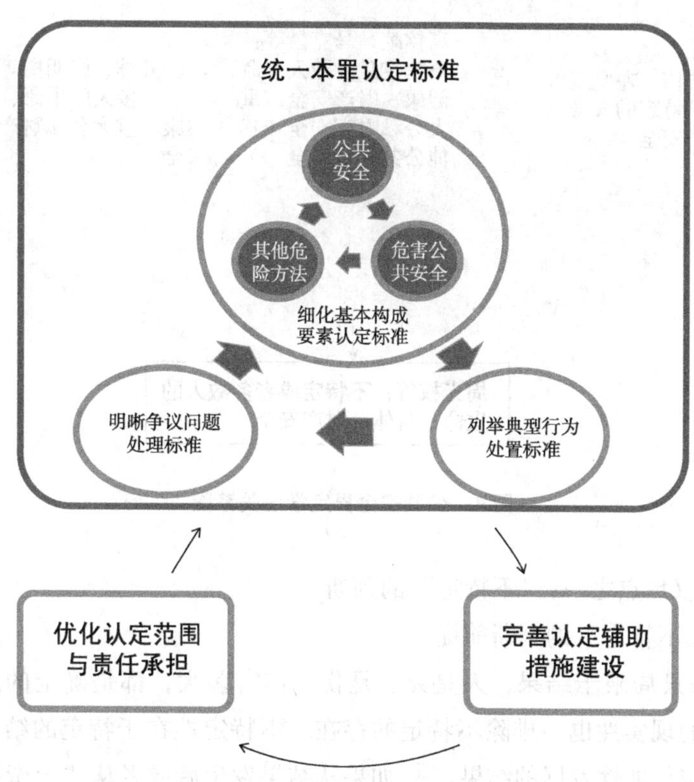

图3 本罪认定规范化整体思路图

（一）客体要素："公共安全"之不特定性

"公共安全"的界定中，三人以上可认定为多数，以及重大公私财产安全属于公共安全一般无争议。争议主要集中在"不特定"的判断和其与"多数"的结合上①（见图4）。

---

① 对于不特定多数人的安全属于公共安全和特定少数人的安全不属于公共安全已经没有异议，问题在于不特定少数人的安全和特定多数人的安全是否属于公共安全。

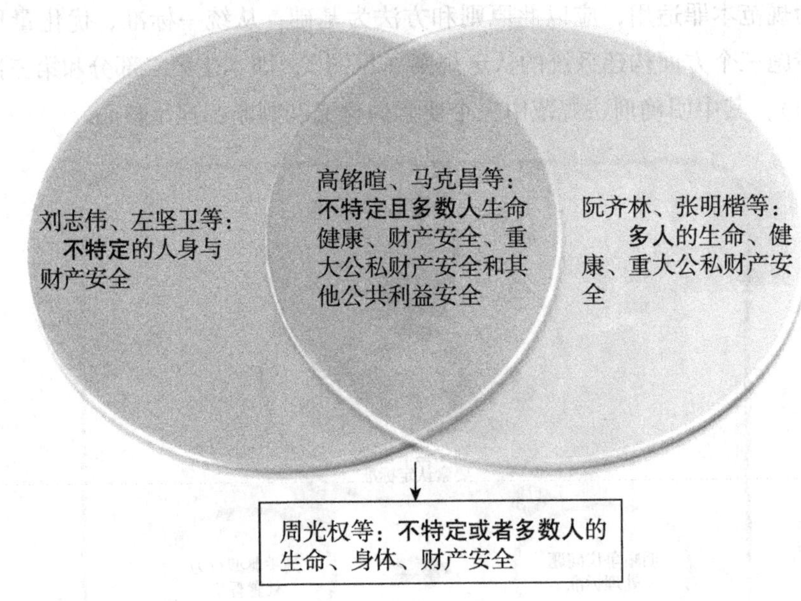

图4　公共安全界定学说关系图

1. 争议焦点之一："不特定"的判断

（1）"不特定"的判断前提

"如果只局限于结果，人是死、是伤、伤害多大，都是确定的。尽管如此，结果的现实性也不排除不特定的存在。不特定性在于特定的结果是由行为的不特定可能性发展的结果。"① 如果从结果发生后或者从"上帝视角"来看，所有的损害已然注定，因此，"不特定"应限定在以行为发生时一般人的认知水平来判断。

（2）"不特定"的判断因素

通说认为，"不特定"包括对象不确定与后果不确定两个要素。而笔者认为后果不确定较为赘余，原因在于：后果不确定本质上是行为指向的对象不确定；同时，后果不确定也不能明确区分行为人主观上是故意还是过失，如枪法不准的人以伤害故意向被害人射击，在射击时行为人也无法确定后果。而对象不确定又包括两种情况：侵害指向的具体对象不确定或侵害对象的数量不确定。

---

① 陈兴良、黄振中：《论危害公共安全罪中的不特定性》，载《河北法学》1992年第5期。

（3）“不特定”的判断角度

在判决中存在较多认识错误的情况，笔者以行为人主观上和实际客观上犯罪对象是否特定为标准划分为如图5所示四种情况。争议主要集中在：第一，主观特定+客观不特定。例如，行为人意图通过点燃煤气的方式杀害某小区的甲一家人，行为人自身精通燃料使用及数学演算，自认能将伤害控制在该户范围内，但因计算失误致多人伤亡。此行为实际上危害了公共安全，应认定为故意杀人与过失以危险方法危害公共安全的想象竞合。第二，主观不特定+客观特定。例如，行为人通过点燃煤气的方式炸毁一家宾馆意图报复社会，但实际上这家宾馆已经倒闭，里面仅居住店主一人。此种行为类似于不能犯，没有侵害公共安全的实际危险，应认定为故意杀人罪。综上所述，可以将认定为不特定的情况合并为“客观不特定”。

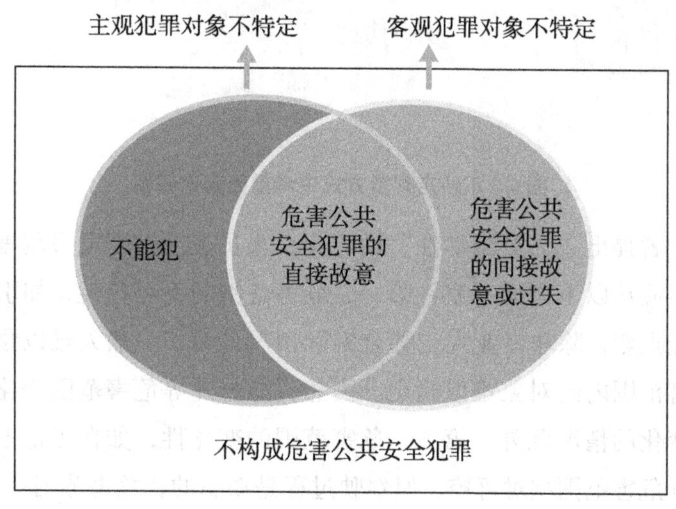

图5 对犯罪对象特定与否出现认识错误情况下的分类认定图

（4）“不特定”的判断方式

对于不特定的判断，应从人员流动性和介入因素两方面来考察危害对象是否特定（见图6）。

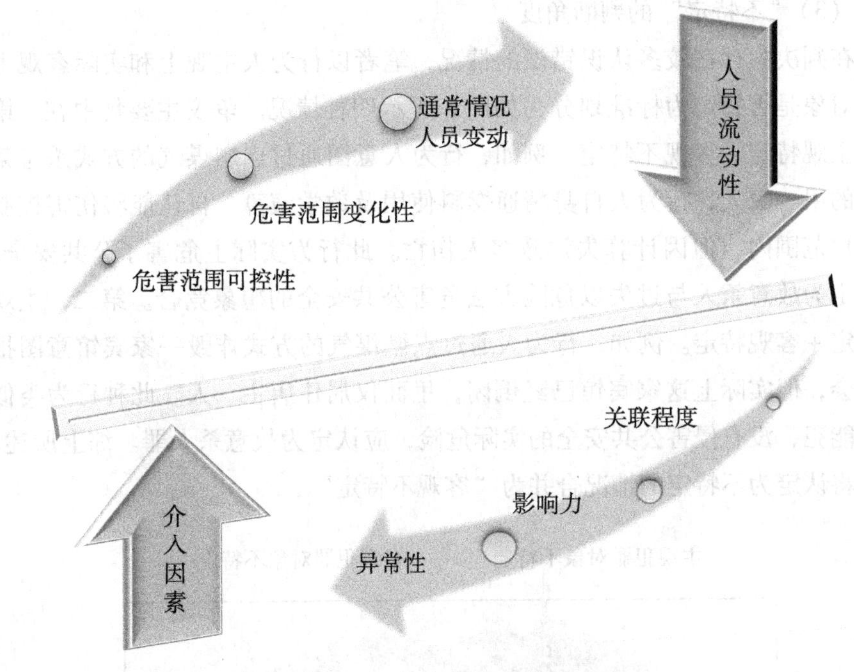

图6　不特定判断方式中考量因素说明图

这里笔者提出“人员流动性”的概念，人员流动性即危害范围内的人员变动情况，应从以下方面考察：第一，危害范围的不可控性，如引燃煤气等行为，一经点燃，除非专业人士综合实际情况计算，一般人难以预料其危害范围，危害范围内的对象难以确定。当然，如野外等危害范围变化不会带来侵害对象变化的情况除外。第二，危害范围的变化性，如在工地上驾驶挖掘机冲撞，其危害范围相对可控，但驾驶过程是动态的，危害范围一直在变化，也会导致对象不确定。第三，危害范围可控而又相对静止的，则要考察其通常情况下的人员变动情况。如向一户独门独院的人家放火，想要杀害其全家，即便家中可能有其他人居住，也不能认为其犯罪对象是不特定的，因为通常一户家庭的居住人员较为固定；而如果行为人的目标是一家宾馆，就可以认定犯罪对象是不特定的。

同时，还应考虑介入因素的影响。如果导致人员流动性较大的因素十分异常，则视为特定。如上述独门独院的人家来了一伙小偷，即便此时客观上的人员流动性较强，但由于介入的是异常因素，仍视对象为特定。与因果关系中介入因素类似，对“不特定”中介入因素也应考量其异常性、影响力和其与危害行为间的关联程度。

2. 争议焦点之二：不特定少数人安全的归属

案例1——王某以危险方法危害公共安全案[①]：被告人因家庭纠纷，酒后至一六楼出租屋处，持菜刀将玻璃砸坏，后将两把菜刀、整箱啤酒、椅子、高压锅等物从该楼窗户扔到楼下街道，造成玻璃及轿车受损共计人民币14,189元。法院审理认为：被告人明知从楼上向下投掷器物，可能造成不特定的人员伤亡、财产损坏，仍从高楼层向楼下扔菜刀等物品，其行为构成以危险方法危害公共安全罪，判处有期徒刑三年。

案例1中高空抛物行为危害范围有限，对象属于不特定少数人。有学者认为，应当重视本罪的社会性，公众与社会性要求多数。[②] 但这仅是从字面进行解释，笔者认为，不特定少数人的安全当属公共安全，理由如下：其一，只要对象具有不特定这一属性，那么多数还是少数实际上是具有一定偶然性的，例如，行为人在偏僻路段故意冲撞对面车辆，车里面搭载的是一人还是多人具有极大偶然性，如用此标准区分此罪与彼罪未免显失公平；其二，公众的核心在于"不特定"，"'不特定'意味着随时有向'多数'发展的现实可能"[③]；其三，交通肇事罪属于危害公共安全的犯罪，而交通肇事的对象包括不特定少数人，如果将其排除于公共安全之外，将无法合理解释交通肇事罪的属性。故案例1中侵害客体为公共安全，但该行为并不具有下文所述本罪的结果危险性。

3. 争议焦点之三：特定多数人安全的归属

案例2——汪某以危险方法危害公共安全案[④]：被告人在砖厂因琐事与同事发生口角，心生怨愤，驾驶装载机碰撞砖厂搭建的彩钢瓦简易房，致其部分倒塌，导致工人方某某一岁多的婴儿被砸伤。法院审理认为：其行为构成以危险方法危害公共安全罪，判处有期徒刑三年，缓刑四年。

案例2中职工汪某知道简易房内人员情况，属于特定的对象。笔者认为，

---

① 参见（2014）怀刑初字第3号判决书。

② 参见丁慧敏：《危险驾驶罪与刑法第一百一十四条关系初探》，载《人民检察》2011年第13期。

③ 张明楷：《刑法学》（第四版），法律出版社2011年版，第601页。

④ 参见（2014）临渭刑初字第00390号判决书。

特定多数人的安全不应包含在公共安全之中。第一，如果目标人数较多，就可认定为本罪，那本罪与故意杀人罪的区分就仅在于人数的多少，此结论于理有悖。第二，如此判决的理由是认为多数人之中存在社会法益，超乎于个人法益之上。[①] 但笔者认为社会法益只是个人法益的集合，并不高于个人法益。第三，设立本罪的初衷是为了规制心怀不满、报复社会的行为，是为了保护非因自身行为招致杀意的无辜被害人的权利，这是本罪行为与故意杀害多人的区别所在。

笔者曾做过这样的假设，将“特定多数”中的“多数”扩大到一个城市，甚至一个国家，如此庞大的对象确属公共安全，因为最广泛的公共安全也无非是“特定的”全人类而已。但是，当“多数”扩展到一定程度，人员的流动性将不可避免，“特定”就会转化为“不特定”。

（二）行为危险要素：“其他危险方法”之相当性

在《刑法》第 114 条和第 115 条中，本罪与放火罪等并列叙述，表明“其他危险方法”应与放火等行为的危险性相当。这种相当性的判断实际上是对行为的抽象危险性的判断，即先不去关注实际受侵害对象的情况，而将行为抽象出来单独评价。结合放火、决水、爆炸、投放危险物质等行为的共同特征，笔者认为相当性应当满足以下三个要件（见图 7）：

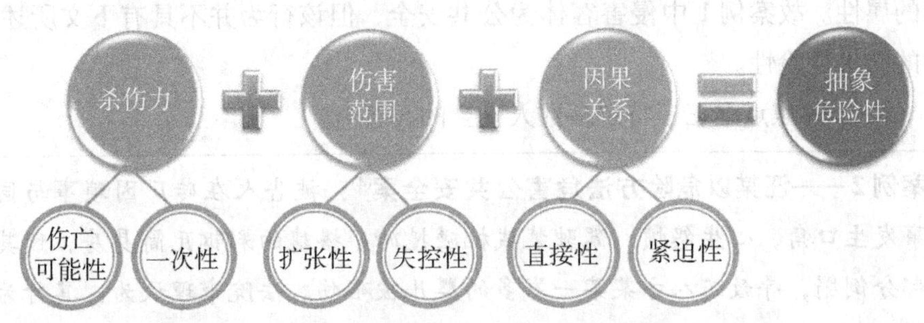

图 7　本罪抽象危险性构成要素说明图

1. 行为危险之质：行为杀伤力

杀伤力包括致人重伤、死亡的“可能性”与“一次性”两个要素。原因在于：第一，从国民观念看，放火等行为危害极其严重，与之相提并论的

---

① 参见张明楷：《论以危险方法危害公共安全罪——扩大适用的成因与限制适用的规则》，载《国家检察官学院学报》2012 年第 4 期。

“危险”自然不是普通危险，应当是“足以震动国民感情和法秩序安全感的危险”。[①] 第二，从法定刑来看，本罪刑罚较重，参照故意杀人、故意伤害等罪的刑罚，应对本罪进行严格解释，行为须具备致人重伤、死亡的可能性。第三，放火等行为都能够“一次性”地损害人的健康或剥夺人的生命，与分多次完成一个行为的危险性不同。

2. 行为危险之量：伤害范围

放火等行为一旦实施，损害结果呈扩张趋势，且难以控制其发展，结果的发生具有高度盖然性。故“其他危险方法”也应具备此特性，即难以预料其结果范围、损害程度及发展过程，行为一旦实施即会不断扩张且难以控制。

3. 行为危险之本：因果关系

因果关系是指行为与结果间的关联性。一方面，表现为直接性，即危险方法本身就会造成危害公共安全的后果，不需要其他因素介入。如偷盗消防喷水枪头等行为，本身并不能危害公共安全，只有在发生火灾时消防设施不能正常使用，才会产生危害，不属于“其他危险方法”。另一方面，还要求时间上具有一定程度的紧迫性，即要求行为与结果紧密衔接，包括行为后立即发生后果、不可能补救或来不及补救。

（三）结果危险要素：“危害公共安全”之危险性

《刑法》第114条规定了本罪的具体危险犯，入罪需达到足以“危害公共安全”的程度，是《刑法》第115条未遂形态的一部分（见图8）。判断具体危险犯的学说主要有两种：第一种是德国学者许乃曼提出的，“具体危险犯存在于危害性结果偶然没有发生的场合”。[②] 如采此标准，《刑法》第114条中规定的三年有期徒刑的量刑起点显然较低，有悖于为了着重保护公共安全而设立具体危险犯的初衷。第二种是我国的通行观点，即从判断材料、判断时点和判断标准等方面来限定危险状态，[③] 采用等置模式为分析工具，即法官应设“身”处“地”综合判断行为危险性是否足以“危害公共安全”。

---

① 高艳东：《谨慎判定“以危险方法危害公共安全罪”的危险相当性——兼析具体危险犯的可罚性标准》，载《中国刑事法杂志》2006年第5期。

② ［德］克劳斯·罗克辛：《德国刑法总论》（第1卷），王世洲译，中国法制出版社2001年版，第227页。

③ 参见舒洪水：《危险犯中危险状态的判断》，载《法律科学》2012年第5期。

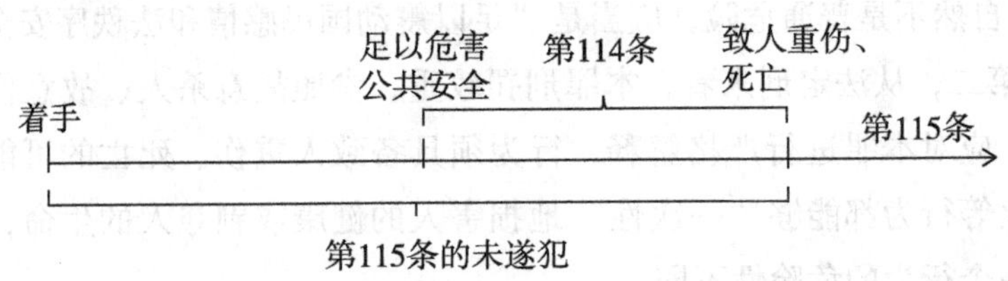

图8 《刑法》第114条和第115条关系图

1. 理性人构建：设“身”。在评判某一未造成实害结果的行为是否足以“危害公共安全”时，法官应站在具有正常智力和知识水平的一般第三人的立场，评价行为发生时该行为对公共安全的危险性，而不能凭已发生的损害结果或自身的主观感受进行推断。

2. 场景还原：处“地”。在确定危险性时，应尽力还原行为时的现场情况，考量行为的侵害范围、侵害范围内人群密度、危险回避可能性等因素综合评判，以案例3为例。

> **案例3——韦某某以危险方法危害公共安全案**[①]：被告人为尽快下车，用弹簧刀架在正在驾驶公交车的司机秦某某的颈脖处要求停车，秦某某不理会被告人，被告人就用手拉扯秦某某驾控的方向盘，秦某某及时控制车辆，只造成车辆发生明显晃动。法院经审理认为：其行为构成以危险方法危害公共安全罪，判处有期徒刑三年。

拉拽方向盘的行为，满足本罪行为危险所需的三个条件，但从结果危险的角度看，该行为只造成了公交车明显晃动，实际上没有产生足以危害车内及道路上人员安全的危险，未达到须以刑罚规制的程度。因为行为的危险性不能脱离具体情况而存在，如同样的挥刀动作，离被害人20米、2米和2厘米的危险程度自然不同。

三、路径选择：以三元规范探索系统认定规则

基于对本罪的反思，笔者认为，在认定时应坚持“从严适用，统一把控”的原则，以出台司法解释的方式，从统一标准、优化量刑和拓展方法三个方面予以规范（详见附件1）。

---

① 参见（2013）巴刑初字第184号判决书。

（一）统一标准：细化本罪认定规范

统一认定标准，除如上所述细化三个要素的认定标准外，还应当明晰本罪相关争议问题的处理标准，同时类型化典型行为并明确处置标准。

1. 明晰争议问题处理标准：以被害人减损行为为例

本罪认定中涉及很多争议问题，亦应在司法解释中予以释明，以被害人减损行为为例。被害人减损问题是指在评估行为危险性和计算损害结果时，是否要考虑被害人自身减少损害的部分。笔者将被害人减损行为划分为应激行为和复合行为，应激行为指一般人在面对危险时身体的自然反应；而复合行为指不完全受被害人主观控制，同时受客观条件等多种因素限制的行为。

案例3中被害人及时控制车辆是一种自然的反应行为，属于应激行为，在判断行为危险性时，应将被害人减少的那部分损害考虑在内。因为在讨论行为的危险性有多大时，是相对于侵害对象而言的，如同样从3米高的地方摔一样大小的玻璃片和铁片，对玻璃片来说足以损毁，对于铁片却没有危险。应激行为属于人类的一种固有属性，故案例3中的行为实际上并没有导致人员重伤、死亡的危险。而如果被害人的减损行为超过了一般人的限度，如故意冲撞行为中，被害人是职业赛车手，具有高超的躲避技巧，则属于偶然的介入因素，在判断时理应排除。

案例4——李某以危险方法危害公共安全案[①]：被告人李某及其妻子明知所饲养的羊患有布鲁氏杆菌病而未申报检疫，将60余只羊陆续出售。至2013年11月，苇河林有11人被检查出患有该病，且患病人员均和被告人出售的羊有过接触。法院审理认为，该行为已构成以危险方法危害公共安全罪。判处有期徒刑三年，缓刑三年。

感染布鲁氏杆菌病，早期症状为发烧、乏力，晚期可能出现丧失劳动能力、卧床不起等症状，严重者可引起死亡。[②] 对于向公众传播早期轻微、晚期出现重伤症状疾病的行为，笔者认为，应按照晚期症状来判定行为危险性。有人认为生病了就应就医，任由疾病发展到晚期是被害人不就医的结果，行为危险性应按照早期的发病程度来判断。但就医这一行为并不是单纯的应激

① 参见（2014）苇刑初字第5号判决书。

② 参见刘绍军：《食源性病原微生物及防控》，中国轻工业出版社2006年版，第25～27页。

行为，不完全受被害人主观所控，还受其经济情况、居住地医疗水平等多方面客观条件的限制。所以，如果认为生病就应治疗未免使被害人承担了太多的期待责任。

在计算损害结果时，则不用考虑过多因素，因为损害结果是行为实际造成的损害，自然应将已经减少的部分考虑在内，无论该减损行为属于应激行为还是复合行为，或者有无异常的介入因素（见图 9）。

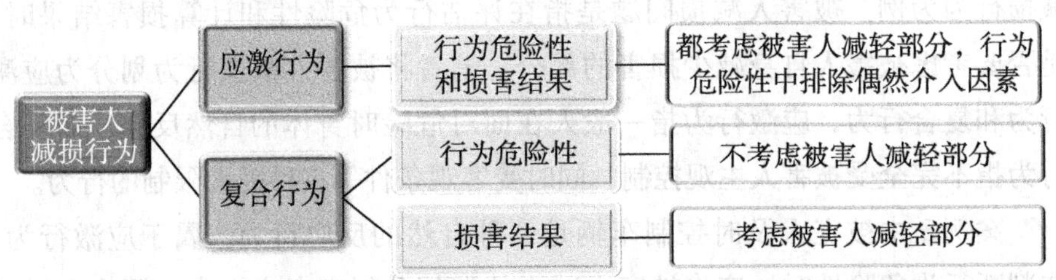

图 9　被害人减损行为在判断行为危险性和计算损害结果时的影响分类

2. 列举典型行为处置标准：以连续多次肇事行为为例

在 656 份认定为本罪的判决中，所涉行为 20 余种，部分行为发生频率较高（见图 10），可在司法解释中对典型行为的认定予以明晰（详见附件 1 第 7～18 条），这里试举一例。违规驾车行为在认定为本罪的行为中占比最高，达 27.4%，其中连续多次肇事行为争议较大。主要问题在于对本罪与交通肇事罪、危险驾驶罪关系的理解，三个罪名大致比较如下：

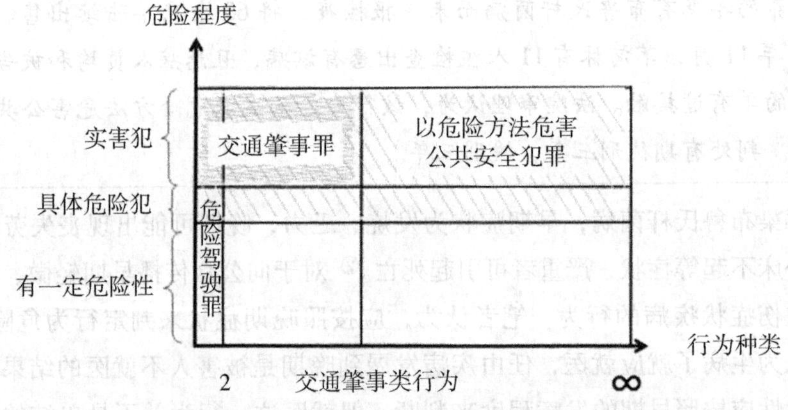

图 10　本罪与交通肇事罪、危险驾驶罪在行为种类和危险程度上的区分图

表4 本罪与交通肇事罪、危险驾驶罪主观心态对比表

	对行为的主观心态	对结果的主观心态
以危险方法危害公共安全犯罪	故意	故意+过失
交通肇事罪	故意	过失
危险驾驶罪	故意	过失

通过比较：第一，本罪只有在对危害公共安全的主观心态是过失时才可能与交通肇事罪和危险驾驶罪重叠。第二，对于交通肇事罪，其行为完全包含在过失以危险方法危害公共安全罪中，而立法者将这一部分单列出来，规定了较低的刑罚，究其原因，是因为交通危险是工业社会高速发展所必须存在的风险，对之不能过多苛责，是一种“被允许的危险”①。第三，阴影重叠部分的行为，应遵循特殊法优先的原则。综上所述，对于连续多次肇事行为，其危险性通常符合本罪行为危险要求，界限主要在于行为人对危害公共安全的主观心态，如果是故意，构成本罪，如果是过失，可能构成交通肇事罪。

问题在于此类案件中行为人多数处于饮酒、吸毒等状态，主观心态难以考察，且有时是变化的，因此需要设定客观标准。对此，《最高人民法院关于醉酒驾车犯罪法律适用问题的意见》中规定，酒后或醉酒驾车，肇事后继续冲撞，造成重大伤亡，应依法按以危险方法危害公共安全罪定罪。这是否可以反推其他连续多次肇事行为都只构成交通肇事罪？在对样本中出现的共性行为进行整理的基础上，参考司法解释，对连续肇事行为应参照如下顺序判断：

（1）行为人对再肇事行为有无意识

案例5——成某某交通肇事案②：被告人酒后驾车，与停靠在路边陈某某的轿车相撞，随后与前方同向由廖某驾驶的轿车相撞，致该车失控后将行人朱某、雷某撞倒。此后，被告人又将停放的两辆摩托车与路人成某、曾某和彭某撞倒。经鉴定：被害人成某死亡、被害人朱某伤残十级，曾某轻伤，财产损失为56,693元。法院审理认为，该肇事行为是一个连续的行

① 参见高艳东：《谨慎判定“以危险方法危害公共安全罪”的危险相当性——兼析具体危险犯的可罚性标准》，载《中国刑事法杂志》2006年第5期。

② 参见（2014）蓝刑初字第13号判决书。

为，公安民警赶到现场时被告人仍坐在驾驶员位置睡觉，并不是被告人肇事后逃避，因此判决被告人犯交通肇事罪，有期徒刑一年二个月。

案例5中行为人因醉酒完全丧失反应能力，这种情况下，多次肇事行为实际上是一个实行行为，且通常情况下行为人对危害公共安全持排斥心态，应推定为交通肇事罪。当然，如果有证据证明行为人故意利用或放任自己无意识或意识减弱状态危害公共安全的，按本罪处。

（2）有意识的再肇事行为是冲撞行为还是逃逸行为

案例6——毛某某以危险方法危害公共安全案[①]：被告人饮酒后驾驶小型汽车行驶时，车头部左侧撞击到沈某甲，致沈某甲受轻伤，事故发生后被告人下车察看，后驾车向北逃逸，车头部右侧又撞击被害人袁某某，致其当场死亡，事故发生后被告人弃车逃逸。法院经审理认为，其行为构成以危险方法危害公共安全罪，判处有期徒刑6年。

案例7——卢某某以危险方法危害公共安全案[②]：被告人酒后且无证驾驶，先追尾被害人甲驾驶的摩托车，致摩托车碰撞到前方的助力车，之后，该轿车继续高速冲撞公路边和村道上多名行人，造成四人当场死亡，多人轻伤。法院经审理认为：被告人没有采取刹车减速等措施，构成以危险方法危害公共安全罪，判处无期徒刑。

案例6是典型的逃逸行为，案例7是典型的冲撞行为。通常逃逸的目的是逃避处罚，排斥损害结果的再次发生，不应认定为本罪。在实践中，二者的区别在于行为人再肇事时是否尽己所能避免结果的发生，需考察行为人意识状态、路段车流、车速及减速、刹车等措施的采取情况，可以通过轮胎印迹、录像等方式查明。除有证据证明行为人故意利用或放任自身状态危害公共安全外，如行为人采取了与自身能力和意识状态相应的制动措施，可认定为逃逸行为，处理方式如图11所示。

① 参见（2014）熟刑初字第0322号判决书。

② 参见（2013）闽刑终字第471号判决书。

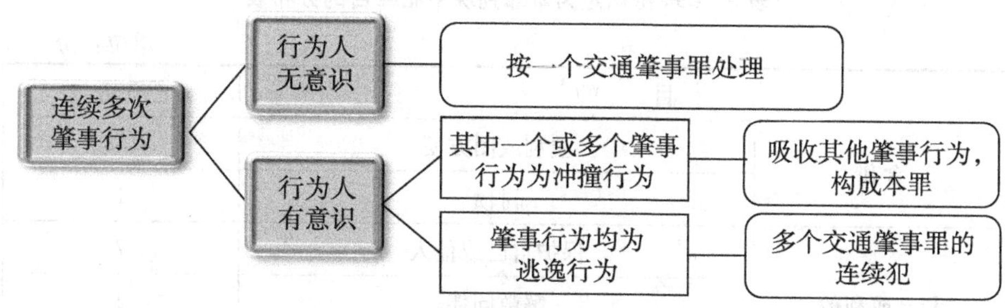

图 11 连续多次肇事行为分类处理图

（二）科学量刑：优化认定范围与责任承担

1. 增设刑罚种类：部分应认定为本罪但情节较轻的，本罪较高的自由刑起点有时难与之匹配，故应增设罚金刑，便于此类行为的定罪量刑。增设罚金刑的原因在于：

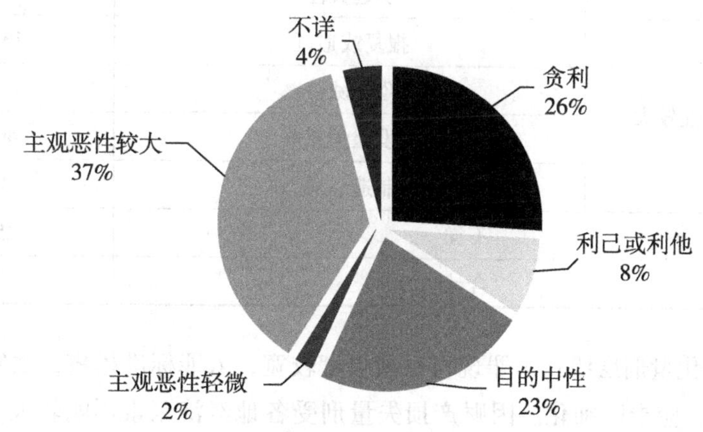

图 12 656 份认定为本罪判决中犯罪目的的分布图

第一，从犯罪目的来看，656 份判决中贪利型占 26%（见图 12 和表 5），主要表现为盗窃公共设施和私设电网捕猎等行为，针对贪利型犯罪应判处一定的罚金刑。第二，从再犯可能性来看，利己或利他、目的中性和主观恶性轻微的共占 33%，此类行为人的再犯可能性较小，可考虑采用判处罚金刑的方式减轻自由刑。第三，《刑法修正案（八）》实施以来罚金刑的适用范围逐步扩大，罚金刑的选择适用可以打破单一适用自由刑的模式，给法官更多裁量空间。

表 5　656 份认定为本罪判决中犯罪目的分布表

单位：份

目　　的		数量
贪利	盈利或图方便	168
	讨债	1
利己或利他	保护自己或他人	7
	解救同伴	2
	逃跑	47
目的中性	风俗相关	1
	自杀	25
	无目的（饮酒、吸毒或服用感冒药）	122
主观恶性轻微	追求刺激	10
	引起关注	3
主观恶性较大	报复或追赶	138
	恐吓威胁	58
	发泄愤怒	46
	制造恐慌	3
不详		25
合计		656

2. 细化量刑层级：本罪现行量刑幅度较宽，入罪标准模糊，法官适用时难以把握，应予以细化。因财产损失量刑受各地经济因素影响较大，具体幅度可由各省、市、自治区、直辖市结合当地经济社会发展情况自行划定。故笔者针对本罪的人身损害后果，参考《人民法院量刑指导意见（试行）》及相关罪名的刑罚设置，提出如下量刑参考建议，入罪标准以下的不认定为本罪（见图 13）。

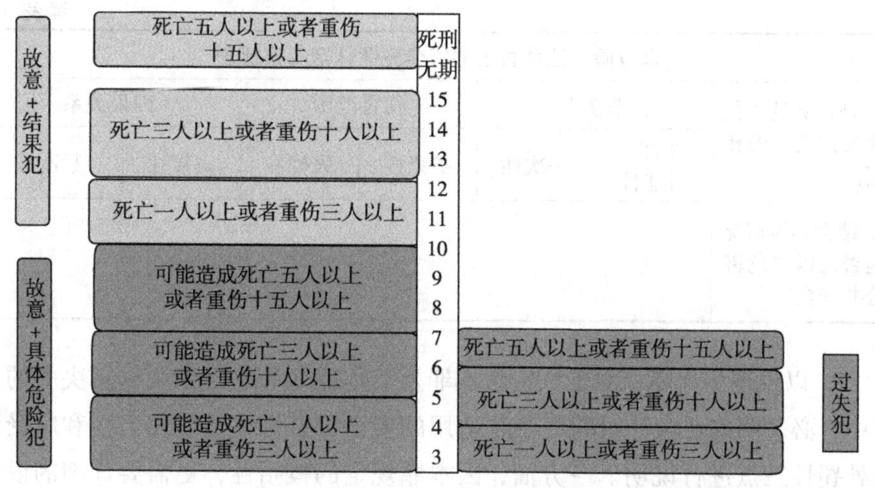

图13 本罪自由刑层级细化建议图

3. 衔接出罪责任：部分判决中认定的行为如盗窃消防喷水枪头等不符合本罪的行为危险性，又如高空抛物等行为危险性相对较弱且受具体情境影响极大，这些行为虽有直接或间接危害公共安全的潜在危险，但不足以用刑罚规制，可通过行政或民事责任予以惩戒。故可建立相应的衔接机制，在对此类行为认定为无罪或定罪免刑后，通过向行政机关寄送行政处罚司法建议函、增设当事人自愿申请的民事调解程序等方式使行为人承担行政处罚或民事赔偿的责任。

（三）拓展方法：完善认定辅助措施建设

1. 以要素为中心：因本罪缺乏明确的行为规范，在具体解释尚未出台时，应在审理过程中向控辩双方及被告人释明本罪认定的相关要素，便于在庭审时集中争点。可以在庭前会议中直接释明，也可通过发放认定要素梳理表等方式（见表6）。

表6 本罪认定要素梳理建议表

以危险方法危害公共安全犯罪认定要素梳理						
1. 是否侵害公共安全，即客观上侵害对象是否不特定	人员流动性			介入因素		
	危害范围可控性	危害范围变化性	通常情况人员变动	介入因素异常性	介入因素影响力	介入因素与行为的关联程度

续表

<table>
<tr><th colspan="7">以危险方法危害公共安全犯罪认定要素梳理</th></tr>
<tr><td rowspan="2">2. 是否满足“其他为方法”的相当性</td><td colspan="2">杀伤力</td><td colspan="2">伤害范围</td><td colspan="2">因果关系</td></tr>
<tr><td>伤亡可能性</td><td>一次性</td><td>扩张性</td><td>失控性</td><td>直接性</td><td>紧迫性</td></tr>
<tr><td>3. 结合具体情况是否足以“危害公共安全”</td><td colspan="6"></td></tr>
</table>

2. 以说理为保障：对于认定为本罪及其他兜底罪名的判决，判决书的说理中，必须明确要求针对兜底条款适用的要素符合性、危险相当性和应受刑罚处罚性三点进行说明。一方面，因本罪规定的概括性，更需要详细的说理向公众释明；另一方面，在解释缺位的情况下，说理也是其他法官理解本罪的资料和认定本罪的参照。

3. 以案例为引导：现阶段关于本罪有7件典型案例和1件公报案例（见表7），对于新型行为，最高人民法院应进一步发挥案例指导作用。一方面，针对构成本罪的类型化行为，解释认定理由，统一认定思路；另一方面，重视案例在出罪方面的示范效应，及时发布不当适用本罪的典型案例。

表7　本罪认定相关典型案例和公报案例梳理表

时　间	名　称	条　文
2009年	最高人民法院公报	王桂平以危险方法危害公共安全、销售伪劣产品、虚报注册资本案
2009年9月11日	最高人民法院关于醉酒驾车犯罪法律适用问题的意见中相关典型案例	黎景全以危险方法危害公共安全案 孙伟铭以危险方法危害公共安全案
2011年	最高人民法院发布危害食品安全犯罪典型案例	刘襄、奚中杰、肖兵、陈玉伟、刘鸿林以危险方法危害公共安全案
2011年	最高人民法院发布五起涉毒犯罪典型案例	傅程君以危险方法危害公共安全案
2016年5月27日	最高人民检察院发布十起检察机关加强未成年人司法保护典型案例	陈某以危险方法危害公共安全案

续表

时 间	名 称	条 文
2016 年 6 月 24 日	最高人民法院公布毒品犯罪及吸毒诱发次生犯罪十大典型案例	陈学建以危险方法危害公共安全案
2017 年 6 月 20 日	最高人民法院公布十起毒品犯罪及涉毒次生犯罪典型案例	张沛生以危险方法危害公共安全案

4. 以大数据为支撑：建立包括本罪在内的兜底条款适用的审判案例库。与兜底条款认定相关的案件，在审判系统中点击生效时，同步上传至案例库中，按照地域和认定行为种类予以划分，并提供各行为的认定比例，认定与不认定的理由等，便于法官参考。

四、结语

以危险方法危害公共安全罪的认定不仅是具体罪名的适用问题，也是对司法实践中兜底条款的理解与适用的反思。一方面，对于兜底条款要细化法定要素的含义和判断标准，同时多角度探索其完善方法；另一方面，在处理纷繁的行为与滞后成文法的矛盾时，要严守罪刑法定基本原则，立足于规范保护目的，并明确解释与认定的方法。因此，笔者从以危险方法危害公共安全罪切入，探析其认定规范与完善路径，希望以此裨益本罪的司法与兜底条款的适用。

附件 1：

关于审理以危险方法危害公共安全刑事案件具体应用法律若干问题的解释（建议稿）

为依法惩治以危险方法危害公共安全犯罪，根据《中华人民共和国刑法》的有关规定，现就审理此类刑事案件具体应用法律若干问题解释如下：

第一条 刑法第一百一十四条规定的“以其他危险方法危害公共安全”，一般应同时具备以下特征：

（一）行为上与放火、决水、爆炸和投放危险物质危险性相当；

（二）结果上对公共安全造成了实际危险。

第二条 刑法第一百一十四条规定的“公共安全”，是指不特定人的生命、健康和重大公私财产安全。不特定表现为侵害对象不确定，包括侵害指向的具体对象不确定和对象数量不确定。

不特定在判断时，应当考察危害范围内的人员流动性情况，根据危害范围可控性、危害范围变化性和通常情况下的人员变动情况综合判断。同时应排除介入因素的影响，根据介入因素的异常性、影响力和与危害行为的关联程度综合判断。

第三条 同时具有下列特征的，可以认定为刑法第一百一十四条和第一百一十五条规定的“其他危险方法”：

（一）可能致人重伤或死亡；

（二）一旦发生无法立即控制结果；

（三）行为与危险或实害结果间具有直接、紧迫的关联。

第四条 对刑法第一百一十四条规定的“危害公共安全”的危险程度的判断，应根据行为时的实际情况和具体情节，判断未完成行为结束时或已完成行为是否具有造成不特定人重伤或者死亡的危险。如有异常因素介入，在判断时应予以排除。

第五条 以其他危险方法危害公共安全，涉及被害人减轻损害行为的，按下列方式处理：

（一）被害人减轻损害的行为属于面对危险时自身本能行为的，在判断行为危险性和计算损害结果时考虑被害人减轻部分；

（二）被害人减轻损害的行为不完全受被害人主观控制、同时受客观条件限制的，在判断行为危险性时不考虑被害人减轻部分，在计算损害结果时按实际情况计算，考虑被害人减轻部分。

第六条 刑法第一百一十四条中“处三年以上十年以下有期徒刑”，可结合案件实际情况和具体量刑情节参照以下标准量刑处罚：

（一）可能造成死亡一人以上或者重伤三人以上的，处三年以上五年以下有期徒刑；

（二）可能造成死亡三人以上或者重伤十人以上的，处五年以上七年以下有期徒刑；

（三）可能造成死亡五人以上或者重伤十五人以上的，处七年以上十年以下有期徒刑。

刑法第一百一十五条中“处十年以上有期徒刑、无期徒刑或者死刑”，可结合案件实际情况和具体量刑情节参照以下标准量刑处罚：

（一）造成死亡一人以上或者重伤三人以上，处十年以上十二年以下有期徒刑；

（二）造成死亡三人以上或者重伤十人以上，处十二年以上十五年以下有期徒刑；

（三）造成死亡五人以上或者重伤十五人以上的，处无期徒刑或死刑。

刑法第一百一十五条中“处三年以上七年以下有期徒刑”，可结合案件实际情况和具体量刑情节参照以下标准量刑处罚：

（一）造成死亡一人以上或者重伤三人以上，处三年以上四年以下有期徒刑；

（二）造成死亡三人以上或者重伤十人以上的，处四年以上六年以下有期徒刑；

（三）造成死亡五人以上或者重伤十五人以上的，处六年以上七年以下有期徒刑。

财产损失量刑层级由各省、市、自治区结合当地经济社会发展情况自行划定。

第七条 违规驾车行为，包括在公路上违反交通法规驾驶机动车辆的行为，也包括针对特定车辆进行别停堵截，违规停放，驾车强闯铁道口、安检区等行为，因而发生重大事故，对危害公共安全结果主观心态为过失的，依照刑法第一百三十三条的规定，以交通肇事罪定罪处罚；对危害公共安全结果主观心态为故意的，依照刑法第一百一十五条的规定，以以危险方法危害公共安全罪定罪处罚。

吸毒后驾驶机动车的行为，尚未造成严重后果，但达到足以危害公共安全的危险程度的，可认定为刑法第一百一十四条规定的以危险方法危害公共安全罪。认定时应根据行为人吸食毒品的数量、行驶车速和行为时辨认控制能力等情节综合判断。

第八条 连续多次肇事，发生重大事故，应按以下方式处理：

（一）行为人对再肇事行为无意识的，依照刑法第一百三十三条的规定，以交通肇事罪定罪处罚。

（二）行为人对再肇事行为有意识，且采取了与自身能力和意识状态相应的减速、刹车等措施的，再次肇事行为应认定为刑法第一百三十三条规定的交通肇事罪；未采取的或采取的减速、刹车等措施与自身能力和状态不相应的，可以推断行为人对危害公共安全结果持放任心态，依照刑法第一百一十五条的规定，以以危险方法危害公共安全罪定罪处罚。

（三）有证据证明行为人故意利用或者放任自身无意识或意识减弱状态危害公共安全的，依照刑法第一百一十五条的规定，以以危险方法危害公共安全罪定罪处罚。

第九条 撞击正在行驶的车辆，达到足以危害公共安全的危险程度的，可认定为刑法第一百一十四条或第一百一十五条规定的以危险方法危害公共安全犯罪。

单纯撞击特定的人或特定的财物，无危害第三人人身或财产安全的行为，一般不认定为“其他危险方法”。

第十条 拉动正在行驶车辆的方向盘或干扰车内司机驾驶的行为，达到足以危害公共安全的危险程度的，可认定为刑法第一百一十四条或第一百一十五条规定的以危险方法危害公共安全犯罪。认定时应根据行为人拉扯的幅度、车辆行驶速度、车辆所处环境、方向盘或司机被拉扯是否造成车辆严重偏离轨道或者失控等情节综合判断。

第十一条 在公路上投掷或堆放物品的行为，严重影响车辆正常行驶，达到足以危害公共安全的危险程度的，可认定为刑法第一百一十四条或第一百一十五条规定的以危险方法危害公共安全犯罪。认定时应根据道路上车辆流通量，投掷物品大小及速度，障碍物的大小及摆放位置等情节综合判断。

第十二条 违规操作重型车辆，如挖掘机、火车、铲车等，达到足以危害公共安全的危险程度的，可认定为刑法第一百一十四条或第一百一十五条规定的以危险方法危害公共安全犯罪。

第十三条 点燃气态燃料，包括煤气、液化石油气和天然气等，在未发生损害结果，难以判断行为引发火灾还是爆炸时，达到足以危害公共安全的危险程度的，可认定为刑法第一百一十四条规定的以危险方法危害公共安全犯罪。火灾或爆炸已经发生的，应根据造成损害结果的具体过程认定为放火罪或爆炸罪。

点燃液态燃料，包括汽油、机油和乙醇等，除在加油站喷洒汽油并点火危害到公共安全的行为，应认定为爆炸罪外，其他危害到公共安全的行为应认定为放火罪。对于使用液体燃料自焚的，如无致他人重伤、死亡的危险，一般不认定为“其他危险方法”。

第十四条 点燃烟花爆竹或非法运输、贮存烟花爆竹，数目较大，存在较大安全隐患，达到足以危害公共安全的危险程度的，可认定为刑法第一百一十四条或第一百一十五条规定的以危险方法危害公共安全犯罪。认定时应根据烟花爆竹的种类、火药的含量及燃放方式等情节综合判断。

第十五条 向他人泼洒腐蚀或高温液体，达到足以危害公共安全的危险程度的，可认定为刑法第一百一十四条或第一百一十五条规定的以危险方法危害公共安全犯罪。认定时应根据腐蚀液体种类、浓度或高温液体温度、体积等情况综合判断。

第十六条 私设电网、私修电网、违规拉设电线、高压线旁堆物等行为，达到足以危害公共安全的危险程度的，可认定为刑法第一百一十四条或第一百一十五条规定的以危险方法危害公共安全犯罪。

误触开关致维修人员重伤或死亡的行为一般不认定为“其他危险方法”。

第十七条 盗窃或破坏电梯坠重铁块，破坏矿区内瓦斯传感器等盗窃或破坏涉及公共安全的设施的行为，达到足以危害公共安全的危险程度的，可认定为刑法第一百一十四条或第一百一十五条规定的以危险方法危害公共安全犯罪。

盗窃窨井盖、消防喷水枪头、铝制消防水带连接口、消防正风机的铜线，私自挖水塘，建放生池等行为一般不认定为“其他危险方法”。

第十八条 使用砖头、石块、气枪、弹弓、猎枪或仿真枪，对人群、静止车辆或正在行驶的车辆进行射击，达到足以危害公共安全的危险程度的，可认定为刑法第一百一十四条或第一百一十五条规定的以危险方法危害公共安全犯罪。认定时应根据射击所用的工具、射击对象、射击角度和射击位置等情节综合判断。

附件2：本罪认定相关司法解释整理

时间	规范	条文
2000年11月27日	《最高人民法院关于审理破坏野生动物资源刑事案件具体应用法律若干问题的解释》第七条	使用爆炸、投毒、设置电网等危险方法破坏野生动物资源，构成非法猎捕、杀害珍贵、濒危野生动物罪或者非法狩猎罪，同时构成刑法第一百一十四条或者第一百一十五条规定之罪的，依照处罚较重的规定定罪处罚
2003年5月15日	《最高人民法院、最高人民检察院关于办理妨害预防、控制突发传染病疫情等灾害的刑事案件具体应用法律若干问题的解释》第一条	故意传播突发传染病病原体，危害公共安全的，依照刑法第一百一十四条、第一百一十五条第一款的规定，按照以危险方法危害公共安全罪定罪处罚。 患有突发传染病或者疑似突发传染病而拒绝接受检疫、强制隔离或者治疗，过失造成传染病传播，情节严重，危害公共安全的，依照刑法第一百一十五条第二款的规定，按照过失以危险方法危害公共安全罪定罪处罚
2009年9月11日	《最高人民法院关于印发醉酒驾车犯罪法律适用问题指导意见及相关典型案例的通知》第一条、第三条	在肇事后继续驾车冲撞，造成重大伤亡，依法以以危险方法危害公共安全罪定罪。 对醉酒驾车，放任危害结果的发生，造成重大伤亡的，依法以以危险方法危害公共安全罪定罪
2014年12月1日	《最高人民法院、最高人民检察院关于办理危害药品安全刑事案件适用法律若干问题的解释》第七条第二款、第四款	以提供给他人生产、销售药品为目的，违反国家规定，生产、销售不符合药用要求的非药品原料、辅料，情节严重的，依照刑法第二百二十五条的规定以非法经营罪定罪处罚。 实施本条第二款行为，同时又构成生产、销售伪劣产品罪、以危险方法危害公共安全罪等犯罪的，依照处罚较重的规定定罪处罚
2017年2月1日	《最高人民法院、最高人民检察院关于办理组织、利用邪教组织破坏法律实施等刑事案件适用法律若干问题的解释》第十二条	邪教组织人员以自焚、自爆或者其他危险方法危害公共安全的，依照刑法第一百一十四条、第一百一十五条的规定，以放火罪、爆炸罪、以危险方法危害公共安全罪等定罪处罚

附件3：以本罪认定的656份判决书相关情况统计表

序号	案号	主观方面			客观方面			刑罚		
		主观心态	主体状态	行为目的	行为方式	人身损害（人）	财产损失（万元）	量刑情节	量刑	缓刑
1	（2017）苏0205刑初755号	故意	正常	泄愤	拉动方向盘或干扰司机	0	0.00	从轻	三年	三年
2	（2018）鲁0828刑初32号	故意	正常	泄愤	拉动方向盘或干扰司机	0		从轻	三年	三年
3	（2015）金东刑初字第37号	故意	正常	报复或追赶	燃料类	0	0.00	从轻+减轻	一年一个月	
4	（2015）温鹿刑初字第111号	故意	正常	报复或追赶	拉动方向盘或干扰司机	0	3.50	减轻	二年	二年
5	（2015）泉刑初字第28号	故意	饮酒	无目的	违规驾车	0		从轻	三年六个月	
6	（2017）京0116刑初268号	故意	正常	泄愤	拉动方向盘或干扰司机	轻微伤3	2.32	从轻	三年四个月	
7	（2018）鲁0923刑初46号	故意	正常	泄愤	违规驾车	轻伤1	0.23	从轻	三年	三年
8	（2018）吉0182刑初110号	故意	正常	自杀	燃料类	0	0.20	从轻	三年六个月	
9	（2018）鄂0192刑初66号	故意	正常	恐吓威胁	染料类	0	0.00	减轻	十个月	
10	（2015）西刑初字第41号	故意	饮酒	无目的	违规驾车	轻伤1	2.00	从轻	三年	

续表

序号	案号	主观方面			客观方面			刑罚		
		主观心态	主体状态	行为目的	行为方式	人身损害（人）	财产损失（万元）	量刑情节	量刑	缓刑
11	（2014）深宝法光刑初字第745号	故意	正常	逃跑	违规驾车	0	1.70	从轻	三年	
12	（2016）桂1321刑初133号	过失	正常	盈利或图方便	私设电网	死亡1	0.00	从轻	二年	
13	（2014）松刑初字第00274号	过失	正常	盈利或图方便	私设电网	死亡1+轻微伤1	0.00	从轻	二年六个月	三年六个月
14	（2016）湘0525刑初162号	过失	正常	不详	违规驾车	死亡6	0.00	从轻	六年六个月	
15	（2014）佛顺法刑初字第3830号	故意	吸毒	逃跑	违规驾车	0		从轻	三年	
16	（2014）东刑初字第301号	故意	正常	报复或追赶	燃料类	0	0.00	减轻	一年六个月	
17	（2017）鲁0784刑初532号	故意	正常	恐吓威胁	燃料类	0	0.00	减轻	一年	
18	（2015）凤刑初字第2号	过失	正常	无目的恐吓威胁	燃料类	重伤1+轻伤1+轻微伤3	0.00	从轻	拘役三个月	六个月
19	（2014）伊少刑初字第119号	故意	正常	无目的	烟花爆竹类	0	0.00	无	三年	三年
20	（2017）鲁1092刑初225号	故意	正常	报复或追赶	驾车撞击	重伤1		减轻	五年	

续表

序号	案号	主观方面			客观方面			刑罚		
		主观心态	主体状态	行为目的	行为方式	人身损害（人）	财产损失（万元）	量刑情节	量刑	缓刑
21	（2015）嵩刑初字第6号	过失	正常	盈利或图方便	私设电网	死亡1	0.00	无	三年	四年
22	（2015）嵩刑初字第11号	过失	正常	盈利或图方便	私设电网	死亡1	0.00	从轻	三年	三年
23	（2018）鄂0192刑初108号	故意	正常	泄愤	拉动方向盘或干扰司机	轻微伤3	9.90	从轻	三年	
24	（2016）闽06刑初32号	故意	正常	泄愤	驾车撞击	死亡1+轻微伤2	0.00	从轻	十三年六个月	
25	（2018）豫0823刑初3号	故意	正常	逃跑	驾车撞击	0		从轻	三年五个月	
26	（2018）鄂0192刑初216号	故意	正常	泄愤	燃料类	0	0.00	减轻	十个月	
27	（2015）海刑二初字第00094号	故意	正常	报复或追赶	拉动方向盘或干扰司机	0	0.00	从轻	三年	三年
28	（2014）华蓥刑初字第93号	故意	正常	报复或追赶	驾车撞击			从轻	三年	
29	（2015）固刑终字第3号	故意	正常	泄愤	驾车撞击	轻伤1+轻微伤3		从轻	三年	
30	（2015）乐刑初字第61号	过失	正常	盈利或图方便	私设电网	死亡1	0.00	从轻	三年	四年

续表

序号	案号	主观方面			客观方面			刑罚		
		主观心态	主体状态	行为目的	行为方式	人身损害（人）	财产损失（万元）	量刑情节	量刑	缓刑
31	（2015）綦法刑初字第00071号	故意	正常	泄愤	拉动方向盘或干扰司机		0.52	从轻	三年	四年
32	（2014）东刑初字第86号	故意	正常	无目的	违规驾车	重伤2+轻伤1	11.20	从轻	十年六个月	
33	（2015）凉刑初字第9号	故意	正常	盈利或图方便	私设电网	轻微伤1	0.00	从轻	三年	三年
34	（2014）东刑初字第104号	故意	饮酒	报复或追赶	驾车撞击	轻微伤2		减轻	二年	
35	（2015）怀刑初字第00013号	过失	正常	盈利或图方便	私设电网	死亡1	0.00	从轻	二年	三年
36	（2015）朝刑初字第413号	故意	饮酒	报复或追赶	拉动方向盘或干扰司机	0	0.00	从轻	三年	三年
37	（2017）湘1227刑初117号	过失	正常	泄愤	驾车撞击	重伤1+轻伤1+轻微伤2		减轻	一年六个月	
38	（2015）巴法刑初字第00069号	故意	饮酒	无目的	违规驾车	死亡1+轻伤2+轻微伤1		从轻	十二年	
39	（2015）滨塘刑初字第5号	故意	饮酒	无目的	违规驾车		3.00	从重	五年	

续表

序号	案号	主观方面			客观方面			刑罚		
		主观心态	主体状态	行为目的	行为方式	人身损害（人）	财产损失（万元）	量刑情节	量刑	缓刑
40	（2014）易刑二初字第48号	过失	正常	盈利或图方便	炮弹作为废品出售	死亡2+轻伤1	0.00	从轻	三年	四年
41	（2017）鲁1342刑初464号	故意	正常	自杀	拉动方向盘或干扰司机	0	0.59	从轻	三年	四年
42	（2014）赫刑一初字第365号	过失	正常	盈利或图方便	高压线旁堆物、挂物类	死亡1	0.00	从轻	三年	
43	（2015）李刑初字第53号	故意	吸毒	无目的	违规驾车		0.50	从轻	三年	
44	（2014）鄂武昌刑初字第01171号	故意	吸毒	恐吓威胁	燃料类	0	0.00	从轻	三年	
45	（2015）泰山刑初字第27号	故意	正常	无目的	高空抛物	0	3.40	从轻	三年	四年
46	（2014）莱州刑初字第391号	过失	正常	不详	操作重型车辆	重伤1+轻伤2+轻微伤1		减轻	二年	
47	（2015）云法刑初字第00015号	过失	正常	盈利或图方便	私设电网	死亡1	0.00	减轻	二年	二年
48	（2018）0112刑初175号	故意	正常	泄愤	燃料类	0	0.00	从轻	三年	三年
49	（2015）金东刑初字第12号	故意	正常	报复或追赶	燃料类	0	0.00	无	三年	三年

续表

序号	案号	主观方面			客观方面			刑罚		
		主观心态	主体状态	行为目的	行为方式	人身损害（人）	财产损失（万元）	量刑情节	量刑	缓刑
50	（2015）云法刑初字第00014号	过失	正常	盈利或图方便	私设电网	死亡1	0.00	减轻	二年	二年
51	（2015）林刑初字第6号	故意	正常	恐吓威胁	燃料类	0	0.00	减轻	六个月	一年
52	（2014）聊东刑初字第443号	故意	正常	盈利或图方便	盗窃或损坏公共设施	0	0.60	从轻	六年	
53	（2014）泰山刑初字第295号	故意	正常	自杀	燃料类	0	0.00	从轻	三年	四年
54	（2014）奎刑初字第106号	故意	正常	恐吓威胁	燃料类	轻伤1	10.00	从轻	四年	
55	（2017）鲁1302刑初1752号	故意	正常	逃跑	违规驾车	轻伤2		从轻	三年	四年
56	（2014）任刑初字第531号	故意	正常	逃跑	违规驾车			从重	四年	
57	（2014）鼓刑初字第229号	故意	饮酒	无目的	违规驾车	0	3.90	从轻+从重	四年	
58	（2014）宁刑初字第29号	故意	吸毒	不详	违规驾车	轻伤1	2.30	从轻	四年	
59	（2014）寿刑初字第90号	故意	限制	自杀	燃料类	0	0.00	减轻	一年	

续表

序号	案号	主观方面			客观方面			刑罚		
		主观心态	主体状态	行为目的	行为方式	人身损害（人）	财产损失（万元）	量刑情节	量刑	缓刑
60	（2017）吉 0284 刑初 245 号	故意	服药困倦	无目的	违规驾车	重伤 1 + 轻微伤 1	2.02	从轻	十一年	
61	（2014）广刑初字第 05 号	故意	正常	恐吓威胁	燃料类	0	0.00	免除	免予刑事处罚	
62	（2014）鼓刑初字第 0151 号	故意	正常	逃跑	违规驾车	轻伤 2	0.50	从重	五年	
63	（2014）抚刑初字第 230 号	过失	正常	盈利或图方便	高压线旁堆物、挂物类	死亡 1	0.00	从轻	一年	二年
64	（2017）鄂 1182 刑初 368 号	过失	正常	无目的	私修电网	死亡 2	0.00	无	六年	
65	（2014）枣刑初字第 117 号	故意	正常	盈利或图方便	违规驾车	0	0.7	无	四年	
66	（2014）洛南刑初字第 00062 号	过失	正常	盈利或图方便	私设电网	死亡 1	0.00	减轻	二年	三年
67	（2016）苏 09 刑初 34 号	故意	正常	报复或追赶	违规驾车	死亡 1	6.54	从轻	十三年	
68	（2014）深宝法刑初字第 3210 号	故意	正常	报复或追赶	燃料类	0	0.00	从轻	三年	三年
69	（2014）海刑初字第 00046 号	故意	正常	无目的	燃料类	0	0.00	从轻 + 从重	三年	

续表

序号	案号	主观方面			客观方面			刑罚		
		主观心态	主体状态	行为目的	行为方式	人身损害（人）	财产损失（万元）	量刑情节	量刑	缓刑
70	（2018）湘0682刑初34号	故意	正常	恐吓威胁	燃料类	0	3.15	减轻	一年六个月	
71	（2014）化刑初字第31号	故意	正常	恐吓威胁	燃料类	0	0.00	从轻	三年	四年
72	（2018）桂0204刑初134号	故意	正常	逃跑	驾车撞击	0		从重	五年	
73	（2014）西少刑初字第63号	故意	正常	盈利或图方便	盗窃或损坏公共设施	0	0.00	从轻+从重+从轻/减轻	三年	
74	（2016）湘13刑初32号	故意	正常	泄愤	驾车撞击	死亡1+轻伤1	0.00	无	死刑立即执行	
75	（2017）皖01刑初29号	故意	正常	报复或追赶	违规驾车	死亡3		从轻	无期徒刑	
76	（2014）桐刑初字第00004号	故意	正常	无目的	抛甩	0	0.00	从轻	三年	三年
77	（2014）熟刑初字第0322号	故意	饮酒	无目的	违规驾车	死亡1+轻伤1	0.00	减轻	六年	
78	（2017）鲁1202刑初437号	过失	正常	逃跑	拉动方向盘或干扰司机	死亡1		从轻	三年	五年
79	（2014）沁刑初字第00250号	故意	正常	报复或追赶	违规驾车	0	0.7	减轻	二年	

续表

序号	案号	主观方面			客观方面			刑罚		
		主观心态	主体状态	行为目的	行为方式	人身损害（人）	财产损失（万元）	量刑情节	量刑	缓刑
80	（2014）沈铁西刑初字第926号	故意	正常	逃跑	违规驾车	轻伤1	0.00	从轻	三年	四年
81	（2017）津0102刑初330号	故意	正常	泄愤	拉动方向盘或干扰司机	0	0.12	从轻	三年	三年
82	（2018）晋0603刑初3号	故意	吸毒	无目的	违规驾车	轻伤1	0.42	无	三年	
83	（2014）长刑初字第87号	故意	饮酒	无目的	违规驾车	0	0.00	从轻	三年	四年
84	（2014）甬慈刑初字第937号	故意	正常	恐吓威胁	燃料类	0	0.00	减轻	十个月	一年三个月
85	（2017）湘0104刑初238号	故意	正常	逃跑	违规驾车	0		从轻	四年六个月	
86	（2014）穗海法刑初字第1241号	故意	吸毒	自杀	燃料类	0	0.00	从轻	三年	
87	（2018）鄂0912刑初66号	故意	正常	恐吓威胁	燃料类	0	0.00	减轻	十个月	
88	（2014）沙刑初字第85号	过失	正常	盈利或图方便	私设电网	死亡1	0.00	从轻	四年	
89	（2014）穗花法刑初字第994号	故意	正常	报复或追赶	拉动方向盘或干扰司机	轻微伤1	1.90	减轻	十个月	一年

续表

序号	案号	主观方面			客观方面			刑罚		
		主观心态	主体状态	行为目的	行为方式	人身损害（人）	财产损失（万元）	量刑情节	量刑	缓刑
90	(2016) 粤 03 刑初 45 号	故意	正常	制造恐慌	泼洒腐蚀或高温液体 + 持刀捅刺	重伤 +1 轻伤 3	0.00	从轻	十五年	
91	(2014) 东刑初字第 361 号	故意	限制能力	恐吓威胁	燃料 + 烟花爆竹类	0	0.00	减轻	一年	
92	(2014) 黄刑初字第 1104 号	过失	饮酒	报复或追赶	违规驾车	死亡 1	0.00	从轻	三年	五年
93	(2017) 冀 01 刑初 9 号	故意	正常	逃跑	违规驾车	死亡 2	0.00	从轻 + 从轻/减轻	十三年	
94	(2014) 潮安法刑初字第 570 号	故意	正常	泄愤	燃料类	0	0.00	减轻	七个月	
95	(2018) 津 0104 刑初 161 号	故意	正常	自杀	燃料类	0	0.00	+ 从重	三年	三年
96	(2014) 甬奉刑初字第 1034 号	故意	饮酒	无目的	拉动方向盘或干扰司机	轻微伤 2	1.10	从轻	三年	
97	(2014) 龙泉刑初字第 215 号	故意	限制	恐吓威胁	燃料类	0	0.00	从轻 + 从重	四年	
98	(2017) 晋 01 刑初 37 号	故意	正常	泄愤	驾车撞击	死亡 1	0.00	从轻	无期徒刑	
99	(2014) 六裕刑初字第 00131 号	过失	正常	逃跑	违规驾车	死亡 1 + 轻伤 2	0.00	减轻	二年六个月	

续表

序号	案号	主观方面			客观方面			刑罚		
		主观心态	主体状态	行为目的	行为方式	人身损害（人）	财产损失（万元）	量刑情节	量刑	缓刑
100	（2014）川刑初字第00124号	故意	正常	报复或追赶	燃料类	0	0.00	无	三年	三年
101	（2014）石刑初字第342号	故意	饮酒	报复或追赶	拉动方向盘或干扰司机	0	1.40	从轻	三年	
102	（2014）南刑初字第49号	过失	正常	盈利或图方便	私设电网	死亡1	0.00	从轻	一年六个月	二年
103	（2014）鄂竹溪刑初字第00057号	故意	正常	盈利或图方便	私设电网	0		从轻	三年	四年
104	（2017）晋07刑初18号	故意	正常	盈利或图方便	私设电网	死亡1	0.00	减轻	七年	
105	（2014）公刑初字第444号	故意	饮酒	无目的	违规驾车	0		从轻	三年	三年
106	（2017）湘0522刑初246号	故意	正常	恐吓威胁	燃料类	0	0.00	从轻	三年	
107	（2014）紫刑初字第00024号	过失	正常	盈利或图方便	私设电网	死亡1	0.00	从轻	三年	四年
108	（2016）闽08刑初15号	故意	正常	逃跑	违规驾车	0	0.00	无	三年	
109	（2014）甬鄞刑初字第802号	故意	正常	报复或追赶	驾车撞击	轻伤1	0.00	从轻	三年	四年

续表

序号	案号	主观方面			客观方面			刑罚		
		主观心态	主体状态	行为目的	行为方式	人身损害（人）	财产损失（万元）	量刑情节	量刑	缓刑
110	（2014）吉高新刑初字第30号	故意	饮酒	报复或追赶	燃料类	0	0.00	减轻	八个月	
111	（2014）博刑初字第73号	故意	正常	报复或追赶	拉动方向盘或干扰司机	0	14.50	从轻	三年	四年
112	（2014）干刑初字第132号	故意	饮酒	无目的	违规驾车	0	0.10	从轻	三年	
113	（2015）常刑一初字第38号	故意	吸毒	逃跑	违规驾车	轻微伤2	1.82	无	五年	
114	（2016）晋07刑初17号	故意	饮酒	不详	驾车撞击	死亡1	0.00	无	十二年	
115	（2014）温平刑初字第116号	故意	正常	逃跑	违规驾车	死亡1		从轻	十年六个月	
116	（2014）思刑初字第650号	故意	正常	恐吓威胁	燃料类	0	0.00	减轻	八个月	
117	（2014）滑刑初字第205号	故意	正常	逃跑	违规驾车	重伤2+轻伤1		无	十四年	
118	（2018）辽1381刑初10号	故意	正常	盈利或图方便	私设电网	受伤1	0.00	从轻	三年	三年
119	（2016）湘13刑初4号	故意	饮酒	报复或追赶	驾车撞击	死亡1+轻伤3+轻微伤2	0.45	从轻	十四年	

续表

序号	案号	主观方面			客观方面			刑罚		
		主观心态	主体状态	行为目的	行为方式	人身损害（人）	财产损失（万元）	量刑情节	量刑	缓刑
120	（2014）龙刑初字第221号	故意	正常	恐吓威胁	燃料类	0	0.00	减轻	一年	二年
121	（2014）汉阴刑初字第00082号	故意	正常	报复或追赶	燃料类	0	0.00	从轻	四年	
122	（2014）海刑初字第167号	故意	正常	逃跑	违规驾车	轻伤2	0.1	从重	三年	
123	（2014）吉刑一终字第1号	故意	饮酒	报复或追赶	驾车撞击	死亡1+重伤1		从轻	无期徒刑	
124	（2016）湘09刑初20号	故意	正常	逃跑	拖行他人	死亡1	0.00	从轻	无期徒刑	
125	（2014）郓刑初字第130号	故意	正常	报复或追赶	射击	0	0.00	从轻	三年	
126	（2014）揭西法刑初字第44号	故意	正常	报复或追赶	燃料+驾车撞击	轻微伤2	1.20	从重	五年	
127	（2017）冀0503刑初262号	过失	正常	无目的	违规驾车	死亡1		从轻	三年	五年
128	（2014）临渭刑初字第00151号	故意	饮酒	无目的	违规驾车	死亡1	0.00	从重	十三年	
129	（2015）穗中法刑一初字第00403号	故意	饮酒	不详	违规驾车	死亡6+轻伤1	0.00	从轻	十五年	

续表

序号	案号	主观方面			客观方面			刑罚		
		主观心态	主体状态	行为目的	行为方式	人身损害（人）	财产损失（万元）	量刑情节	量刑	缓刑
130	（2014）攀西刑初字第103号	故意	正常	报复或追赶	拉动方向盘或干扰司机	0	0.4	从轻	三年	三年六个月
131	（2014）靖刑初字第00039号	故意	饮酒	无目的	违规驾车	0	6.20	无	四年	
132	（2013）新宾刑初字第111号	故意	正常	报复或追赶	驾车撞击	轻伤2	0.00	无	三年六个月	
133	（2014）闸刑初字第918号	故意	饮酒	报复或追赶	拉动方向盘或干扰司机	0		从轻	三年	
134	（2014）鄂麻城刑初字第00075号	过失	正常	盈利或图方便	私设电网	重伤1	0.00	从轻	二年	
135	（2014）深福法刑初字第554号	故意	正常	盈利或图方便	盗窃或损坏公共设施	0	1.3	从轻	三年	
136	（2016）粤0402刑初1398号	故意	饮酒	泄愤	燃料类	0	0.00	从轻	三年	
137	（2018）苏0922刑初1号	故意	饮酒	报复或追赶	违规驾车	轻微伤2		减轻	一年十个月	
138	（2014）张刑初字第0070号	故意	饮酒	无目的	违规驾车	0		从轻	三年	
139	（2014）沭刑初字第0759号	故意	正常	报复或追赶	燃料类	轻微伤1	0.00	从轻	三年	

续表

序号	案号	主观方面			客观方面			刑罚		
		主观心态	主体状态	行为目的	行为方式	人身损害（人）	财产损失（万元）	量刑情节	量刑	缓刑
140	（2014）清城法刑初字第99号	故意	吸毒	无目的	燃料类	0		从轻	三年	
141	（2014）思刑初字第333号	故意	正常	报复或追赶	燃料类	0		减轻	一年一个月	
142	（2016）苏1012刑初21号	故意	正常	恐吓威胁	燃料类	0	0.00	从轻	三年	四年
143	（2014）安刑初字第212号	过失	正常	盈利或图方便	私设电网	死亡1	0.00	从轻	三年	四年
144	（2014）西刑初字第00105号	过失	正常	盈利或图方便	私设电网	死亡1	0.00	从轻	一年	一年六个月
145	（2014）古刑初字第154号	故意	饮酒	恐吓威胁	燃料类	0	0.00	从轻	四年	
146	（2014）安刑初字第15号	故意	吸毒	无目的	驾车撞击	0		从轻	三年	五年
147	（2016）粤5122刑初69号	故意	正常	逃跑	拉动方向盘或干扰司机		3.25	从轻	三年六个月	
148	（2016）甘0103刑初569号	故意	正常	泄愤	拉动方向盘或干扰司机	0	0.00	从轻	三年	三年
149	（2014）迁刑初字第136号	故意	正常	逃跑	拉动方向盘或干扰司机	0	0.00	无	四年	

续表

序号	案号	主观方面			客观方面			刑罚		
		主观心态	主体状态	行为目的	行为方式	人身损害（人）	财产损失（万元）	量刑情节	量刑	缓刑
150	（2014）临渭刑初字第00397号	故意	正常	报复或追赶	违规驾车+拉动方向盘或干扰司机	轻伤1	0.00	从轻	三年	五年
151	（2014）庆林刑初字第41号	过失	正常	盈利或图方便	私设电网	死亡1	0.00	减轻	二年	三年
152	（2014）巧刑初字第136号	故意	正常	恐吓威胁	燃料类	0	0.00	从轻	三年	
153	（2013）广刑初字第141号	故意	饮酒	无目的	违规驾车	轻伤2		从轻	三年	四年
154	（2014）江宁刑初字第260号	故意	饮酒	自杀	燃料类	0	0.00	从轻	三年	四年
155	（2014）沁刑初字第00167号	故意	正常	报复或追赶	违规驾车	0	0.70	减轻	二年	
156	（2014）隆刑初字第312号	故意	正常	报复或追赶	拉动方向盘或干扰司机	0	0.00	从重	四年	
157	（2014）泉刑初字第228号	故意	正常	报复或追赶	违规驾车	轻伤1		从轻	三年	五年
158	（2014）临渭刑初字第00390号	故意	正常	报复或追赶	驾车撞击		2.00	从轻	三年	四年
159	（2016）冀0705刑初42号	故意	正常	报复或追赶	驾车撞击	轻伤1	4	从轻	三年	

续表

序号	案号	主观方面			客观方面			刑罚		
		主观心态	主体状态	行为目的	行为方式	人身损害（人）	财产损失（万元）	量刑情节	量刑	缓刑
160	（2014）雨法刑初字第365号	故意	饮酒	逃跑	违规驾车	0	0.00	从轻	三年	四年
161	（2014）临刑初字第69号	故意	正常	报复或追赶	拉动方向盘或干扰司机	轻伤14		从轻	三年	四年
162	（2014）静刑初字第344号	故意	饮酒	报复或追赶	违规驾车	0		从轻	三年六个月	
163	（2014）灌刑初字第98号	故意	饮酒	逃跑	违规驾车	轻伤2	0.00	减轻	二年	
164	（2014）连刑初字第00022号	故意	正常	无目的	驾车撞击	死亡1+重伤1		减轻	十五年	
165	（2012）新都刑初字第527号	故意	正常	报复或追赶	射击			从重	四年	
166	（2017）豫0726刑初469号	故意	正常	逃跑	拉动方向盘或干扰司机	0	0.00	从轻	三年	五年
167	（2014）扬江刑初字第0049号	故意	正常	报复或追赶	拉动方向盘或干扰司机	轻伤1		减轻	一年	一年
168	（2014）穗中法刑一终字第387号	故意	完全无能力	无目的	燃料类	0	0.00	减轻	一年六个月	
169	（2014）彭法刑初字第00160号	过失	正常	盈利或图方便	私设电网	死亡1	0.00	减轻	二年	二年

续表

序号	案号	主观方面			客观方面			刑罚		
		主观心态	主体状态	行为目的	行为方式	人身损害（人）	财产损失（万元）	量刑情节	量刑	缓刑
170	（2014）婺刑初字第100号	过失	正常	盈利或图方便	私设电网	死亡1	0.00	减轻	拘役四个月	
171	（2014）湖吴刑初字第411号	故意	饮酒	逃跑	违规驾车	重伤1	3.70	从轻	十年	
172	（2014）马刑初字第69号	故意	饮酒	无目的	违规驾车	0	0.00	从轻	三年	四年
173	（2017）川0502刑初186号	故意	正常	饮酒	违规驾车	死亡1+轻伤1	9.57	从轻	十年	
174	（2017）辽1381刑初328号	故意	正常	盈利或图方便	私设电网	0	0.00	从轻	三年	四年
175	（2014）渝刑初字第00106号	过失	正常	盈利或图方便	私设电网	死亡1	0.00	从轻	三年	四年
176	（2018）闽0803刑初43号	过失	正常	盈利或图方便	私设电网	死亡1	0.00	减轻	二年六个月	三年
177	（2016）吉0382刑初210号	故意	正常	无目的	驾车撞击	轻伤3+轻微伤2	2.47	从轻+从重+减轻	一年	
178	（2014）和刑初字第00178号	故意	正常	盈利或图方便	私设电网	轻伤2	0.00	从轻/减轻	二年	
179	（2014）皋刑初字第00213号	故意	饮酒	无目的	违规驾车	0	2.50	从轻	四年	

续表

序号	案号	主观方面			客观方面			刑罚		
		主观心态	主体状态	行为目的	行为方式	人身损害（人）	财产损失（万元）	量刑情节	量刑	缓刑
180	（2014）乐刑初字第6号	故意	吸毒	无目的	违规驾车	死亡2+重伤1		从轻	无期徒刑	
181	（2013）东刑初字第466号	故意	饮酒	无目的	违规驾车	死亡1+轻伤1		从轻	十年	
182	（2014）梨刑初字第354号	故意	正常	无目的	违规驾车	轻伤2		无	三年	
183	（2014）睢刑初字第461号	故意	正常	报复或追赶	泼洒腐蚀或高温液体	重伤1+轻伤2+轻微伤2	0.00	减轻	五年	
184	（2014）太少刑初字第37号	过失	正常	无目的	烟花爆竹类	死亡1	0.00	从轻	一年	二年
185	（2014）武侯刑初字第73号	故意	正常	无目的	高空抛物	0	7.60	从轻	三年	
186	（2016）粤0106刑初317号	故意	正常	恐吓威胁	燃料类	0	0.00	从轻+减轻	二年	三年
187	（2014）怀刑初字第3号	故意	正常	报复或追赶	高空抛物	轻伤1	0.00	从轻	三年	
188	（2014）黄刑初字第00072号	过失	正常	盈利或图方便	私设电网	死亡1	0.00	从轻	三年	三年
189	（2014）鄂房县刑初字第00109号	故意	正常	盈利或图方便	私设电网	轻伤1	0.00	从轻	三年	四年

续表

序号	案号	主观方面			客观方面			刑罚		
		主观心态	主体状态	行为目的	行为方式	人身损害（人）	财产损失（万元）	量刑情节	量刑	缓刑
190	（2017）粤0112刑初1288号	故意	正常	报复或追赶	燃料类	0	0.00	从轻	三年	四年
191	（2014）佛明法刑初字第198号	故意	正常	报复或追赶	烟花爆竹类	轻微伤2		从轻	三年	五年
192	（2016）粤1972刑初556号	故意	吸毒	恐吓威胁	燃料类	0	0.00	减轻	二年三个月	
193	（2014）佛南法刑初字第1335号	故意	正常	制造恐慌	烟花爆竹类	0	0.00	从轻	三年六个月	
194	（2014）渝高法刑终字第00043号	过失	正常	盈利或图方便	私设电网	死亡1	0.00	从轻	三年	三年
195	（2016）鲁0113刑初249号	故意	正常	报复或追赶	公路上投掷或堆物	死亡1		减轻	二年	二年
196	（2014）鼓刑初字第15号	故意	饮酒	不详	违规驾车	轻伤1		从轻	三年	五年
197	（2014）鄂当阳刑初字第00130号	故意	正常	报复或追赶	燃料类	0	0.00	从轻+从重	三年六个月	
198	（2014）包刑初字第00511号	故意	饮酒	不详	违规驾车	轻伤1		从轻	三年	四年
199	（2014）翠屏刑初字第145号	故意	正常	无目的	违规驾车	0	5.00	从轻	九年	

续表

序号	案号	主观方面			客观方面			刑罚		
		主观心态	主体状态	行为目的	行为方式	人身损害（人）	财产损失（万元）	量刑情节	量刑	缓刑
200	（2014）灵刑初字第117号	故意	饮酒	不详	违规驾车	死亡1+轻伤1		从轻	十一年	
201	（2016）粤0306刑初2505号	故意	正常	泄愤	拉动方向盘或干扰司机	0	0.00	无	三年	
202	（2018）鲁1302刑初32号	故意	正常	恐吓威胁	燃料类	0	0.00	从轻	三年	四年
203	（2014）西刑初字第137号	故意	正常	无目的	性行为	传染病3	0.00	从轻	七年	
204	（2014）鄂丹江口刑初字第00187号	故意	正常	盈利或图方便	私设电网	死亡1	0.00	从轻	十一年	
205	（2014）揭普法刑初字第114号	故意	正常	报复或追赶	燃料类	0	0.00	从轻	三年六个月	
206	（2014）珠香法刑初字第2402号	故意	饮酒	无目的	燃料类	0	0.00	从轻+减轻	七个月	
207	（2014）江蓬法刑初字第234号	故意	正常	报复或追赶	燃料类	0	0.00	从轻	三年	五年
208	（2014）唐刑初字第533号	故意	正常	逃跑	违规驾车	0		从轻	三年	
209	（2014）新刑初字第299号	故意	正常	制造恐慌	驾车撞击	轻伤1	0.00	无	三年	五年

续表

序号	案号	主观方面			客观方面			刑罚		
		主观心态	主体状态	行为目的	行为方式	人身损害（人）	财产损失（万元）	量刑情节	量刑	缓刑
210	（2014）兴刑初字第00134号	故意	吸毒	逃跑	违规驾车	0	1.00	从轻	三年	五年
211	（2013）登刑初字第577号	故意	正常	恐吓威胁	燃料类	0	0.00	从轻	三年	四年
212	（2014）安刑初字第4号	故意	饮酒	无目的	射击	0	0.10	从轻	三年	五年
213	（2014）鄂黄石港刑初字第00012号	故意	正常	恐吓威胁	驾车撞击	轻微伤1	0.30	从轻	四年	
214	（2014）芙刑初字第4号	故意	吸毒	不详	违规驾车	0	0.70	从轻	三年	
215	（2014）虎刑初字第0165号	故意	正常	报复或追赶	拉动方向盘或干扰司机	0	0.00	减轻	二年	二年
216	（2014）东三法刑初字第879号	故意	吸毒	无目的	持刀捅刺	轻微伤2		从轻	四年五个月	
217	（2014）响刑初字第00114号	故意	正常	恐吓威胁	燃料类	0	0.00	减轻	两年	
218	（2014）淮涟刑初字第0099号	故意	饮酒	报复或追赶	驾车撞击	0	0.90	从轻	四年	
219	（2014）房刑初字第175号	故意	正常	恐吓威胁	燃料类	0	0.00	从重+减轻	二年六个月	

续表

序号	案号	主观方面			客观方面			刑罚		
		主观心态	主体状态	行为目的	行为方式	人身损害（人）	财产损失（万元）	量刑情节	量刑	缓刑
220	（2014）浙温刑终字第449号	故意	正常	追求刺激	射击	轻伤1	0.00	减轻	一年六个月	
221	（2014）李刑重字第2号	故意	正常	报复或追赶	驾车撞击	轻微伤2	0.00	无	三年	
222	（2014）武凉刑初字第177号	故意	正常	恐吓威胁	燃料类	0	0.00	从轻/减轻	三年	五年
223	（2014）台刑初字第41号	故意	饮酒	不详	违规驾车			减轻	一年六个月	
224	（2014）迎刑初字第00067号	故意	吸毒	不详	违规驾车	0	8.00	从轻	三年	
225	（2014）江恩法刑初字第125号	故意	正常	盈利或图方便	私设电网	轻伤1	0.00	从轻	三年	三年
226	（2014）栾刑初字第205号	故意	正常	盈利或图方便	烟花爆竹类	0	0.00	从轻	三年	
227	（2013）格刑初字第221号	故意	饮酒	不详	违规驾车	重伤2+轻伤3		从轻	十年	
228	（2014）全刑初字第00041号	故意	正常	恐吓威胁	驾车撞击	0	0.5	从轻	三年	
229	（2014）佛城法刑初字第801号	故意	正常	报复或追赶	燃料类	0	0.00	从轻	三年	

续表

序号	案号	主观方面			客观方面			刑罚		
		主观心态	主体状态	行为目的	行为方式	人身损害（人）	财产损失（万元）	量刑情节	量刑	缓刑
230	（2014）和刑初字第12号	故意	正常	盈利或图方便	盗窃或损坏公共设施	0	0.03	从轻	三年八个月	
231	（2014）丰刑初字第450号	故意	正常	盈利或图方便	违规驾车	0	0.00	从轻	三年	
232	（2014）昌刑初字第1168号	故意	正常	报复或追赶	驾车撞击	0	14.00	减轻	一年	
233	（2014）敦刑初字第196号	故意	正常	恐吓威胁	拉动方向盘或干扰司机	0	0.00	从轻	三年	三年六个月
234	（2014）杏刑初字第69号	故意	正常	逃跑	违规驾车	0		从轻	三年	
235	（2014）嘉平刑初字第224号	故意	正常	恐吓威胁	燃料类+拉动方向盘或干扰司机	0	0.00	减轻	八个月	一年
236	（2014）柳刑初字第12号	故意	正常	恐吓威胁	射击	0	0.70	从轻	三年	
237	（2014）习刑初字第96号	故意	正常	无目的+恐吓威胁	驾车撞击	0	0.80	减轻	一年	
238	（2018）吉0303刑初5号	故意	正常	泄愤	驾车撞击	轻伤1	0.48	无	三年	
239	（2014）威刑初字第40号	故意	饮酒	不详	违规驾车	死亡1+轻伤6		从轻	十一年	

续表

序号	案号	主观方面			客观方面			刑罚		
		主观心态	主体状态	行为目的	行为方式	人身损害（人）	财产损失（万元）	量刑情节	量刑	缓刑
240	（2014）龙刑初字第221号	故意	正常	报复或追赶	燃料类	0	0.00	减轻	一年	二年
241	（2014）鄂黄陂刑初字第00298号	过失	正常	盈利或图方便	私设电网	死亡1	0.00	从轻	三年	四年
242	（2014）古刑初字第48号	故意	正常	报复或追赶	驾车撞击	0	0.50	减轻	一年六个月	
243	（2014）诸刑初字第488号	故意	正常	恐吓威胁	燃料类	0	0.00	减轻	一年六个月	
244	（2014）魏刑初字第5号	故意	正常	无目的	私修电网	0	1.00	从轻	三年	三年
245	（2014）穗海法刑初字第1554号	故意	吸毒	自杀	燃料类	0	0.00	从轻	三年六个月	
246	（2018）鄂1224刑初8号	故意	正常	盈利或图方便	私设电网	死亡1	0.00	从轻+从轻/减轻	五年	
247	（2014）大英刑初字第157号	故意	正常	泄愤	驾车撞击	0	11.79	无	四年	
248	（2014）新刑初字第87号	故意	正常	恐吓威胁	驾车撞击	0	0.00	从轻	三年	五年
249	（2014）罗刑初字第164号	过失	正常	盈利或图方便	私设电网	死亡1	0.00	从轻	三年	三年

续表

序号	案号	主观方面			客观方面			刑罚		
		主观心态	主体状态	行为目的	行为方式	人身损害（人）	财产损失（万元）	量刑情节	量刑	缓刑
250	（2014）高刑初字第112号	过失	正常	盈利或图方便	私设电网	死亡1	0.00	从轻	三年	三年
251	（2014）五垦法刑初字第00010号	故意	饮酒	无目的	违规驾车	死亡1		从轻	十年	
252	（2014）瑞刑初字第228号	故意	正常	恐吓威胁	燃料类	0	0.00	从轻	三年	四年
253	（2014）滦刑初字第149号	故意	正常	恐吓威胁	燃料类	0	0.00	从轻	三年	五年
254	（2014）鄂广水刑初字第00213号	故意	正常	盈利或图方便	私设电网	轻伤1	0.00	从轻/减轻	六个月	
255	（2014）莒刑一初字第316号	过失	正常	盈利或图方便	私设电网	死亡1	0.00	从轻	二年六个月	
256	（2014）夏刑初字第95号	过失	正常	盈利或图方便	高压线旁堆物、挂物类	死亡1	0.00	从轻	三年	四年
257	（2014）梅县法刑初字第178号	故意	饮酒	无目的	违规驾车		13.00	从轻	三年	
258	（2014）中刑初字第84号	故意	正常	泄愤	射击	0	1.10	无	三年	
259	（2014）鄂曾都刑初字第00432号	故意	正常	报复或追赶	驾车撞击	轻伤1	5.00	从轻	三年	

续表

序号	案号	主观方面			客观方面			刑罚		
		主观心态	主体状态	行为目的	行为方式	人身损害（人）	财产损失（万元）	量刑情节	量刑	缓刑
260	（2014）汕陆法刑初字第262号	故意	正常	泄愤	射击	轻伤1＋轻微伤2	0.00	从轻	三年	
261	（2014）舟定刑初字第357号	故意	正常	自杀	燃料类	0	0.00	从轻＋减轻	二年	三年
262	（2014）云刑初字第369号	故意	吸毒	无目的	驾车撞击	轻微伤1		减轻	二年	
263	（2014）张刑初字第0749号	故意	正常	逃跑	违规驾车	0		从轻	三年	四年
264	（2014）芜刑初字第00270号	故意	正常	恐吓威胁	燃料类	0	0.00	减轻	一年	一年
265	（2014）邳刑初字第409号	故意	正常	追求刺激	射击	0	0.17	从重	四年六个月	
266	（2018）粤0983刑初40号	故意	正常	报复或追赶	射击	0	0.046	从轻	三年	
267	（2014）寻刑初字第58号	故意	饮酒	无目的	违规驾车	0		从轻	三年	四年
268	（2014）宿豫刑初字第0378号	过失	正常	追求刺激	高压线旁堆物、挂物类	死亡1＋轻伤1	0.00	从轻	三年	四年
269	（2014）安刑初字第867号	过失	正常	盈利或图方便	私设电网	死亡1	0.00	从轻	三年	三年三个月

续表

序号	案号	主观方面			客观方面			刑罚		
		主观心态	主体状态	行为目的	行为方式	人身损害（人）	财产损失（万元）	量刑情节	量刑	缓刑
270	（2018）冀0827刑初6号	故意	饮酒	无目的	驾车冲撞	0	0.00	从轻+从重	四年六个月	
271	（2014）厦刑终字第273号	故意	正常	恐吓威胁	燃料类	0	0.00	从轻	三年	三年
272	（2014）潜刑初字第00140号	过失	正常	盈利或图方便	私设电网	死亡1	0.00	从轻	三年	三年
273	（2014）郏刑初字第142号	故意	饮酒	报复或追赶	驾车撞击	轻伤2		从轻	三年	三年
274	（2013）闽刑终字第471号	故意	饮酒	无目的	违规驾车	死亡4+轻伤4+轻微伤1		无	无期徒刑	
275	（2014）中刑初字第315号	故意	正常	报复或追赶	射击	0		从轻	三年六个月	
276	（2014）梅江法刑初字第284号	故意	正常	恐吓威胁	燃料类	0	0.00	减轻	二年	三年
277	（2014）皇刑初字第1012号	故意	正常	报复或追赶	射击	0		从轻	三年八个月	
278	（2014）隆刑初字第233号	故意	饮酒	恐吓威胁	拉动方向盘或干扰司机	0	0.00	从轻	三年	
279	（2017）吉0283刑初35号	故意	饮酒	逃跑	违规驾车	0	3.45	从轻	三年	四年

续表

序号	案号	主观方面			客观方面			刑罚		
		主观心态	主体状态	行为目的	行为方式	人身损害（人）	财产损失（万元）	量刑情节	量刑	缓刑
280	（2014）东二法刑初字第1158号	故意	正常	报复或追赶	燃料类	0	0.00	从轻	三年	
281	（2018）豫0182刑初52号	故意	正常	恐吓威胁	燃料类	0	0.00	从轻	三年	三年
282	（2014）松刑初字第40号	过失	正常	盈利或图方便	私设电网	死亡1	0.00	从轻	三年六个月	
283	（2014）棣刑初字第71号	故意	正常	恐吓威胁	驾车撞击	0	1.00	从轻	三年	三年
284	（2014）青刑初字第156号	故意	正常	盈利或图方便	燃料类	0	5.00	从轻	三年	五年
285	（2014）曲中刑终字第143号	故意	正常	不详	违规驾车	死亡1	0.50	减轻	八年	
286	（2013）全刑初字第250号	过失	正常	盈利或图方便	私设电网	死亡1	0.00	从轻	三年	四年
287	（2014）鄂麻城刑初字第00230号	故意	吸毒	无目的	持刀捅刺	轻伤5	0.00	从重	八年	
288	（2014）川刑初字第00124号	故意	正常	报复或追赶	燃料类	0	0.00	无	三年	三年
289	（2014）仓刑初字第276号	故意	正常	报复或追赶	燃料类+违规驾车	0		无	四年	

续表

序号	案号	主观方面			客观方面			刑罚		
		主观心态	主体状态	行为目的	行为方式	人身损害（人）	财产损失（万元）	量刑情节	量刑	缓刑
290	（2014）苇刑初字第5号	故意	正常	盈利或图方便	售卖有毒食品	传染病10	0.00	无	三年	三年
291	（2014）湖刑初字第57号	故意	正常	不详	违规驾车	死亡1	0.00	从轻	十年	
292	（2014）湖刑初字第12号	故意	正常	泄愤	燃料类	0	0.00	从轻	四年	
293	（2014）高刑初字第1220号	故意	正常	报复或追赶	驾车撞击	0	12.50	从轻	三年	五年
294	（2014）庐江刑初字第00144号	故意	吸毒	不详	违规驾车+拉动方向盘或干扰司机	0	0.80	从轻	三年六个月	
295	（2013）民刑初字第202号	过失	限制能力	盈利或图方便	私设电网	死亡1	0.00	减轻	三年	五年
296	（2014）江刑初字第126号	故意	饮酒	无目的	违规驾车	重伤1+轻伤1+轻微伤2		无	十年	
297	（2013）海刑初字第506号	过失	正常	盈利或图方便	私设电网	死亡1	0.00	从轻	二年	
298	（2014）隆刑初字第46号	故意	正常	不详	违规驾车	轻伤1	0.27	从轻	三年	三年

续表

序号	案号	主观方面			客观方面			刑罚		
		主观心态	主体状态	行为目的	行为方式	人身损害（人）	财产损失（万元）	量刑情节	量刑	缓刑
299	（2014）一中刑终字第3556号	故意	正常	报复或追赶	违规驾车	重伤2+轻伤2	101.00	减轻	八年	
300	（2014）乐刑初字第178号	过失	正常	盈利或图方便	私设电网	死亡1	0.00	从轻	三年	四年
301	（2014）杭建刑初字第207号	过失	正常	盈利或图方便	私设电网	死亡1	0.00	从轻	一年一个月	
302	（2014）怀刑初字第16号	故意	正常	恐吓威胁	燃料类	0	0.00	从轻	三年	三年
303	（2014）玉红刑初字第86号	故意	饮酒	无目的	违规驾车	0	0.50	从轻	三年	四年
304	（2014）鲁刑初字第51号	故意	正常	盈利或图方便	烟花爆竹类	0	0.00	从轻	三年	三年
305	（2014）鄂茅箭刑初字第00209号	过失	正常	盈利或图方便	私设电网	死亡1	0.00	从轻	三年	三年
306	（2014）淮刑终字第00102号	故意	正常	逃跑	违规驾车	0	0.70	从轻	三年六个月	
307	（2014）太刑初字第00102号	过失	正常	盈利或图方便	私设电网	死亡1	0.00	从轻	三年	三年
308	（2014）湖刑初字第157号	故意	正常	恐吓威胁	燃料类	0	0.00	从轻	四年	

续表

序号	案号	主观方面			客观方面			刑罚		
		主观心态	主体状态	行为目的	行为方式	人身损害（人）	财产损失（万元）	量刑情节	量刑	缓刑
309	（2014）汝刑初字第21号	过失	正常	盈利或图方便	私设电网	死亡1	0.00	减轻	二年	
310	（2014）长安刑初字第000351号	过失	正常	盈利或图方便	私设电网	死亡1	0.00	从轻	三年	四年
311	（2014）兴城刑初字第00045号	故意	正常	盈利或图方便	盗窃或损坏公共设施	0	0.00	从轻	三年	三年
312	（2013）西刑一终字第00275号	故意	正常	恐吓威胁	燃料类	0	0.00	从轻	三年	四年
313	（2014）西刑初字第307号	过失	正常	盈利或图方便	高压线旁堆物、挂物类	死亡1	0.00	从轻	三年	五年
314	（2014）金武刑初字第29号	过失	正常	盈利或图方便	私设电网	死亡1	0.00	从轻	四年	
315	（2014）绍虞刑初字第219号	故意	饮酒	无目的	违规驾车	0	1.70	从轻	三年	
316	（2014）修刑初字第139号	过失	正常	盈利或图方便	私设电网	死亡1	0.00	从轻	三年	四年
317	（2013）高坪刑初字第142号	故意	正常	恐吓威胁	燃料类	0	0.00	从轻	三年	三年
318	（2012）岐刑初字第00079号	故意	正常	报复或追赶	燃料类	轻伤1		无	三年	三年

续表

序号	案号	主观方面			客观方面			刑罚		
		主观心态	主体状态	行为目的	行为方式	人身损害（人）	财产损失（万元）	量刑情节	量刑	缓刑
319	（2014）迎刑初字第00129号	故意	饮酒	无目的	违规驾车	死亡1		减轻	七年	
320	（2014）皋刑初字第0037号	故意	正常	无目的	违规驾车	死亡1		从轻+减轻	十年	
321	（2014）台仙刑初字第196号	过失	正常	盈利或图方便	私设电网	死亡1	0.00	减轻	二年六个月	三年
322	（2014）让刑初字第183号	故意	饮酒	报复或追赶	驾车撞击	0	0.00	从轻+减轻	三年六个月	
323	（2014）通刑初字第42号	故意	限制	报复或追赶	驾车撞击		2.50	从轻	四年	
324	（2013）芙刑初字第401号	故意	正常	恐吓威胁	燃料类	0	0.00	减轻	一年六个月	
325	（2018）豫1082刑初79号	故意	正常	泄愤	驾车撞击	轻伤3	0.00	从轻	七年	
326	（2018）京0108刑初513号	故意	限制能力	无目的	染料类	0	0.00	减轻	一年六个月	
327	（2014）西法刑初字第00059号	过失	正常	盈利或图方便	私设电网	死亡1	0.00	减轻	一年	
328	（2014）向刑初字第34号	故意	饮酒	无目的	拉动方向盘或干扰司机	轻伤2+轻微伤1	7.00	从轻	三年	五年

续表

序号	案号	主观方面			客观方面			刑罚		
		主观心态	主体状态	行为目的	行为方式	人身损害（人）	财产损失（万元）	量刑情节	量刑	缓刑
329	（2014）二刑初字第23号	故意	饮酒	无目的	违规驾车	0	6.20	从轻	三年	五年
330	（2014）昌刑初字第121号	故意	限制能力	自杀	燃料类	0	0.00	减轻	二年	
331	（2014）沈高开刑初字第140号	故意	正常	报复或追赶	拉动方向盘或干扰司机	0	0.60	从轻	三年	三年
332	（2014）屏刑初字第32号	过失	正常	盈利或图方便	私设电网	死亡1	0.00	从轻	三年	三年
333	（2014）汕海法刑重字第3号	过失	正常	盈利或图方便	盗窃或损坏公共设施	0	600.00	从轻	三年	三年
334	（2014）温永刑初字第386号	故意	正常	逃跑	拉动方向盘或干扰司机	轻微伤3	2.00	从轻+减轻	四年六个月	
335	（2014）沈高开刑初字第124号	故意	饮酒	报复或追赶	拉动方向盘或干扰司机		3.60	从轻/减轻	三年	四年
336	（2014）山法刑初字第00043号	过失	正常	盈利或图方便	私设电网	死亡1	0.00	从轻	三年	三年
337	（2014）新刑初字第87号	故意	正常	恐吓威胁	驾车撞击	0	0.00	从轻	三年	五年
338	（2014）城刑初字第121号	故意	吸毒	自杀	燃料类	0	0.00	从重	六年	

续表

序号	案号	主观方面			客观方面			刑罚		
		主观心态	主体状态	行为目的	行为方式	人身损害（人）	财产损失（万元）	量刑情节	量刑	缓刑
339	（2014）汕龙法刑初字第58号	故意	正常	报复或追赶	违规驾车	轻微伤3		从轻	五年	
340	（2014）沈高开刑初字第125号	故意	正常	报复或追赶	拉动方向盘或干扰司机	0	3.80	从轻	三年	三年
341	（2014）沈高开刑初字第119号	故意	正常	报复或追赶	拉动方向盘或干扰司机	0	3.40	无	三年	四年
342	（2018）粤0306刑初343号	故意	正常	报复	燃料类	0	4.20	无	三年	四年
343	（2014）沁刑初字第00083号	故意	正常	报复或追赶	拉动方向盘或干扰司机	0		从轻	三年六个月	
344	（2014）科刑初字第179号	故意	饮酒	逃跑	违规驾车	0	1.00	从轻	五年	
345	（2014）登刑初字第73号	故意	饮酒	无目的	违规驾车	0		从轻	三年二个月	
346	（2014）魏刑初字第5号	故意	正常	不详	私修电网	0	0.00	从轻	三年	三年
347	（2014）永刑初字第11号	过失	正常	盈利或图方便	私设电网	死亡1	0.00	从轻	一年六个月	二年
348	（2014）崇刑初字第47号	故意	限制能力	无目的	射击	0		减轻	一年四个月	

续表

序号	案号	主观方面			客观方面			刑罚		
		主观心态	主体状态	行为目的	行为方式	人身损害（人）	财产损失（万元）	量刑情节	量刑	缓刑
349	（2014）中区法刑初字第01713号	故意	正常	恐吓威胁	拉动方向盘或干扰司机	0	1.40	减轻	二年	三年
350	（2014）北刑初字第75号	故意	正常	报复或追赶	燃料类	0	0.00	从轻	三年	
351	（2014）冠刑初字第13号	故意	正常	报复或追赶	射击	0	0.09	减轻	二年六个月	
352	（2012）杭下刑初字第260号	故意	饮酒	无目的	违规驾车		1.42	减轻	二年六个月	
353	（2017）津0115刑初539号	故意	正常	泄愤	驾车冲撞	轻伤2	0.74	从轻	三年	
354	（2014）东刑初字第73号	故意	正常	盈利或图方便	盗窃或损坏公共设施	0		减轻	二年	
355	（2014）温洞刑初字第3号	过失	正常	盈利或图方便	私设电网	死亡1	0.00	从轻	一年	一年六个月
356	（2014）泾刑初字第00011号	过失	正常	盈利或图方便	私设电网	死亡1	0.00	从轻	一年	一年六个月
357	（2013）文刑初字第266号	故意	饮酒	无目的	违规驾车			从轻	三年	
358	（2014）巫法刑初字第00009号	过失	正常	盈利或图方便	私设电网	重伤1	0.00	从轻	三年	五年

续表

序号	案号	主观方面			客观方面			刑罚		
		主观心态	主体状态	行为目的	行为方式	人身损害（人）	财产损失（万元）	量刑情节	量刑	缓刑
359	（2013）杭江刑初字第998号	故意	正常	报复或追赶	拉动方向盘或干扰司机	0	2.40	从轻	三年	
360	（2014）涪刑初字第25号	故意	正常	报复或追赶	拉动方向盘或干扰司机	0		从重	三年六个月	
361	（2013）紫刑初字第00078号	过失	正常	盈利或图方便	私设电网	死亡1	0.00	从轻	三年	四年
362	（2014）綦法刑初字第00090号	过失	正常	盈利或图方便	私设电网	死亡1	0.00	从轻/减轻+从轻	一年六个月	二年
363	（2014）密刑初字第53号	故意	正常	泄愤	燃料类	0	0.00	从轻	三年	
364	（2013）西刑初字第174号	故意	正常	盈利或图方便	盗窃或损坏公共设施	0		从轻	三年	四年
365	（2017）皖0828刑初39号	故意	正常	追求刺激	喷射硫酸	轻伤1+轻微伤11	0.00	从轻	三年	
366	（2014）石刑初字第43号	故意	正常	逃跑	燃料类	0	0.00	减轻	二年	二年
367	（2014）建刑初字第43号	故意	吸毒	无目的	违规驾车	0	1.70	从轻	三年	
368	（2014）菏刑一终字第15号	故意	正常	报复或追赶	燃料类	0	0.00	无	三年	五年

续表

序号	案号	主观方面			客观方面			刑罚		
		主观心态	主体状态	行为目的	行为方式	人身损害（人）	财产损失（万元）	量刑情节	量刑	缓刑
369	（2014）合刑初字第2号	过失	正常	逃跑	驾车撞击	死亡1+重伤1		从轻	三年	四年
370	（2014）庆西刑初字第13号	故意	限制能力	泄愤	驾车撞击	0	18.40	减轻	七年	
371	（2014）沈中刑二终字第61号	故意	正常	报复或追赶	拉动方向盘或干扰司机	0		从轻	三年	三年
372	（2016）粤1702刑初552号	故意	正常	无目的	驾车撞击	轻伤2	0.51	从轻	三年三个月	
373	（2014）长刑初字第67号	故意	正常	报复或追赶	射击	0	0.80	从轻	三年	三年
374	（2014）鄂阳新刑初字第00045号	故意	正常	报复或追赶	驾车撞击	0	0.10	从轻	三年	四年
375	（2014）湖吴刑初字第146号	故意	正常	逃跑	违规驾车	0	1.10	从轻+从重	三年	三年
376	（2013）沈高开刑初字第37号	故意	正常	无目的	拉动方向盘或干扰司机	轻伤1+轻微伤2	3.30	从轻	三年	四年
377	（2014）爱刑初字第33号	故意	饮酒	恐吓威胁	驾车撞击	轻微伤2	0.20	从轻	三年	四年
378	（2014）辽刑终字第9号	故意	正常	泄愤	驾车撞击	轻伤1		从轻	三年	三年

续表

序号	案号	主观方面			客观方面			刑罚		
		主观心态	主体状态	行为目的	行为方式	人身损害（人）	财产损失（万元）	量刑情节	量刑	缓刑
379	（2013）川刑初字第336号	故意	正常	恐吓威胁	燃料类	0	0.00	从轻	三年	五年
380	（2014）杨刑初字第196号	故意	饮酒+吸毒	自杀	燃料类	0	0.00	从轻+从重	三年六个月	
381	（2017）川3433刑初205号	故意	正常	逃跑	违规驾车	受伤1	7.25	从轻	三年	
382	（2014）东刑初字第31号	故意	正常	盈利或图方便	盗窃或损坏公共设施	0		无	三年	三年
383	（2014）太刑初字第00063号	过失	正常	盈利或图方便	私设电网	死亡1	0.00	从轻	三年	三年
384	（2011）桑法刑初字第58号	故意	正常	报复或追赶	燃料类	0	0.00	减轻	二年	
385	（2008）嘉刑初字第913号	故意	正常	盈利或图方便	碰瓷	0		无	三年六个月	
386	（2014）青刑初字第334号	故意	正常	泄愤	燃料类+违规驾车	0	0.00	减轻	一年六个月	
387	（2014）滎刑初字第152号	故意	正常	报复或追赶	拉动方向盘或干扰司机	轻微伤3	0.00	从轻	三年	五年
388	（2014）西刑初字第25号	故意	正常	盈利或图方便	盗窃或损坏公共设施	0		从轻	三年	三年

续表

序号	案号	主观方面			客观方面			刑罚		
		主观心态	主体状态	行为目的	行为方式	人身损害（人）	财产损失（万元）	量刑情节	量刑	缓刑
389	（2014）宁刑初字第30号	过失	正常	盈利或图方便	私设电网	死亡1	0.00	从轻	三年	四年
390	（2014）潍刑一初字第3号	故意	饮酒	无目的	违规驾车	死亡1+轻微伤3		从轻	十年	
391	（2013）滦刑初字第28号	故意	正常	盈利或图方便	碰瓷	0		从轻	三年六个月	
392	（2012）安刑初字第306号	过失	正常	盈利或图方便	私设电网	死亡1		从轻	三年	五年
393	（2013）芙刑初字第538号	故意	正常	恐吓威胁	燃料类	0	0.00	从轻	三年	三年
394	（2017）晋0109刑初736号	故意	正常	无目的	违规驾车	0	5.90	从轻	三年	四年
395	（2014）盐刑初字第51号	故意	饮酒	无目的	违规驾车	0	18.00	从轻	三年	
396	（2014）萨刑初字第143号	故意	正常	无目的	违规驾车	0		从重	四年六个月	
397	（2014）凤刑初字第35号	过失	正常	盈利或图方便	私设电网	死亡1	0.00	减轻	二年	
398	（2014）漳刑初字第6号	故意	饮酒	无目的	违规驾车	死亡5		从轻	十五年	

续表

序号	案号	主观方面			客观方面			刑罚		
		主观心态	主体状态	行为目的	行为方式	人身损害（人）	财产损失（万元）	量刑情节	量刑	缓刑
399	（2014）黄浦刑字第45号	故意	饮酒	无目的	违规驾车	轻伤1		从轻	三年三个月	
400	（2014）龙新刑初字第114号	故意	饮酒	报复或追赶	拉动方向盘或干扰司机	轻伤1		从轻	四年六个月	
401	（2014）宝刑初字第358号	故意	吸毒	无目的	燃料类	0	0.00	减轻	一年六个月	
402	（2014）濮刑初字第14号	故意	饮酒	无目的 报复或追赶	拉动方向盘或干扰司机	0	3.40	从轻	三年	四年
403	（2014）观刑初字第0005号	过失	正常	盈利或图方便	私设电网	死亡1	0.00	减轻	二年	二年
404	（2014）怀刑初字第82号	故意	限制能力	自杀	燃料类	0	0.00	减轻	一年	一年
405	（2013）锡法刑初字第0461号	故意	正常	恐吓威胁	燃料类	0	0.00	减轻	二年	
406	（2014）岚刑初字第44号	故意	吸毒	无目的	违规驾车	0		从轻	三年	
407	（2013）台玉刑初字第774号	故意	饮酒	报复或追赶	驾车撞击	轻伤1		从轻	三年	
408	（2014）清佛法刑初字第12号	故意	正常	恐吓威胁	燃料类	0	0.00	从轻+减轻	一年三个月	

续表

序号	案号	主观方面			客观方面			刑罚		
		主观心态	主体状态	行为目的	行为方式	人身损害（人）	财产损失（万元）	量刑情节	量刑	缓刑
409	(2014）汀刑初字第24号	过失	正常	盈利或图方便	私设电网	死亡2	0.00	从轻	三年	四年
410	(2014）云法刑初字第00094号	故意	正常	盈利或图方便	私设电网	0		减轻	二年	三年
411	(2014）莱阳刑初字第154号	故意	吸毒	无目的	违规驾车	轻微伤1		从轻	三年六个月	
412	(2014）高刑初字第122号	过失	正常	盈利或图方便	私设电网	死亡1	0.00	从轻	三年	三年
413	(2014）广刑初字第00008号	故意	吸毒	逃跑	违规驾车	0		从轻	六年	
414	(2013）菏牡刑初字第606号	故意	正常	报复或追赶	燃料类	0	0.00	从轻	三年	
415	(2014）万刑初字第161号	故意	正常	逃跑	违规驾车		1.70	从轻	一年六个月	
416	(2014）津铁刑初字第5号	故意	正常	无目的	操作重型车辆	轻微伤1	0.00	从轻	三年六个月	
417	(2014）甘刑初字第62号	故意	饮酒	无目的	违规驾车			无	三年六个月	
418	(2014）丽刑初字第125号	故意	正常	盈利或图方便	盗窃或损坏公共设施	0	5.40	从轻	四年	

续表

序号	案号	主观方面			客观方面			刑罚		
		主观心态	主体状态	行为目的	行为方式	人身损害（人）	财产损失（万元）	量刑情节	量刑	缓刑
419	（2013）溧刑初字第13号	过失	正常	盈利或图方便	私设电网	死亡1	0.00	从轻	五年	
420	（2017）豫0102刑初614号	故意	正常	泄愤	驾车撞击	轻伤1+轻微伤2	0.00	从轻	三年	五年
421	（2014）深龙法刑初字第1567号	故意	正常	不详	燃料类	0	0.00	从轻	四年	
422	（2014）莒刑初字第507号	故意	正常	报复或追赶	射击	轻伤1	0.00	减轻	二年	三年
423	（2010）杭上刑初字第52号	故意	吸毒	无目的	违规驾车			无	五年六个月	
424	（2014）屏山刑初字第81号	过失	饮酒	无目的	违规驾车	死亡1		从轻/减轻	三年	三年
425	（2014）启刑初字第00289号	故意	正常	盈利或图方便	盗窃或损坏公共设施	0	0.10	从轻	一年六个月	
426	（2008）上刑初字第403号	故意	正常	泄愤	射击	0		从轻	三年	
427	（2014）武法刑初字第00123号	过失	正常	盈利或图方便	私设电网	死亡1	0.00	从轻	一年	一年
428	（2014）温鹿刑初字第2083号	故意	正常	报复或追赶	拉动方向盘或干扰司机	0		减轻	一年六个月	

续表

序号	案号	主观方面			客观方面			刑罚		
		主观心态	主体状态	行为目的	行为方式	人身损害（人）	财产损失（万元）	量刑情节	量刑	缓刑
429	（2014）汤少刑初字第124号	故意	正常	恐吓威胁	燃料类	0	0.00	无	三年	
430	（2017）豫1081刑初665号	故意	正常	无目的	违规驾车	死亡2+重伤1+轻伤3	0.00	无	十五年	
431	（2014）黔赫刑初字第79号	故意	正常	报复或追赶	拉动方向盘或干扰司机	0	0.00	减轻	二年	
432	（2013）万刑初字第87号	故意	正常	盈利或图方便	盗窃或损坏公共设施			从轻+减轻	一年	
433	（2013）浙衢刑终字第90号	故意	正常	泄愤	驾车撞击			无	七年	
434	（2014）洛刑一初字第26号	故意	饮酒	无目的	违规驾车	死亡2		从轻	十五年	
435	（2014）雁刑初字第00898号	故意	饮酒	无目的	燃料类	0	0.00	从轻+从重	三年三个月	
436	（2014）深宝法龙刑初字第1278号	故意	正常	泄愤	驾车撞击	轻微伤2		从轻	四年	
437	（2014）深宝法刑初字第3294号	故意	饮酒	无目的	违规驾车	轻伤2		从轻	三年	
438	（2014）溧刑初字第280号	故意	正常	恐吓威胁	驾车撞击	轻伤1	0.00	从轻	三年	四年

续表

序号	案号	主观方面			客观方面			刑罚		
		主观心态	主体状态	行为目的	行为方式	人身损害（人）	财产损失（万元）	量刑情节	量刑	缓刑
439	（2014）鱼刑初字第112号	故意	饮酒	报复或追赶	驾车撞击	轻微伤2	0.00	从轻	三年	五年
440	（2013）泸泸刑初字第8号	故意	正常	报复或追赶	驾车撞击		0.60	从轻	三年	四年
441	（2013）朝刑初字第2474号	故意	正常	追求刺激	射击			减轻	一年二个月	
442	（2014）安刑初字第67号	故意	正常	泄愤	驾车撞击	轻伤2+轻微伤4	0.60	减轻	九个半月	
443	（2014）昌刑初字第1167号	故意	正常	盈利或图方便	碰瓷	0		减轻	一年三个月	
444	（2014）平刑初字第313号	故意	正常	盈利或图方便	碰瓷	0		减轻	一年六个月	
445	（2014）武刑一初字第58号	过失	正常	盈利或图方便	私设电网	死亡1	0.00	从轻	二年	四年
446	（2014）濮刑初字第297号	故意	正常	恐吓威胁	燃料类	0	0.00	无	三年	
447	（2014）汕中法刑一初字第48号	故意	饮酒	无目的	违规驾车	死亡1+重伤1		无	无期徒刑	
448	（2014）茂南法刑初字第363号	故意	正常	报复或追赶	射击	轻伤6		减轻	二年	

续表

序号	案号	主观方面			客观方面			刑罚		
		主观心态	主体状态	行为目的	行为方式	人身损害（人）	财产损失（万元）	量刑情节	量刑	缓刑
449	（2014）佛南法刑初字第2843号	故意	正常	报复或追赶	公路上投掷或堆物	轻微伤1		从轻	三年	
450	（2013）靖刑初字第83号	故意	饮酒	无目的	违规驾车	轻伤1+轻微伤1		从轻	三年六个月	
451	（2013）融刑初字第120号	故意	正常	泄愤	射击	轻伤2	0.00	从轻	五年	
452	（2014）天刑初字第68号	故意	饮酒	无目的	驾车撞击	0	4.00	从轻	三年六个月	
453	（2014）祁刑初字第251号	过失	正常	盈利或图方便	私设电网	死亡1		减轻	六个月	
454	（2014）佛南法刑初字第2846号	故意	正常	自杀	高空抛物	0	0.00	从轻	三年	四年
455	（2014）辰刑初字第0380号	故意	饮酒	无目的	违规驾车			从轻	三年	
456	（2014）米易刑初字第129号	故意	饮酒	无目的	违规驾车	死亡1		从轻	十年	
457	（2014）烟牟刑初字第180号	故意	吸毒	逃跑	违规驾车			从重	五年	
458	（2017）青0103刑初287号	故意	正常	泄愤	拉动方向盘或干扰司机	0	2.23	从轻	三年	

续表

序号	案号	主观方面			客观方面			刑罚		
		主观心态	主体状态	行为目的	行为方式	人身损害（人）	财产损失（万元）	量刑情节	量刑	缓刑
459	（2014）通刑初字第1209号	故意	正常	报复或追赶	驾车撞击	轻微伤1		从轻	三年	四年
460	（2014）西刑初字第673号	故意	正常	自杀	燃料类	0	0.00	从轻	三年	
461	（2014）桐法刑初字第63号	过失	正常	不详	公路上投掷或堆物	死亡1		从轻	三年	
462	（2014）汕陆法刑初字第259号	故意	正常	报复或追赶	射击	0	0.00	无	九年	
463	（2017）鄂2801刑初345号	故意	正常	报复或追赶	驾车撞击	受伤3		从轻	三年三个月	
464	（2014）合刑初字第486号	故意	正常	报复或追赶	烟花爆竹类	轻伤1+轻微伤1		从轻	三年六个月	
465	（2014）尉刑初字第479号	故意	正常	逃跑	拉动方向盘或干扰司机	0	6.20	从重	三年六个月	
466	（2014）辰刑初字第0449号	故意	饮酒	无目的	违规驾车			从轻	四年	
467	（2013）巴刑初字第184号	故意	正常	逃跑	拉动方向盘或干扰司机	0	0.00	从轻	三年	
468	（2014）宁刑初字第181号	故意	正常	盈利或图方便	私设电网	轻伤1		从轻	一年六个月	二年

续表

序号	案号	主观方面			客观方面			刑罚		
		主观心态	主体状态	行为目的	行为方式	人身损害（人）	财产损失（万元）	量刑情节	量刑	缓刑
469	（2014）东刑初字第615号	故意	正常	逃跑	燃料类			减轻	一年	
470	（2014）汕海法刑初字第432号	故意	正常	泄愤	驾车撞击			从轻	四年	
471	（2014）鼓刑初字第254号	故意	限制能力	无目的	拉动方向盘或干扰司机	0	0.30	减轻	二年	
472	（2014）东刑初字第00240号	故意	正常	恐吓威胁	拉动方向盘或干扰司机	0	0.00	从轻	三年	
473	（2014）佛南法刑初字第2994号	故意	正常	逃跑	违规驾车			从轻	三年	
474	（2013）顺庆刑初字第391号	故意	饮酒	无目的	违规驾车	死亡1		从轻/减轻	十二年	
475	（2014）武侯刑初字第876号	故意	正常	自杀	燃料类	0		从轻	三年	
476	（2017）桂1122刑初116号	故意	正常	泄愤	驾车撞击	轻微伤1	2.27	减轻	一年十个月	
477	（2014）张刑初字第0174号	故意	正常	逃跑	违规驾车	0	0.00	无	三年	
478	（2013）兴刑初字第82号	故意	正常	盈利或图方便	射击	0		从轻	四年	

续表

序号	案号	主观方面			客观方面			刑罚		
		主观心态	主体状态	行为目的	行为方式	人身损害（人）	财产损失（万元）	量刑情节	量刑	缓刑
479	（2013）兴刑初字第69号	故意	正常	盈利或图方便	射击	0		无	四年	
480	（2012）温永刑初字第1312号	故意	正常	报复或追赶	射击	0		从轻	三年	
481	（2013）白刑初字第00045号	过失	正常	盈利或图方便	私设电网	死亡1	0.00	从轻	三年	四年
482	（2013）昌中刑初字第05号	故意	饮酒	无目的	违规驾车	死亡1		从轻	十一年	
483	（2013）相刑初字第0236号	故意	正常	报复或追赶	拉动方向盘或干扰司机	轻伤1	4.10	从轻	三年	
484	（2013）双滦刑初字第77号	故意	正常	报复或追赶	拉动方向盘或干扰司机			从轻	三年	三年
485	（2013）和刑初字第00152号	故意	正常	泄愤	驾车撞击			减轻	六个月	
486	（2013）邢东刑初字第304号	故意	正常	恐吓威胁	燃料类	0	0.00	从轻+从重	三年六个月	
487	（2013）珠香法刑初字第1969号	故意	正常	盈利或图方便	盗窃或损坏公共设施	0	2.40	从轻	四年	
488	（2013）迁刑初字第50号	故意	正常	报复或追赶	燃料类	0	0.52	从轻+从重	三年六个月	

续表

序号	案号	主观方面			客观方面			刑罚		
		主观心态	主体状态	行为目的	行为方式	人身损害（人）	财产损失（万元）	量刑情节	量刑	缓刑
489	(2013) 锦江刑初字第740号	故意	正常	无目的	拉动方向盘或干扰司机			从轻 + 从重	四年	
490	(2013) 鄂恩施刑初字第00214号	故意	吸毒	无目的	违规驾车	0	3.30	减轻	二年	三年
491	(2013) 鄂通山刑初字第00210号	故意	吸毒	无目的	违规驾车	轻微伤1	0.50	从轻	三年	
492	(2013) 东二法刑初字第1497号	故意	正常	报复或追赶	燃料类	0	0.00	从轻	三年	三年
493	(2014) 长法刑初字第00343号	故意	正常	泄愤	拉动方向盘或干扰司机	0	0.40	从轻	三年	三年
494	(2013) 成郫刑初字第432号	故意	正常	盈利或图方便	违规驾车	轻伤1	0.00	减轻	一年六个月	
495	(2013) 都刑初字第6号	过失	正常	无目的	高压线旁堆物、挂物类	死亡1	0.00	从轻	三年	
496	(2013) 腾刑初字第283号	故意	正常	报复或追赶	打砸抢	0		从轻	三年	
497	(2013) 百刑终字第143号	故意	饮酒	无目的	违规驾车	轻伤1 + 轻微伤1		减轻	一年	一年
498	(2013) 融水刑初字第88号	故意	正常	自杀	燃料类	0	0.00	从轻	三年	四年

续表

序号	案号	主观方面			客观方面			刑罚		
		主观心态	主体状态	行为目的	行为方式	人身损害（人）	财产损失（万元）	量刑情节	量刑	缓刑
499	（2013）融水刑初字第99号	故意	饮酒	无目的	违规驾车			从轻	十一年	
500	（2013）浔刑初字第40号	故意	饮酒	无目的	违规驾车	轻伤6		从轻	三年	
501	（2013）宜刑初字第123号	故意	正常	泄愤	违规驾车	0	1.90	减轻	二年	
502	（2013）张定刑初字第284号	故意	正常	泄愤	燃料类	0	0.00	从轻	三年	四年
503	（2013）雨刑初字第121号	故意	正常	无目的逃跑	燃料类	0	0.00	从轻	三年	二年
504	（2013）盐刑初字第0029号	故意	正常	逃跑	违规驾车	死亡1		从轻	无期徒刑	
505	（2013）甬余刑初字第104号	故意	正常	盈利或图方便	公路上投掷或堆物	0		从轻	六年六个月	
506	（2013）杭江刑初字第661号	故意	正常	盈利或图方便	盗窃或损坏公共设施	0		从轻	四年二个月	
507	（2017）津0115刑初395号	故意	饮酒	无目的	违规驾车	重伤1+轻伤3	0.00	从轻	三年六个月	
508	（2013）鄂谷城刑初字第00023号	过失	正常	盈利或图方便	私设电网	死亡1		从轻	三年	三年

续表

序号	案号	主观方面			客观方面			刑罚		
		主观心态	主体状态	行为目的	行为方式	人身损害（人）	财产损失（万元）	量刑情节	量刑	缓刑
509	（2013）祁刑初字第209号	过失	正常	盈利或图方便	私设电网	死亡1		从轻	三年	五年
510	（2013）杭下刑初字第48号	故意	正常	报复或追赶	拉动方向盘或干扰司机	轻伤1+轻微伤5		从轻	三年	三年
511	（2013）黄刑初字第1203号	故意	正常	报复或追赶	拉动方向盘或干扰司机	0	2.20	从轻	三年	五年
512	（2014）汇刑初字第28号	故意	正常	泄愤	泼洒腐蚀或高温液体	轻伤2		从轻	三年	
513	（2013）南刑初字第1543号	故意	正常	不详	燃料类	0	0.00	从轻	三年	
514	（2013）玄刑初字第325号	故意	吸毒	无目的	违规驾车		1.80	从轻	三年三个月	
515	（2013）旬刑初字第00121号	过失	正常	盈利或图方便	私设电网	死亡1	0.00	从轻	三年	四年
516	（2013）永刑初字第477号	过失	正常	盈利或图方便	私设电网	死亡1	0.00	从轻	二年	二年
517	（2013）闸刑初字第1307号	故意	正常	报复或追赶	拉动方向盘或干扰司机			减轻	二年	
518	（2013）甬余刑初字第1392号	故意	正常	泄愤	燃料类	0		从轻	三年	三年

续表

序号	案号	主观方面			客观方面			刑罚		
		主观心态	主体状态	行为目的	行为方式	人身损害（人）	财产损失（万元）	量刑情节	量刑	缓刑
519	（2013）深宝法龙刑初字第1288号	故意	正常	报复或追赶	拉动方向盘或干扰司机			从轻+减轻	一年六个月	
520	（2013）新都刑初字第164号	故意	正常	报复或追赶	燃料类	0		减轻	七个月	
521	（2013）温平刑初字第1198号	故意	正常	自杀	违规驾车			从重	三年四个月	
522	（2013）鄂武经开刑字第00060号	故意	正常	报复或追赶	拉动方向盘或干扰司机		7.30	从轻+减轻	二年	三年
523	（2013）凤县刑初字第00016号	过失	正常	盈利或图方便	私设电网	死亡1		从轻+减轻	二年六个月	
524	（2013）栖刑初字第257号	故意	正常	报复或追赶	拉动方向盘或干扰司机			从轻	三年	四年
525	（2013）凤县刑初字第00011号	过失	正常	盈利或图方便	私设电网	死亡1		从轻	三年	四年
526	（2013）安法刑初字第295号	故意	正常	报复或追赶	驾车撞击	轻微伤1		从轻	一年三个月	
527	（2017）津0119刑初751号	故意	正常	自杀报复	燃料类	0	0.00	减轻	一年六个月	一年六个月
528	（2013）辰刑初字第472号	故意	饮酒	无目的	违规驾车			从轻	三年	

续表

序号	案号	主观方面			客观方面			刑罚		
		主观心态	主体状态	行为目的	行为方式	人身损害（人）	财产损失（万元）	量刑情节	量刑	缓刑
529	（2017）闽0627刑初225号	过失	正常	盈利或图方便	私设电网	死亡1+轻伤1	0.00	从轻	三年	三年
530	（2013）槐刑初字第216号	故意	正常	盈利或图方便	盗窃或损坏公共设施			从轻	三年	三年
531	（2013）资刑初字第247号	故意	正常	报复或追赶	违规驾车	0	0.80	减轻	二年	
532	（2013）云法刑初字第00333号	过失	正常	盈利或图方便	私设电网	死亡1	0.00	减轻	二年六个月	三年
533	（2013）宁刑初字第125号	过失	正常	盈利或图方便	私设电网	死亡1	0.00	从轻	三年	四年
534	（2013）鹤刑终字第97号	故意	正常	不详	公路上投掷或堆物			减轻	二年三个月	
535	（2013）绍虞刑初字第217号	故意	饮酒	无目的	违规驾车			从轻+从重	三年三个月	
536	（2012）碑刑初字第00167号	故意	正常	自杀	燃料类	0		从轻	五年	
537	（2012）深宝法刑初字第708号	故意	正常	报复或追赶	燃料类	0	0.00	从轻	一年六个月	
538	（2012）滦刑初字第17号	故意	正常	盈利或图方便	碰瓷	0		无	三年六个月	

续表

序号	案号	主观方面			客观方面			刑罚		
		主观心态	主体状态	行为目的	行为方式	人身损害（人）	财产损失（万元）	量刑情节	量刑	缓刑
539	（2012）高刑初字第00134号	过失	正常	盈利或图方便	高压线旁堆物、挂物类	死亡1	1.00	从轻	三年	四年
540	（2012）湖德刑初字第455号	故意	正常	报复或追赶	燃料类	0	0.50	从轻	三年六个月	
541	（2012）巴刑初字第128号	过失	正常	盈利或图方便	私设电网	死亡1	0.00	从轻	五年	
542	（2012）嘉善刑初字第103号	故意	正常	逃跑	违规驾车	0		减轻	二年一个月	
543	（2012）甘刑初字第00004号	故意	正常	盈利或图方便	盗窃或损坏公共设施	0	41.50	无	三年	五年
544	（2012）佛城法刑初字第1146号	故意	正常	自杀	燃料类	0	2.00	从轻	三年	
545	（2012）浙温刑终字第787号	故意	饮酒	无目的	违规驾车			从轻	三年	
546	（2012）杭余刑初字第1537号	故意	正常	盈利或图方便	盗窃或损坏公共设施	0	0.05	从轻	四年	
547	（2012）鄂谷城刑初字第00037号	故意	正常	报复或追赶	违规驾车	轻伤2		从轻	三年	四年
548	（2012）绍越刑初字第26号	故意	正常	盈利或图方便	盗窃或损坏公共设施	0	0.75	从轻+从重	四年二个月	

续表

序号	案号	主观方面			客观方面			刑罚		
		主观心态	主体状态	行为目的	行为方式	人身损害（人）	财产损失（万元）	量刑情节	量刑	缓刑
549	(2012）六刑初字第215号	故意	饮酒	报复或追赶	驾车撞击			从轻	五年	
550	(2012）绍越刑初字第538号	故意	正常	自杀	违规驾车	0	1.28	从轻+减轻	二年	
551	(2010）灞刑初字第085号	故意	正常	报复或追赶	燃料类	0	1.28	从轻	三年	四年
552	(2010）北刑初字第113号	故意	正常	盈利或图方便	盗窃或损坏公共设施	0	0.22	无	三年	
553	(2010）北刑初字第275号	故意	正常	盈利或图方便	盗窃或损坏公共设施	0	0.44	从轻	三年	
554	(2010）北刑初字第178号	故意	正常	盈利或图方便	盗窃或损坏公共设施	0	0.37	从重	四年	
555	(2017）陕0625刑初92号	过失	正常	盈利或图方便	私设电网	死亡1	0.00	从轻	三年	三年
556	(2010）杭下刑初字第252号	故意	饮酒	无目的	违规驾车	重伤1+轻伤1		无	十年	
557	(2009）成刑初字第158号	故意	饮酒	无目的	违规驾车	死亡4+重伤1	5.00	从轻	死刑立即执行	
558	(2009）川刑终字第690号	故意	饮酒	不详	违规驾车	死亡4+重伤1		从轻	无期徒刑	

续表

序号	案号	主观方面			客观方面			刑罚		
		主观心态	主体状态	行为目的	行为方式	人身损害（人）	财产损失（万元）	量刑情节	量刑	缓刑
559	（2017）新2301刑初385号	故意	正常	逃跑	违规驾车	0	6.80	从轻	四年	
560	（2011）焦刑三初字第8号	故意	饮酒	无目的	违规驾车	死亡1+重伤3+轻伤2		从轻	无期徒刑	
561	（2013）浦刑初字第231号	故意	饮酒	无目的	违规驾车			从轻	三年六个月	
562	（1992）甬中法刑一字第62号	故意	正常	泄愤	燃料类	0	0.00	无	八年	
563	（2014）粤高法刑四终字第173号	故意	饮酒	无目的	违规驾车	死亡1+重伤1	0.30	从轻	十三年	
564	（2011）渝二中法刑初字第25号	故意	正常	盈利或图方便	私设电网	死亡1	0.00	从轻	十五年	
565	（2010）仙刑初字第516号	过失	正常	盈利或图方便	私设电网	死亡1	0.00	从轻	三年	三年
566	（2013）普刑初字第700号	故意	正常	报复或追赶	拉动方向盘或干扰司机	0	1.20	从轻	三年	
567	（2013）汕龙法刑初字第20号	故意	吸毒	报复或追赶	驾车撞击	0		从轻+减轻	三年九个月	
568	（2012）高刑终字第292号	故意	饮酒	无目的	违规驾车	死亡4+轻伤2		无	死缓	

续表

序号	案号	主观方面			客观方面			刑罚		
		主观心态	主体状态	行为目的	行为方式	人身损害（人）	财产损失（万元）	量刑情节	量刑	缓刑
569	（1995）金刑初字第52号	过失	正常	盈利或图方便	私设电网	死亡2	0.00	从轻	三年	四年
570	（2008）顺刑初字第415号	故意	正常	盈利或图方便	碰瓷			从轻	五年	
571	（2011）新刑初字第063号	故意	正常	无目的	拉动方向盘或干扰司机	0	3.69	无	六年	
572	（2013）民刑初字第43号	故意	正常	盈利或图方便	私设电网	轻微伤1	0.00	从轻	三年	四年
573	（2011）延中刑初字第00062号	故意	饮酒	无目的	违规驾车	死亡5		从轻	无期徒刑	
574	（2012）衡中法刑一初字第9号	故意	正常	泄愤	驾车撞击	重伤1+轻伤1+轻微伤5		从轻	十一年	
575	（2013）武刑初字第79号	过失	正常	盈利或图方便	生产乙炔	重伤1		从轻	一年	二年
576	（2017）闽0982刑初214号	过失	正常	盈利或图方便	私设电网	死亡1	0.00	从轻	三年	三年六个月
577	（2010）郑刑二初字第35号	故意	饮酒	无目的	违规驾车	死亡3+重伤1+轻伤2		从轻	十三年	

续表

序号	案号	主观方面			客观方面			刑罚		
		主观心态	主体状态	行为目的	行为方式	人身损害（人）	财产损失（万元）	量刑情节	量刑	缓刑
578	（2011）昌刑初字第148号	故意	正常	自杀	燃料类	0	0.00	无	三年	
579	（2017）苏0804刑初172号	故意	正常	泄愤	拉动方向盘或干扰司机	轻伤1	0.11	减轻	一年九个月	
580	（2010）辽阳太刑初字第95号	故意	正常	报复或追赶	拉动方向盘或干扰司机			从轻	三年六个月	
581	（2017）吉0211刑初17号	故意	正常	报复或追赶	驾车撞击	0	2.85	从轻	三年二个月	
582	（2013）云法刑初字第00301号	过失	正常	无目的	私设电网	死亡1		从轻	三年	三年
583	（2006）桂市刑初字第111号	故意	正常	泄愤	水淹	0	0.00	无	三年	
584	（2017）鄂0502刑初142号	故意	正常	泄愤	燃料类	0	0.00	减轻	二年六个月	
585	（2014）石刑终字第56号	故意	饮酒	自杀	驾车撞击	轻伤1		从轻	三年六个月	
586	（2017）辽1221刑初97号	故意	正常	盈利或图方便	公路上堆物	0		从轻＋从重	三年六个月	
587	（2007）彭刑初字第013号	过失	正常	盈利或图方便	私设电网	死亡1	0.00	无	五年	

续表

序号	案号	主观方面			客观方面			刑罚		
		主观心态	主体状态	行为目的	行为方式	人身损害（人）	财产损失（万元）	量刑情节	量刑	缓刑
588	（2009）平刑初字第95号	过失	正常	盈利或图方便	私设电网	死亡1	0.00	从轻	十年	
589	（2008）黔刑初字第147号	故意	正常	报复或追赶	拉动方向盘或干扰司机			从轻	三年	四年
590	（2012）连刑初字第101号	故意	正常	报复或追赶	射击	0		无	三年	三年
591	（2013）松刑初字第917号	故意	正常	自杀	燃料类	0	0.00	从轻	三年	
592	（2016）豫0704刑初128号	故意	正常	报复或追赶	驾车撞击	轻伤1+轻微伤1	0.00	从轻	三年	四年
593	（2010）郴刑一初字第15号	故意	正常	追求刺激	持刀捅刺	死亡2+轻伤2	0.00	无	死刑立即执行	
594	（2007）粤高法刑一终字第131－1号	故意	饮酒	无目的	违规驾车	死亡2+轻伤1		无	无期徒刑	
595	（2012）岳中刑一终字第34号	故意	正常	恐吓威胁	燃料类	轻伤2+轻微伤1		减轻	三年	四年
596	（2008）固刑初字第4号	故意	正常	盈利或图方便	驾车撞击	轻伤1+轻微伤2		从轻	三年六个月	
597	（2010）常刑初字第40号	故意	饮酒	无目的	违规驾车	死亡2+轻伤1		从轻	无期徒刑	

续表

序号	案号	主观方面			客观方面			刑罚		
		主观心态	主体状态	行为目的	行为方式	人身损害（人）	财产损失（万元）	量刑情节	量刑	缓刑
598	（2011）涟刑少初刑第0015号	故意	饮酒	无目的	违规驾车	死亡1+重伤1+轻伤1+轻微伤2		从轻	十三年	
599	（2011）长中刑一初字第0075号	故意	正常	泄愤	驾车撞击	死亡1+轻伤1	0.00	无	死刑立即执行	
600	（2017）云0322刑初29号	故意	正常	泄愤	燃料类	0	0.00	从轻	三年	
601	（2008）南刑二终字第141号	故意	正常	盈利或图方便	私设电网	死亡1		从轻/减轻	十年	
602	（2001）宜中刑终字第159号	故意	正常	泄愤	违规驾车	0	4.18	无	十年	
603	（2011）甬海刑初字第16号	故意	正常	盈利或图方便	碰瓷	0	8.00	无	十年六个月	
604	（2006）上刑初字第5号	过失	正常	盈利或图方便	私设电网	死亡1	0.00	减轻	二年六个月	
605	（2011）汉刑终字第7号	故意	正常	逃跑	违规驾车	轻微伤1	0.57	从重	三年六个月	
606	（2011）光刑初字第222号	过失	正常	盈利或图方便	私设电网	死亡1	0.00	从轻+减轻	二年	三年

续表

序号	案号	主观方面			客观方面			刑罚		
		主观心态	主体状态	行为目的	行为方式	人身损害（人）	财产损失（万元）	量刑情节	量刑	缓刑
607	（2013）城法刑初字第00029号	过失	正常	盈利或图方便	私设电网	死亡1	0.00	减轻	二年	三年
608	（2010）许中刑二终字第013号	故意	正常	追求刺激	盗窃或损坏公共设施	0	0.00	从轻	三年	
609	（2013）皖刑终字第00378号	故意	正常	追求刺激	违规驾车	死亡2+轻伤3		从轻	十五年	
610	（2011）豫法刑一终字第137号	故意	正常	盈利或图方便	售卖有毒食品			无	死缓	
611	（2017）湘0104刑初223号	故意	饮酒	报复或追赶	驾车撞击	轻伤1	0.77	从轻	三年	五年
612	（2009）粤高法刑一终字第22号	故意	正常	报复或追赶	驾车撞击	死亡1+轻伤6+轻微伤2		从轻	十五年	
613	（2006）灵刑初字第42号	故意	正常	盈利或图方便	盗窃或损坏公共设施	0	0.46	无	四年	
614	（2011）皖刑终字第00445号	故意	饮酒	无目的	违规驾车	死亡2		从轻	无期徒刑	
615	（2013）奉法刑初字第00329号	故意	正常	盈利或图方便	私设电网	0	1.20	从轻	三年	五年
616	（2010）奉刑初字第1174号	过失	正常	盈利或图方便	私设电网	死亡1	0.00	从轻	三年	

续表

序号	案号	主观方面			客观方面			刑罚		
		主观心态	主体状态	行为目的	行为方式	人身损害（人）	财产损失（万元）	量刑情节	量刑	缓刑
617	（2013）穗中法刑一终字第214号	故意	正常	恐吓威胁	燃料类	0	0.00	从轻	四年	
618	（2008）渝五中刑初字第56号	故意	正常	不详	高空抛物	死亡1+重伤1	0.00	从轻	无期徒刑	
619	（2006）海法刑初字第1362号	故意	正常	泄愤	盗窃或损坏公共设施	0		从轻	三年六个月	
620	（2012）甬仑刑初字第373号	故意	正常	盈利或图方便	盗窃或损坏公共设施	0	0.01	减轻	一年十个月	
621	（2011）长中刑一初字第0129号	故意	吸毒	无目的	持刀捅刺	死亡1+轻微伤4	0.00	从轻	死刑立即执行	
622	（1999）江刑初字第348号	故意	正常	泄愤	驾车撞击	轻伤1	3.00	无	七年	
623	（2010）丰刑初字第1297号	故意	正常	报复或追赶	燃料类	0	0.00	从轻	三年	
624	（2017）湘0121刑初357号	故意	正常	自杀	公路上堆物	0		从轻	三年	三年
625	（2011）宁刑初字第187号	故意	正常	报复或追赶	拉动方向盘或干扰司机	轻微伤2	3.32	从轻	三年	四年
626	（2011）铜王刑初字第00004号	故意	正常	报复或追赶	射击	0		减轻	十一个月	

续表

序号	案号	主观方面			客观方面			刑罚		
		主观心态	主体状态	行为目的	行为方式	人身损害（人）	财产损失（万元）	量刑情节	量刑	缓刑
627	（1996）佛刑初字第23号	故意	正常	报复或追赶	驾车撞击	0	3.00	从轻	三年	
628	（2010）重铁刑初字第38号	故意	正常	泄愤	驾车撞击			从轻	三年六个月	
629	（2014）吕刑终字第62号	过失	正常	盈利或图方便	盗窃或损坏公共设施	死亡3	400.00	从轻	六年	
630	（2011）驻刑少初字第34号	故意	饮酒	无目的	违规驾车	死亡1+重伤1+轻微伤1		无	十五年	
631	（2017）京0106刑初1034号	故意	正常	逃跑	违规驾车	0		从轻	三年六个月	
632	（2011）深盐法刑初字第46号	故意	正常	恐吓威胁	燃料类	0	0.00	减轻	一年四个月	
633	（2014）浙刑一终字第200号	故意	正常	逃跑	驾车撞击	死亡1		从重	十三年	
634	（2012）仙刑初字第21号	故意	正常	盈利或图方便	私设电网	死亡1	0.00	无	十年	
635	（2009）渝五中法刑终字第25号	故意	正常	报复或追赶	拉动方向盘或干扰司机	0	0.00	无	三年	
636	（2012）皖刑终字第00543号	故意	饮酒	无目的	违规驾车	死亡2		从轻	十三年	

续表

序号	案号	主观方面			客观方面			刑罚		
		主观心态	主体状态	行为目的	行为方式	人身损害（人）	财产损失（万元）	量刑情节	量刑	缓刑
637	（2008）沪一中刑初字第315号	过失	正常	盈利或图方便	私设电网	死亡1	0.00	无	六年六个月	
638	（2012）云高刑终字第337号	故意	正常	逃跑	违规驾车	重伤1		从轻	十年	
639	（2017）吉0821刑初103号	故意	饮酒	无目的	违规驾车	死亡1		从轻+从重	十二年	
640	（2017）川0681刑初306号	故意	正常	泄愤	公路上投掷	0		减轻	一年	
641	（2010）商区法刑初字第8号	过失	正常	盈利或图方便	私设电网	死亡1	0.00	从轻	三年	三年
642	（2013）岳刑初字第80号	故意	饮酒	报复或追赶	驾车撞击	轻微伤2		从轻	三年	
643	（2011）渑刑初字第212号	过失	正常	盈利或图方便	私设电网	死亡1	0.00	减轻	二年	
644	（2017）鄂0104刑初334号	故意	饮酒	自杀	驾车撞击	0		从轻	三年	五年
645	（2017）豫1322刑初694号	故意	正常	维护他人	驾车撞击	轻微伤3	0.00	从轻	三年	四年
646	（2008）石刑初字第353号	故意	正常	盈利或图方便	售卖有毒食品			从轻	死刑立即执行	

续表

序号	案号	主观方面			客观方面			刑罚		
		主观心态	主体状态	行为目的	行为方式	人身损害（人）	财产损失（万元）	量刑情节	量刑	缓刑
647	（2010）商区法刑初字第00003号	过失	正常	盈利或图方便	私设电网	死亡1	0.00	从轻	三年	三年
648	（2007）路刑初字第552号	故意	正常	盈利或图方便	盗窃或损坏公共设施			从轻	三年	
649	（2011）龙刑初字第770号	故意	正常	报复或追赶	射击	死亡1		从轻	十年	
650	（2011）仙刑初字第27号	过失	正常	盈利或图方便	私设电网	死亡1		减轻	一年六个月	二年
651	（2017）浙0110刑初110号	故意	正常	自杀	燃料类	0	0.00	从轻	三年	三年
652	（2017）粤1602刑初424号	故意	正常	报复或追赶	驾车撞击	受伤3	0.88	从轻	四年三个月	
653	（2011）新中刑再字第19号	故意	正常	盈利或图方便	碰瓷	死亡1		无	十五年	
654	（2012）江宁刑初字第353号	故意	正常	逃跑	违规驾车	0	10.45	从轻	三年三个月	
655	（2011）株县法刑初字第45号	故意	正常	盈利或图方便	碰瓷			从重	三年六个月	
656	（2013）厦刑终字第120号	故意	正常	报复或追赶	拉动方向盘或干扰司机	0	5.50	从轻	三年	五年

信访工作行为可诉性的类型化研究（节选）

周孟伟

信访作为政府密切联系群众、化解社会矛盾的一种方式，已经成为各地各级行政机关一项非常重要的日常性工作。由于信访在制度设计上和实际运作中都承担着与诉讼这种法定救济渠道类似的接受群众诉求、救济群众权利的功能，因此其与诉讼特别是行政诉讼之间交叉的情况在所难免。同时，当信访工作行为具有一定程度的地域差异性和非规范性情况下，信访与行政诉讼之间的交叉情况愈显复杂，具体包括涉法涉诉信访和针对信访工作行为提起的行政诉讼。目前学界和实务界对于涉诉信访研究较多，诉访分离已成为学界和实务界的基本共识，在国家制度层面，其也是信访法治化改革的重要方向。而与此形成鲜明对比的是诉信访工作行为类案件审理领域的裁判标准不统一和理论研究不足。特别是在现阶段的行政管理领域，群众的信访量呈现逐年攀升的趋势，对于公民、法人或者其他组织提出的请求，行政机关最终通过信访渠道来处理的情况大量存在，因信访工作行为引发的行政争议也越来越多地诉诸人民法院，导致行政审判实务中起诉信访工作行为的案件越发常见。在此现状下，信访工作行为可诉性问题的研究更加具有学术价值和应用价值，也更加地迫切。

一、信访工作行为可诉性的实务现状

鉴于全国诉信访工作行为类案件数量巨大，进行全面系统地梳理难度较大，因此本文从北京行政审判工作亲历者的视角出发，利用自身掌握的北京法院系统审理该类案件时留下的丰富数据资料，对北京法院系统审理该类案件的情况进行全景扫描和深度分析，同时采用全国法院系统的一些典型案例作为补充。不过需要说明的是，信访制度运转构成了一个庞大的“金字塔”

体系，北京的最高国家机关和滞留北京的访民处于“金字塔”的尖顶上，[①] 北京的法院作为首都社会治理不可或缺的一环，需要在维护首都和谐稳定的大局中谋划行政审判工作，具有一定的地方性和特殊性，其对信访工作行为可诉性问题的处理可能无法完全代表全国该类案件的审理情况，但是大体的规律性和方向性的信息仍然值得参考。

（一）涉“信访”类案件整体审理概况

审判实务中，行政案件类型较为复杂多样，并没有将信访工作行为作为一种单独的案由适用，因此本文在进行数据分析时，只能基于一些概括性的数据从侧面来分析。

1. 案件整体情况

笔者首先以“信访”作为关键词，在北京法院内网系统进行案件的全文检索，自2010年至2017年9月，共有3639件一审行政案件的裁判文书涉及“信访”，[②] 占北京法院于2010年至2017年9月已审结的一审行政案件的5%。其中2010年立案94件，2011年立案50件，2012年立案43件，2013年立案65件，2014年立案188件，2015年立案992件，2016年立案1451件，2017年1~9月立案757件（见图1）。

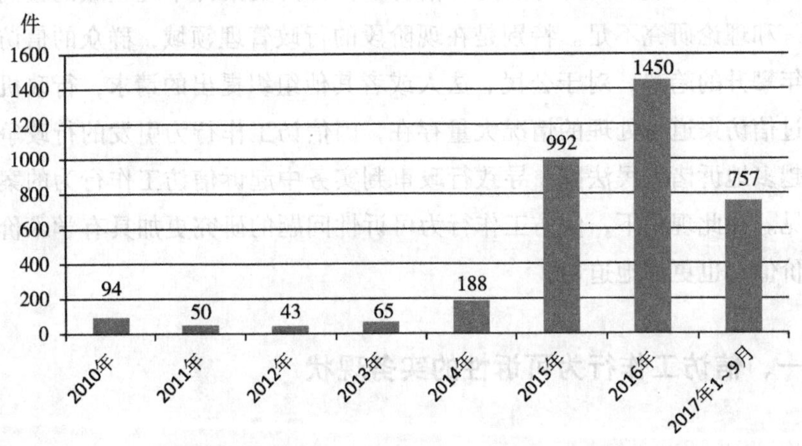

图1 北京法院涉“信访”一审行政案件量

---

① 陈柏峰：《信访制度的功能及其法治化改革》，载《中外法学》2016年第5期。

② 因系统建成较晚和文书由人工上传等原因，该数据并非绝对精确，未涵盖全部含“信访”字样的一审裁判文书，鉴于该系统已是检索内容最为全面的、覆盖面最为广泛的，故本文就以该数据为基础开展分析研究。

由此可以发现，北京法院系统涉“信访”类案件在2010～2013年一直保持不足100件的较低数量，2014年案件总量有一个小幅的增长，从2015年开始，案件数量呈现大幅增长的趋势，2017年案件增速放缓，保持平稳的增长态势。从总体上讲，自2010年至2017年9月涉“信访”类案件的总体增长趋势与全市行政案件的整体增长趋势一致，是2015年《行政诉讼法》扩大行政诉讼受案范围和立案登记制改革在行政诉讼领域重大影响的反映。

2. 结案方式分析

从总体结案方式看，裁定驳回起诉的1519件，占比约41.7%；裁定不予受理685件，占比约18.8%；裁定准予撤诉44件，占比约1.2%；判决1382件，占比38%；移送其他法院审理9件，占比不足1%，约为0.3%。实体审理率38%（见图2）。

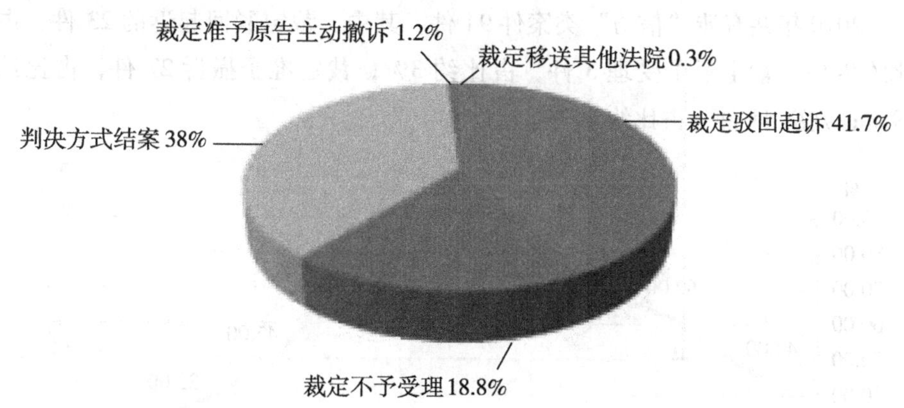

图2 结案方式占比分布图

从年度结案情况来看，2017年1～9月共有涉“信访”类案件757件。其中，裁定驳回起诉的310件，占比约41%；裁定不予受理305件，占比约40%；判决136件，占比约18%；裁定移送其他法院审理4件、裁定准予撤诉2件，共占比约1%。

2016年共有涉“信访”类案件1450件。其中，裁定驳回起诉的769件，占比约53%；裁定不予受理193件，占比约13%；判决477件，占比约33%；裁定移送其他法院审理2件、裁定准予撤诉9件，共占比约1%。

2015年共有涉“信访”类案件992件。其中，裁定驳回起诉的347件，占比约35%；裁定不予受理173件，占比约17.5%；判决467件，占比47%；裁定移送其他法院审理2件、裁定准予撤诉3件，共占比约0.5%。

2014 年共有涉“信访”类案件 188 件。其中，裁定驳回起诉的 32 件，占比约 17%；裁定不予受理 4 件，占比约 2%；裁定准予撤诉 2 件，占比约 1%；判决 150 件，占比约 80%。

2013 年共有涉“信访”类案件 65 件。其中，裁定驳回起诉的 13 件，占比 20%；裁定不予受理 2 件，占比约 3.1%；判决 49 件，占比约 75.4%；裁定移送其他法院审理 1 件，占比约 1.5%。

2012 年共有涉“信访”类案件 43 件。其中，裁定驳回起诉的 7 件，占比约 16.3%；裁定不予受理 4 件，占比约 9.3%；裁定准予撤诉 1 件，占比约 2.3%；判决 31 件，占比约 72.1%。

2011 年共有涉“信访”类案件 50 件。其中，裁定驳回起诉的 18 件，占比 36%；裁定不予受理 1 件，占比 2%；判决 31 件，占比 62%。

2010 年共有涉“信访”类案件 94 件。其中，裁定驳回起诉的 23 件，占比约 24%；裁定不予受理 3 件，占比约 3%；裁定准予撤诉 27 件，占比约 29%；判决 41 件，占比约 44%。

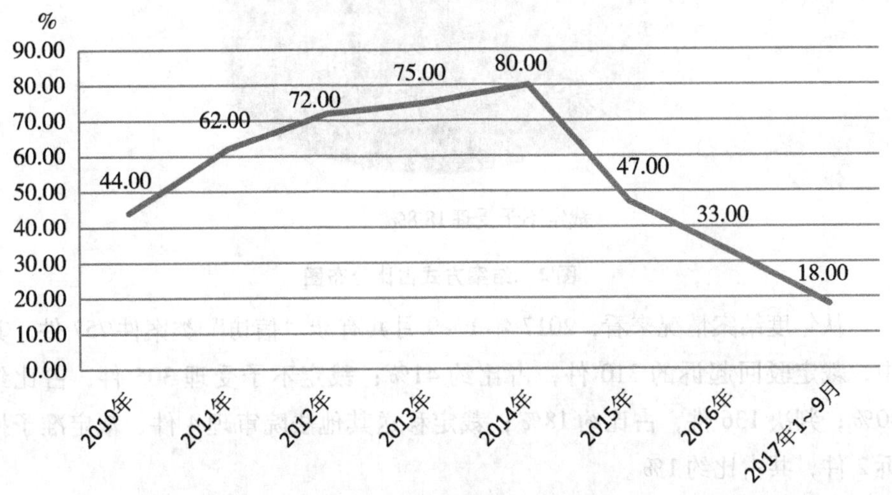

图 3 涉“信访”类案件实体审理率折线图

需要说明的是，由于北京法院系统案件数据库一直在建设和完善的过程中，不排除会有一定的遗漏，无法非常精准地反映实际的审理情况，不过我们仍然可以从上述数据和图 3 可以看出一个大致的发展趋势。从总体上看，北京法院系统涉“信访”类案件的实体审理率在 2010 ~2014 年呈现不断上升的趋势，甚至在 2014 年达到 80% 的高位。虽然本文涉“信访”类案件并非特指诉信访工作行为类案件，而是案件整体涉及信访工作。但是这一数据仍然表明北京法院面对或明或暗涉及“信访”的争议，发挥行政审判职能作用，参与解决行政争议的比例较高。不过，也不排除2015年立案登记制改革之前，大量信访争议案件本身被挡在法院门外，并未进入法院。

不过，在2015年行政诉讼法的修改扩大了行政诉讼受案范围和立案登记制实施之后，行政案件数量出现大幅增长，涉“信访”类案件的实体审理比例呈现不断下降的趋势。这一不断下降的趋势其实从侧面表明立案登记制改革后，虽然案件数量大幅增长，但公民、法人和其他组织的诉权得到了保障，诉信访工作行为类案件在行政诉讼中呈现不断增长的趋势。但是，与此同时，大量不符合行政诉讼受理条件的案件涌入法院，而行政诉讼所能发挥作用的空间和范围并没有实质性的扩展，特别是行政诉讼在解决涉及“信访”的行政争议过程中所能发挥的作用有限。

3. 以信访工作机构为被告的案件审理情况

在北京法院审理的全部涉“信访”类案件中，以信访部门或者信访机构为被告的案件240件，全部以裁定方式结案，其中裁定不予立案232件，裁定驳回起诉8件。以国家信访局为被告的228件，其余以北京市人民政府信访办公室（裁定不予受理）、杭州市处理信访突出问题及群体性事件联席会议北京工作组（裁定驳回起诉）、朝阳区信访办公室（裁定不予受理）、吉林省公主岭市驻京信访联络办事处（裁定驳回起诉）、洛阳市信访局（裁定不予受理）。

以国家信访局为被告的228件案件集中在2015～2017年，全部以“国家信访局针对信访事项所作的工作，属于信访事项范畴，对起诉人的权利义务不产生实际影响，非行政诉讼受案范围”为由裁定不予受理。以杭州市处理信访突出问题及群体性事件联席会议北京工作组（裁定驳回起诉）、吉林省公主岭市驻京信访联络办事处（裁定驳回起诉）为被告的案件，法院以“被告不具有独立承担法律责任能力，非适格被告”为由裁定驳回起诉或不予立案。从总体上看，北京法院系统对于以信访工作机构或者信访部门为被告的案件全部从程序上进行驳回，没有进行实体审查的案例存在。

（二）诉信访工作行为类案件审理情况分类梳理

笔者通过对北京法院2016年至2017年9月涉及信访的结案文书进行逐案分析发现，行政诉讼中诉信访工作行为类案件较为多样。从申请内容来看，原告向行政机关或者信访工作机构提交的申请内容和形式并不统一，整体可以归为以下四类：（1）要求查处公民、法人或者其他组织违法行为的投诉举报；（2）要求履行行政机关内部上下级监督职能，查处下级行政机关违法行为的投诉举报；（3）要求履行行政许可、行政登记、行政补偿、国家赔偿变更公房承租人等法定职责的履责申请；（4）要求公开信访工作相关信息的政府信息公开申请。从涉诉信访工作行为的形式看，主要有信访不作为、信访答复意见、信访复查意见、信访复核意见、信访不予受理告知、信访不再受理决定、信访终结告知、信访转送、暴力截访行为、接访行为、信访训诫行为、信访行政复议行为以及行政机关依据信访答复意见作出的新的行政行为等。从原告诉讼请求来看，有要求确认行为违法或者撤销违法行为，也有要求行政机关或者信访工作机构履行法定职责。下面就几类主要的涉信访工作行为案件的裁判结果进行总结。

1. 诉信访答复意见类一审行政案件裁判方式

多数案件中，行政机关[①]对原告要求查处公民、法人或者其他组织违法行为的举报投诉作出信访答复，对其投诉举报事项进行反馈和答复，法院在审查过程中并未对信访答复的性质予以认定，而是将其作为普通行政答复进行审查，以其对原告的权利义务不产生实际影响（属于告知行为，无行政处分的要素）、起诉没有事实根据、被告不具有该项法定职责、原告无诉讼主体资格等为由裁定驳回原告起诉。

在部分案件中，对于行政机关针对当事人的投诉举报作出的信访答复，法院在文书说理部分直接将当事人的投诉举报认定为信访事项，将涉诉信访答复认定为信访处理行为，对原告的权利义务不产生实际影响，不属于行政诉讼受案范围，不具备可诉性，裁定驳回起诉（另有一案件提到即便被诉信访答复中告知了提起行政复议或行政诉讼的权利和期限，也不改变其信访答复的性质）。有的案件法院在认定其属于信访事项时进行了简单说理，以申请

① 从北京地区来说，北京市信访办和各区信访办只是本级人民政府的内设机构，不作为独立行政主体，因此本文中涉及北京地区的行政案件的行政主体仅用行政机关来表述。

履责的事项属于行政机关内部上下级监督检查的范畴并非行政机关对履行行政管理职责的答复行为、申请履责事项并非被告的法定职责范畴等为由，将其认定为信访答复。

部分行政机关由于未区分履责事项和信访事项，对当事人提出的查处公民、法人或者其他组织违法行为的投诉举报作为信访事项处理，作出信访答复，法院并未直接将涉诉信访答复界定为信访事项排除出受案范围，实际上承认了该信访答复的可诉性，对涉诉信访答复按照履责类案件进行实体审查。如果被告行政机关对申请事项并无法定职责，则对法定职责进行实体审查后判决驳回原告诉讼请求；如果被告具有处理投诉举报事项的法定职责，却依据《信访条例》将投诉举报作为信访事项处理，属于未依法履行法定职责，则判决撤销该信访答复；另有一案件认定行政机关将履责事项作为信访事项处理不妥，但由于未对原告的权利义务产生实际影响，故仅在文书中予以指明，并建议被告甄别区分两类不同的事项，并执行相应的处理规范，故答复书并无不当；如果被告负有查处投诉举报事项的法定职责，并且收到投诉举报后开展了充分的调查核实工作，已经履行了法定职责，被诉答复并无不当，则判决驳回原告诉讼请求。

2. 诉信访转送工作行为类一审行政案件裁判方式

多数案件中行政机关收到投诉举报申请后就依据《信访条例》将申请转送有权行政机关处理，法院多以被告行政机关不具有该项查处的法定职责，申请事项属于非行政诉讼受案范围的行政机关上下级之间的内部监督职责范畴，转送对原告权利义务不产生实际影响，原告起诉无事实根据，因无法律上的利害关系而无原告主体资格等为由裁定驳回原告起诉，并不对案件进行实体审查。

部分案件中法院将原告的申请事项认定为信访事项，转送行为属于信访工作行为，非行政机关依其行政管理职责作出的行政行为，对当事人权利义务不产生实际影响，不具有可诉性，非行政诉讼的受案范围。

极少数的案件中，法院将其作为履行法定职责类案件进行实体审查，或认定举报事项不属于被告的职权范围，判决驳回原告诉讼请求；或认定被告对原告申请事项负有法定职责，直接进行转送属于行政不作为，判决被告对原告的申请作出处理。

3. 诉信访不予（再）受理告知类一审行政案件裁判方式

就目前检索结果而言，北京法院系统没有就信访不予（再）受理告知进行实体审理的案件，全部都将其裁定不予受理或者裁定驳回起诉，排除出行政诉讼受案范围，具体包括以下几种处理方式：（1）在行政机关收到申请后依据《信访条例》作出不予受理的告知，法院以举报事项属于要求行政机关履行内部上下级监督管理职责，非行政诉讼法意义上被告法定职责范围；（2）原告无诉讼主体资格；（3）对原告权利义务不产生实际影响等为由裁定驳回起诉。

部分案件中法院将申请事项认定为信访事项，不予（再）受理告知属于对原告权利义务不产生实际影响的信访告知行为，非行政诉讼受案范围，不具有可诉性。

4. 信访信息公开类一审行政案件裁判方式

就原告申请公开信访信息类的案件来说，北京法院全部裁定驳回起诉或者裁定不予立案，大部分案件裁判理由包括：（1）原告申请获取的信息属于信访工作信息，是非政府信息（另有一案认定信访程序属于行政救济制度，信访程序中形成的信息是非政府信息），不属于《政府信息公开条例》调整的范围，非行政诉讼受案范围；（2）原告申请公开信访信息属于信访事项范畴，对其权利义务不产生实际影响，非行政诉讼受案范围；（3）原告申请公开的事项属于需要被告进行汇总分析加工的情形，非政府信息公开申请的范围；（4）原告申请公开的事项属于以信息公开的名义进行咨询的事项，非政府信息公开申请的范围。从总体上看，北京法院多数情况下将信访工作信息认定为非政府信息，不属于《政府信息公开条例》调整范围，不具有可诉性；部分情况下不涉及对涉信访信息公开的可诉性，以其他理由作出裁定。

5. 信访不作为类一审行政案件裁判方式

行政机关对于当事人要求查处违法行为的申请不予回复，法院大多数情况下将投诉举报事项认定为信访事项，对原告的权利义务不产生实际影响，不属于行政诉讼受案范围，裁定驳回起诉或者裁定不予立案。部分案件不涉及对信访事项的认定，直接以不具备原告诉讼主体资格、被告不具有法定职责等为由裁定驳回起诉。

6. 其他诉信访工作行为类一审行政案件裁判方式

对于行政机关作出的信访复查意见和信访复核意见，法院全部认定为依据信访条例实施的信访处理行为，未对原告的权利义务产生实际影响，非行政诉讼的受案范围。对于行政机关作出的训诫书，法院全部以该行为属于依据《信访条例》作出的信访行为，是非强制性的教育措施，非行政诉讼受案范围，不具有可诉性。另有一起原告不服信访工作机构作出的《行政复议决定书》，该复议决定对原告请求复议的《不属于本行政机关公开职责告知书》不予支持。法院审查后认定国家信访局作出的行政复议决定属于信访事项，不影响起诉人实体权利义务，非行政诉讼受案范围。

从总体上看，北京法院面对诉信访工作行为这类实体审理难度较大的案件，裁判情况有以下两个特点：第一，从裁判结果看，法院多以各种理由裁定不予受理或者裁定驳回起诉，进行实体审理的案例较少，判决行政机关败诉的案件更是凤毛麟角。一方面表明法院一般不介入信访工作领域，遵循信访与行政诉讼分离的原则；另一方面也表明行政诉讼在化解信访矛盾方面的作用有限，会在一定程度上更加激化了信访人与行政机关的矛盾，甚至将矛头指向法院系统，引发更多的信访问题。第二，从裁判说理来看，法院对诉信访工作行为类案件作出各类裁判时的说理方式很多，有的涉及信访事项的认定，甚至还对信访工作行为的可诉性进行一般性的认定；有的不涉及信访事项的认定，仅将其作为一般性的行政行为，依据《行政诉讼法》的规定对其可诉性、被告是否适格、原告有无利害关系、有无超过法定起诉期限等起诉条件进行审查。如果不符合起诉条件，则裁定不予立案或者裁定驳回起诉；如果符合起诉条件，则以履责之诉或者撤销之诉等审理思路进行实体审查，作出相应的判决。可见，司法实务中并未将信访工作行为进行绝对的特殊化，逐渐由形式化向实质化转向，抛开形式，关注信访工作行为的实质内容，依据现行法的规定进行审查。

二、信访工作行为可诉性的制度现状

信访工作行为可诉性认定的首要依据就是法律法规的相关规定，其次是最高人民法院颁布的司法解释，对下级法院就个案处理的请示作出的批复也是法院处理相关问题的依据，同时，最高人民法院还会通过公报的形式颁布指导性案例，下级法院在案件审理中“应当参照”，在一定程度上也具有法源的地位。笔者按照时间顺序进行如下梳理。

（一）《信访条例》的相关规定

1995年《信访条例》第33条规定："信访人和有关单位对行政机关做出的信访事项处理决定，应当遵守、执行；对处理决定不服的，除依照法律、行政法规的规定申请复议或者提起行政诉讼的外，可以自收到处理决定书之日30日内请求原办理机关复查。原办理机关应当自收到复查请求之日起30日内提出复查意见，并予以答复。"这一规定表明，对于行政信访处理意见不服的，如果属于复议或者行政诉讼范围的，就可以依法提起复议或诉讼。[①] 虽然该条仅涉及信访处理决定可诉性，但是2005年《信访条例》修订时也将此条仅有的规定删除。

（二）最高人民法院批复

在行政审判实务中，认定信访工作行为不具备可诉性时最常引用的依据是《最高人民法院关于不服县级以上人民政府信访行政管理部门、负责受理信访事项的行政管理机关以及镇（乡）人民政府作出的处理意见或者不再受理决定而提起的行政诉讼人民法院是否受理的批复》（以下简称最高人民法院批复）。该批复规定："一、信访工作机构是各级人民政府或政府工作部门授权负责信访工作的专门机构，其依据《信访条例》作出的登记、受理、交办、转送、承办、协调处理、督促检查、指导信访事项等行为，对信访人不具有强制力，对信访人的实体权利义务不产生实质影响。信访人对信访工作机构依据《信访条例》处理信访事项的行为或者不履行《信访条例》规定的职责不服提起诉讼的，人民法院不予受理。二、对信访事项有权处理的行政机关依据《信访条例》作出的处理意见、复查意见、复核意见和不再受理决定，信访人不服提起行政诉讼的，人民法院不予受理。"可以说对信访工作行为不可诉在司法审判领域进行了统一的规定。

---

① 张恩玺主编：《信访法治建设的理论探索》，中国法制出版社2017年版，第197页。

当然该批复出台的过程中，意见并不统一，[①] 不过最高人民法院研究后认为，从《信访条例》赋予信访机构的性质、地位，信访与诉讼的关系，以及国家关于信访的政策考虑，信访人对信访工作机构依据《信访条例》处理信访事项的行为不服提起行政诉讼的，人民法院不予受理。对信访事项有权处理的行政机关依据《信访条例》作出的处理意见、复查意见、复核意见和不再受理决定，信访人不服提起行政诉讼的，人民法院也不予受理。但是信访工作机构、对信访事项有权处理的行政机关违反《信访条例》规定的权限、程序，作出新的实质性的行政处理决定，符合受案范围的，人民法院应当受理。[②]

对于该批复，学界有很多批评的声音。[③] 笔者也认为，其将全部信访工作行为排除出行政诉讼受案范围的做法有待商榷：一方面，该批复将信访工作主体分为两类：第一类是各级人民政府及其工作部门信访工作机构；第二类是对信访事项有权处理的行政机关。这种分类容易让人产生信访工作机构也是具有独立法人地位的行政机关的错误，[④] 同时也与《信访条例》中对“县级以上人民政府信访工作机构”和“各级人民政府信访工作机构之外的行政机关”中的分类不相一致。另一方面，审判实践中对信访工作行为进行实体

---

① 湖北省高级人民法院审判委员会讨论后形成两种意见。第一种意见认为，当事人因不服县级以上人民政府信访行政管理部门、负责受理信访事项的行政管理机关以及镇（乡）人民政府作出的行政处理意见或者不再受理决定而提起的行政诉讼，人民法院应当不予受理。理由是：（1）县级以上人民政府信访行政管理部门、负责受理信访事项的行政管理机关的主体资格比较特殊，难于分辨其行为是行政行为还是非行政行为。（2）县级以上人民政府信访行政管理部门、负责受理信访事项的行政管理机关以及镇（乡）人民政府作出的行政处理意见或者不再受理决定，不具有行政诉讼的可诉性。（3）人民法院对此类案件进行实体审理时难度大。第二种意见认为，当事人因不服县级以上人民政府信访管理部门、负责受理信访事项的行政管理机关以及镇（乡）人民政府作出的行政处理意见或者不再受理决定而提起的行政诉讼，人民法院应当受理。理由是：（1）《信访条例》是一部行政法规，已明确人民政府所属职能部门和帮扶人民政府行使信访管理的职权和分工。（2）县级以上人民政府信访行政管理机构或者代表本级人民政府专门从事信访工作的机构或成员，依照《信访条例》有关规定作出的处理意见或者不再受理决定为行政行为。信访机构是国家行政管理部门，通过处理信访活动，与行政相对人——信访人之间发生行政法律关系。（3）人民政府信访行政管理机构或者从事信访工作的机构或者人员实施的行为是可诉行政行为。（4）《信访条例》中“不再受理”的规定不能视为最终处理决定，人民法院可以依法进行审查。参见李栋：《信访法制研究》，中国政法大学出版社2016年版，第283页。

② 李栋：《信访法制研究》，中国政法大学出版社2016年版，第283页。

③ 参见章剑生：《论信访处理行为的可复议性——基于〈信访条例〉有关规定所展开的解释》，载《法商研究》2011年第6期；参见李栋：《信访法制研究》，中国政法大学出版社2016年版；朱应平：《行政机关不作为的可诉性》，载《上海城市管理职业技术学院学报》2007年第4期。

④ 有独立法人地位的信访工作机构很少，而且范围有限，详见下文分析。

审查的个案也表明信访工作行为并非当然或者绝对不具有可诉性，甚至最高人民法院在其发布的指导性案例和审理的申诉审查案件中也并未完全排斥信访工作行为的可诉性。不过不能否认的是，该批复是法院将该类案件排除出受案范围的主要依据。

（三）最高人民法院指导性案例

根据上文所述，最高人民法院批复将信访工作行为排除出了行政诉讼受案范围，但是在其之后公布的指导性案例——杨一民诉成都市政府其他行政纠纷案中似乎修正和完善了自己的观点（参见【案例】）。在该案中，法院确定了这样一个裁判要旨："行政机关驳回当事人申诉的信访答复，属于行政机关针对当事人不服行政行为的申诉作出的重复处理行为，并未对当事人的权利义务产生新的法律效果，不是《行政复议法》所规定的可以申请行政复议的行政行为。当事人不服行政机关作出的上述信访答复，申请行政复议，行政复议机关作出不予受理决定并无不当。"[①]

由此可见，最高人民法院在对待信访工作行为可诉性问题上的观点已经发生了变化，并非将全部信访工作行为一概排除出受案范围，而是援引《最高人民法院关于执行〈中华人民共和国行政诉讼法〉若干问题的解释》第 1 条第 2 款第 5 项将驳回当事人对行政行为提起申诉的重复处理行为排除出人民法院行政诉讼的受案范围的规定，而是通过将信访答复界定为行政机关针对当事人不服行政行为的申诉作出的重复处理行为，并未对当事人的权利义务产生新法律效果，将其排除出受案范围。可以说，在处理信访答复可诉性问题时，该指导性案例提供了一个较为明确的判断标准，但是鉴于信访工作行为的复杂性和多样化，并不仅限于信访答复，因此仍然有待于立足信访工作行为的特征，对不同类型的信访工作行为的可诉性作出准确的判断。

【案例】最高人民法院公报案例：杨一民诉成都市政府其他行政纠纷案[②]

【案情简介】成都市政府于 2005 年 9 月 9 日收到上诉人杨一民递交的行政复议申请，经审查后以该申请不符合行政复议受理条件为由，作出了不予受理决定，并于同月 13 日送达杨一民。原告不服向法院提起诉讼。

【裁判理由】上诉人杨一民申请行政复议的事项，是成都市教育局办公室

① 《杨一民诉成都市政府其他行政纠纷案》，载《最高人民法院公报》2007 年第 10 期。
② 《杨一民诉成都市政府其他行政纠纷案》，载《最高人民法院公报》2007 年第 10 期。

针对杨一民的申诉作出的信访答复，该信访答复的内容仅是重申1992年原成都市第五中学报送的《关于对我校职工杨一民作除名处理的报告》和原成都市教育委员会于当年作出的《对成都市第五中学〈关于对我校职工杨一民作除名处理的报告〉的批复》均符合川人发〔1984〕4号文件规定，并没有对杨一民的权利义务产生新的法律效果，属于行政机关对当事人不服具体行政行为提出申诉的重复处理行为，因而不是《行政复议法》所规定的可以申请复议的具体行政行为。

《行政复议法》规定了申请行政复议的期限，而当事人向有关行政机关申诉并没有相应的时效限制。如果将行政机关驳回当事人对具体行政行为提起的申诉的重复处理行为视为新的具体行政行为，则无论是否在法律规定的期间内，当事人都可以通过申诉启动行政复议程序，即“申诉—驳回申诉的重复处理行为—对该重复处理行为申请行政复议—行政复议或者再申诉”的重复循环，这样必将导致行政复议申请期限失去意义，影响行政行为的稳定性，影响行政机关依法行政。

（四）《行政诉讼法解释》的相关规定

最新颁布的《最高人民法院关于适用〈中华人民共和国行政诉讼法〉的解释》（以下简称《行政诉讼法解释》）第1条第2款第9项规定对信访处理行为的可诉性问题作出了进一步清晰明确的回答。鉴于司法解释是对人民法院在审判过程中具体应用法律问题所作的解释，以法律规范为前提。因此，信访处理行为不具有可诉性并非因为其是针对信访事项作出的处理行为而不可诉，从本质上来说，是因为其本身不属于行政诉讼法规定的行政诉讼受案范围。

第一，该条规定明确了“信访事项”这一前提。信访事项针对的是公权力机关及其人员的职务行为，本质上是信访人要求行政机关履行内部监督或者层级监督职责，对相对人的合法权益不产生直接影响，本身即不符合行政诉讼法关于受案范围的规定。

第二，作为剩余事项，信访事项无法纳入诉讼、仲裁以及行政复议等法定途径解决，或是实质上涉及有限资源和利益的分配、调整，具有“多中心任务”特征的抽象决策或具体决定，或是要求行政机关积极作为、落实抽象法律或政策目标，[①] 本身即不属于行政诉讼受案范围。因此，对于信访事项的处理也当然地无法纳入上述途径处理，否则会导致不可诉行为借信访进入行政诉讼中。

第三，《信访条例》虽然设计了独立的程序处理信访事项，但是并未承诺或者赋予信访人任何实体救济权利。因此，行政机关不管作出或者不作出信访处理行为，都对信访人的权利义务不产生实际影响。即便信访人因此而获得利益，也并非信访处理行为本身所造成的权利义务变更，而是根据政策性调整所带来的反射利益。

因此，笔者认为，行政机关依据《信访条例》针对信访事项作出的各种处理行为，包括登记、受理、交办、转送、答复、复查、复核意见以及相应的纯粹不作为等都不具有可诉性。但是《行政诉讼法解释》未明确信访答复的可诉性，也未提及不作为案件中信访人要求行政机关履行信访职责的可诉性，是故意为之还是"立法缺陷"？此外，在诉讼类型化观念不断确立的现在，涉"信访"类案件多以实质履责之诉为表现形式，并不应涉及对行政机关程序性信访处理行为及各类信访答复、复查、复核意见可诉性的判断，因此该条的适用范围和条件需要明确。

三、信访工作行为可诉性司法审查路径和判断标准

笔者认为，司法审查中首先应该对涉诉信访工作行为所依据的职权进行审查，将严格意义上的信访事项筛选出来，对于这部分仅能依据《信访条例》、行使单纯的信访职权、并无其他法定职权依据的信访工作行为不具有可诉性；然后将剩余事项作为行政主体作出的普通的行政行为，不对其进行特殊化，依据《行政诉讼法》关于行政诉讼受案范围的规定和法院认定行政行为可诉性的操作性标准对涉诉信访工作行为是否可诉进行具体认定。如果涉诉信访工作行为是政府信访工作机构或者其他行政机关以信访工作行为的形式作出，实际上属于行使行政管理职权，并对公民、法人或者其他组织的合法权益造成影响的行为，属于可诉的信访工作行为，应该纳入行政诉讼的受案范围。

---

① 刘国乾：《行政信访处理纠纷的预设模式检讨》，载《法学研究》2014年第4期。

（一）狭义信访事项不属于行政诉讼受案范围

根据上文可知，有两种意义上的信访工作行为，即狭义上政府信访工作机构或者其他行政机关仅能依据《信访条例》、履行信访职责作出的行为及相应的不作为，属于严格意义上的信访事项；另外，还有广义上的信访工作行为，既包括狭义上的信访工作行为（信访事项），又包括行政机关依据其他法律法规的规定，履行其他法定职责而作出行为及相应的不作为。因此，从行为的职权性来说，需要进一步的细分，将单纯的信访职责与行政机关的其他法定职责相区分。

根据现行的信访制度，行政机关在处理信访请求时，要遵循分类办理的原则，将能导入其他法定行政程序办理的事项导入其他程序，将属于本行政机关行政管理职责范围内的事项依法办理，除此之外，才通过信访途径，行使信访的职权，将信访请求作为信访事项进行办理。对于行政机关行使除信访职权之外法定职权的行为，其职权性和公法属性并无异议，关键在于行政机关单纯行使《信访条例》规定的信访职责作出的行为是否属于行政法意义上行政机关的法定职责范畴。对于这一问题，学理上的看法不同，有学者认为基于《信访条例》而产生的职权和基于其他立法产生的部门职权本质上无异，都应该纳入复议和诉讼审查的范围。[①] 但是从本质上看，《信访条例》只赋予信访人程序上获得处理的权利，并没有赋予其获得实体处理的权利，与之相对应的，行政机关也只有对信访人依据《信访条例》进行程序上处理的职责，并无依据《信访条例》进行实体处理的职责，其进行实体上的处理还要依据其他法律的规定，因此，如果没有其他实体法的规定，行政机关则不承担处理信访事项的职责，信访请求本身是法治之外的行政机关政策性调整的范畴，并非行政机关依法行使行政管理职权的行为，当然不属于法院行政审判权的范围。司法实务中法院在进行审查时也多寻找《信访条例》之外的职权依据，如果没有此类的职权依据，则将其排除出行政诉讼的受案范围。

1. 信访事项的界定由司法机关享有最终判断权

根据上文可知，狭义的信访事项因其并非行政机关引用特定行政管理领域的法律、法规或者规章等行使行政管理职权的行为，因此不具备可诉性。

---

① 程洁：《信访投诉纳入行政复议范围的法理论纲》，载《江苏大学学报（社会科学版）》2011年第6期。

但是，对于是否属于被告行使行政管理职权的行为，能否被纳入狭义的信访事项进行处理的最终判断权应该归属于法院，由法院根据现行法的规定进行审查。因为在实际的信访工作中，信访工作机构或者行政机关并未严格遵守这一原则，入口设计不合理，导致将一些本属于行政机关应当依据法定行政程序处理的事项和法定履责事项被行政机关依据《信访条例》进行处理了，阻塞了申请人获取法定救济的途径。因此，在行政机关处理信访请求、作出信访行为阶段，信访分离原则无法彻底划清信访事项与其他法定程序之间和履责事项的范围，还需要赋予法院最终的判断权，将是否属于信访事项的判断权归法院，发挥审判职能，通过行政审判动态地解决问题，解决信访与其他法定程序事项和履责事项之间的错位和交叉问题。此时问题的关键在于司法实务中如何对于信访事项进行界定。

《信访条例》第 14 条规定，信访人对下列组织、人员的职务行为反映情况，提出建议、意见，或者不服下列组织、人员的职务行为，可以向有关行政机关提出信访事项：（1）行政机关及其工作人员；（2）法律、法规授权的具有管理公共事务职能的组织及其工作人员；（3）提供公共服务的企业、事业单位及其工作人员；（4）社会团体或者其他企业、事业单位中由国家行政机关任命、派出的人员；（5）村民委员会、居民委员会及其成员。对依法应当通过诉讼、仲裁、行政复议等法定途径解决的投诉请求，信访人应当依照有关法律、行政法规规定的程序向有关机关提出。这条仅概括规定了信访事项可以针对的对象和范围，并未清晰明确地对信访事项作出规定，也很难依据该条规定对信访事项进行严格界定。

在司法实务中，法院在处理诉信访工作行为的案件时，归纳起来有三种处理方式：其一，很多案件中为回避信访的争议问题，在裁判中都不涉及对申请事项是否属于信访事项的认定，而是从其他角度对案件进行审理。其二，部分案件在裁判说理部分直接将申请事项认定为信访事项，裁定不予立案或者裁定驳回起诉，但是未做任何说理。其三，另有部分案件将涉诉的信访工作行为经过说理后认定为信访事项，但是不同法院认定信访事项的理由和方式不同。另外，在司法实务中，还有从反面，即涉诉事项属于行政复议、属于被告法定职责范围内的投诉举报、属于权属争议调查处理申请以及属于政府信息公开事项等方面认定不属于信访事项的案例。

综合司法实务中的案例，我们可以发现，从正面和反面对信访事项进行认定并且进行说理的案例并不多见，多是回避该问题，从其他角度审理案件或者简单直接作出认定，不作说理。根据现有的从正面和反面对信访事项进行认定并有说理的案件可以发现，法院在认定过程中多是从原告申请的内容、形式出发，审查是否有法律、法规、规章甚至规范性文件对被告处理此类申请的职责进行明确规定，如果有此类规定，被告就不应按照《信访条例》的规定将申请作为信访事项进行办理，应该按照法定程序对原告的申请作出处理。

2. 信访事项的认定方法

根据上文所述，司法实务中的这种处理方式从本质上与信访工作程序中要遵循分类办理的原则不谋而合，都要对信访请求进行初步的甄别，将属于行政机关法定职责范围内的事项作为履责事项处理，将可以导入其他法定行政程序处理的事项导入相应的程序处理，只有行政机关对申请事项无法定职责，无法被纳入法定程序处理的事项，才能作为信访事项、依据《信访条例》进行处理。因此，法院在认定信访事项时，需要对行政机关是否负有上述行政管理职责进行审查。从类型上看，被告对原告申请事项可能负有事务性管辖权，也可能负有事务性管辖权但不具有层级性管辖权，也可能会出现两个或以上的行政机关对某一事项均有管辖权等各种情形，不同情形下被告行政机关是否负有原告申请书所指的法定职责也有所不同，下文对其进行具体分析。

（1）行政机关具有事务管辖权

一般来说，行政机关的事务管辖权有明确的规定，但是实践中案件类型多样，不排除立法上对行政机关的职权规定存在模糊、灰色的地带，容易产生争议。一般来说，从目前的裁判梳理看，生效裁判对被告事务管辖权的认定包括下列内容（主要是北京法院裁判情况的梳理）：

- 区政府不具有监督管理住宅专项维修资金的法定职责。
- 教育部并非清华大学信息公开行为的行政复议机关。
- 人民政府不具有撤销社区新农村建设方案的职责。
- 区政府不具有责令他人停止非法占地、违章建设、非法圈占公建水渠、泄洪通道等行为并恢复原状的职责。
- 区政府不具有安排适龄儿童入学的法定职责。
- 区政府不具有管理本行政区域内农村土地承包及承包合同的职责。

● 区政府不具有解决村民平等待遇问题的法定职责。

● 区政府不具有对绿化隔离带建设腾退事项进行查处的法定职责。

● 区政府不具有对旧存改建中村委会实施的拆迁行为的查处职责。

● 区政府不具有向农民给付宅基地、承包地、口粮田的法定职责。

● 区政府虽负责危改项目的组织实施，但并不具有直接完成违法项目工程的法定职责。

● 区政府不具有查处违法建设的法定职责。

● 区政府不具有查处违法拆迁的法定职责。

● 区政府不具有直接办理征地农专工手续等法定职责。

● 区政府不具有给付征地补偿款的法定职责，亦不具有解决征地补偿款发放不合理问题的法定职责。

● 区政府负有发布征地公告、批准征地补偿安置方案等法定职责，但不具有具体实施征地补偿安置工作的法定职责。

● 区政府不具有对公司实施的搬迁、腾退行为予以查处的职责。

● 区政府不具有房屋被强制拆除予以行政保护的法定职责。

● 公安机关不得以当事人应承担民事责任为由拒绝履行法定职责。

● 乡镇政府不具有责令村委会向农民发放土地承包经营权证的法定职责。

● 乡镇政府不具有对农民在集体土地上所建房屋予以确权的法定职责。

● 乡镇政府不具有责令村委会出具公民代理推荐函的法定职责。

● 乡政府不具有测量和确认房产面积的法定职责。

● 乡镇政府不具有地籍调查法定职责，该职责应由土地管理部门履行。

● 当事人在诉讼活动中提交证据真伪的判断及处理，不属于公安机关职责范围。

● 乡镇劳动部门对本行政区域的劳动争议仲裁工作给予指导，不具有强制要求仲裁委受理仲裁申请的法定职责。

● 民政局不具有统一村民继续参加换届选举的法定职责。

● 人力社保局不具有工伤鉴定的法定职责。

● 请求征收办向房地产开发公司调取房屋拆迁补偿协议，不属于征收办的法定职责。

● 区政府征收办对以村民自治方式实施的改造搬迁活动不具有查处的法定职责。

- 县政府不具有工伤认定和伤残抚恤人员确认的法定职责。
- 国土资源部不具有撤销地方人民政府颁发的土地证书的法定职责。
- 公安机关不具有出具精神疾病患者强制性医疗审批表的法定职责。
- 国家土地督察的地方局不具有查处土地违法行为的法定职责。

(2) 行政机关具有事务管辖权但不具有层级管辖权

对于被告虽然具有事务管辖权但是不具有层级管辖权的，仍然属于被告不具有该项法定职责。具体包含下列四种情形：

第一种情形是层级管辖划分标准客观明确，被告不具有层级管辖权的。比如，原告向被告某市卫计委提交医疗纠纷处理申请书，请求市卫计委履行对其与某医院之间的医疗纠纷调处职责。《医疗事故处理条例》第 38 条规定，“发生医疗事故争议，当事人申请卫生行政部门处理的，由医疗机构所在地的县级人民政府卫生行政部门受理。医疗机构所在地是直辖市的，由医疗机构所在地的区、县人民政府卫生行政部门受理”。市卫计委作为直辖市的市级卫生行政部门不具有陆某申请履行的法定职责。

第二种情形是上下级行政机关均可行使管辖权，但上级机关是否行使管辖权由其自行决定（如“根据工作需要”“认为有必要”等），只要上级机关未明示其自己行使管辖权，则应由下级机关履行相应职责。比如，在某案中，原告认为人力社保部未依法履行对蒙牛集团违反劳动法规行为的劳动监察职责，诉请判令该部履责。《劳动保障监察条例》规定，对用人单位的劳动保障监察，由用人单位用工所在地的县级或设区的市级劳动保障行政部门管辖；上级劳动保障行政部门根据工作需要，可以调查处理下级劳动保障行政部门管辖的案件。省级人社厅、人社部作为较高和最高层级的劳动保障行政部门，并未被上述规定排除于有权进行劳动保障监察的主体之外，只不过其具有是否行使该项职责的裁量权，标准是“工作需要”。本案中，人社部已经通过告知单的形式告知原告向当地劳动保障监察部门反映。这表明人社部并未决定由其自己管辖。原告针对人力社保部提起诉讼缺乏法律和事实依据。

除向申请人告知外，上级机关直接将履责事项转交下级机关办理，实际上也表明其决定不由自己管辖。再延伸一步，当法律规范作出类似规定时，如果没有证据证明上级机关作出了自己管辖的决定，即便接到申请的上级机关未作出任何答复，亦未转交下级机关办理，也可以认定原告要求直接判令上级机关实体履责缺乏依据。

第三种情形是法律规范对上下级行政机关各自管辖权的划分标准系不确定法律概念（如"重大复杂"案件由上级机关管辖等），上级行政机关对此作出的规定或判断具有合理性的，人民法院应予尊重。对划分标准的具体规定常见于行政机关的解释性的规范性文件中。缺乏具体规定的，上级行政机关常借助告知申请人向下级机关提出申请、直接转交下级机关办理等方式，表明其对相关事项是否符合其管辖权范围的判断。司法审查强度通常要比第二种情形的司法审查强度更大。比如，在某案中，原告要求国土资源部履行对其使用的耕地被非法征收的查处职责。《国土资源行政处罚办法》规定，国土资源违法案件由县级国土部门管辖，省级国土资源部门管辖本行政区域内重大、复杂和法律法规规定应当由其管辖的国土资源违法案件，国土资源部管辖全国范围内重大、复杂和法律法规规定应由其管辖的国土资源违法案件。根据国土资源部的解释，所谓全国范围内重大、复杂的国土资源违法案件是指：国务院要求国土资源部管辖的案件；跨省级行政区域的案件；国土资源部认为应当由其管辖的其他案件。法院认为，原告举报投诉的违法占地行为并不属于全国范围内重大、复杂的国土资源违法案件，不属于国土资源部管辖范围。

第四种情形是被告具有事务管辖权而不具有层级管辖权的情形，接到原告申请的上级行政机关是否具有告知申请人向下级机关提出申请或将申请转交给下级机关办理的程序性作为义务？理论上，当上级机关对是否行使管辖权具有裁量权时（如"认为有必要的""案件重大复杂的"等），行政机关不应怠于行使裁量权；同时，要求上级机关回应申请人，符合正当程序原则要求。在此意义上，上级机关负有答复或者转交等程序性作为义务。司法实践中，只要法院认定被告无层级管辖权，不少时候直接裁定驳回起诉，被告是否履行程序性作为义务不影响案件处理。

（3）行政机关具有事务和层级管辖权但不具有原告要求履行的特定指向和内容的职责

被告具有事务和层级管辖权，但不具有原告要求履行的特定指向和内容的职责的，一般情况认定被告不具有原告申请中所特指的法定职责。比如，《义务教育法》第7条第2款规定，县级以上政府教育行政部门具体负责义务教育实施工作。在某案中，原告要求海淀区教委保证其就近进入清华附小接受义务教育的职责。法院认为海淀区教委并不具有保障适龄儿童进入指定小学接受义务教育的法定职责，原告的诉请事项不属于行政审判权限范围，裁定驳回原告起诉。

（4）两个或以上的行政机关对某一事项均具有法定职责

两个或以上的行政机关对某一事项均具有法定职责且法律规范对其各自职责范围未做划分的，相对人可以要求其中任何一个行政机关履行职责，即使具有法定职责的两个或以上的行政机关具有上下隶属关系，上级行政机关的职责亦不因下级机关履行职责而免除，应当认定被告负有该项法定职责。例如，《村民委员会组织法》第31条规定，村民委员会不及时公布应当公布的事项或者公布的事项不真实的，村民有权向乡、民族乡、镇的人民政府或者县级人民政府及其有关主管部门反映，有关人民政府或者主管部门应当负责调查核实，责令公布。

（5）下级行政机关对上级交办事项负有法定职责

根据《地方各级人民代表大会和地方各级人民政府组织法》第59条第10项的规定，县级以上的地方各级人民政府对上级国家行政机关交办的事项要予以执行，即便该交办事项由信访答复进行规定，仍然属于下级行政机关需要履行的法定职责。

（二）广义信访工作行为可诉性的一般判断标准

根据上文所述，严格意义上的信访事项不具有可诉性，但是前提是政府信访工作机构要对信访请求做到诉访分离、分类办理，同时赋予法院对信访事项最终的判断权。如果信访工作未能达到标准，则就要从广义上来看待信访工作行为的可诉性，先将严格意义上的信访事项筛选出来，后将其他行为作为行政机关的普通行为，对其可诉性进行具体的认定，并确定一般性的判断标准。对此，最高人民法院在公报案例、参考性案例以及其申诉案例中确定了“行使《信访条例》规定之外行政管理法上职权的行为、履行行政管理职责的行为”和“对当事人的权利义务是否产生实际影响”等标准。在全国法院案件中，还有“行政机关是否对当事人申请事项负有法定职责”等标准，另外，在张群诉佛山市人民政府信访答复案中，法院还确定了“有无法定救济途径是区分具体行政行为和信访答复的标准”这一司法审查标准。

从上述判例确定的裁判标准看，都具有合理性，同时也具有很大的共性，从本质上都是对行政机关作出的涉诉信访工作行为是不是在行使法定行政职责，或者该法定职责的履行是否实际影响了相对人的权利义务进行判断。但是上述裁判标准毕竟只是对个案情况的处理，单一的标准可能无法涵盖全部的涉诉信访工作行为。从根本上说，对信访工作行为可诉性的认定，要建立在以下基础之上：（1）现行法关于行政诉讼受案范围、信访工作制度以及行政机关职责权限的规定。（2）政府信访工作机构和其他行政机关信访工作的实际情况。（3）法院司法审查的实际标准。（4）公民权利保护的实际需要。

根据上文分析，行政诉讼受案范围是一个现行法根据法治发展的现状拟制和框定的范围，除了《行政诉讼法》正面列举性规定和反面排除性规定，司法实务中以行政行为和"侵犯人身权、财产权等合法权益"作为概括性的受案标准。其中"行政行为"这一概念作为行政法学的一个核心范畴和概念性工具，在学理上的争议很大，有行为主体说、行政权说、公法行为说等。不过根据权威立法解释，行政诉讼法上的行政行为范围非常广泛，与全部公法行为说类似，是行政主体为规制行政关系，行使职权，具有行政法意义的行为。[①] 因此，从一定程度上说，对行为可诉性的认定离不开行政主体、行政职权属性[②]和实体权利义务影响这三个要素。因此，要判断信访工作行为的可诉性，也离不开对信访工作行为的主体、行为是否具有行政职权属性和行为是否影响实体权利义务关系的分析，这也是司法实务中涉信访工作行为类案件审理实际关注的要点。

从主体来说，根据《信访条例》的规定，行政信访工作行为的主体有行政机关和政府信访工作机构，对于行政机关，其行政主体的地位并无异议。问题在于政府信访工作机构，其独立性仍有争议，各地的具体情况也不尽相同。但是即便其不具有独立性，作为本级人民政府负责信访工作的内设机构，其信访行为的后果由本级人民政府承担，在诉讼中如果原告错列该信访工作机构为被告，根据《最高人民法院关于执行〈中华人民共和国行政诉讼法〉若干问题的解释》，法院要对被告不适格进行释明，告知原告变更被告，原告不同意变更的，才能以被告不适格裁定驳回起诉。因此，在诉讼中对信访工作行为可诉性进行判断时，一般情况下不应直接以信访工作机构不是行政主

① 姜明安主编：《行政法与行政诉讼法》（第6版），北京大学出版社、高等教育出版社2016年版，第150页。

② 一般意义上说，行政机关的职权也是其必须履行的职责，因此本文中不作区分，将其作为同义词使用。

体、非适格被告为由裁定不予立案或者裁定驳回起诉。因此，问题其实集中在信访工作行为是否具有行政职权属性和该行为是否对实体权利义务产生影响的认定和判断上。

1. 信访工作行为的行政职权属性审查

可诉的信访工作行为必须是被告行政机关履行行政职权作出的行为或者是要求被告履行其行政职责。这就将要求行政机关作出或者行政机关依申请作出的以下行为排除出行政诉讼受案范围：（1）国防、外交等国家行为。（2）行政机关制定发布行政法规、规章和具有普遍约束力的决定、命令等抽象行政行为。（3）公安机关履行刑事司法职责作出的行为（《最高人民法院关于执行〈中华人民共和国行政诉讼法〉若干问题的解释》第1条规定，公安、国家安全等机关依照刑事诉讼法的明确授权实施的行为，不属于行政诉讼受案范围。行政行为和刑事司法行为的区分标准主要存在四种观点：立案说、结果说、目的说、综合说，但实践中有时不易把握。同时，公安机关实施的行为可能会发生行政向刑事演变或刑事向行政的演变，司法尺度不尽一致）。（4）行政机关对行政机关工作人员的奖惩、任免等决定以及履行内部监督和管理职责而作出的内部行政行为。

对此，首先需要在案件审理中找到被告作出涉诉行为以及相应不作为的行政职权依据。综合来看，行政机关的行政职责来自以下四个方面：

第一，行政职责既可以来自法律、法规、规章的规定，也可以来自规章以下规范性文件的规定。前提是相关规定具有合法性、有效性与适当性，如果有关行政作为义务的设定存在无效、违法或者明显不当的情形，则不予适用。例如，规范性文件在缺乏上位法依据的情况下规定了行政机关对于某类违法行为的处罚义务，由于该规定与行政处罚关于规范性文件不得设定行政处罚的禁止性规定相悖，因此该规定不应作为处罚义务的合法来源，对于利害关系人据此要求行政机关履行处罚义务的请求应不予支持。

第二，行政职责不仅来自义务性法律规范，基于职权和职责相统一的原理，也可来自授权性法律规范。存在以下三种情形：一是法律规范授予行政机关羁束性职权。例如，《土地管理法》第73条规定，买卖或者以其他形式非法转让土地的，由县级以上人民政府土地行政主管部门没收违法所得。这一规定即以授权为外观，实质上赋予土地行政主管部门对非法转让土地行为的查处职责。二是法律规范授予行政机关裁量性职权。例如，《环境保护法》

第 39 条规定，对经限期治理未完成治理任务的企业事业单位，除依照国家规定加收超标准排污费外，可以根据所造成的危害后果加以罚款，或者责令停业、关闭。这一规定同样可以导出行政机关的作为义务，首先是启动调查处理程序的义务，无论最终是否予以处罚，均不能放任不管；其次是在危害后果足够严重的情况下予以处罚的义务，此时规定中的“可以”与“应当”并无本质区别，行政机关的裁量权显然也并不完全“自由”。三是法律规范授予行政相对人权利。在行政法律关系中，行政相对人的程序性权利对应行政主体的程序性义务，行政相对人的实体性权利对应行政主体的实体性义务。例如，立法规定行政相对人享有陈述申辩权和知情权，就意味着行政机关负有听取意见和公开的义务；立法规定行政相对人享有获得救助的权利，就意味着行政机关负有救助的义务。

第三，行政职权既来自法律规范的具体规定，也来自法律规范的概括规定。司法实践中，在确定行政机关是否具有针对某项具体事务的作为义务时，根据特别法优于一般法的法律适用准则，首先应根据具体规定加以判断，在没有具体规定的情况下，再根据行政机关的概括性职责来判断。例如，企业职工所受伤害是否属于工伤，依法应由劳动保障部门作出认定。但在事业单位职工所受伤害是否属于工伤的认定问题上，相关法律规定并未作出具体规定。在此情况下，依据劳动法有关“国家机关、事业组织、社会团体和与之建立劳动关系的劳动者，依照本法执行”的原则性规定，劳动保障部门对于事业单位职工的工伤认定申请也应负有受理并作出认定的法定职责。

第四，行政职责既来自法律规范，也可来自行政行为和行政惯例。常见情形包括：（1）行政协议设定行政职责；（2）行政允诺设定行政职责，如税务机关发布公告承诺对举报偷税漏税行为且查证属实的公民给予奖励，公安机关承诺在接警后五分钟赶到事发现场等；（3）行政机关的先行行为带来行政职责，现实中发生过违法行为人在逃避城关队员追赶过程中跳入水中且有溺水危险的事项，也发生过违章驾驶人在逃避交警追赶过程中发生交通事故受伤的事例，行政机关均因先行行为而负有救助行政相对人的作为义务。

2. 信访工作行为实体权利义务的影响性的判断

从行为对当事人的权利义务产生实际影响这一标准来说，其针对的是行政机关行使其法定职权处理非狭义信访事项的行为，对于该类型行为，虽然形式上属于信访事项，但是本质上属于行政机关采用法定程序处理的事项或者履责事项的范围，其可诉性要根据该行为的本质进行判断，只有在实体上对相对人的权利义务产生影响，才具备可诉性，如果对相对人的权利义务不产生实际影响，则不具有可诉性，但是这种不具有可诉性并非因为其属于形式上的信访事项而当然不具有可诉性，而是行为的本质对相对人的权利义务不产生实际影响而不具有可诉性。从狭义信访事项的角度来看，其并不属于狭义的信访事项，因此并非对信访工作行为可诉性的判定，而是将其作为普通的行政行为对其可诉性进行的判断。

综上所述，可诉的信访工作行为应当属于行政主体在行政管理中作出且对公民、法人或者其他组织的合法权益产生实际影响的行为，符合上述三个条件的信访工作行为属于行政诉讼的受案范围，具有可诉性，否则不具有可诉性。由此，这就将公安机关履行刑事司法职责作出的行为，制定、修改、废止规范性文件等抽象行政行为，履行内部监督和管理职责而作出的内部行政行为，中间性、阶段性等不成熟行政行为，重复处理行为等排除出行政诉讼受案范围，该类信访工作行为不具有可诉性。

四、结语

从总体上说，对于信访工作行为的司法审查逐渐由形式化向实质化转变，这成为一个主流的趋势。司法实务中越来越多的案例不将信访工作行为进行绝对的特殊化，而是抛开形式，开始关注信访工作行为的实质内容，将行政机关行使行政职权作出的影响公民、法人或者其他组织实体权利义务关系的行为纳入行政诉讼的受案范围，对其合法性进行司法审查，对公民、法人或者其他组织的合法权益进行救济。同时，在行政审判实务中，法院对行政机关进行司法审查的力度和强度也在不断加大，司法监督更加强劲有力，从合法性审查深入到符合比例原则的合理性审查，关注行政目的的实现、行政争议的实质性化解，不断拓展司法与行政良性互动的新领域。不过，信访与行政诉讼的交叉问题仍然存在，涉诉信访和对信访工作行为的诉讼屡见不鲜，在信访工作中和行政审判中做到诉访分离、分类办理是理顺两者之间的关系、促进两者协调化解社会矛盾功能最大化的必由之路。

关于环渤海区域特殊类型案件管辖制度的研究

——构建环境污染类案件在跨行政区划人民法院受理的诉讼格局

李振凡

司法管辖制度的逐步完善是深化司法改革，着力破解影响司法公正、制约司法能力掣肘难题的关键。“探索与行政区划适当分离的司法管辖制度，逐步设立跨行政区划的人民法院和人民检察院，保障司法机关独立行使职权，提高审判管理的专业型、公正性与权威性”是党的十八大以来的重要议题，也是全面深化司法体制改革的重要任务。

多年来经济社会高速发展造成众多环境污染问题隐而不决，随着社会发展观念及政府治理理念的转变，前期环境污染问题及环境纠纷井喷式的出现，环境污染类纠纷解决方式的不足也日益凸显。针对环境污染类案件，我国地域管辖与级别管辖相结合的传统管辖制度已经成为环境污染类案件受理的障碍。因此，“逐步改变目前以行政区划分割自然形成的流域等生态系统的管辖模式，着眼于从水、空气等环境因素的自然属性出发，结合各地的环境资源案件量，探索设立以流域等生态系统或以生态功能区为单位的跨行政区划环境资源专门审判机构，实行对环境资源案件的集中管辖，有效审理跨行政区划污染类案件”① 成为构建我国环境污染类案件诉讼格局的新路径。

① 《最高人民法院关于全面加强环境资源审判工作为推进生态文明建设提供有力司法保障的意见》（法发〔2014〕11 号），载《人民法院报》2014 年 7 月 4 日，第 4 版。

一、环渤海区域环境污染类案件现状分析

从地理位置上看，环渤海区域处于东北亚经济区的中心地带，是中国北部的黄金海岸；包括辽东半岛、山东半岛、京津冀三省两市，同时可辐射到山西省及内蒙古自治区中部和东部盟市。环渤海区域被经济学家誉为继珠三角、长三角之后中国经济的第三个增长极，在中国对外开放的沿海发展战略中占有极其重要的地位。

笔者在中国裁判文书网，以“环境污染”“北京市”“天津市”“河北省”“山西省”“内蒙古自治区”“辽宁省”“山东省”为关键词逐层检索的结果为样本进行分析。尽管以上检索方式可能无法找到环渤海区域环境污染类的全部案件，在相关案件的统计也可能存在一定的偏差。但结合审判实践，足以得出环渤海区域五省两市环境污染类案件的现状（见图1、图2、图3）。①

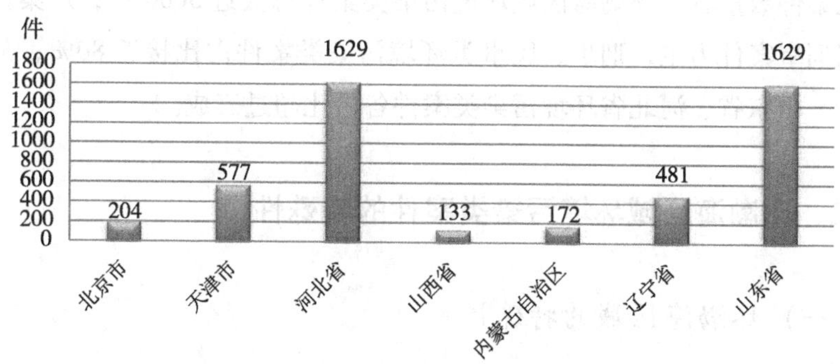

图1 环渤海区域五省两市环境污染类案件数量图

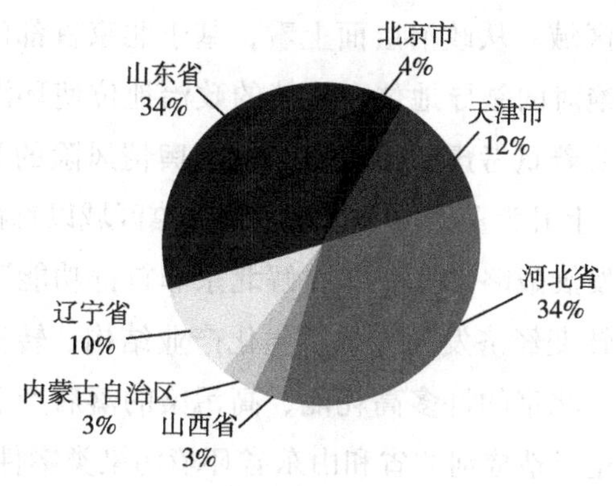

图2 五省两市环境污染类案件占比分析图

---

① 最后一次查询日期为2018年7月13日。

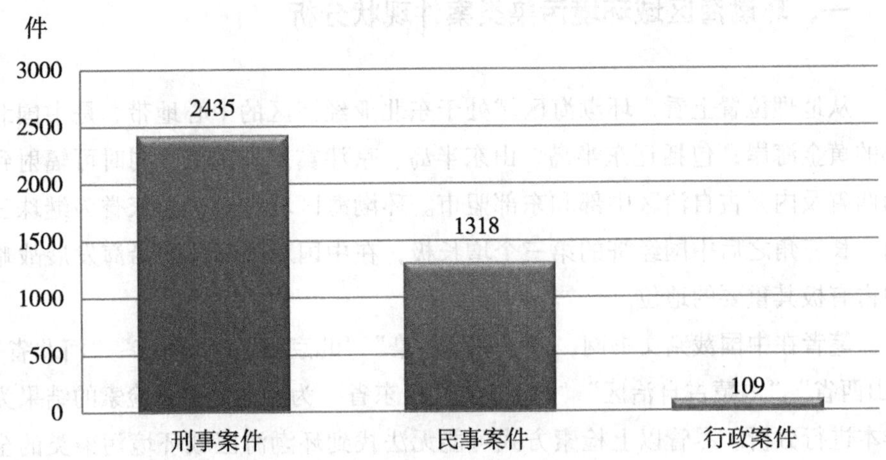

图 3　五省两市环境污染类案件类型分析图

从案件数量看，环渤海区域环境污染类案件总数近 5000 件；从案件类型看，以刑事案件为主，刑事、民事类环境污染类案件占比接近 80%；从地域分布看，山东省、河北省环境污染类案件各占比超过三成。

二、环渤海区域环境污染类案件的特殊性

（一）环渤海区域的特殊性

环渤海区域是以五省两市为主体，以北京、天津为核心，围绕京津地区的环渤海经济发展区域。从政治层面上看，基于北京首都的政治定位，使其在政治地位上处于绝对的领导地位，独特的政治地位使环渤海区域在处理环境污染类案件上需要着重考虑政治的敏感性和舆情风险的管控。此外，随着“京津冀协同发展”上升为重大国家战略，京津冀区域以首都北京为核心，紧紧围绕京津冀协同发展战略，按照“疏解北京非首都功能”的要求，结合各地实际情况，积极转变经济发展方式、优化产业结构、转换增长动能、深化供给侧结构性改革。北京的许多高耗能、高污染的落后产业逐步淘汰或者转移至周边省市，这也是造成河北省和山东省环境污染类案件居高不下的原因。从司法层面上看，随着最高人民法院制定的《关于为京津冀协同发展提供司法服务和保障的意见》的公布施行，北京和天津率先启动司法改革，司法改革的进展状况良好。深化京津地区生态环境联防联控联治机制，联合打造京

津司法“屏障”，使京津地区环境污染类案件量远低于环渤海区域的其他省。从经济层面上看，环渤海区域经济发展不均衡，京津地区处于优势地位。环境污染类案件在实践中又与各地经济利益所挂钩，在地方经济发展与环境保护博弈的过程中，经济发展往往占据上风。因此去行政化就成为解决环境污染类案件的重要议题，通过特定的人民法院对环境污染类案件实行集中管辖，减少司法权力运行中的行政干预。此外，去行政化的要求是加强环境纠纷解决的规范化与制度化，规范政府活动，避免环境利益在政府寻求经济利益的过程中被牺牲。

（二）环境污染类案件自身的特殊性

环境污染类案件具有一定的专业特殊性，环境监测报告或者检查报告是人民法院审理的重要依据。环境污染类案件的特殊性主要表现在以下三个方面：一是由于环境污染类案件的污染源种类繁多，性质各异，污染物质进入环境后会以各种形态出现在环境中，并且会与环境发生物理或者化学反应，污染行为与环境污染的后果之间的关系很难通过常识判断。二是环境污染类案件线索发现难度大，后续调取证据难度大，环境污染类案件违法犯罪活动手段、方式隐蔽不易被发现，一些企业存在篡改、伪造数据、弄虚作假、毁证、消证等规避侦查的情形，证据有效性、关联性、客观性差。三是环境污染物的流动性、易挥发性，导致难以固定案发时的环境污染的数量与构成。此外，污染物往往会与一些生活垃圾、建筑废物等混合排放、倾倒，对于混合污染物的成分、够罪污染物的占比及含量的后续鉴定也是庞大的工程。①

（三）人民法院审理环境污染类案件的特殊性

1. 环境污染类案件审理学科交叉性强

环境污染类案件涉及化学、生态学、环境学等相关学科知识，审判者往往仅具有法律相关知识，专业知识的匮乏使环境污染案件解决不够彻底，影响公众环境权益。同时也使司法实践成本过大，在案件审理压力大与结案率要求高的情况下，难以达到案结事了，导致当事人服判息诉率低。

---

① 姜欣：《解构与虚造：环境污染罪因果关系认定与证明责任完善》，载胡云腾主编：《司法体制综合配套改革与刑事审判问题研究——全国法院第30届学术讨论会获奖论文集》（下），人民法院出版社2019年版。

2. 环境污染类案件专业性要求高

环境污染类案件在司法实践中存在举证难、因果关系认定难、事实认定难、涉案利益广等情况，需要建立专业审判机构，集中审判专家，实现专业化审判。同时以专业性审判机构积累司法经验，也可以实现整体对环境污染类案件审理能力的提升，保障“专业的人做专业的事”。

3. 环境污染类案件审理需考量的方面广

环境纠纷涉及民生、经济等各个领域，解决环境纠纷的过程有时是一场环境生态与经济发展的博弈，会耗费大量的社会资源成本。环境纠纷有时长期得不到解决，企业的发展也会受到伤害，政府的城市建设和经济发展也会滞后。

4. 环境污染类案件纠纷解决途径多

民间解决与法律途径解决是解决环境污染问题的主要途径，对于一般的环境问题，例如，家庭倾倒垃圾、农村倾倒农业生产生活废物等生活性、影响范围小的环境纠纷，可以通过传统的乡土社会、传统的宗族、家族的压力或者宗族与家族调解等传统模式解决①，污染者通过主动认识错误、被动忍让、赔偿私了的方式达到化解环境纠纷的目的。民间解决纠纷是基于我国传统宗族式生活方法而形成的纠纷解决方式，但是缺少具体的实操规定，也不会产生正式的法律效力，因此在大规模环境污染纠纷中并不适用。

为了保证纠纷解决的有效性，以国家强制力保障实施的具有绝对法律效力的制度化、规范化的纠纷解决机制成为实践中解决环境纠纷的重要机制。我国建立了完善的法律体系保障环境纠纷得以有效解决，如在实体法上，公布并实施生效的《侵权责任法》《环境保护法》《大气污染防治法》《水污染防治法》《固体废弃物污染环境防治法》等法律。在程序法上，《民事诉讼法》《行政诉讼法》等一些程序性规定也是保障环境生态的重要依据。

环渤海地区作为中国第三大经济圈，在宏观领域通过《环渤海区域合作框架协议》《中国海洋21世纪议程》《渤海环境保护总体规划（2008—2020年）》。这些以国家政策层面的指导文件为环境纠纷解决方式提供指引，并构成了诉讼与非诉讼相结合的环境纠纷的机制。明确责任主体环境纠纷的多种路径，即可以通过协商的方式解决环境纠纷，协商解决不成的可以通过政府

① 孟甜：《环境纠纷解决机制的理论分析与实践检视》，载《法学评论》2015年第2期。

调解进行解决，调解不成的当事人可以直接向人民法院起诉。近年来，环境公益诉讼的建立与完善，专业性的环境纠纷解决机制也足以保证环境纠纷的实质性解决。

随着多元化的纠纷解决机制建立，当事人双方可以通过协商、仲裁、调解、诉讼等方式解决环境污染纠纷，也逐步建立并以诉讼为核心，多种方式相互补充的纠纷解决机制。但是在实践中尚未形成一个功能互补、程序衔接的有效体系，各环境纠纷解决机制具有优势同时也具有其固有的缺陷（见表1）。

表1 不同的环境纠纷解决方式的优势与缺陷对比表

环境纠纷解决方式	优势	缺陷
传统诉讼	规范性、强制性、权威性、专业性	环境实体法与程序法不健全，司法成本高，诉讼时间长，环境纠纷证据要求严格，地方保护主义造成环境执行难
行政调解	减少纠纷对抗性，有利于当事人表达利益诉求，成本低，证据要求低，程序规范高效便捷	法律文书规范性强制性弱，执行力弱，解决纠纷不彻底
行政裁决	专业性强，程序规范，具有一定强制力，结果具有可诉性	行政主体由于担心成为被告，而缺少独立性，环境纠纷解决不彻底
信访	方式简单，利益诉求表达充分，解决成本低廉	解决效果不稳定，政府纠纷解决积极性与公正性受影响，群体性上访突出，影响社会稳定，不利于环境纠纷的解决
仲裁	便捷、灵活、花费少、保密性强效力高	我国目前尚没有形成系统化的通过仲裁模式解决环境纠纷的机制
人民调解	成本低，效率高，弱化对抗性，利于社会稳定	专业性不强，受理范围小，调解效力低
协商	成本低，当事人双方和谐	利益交换时不能保障平等协商，缺少制度保障与强制性

通过对比可以看出在环境纠纷解决机制中诉讼程序具有的程序性、专业性、权威性是最高的，虽然诉讼程序的时间成本相对较高、效率成本相对较低，但规范化、制度化的解决环境纠纷机制具有国家强制力作为保障，同时通过对社会行为进行法律评价，既可以保障国家环境管理秩序，也可以使公平正义得以实现。所以，在解决环境纠纷案件中，以诉讼为核心的多元化环境纠纷解决机制具有现实意义。

三、环境污染类案件集中管辖的设想

（一）环境资源类案件跨区域集中管辖的介绍

管辖是指确定上下级法院之间和同级法院之间受理第一审案件的分工和权限。[①] 环境资源案件跨区域集中管辖是指为了促进司法区划与行政区划的适当分离，实现生态系统保护的整体性，以流域等生态系统或以生态功能区划为单位划分管辖区域，上级人民法院以统一指定的形式将原本分散在一定区域由不同法院管辖的环境资源案件交予少数的、审判力量较强的设有环境资源专门审判机构的法院集中管辖的制度。[②] 自最高人民法院发布《关于全面加强环境资源审判工作为推进生态文明建设提供有力司法保障的意见》以来，全国许多省、市高级人民法院积极探索环境资源案件跨区域集中管辖制度，主要存在以下几种模式：一是以生态系统或生态功能区为单位实行跨区域集中管辖模式。二是以环境资源案件数量、人口数量和经济社会发展水平为综合考量因素实行跨区域集中管辖模式。三是依托铁路法院，实行环境资源案件跨区域集中管辖模式。[③]

笔者赞同第三种模式，按照党的十八届四中全会关于“探索设立跨行政区划的人民法院”的要求，全面推进依法治国的重要部署，2014 年 10 月 16 日，最高人民法院下发《关于开展铁路法院管辖改革工作的通知》，要求七个试点的铁路运输法院开展跨区域集中管辖行政案件和环境资源案件的改革。依托原铁路运输中级法院成立的北京市第四中级人民法院、上海市第三中级人民法院分别集中管辖北京市和上海市跨地区重大环境资源保护案件。[④]

（二）环渤海区域环境污染类案件跨区域集中管辖的设想

当现有的纠纷解决机制不能满足公众的需求，原有的制度在实践中落实

---

① 江伟：《民事诉讼法》，北京大学出版社 2015 年版，第 87 页。

② 王旭光：《论当前环境资源审判工作的若干基本关系》，载《法律适用》2014 年第 11 期；韩德强：《环境司法审判区域性理论与实践探索》，中国环境出版社 2015 年版，第 41 页；赵卫民、郭继光：《环境公益诉讼的相关问题》，载《人民司法》2013 年第 17 期。

③ 徐胜评、曾佳：《论环境资源案件跨区域集中管辖制度的完善》，载《华东师范大学学报（哲学社会科学版）》2017 年第 1 期。

④ 同上。

难度加大时，打破传统的纠纷解决机制，建立符合我国实际情况的，符合司法实践需求的、能够与其他解决途径衔接的新的解决路径就成为司法改革的重点内容。

1. 在原有的多元化解决机制的基础上，允许当事人自由选择环境纠纷解决的方式。这种方式优点在于能够加强部门间的协调，能够完善诉讼与非诉法方式的衔接，但是其劣势在于制度衔接无法得到解决，不能保证主体地位的平等，容易出现利益交换，同时在实践上不可操作。

2. 行政处理先行，优点是可以节约司法资源，提高案件解决的效率，减少诉累，同时也能节约成本。将环境污染案件的纠纷解决在萌芽状态下，但是目前行政方式的无力性、当事人与行政机关的矛盾对抗性，使政府机关不愿意解决，甚至是规避解决，也可能使纠纷无法解决甚至扩大。

3. 私力救济允许当事人通过谈判协商来救济自己的权利，其优点在于能够节约成本，及时阻止侵害扩大化，同时能够最大化的维护自身的权益。但其劣势也是明显的，这种“同态复仇”的救济渠道无疑会使当前社会管理秩序混乱，可能会造成社会不稳定的状态，被我国法律所禁止。

因此，对环境污染类案件应进行集中管辖，建立专门环境审判审理机构进行审理。环境污染类案件的集中统一审理，能够整合司法资源，统一裁量标准，去除地方保护主义，畅通受案渠道与诉讼范围，对于加强法官的专业性，使环境污染类案件得以实质性化解。

四、环渤海经济区域环境污染类案件集中管辖的路径

（一）集中管辖制度的原则

1. 两便原则

两便原则是指便利当事人诉讼，便于人们法院审理。群众诉讼的便利是两便原则的核心，保障司法公正是两便原则的灵魂，环渤海经济圈五省二市涉及范围广，流域众多，一个案件往往涉及当事人众多，因此必须保障群众诉讼便利与人民法院公正审判，保障司法公正就是保障百姓合法权益得到保障。集中管辖原则应该坚持两便原则，在集中审理中，依托数字化、智能化、便捷化的立案与审理方式，以便民举措与常态化的审判相补充，替代传统的立案审理模式，探索出符合时代要求与降低诉累的新的诉讼方式，在降低诉

讼成本的基础上削弱集中管辖带来的不利附带后果，降低距离与成本，以新的方式便利当事人诉讼与维护的司法公正。

例如，天津市武清区人民法院首先启动了“通武廊”地区跨区互联网立案，原告人可以就近选择人民法院进行起诉，受诉人民法院告知其具有审判权限的管辖法院，并在收到起诉状后 3 日内将相关材料移交具有管辖权的法院直接管辖，原受诉人民法院在为当事人提供跨区立案的服务后，当事人可以通过网上立案的方式将案件直接立往具有管辖权的人民法院管辖。同时告知当事人具有管辖权的人民法院的地址，联系方式，承办法官，案件类型，诉讼流程以及费用负担等，让当事人全面了解受理案件的基层或者中级人民法院的立案审理流程，这就需要各地区实现统一立案标准，提升网络服务水平与司法专邮水平，充分利用新媒体与电子网络实现环境污染纠纷立案环节一站解决。同时，建立跨区域纠纷协调解决机制，在立案上使当事人不必东奔西跑，减轻当事人诉讼负担，降低诉讼成本，便利当事人矛盾解决。这样也符合环境污染类案件纠纷固有的流动性的特点，对解决相邻污染纠纷，企业跨区排放污染物受害人众多的案件具有积极作用。

2. 案件集中与繁简分流原则

环渤海地区经济发展水平依托于渤海流域的水域体系，在经济建设上以传统型工业为主，高新技术企业蓬勃发展，由上述统计数据显示环渤海地区五省二市环境污染类案件的审结量在近 5000 件，庞大的结案数量在案件审理中出现的案件裁量差异化，以集中管辖为原则将分散于各审判机构中的环境污染类案件集中至人民法院集中审理，并且将案件繁简分流，以 20% 的人审理 80% 案件事实清楚证据确实充分的一审案件，同时将 80% 的人集中审理重点难点案件，保障案件审理的公正有效。

3. 审判质效与差异衡平原则

审判工作着重考量审判质量、审判效果，集中管辖应当以当事人合法权益保障力度、公众满意程度、社会和谐稳定指数作为评价指标。力求解决司法裁量不公，消除案件审理地方保护的影响，在相关配套设施与司法保障跟进的前提下，保障案件审理的法律效果和社会效果，让群众在每一起案件中感受到公平正义。

4. 风险预防与舆情管控原则

环境污染案件的公正审判必须坚持舆情风险管控，以确保司法权威。在涉及群体性案件中，集中管辖原则应坚持风险舆情管控与社会综合治理，实现舆论正确引导与解决环境污染案件纠纷的双赢局面，在审理过程中，注意释法说理，确保群众服判息诉。

（二）集中管辖制度的层级构建

1. 基层铁路运输法院集中管辖一审环境污染类案件

建立专门基层法院审理一审环境污染类刑事、民事、行政案件，实现人民法院与行政区划相分离审判体制。多年来，基层铁路运输法院主要审理与铁路相关的案件。此类案件少，编制人员与场所空置现象突出，可以依托原有的场所、人员编制将地方法院将一审环境污染案件集中至地方铁路基层法院审理。有效解决案多人少的困境，同时可以提高审判质效，保障审判标准的统一。

笔者认为，民事案件主要为因环境资源引发的各种民事诉讼，其中可以包括因环境污染引起的侵权纠纷、合同纠纷、债权纠纷、保全纠纷等，以及重大环境污染企业的破产纠纷、涉环境污染的民事公益诉讼等案件的一审可以由基层铁路运输法院进行管辖，但不能违反专门管辖与级别管辖的相关规定。

刑事案件主要为因破坏环境资源、环境污染引发的各类刑事案件，其中可以包括涉嫌构成环境污染罪、非法经营罪、投放危险物质罪、大气环境污染犯罪等案件的一审可以由铁路运输法院管辖，但不能违反专门管辖与级别管辖的相关规定。

对于行政案件受理，可以考虑管辖本市辖区内的一审环境资源案件，具体包括涉及环境资源领域的行政许可、行政处罚、行政复议、行政强制、非诉强制执行等案件的一审由铁路运输法院管辖，但不能违反专门管辖与级别管辖的相关规定。

2. 铁路运输中院审理环境污染上诉案件

铁路运输中级法院主要审理属于针对铁路运输基层法院审理的一审环境资源类案件提起上诉的二审案件。

民事案件可以包括，涉及环境污染争议标的超过 50 亿元以下的；涉案财产涉及重大民生、公众利益的公益诉讼案件；环境污染的后果跨区划的；省高级人民法院指定管辖的一审环境资源民事案件等可以由铁路运输中级法院管辖。

刑事案件可以包括跨环渤海经济区的重特大环境污染刑事案件；环境污染类犯罪可能判处25年有期徒刑以上；省高级人民法院指定管辖的一审环境资源刑事案件等可以由铁路运输中级法院管辖。

行政案件可以包括本市辖区内的重大、负责一审环境资源的行政案件；影响较大、涉及重大民事权益的环境公益诉讼案件；省高级人民法院指定管辖的一审环境资源行政案件等可以由铁路运输中级法院进行管辖。

（三）构建以专门审判庭为核心的环境污染纠纷解决机制

1. 专门环境审判庭的设立

（1）队伍建设

在各基层法院具有环境审判经验的优秀法官中抽调专业骨干力量，集中至铁路运输法院任职，新增环境审判庭专业处理环境类案件，组织专业的专家知识人进行专业知识培训，保障审判队伍的专业化与稳定性。与此同时，在院内保障专业环境案件审判队伍的案件集中审理和裁量标准统一，在集中管辖案件审理的过程中，要注意司法审判能力的提升，同时兼顾保障审判人员审判能力与身体健康，在完成案件审判的过程中，培养一支政治站位高，专业能力高，业务素质强，学术水平高的高素质专业化法官队伍。

实践中，地方省市已经开始着手探索设立专门的环境审判庭。譬如，贵州省在全国法院系统中率先建成“145”环境资源案件审判的格局，即1个省法院生态环境保护审判庭，4个中院生态环境审判庭，5个基层法院生态环境审判庭。①

（2）组织建设

就目前情况分析，就铁路运输法院的级别定位而言，存在级别与规格低于同级普通法院的现象。如果对环境污染类案件进行集中管辖，应当将铁路运输法院的级别、职能、编制与同级法院保持一致，只有这样才能保障案件审理的公正性，实现案件审理去地方行政干预，同时更具有吸纳专业人才的能力，为铁路运输法院专业化提供组织、人才保障。

（3）保障建设

实施集中管辖应当保障人、财、物在改革中平衡，防止出现事权与财权

---

① 刘莉、焦琰：《环境司法中利益衡量的规范化进路——以中国特色案例指导制度为基点》，载《甘肃政法学院学报》2016年第4期。

的失衡，保障人民法院在审理环境纠纷案件上具有相应的财权保障，争取地方配合，同时为巡回办案提供充足物质保障，增加办案经费，提供必要办案场所，保障交通工具充足，将人、财、物向铁路运输法院适当倾斜。

2. 建立相关配套机制

（1）设立专业陪审员制度

针对环境资源类案件的审理，人民法院可以充分将人民陪审员吸纳进环境资源类案件的审理程序中，探索建立专业化学、环境学背景的人民陪审员制度，从具有专业知识的人中挑选陪审员，以专业的角度帮助裁判者在具体案件判断中增加专业知识，科学裁判。

（2）建立评估环境致损制度

由于环境监测报告或者检查报告是人民法院审理的重要依据，以成本—效益为理论基础的环境评估核算理论体系认为，环境的总体价值包括使用价值与非使用价值，通过完善鉴定评估标准，建立评估环境致损制度，进行合理公正环境损害评估。

（3）设立鉴定意见质询制度

庭审中对于鉴定意见与监测报告允许当事人提出异议，并且说明理由与依据，必要时可以申请鉴定人出庭接受质询，这样可以更好的查清案件事实，确定责任分配，为后续的审理工作奠定基础。

五、结语

环渤海区域协同发展促成生态环境保护协同司法，而生态环境保护协同司法要求对于跨行政区划的环境污染类案件实行集中管辖。集中管辖的主要动因是环境司法去地方保护主义和对生态环境实行整体保护的需要，同时实现环境司法专门化。因此，可以尝试依托在环渤海区域内的铁路运输法院，专门管辖环渤海区域内的生态环境保护案件，以回应环渤海区域生态环境保护协同司法的需求。进而通过修改程序法律、制定和完善实体法律，以及采取针对性的措施来解决铁路运输法院开展集中管辖中面临的障碍，为环渤海区域协同环境司法提供组织与制度保障。

环渤海经济区司法裁量标准化的路径探索

——以建立类案检索报告制度为视角

王同鑫　王　嘉

环渤海区域作为我国重要的经济带之一，有着重要的地位和作用。特别是近年来以京津冀一体化为中心，不断放大其辐射带动作用，环渤海区域逐渐成为我国北方最具活力和潜力的区域。经济的协同发展离不开司法协同治理，目前，环渤海经济区通过举办联席会议、开展协作执行等途径促进司法的协同实践。但是司法的裁量标准还不统一，如何实现区域法院裁判尺度的统一，是环渤海经济区发展过程中面临的重要问题。

一、样本分析：司法裁量标准的现实考察

（一）特征现状——“同案不同判”仍旧存在

司法实践中，审判结果是审判人员将一般法律规定和司法解释适用于具体案件中最直接的呈现，亦是群众对“同案同判”最直观的审查。诚然，绝对的“同案同判”只是一个虚构的法治神话，[①] 也并非值得追求。但是，“同案不同判”现象严重，必将是对司法公信力赤裸裸的拷问。为此，我们必须对同案不同判的现象进行检视。鉴于目前环渤海经济区域司法案例数量庞大，笔者抽取几类涉及民事、刑事和行政较为典型的案件，通过中国裁判文书网查询裁判文书，并对案件争议焦点和结论进行梳理，发现“同案不同判”的现象非常明显（见表1）。

---

① 周少华：《同案同判：一个虚构的法治神话》，载《法学》2015年第11期。

表1 “同案不同判”案例样本分析

案情简介	争议焦点	结论
案例一：借贷合同案件 A公司、B公司和C银行签订了借款合同和保证合同。后A公司的法定代表人甲涉嫌骗取了C银行的贷款，公安机关对甲进行立案侦查	争点：刑民交叉问题，是否等刑事案件结束后再进行本案的审理	结论一：甲因被公安机关侦查讯问，尚未侦查完毕，侦查结果将影响A、B和C应承担责任的刑事和内容，根据法释〔1998〕7号第11条的规定，裁定驳回起诉
		结论二：依照法释〔1998〕7号第1条的规定，同一公民、法人或其他经济组织因不同的法律事实，分别涉及经济纠纷和经济犯罪嫌疑的，经济纠纷案件和经济犯罪嫌疑案件应当分开审理。本案借款主体为A公司、侦查对象为甲，两者责任主体不同，且甲和A公司涉嫌骗贷事实未经生效刑事判决认定，依照合同法规定，在C银行不申请撤销的情况下，借款合同和保证合同有效
案例二：克隆卡纠纷案件 甲在乙银行办理借记卡一张，后甲收到其借记卡内的存款被刷取的短信提醒，甲报警之后经公安机关侦破，发现甲的银行卡被犯罪分子通过安装自助银行门禁上的读卡器和自主取款机上的摄像头取得其借记卡信息并复制出克隆卡，进行了取款消费	争点：持卡人和银行承担责任问题	结论一：银行未履行其应尽的安全、保密义务，对此银行应当承担全部赔偿责任
		结论二：持卡人在卡离身的情况下，卡内存款被盗刷，银行负有过错责任；持卡人未能举证证明已尽到妥善保管密码的义务，应承担相应的责任，因此双方应各自承担50%的责任
案例三：公房分户申请案件 原告侯某甲的母亲宋某承租a号和b号供方。宋某去世之后，原告居住在a号公房，原告姐姐侯某乙住在b号，之后侯某乙将公房变更到自己名下，原告向公房管理机关提出分户申请，被拒绝	争点：分户申请是否属于行政诉讼受案范围	结论一：不属于行政诉讼受案范围
		结论二：本案属于行政诉讼受案范围，原告要求对分户申请作出答复，实质是认为其符合直管公房租赁变更条件，要求政府履行变更的职责，具有行政管理性质

类似案件并未得到类似处理的情况存在于民事、刑事和行政领域。笔者根据上述三类案件，并结合现有的理论研究成果，[①] 发现对于法律条文清晰简单的案件，裁判结果往往趋于一致，而“同案不同判”的案件往往具有以下特点：

1. 现有法律条文模糊、不确定性大，造成审判人员理解适用不同。诸如在第 18 号指导性案例[②]中，最高人民法院对“不能胜任工作”的标准进行了具体化阐述。《劳动合同法》对其作了原则性的规定，对其具体情形没有细化，故“不能胜任工作”的具体情形极易成为诉讼争点。

2. 环渤海经济区各地法院司法文件存在不一致，审判人员裁判思路不统一。表 1 中的案例一和案例二焦点均涉及民事和刑事领域的交叉，不同领域的审判人员适用法律规范必然有所倾向。

3. 法律规范存在缺失和空白，审判人员把握尺度不统一。由表 1 中的案例三可以看出，对于涉及直管公房案件存在民行交叉的问题，哪些情形纳入行政诉讼范围不够细化，由于法学理论基础、知识层次和审判经验等因素的影响，审判人员对于此类问题的理解存在个体差异。

上述存在“同案不同判”现象的案件的共同特点为法律规范即审判思维中的大前提存在或多或少不完善的地方。除却法官个体化差异，就其结果而言，上述案件还存在审判法官未进行类案比对的特点。表 1 中的案例三在案件被上级法院发回重审后，同一法院的法官又作出了公房分户申请不属于行政诉讼受案范围的裁定。由此可以看出审判人员习惯于通过自己的审判经验对案件进行审理，即便在本级法院已作出类似裁判，法官亦没有进行检索参考。若对该类案件进行检索，则会因两案案情基本相似，得到相类似的结果（见图 1）。审判人员类案检索思维的缺少，在一定程度上造成类似案件没有得到类似处理的现象。

---

① 相关理论研究成果参见崔剑平：《同案不同判原因及对策研究》，载《东方法学》2012 年第 4 期；雷小云：《论同案不同判的成因及其对策》，载《法制与社会》2012 年第 28 期；曹磊：《影响裁判结果的法官个人因素研究》，载《法律方法》2015 年第 2 期。

② 《指导案例 18 号　中兴通讯（杭州）有限责任公司诉王鹏劳动合同纠纷案》，载中国法院网：https：chinacourt. org/orticle/detail/2013/11/id/1150422. shtml.，最后访问日期：2018 年 5 月 23 日。

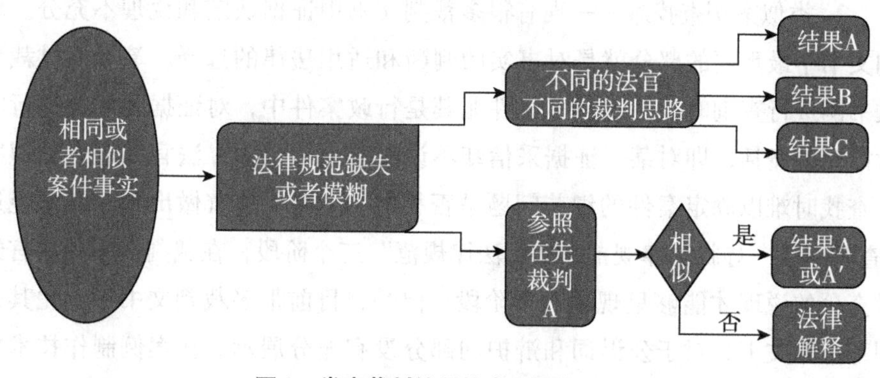

图1 类案裁判结果约束力思维导图

（二）同案不同判困局——类案思维适用难题

同类案件的在先裁判已经公布很久，裁判者在遇到类似案件时，依旧依据自己的见解进行处理，未能形成与在先裁判类似的处理意见，不同的裁判结果源于某个具体问题上的意见分歧，亦因在先裁判对后案没有形成有效约束，导致裁判尺度的统一遇到现实的困境。

1. 在先裁判效力认定难——指导性案例效力语焉不详。《最高人民法院关于案例指导工作的规定》（法发〔2010〕51号）第7条规定，“最高人民法院发布的指导性案例，各级人民法院审判类似案例时应当参照。”截至目前，最高人民法院共发布92件指导性案例，其数量少，适用范围窄，缺乏针对性、指导性，导致“审判实践中，对于指导性案例的援引，无论是显性参照还是隐性参照，均显得力有不逮”。[①] 作为成文法国家，我国《立法法》中没有关于指导性案例作为法律渊源效力的规定，因此，审判人员不太可能在裁判中直接引用在先裁判。这也是指导性案例颁布之后，通过关键词查询裁判文书，搜索到较少援引指导性案例的裁判文书的原因。但并不排除审判人员在个案中的说理部分或者审理案件时参考指导性案例的裁判思路，即所谓的隐性援引。正因如此，案例的效力不明致使案例指导的功能难以有效发挥，从司法实践和理论调研来看，无论指导性案例被遵守或是不被遵守，都是正常的和难以预料的，其间充满了偶然性。

① 赖江林、李丽丽：《类案识别：指导性案例适用技术的检视与完善——基于最高人法院52件指导性案例适用现状的实证分析 》，载贺荣主编：《尊重司法规律与刑事法律适用研究（上）——全国法院第27届学术讨论会获奖论文集》，人民法院出版社2016年版。

2. 类似案例查找难——现有很多裁判文书中证据认定和说理不充分。裁判文书中最重要的部分就是对事实的判断和适用法律的选择。笔者通过裁判文书网进行查询时，发现很多案件尤其是行政案件中，对证据的认定进行非常简要的概括，即对某一证据采信却不说明采信的理由，法官在进行类似案件查找时难以确定案件的细节问题是否相似。同时，法官做出判断需要经过"查明事实—寻找法律规范—适用法律规范"三个阶段，在裁判文书中法官经过充分的说理才能够呈现这三个阶段。但是，目前很多裁判文书中，尤其是刑事裁判文书，对于公诉词和辩护词部分没有充分展示。在案例制作技术方面还存在很多欠缺，在裁判文书的表达中，案例要旨及案例要件不明确的情况还非常常见，这势必增加检索类案案件的难度。

3. 审理时间要求难——案件受理数量限制了法官寻找辅助途径的空间。我国的案件受理量已经达到了一个惊人的数量。仅2017年上半年全国法院受理案件就突破了1400万件，而截至2018年第一季度，我国法院共有12.26万名员额法官。案件数量不断增长的同时，法官数量却没有增加，这意味着每名员额法官人均受理案件数量达到120件左右。另有法官统计了以判决结案案件所需的耗费时长，一般来说，建议程序需要耗费13小时，而普通程序则需耗费约20.75小时。许多基层审判人员平均每年工作300天以上，而一年的工作日也才200多天。① 庞大的案件受理数量，限制了法官在每一个案件上面所花费的时间是有限的，对于有着丰富审判经验的法官来讲，熟练运用自己熟悉的"三段论"进行断案，更符合案多人少的司法环境。

二、困境之因——类案思维适用难之原因探寻

普通法系国家将判例法作为主要的法律渊源，判例的主要运用方式则是"遵循先例"。遵循先例是随着英国普通法的形成而确立的，随着判例制度报告制度的完善得到强化。② 我国指导性案例制度发布多年，针对指导性案例遵循的配套机制却没有建立。类案检索报告制度的"遇冷"存在以下几方面原因。

---

① 律事通：《统一裁判尺度：司法是否会成为橡皮图章?》，载搜狐网：http：//www. sohu. com/a/163751866_ 268525，最后访问日期：2019年5月24日。

② 参见梁迎修：《判例法的逻辑——兼论我国案例指导制度的构建》，载葛洪义主编：《法律方法与法律思维》（第4辑）法律出版社2007年版。

（一）先例约束之局限——类案检索制度并非强制性要求

作为制定法国家，我国理论界基本的共识是，“案例指导制度作为中国特色的司法判例制度，其目的应是统一法律适用，实现同案同判，本质上是一种法律‘解释’而非‘法官造法’。”① 正因如此，即便最高人民法院发布的指导性案例，也仅仅定位于“案例”，而不是“判例”，即指导性案例并不是我国的法律渊源，没有直接的法律效力，法官在审判案件中是否引用指导性案例作为个案的依据，完全取决于法官的自由，这也是我们难以直接通过指导性案例的序号、要旨等为关键词搜到相似案件的原因，实践中更多的是隐性的引用，或者遵循指导性案例中的裁判思路。指导性案例亦仅仅强调的是“从审判管理和司法方法角度给法官增加一种对‘指导性案例’的强制性注意义务，再绕道通过法定规则（如依法定程序改判）对不遵守《公报》案例强制力的事实惩戒”。②

即便指导性案例为司法实践中审判人员处理相同或者相似案件提供了分析问题的思考模式和解决问题的具体方法，但是我国每年受理的案件数量如此之庞大，仅凭目前的92件指导性案例并不能对全国的案件审判形成有效的约束。最高人民法院已经注意到这个问题，并且在2017年7月31日发布的《最高人民法院司法责任制实施意见（试行）》第39条中规定，“承办法官在审理案件时，均应依托办案平台、档案系统、中国裁判文书网、法信、智审等，对本院已审结或正在审理的类案和关联案件进行全面检索，制作类案与关联案件检索报告”。然而，该试行意见强制力欠缺，在笔者调研的过程中，发现很多法官甚至不知道此试行意见的发布。以指导性案例为主，以类案检索报告制度为辅的一项制度，在没有强制力保障的情况下，要么是无法建立，要么是建立后形同虚设，无法有效运行。

（二）法官审判知识之差异——法官个体化差异影响在先裁判的说服力

作为成文法的国家，立法者将法律关系抽象化为法律规范，形成对人们的约束。第一，成文法本身具有滞后性，不能对所有的法律关系进行调整，

---

① 张伯晋：《案例指导制度不是判例法》，载《检察日报》2011年9月29日，第3版。

② 陈灿平：《案例指导制度中操作性难点问题探讨》，载《法学杂志》2006年第3期。

正如几十年前无法预测“虚拟财产”能够作为一种财产权受到保护。因此，随着社会的不断发展变化，必然会存在法律规则所不能进行约束的地带。第二，语言具有模糊性，尤其是汉语，一个词语可能包含不同的意象。如果法律规定的词语是清晰明确的，则可以通过涵摄的方法在法律规范和法律事实之间进行对应。然而，法律语言一旦晦涩模糊，就有可能导致语义的不确定性，在进行法律解释时，就会出现争议，亦有可能导致出现疑难案件或者争议案件。第三，“上颁下效”的知识化管理机构，导致司法实践中经验均是从法院系统的上层向下层传承，缺少平级法院之间知识的共享和交流。法律的滞后性、语言的模糊性和法官之间的知识差异，导致法官对于同样的案件，会根据自己的思维习惯和方法，遵循固有的经验，选取案件的不同事实或者法律关系作为审理的切入点，从而导致最终的认识或者结论存在差异。

（三）类案检索技术阙如难以应用

我国受苏联立法以及大陆法系的影响，审理案件主要依据演绎推理，即“三段论”。与我国目前大量的司法案例以及案例遴选（包括指导性案例、公报案例等）工作机制的建立形成反差的是，案例识别技术的阙如和相关运行保障机制的缺失。而普通法系得益于判例法优势，通过“遵循先例”的方法，对以后的案件形成有效的约束，这是实践经验所推进的结果。《〈最高人民法院关于案例指导工作的规定〉实施细则》中对指导性案例提出了具体的适用要求，但是对指导性案例在实践中的识别技术并没有作出回应。类案的定位以及识别技术对于判例法传统的国家是必备的技能。我国目前的法学教育更能注重的是学生的研究能力，相对轻视应用能力，而司法审判恰恰是一门实践和经验的艺术，除了要求法官具有深厚的法学功底和理论知识之外，更多地需要法官将法律知识运用于实际纠纷的解决中。缺乏类案识别的培训导致一线法官尤其是司法经验丰富的审判人员在审理案件的过程中，习惯于运用“三段论”的推理方式，得出最后的结论。

三、通过类案思维统一裁判尺度建设的两种思路

减少法官个体化差异对裁判尺度统一的影响，关键还在于提高法官专业化程度，形成与国情相适应的法官群体裁判思维模式，通过理论和技能化的

训练，形成一套适合审判要求的严谨规范统一的司法裁判方法。在这种情况下，对于裁判统一的解决之道总体有两种办法。

一种方法是通过建构制度“强力”推进。一方面，通过进一步完善司法解释，对案件审理过程中适用的疑难问题和模糊问题形成统一的裁判规则。例如《最高人民法院关于适用〈中华人民共和国行政诉讼法〉的解释》第133条对复议机关决定维持原行政行为的情况进行了确定。再如，该解释第162条规定，“公民、法人或者其他组织对2015年5月1日之前作出的行政行为提起诉讼，请求确认行政行为无效的，人民法院不予立案”。至于这种判断基于什么样的法律基础（如2015年5月1日之前是不是不存在无效行政行为的概念），法官无须再次进行讨论，只要按照“三段论”的思维模式进行套用即可，如果该行为是2015年5月1日以前发生的，直接可以不予立案。另一方面，通过发布指导性案例，要求地方法院“应当参照执行”，且地方法院无权发布指导性案例。在指导性案例的发布过程中，最高人民法院不仅需要考虑案件的法律适用问题，而且需要考虑案件可能涉及的“政治”风险，因此，目前最高人民法院所发布的刑事案例指导，要么是重申公共议题、公共政策，要么与过去的司法解释完全重复，① 其所发挥的功能的局限性由此可见。

另一种方法是由下及上的自发统一。正如普通法系所形成的判例法制度，“法律的生命在于经验，不在于逻辑”。随着法学教育和司法实践的不断发展，通过实务中的案例去发现或者提炼判例，促使法官逐渐去遵循。这种观点需要借助于法学教育、法学期刊等的逐渐发展，这不仅不是法院系统的控制范围，而且对于整个国家来讲，也难以通过系统化、组织化的改造在短期内推进。最高人民法院希望通过指导性案例制度，引导指导性案件在司法实践中被遵循，形成实质上的约束力。亦是寄希望于通过制度的建设引导审判人员在遇到某个或者某些同序列的判决事实能够被自发地遵循指导性案例，统一裁判尺度，实现形式上的正义。

很多社会秩序、社会共识、社会发展力量都是自生、自发形成的，上述两种思路展现了在司法改革之中的中国，想要在中短期内实现裁判尺度的统一具有很大的压力，一味地激进推进或者保守地静待发展都不符合目前我国司法的形势。在现有法律规范的指引下，结合区域法院的法律背景和经济发

① 周光权：《刑事案例指导制度：难题与前景》，载《中外法学》2013年第3期。

展的共性，依托指导性案例制度，探索建立新机制，弥补当前类案检索中的不足，具有更开阔的前景，这也是未来中国指导性案例制度发展的基本思路。

四、类案审理的逻辑思维：演绎推理和类比推理的融合交替

如前所述，演绎推理中适用前提的不完善——法律漏洞，导致了“同案不同判”现象的出现。法律漏洞可以分为“条文表述型漏洞”和“评价欠缺型漏洞”，前者系法律条文在具体内容方面出现了漏洞，可以通过法律解释的方法进行填补。后者是法律条文的规定宽严失禁，这种漏洞违背了“同案同判”的形式正义原则，因此应引入类比推理这个以内容评价为基础的一般化命题，在法律已规范的情形与未作出规定的情形之间进行权衡和比较，以作出是平等对待还是区别对待的决定。① 我国作为成文法国家，完全实行判例制度不具有基础，其成本也过于高昂，建立基于规则的类比推理逻辑，是类案检索的应有之义。（见图2）

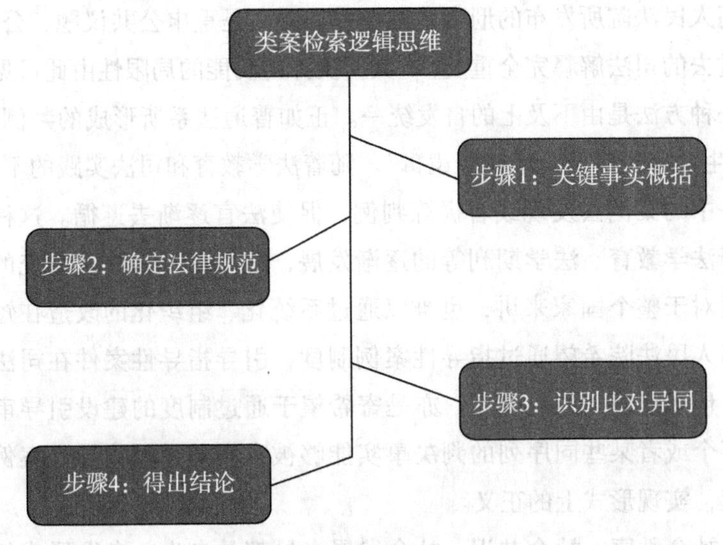

图2 案件审理思维顺序图

① ［德］齐佩利乌斯：《法学方法论》，金振豹译，法律出版社2009年版，第92～99页。

（一）小前提——基本事实部分

类比推理的前提是存有先例。案例的内部结构主要是由案件事实和判决理由两部分构成。第一部分是案件事实，该部分是对于判决案件事实的摘要性说明，是一种对案件发生的背景、经过以及争议的描述。案件事实的意义在于揭示案件的核心争议和属性，对其归纳是否准确将直接影响案件的相似性。第二部分是判决理由，该部分是案件的精华所在，也是体现法官伦理表达和逻辑思维的部分。通过对裁判文书内部结构的划分，可以看到案例在内部构造上有两个层次，其中，案件事实部分是争议案件或者待决案件据以比较的基点，由此才能展开“区分技术”和“判断相似性”。欲厘清当事人的案件所涉及的事实问题，需要审判人员对案件事实进行快速、全面的总结。

（二）大前提——法律规范部分

法律规范是据以作出裁判的依据，建立基于规则的类比推理不能脱离大前提部分。法律规范调整的对象是特定的法律关系、法律主体等，亦是当事人提起诉讼的请求权基础。诸如在民事领域，请求确认物权（包括所有权、用益物权、担保物权等物权）的请求权基础规范便是《物权法》第33条以及具体物权种类相对应的条文，如请求确认抵押权，还应当包括《物权法》第187条或第188条等条文。通过明确请求权基础规范，可以进一步对案件进行识别的关键点进行确定，从而在检索和对比的过程中做到更加详尽。

（三）识别比对——类比推理的介入

确定案件事实和法律规范之后，就需要对案件进行识别比对，如何能够找到两个案件在实质方面的相似性，一直是困扰着理论界和实务界的一个难题。陈景辉教授认为一个好的类比推理应当同时具备两个条件：一是要尽可能多地列举符合条件的相关相似性特征；二是在比较的过程中能够以绝对的优势性有效地压倒不同点。① 笔者认为，可以在此基础上，将两案件的关键事实的特征进行列举，概括出相同的事实和不同的事实，然后比较相同点和不同点哪个更重要。如果案件的相同点更加重要，则可以参照在先的裁判；如

---

① 陈景辉：《规则的扩张：类比推理的结构与正当化》，载郑永流主编：《法哲学与法社会学论丛》（2010年第1期 总第15期），北京大学出版社2010年版。

果不同点对这个案件具有重要意义，那么这种不同点应当不能消除，法官需要放弃这个在先裁判，转而寻找其他在先裁判进行比对。经过一系列综合考虑，并依上述步骤的分析修正初步确立的参照案例的规则，也即初步确立的裁判要点的含义，逐步确定类似案件（见图3）。

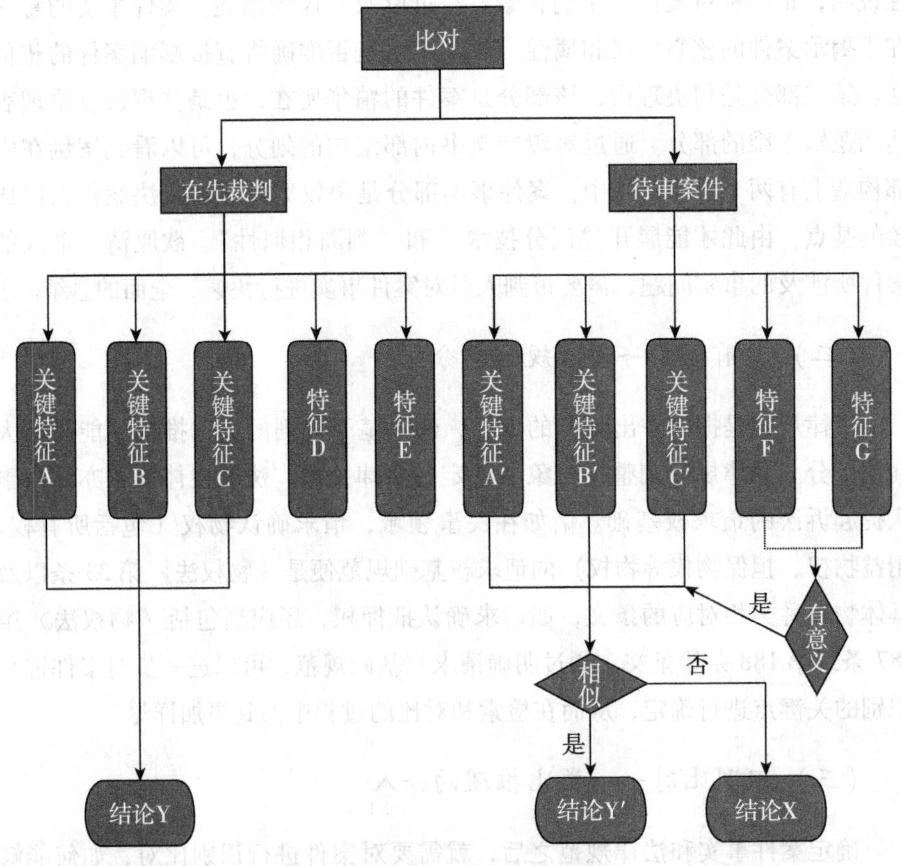

图3 案件事实识别比对图

五、机制完善：类案检索机制之制度建构

（一）确立司法裁量标准化的种类和内容

环渤海经济区并非一个单纯的省市行政区划，而是在三省两市共同协作下成立的经济区，在实现类案检索机制的同时，必须考虑各地的地方特色，兼顾五个地区不同的经济发展程序、文化背景、民俗习惯等因素，筛选出可

以确定共同司法裁量标准的案件。同时环渤海经济区高级人民法院之间要成立联系组织，在五个地区进行实地考察、调研工作，充分运用信息化大数据下的网络会议、论坛争鸣、座谈交流等多种方式开展逐一研讨，[①] 初步确立环渤海经济区具有共性的案件裁量标准。

（二）纵向制度完善——在本级法院建立以法官会议类案纪要为基础，以法官为发展的类案检索报告制度

制定一套可在环渤海经济区共同应用的实体性司法裁量标准是最终目标，初期需要五个地区在原有制度框架下不断完善司裁判思路，形成可以复制的统一的司法裁量标准。纵向上构建以类案会议纪要为主，以审判人员对新类型案件类案检索报告制度为补充，在本级法院的通力合作下形成类案检索报告的雏形。

1. 发挥法官会议的专业能力，形成类案纪要

无论是由最高人民法院制定司法解释，发布座谈会纪要、大法官会议决议，还是制作指导性案例，对每年数以百万计的案件处理和法律适用而言都是杯水车薪，也是治标不治本的指导方式。就基层法院而言，最高人民法院很少会直接提审基层法院的案件，只有充分利用上级法院对基层法院的监督能力和发挥基层法官的主观作用，才能够合理地解释法律和适用法律。整合目前指导性案例的“个案指导”方式，在目前法院建立专业法官会议的基础上，由基层法院法官会议对本级法院的案件，讨论一批性质相同的案件，形成法官会议纪要，供本级法院审判人员参考。举例来讲，行政诉讼中行政机关履责类案件存在共通性，针对履责类案件中的某一突出问题，进行类型化的讨论，提出需要解决的问题，形成针对类案的“裁判要旨”，并附有类案的案情介绍和裁判文书。对于“法官会议纪要”所形成的裁判要旨，要求本级法院法官“参照执行”，本级法院审判人员在司法实务中一定会将其视作便利裁判的工具而参照适用。此种方式既能够将法院先前判决的做法予以明确，对本级法院中法官存有冲突的领域予以确定，亦能够将本级法院的司法经验通过纪要的形式进行传承。

---

① 天津市第二中级人民法院课题组：《京津冀区域司法裁量标准化的路径探索——以天津法院的司法实践为样本》，载《天津法学》2018 年第 1 期。

2. 繁简分流，形成新类型案例检索报告

从我国的司法实践来看，不分繁简地对所有审理案件形成类案检索报告或者背离类案的报告必将越来越多的占据审判人员本就宝贵的审理时间。审判人员在审判过程中，对能够纳入类案纪要的案件，可直接借此进行参考，并将其入卷。在遇到新类型、新疑难案件时，审判人员首先对待审理的案件的关键事实进行概括和总结，然后确定检索词和检索问题，类案检索过程中对检索词和检索问题的确定是十分重要的内容。检索词和检索问题的准确拟定能够提高检索效率，亦能够提高得出结论的准确性。选择案例数据库对类案进行筛选之后，运用逻辑的思维进行类案的比对和区别，找出可以参考的在先裁判，形成新类型案例检索报告。在审判人员检索类案的过程中，在先裁判所形成的裁判要旨或多或少地对法官产生一定程度的约束力。

3. 确立背离在先裁判的汇报制度

审判人员在办理新类型、疑难案件中，认为待审案件与在先裁判冲突或者能够形成新的裁判尺度的，应当向审判委员会汇报，或者通过法官会议进行讨论决定。通过审判委员会和专业法官会议进行书面法律审，对待审案件是否有违在先裁判确定的规则进行判断。

建立“法官会议纪要—新类型案件检索报告—法官会议（审判委员会）”讨论的纵向制度既能够发挥审判委员会和专业法官会议专业性的权威，又能够和原有的机制相融合，减少因为新制度的推行所花费更多的成本。

（三）横向制度完善——完善类案检索报告制度的保障

1. 规定建立类案检索报告入卷备案制度

建立入卷备案制度，其本质是促进审判人员类案思维的形成，并将其作为一种司法审判经验予以采用。由于包含指导性案例在内的案例特点，审判人员没有注意或者没有充分注意到案例中的有关规则或解释。但我国存在的审级特点亦决定了下级法院在作出裁判之前，必然会查阅上级法院的裁判观点，进行参阅和说理性的采纳，以避免其审理的案件被上级法院改判或者发回重审。有鉴于此，在本级法院有必要建立类案检索报告入卷和备案制度，其本身是在参考上级法院裁判的同时，对报告进行细化和完善的过程。建立制度性的规范，一方面肯定了类案检索报告入卷备案制度的约束力，另一方面能够对司法人员树立强制性的注意义务。

2. 将类案检索报告纳入审判人员考核机制

制度性的构建需要相关的配套机制的辅助。囿于我国案件数量庞大的局面，不宜强制性要求法官对每一个案件都要形成类案检索报告。将类案检索报告制度纳入法官考核机制，一方面，对能够制作类案检索报告的审判人员予以加分奖励，激励法官积极进行类案检索；另一方面，对案件数量和精品案件的奖励和惩戒进行均衡，对错案进行监督。原则上如果法官审理的案件已经有指导性案例或者上级法院的类似判决，而司法人员在办案过程中没有发现并参照，但处理的结果大致公正，与类案处理的方向是一致的，一般不承担责任。如果处理结果与类案明显偏离，失去了公正性，则属于错案追究的范围，审判人员应接受相应的惩戒。

3. 完善团队建设，合理分工

司法改革之后，法官进入员额制时代，法官助理作为未来法官的“蓄水池”对成为法官的渴求亦是非常旺盛。目前，法官助理和书记员的角色定位并不明确，团队工作中也常常出现和书记员交叉使用的现象。将法官助理放到合适的位置是需要进一步考虑的问题。鉴于基层法院案件繁多，法官审理时间压力大的情况，由法官助理进行类案的检索，一方面可以积累审判经验；另一方面可以对法律适用问题进行思考。同时，年轻法官和法官助理由于审判经验的缺乏，审理思路还未完全成型，逻辑思维亦没有完全固化，对其进行培训，并进行类案检索报告的制作，可谓是人尽其才。

4. 大数据平台之辅助

司法文书公开的大前提之下，利用法律数据库查找类案是最有效的手段。在美国，诸如 Westlaw、JustCite 等法律数据库都具有判例引证检索功能，可以直接对判例进行查找并对其有效性进行检验。① 甚至，在最高人民法院判决之后附有链接，对原判例作为先例的后续判决进行了列举。目前对我们国家来讲，通过类案的自动推送进行类案检索还远远不达标，许多核心的环节还需要司法审判人员进行人工操作。建立全国性的科学性的数据库，能够有效减轻司法审判人员在法律检索上的压力和负担，减少法官、法官助理大量不必要的时间和精力，推进司法人员将类案检索作为审理辅助手段。

---

① 参见胡晓凡、李红勃：《浅析英美判例法的检索方法——以“哥斯布赖瓦公寓大厦”案为例》，载《法律文献信息与研究》2014 年第 3 期。

六、结语

没有方法论的自觉和训练，的确也可凭借职权断案，但常断不明案，当事人难以服诉。这固然有时是判断者的价值观出了问题，却也大量表现为技艺不行。[①] 在指导性案例的基础上，赋与环渤海经济区法官类案检索的强制性要求，对尽快形成类案思维具有重要意义。尽管我国案多人少，法官压力巨大，但在法官会议原有职能的基础上，针对繁简不同的案件制作类案检索报告，在中短期内无疑是较好的方法论训练方法。

附件：

类案检索信息表

<table>
<tr><td colspan="5">类案案号：</td></tr>
<tr><td colspan="5">审理法院：</td></tr>
<tr><td colspan="5">文书来源：</td></tr>
<tr><td rowspan="13">类案比对</td><td colspan="2"></td><td>类案</td><td>待审案件</td></tr>
<tr><td colspan="2">案件名称</td><td></td><td></td></tr>
<tr><td colspan="2">案由</td><td></td><td></td></tr>
<tr><td colspan="2">裁判规范</td><td></td><td></td></tr>
<tr><td rowspan="2">当事人</td><td>原告</td><td></td><td></td></tr>
<tr><td>被告</td><td></td><td></td></tr>
<tr><td colspan="2">诉讼请求</td><td></td><td></td></tr>
<tr><td rowspan="3">案件事实相似点</td><td>相似 A</td><td></td><td></td></tr>
<tr><td>相似 B</td><td></td><td></td></tr>
<tr><td>……</td><td></td><td></td></tr>
<tr><td rowspan="3">案件事实不同点</td><td>不同点 a</td><td></td><td></td></tr>
<tr><td>不同点 b</td><td></td><td></td></tr>
<tr><td>……</td><td></td><td></td></tr>
<tr><td>参考裁判要点一</td><td colspan="4"></td></tr>
<tr><td>参考裁判要点二</td><td colspan="4"></td></tr>
</table>

① ［德］卡尔·恩吉施：《法律思维导论》，郑永流译，法律出版社2004年版，第284～285页。

协同治理视野下环渤海区域环境公益诉讼专家意见引入机制研究

朱 玲

环渤海区域作为我国重要的经济区，由于渤海的自净能力较差，加之地处温带气候区，人口稠密、排污量大，区域经济的高速发展带来了不可忽视的生态环境损害。近年来，我国加大了生态环境保护力度，表现在司法领域就是环境公益诉讼案件数量迅速增加。由于环境公益诉讼案情复杂，涉及生态环境方面的专门性问题认定的专业性极强，而给当事人举证质证、法庭调查乃至法官裁判带来重重阻碍。专门事实的认定，构成了法院正确适用法律和公正裁判的前提，具有极端重要性。法制协调是环渤海地区进行经济合作不可缺少的前提条件。因此，有必要在协同治理视野下，探索环渤海区域环境公益诉讼引入专家意见的机制，从专业知识领域协助法官认定案件事实，促进环境审判专业化的发展。

一、现实背景：环渤海区域环境公益诉讼专家意见引入机制的现状分析

在我国环境司法领域，专家意见是与专家辅助人相伴而生的法律术语。专家辅助人提供的专家意见，是针对环境司法中的地质土壤、生物科学、农业渔业等专业领域的事实争议做出的专业认定。[①] 环渤海区域环境资源领域专家意见引入司法的发展进程，亦可从法律法规的完善过程中窥见一二。为了能直观了解近年来环渤海区域环境公益诉讼中专家意见引入司法的立法进程，

---

① 吴凯敏：《环境诉讼引入专家意见的可行性考察》，载《人民法治》2015 年第 5 期。

作者梳理了关于专家意见相关的法律法规、司法解释和指导意见（见表 1）以供分析。

（一）数据考察：环渤海区域专家意见引入机制的实践适用样态

我国自从 2012 年《民事诉讼法》以“具有专门知识的人”来定义专家辅助人开始，便从法律层面认可了专家辅助人框架的成立。2015 年《最高人民法院关于审理环境民事公益诉讼案件适用法律若干问题的解释》正式认可了专家意见在环境司法中的效力。但遗憾的是，根据相关法律法规梳理，虽然目前法律规范具体涉及了专家意见的意见性质、适用范围，却并未提及专家辅助人的选任情况、权利义务、运行程序等具体操作。环境公益诉讼案件数量庞大、专业性强，专家辅助人参与其中极其重要，现有的立法规范并不能全面指导环境司法实践工作，制度内涵不明的旧问题依然得不到解决。具体引入机制的操作办法还需要后续进一步确定和完善。

表 1　法律法规中关于专家意见的条文梳理表

相关法律法规	涉及专家意见的主要条文	引入形式
2002 年《最高人民法院关于民事诉讼证据的若干规定》	第六十一条　当事人可以向人民法院申请由一至二名具有专门知识的人员出庭就案件的专门性问题进行说明。……具体专门知识的人员可以对鉴定人进行询问	经申请，以专家辅助人的身份出席案件庭审，协助查清技术事实
2010 年《最高人民法院关于人民陪审员参加审判活动若干问题的规定》	第五条　特殊案件需要具有特定专业知识的人民陪审员参加审判的，人民法院可以在具有相应专业知识的人民陪审员范围内随机抽取	由环境资源审判专家作为人民陪审员直接参与案件审理
2012 年《中华人民共和国民事诉讼法》	第七十九条　当事人可以申请人民法院通知有专门知识的人出庭就鉴定人作出的鉴定意见或者专业问题提出意见	经申请，以专家辅助人的身份出席案件庭审，协助查清技术事实
2014 年《最高人民法院关于全面加强环境资源审判工作　为推进生态文明建设提供有力司法保障的意见》	20. 充分发挥专家在环境资源审判工作中的作用。建立环境资源审判专家库……对于符合条件的申请及时通知专家出庭就鉴定意见和专业问题提出意见	经申请，建立环境资源审判专家库

续表

相关法律法规	涉及专家意见的主要条文	引入形式
2015 年《最高人民法院关于审理环境民事公益诉讼案件适用法律若干问题的解释》	第二十三条　生态环境修复费用难以确定或者确定具体数额所需鉴定费用明显过高的，人民法院可以结合污染环境、破坏生态的范围……等因素，并可以参考负有环境保护监督管理职责部门的意见、专家意见等，予以合理确定	法院直接向环境资源专家咨询意见作为参考

从立法层面来看，虽然法律规范对具体引入机制的制定尚待明确，但在司法实践中，各级法院审理环境公益诉讼案件时对专家意见引入环境司法的具体机制作出有益的探索和地方创新。为了能从数据上直观分析专家意见在环渤海区域环境公益诉讼中的运行现状，作者检索了中国裁判文书网 2016 年 1 月至 2019 年 7 月环渤海七省市人民法院作出的 100 份环境公益诉讼民事判决书作为分析样本。[①]（见图 1）

本次统计分析，作者在筛选样本时将鉴定人意见从专家辅助人意见中予以剔除。因为目前对环境公益诉讼中专家意见的内涵界定，学术界尚且有不同的观点：一种观点认为，因为鉴定人出具鉴定意见同样要求依据专业知识，故专家意见应当然包含鉴定意见；另一种观点认为，鉴定人与专家辅助人在《民事诉讼法》不同法条中区别规定，故专家意见应只包含除鉴定人外的专家辅助人发表的意见。考虑到《民事诉讼法》规定专家辅助人在庭审中对鉴定人的鉴定意见可以当庭对质，具有监督作用，即专家意见与鉴定意见在性质上不完全相同，故作者在分析样本时将鉴定意见予以剔除。本文随机检索在中国裁判文书网 2016 年年初至 2019 年 7 月的环渤海七省市 100 件环境民事公益诉讼判决书，检索样本呈现地域分布广、具体案情表现多样的特点，样本容量也比较能反映近三年来专家意见引入机制在环渤海区域环境公益诉讼中的运行态势。

① 检索网站：中国裁判文书网：http：//wenshu. court. gov. cn，检索条件：民事案件；文书类型：判决书；地域：北京、天津、河北、山东、辽宁、山西、内蒙古；裁判年份：2016 年 1 日至 2019 年 7 月；案由：环境污染责任纠纷；最后访问日期：2019 年 7 月 6 日。

1. 专家辅助人受委托案件比例较低

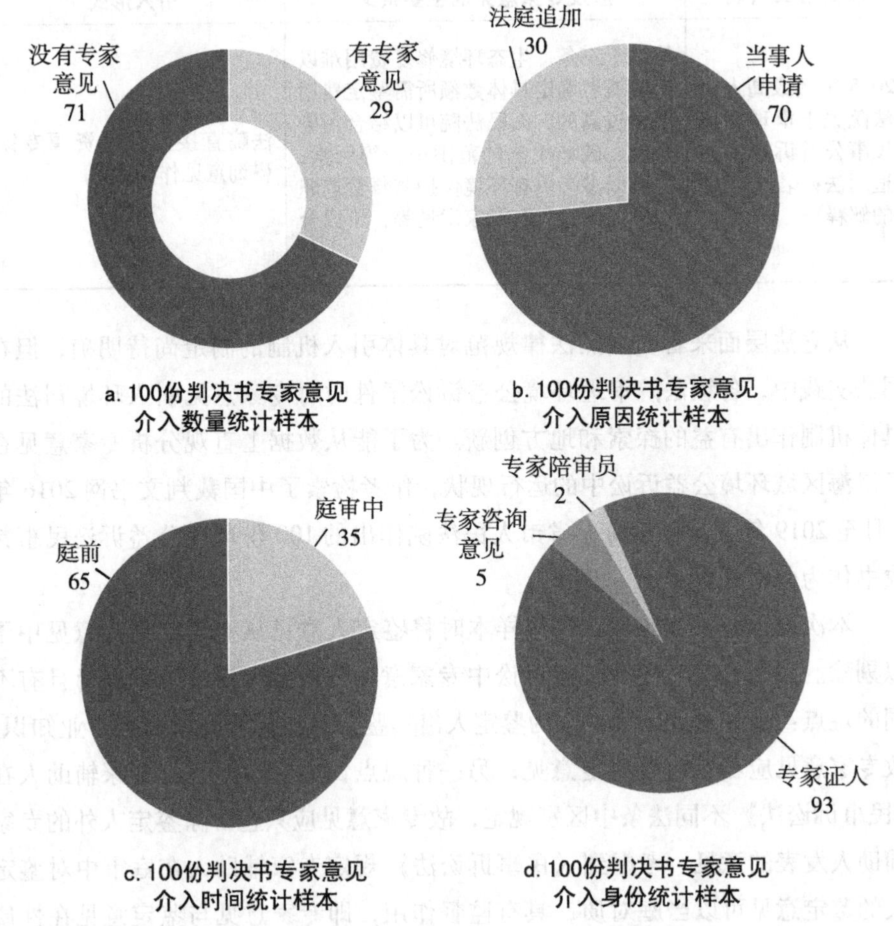

图1　100份判决书样本中专家意见介入特征分析

从样本统计看（见图1），环渤海区域环境公益案件委托专家辅助人的比例为29%（三成左右），与环境诉讼中鉴定意见的高应用率相比明显较低，专家意见引用率上升空间依然很大。鉴于专家意见对鉴定意见具有监督、辅助认证作用，按理来说环境资源诉讼委托专家辅助人的比例应该更高，加之环境资源案件中污染物认定、因果关系、损害赔偿、环境修复问题具有高度专业性，有时双方当事人各自委托鉴定，污染事实认定困难，鉴定人出庭说明的比率较低，法官对鉴定意见在专业性上的质疑需要专家辅助人来帮助解决，但经统计，现实中专家辅助人参与环境公益诉讼的比例仅为三成左右，目前的环境公益诉讼出现了环境资源专家“用人荒”“用人难”的困局。

2. 专家意见引入诉讼时间受到限制

现行《民事诉讼法》第79条规定："当事人可以申请人民法院通知有专门知识的人出庭，就鉴定人作出的鉴定意见或者专业问题提出意见。"该条文作为我国目前对诉讼活动中引入专家意见在法律位阶层面的专门规定，明确了专家辅助人经申请可以在开庭时当庭发表专业意见的权利；但第79条并未对庭前阶段专家辅助人能否参与诉讼、法院能否就环境公益诉讼复杂专业事实主动咨询专家辅助人的问题予以明确。

为了更直观地反映本区域环境公益诉讼中专家意见的引入时间，作者抽取了样本中不同省份具有代表性的六例案件，对专家参与诉讼的时间、参与方式进行对比以供分析（见表2）。关于环境公益诉讼中专家辅助人参与诉讼的时间，从本次样本统计结果来看，专家介入环境公益诉讼主要集中于庭前阶段（占比65%），反映出一些省份已经突破现有规定，在环境公益诉讼中作出有益的探索：一是在庭前阶段当事人经法院允许可以委托专家出具专业意见；二是法庭出于案件专业问题复杂性考虑，贯穿案件审理整个过程，主动咨询环境领域专家专业问题的情况。如果只允许专家辅助人在开庭时才能就鉴定人、评估人的报告进行质证，由于无法了解个案前期证据采集情况，诸如鉴定意见的材料来源、鉴定程序无从知晓，以至于当庭质证时无法对鉴定意见进行充分的询问和质证，作出有效的质疑，不利于专家辅助人效用的发挥。①

表2 不同省份环境民事公益诉讼类似案件审理情况对比

案号	省份	专家辅助人身份	参加条件	参加时间	参与内容	参考方式
（2017）鲁06民初8号	山东	山东省地质环境监测总站水工环高级工程师刘某	一方当事人委托	庭前出具咨询意见，出庭	生态损害修复费用	质证后采信
（2016）鲁72民初1319号	山东	中国海洋大学海洋环境污染专家	双方当事人委托	庭前出具咨询意见，出庭	污染行为与损害结果之间的因果关系认定	质证后不予采信

① 刘航琦：《环境司法中的专家辅助人制度研究》，重庆大学2018年硕士学位论文。

续表

案号	省份	专家辅助人身份	参加条件	参加时间	参与内容	参考方式
（2017）鲁民终1577号	山东	环保部门土壤污染专家	一方当事人委托	庭前出具咨询意见，未出庭	损害赔偿评估	质证后采信
（2015）一中民终字第02189号	北京	中国噪音污染专家	一方当事人委托	庭前出具咨询意见，出庭	对一审鉴定意见和本案的专业问题提出意见	质证后结合案情适用
（2018）冀民终758号	河北	大气污染专家	一方当事人委托	庭前出具咨询意见，未出庭	对脱硝脱硫除尘设备运行状况进行考查并提出建议	质证后采信
（2015）东环保民初字第1号	山东	法学专家意见	一方当事人委托	庭前出具咨询意见，未出庭	证明《固体废物属性鉴别报告》的检验过程和结论均存在疑问	部分采信

（二）机制反思：环渤海区域现行诉讼模式下引入专家意见的路径缺陷

环渤海区域现行环境诉讼审判模式下，环境专家意见表达的路径主要有三种模式：一是由当事人或法院委托专家辅助人出庭，当庭对鉴定意见、评估意见进行询问，并就专业事实回答法庭提问，这种模式又被称为专家证人模式；二是法官直接向环境审判专家库中相关专家咨询意见；三是聘请专家担任人民陪审员，参与合议庭审理。

1. 专家证人模式

案例1——姜某与康菲石油中国有限公司海上、通海水域污染损害责任纠纷案①：姜某主张沉潜油造成其养殖损害的主要依据是大连海事大学熊教授等人出具的《沉潜油模拟分析报告》及专家出庭意见，康菲公司提供了《沉潜油模拟分析报告审核意见》及专家出庭意见予以反驳。法院综合认

① 参见（2016）鲁72民初1319号判决书。

定姜某提供的专家意见不足以证明蓬莱 19－3 油田溢油形成的沉潜油上浮、漂移至姜某指称的养殖区域并造成其养殖损害。

《民事诉讼法》第79条对专家辅助人的制度设计，功能初衷是借鉴英美法系的专家证人模式，通过专家辅助人出庭对鉴定意见进行有效质证，避免因当事人及法庭由于缺乏专门性知识而导致的鉴定意见的真实性风险。实践中，专家证人模式确实起到了一定的监督和避免鉴定人滥用鉴定意见干扰公正裁判的作用，有利于裁判者更好地处理专业事实、审慎作出裁判。

但专家证人模式将专家意见引入时间受限于庭审阶段，可能会使专家辅助人在环境公益诉讼中的专业辅助作用大打折扣。在环境资源诉讼中，由于环境污染具有流动性、可变性、损害原因复杂性，伴随气候变化、人类活动和时间推移，污染物损害范围、污染严重程度、因果关系等都容易发生变动，证据不易采集和固定，同时导致评估、鉴定的难度都不小。如果只允许专家辅助人在开庭时才能就鉴定人、评估人的报告进行质证，由于无法了解个案前期证据采集情况，诸如鉴定材料、实验数据和实验设备难以知晓，且我国鉴定人出庭率本身不高，[①] 以至于当庭质证时难以对鉴定意见进行充分的询问和质证，作出有效的质疑，不利于专家辅助人效用的发挥。为把握专家意见引入环境诉讼的最佳时机，不宜对专家辅助人的介入时间作严格的限制，当事人在诉讼初期如果能获得及时有效的专家帮助，更有利于为诉讼后期法官对事实问题的判断工作。

2. 建立环境专家库，个案直接咨询专家意见

案例 2——山东省环境保护厅与山东金诚重油化工有限公司等土壤污染责任纠纷案[②]：法院针对本案事实所涉及的专业问题，聘请了三位咨询专家，三位咨询专家在参加庭审后，为本院出具一份《损害赔偿责任分担的专家咨询意见》，从专家辅助人及咨询专家的意见可见，《环境损害评估报告》采用虚拟成本法计算修复费用是国内外通行的做法和一般惯例，故对该《环境损害评估报告》法院予以采信。

近年来，包括环渤海区域在内的地方各省开始探索建立了一批环境资源

① 王兴利等：《环境损害鉴定评估领域难点探讨》，载《中国环境管理》2019年第2期。
② 参见（2017）鲁01民初1467号判决书。

技术咨询专家库。2015年5月，我国成立了最高人民法院环境资源司法研究中心，并任命了40多名环境资源技术顾问。2016年1月，司法部和环保部发布《环境损害司法鉴定机构登记评审专家库管理办法》，并主张建立环境损害评估和鉴定专家数据库。事实上，许多地方法院在此之前已经建立了技术专家名录，并开展由审判人员针对个案直接咨询委托专家的实践。这种专家意见引入方式以法官为导向，由法官启动、以案件审理需要为前提，由法官启动，具有咨询方式机动灵活、咨询时间不受庭审限制、咨询内容范围广泛和咨询流程简便易行等优点，从而受到青睐。但是，在方便和高效的同时，这种专家意见引入方式由于缺少程序监督保障，且适用的法律依据不足，容易使当事人质疑咨询专家出具的意见的可靠性，也难免造成专家辅助人对除事实以外的法律问题发表个人观点的风险。

3. 聘请专家型人民陪审员

案例3——环境资源专家陪审员参与环境公益诉讼案[①]：根据河北省法学会受河北省高级人民法院委托征集专家型人民陪审员的通知，由于受指标数额限制，第一批省环境保护厅拟从各设区市环保局、定州市和辛集市环保局及部分高校征集、遴选环境保护专家型人民陪审员，向省法学会推荐，以后逐步扩大征集范围。

聘请专家担任人民陪审员的模式，最早见于《最高人民法院关于人民陪审员参加审判活动若干问题的规定》第5条规定，具有专业知识的人员，可以人民陪审员的形式参加案件审理。一方面，技术专家优化了合议庭的专业技术背景，使法律专家和技术专家相互配合，弥补了法官在环境资源专业知识上的不足。另一方面，环境资源专家也事实上参与了除环境技术事实问题的认定外的法律问题的裁判权。通过这种方式，审判员可以作为法律专家对案件进行合法性方面的审查，环境专家可以从环境专业方面对环境事实领域的真实性进行审查，有利于在提高技术事实认定效率和保证裁判结果公平公正方面发挥正向作用。但是，专家陪审员制度存在一些问题：陪审员作为合议庭组成人员，居中消极裁判，难以像其他模式的专家在证据交换前主动调查，且不同专家各自擅长领域不同，陪审员数量受限情况下面对复杂多因的

① 《关于征集环境保护专家型人民陪审员的通知》，载河北省人民政府网：http：//info. hebei. gov. cn/hbszfxxgk/329975/329988/330110/6553387/index. html，最后访问日期：2019年7月6日。

环境公益诉讼专家陪审员的作用将会受限。

二、问题归因：环渤海区域现行专家意见引入机制固有缺陷的根源探究

综合前述三种专家意见引入机制，任何一种机制都存在众多可取之处，但也有一些不足。目前环渤海七省市对以上三种专家意见引入方式的选择各不相同，为了寻求专家意见引入的最佳路径，有必要从区域协同的视角下，对环境公益诉讼中影响专家辅助人作出科学意见的根源进行探究（见图2），以促进本区域内对环境公益诉讼环境专门性事实难题的解决。

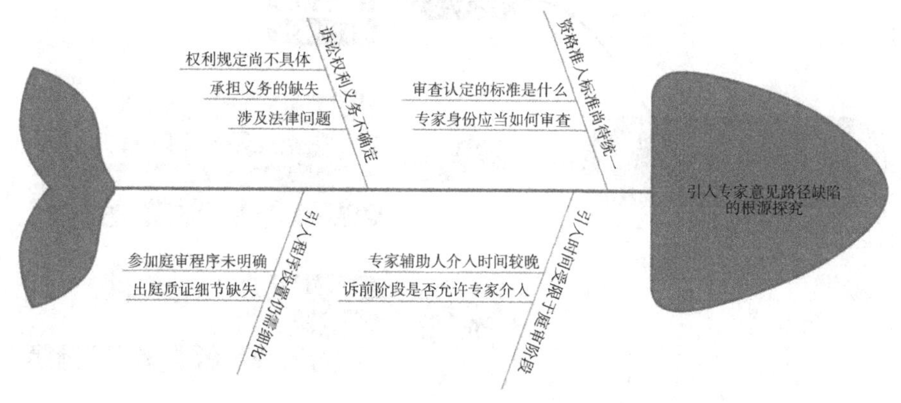

图2 司法实践中现行专家意见引入机制的缺陷梳理

（一）区域内专家辅助人资格准入标准参差不齐

环境民事诉讼法律法规中对专家辅助人的表述为“具有专门知识的人”，这一定义从文义上看似简单，但对专家辅助人的资格准入标准却没有作出详细规定。具体来说，专门知识究竟指的什么专业内容，哪些具有专门知识的人才可以被称为专家辅助人参与诉讼并没有具体规定。譬如，专家辅助人是否必须在相关专业领域内从业多少年以上，是否取得了某专业资格认证证书，是否必须被认定为某高级职称以上，是否需要有一定的法律基本知识基础等，这些标准作为专家意见的准入前提，尚未在我国进行统一规定和具体说明，给环境公益诉讼中法官是否采纳专家意见造成了一定的困扰。

基于专家辅助人的资格准入标准尚待统一的现实背景，环渤海区域各级人民法院在专家辅助人的资格准入标准上进行了一系列探索。山西省、山东省、辽宁省等地区均在探索建立环境资源审判技术专家库，试图制定专家意见准入的地方标准（见图3）。例如，山西省高级人民法院与省环保厅合作建立了环境资源审判技术专家库，专家入选专家库须经环境资源保护行政机关、高等院校以及研究机构推荐，且是相关专业技术领域的领军人物或学术带头人。本次专家入选专业范围涵盖了固体废料、生态修复、辐射、噪音、环境法学等多个领域，对环境资源案件的审理和执行提供专业技术支持，并着力解决环境资源审判中面临的技术事实认定难问题。①

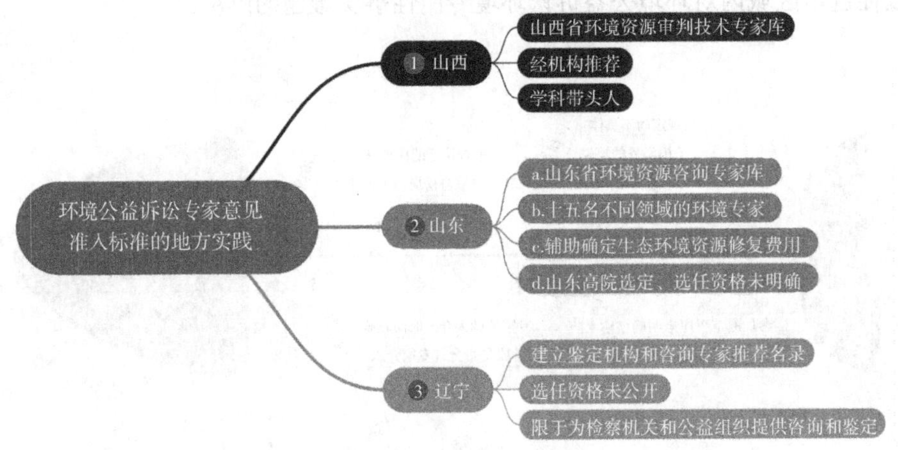

图3 区域内不同省份专家辅助人准入条件的司法实践比较

从以上专家辅助人准入标准的地方实践中不难看出，当前区域内环境审判实务中专家辅助人的地方选定标准不尽相同，山东省、辽宁省环境专家准入门槛未予以公开，评审标准不确定，这种标准认定使法院自由选择性较大，但与之伴随的弊端就是专家水平难以量化，专家意见的质量有高有低，给法院的审查参考工作带去了一定的负担。另一些省份采取较为严格的准入标准，如山西省列入专家库的专业人士，除了应具有量化的优秀专业资质外，还应经机构推荐，但上述知名专家聘用价格较高，且不一定能保证有充足时间参与诉讼，有时形式上的效果大于实际效果。无论采取哪种准入标准，现行环

① 手机中国网：《“山西省生态环境审判专家库”建立》，载百家号：http：//baijiahao. baidu. com/s? id = 1602488687161045242&wfr = spider&for = pc，最后访问日期：2019 年 6 月 16 日。

境公益诉讼实践迫切需要出台制定具备可操作性的准入细则来填补专家辅助人准入标准的空白，以便为后续专家参与专业事实性难题的解决提供可靠的专家队伍保障，保障在环渤海区域内专家辅助人参与司法门槛的统一和有序。

（二）专家辅助人的诉讼权利义务不确定

诉讼权利义务是专家辅助人出具专家意见的基本行为准则要求。如果缺少诉讼权利和义务的指引，一方面难以规范专家辅助人在环境司法领域出具专业意见应当承担的责任，专家辅助人没有操作方式合法性和规范性的指引，容易造成环境资源专门性事实认定上的违法操作导致意见结论出现偏差，可能导致在认定侵权人对环境污染行为与损害结果之间的因果联系时导致错误，不能精准判断侵权人是否应承担环境污染损害修复费用等不利的法律后果。另一方面难以明确授予专家辅助人的诉讼权利，专家辅助人权利赋予不足则会导致专家效用被边缘化，难以发挥出在专业事实方面应有的作用，而权利赋予过度则可能对其他诉讼参与人产生不利影响。[①]

审判实践中，环渤海区域各省份也在摸索如何明确专家辅助人在环境审判中的诉讼权利和义务，例如，山西省出台的《环境资源审判技术专家库及专家参与环境资源审判管理办法（试行）》就赋予专家辅助人适度的权利义务作出探索（见图4）。由此可见，如何规定环境资源专家在诉讼中适度的权利义务、赋予哪些权利义务是目前环渤海区域立法、司法实践和学界理论需要深入探讨的问题。

当前，区域内专家辅助人的权利义务规定尚不全面，七省市中仅有山西省规定了专家辅助人工作职责的主要内容，包括对涉案的专门性问题发表意见，对鉴定意见提出质询、出庭接受法官及当事人询问。但专家辅助人作为一类特殊的诉讼参与人，在权利义务上也有其特殊性，因而对其权利义务内容应当予以细化。在专家参与庭审的过程中，也必须对其行为进行约束，如不得涉及法律问题，不得出具虚假意见等，应当规定相应的义务与责任，以保障庭审的有序进行。

---

① 谢伟：《我国环境诉讼的专家证人制度构建》，载《政治与法律》2016年第10期。

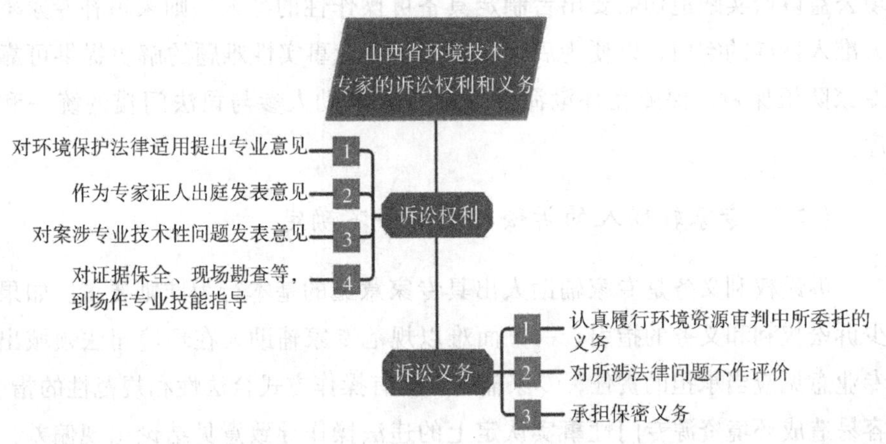

图4　山西省环境技术咨询专家的权利和义务梳理

（三）区域内专家意见引入机制的程序设置未受重视

无论是现行哪种专家意见引入方式，环渤海区域目前都尚未规定专家辅助人参与诉讼的程序。作为诉讼参与人之一，专家辅助人参与诉讼应当遵循诉讼的基本程序要求。在程序设置上，目前法律法规只对专家辅助人的工作程序有一般规定。第一，在诉讼过程中，专家辅助人能否向法庭申请回避，相关规定尚无一个明确的说法，导致理论界一些争议。第二，在专家辅助人接受委托表达专业意见方面，当前的司法解释也没有明确规定提交专业意见的时间、格式。地方实践中，河北省高级人民法院要求专家辅助人除应当出庭接受法庭询问、当庭发表意见之外，必须在庭后、合议庭指定的规定期间内向法庭提交书面咨询意见。书面专家意见中必须就环境专门事实问题进行结论说明及明确理由。第三，专家辅助人出庭接受询问时的程序也尚未明确。环境专家应当何时出庭，对鉴定意见的质询应当如何发表意见，相关司法解释目前仅总体上规定有专门知识的人“参照鉴定人的有规定”根据法庭的安排发表意见参与审判，因此在程序操作上容易出现不规范的缺陷。第四，专家辅助人接受委托庭前参与调查、出具专家意见的，庭前阶段遵循的调查程序亦未规定。鉴于环渤海区域内环境资源案件多发海洋污染、土壤污染和噪音污染，目前在庭前委托环境专家出具专家意见亦属常态，但是专家调查时应该遵循哪些审批手续，依照哪些调查程序，现在也没有具体规定。由此可以看出，对于专家辅助人参与环境公益诉讼的庭审程序，仍有待进一步细化。

（四）专家辅助人选聘的费用分担存在问题

诉讼过程中，根据“谁主张，谁举证”原则，当事人委托专家辅助人就环境公益诉讼中的污染事实出具专家意见，就是为了实现有利于己方的调查结果的证明目的，自然由当事人一方出具聘用费用，最后由败诉一方承担。但是，在实践中容易出现的情况是，法庭认为就某一污染事实需要咨询相关专家，我国现行的诉讼费用缴纳制度是原告预缴制度，但是费用问题环境公益诉讼中具有原告主体资格的社会公益组织资金不足，无力承担。

《中国民间环保组织现状调查报告》披露：“76.1%的环保民间组织没有固定经费来源。2004年22.5%环保民间组织基本没有筹到经费，81.5%筹集经费仅在5万元以下。”① 环境公益组织作为社会团体代表公众利益提起环境公益诉讼，但其自身诉讼经费保障存在很大的问题。从而拖延了整个案件的审理效率；还有一些当事人由于自身经营状况不佳，申请法院委托环境专家但是无法负担费用的问题。尽管最终败诉方承担诉讼过程中必需的费用，但是诉讼过程中专家辅助人选聘的费用分担仍存在不能及时给付的问题。

三、实践出路：探索环渤海区域信息共享、权责明晰的专家意见引入机制

环渤海区域作为一个经济发展协作区，目前区域内的生态环境整体形势依然严峻，解决本区域环境公益诉讼中专家意见引入机制问题，有必要本区域内各省市主动协作，尝试在求同存异的协同治理基础上，建立一个环境专家信息共享、权责明晰、程序完备的专家意见引入工作机制，在处理环渤海环境公益诉讼案件中配合协作，携手应对环渤海生态环境保护工作中面临的共性问题，实现资源互补、信息共享、求同存异，为环渤海生态环境保护提供强有力司法保障。

（一）明确专家辅助人的选任标准

设置对环境资源专家辅助人的准入资格，可以参考较为成熟的鉴定人资

① 李晓昕：《环境民事公益诉讼进入司法程序的现实障碍》，载《法制与社会》2014年第15期。

格审查模式。司法实践中对鉴定专家的准入资格审查采用的为诉前确认的选任模式，鉴定专家必须经过省级司法行政部门的审核登记，方能获得专业认证的司法鉴定人执业证，否则尽管其出具了鉴定意见，仍不能具有证据资格。①

如前所述，当前环境审判实务中专家辅助人的地方选定标准不尽相同，山东省、辽宁省专家准入门槛较低，不硬性要求从业年限和职称评级，只要在相关环境资源专业领域有良好的积累。山西省采取较为严格的准入标准，列入专家库的专业人士除了应具有量化的优秀专业资质外，还应经机构推荐，且符合遵守竞业禁止的要求，但上述知名专家聘用价格较高，且不一定能保证有充足时间参与诉讼，有时形式上的效果大于实际效果。且以上标准均未涉及专家除了解专业领域技能和知识外，是否要求具有基本法律常识。

从专家辅助人制度设置的初衷来看，是为了弥补法官专业知识上的不足，依靠环境资源专家来解决专业事实问题，因此，对环境专家的资质认定，应当保证真实可靠有权威，能够被各方当事人信服，同时尽可能精简认定程序，提高诉讼效率，故法院对于专家辅助人的审查宜宽严适度。

在具体操作层面（见图5），第一，环渤海各省可以借鉴西方国家技术专家咨询制度的负面列举清单模式，限制有行为不端、性格状态有问题、在其他案件审理中出具的专家意见因违法违规被不予采纳等不良记录的人准入，同时对其他条件予以放宽，但某些必须具有资格认证标准的环境领域，所委任的专家辅助人必须具有该行业的专业从业资格。第二，结合本区域各省司法机关及行政机关现有的对环境公益诉讼专家辅助人制度的具体操作规范和选任应急处理办法，实行宽严相济的操作模式，授权地方法院可以根据当地实际情况进行适当变通。第三，对现有环境资源审判专家库予以鼓励利用，对于已建立专家资源库的省份，在参照上述标准的基础上予以继续沿用，适当变更和扩容，并向当事人予以释明，鼓励当事人从维护自身权益角度进行委托，同时，对不符合现行要求的人员要及时从名录中移除不得再用。

① 刘一楠：《环境民事诉讼中专家辅助人参诉问题研究》，兰州大学2018年硕士学位论文。

图5 环境公益诉讼中专家辅助人的具体选任标准

（二）翔实专家辅助人的权利与义务

《民事诉讼法》对有“专门知识的人”的权利义务规定很少，主要集中在诉讼阶段，且主要是参照鉴定专家的权利义务从整体上予以规定。因目前的司法实践环境公益诉讼中专家意见的引入时间已不再局限于庭审过程中，故对环境专家在诉讼中应享有的权利和履行的义务都应当有所适当增加。本文认为，环渤海区域专家辅助人在环境公益诉讼中应当享有的权利主要应包括以下几个方面（见图6）。

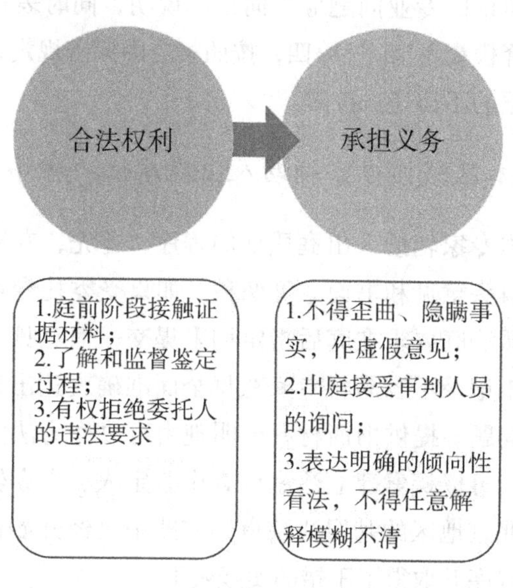

图6 诉讼中环境专家应享有的权利和履行的义务梳理

第一，允许专家辅助人经出示合法授权文件后，有权在庭前阶段接触证据材料，有权亲临现场提取第一手的环境污染物、检测环境损害状况或生态破坏的现场情况，有权针对污染情况咨询当地了解情况的人员。第二，允许专家辅助人了解和监督鉴定过程，审查其材料、实验数据和实验设备，将帮助环境专家从专业角度质疑鉴定意见。与此同时，双方可以及时进行沟通和解决有关专业方面的问题，将庭审时可能出现的争点在庭前高效化解，并将疑难问题在鉴定意见中指出。第三，专家辅助人有权拒绝委托人的违法要求，如果一方当事人试图利诱专家辅助人进行虚假调查，打算通过数据造假、更换材料等以获得对自已有利的专家意见，专家辅助人有权拒绝非法的权利要求，并对于因此导致的诉讼中的延宕不承担任何责任。

同样，专家辅助人在环境公益诉讼中应当承担的义务主要包括：第一，居中提供专家意见，即便是受一方当事人委托，不得歪曲、隐瞒事实情况，作出虚假的专家意见，必须利用专业知识如实向法庭汇报，否则应当承担相应行政处罚或者刑事责任。第二，除非意外事件或紧急情况，否则必须出庭接受审判人员的询问，帮助法庭就鉴定意见的真实性进行询问、发表专业意见。第三，遵守相关领域的执业技术规范和职业操守，以事实为基础，尊重科学，对于尚存争议的专业问题应当向法庭说明，同时表达明确的倾向性看法，不得任意解释模糊不清。① 第四，按照相应的保密规定，当事人和有关环境信息的隐私数据的不得违法披露。

（三）完善本区域内专家辅助人出庭质证的程序

完善本区域内专家辅助人出庭质证的程序，首先，专家辅助人在法庭上作出的意见分为口头意见和书面意见两种。如果受委托专家在法庭作出口头意见，应当在按照法庭要求在庭后指定期限提交书面意见。因为仅靠开庭时有限时间内的庭审记录不容易将专家意见全面准确表达出来，不利于审判人员了解相关专业问题。提供书面材料说明理由可以作为法院查明具体事实的专业依据。其次，可以探索建立法庭调查中鉴定人、专家辅助人的交叉询问程序。目前，在北京地区的基层法院审判实践中已经开始试行鉴定人、专家辅助人交叉询问程序并取得了不错的实践效果。

---

① 王德新、王蕾：《环境司法中技术专家导入机制整合性研究》，载《河北科技大学学报（社会科学版）》2018年第3期。

鉴定人、专家辅助人交叉询问程序可归纳为四个方面：第一，专家辅助人向鉴定人就鉴定方式、样本采集情况进行询问并发表意见；第二，当事人向环境专家就争议焦点的事实问题进行询问，专家辅助人予以解答；第三，如果有双方当事人聘请的专家辅助人，允许其互相询问；第四，法庭针对专业性问题存在疑惑时，可向专家辅助人发问，专家辅助人回答各方问题时，均应当坚持职业操守，如实明确发表意见。

（四）多途径拓宽专家聘用资金筹集渠道

为解决专家聘用资金筹集难的问题，一方面，充分利用现有的制度解决方式，即针对有实际困难符合法律要求的当事人采用诉讼费用的“缓交减交免交”制度。如果社会公益组织在起诉后，确有实际困难需要减免专家咨询费用的，法院对此应根据实际情况予以允许。另一方面，可以采取“取之于诉讼，用之于诉讼”的方式，参照国外的做法设立专项的环境公益诉讼基金，主要来源为环保部门对污染企业的罚款、环境公益诉讼中生态环境修复费用和污染企业的罚金。另外，基金还能收集一部分社会捐款和本区域内财政拨款，从而为环境公益诉讼开展提供充足的资金保障。

（五）建立环境调查官制度

为了能够兼顾解决专业问题的有效性和司法审判的高效性，在专业性要求极高的环境公益诉讼中，参考目前知识产权案件审理中程序健全且运行良好的技术调查官制度，完全可以发挥区域协作优势，在环渤海各省建立生态资源领域的环境调查官制度。

专家调查官制度在环境公益诉讼中的一大优势，在于环境调查官承担的专家角色几乎可以全程参与审判活动的各个阶段，从而弥补了专家证人只是在庭审证据调查和质证阶段参与诉讼的弊端。环境调查官参与诉讼的进程覆盖了鉴定专家的庭前参与阶段，可以在庭前进行证据的收集与勘验工作，保证了其能从案件的全过程了解分析专业事实，同时调查官并不干涉法律性质问题的解决，在审判活动中比专家陪审员更具针对性和高效性。

参考知识产权审判，环境调查官在身份上属于法院内部人员，除具备一定专业资质外，实践中由法院通过社会公开招聘方式选拔。一方面，保证了其专职性，专职专任也能保证有充足时间参与诉讼，从而避免了因专家辅助人委托资费较高导致诉讼当事人难以承受的问题；另一方面，向社会公开的环境调查官身份，当事人可以向法院申请具有利害关系的环境调查官回避，保证了程序的正当性。

前文已经针对环境资源专家的选任标准、权利义务、参与诉讼的程序提出了具体优化的思路。上述思路可以适用于现行《民事诉讼法》第79条的具体规定，环境调查官制度是除此之外一种专家意见引入路径的探索，与前述的具体规则可以同时适用，不会出现实现方式上矛盾的情况。

由于知识产权审判中关于技术调查官制度的选任标准、权利义务、参与诉讼的程序、出具专家调查意见的采信规则，最高人民法院已经通过《关于技术调查官参与知识产权案件诉讼活动的若干规定》予以详细规定，因此在数量日益增长又同样具有高度专业性的环境公益诉讼中，借鉴上述规定中具体权利义务、程序规则的细节，制定关于环境调查官参与环境公益诉讼活动的若干规定便有规律可循。作者拟定了建议稿一份，在附件中予以展示，希望能为环境公益诉讼专家意见的引入机制拓宽一种思路。

四、结语

随着环境资源审判专门化的发展，环境公益诉讼中专门事实认定难的问题将受到越来越多方面的重视。环渤海区域作为一个发展协作整体，目前区域内的生态环境整体形势依然严峻，为了更好地为优化环渤海经济区的生态环境提供司法保障，解决本区域环境公益诉讼中专家意见引入机制若干问题，本区域内各省市有必要主动协作，尝试在求同存异的协同治理基础上，建立一个环境专家信息共享、权责明晰、程序完备的专家意见引入工作机制，在处理环渤海环境公益诉讼案件中配合协作，携手应对环渤海生态环境保护工作中面临的共性问题，实现资源互补、求同存异，希望通过本文在环境公益诉讼中引入具体机制的方法建议，给环渤海区域环境司法领域的专业问题解决注入活力，促进环境审判专业化的发展。

附件：

关于环渤海区域环境调查官参与环境公益诉讼活动的若干规定（建议稿）

第一条 人民法院审理大气污染、水污染、固体废物污染、土壤污染、噪声污染、放射性污染等专业技术性较强的环境公益诉讼案件时，可以指派环境调查官参与诉讼活动。

第二条 环境调查官属于审判辅助人员。

人民法院可以设置专家调查室，负责环境调查官的日常管理，指派环境调查官参与环境公益诉讼案件诉讼活动、提供技术咨询。

第三条 参与环境公益案件诉讼活动的环境调查官确定或者变更后，应当在三日内告知当事人，并依法告知当事人有权申请环境调查官回避。

第四条 环境调查官的回避，参照适用刑事诉讼法、民事诉讼法、行政诉讼法等有关其他人员回避的规定。

第五条 在一个审判程序中参与过案件诉讼活动的环境调查官，不得再参与该案其他程序的诉讼活动。

发回重审的案件，在一审法院作出裁判后又进入第二审程序的，原第二审程序中参与诉讼的环境调查官不受前款规定的限制。

第六条 参与环境公益诉讼案件诉讼活动的环境调查官就案件所涉专业问题履行下列职责：

（一）对环境事实的争议焦点以及调查范围、顺序、方法等提出建议；

（二）参与调查取证、勘验、保全；

（三）参与询问、听证、庭前会议、开庭审理；

（四）提出专家调查意见；

（五）协助法官组织鉴定人、相关环境资源领域的专业人员提出意见；

（六）列席合议庭评议等有关会议；

（七）完成其他相关工作。

第七条 环境调查官参与调查取证、勘验、保全的，应当事先查阅相关技术资料，就调查取证、勘验、保全的方法、步骤和注意事项等提出建议。

第八条 环境调查官参与询问、听证、庭前会议、开庭审理活动时，经法官同意，可以就案件所涉技术问题向当事人及其他诉讼参与人发问。

环境调查官在法庭上的座位设在法官助理的左侧，书记员的座位设在法官助理的右侧。

第九条 环境调查官应当在案件评议前就案件所涉环境专业问题提出专家调查意见。

专家调查意见由环境调查官独立出具并签名，不对外公开。

第十条 环境调查官列席案件评议时，其提出的意见应当记入评议笔录，并由其签名。

环境调查官对案件裁判结果不具有表决权。

第十一条 环境调查官提出的专家调查意见可以作为合议庭认定环境专业事实的参考。

合议庭对环境专业事实认定依法承担责任。

第十二条 环境调查官参与环境公益诉讼案件诉讼活动的，应当在裁判文书上署名。环境调查官的署名位于法官助理之下、书记员之上。

第十三条 环境调查官违反与审判工作有关的法律及相关规定，贪污受贿、徇私舞弊，故意出具虚假、误导或者重大遗漏的不实技术调查意见的，应当追究法律责任；构成犯罪的，依法追究刑事责任。

第十四条 根据案件审理需要，上级人民法院可以对本辖区内各级人民法院的环境调查官进行调派。

人民法院审理本规定第一条所称案件时，可以申请上级人民法院调派环境调查官参与诉讼活动。

被告人认罪审程序的“破”与“立”

——以刑事速裁程序实践性考证为切入点

贾丽英

1996年《刑事诉讼法》的首度修改至今已历经二十余载，无论学界还是司法界，始终以“公正”和“效率”为目标，不断探索诉讼制度的革新，借此推动程序正当性、科学性、有效性的进程。每一项诉讼程序的变革都曾承载着法律界的理想与期待，但当其落地植根于我国司法实践的土壤中，是可以结出众所期待的理想硕果，还是会因水土不服而逐渐枯萎，只有实践和时间才能给出真实的答案。

一、被告人认罪审程序改革进程的探讨——“且行且珍惜”

（一）1996年刑事诉讼法引入简易程序开启了被告人认罪审程序的先河

被告人认罪审程序的实践源于1996年《刑事诉讼法》第一次修订，此次修订对于被告人认罪的轻罪案件（可能判处三年以下有期徒刑）首次引入了简易程序，法官独任审判、精简庭审流程、公诉人不出庭、简化裁判文书等一系列“大刀阔斧”的改革，确立了简易程序独立的地位和价值。简易程序被立法顺利通过并迅速落地生根，得到了实务界的普遍接受和广泛适用。这次诉讼程序的变革毋庸置疑是成功的，它积极回应了社会各界对于“诉讼效率”的司法需求，并开启了我国刑事诉讼领域对于“效率”与“公正”并重的合作性诉讼模式的探索。

（二）2003年“普通程序简化审”的推出实现了被告人认罪审程序由轻罪案件向重罪案件的阵地转移

21世纪初，犯罪率的节节攀升最终集聚成刑事案件的“井喷”，法官办案压力的不断累加必然迫使实务界寻求纾解压力的突破口，刑事普通程序简化审正是在这样急切的司法需求中应运而生的。2003年最高人民法院、最高人民检察院、司法部共同出台了《关于适用普通程序审理被告人认罪案件的若干意见（试行）》，被告人认罪审程序开始由轻罪案件衍射向重罪案件。

刑事“普通程序简化审”并没有像简易程序推行之初那样获得理论界和实务界的一致认可和推崇，相反学理界以“违背程序法定原则、有损程序公正”为由对其口诛笔伐，反对之声此起彼伏。在理论界一边倒的批判和质疑声中，实务界对此程序却表现出极大的热情，并以实际行动给予了空前支持，至2008年，“简化审”程序适用率已占到全部普通程序案件的50%以上并且保持了持续稳定的态势。“简化审”程序之所以能够在实践领域立稳脚跟，根本原因在于其激励机制触动诉讼各方的神经：法官之所以更偏好该程序，不仅在于它对庭审效率的提升，更在于它对庭外环节尤其是对裁判文书制作环节的精简功能强大；公诉人乐于适用“简化审”源于该程序不仅解决了长久以来因复制主要证据环节带来的关于证据突袭的诟病，而且大幅提升了公诉成功率；被告人愿意参与到该程序中来的最直接动因是通过认罪可以获得刑期上的对价优惠。

“普通程序简化审”是司法界突破常规，在实践性立法领域取得的一项突破，直接为2012年简易程序的立法修改奠定了基础。

（三）2006年“轻刑快审制度”，一场被告人认罪审程序“简者愈简”的漫长博弈

继“普通程序简化审”在司法实践中取得巨大成功后，司法界又在酝酿着一项新的“简者愈简”的程序变革——“轻刑快审制度”。与“检法两家”合力推动“普通程序简化审”不同，检察机关是最初推动“轻刑快审制度”的独行侠。2006年最高人民检察院率先推出了《关于依法快速办理轻微刑事案件的意见》，力图从审查批捕、起诉环节对简易程序实现再一次简化，但收效甚微。

2010年北京市公、检、法三家合力在全市范围内探索启动“认罪轻微刑事案件依法快速办理机制”，对于案情相对简单，事实清楚，被告人认罪的轻微刑事案件，案件的诉讼周期压缩为30日以内，审判周期下降到10日以内，率先实现各诉讼环节的全面提速。相对于传统简易程序动辄3~5个月的诉讼周期而言，该轻刑快审机制在大幅提高诉讼效率的同时，也大大减少了判前羁押时间，从而有效实现了羁押场所的“去库存”。

但是即便“轻刑快审制度”在提高诉讼效率方面作用显著，司法实践中该制度仍在2012年以后呈现出衰落的趋势，究其根本，“轻刑快审制度”是在不突破现行法律规定的前提下，通过司法机关“自我加压”，即在法定的时限内加快办理流程来实现的。这种只减时间，不简程序，不降标准的“快审”机制，使一线办案人员面临巨大压力，虽然短期内可以实现轻微刑事案件的快速办理，但从长远来看并不具有独立的程序价值和意义。也正是基于此，基层司法机关对于适用“轻刑快审制度”普遍缺乏内在动力，甚至持有很大的抵触心理。

（四）2012年立法为简易程序扩大适用“正名”，强化了被告人认罪审程序的分流功能

2012年，距离2003年简化审程序启动实验性司法已经走过十个年头，十年间普通程序简化审对于弥补简易程序的先天不足、促进刑事案件尤其是重罪案件的有效分流，起到了实质性的作用。但是，由于刑事立法并未赋予普通程序简化审以合法的身份地位，致其始终为“程序正当性”所扰。“程序有效性”与“程序正当性”的背离导致修改和扩大简易程序的立法呼声越发高涨。

同年《全国人民代表大会关于修改〈中华人民共和国刑事诉讼法〉的决定》终于在千呼万唤声中姗姗而来，并以立法行使将简易程序和“简化审”程序统一整合为新的简易程序，将适用简易程序的案件范围由轻罪案件扩充至重罪案件。“在更大限度上实现了刑事诉讼程序的繁简分流，对于我国刑事诉讼在保证公正的前提下提高诉讼效率具有重大意义。”新的刑事简易程序正式启用后，即在全国基层法院得到了迅速响应，以北京市为例，简易程序的适用率由2011年的56.47%上升至2013年的72.99%，简易程序的当庭宣判率也由2012年的25%上升至2013年的68.49%。

从被告人认罪审程序的发展进程不难看出，无论是简易程序还是简化审制度的“破”与“立”都是基于特定的司法实践的需要，并不是所有的改革和创新都能取得理想的效果，只有经受住实践和时间的双重检验的诉讼制度，才能迸发出长久的生命力。

二、刑事速裁程序在实践领域的确立与隐忧——“这边风景独好”

被告人认罪审程序的探索和改革在经历了潮起潮落后远未平息，司法界期冀“轻刑快审制度”如“普通程序简化审”一样被立法以“正名”，但是2012年《刑事诉讼法》的修改并未涉及该制度，然而，司法实践对轻刑快审机制的探索仍远未止步。

（一）刑事速裁程序能够“破茧成蝶”的原因分析

最高人民检察院对于轻微刑事案件快速办理机制的独孤求败式的探索和地方司法机关有关“轻刑快审制度”前期实践的无声衰落，从一定意义上说明该制度具有自身缺陷性。正当该项制度在人们的视线中渐行渐远时，2014年一项脱胎于“轻刑快审制度”的新制度——刑事速裁程序却意外焕发出青春，相较于“轻刑快审制度”在基层司法界的苦苦挣扎，刑事速裁程序一经提出即取得了全国人大常委会实践性立法的授权，并且得到了“两高两部”联合推进的大力支持。其命运发生戏剧性逆转的根本原因在于：

1. 法治环境的变迁——违法行为犯罪化的趋势导致轻罪案件比例的急剧上升。随着刑法的规范功能越来越受到关注，将一些普遍存在的违法行为犯罪化，已成为世界各国刑事立法的一个总体趋势。2013年12月我国废止劳动教养制度后，违法犯罪行为制裁体系中出现了结构性断层，为填补因劳动教养制度废止出现的法律规制的真空，将相关违法行为有效分流，《刑法修正案(八)》、《刑法修正案（九）》及相关司法解释降低了部分犯罪的入罪门槛，扩充相关罪名，将原先由劳动教养制度调整的部分轻微犯罪行为纳入刑法规制的范畴。调整后，诸如盗窃、危险驾驶等类轻微刑事案件的数量出现了跳跃式增长，司法机关为此投入的司法资源亦呈现几何式增加，轻微刑事案件的高发性与司法资源的低供给之间表现出不可调和的矛盾，现有刑事司法体系的运行效能受到剧烈冲击，刑事诉讼程序运行的经济性亦大打折扣。如何纾解“案多人少”的现实矛盾成为公、检、法三机关共同面临的难题。

2. 司法理念的转变——程序价值的多元化追求凸显“效率”理念的实践意义。长久以来，我国刑事诉讼程序主要致力于“公正”的价值目标追求，无论1979年刑事诉讼法初定还是1996年刑事诉讼法修改，面对程序法的长久缺失和运行不畅，以“公正”为目标强调诉讼程序的严谨性、正当性都是毋庸置疑的。但当我们的现代刑事诉讼制度已经走过了三十余载，现代司法理念已经深入司法者的灵魂和血液时，我们所面临的迫切问题不再是无法可依或者有法不依的混乱状态，而是“诉讼爆炸”带来的堆积如山的案件，司法资源的有限性使得如何迅速回应公众“定纷止争”的司法需求成为问题的关键。“效率”成为“公正”之外社会急切追求的价值目标。尤其是目前已经占到全部案件80%以上的轻罪案件对于诉讼“效率”的需求程度明显超过了对于“公正”的需求，这就促使我们在设计程序时对司法理念必须有所取舍。

3. 诉讼观念的更迭——被告人认罪审程序推动对抗性司法向合作性司法迈进。随着现代司法理念的更新，人们的诉讼观念也更趋向于实际，“诉讼的目的在于解决争议”为越来越多的人接受并认可。在司法资源有限的情况下，如何使诉讼程序的运转能够及时有效的解决当事人的争议成为世界各国面临的共同问题。当控辩双方对于定罪量刑存在争议和分歧时，普通程序构建的控辩对抗式诉讼模式对于实现公平正义具有先天优势。与之相反，当被告人认罪，控辩双方不存在争议和分歧时，控辩合作式诉讼模式显然更有利于诉讼效益的实现。诉讼观念的更迭推动程序改革向着繁简分流不断迈进。

4. 刑事政策的调整——刑罚轻缓化趋势与其规范矫正功能的充分发挥。从近年社会治安总体形势看，严重刑事犯罪被明显遏制，重刑率从二十年前的约占50%近几年下降到不足20%，与此相反轻刑案件却呈现出逐年上升的趋势。事实上对于轻微刑事案件而言，刑罚的效果不在于其严酷性，而在于其及时性和必定性。目前大量的轻罪案件的社会危害性并不突出，只要犯罪人自愿认罪、真诚悔罪，就不应将其完全置于社会的对立面，因此在轻罪案件领域推进刑罚轻缓化和宽严相济的形势政策是非常必要和具有现实意义的，推进刑罚轻缓化必然要求诉讼程序作出相应调整，减少审前羁押时间，避免刑期倒挂，提升程序运转效率。

（二）刑事速裁程序实施以来取得的积极效果

自2014年6月全国人大常委会授权最高人民法院、最高人民检察院在部分地区开展刑事案件速裁程序试点至2016年，两年的试点实践工作即将接近尾声，刑事速裁程序是一跃成为与普通程序、简易程序并行的独立法定程序，还是就此销声匿迹，让我们拭目以待的同时，也通过回顾这两年来的运行情况给予科学评判。

从总体上看，各试点地区适用刑事速裁程序的情况有所差异，但总体适用率基本占到同期一审刑事案件的10%左右。以北京市为例，2014年8月至2015年12月，全市法院适用速裁程序审结案件2927件，占同期一审刑事案件的10.9%，占同期一审判处有期徒刑一年以下刑罚案件的17.5%。从适用的效果看，诉讼周期明显缩短，从立案侦查到审判结束整个诉讼周期在30日内，法院平均审理时间在7日以内；由于省略了证据调查和法庭辩论环节，庭审时间也大大压缩，一般在10分钟以内；当庭宣判率接近100%；刑罚轻缓化趋势明显，适用速裁程序的案件中判处管制、拘役、缓刑、单处罚金的共计2621人，占比86.7%，大多数被告人认罪服判，上诉率仅为4.2%。

（三）刑事速裁程序华丽数字背后的隐忧

从上述一系列数字看，刑事速裁程序在实践应用中的效果还是非常理想的，但是“10分钟的庭审时间、30日的诉讼周期、接近100%的当庭宣判率和95%以上的服判息诉率”，这些美妙数字并不能阻止我们清醒的思考，让我们拨开迷雾，看一看被数字掩盖的问题：

1. 庭审程序的简化对于整个诉讼程序的效率提升只是“杯水车薪”

目前刑事速裁程序的改革主要集中于对庭审程序的简化，通过精简庭审程序中的证据调查和法庭辩论环节，使庭审时间一般控制在十分钟之内，但相比一般简易程序二三十分钟的庭审时间，这种“十分钟”的减少对于诉讼效率的提高只是“杯水车薪”，并无实质意义。实践中庭审程序仅是法院审理程序的一小部分，而法院审理程序仅占整个刑事诉讼流程的一小部分，而诉讼程序的拖延和损耗其实主要集中在审前阶段。对速裁程序而言，证明标准居高不下，程序重心前移等情况使得审前程序工作量不仅没有降低，反而有所增加。不容回避的是目前仍有80%以上的判处有期徒刑一年以下刑罚的案件没有适用速裁程序，审前程序占用时间过长是其被迫转入简易程序和普通程序的主因。因此审前程序的低效率，必然消解速裁程序的实际功用。

2. 片面强调“快”而忽视了“简”，刑事速裁程序对司法资源的占用并未实质减少

除了庭审程序有所简化外，刑事速裁程序效率的提高主要依赖于侦查、起诉和审判各诉讼环节办案时间的压缩。这种“自我加压”式的程序改革虽然短期内可以实现轻微刑事案件的快速办理，但由于法律标准不降，程序不减，使得诉讼各环节所需要的人、财、物等司法资源的投入并未因为适用速裁程序而实现节约配置，相反单位时间内人员投入更多、工作强度更大，从而在很大程度上抑制了各阶段司法人员启动该程序的热情。

3. “简程序”不等同于“减责任”，法官适用速裁程序存在抵触心理

速裁程序的设置是以被告人对于公诉机关指控的事实、罪名和量刑均无异议为前提的，速裁程序中法庭调查的简化是否意味着法官证据审查责任的免除？虽然有学者认为被告人认罪意味着对公诉机关指控事实、罪名和量刑均无异议，且开庭时精简了法庭调查程序，因此法官对于公诉机关移送的证据不需要再进行审查，只需要直接定罪量刑即可。但实践中，精简庭审证据调查和法庭辩论环节并不意味着证明标准有任何降低，相反在司法责任制的大背景下因为欠缺庭审调查质证环节使得法官庭外证据审查的责任被无限放大，法官不仅没有“减负担”，反而变向“加责任”。法官为确保案件实体真实，保证裁判结果正确，更倾向于选择程序完备、时间充裕的简易程序审理。

4. 选择适用刑事速裁程序，被告人没有通过“减权利”而得到较之简易程序更多的刑期优惠

设立速裁程序的理论基础是以“效益理念”为先导的案件快速处理模式，是世界范围内合作性司法的发展趋势。被告人通过认罪认罚，弥合与控诉方之间的争议与分歧，从而促使案件得以快速解决。被告人通过选择放弃权利以期换取对自己更为有利的诉讼结果。相比简易程序，速裁程序的启动在更大程度上限制了被告人的无罪辩护权、调查取证权以及辩论权等诉讼权利，但被告人却没有从中获得相较于简易程序更多的刑期优惠。从被告人角度而言，适用速裁程序的价值也就无从体现。

三、探求刑事速裁程序的独立价值与修正路径——"敢问路在何方"

被告人认罪审程序"破"与"立"的改革和探索是旨在构建"繁者愈繁，简者愈简"，兼顾公正与效率的多元化诉讼程序格局。在积极推进以审判为中心的诉讼制度改革、促进庭审实质化的时代背景下，简案快审、繁案精审是刑事诉讼发展的必然趋势。

"简者愈简"的刑事速裁程序的改革不应只是简易程序的简单"删减版"，其应当立足司法的现实需要，勇于突破固有的对抗式诉讼模式的束缚，成为一种以效益为先导，具有独立功能和价值的崭新程序。以此为目标，刑事速裁程序的路径选择与修正应当重点从以下几方面着手：

（一）功能定位与价值选择——强化以"效率"为先导的定分止争功能

刑事速裁程序能够以实践性立法的姿态登上历史舞台，既源于法制环境的变迁，又赖于司法理念和诉讼观念的转变。刑事速裁程序要在司法实践中获得长久的生命力，就应当作出与普通程序、简易程序相区别的正确的功能定位。从世界各国适用简易程序的司法实践来看，在程序设计上不再以"查明事实真相"为主要目的，而是强调在争议解决的及时性和确定性方面发挥作用。我国的刑事速裁程序作为轻微刑事案件的快速处理程序，应当立意于争议的快速解决，而非对事实真相不遗余力的追求。在轻微刑事案件、被告人自愿认罪、控辩双方对定罪量刑无争议、刑罚轻缓化等因素叠加的前提下，应当以合作性诉讼模式取代对抗性诉讼模式。法官对于控辩双方无争议的犯罪事实即予确认，对于控辩双方的量刑协商予以认可，法官只对适用法律的准确性负责，即使因为客观原因导致生效事实被推翻，法官亦不应承担错案责任。

（二）坚持程序保障的底线——尊重和保障被告人的程序选择权

刑事速裁程序在查明犯罪事实方面做出的让步，并不意味着对于程序公正的漠视和对程序保障的放弃。“刑事速裁程序的实行是建立在限制犯罪嫌疑人、被告人一定诉讼权利的基础之上，从诉讼法治的角度，尊重和保障其程序选择权是‘不能简化的权利’。”① 这是确保程序公正的底线。被告人的程序选择权的行使必须是建立在被告人“自愿”“明知”“理智”的前提下的，并有赖于制度的保障：一是要确保公、检、法三家充分履行告知义务，这种告知义务应当由简单的程序性告知向事实和证据开示扩展；二是被告人获得律师帮助的充分性和不可或缺性，以弥补被告人当庭辩护权缺失可能带来的不利影响；三是赋予辩护方同等的程序启动权，现行刑事速裁程序对于被告人程序选择权的尊重和保障仍旧相对消极和被动，未能体现出合作性司法中控辩双方对于程序发动的平等性，因此赋予被告人及其辩护人对于速裁程序的启动权，迫切而且必要；四是辩护方在审前应当充分知悉公诉机关的量刑建议，并赋予其平等协商的权利，目前公诉方的量刑建议主要赖于起诉后通过法院告知或者当庭告知，辩护方对于量刑建议知悉的时间节点偏后，将其前移至审前阶段具有积极的实践意义。

（三）审前程序简化的关键——确立符合速裁程序的证据规则

如前所述，在整个刑事诉讼过程中，审判阶段仅占全流程的一小部分，实践中审前阶段才是诉讼程序的损耗和拖延的“重灾区”，因此，刑事速裁程序的修正，应当更多地着眼于审前程序的结构改造和效能提升。对于审前程序改造的障碍主要来自我国刑事诉讼长期适用的“案件事实清楚、证据确实充分”的证明标准，不区分重罪和轻罪一律要求达到客观真实，使速裁程序案件在证明标准上丝毫不差于普通程序案件。审前调查取证责任没有任何降低，前期工作用时也很难减少，从而导致 80% 以上的可能判处一年以下有期徒刑刑罚的案件由于前期用时超标而无法适用速裁程序。因此探索和建立与刑事速裁程序相适应的独立证据规则迫在眉睫，改进和适当降低速裁案件的证明标准，对于制定关于危险驾驶、轻微盗窃等速裁程序的类型化案件所适用的证据收集、审查判断的规范性指导文件，非常具有实践意义。

---

① 于同志：《轻微刑事案件快速办理的经验与启示》，载《人民法院报》2014 年 10 月 22 日，第 6 版。

（四）公诉机关程序热情的激发——公诉人不出庭的可行性探索

1996年《刑事诉讼法》修订引入简易程序后，确立了简易程序公诉人可以不出庭的制度，直至2012年《刑事诉讼法》再次修改前相当长的一段时间内，基层法院适用简易程序审理的案件，公诉人不出庭率一直在95%以上，而这一阶段简易程序的错案率其实是可以忽略不计的。即使在2012年以后，对于适用简易程序的轻罪案件公诉人出庭也大多采取了值班公诉人制度（出庭公诉人不是实际办案的公诉人），因此在被告人认罪的轻微刑事案件中，维持控辩对抗式的诉讼模式对于实现“公正”的意义形式远远大于实质。从世界各国对于简易程序的设置来看，书面审理、公诉人、辩护人不出庭也都是非常普遍的。因此，在速裁程序已经突破现行法律框架的基础上，对于公诉人出庭制度也完全有必要进行改革，取消公诉人出庭的限制，以适应实践的需要。

（五）给予被告人认罪的刑罚优惠——轻微刑事案件刑罚轻缓化的确立

简易程序和“普通程序简化审”作为被告人认罪审程序，从普通程序分离出来后，均明确规定给予了被告人与适用普通程序不同的刑期优惠，以鼓励被告人通过放弃适用普通程序的部分诉讼权利换取对自己有利的诉讼结果。而速裁程序从简易程序中分离出来，被告人放弃了适用简易程序的部分诉讼权利却没有获得较之简易程序额外的刑期优惠，因此被告人在适用速裁程序上没有表现出更多的期待。适用速裁程序是以进一步简化程序、限制被告人权利行使为基础的，因此给予被告人适当的刑期补偿也是完全合理的。目前最高人民法院亦提出“充分体现量刑激励，速裁案件可以减少基准刑的10%～30%”的进一步改革思路。

（六）突破上诉审程序固有模式——确立速裁程序案件二审法律审制度

我国现行刑事诉讼实行二审终审制度，而且二审程序是对认定事实和适用法律的全面审理，目的在于避免原审判决错误，确保裁判公正合法。“尽管在认识论上可以认为法官对案件事实的正确认识是通过重复审理的方式来实现的，但实际上多次审判未必比一次审判更有助于查明案件的事实真相。”[①]应当看到，世界各国对于刑事一审程序的设计上均以能够最大限度地查明案件事实为目标，而上诉审程序则是在适用法律方面更具有发言权。既然刑事速裁程序适用的前提是被告人认罪，对公诉机关指控事实和罪名没有异议，对公诉机关的量刑建议亦予认可，那么作为一审的速裁程序在事实查明功能上就已经做出了相对弱化处理，二审程序再启动事实审理则有“画蛇添足”之嫌。因此对于刑事速裁案件而言，将上诉审限于法律审的范围内既可以实现与一审程序的有效衔接，摆脱目前二审程序在速裁案件中的两难境地，又可以克服案件经过一次审理就产生法律效力的先天局限性和潜在不公正性，使“效率优先、兼顾公正”的司法理念贯彻于速裁程序的始终，实现与现代刑事司法制度发展需要的相互契合。

① 王超：《西方国家刑事审判制度功能的比较分析》，载《比较法研究》2012年第6期。

关于立案登记制下行政诉讼中不当行使起诉权问题的调研

王　娟

立案登记制的实施有力地保障了当事人诉权，有效地解决了立案难问题，但也给人民法院工作带来严峻挑战，随着立案门槛的降低，一些不当行使起诉权的诉讼得以进入司法程序。部分当事人甚至滥用诉权，不但给对方当事人造成不必要的负担，同时也造成司法资源的极大浪费。而在现有司法资源相对短缺，案多人少矛盾仍然凸显的情况下，对不当行使起诉权的行为界定，形成原因，现实困境以及规范、规制等问题的研究显得尤为必要和迫切，北京市第四中级人民法院结合本院实际，对当事人不当行使起诉权问题展开调研，以期寻求保障当事人诉权和司法资源有限性之间的平衡，保障立案登记制改革健康有序进行。

一、北京四中院行政案件中当事人裁定不予立案、裁定驳回起诉案件基本情况

2014 年 12 月 30 日至 2016 年 6 月 30 日，北京四中院行政案件共计收案 2772 件，截至 2016 年 6 月 30 日，上述案件中裁定不予立案案件 760 件，立案后裁定驳回起诉案件 867 件。裁定不予立案案件和裁定驳回起诉案件共计 1627 件，占全部立案总数的 58.69%。诚然，被裁定不予立案或者立案后被驳回起诉的案件不能当然被认定为当事人滥用诉权的案件，因为其中还有一部分由于诉讼行为失当造成不予立案或裁定驳回起诉的案件，但是这两类案件占比之高，充分反映了两个方面的问题：一是当事人诉讼能力和水平亟待提高，二是滥用诉权的行为没有得到有效规制（见图 1）。

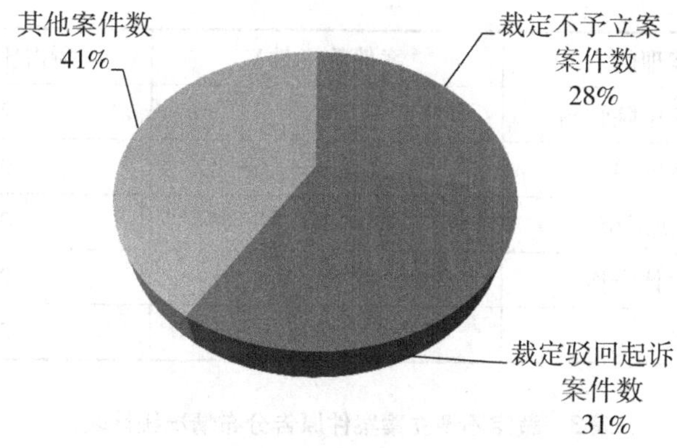

图1　行政案件不予立案和裁驳案件情况统计图

（一）裁定不予立案案件基本情况

2014 年 12 月 30 日至 2016 年 6 月 30 日，北京四中院裁定不予立案行政案件共计 760 件，其中从案由分布情况来看信息公开类案件 694 件，占全部裁定不予立案行政案件的 91.32%；从裁定不予立案的理由来看，重复起诉 455 件，占全部裁定不予立案行政案件的 59.86%，缺乏具体诉讼请求 213 件，全部裁定不予立案行政案件的 28.03%；从原告的分布来看，宋某一人就有 676 件，全部裁定不予立案行政案件的 88.95%。（具体情况见表 1～表 3）

表1　裁定不予立案案件案由分布情况统计表

案由分布	案件数（件）	所占比例（%）
信息公开	694	91.32
其他	63	8.29
认为侵犯房产权	3	0.39

表2　裁定不予立案案件裁定理由情况统计表

不予立案理由	案件数（件）	所占比例（%）
重复起诉	455	59.86
缺乏具体诉讼请求	213	28.03
缺乏事实依据	33	4.34
不属于行政诉讼受案范围	27	3.55

续表

不予立案理由	案件数（件）	所占比例（%）
不属于北京四中院管辖	19	2.50
超过起诉期限	5	0.66
被生效判决羁束	3	0.39
没有原告主体资格	3	0.39
错列被告	2	0.26

表3　裁定不予立案案件原告分布情况统计表

原告分布	案件数（件）	所占比例（%）
宋某	676	88.95
小红门信访人	15	1.97
李某	12	1.58
其他	57	7.50

（二）审判程序中被驳回起诉案件基本情况

2014年12月30日至2016年6月30日，北京四中院裁定驳回起诉行政案件共计867件，从裁定驳回起诉的理由上看，其中不属于人民法院行政诉讼受案范围案件213件，占裁定驳回起诉行政案件的24.57%；诉讼请求不明确案件151件，占裁定驳回起诉行政案件的17.42%；缺乏事实和法律依据案件116件，占裁定驳回起诉行政案件的13.38%。（具体情况见表4）

表4　裁定驳回起诉案件裁驳理由情况统计表

序号	裁驳理由		案件数（件）	合计	比例（%）
1	不属于人民法院行政诉讼受案范围		—	213	24.57
2	诉讼请求不明确		—	151	17.42
3	缺乏事实和法律依据		—	116	13.38
4	非政府信息	咨询事项	82	86	9.92
		政策调整	2		
		其他非政府信息	2		
5	行政行为对其合法权益明显不产生实际影响		—	81	9.34

续表

序号	裁驳理由		案件数（件）	合计	比例（%）
6	原告不适格		—	59	6.81
7	复议期间又提起诉讼		—	36	4.15
8	超过法定起诉期限且无正当理由		—	35	4.04
9	重复起诉		—	35	4.04
10	诉讼标的已为生效裁判所羁束		—	23	2.65
11	被告不适格	错列被告且拒绝变更	9	20	2.31
		其他	11		
12	不属于受诉人民法院管辖		—	9	1.04
13	未按照法律、法规规定先向行政机关申请复议		—	1	0.12
14	无效诉讼请求		—	1	0.12
15	应该分案进行处理		—	1	0.12

二、当事人不当行使起诉权案件的特点及后果

（一）当事人不当行使起诉权案件的特点

1. 政府信息公开类案件比重大，且呈上升趋势

2015年，北京四中院裁定不予立案行政案件共计341件，其中政府信息公开类案件293件，认为侵犯房屋产权案件2件，其他案件46件。信息公开类案件占不予立案案件总数的85.92%。2016年上半年，北京四中院裁定不予立案行政案件共计411件，其中政府信息公开类案件396件，认为侵犯房屋产权案件1件，其他案件14件。信息公开类案件占不予立案案件总数的96.35%，这一比例比2015年高出10.43%。

原告向行政机关大量频繁的申请；或就同一或类似申请向不同机关或同一机关不同时间提出申请；或明知不是政府信息仍以明显不能成立的理由逐一提起行政复议或诉讼等。如宋某自2009年7月至2016年5月就海淀城管大队支付非国家赔偿费用105元、147元行政赔偿款违法为由，针对海淀城管大队、海淀区财政局等部门向海淀区政府先后提起与之相关和无关的600余份政府信息公开申请，2014年12月30至2016年6月30日向北京四中院提起

了 2079 件政府信息公开的行政诉讼。

李某、魏某、吴某等诉朝阳区人民政府公开各时间段信访接待人员信息的政府信息公开案件。这批起诉人是朝阳区小红门地区拆迁补偿案件的上访户，常年在朝阳区政府上访。北京市四中院履职以来一年多时间，他们已提出此类政府信息公开案件 118 件。这批案件虽涉信访事项，但他均以信息公开形式出现，且朝阳区政府都给予了答复。《答复书》中也明确了告知了诉权。这批案件立案以后，审判庭一般按不属于行政诉讼受案范围裁驳处理。

2. 诉政府不履职的情况居多

履职案件中，主要包括以下几种类型：一是当事人请求事项或争议已为生效裁判所羁束，当事人基于相同诉讼目的，围绕同一争议向各级行政机关提出履职申请，并反复起诉。孙某诉北京市朝阳区城市管理综合行政执法监察局、北京市朝阳区发展和改革委员会、北京市工商行政管理局朝阳分局、北京市朝阳区市政市容管理委员会、北京市朝阳区人民政府和平街道办事处、北京市朝阳区人民政府、北京市住房和城乡建设委员会、北京市交通委员会不履机动车停车管理法定职责案。原告就北京市治平物业管理有限责任公司违反《北京市机动车停车管理办法》，被北京市朝阳区城市管理综合行政执法监察局行政处罚后仍未停止对国典华园小区停车场违法收费的违法行为，通过中国邮政速递，向 8 位被告分别送达了提请其依法查处并制止治平物业公司违法收费的函。八被告法定期限内未予答复，原告以八被告不履行法定职责为由向四中院提起行政诉讼。孙某就此事起诉过朝阳区城市管理综合行政执法监察局，因不满意诉讼结果，又分别以履职申请的形式，不区分相应的政府机关是否有法定职责，不区分宏观管理职责和具体的行政职责，就同一问题多头多机关重复诉讼。

二是要求上级行政机关履行对下级行政机关的内部监督管理职责案件中，当事人明知可以通过起诉下级行政机关行为来维护自身权益，而坚持起诉上级行政机关，坚持起诉要求行政机关依法督促或作出相应处理。如非京籍学生家长因孩子小学入学资格问题起诉丰台区政府、朝阳区政府案等。

三是投诉举报信访案件中，当事人向明显不具有法律法规或者规章规定的事务、地域或层级的行政机关投诉、举报、检举、反映，要求行政机关履行查处等职责后，对行政机关答复或不予答复等行为不服提起诉讼。如韩某诉怀柔区政府不履职一案。原告称，怀柔区教委确认其工龄 35 年教龄 32 年，按照基本退休费比例应为100%。而怀柔人事局故意将其工龄改为34年零10个月，教龄改28年，作出了退休费比例为85%的错误决定。原告向区政府投诉，怀柔区政府未作答复。请求法院判令“被告对其2012年11月15日的投诉请求未作答复”的行为违法。

3. 涉征地拆迁历史遗留群体性纠纷也是不当行使起诉权案件的高发地带

被拆迁人以立案登记制为契机，对多年未解决的征地拆迁问题再次向法院提起诉讼。如平安大道张某等40余人诉东城区政府为办理现安置房的合法房屋所有权证书，并赔偿原告因被告直接行政侵权造成的各种损失的纠纷（征地拆迁发生在1998年）；西苑地区张某等379人提起“撤销海淀区政府对西苑地区综合整治的行政行为，对起诉人予以重新安置”的纠纷（征地拆迁发生在2003年）；海淀区安宁庄朱某等23人诉撤销《房屋拆迁许可证》纠纷及撤销《信访事项答复意见书》纠纷等（征地拆迁发生在2005年）。上述案件中的拆迁问题均已经过法院诉讼程序，起诉人试图借立案登记制改革，再次提起行政诉讼向政府施压，以解决其安置补偿等问题。

4. 变换诉由重复诉讼

宋某就同一份政府信息公开告知书以不同诉由的重复起诉。如前诉以（2015）第347号答复书违法请求撤销，后诉又请求确认（2015）第347号答复书认定其申请为“咨询”事项违法。后诉与前诉的当事人相同；诉讼标的相同，即对同一政府信息公开行为要求进行司法审查。以不同的诉讼理由请求确认同一行政行为违法。北京四中院对宋某以重复起诉为由裁定不予立案的案件有454件。

5. 信访老户为不当行使起诉权的主力军，形成以诉代访的新趋势

很多常年信访老户，以立案登记制为契机，以诉代访，重新提起诉讼。如张某与邻居李某宅基地纠纷。张某主要诉求为：一是李某宅基地超占，请求撤销李某的宅基地使用权证；二是张某自己的宅基地申请未获通过；三是赔偿损失。前述两项事项，张某多次诉讼未获满意结果。2015年7月张某再次向区政府提起调查处理申请。区政府答复后，张某以答复违法为由，再次对这两个行政行为提起行政诉讼。目前二人因宅基地使用权纠纷，起诉顺义区政府，在四中院已有12件行政案件。如果顺义区政府对张某的申请不予答复的话，张某仍可以顺义区政府不履职再行提起行政诉讼。（“一人多诉”案件情况见表5）

表5 “一人多诉”情况统计表

单位：件

起诉人	案件数	起诉人	案件数	起诉人	案件数
宋某	998	丁某	38	崔某	33
王某	33	吴某	32	韩某	31
刘某	31	魏某	29	杨某	25
张某	21	张某	19	袁某	14
刘某	10	俞某	10	李某	9
周某	8	李某	8	孙某	8
黄某	6	岳某	6	张某	5
叶某	5	姚某	4		

6. 采用一事多诉、多事一诉等不当行使起诉权的形式

当事人在正常诉讼途径走完之后，又围绕同一争议，基于相同诉讼目的，将行政行为切割，对过程行为、结果行为等反复提起诉讼。如袁某不满东城区政府公房变更决定，先后诉变更行为、换房协议、信息公开等，共计提起15件行政诉讼；苑某等人针对百万庄地区征地补偿方案不满，以西城区政府为被告先后对征收决定、征收行为、鉴定行为、征收方案分别提起诉讼；宋某针对一份信息公开以登记回执删改信息、不明确诉讼请求、重复起诉等诉讼方式先后7次提起诉讼等；再就是基于同一诉讼目的，对同一事项分别向不同部门提起行政诉讼。如孙某以朝阳区政府、北京市朝阳区房屋管理局、北京住房公积金管理中心朝阳管理部、北京市住房公积金管理中心、北京市住房和城乡建设委员会、北京市公安局朝阳分局等为被告提起8件行政诉讼。

7. 主观故意性明显

以宋某政府信息公开案为例，获取政府信息的背后往往裹挟着报复、泄愤、施压等真实动机，也无论行政机关是否满足其需求，逐一提起行政复议、行政诉讼，穷尽诉讼程序。再如李某等小红门地区信访人每月去朝阳区政府申请信访接待，每次都要求朝阳区政府公开接待当日的接待人员信息，在政府满足其知情权的情况下，仍然提出行政诉讼。其诉讼依靠主观臆想、其动机为发泄对公权力不满，人为制造争议，并非理性诉讼，有悖于诚信诉讼的基本原则。

（二）不当行使起诉权的后果

1. 给对方当事人造成诉累

不当行使起诉权案件进入诉讼程序后，对方当事人也被拖入被动应诉的局面，除了承担交通、住宿、务工、律师代理等各项不必要的费用外，还要承担被诉的精神压力。尤其在行政诉讼中，被起诉人是行政机关，有关履职部门和行政机关负责人都会被拖入诉讼，整理案件情况，准备诉讼材料等程序都会耗费大量的人力、物力和财力，这对于受不当行使起诉权行为困扰严重的部门，必将影响其正常职能的运转。

2. 浪费司法资源，损害司法权威

司法资源的有效性和社会纠纷的无限性本就是一对矛盾。大量不当行使起诉权行为的存在和激增，使宝贵的司法资源白白被浪费，绝大部分起诉人在立案接待过程中都对立情绪明显，不配合补正与不接受立案释明，且当事人“抱团”现象突出。以拆迁案件为例，被拆迁人聚集，针对类似和关联问题进行集体诉讼、重复诉讼，共同给法院施压，不配合立案工作，扰乱诉讼秩序。此外，不当行使起诉权案件中重复起诉的现象比较突出，立案阶段查重的工作量较大，诉的识别难度较高。法院的精力被人为分散，加剧了案多人少的矛盾。同时，也损害了司法权威，降低了审判机关的公信力。

3. 曲解立案登记制改革本意，异化行政诉讼功能

立案登记制改革是为了解决立案难，更好地保护当事人的诉权。而立案登记制实施后，起诉人利用立案门槛降低，肆意提起诉讼，诉求抽象，缺乏事实根据。立案登记降低对起诉基础法律关系和事实的审查标准，导致这类案件进入诉讼程序。再者，部分不当行使起诉权的当事人其真实目的是希望通过诉讼与政府重新谈判对话，或是对公权力的报复泄愤，而非对所诉行政行为进行司法审查。其诉求形式意义大于实际意义，诉讼被利用，损害了对方当事人的合法权益，其诉讼本身的救济功能无法实现。

4. 对社会诚信体系造成冲击，产生负面社会效应

恶意诉讼、无理缠诉和虚假诉讼等滥用诉权的行为都是利用法律所赋予的程序性权利损害他人合法权益或者加重他人的负担从而得到不正当利益的行为。其行为与诚实信用原则背道而驰，给整个社会的诚信体系造成很大的冲击。此外，立案登记制实施后，各种稀奇古怪的诉讼请求在各地频现，误

导公众，是很多人产生“司法万能”的不合理预期，将更多的“奇葩”诉请诉至法院，形成恶性循环，产生负面社会效应。

三、域外立法对滥用诉权的界定及规制

诉权滥用与诉权保障是并存的，无论是在英美法系国家还是大陆法系国家，都有诉权滥用的现象。各国的立法都对滥用诉权进行了界定和规制。

1. 英国对滥用诉权的界定及规制

英国法用“当事人滥用诉权程序”这个更宽泛的概念来界定当事人滥用诉权。英国法认为，当事人不公正的或有趋向性意图的诉讼行为被认定为对诉讼程序的滥用。①

1896 年英国制定了世界上第一部专门规制滥诉的法律——《滥诉法》（Vexatious Actions Act）。该法明确规定了认定滥诉的权限、程序和要件。该法规定认定滥诉有五个要件：一是法院有权认定滥诉，但认定滥诉的权限在高等法院；二是应当由首席检察官提出申请；三是应当履行必要的正当程序；四是规定“任何人在没有任何合理理由的情况下，习惯性或持续性地提出纠缠无理的诉讼”，即可认定为滥用诉讼；五是认定滥诉者的结论必须公开，即在伦敦公报上刊登。② 同时，英国法还规定如果滥诉者对相对方造成损害的，受害者可以对滥诉者提起侵权之诉。

2. 美国法对滥用诉权的界定及规制

美国法中也没有“诉权”的概念。《美国联邦民事诉讼规则》规定，对于反复起诉的，既判力规则被广泛使用，既判力规则排除了当事人反复性诉讼的合法性。法庭有权驳回当事人轻率、反复的诉讼。③ 加利福尼亚州《民事诉讼法典》（1961 年颁布实施）赋予了法院以颁发“起诉禁令”的权力。该法规定在没有委托代理律师的情况下原告针对同一被告的裁决的有效性反复起诉；或者针对同一被告的最终裁决涉及的请求、争议或者相关事实问题、法律问题反复提出争执，即可认定为滥用诉权；法院可依职权或者根据被告

---

① 参见徐昕译：《英国民事诉讼规则》，中国法制出版社 2001 年版，第 12 页。

② 耿宝建、周觅：《政府信息公开领域起诉权的滥用和限制——兼谈陆红霞诉南通市发改委政府信息公开案的价值》，载《行政法学研究》2016 年第 3 期。

③ Geoffrey C. Hazard, *Abuse of Procedural Rights: Comparative Standard of Procedural Fairness*, Kluwer Law International, 1998, p. 49.

的申请向原告发布“起诉禁令”，禁止滥用诉权者在没有律师代理的情况在本州提起新的诉讼。此外，美国法还通过诉讼审查机制、责任费用机制、侵权损害赔偿机制有效的规制诉权的滥用①。

3. 法国对滥用诉权的界定及规制

根据《法国民事诉讼法典》的规定，第一，当事人明知诉讼不能满足诉讼要件的要求而进行，则当事人的行为构成相对意义的诉权滥用；第二，当事人行使的诉权虽满足诉权要件，但是当事人主观意图为恶意，诉讼目的在于妨碍对方当事人的正当权益，则当事人的行为构成绝对意义的诉权滥用②。

4. 德国对滥用诉权的界定及规制

德国民事诉讼法并未对“诉权”及“滥用诉权”做出明确的说明和界定，但并非没有法律依据。德国《民法典》第226条规定：“权利的行使如果仅以损害他人为目的，其行使权利的行为不适法。”德国通说认为，仅当权利保护确有必要的时候，原告才有权通过起诉这种方式启动司法程序。③ 同时《德意志联邦共和国民事诉讼法》中还通过诉讼审查机制、上诉许可制度、行为失权机制、责任费用机制等规定，对诉权滥用进行了明确的规制，当事人提起的诉讼不符合法律规定的当事人适格和诉的利益两大要件的，法院就会拒绝提供司法救济。④

5. 日本对滥用诉权的界定和规制

日本对滥用诉权的界定在继承了德国立法的基础上进一步引入了诚实信用原则，明确规定当事人从事民事诉讼，应以诚实信用原则为之，⑤ 同时对有妨碍公正裁判的情况的行为也予以禁止。⑥ 日本的司法实践中也出现过禁止滥诉的判例。⑦

两大法系国家对滥用诉权虽然在认识上存在差异，但是都有相应的规定。

---

① 参见徐爱国：《英美法中“滥用法律诉讼”的侵权责任》，载《法学家》2000年第2期。

② Geoffrey C. Hazard, *Abuse of Procedural Rights: Comparative Standard of Procedural Fairness*, Kluwer Law International, 1998, pp. 109－120.

③ 耿宝建、周觅：《政府信息公开领域起诉权的滥用和限制——兼谈陆红霞诉南通市发改委政府信息公开案的价值》，载《行政法学研究》2016年第3期。

④ 参见谢怀栻译：《德意志联邦共和国民事诉讼法》，中国法制出版社2001年版，第15～20页。

⑤ 参见《日本民事诉讼法》第2条。

⑥ 参见《日本民事诉讼法》第35条、第37条。

⑦ 日本札幌高等法院昭和41年（1966年）9月19日判决，转引自［日］兼子一、［日］竹下守夫：《民事诉讼法（新版）》，白绿铉译，法律出版社1995年版，第80页。

英美法系没有诉权的概念，但是从诉讼程序是否滥用作为标准界定当事人是否滥用司法救济权。大陆法系主要从两个方面对滥用诉权进行界定，一是起诉是否符合诉权及诉权要件的规定；二是诚实信用原则在滥用诉权中的重要地位。笔者认为，英美法系更多的从客观方面对滥用诉权进行界定，当事人在客观上符合了滥用诉讼程序即构成了诉权的滥用；大陆法系更多的是从主观方面对诉权滥用进行界定，诉权要件的规定和诚实信用原则均是对主观的考量。

在对滥用诉权的限制方面，英国和美国均有单独的立法进行规制。英美法系多用禁止起诉、禁止申请等带有制裁性、惩罚性的规制手段，是一种资格限制的措施，也是一种面向未来的惩罚。大陆法系更多的是通过判例确立了滥用诉权的标准，规制手段也没有英美法系的严苛。

四、现阶段对不当行使起诉权的方式以及工作困境

实施立案登记制，既要保护当事人的诉权，也要防止不当行使起诉权的行为。笔者认为，上述讨论的不当行使起诉权的行为，包括有诉的利益但诉权行使不规范和滥用诉权两种情况。对这两种情况加以区分的意义在于，对于滥用诉权的行为要采用限制诉权等方式加以规制，而对于其他诉权行使不当的行为则需要进行规范和引导。

（一）现有的应对方法

1. 诚信诉讼承诺书。以诚信诉讼承诺书的形式，告诫起诉人恶意诉讼、无理缠诉、虚假诉讼的后果及法律制裁的方式，并由审判执行部门联手，落实后续制裁措施。通过对其进行警示和督促，以保证诚信诉讼。北京四中院自立案登记制实施后就进行这项尝试，向所有一审行政、民商事案件的起诉人发放诚信诉讼承诺书。

2. 一次性补充、补正告知书。立案登记制后，对于不符合登记立案要求的，出具一次性补充、补正告知书，在规定期限内补充、补正后符合立案登记的，予以登记立案，否则裁定不予立案。一次性补正、补充告知书杜绝了不立、不裁的情况，很好地保障了当事人的诉权，同时也给诉讼能力不足的当事人予以合理诉讼引导，客观上也对滥诉的行为起到一定的遏制作用。法

官通过一次性补充、补正告知书把诉讼所需要的内容传达给当事人，使其能够正确行使起诉权，为诉讼做好充分准备，客观上对一些不当行使起诉权的行为进行清理、纠正。

3. 裁定不予立案。当事人所提供的材料在补充、补正后仍不符合登记立案要求或拒绝补正的，法院依法作出不予立案裁定书。

（二）对滥用诉权行为规制的司法困境

从现有的法律规定和司法实践来看，各地司法机关在应对当事人滥用诉权这一问题时往往遭遇“无法可依”和“执法不一”的尴尬。

1. 对滥诉甄别机制尚未健全

立案登记过程中无法有效地对滥诉进行甄别。首要的原因是无据可循。学理中有域外立法对诉权滥用的界定。实践判例中也有相关的滥用诉权案例的认定。首先是目前的法律法规中没有明确的滥诉概念，故无法在实体裁判中找到法律依据；其次是缺乏甄别程序，认定滥用诉权，应当十分慎重，为避免司法权被滥用，防止法官擅断，应当遵守正当程序原则来对滥用诉权行为进行识别、认定。

2. 依据现有法律规定，立案阶段规制滥诉工作难度较大

“有案必立，由诉必理”的工作要求下，规制滥用诉权与诉权保护的平衡点不好把握。在立案登记制下，对诉权的保障加强，而对立案证据的审查弱化，在立案阶段，以没有事实根据裁定不予立案这一理由是被谨慎使用的，这在很大程度上影响对滥诉的甄别和规制。目前，国内现有的认定滥用诉权裁判案件中没有一件是出自立案庭。在立案阶段唯一能够采用的手段是裁定不予立案。而裁定的法定期限是7天，在有限的时间内，进行滥诉的甄别工作较为困难。

3. 规制的方法有限

立案阶段规制手段包括上文提到的诚信诉讼承诺书，一次性补充、补正告知书和裁定不予立案。诚信承诺书和一次性补充、补正告知书这两种方法主要起到警示和引导的作用，规制作用非常有限，尤其对当事人存在主观恶意的滥用诉权当事人往往不接受法官的释明与建议，也拒绝补充、补正，立案释明和补充、补正告知书对其诉讼行为起不到有效的限制作用。裁定不予立案虽然可以使得不符合登记立案条件的案件无法进入审理程序，但是从宋

某的案例中不难看出，不予立案裁定也并不能起到规制其滥用诉权的目的。宋某针对一份信息公开告知书最多提起过106次诉讼。前期，我们对其每一次诉讼均以裁定的形式回复。2014年12月30日至2016年6月30日，北京四中院立案庭已针对宋某出具不予立案裁定676份，还有1081件拟出具不予立案裁定。这部分的工作量占用了立案庭有限的精力和时间。并且，针对每一个裁定，宋某基本上都会启动二审程序的救济，这无疑是司法资源的巨大浪费。此外，裁定不予立案案件一审、二审均不收取诉讼费，这样无成本的诉讼反而更有利于其实现“行政诉讼吉尼斯纪录”的目标。

五、建议与对策

保护当事人诉权是现代司法必须恪守的基本价值理念，但正视司法资源和司法功能的有限性，也是现代司法规律的内在性要求。对诉讼权利的保护和对滥用诉权的规制是对立统一的，两者互相制衡，互相促进。准确把握两者之间的“度”，平衡当事人诉权保障和司法资源有限性之间的矛盾，是解决滥诉问题的出发点和落脚点。

（一）坚持主客观相统一的方式，严格区分诉权行使不当和滥用诉权的诉讼行为

要妥善解决当事人滥用诉权的问题，首先应当对滥用诉权的行为进行区分和界定。结合司法实践，笔者认为诉权滥用认定标准应当从主观和客观两方面展开，即主观上当事人有滥用诉权的故意，客观上实施了诉讼行为，并造成侵他人合法权益、扰乱司法秩序的行为后果。

1. 滥用诉权的主观标准

主观故意滥用诉权可以从两方面来认定：一是主观判断要件的认定，二是诉讼目的正当性的认定。

第一，主观判断要件的认定。按照侵权法的划分，当事人主观的过错可以分为直接故意、间接故意、重大过失和一般过失。笔者认为，在滥用诉权认定中，将直接故意作为主观判断要件的标准，能够在全面保障诉权和限制滥用诉权之间进行平衡，理由有二：一是因为诉权是一项基本权利，保障诉权是诉讼活动的应有之义，仅仅将直接故意作为滥用诉权的主观判断要件能

够保证当事人在行使诉权时不会有过多的限制；二是我国目前尚未实行律师强制代理制度，在没有律师的参与下，当事人对法律的认知可能存在偏差，若将间接故意或者过失作为滥用诉权的判断要件则显得过于严苛，也不利于诉权保障的进行。

第二，诉讼目的正当性的认定。诉讼制度的设立是为了保护当事人的合法权益，无论是民事诉讼还是行政诉讼，当事人认为自己的合法权益受到侵害要求救济时都有权提起诉讼。但是当事人的诉讼行为偏离了救济受侵害的合法权益这一诉讼宗旨时，应当认定其诉讼目的具有不正当性。尤其是当事人为了损害他人利益或者社会公共利益或者为了实现自己的不正当目的而肆意提起的诉讼，都应当被认定为诉讼目的不正当。

2. 滥用诉权的客观标准

当事人客观上实施了诉讼行为是指当事人提起的诉讼表面上符合法律规定的起诉条件和起诉方式，但是实质上缺乏诉的利益和违背诚实信用原则，造成侵害他人合法权益、扰乱司法秩序的行为后果，应当被认定为滥用诉权。

第一，诉的利益的认定。诉的利益是指当事人提起的诉应当具有的运用诉讼予以救济的必要性和实效性，其中必要性是法院有无必要通过判决来解决当事人之间的纠纷，实效性是法院能否通过判决实际解决纠纷。[①] 由此可见，诉的利益强调的是司法救济的必要性和实效性。基于司法资源的稀缺性，法院不可能对所有的纠纷进行裁判，只有在纠纷具有必要性和实效性的前提下法院才会进行裁判。如果当事人的诉讼不具备必要性和实效性，背离了权利正当行使的正当性，则应当认为当事人提起的诉不具备诉的利益。诉的利益缺乏导致当事人实施的诉讼行为即使表面上合法的，也不具备通过进行救济的必要，是一种滥用诉权的行为。

第二，诚实信用原则的认定。诚实信用是民法中的“帝王条款”，也是民事诉讼中的重要原则。诚实信用原则要求当事人实施诉讼行为，行使诉讼权利必须遵守伦理道德，诚实守诺，在不损害对方合法权益和公共利益的前提下维护自身利益。笔者认为，应当将诚实信用原则适用于对当事人所有诉讼行为的一种制约。

第三，造成侵害他人合法权益、扰乱司法秩序的行为后果。笔者认为，

---

① 刘敏：《论诉的利益之判断》，载《国家检察官学院学报》2012 年第 4 期。

滥诉行为应当造成了侵害他人合法权益、扰乱司法秩序的不利后果。起诉人通过草率地提起大量、反复、琐碎的行政诉讼，给行政机关造成不必要的诉累，同时给司法机关带来明显超过其正常负荷的工作量，一定程度上扰乱了司法秩序。

在区分诉权行使不当和滥用诉权的诉讼行为后，我们应当区别对待，对主观上没有滥诉恶意或者滥诉恶意不深，客观上有诉的利益，因诉讼能力不足等原因造成诉权行使不当而产生的诉讼行为，应当进行积极的引导和规范，充分保障当事人合法权利；而对于被认定为滥诉的行为，因违背了诉权行使的必要性，丧失了权利行使的正当性，应当对其进行规制和惩戒。

（二）对不当行使起诉权行为的引导和规范

1. 强化立案释明力度，积极引导当事人理性规范诉讼

《最高人民法院关于人民法院登记立案若干问题的规定》明确指出，对于“违法起诉或者不符合法律规定的”等五种情形的起诉、自诉不予登记立案。对此，法院、司法行政部门及媒体应加大宣传力度，消除公众误解，引导当事人合法行使起诉权，不应过多强调立案登记制对当事人诉权的保护，却忽视了当事人诉权正当行使的要求，导致民众理解上出现偏差。因此，应当调整宣传口径，明确立案登记制是在合法范围内实现当事人诉权保护，“有案必立、有诉必理”是要求法院立“应立之案”，理“应理之诉”，[①] 并非逢案必立、逢诉必理。

同时，对部分因诉讼能力欠缺等原因而导致诉权行使不当的行为，例如，在实践中，当事人或因误解法律条文，或因不了解诉讼程序而反复提起不符合立案登记要求诉讼，针对这种诉权行使不当的诉讼行为，法院应当加大释明力度，积极引导当事人合理行使诉讼权利，当事人拒绝补正或者补正后仍不符合立案登记制要求的，应当依法作出不予立案裁定。

2. 与行政机关建立常态化的协调机制，完善多元化纠纷解决机制

与行政机关建立经常性工作联系和沟通机制，对重点、敏感案件的情况及时沟通，及时协调，建立畅通的衔接互动和有效运转机制。在滥用诉权的案件当事人往往只是希望通过诉讼给行政机关试压或蓄意制造混乱，例如拆

---

① 许尚豪：《“立案登记制”后如何审查立案》，载《人民法院报》2014年12月24日，第5版。

迁案件中被拆迁群体纠纷表面上涉及群体一方的权益，实质是群体基于对拆迁政策和政府的不满，试图通过诉讼的途径，以群体的力量给政府和社会施压，以引起重视和关注。而法院的性质决定了其只能运用审判权作为居中裁决者处理纠纷，手段较为单一，无法对群体性纠纷的源头实施有效的控制。法院应该适度把握司法职能与社会职能之间的平衡，切实发挥与行政机关的良性沟通协调作用，特别面对一些带有政策因素的群体性纠纷、历史遗留问题纠纷，更要充分借助行政职权切实从源头上解决当事人滥用诉权问题。同时进一步完善行政裁决、行政复议、行政诉讼等有机衔接、相互协调的多元化纠纷解决机制。

3. 发挥律师以及法律工作者的作用，切实提高当事人诉讼能力

目前，北京四中院已与北京市司法局合作建立北京市法律援助中心驻北京市第四中级人民法院法律援助工作站。对于因诉讼能力欠缺而不当行使起诉权的当事人，囿于法官行使释明权界限的限制，建议其向法律援助律师咨询。法律援助工作站将立案登记制与律师法律援助制度有效衔接，提倡专业律师及法律工作者介入起诉，参与立案咨询工作，为那些没有能力聘请律师的当事人提供更为有效的法律援助，提高当事人的诉讼能力，避免其滥用诉讼权利。

（三）建构对违法滥用诉权行为的惩治机制

《中共中央关于全面推进依法治国若干重大问题的决定》在确定立案登记制的同时，明确要求尽快建立恶意诉讼、无理缠讼惩处机制。我们认为，保障公民诉权与惩治滥用诉权是一个问题的两个方面，惩治诉权要以充分保障当事人诉权为前提，合法诉权的充分行使是惩治滥诉的前提和基础，惩治滥诉是充分行使合法诉权的保障。① 惩治滥诉必须要与确保当事人能够依法行使起诉权同步展开，加大惩处的力度，提高滥用诉权的成本和风险。

1. 建立滥用诉权、恶意诉讼人员清单

对于起诉缺乏诉的利益，诉讼目的不具有正当性，有违诚实信用原则的起诉人，行使诉权行为引起程序空转，导致司法资源浪费，增加对方当事人诉累的，并被多次驳回起诉或诉讼请求的当事人，列入滥用诉权恶意诉讼人

---

① 张春波：《依法规制滥诉行为 维护正常立案秩序——访最高人民法院立案庭负责人》，载《中国审判》2015 年第 21 期。

员清单。对他们提起的诉讼，应当进行严格的立案审查，不适用先行立案的登记制度。从目前实践来看，诉权滥用缺乏相应的法律依据，实践中的滥用诉权认定也是少之又少，参考现有裁判的认定标准，以诉的利益、诚实信用原则、行为后果等为标准，对案件进行界定。对重点人案件采取严格审查制度，对其起诉期限、是否重复起诉等问题都在立案阶段审查，并不适用存疑立案的立案登记制度。

2. 建立诉讼行为评估制度

对以审判程序中难以判断的滥用诉权、恶意诉讼行为，交由法学专家学者、律师、政协、人大代表、廉政监督员、基层社区代表等人员组成的诉讼行为评估委员会甄别。借助第三方社会公众平台，对滥用诉权、恶意诉讼的行为进行甄别。这是滥用诉权认定的正当程序原则的体现。因为缺乏相应的法律依据，通过第三方平台做滥用诉权的甄别是目前解决滥用诉权问题的较为合理的方案之一。

3. 对重复起诉案件的应对措施

对于首次发现的重复起诉者，立案部门发现已经就同一事项诉讼过，应当充分释明，释明后当事人坚持起诉的要依法裁定不予立案；对于两次以上重复起诉的，笔者认为，不需再出具不予立案裁定，可以将重复起诉的信息记载下来并登记在单独的系统中，同时出具不予立案告知书，告知书仅起到告知作用，不可上诉、申诉或申请复议；对于多次重复起诉的，应当采取必要的惩戒措施，避免滥用诉权。

4. 发布典型案例

目前最高人民法院已经通过发布公报的方式公布陆红霞诉南通市发展和改革委员会政府信息公开答复案。通过发布典型案例的方式认定，当事人反复多次提起琐碎的、轻率的、相同或类似的诉讼请求，或者明知无正当和理由而反复提起诉讼，人民法院应对其起诉严格依法审查，对于缺乏诉的利益、目的不当、有悖诚信的起诉行为，因违背了诉权行使的必要性，丧失了权利行使的正当性，应认定构成滥诉行为。① 这一典型案例为各院依法对极少数当事人的滥用诉权行为进行规制，提供了有益的借鉴和指导。

5. 实行律师费用等因诉讼产生的合理费用的转付制度

按照《诉讼费用交纳办法》的规定，诉讼费用实行败诉方负担原则。我

---

① 《陆红霞诉南通市发展和改革委员会政府信息公开答复案》，载《最高人民法院公报》2015年第11期。

国目前的诉讼费收费标准比较低，而且诉讼费用范围也比较窄，[①] 诉权滥用的当事人的诉讼成本较低，诉讼费用的杠杆调节功能已经丧失。从经济成本角度考虑规避诉权滥用的行为，可以从改革律师费用等因诉讼产生的合理费用的承担机制入手。按照目前司法解释规定，由败诉方承担胜诉方律师费用等因诉讼产生的合理费用仅仅适用法律援助案件，著作权、商标等知识产权案件，撤销权诉讼案件等特定类型的案件，[②] 其他案件不管当事人胜诉与否，律师费用等因诉讼产生的合理费用都由当事人双方各自负担，这种规定不利于抑制诉权滥用的行为。建议在诉权滥用案件中，人民法院应当认定案件受理费由诉权滥用人承担并且诉权滥用人应当承担对方当事人的律师费用等因诉讼产生的合理费用。

6. 立审执配合联手制裁违法滥用诉权、恶意诉讼

防控滥用诉权、恶意诉讼是立案、审判、执行部门的共同职责，立案登记制下，立案把关力度减弱，审判及执行部门要加大防范意识，加大审查和惩治力度。立案阶段填写诚信承诺书；审判执行部门落实责任追究，即依法对滥用诉权及恶意诉讼等妨碍诉讼的行为进行处罚，或建议相关行政管理部门对行为人予以处罚。对构成犯罪的，移送相关机关，依法追究刑事责任。可定期或不定期召开滥用诉权甄别联席会。以部门合议的形式，加大对滥用诉权、恶意诉讼的甄别与惩治力度。

7. 改革行政案件诉讼费收费办法，建立信息公开阶梯收费制度

合理有效的经济杠杆是有效遏制滥用诉权行为的必要手段。申请、复议和诉讼成本过低也是当前滥诉行为频发的主要原因之一。以信息公开案件为例，当事人申请政府信息公开只收取成本费或者有些机关甚至不收取费用，当事人申请复议不收取费用，提起行政诉讼如果被裁定不予立案不收费，立案收取 50 元的诉讼费。低标准收费的本意是为了更好地服务公众，实现良法善治，充分保护当事人诉讼权利。但是从经济学角度来看，这样的低收费制

① 《诉讼费用交纳办法》第 6 条规定，诉讼费用包括案件受理费，申请费，证人、鉴定人、翻译人员、理算人员在人民法院指定日期出庭发生的交通费、住宿费、生活费和误工补贴。

② 参见《最高人民法院司法部关于民事法律援助工作若干问题的联合通知》第 7 条，《最高人民法院关于审理著作权民事纠纷案件适用若干问题的解释》第 26 条，《最高人民法院 关于审理商标民事纠纷案件适用法律若干问题的解释》第 17 条，《最高人民法院关于适用〈中华人民共和国合同法〉若干问题的解释（一）》第 26 条等规定。

度却失去了其应当担负的调节和分流的功能。[①] 司法资源作为一种社会公共资源是有限的，司法资源作为公共产品的最终负担着实际上是所有纳税人。低标准的收费制度最终必然导致行政和司法资源的浪费，增加全体纳税人的负担。适当调高行政诉讼费用能够起到引导公众理性诉讼的作用。此外，在立案登记制下，实践中，裁定不予立案案件通常已经经过法官充分释明，大多数案件出具了补充、补正告知书，但起诉人仍然坚持起诉情况下裁定不予立案的，对裁定不予立案案件不收取任何费用，实际上变相诱导了一部分大量重复起诉或无理缠诉案件的产生。对这部分案件收取基本的成本费用合情合理。同时，完善政府信息公开的阶梯收费制度，对于超多一定基数的申请人收取递进式的费用，既有利于确保真正需要政府信息的公民能够免费获得政府信息，又能让出于商业目的或者其他可能滥用申请权或诉权的申请人缴纳相应的费用，[②] 避免少部分人过度占用公共资源，减轻财政负担。总之，合理的收费制度是科学配置有限司法资源的重要手段，充分发挥的申请费和诉讼费的科学调节作用，应当能在一定程度上缓解滥用信息公开申请权和滥用诉权问题。

六、结语

立案登记制实施以后，大量当事人不当行使诉权的案件进入司法程序，这正是从一个侧面反映出立案登记制得到了贯彻和实施，人民群众的诉权得到了充分的保障。立案登记制的精神实质是保障当事人诉权，解决法院不立不裁的问题，立案登记制没有限制法院规制当事人滥用诉权的行为，对诉讼程序进行引导是审判权应有之义，我们不能因噎废食，任滥诉行为泛滥。但是，我们也应当充分认识到诉权的滥用问题只是立案登记制改革主旋律下一个不和谐的音符，对于滥用诉权的认定和处理应当十分审慎，人民法院在对当事人诉权进行合理限制时，应当坚持证据确凿充分、论证清晰严密、结论依法可信，裁判合情合理，严格区分诉讼行为失当与滥用诉权的行为，避免限制当事人正常的行使起诉权。

---

① 李广宇、耿宝建、周觅：《政府信息公开非正常申请案件的现状与对策》，载《人民司法》2015年第15期。

② 同上。

“方便”抑或“适合”：“一带一路”背景下不方便法院原则的实践困境与升级改造

——以寻找“更适合法院”为切入点

杨宗腾　武　欣

作为国际民商事纠纷中解决国家间管辖权的一项重要原则，不方便法院原则在解决涉外案件管辖权方面发挥着举足轻重的作用。不方便法院原则（The Doctrine of Forum Non Conveniens）起源于苏格兰，成熟于英美法系国家。随着全球化的发展，国际纠纷不断增长，德国、日本等大陆法系国家也接受了这一原则。随着我国改革开放的不断深入，尤其是“一带一路”倡议的持续平稳推进，涉外案件管辖权冲突也日益凸显，因此借鉴不同国家的不方便法院原则来协调我国涉外案件管辖权既能彰显我国的司法主权，又能在国际交往中体现国际礼让，加强与各国之间的司法协作。

一、徘徊与前行：我国不方便法院原则的立法实践

我国涉外民事诉讼起步较晚，涉外民事诉讼规则尤其是管辖权冲突规则的建立经历了长时间的探索。自改革开放以来，随着对外交往的增多，涉外案件呈现爆炸增长的趋势，涉外案件管辖权冲突的情况时有发生。为切实有效解决管辖权冲突，为我国在涉外民商事案件领域的诉讼博弈中占据有利地位，我国的立法和司法实践对不方便法院原则进行了积极的探索。

在很长的一段时间内，我国的法律未有关于不方便法院原则的规定，2005 年最高人民法院在《第二次全国涉外商事海事审判工作会议纪要》（以

下简称《第二次纪要》）首次以司法文件的形式阐述了不方便法院原则①。但该文件并非正式的法律和司法解释，严格意义上讲并不具备当然的法律效力。但是随着涉外民商事纠纷的增多，各地法院甚至是最高人民法院均在具体的案例中引用《第二次纪要》中有关不方便法院原则的相关规定进行裁判②。这种做法的弊端是显而易见的，我国作为成文法国家，不方便法院原则在法律渊源中的缺失使人民法院在审理该类案件时处于十分尴尬的境地。

又经过 10 年的摸索前行，2015 年最高人民法院在《关于适用〈中华人民共和国民事诉讼法〉的解释》（以下简称《民诉法司法解释》）中规定了拒绝管辖的规定，该规定可以视为我国立法层面关于不方便法院原则的规定③。该规定基本承继了《第二次纪要》中有关不方便法院原则的相关规定，只是适用条件由七个条件变更为六个条件，去掉了“受理案件的我国法院对案件享有管辖权”，但是从不方便法院原则的本意来看，受案法院有管辖权是不方便法院原则适用的前提条件，因此《民诉法司法解释》的规定虽没有直接使用不方便法院原则的字眼，但是从其立法本意和立法技术而言，其是《第二次纪要》关于不方便法院原则的立法化，在我国涉外民商事诉讼领域有突破性的意义。

立法层面虽然是在徘徊中前进，但是人民法院在审判实践中早已开始了对不方便法院原则适用的探索。我国法院首次适用不方便法院原则精神的案

---

① 《第二次纪要》第 11 条规定，我国法院在审理涉外商事纠纷案件过程中，如发现案件存在不方便管辖的因素，可根据“不方便法院原则”裁定驳回原告的起诉。“不方便法院原则”的适用应符合下列条件：（1）被告提出适用“不方便法院原则”的请求，或者提出管辖异议而受诉法院认为可以考虑适用“不方便法院原则”；（2）受理案件的我国法院对案件享有管辖权；（3）当事人之间不存在选择我国法院管辖的协议；（4）案件不属于我国法院专属管辖；（5）案件不涉及我国公民、法人或者其他组织的利益；（6）案件争议发生的主要事实不在我国境内且不适用我国法律，我国法院若受理案件在认定事实和适用法律方面存在重大困难；（7）外国法院对案件享有管辖权且审理该案件更加方便。

② 例如，江苏省高级人民法院审理的大浩化工株式会社诉宇岩涂料株式会社、内奥特钢株式会社买卖合同纠纷案［（2010）苏商外终字第 0053 号］；最高人民法院审理的佛山市人民政府与交通银行香港分行、杰高发展有限公司等借款合同纠纷案［最高人民法院（2005）民四终字第 11 号］。

③ 《民诉法司法解释》第 532 条规定，涉外民事案件同时符合下列情形的，人民法院可以裁定驳回原告的起诉，告知其向更方便的外国法院提起诉讼：（1）被告提出案件应由更方便外国法院管辖的请求，或者提出管辖异议；（2）当事人之间不存在选择中华人民共和国法院管辖的协议；（3）案件不属于中华人民共和国法院专属管辖；（4）案件不涉及中华人民共和国国家、公民、法人或者其他组织的利益；（5）案件争议的主要事实不是发生在中华人民共和国境内，且案件不适用中华人民共和国法律，人民法院审理案件在认定事实和适用法律方面存在重大困难；（6）外国法院对案件享有管辖权，且审理该案件更加方便。

件可以追溯到1995年广东省高级人民法院审理的东鹏贸易公司诉东亚银行信用证纠纷一案①。该案的再审程序中广东省高级人民法院依据最高人民法院关于“纠纷的产生与内地无关，从方便诉讼的角度出发，应由香港法院管辖本案”的批复裁定驳回了原告的起诉。该案未直接适用不方便法院原则，而且立足点与出发点亦与不方便法院原则有一定的出入，但是此案的司法实践可以看作我国在改革开放伊始面对涉外案件管辖权的冲突所作出的一种积极探索，对不方便法院原则在我国的落地生根起到了积极的推动作用。

二、实践与困境：不方便法院原则的司法实践现状

进入21世纪以后，随着对外交往的日益频繁，涉外案件管辖权冲突日益显现。各地法院适用不方便法院原则审理的案件亦不断增长。笔者对2005年《第二次纪要》出台以来全国范围内随机抽取的110例民事裁定书为研究样本②，对目前我国不方便法院原则的司法实践进行系统的梳理和总结。

经过统计分析，笔者认为，我国司法实践中关于不方便法院的适用呈现出“五个适用”的特点，即“适用范围广、适用比例低、适用标准争议大、适用条件集中、适用说理存在瑕疵”的特点。

（一）不方便法院原则适用范围广

在随机抽取的民事裁定书中，以案由分类，婚姻家庭纠纷占比3.63%，物权纠纷占比4.55%，合同等纠纷占比35.45%，知识产权与竞争纠纷占比4.55%，海事海商纠纷占比20.91%，与公司、证券、保险、票据等有关的纠纷占比10.91%，适用特殊程序的纠纷占比0.91%，其他占比19.09%（具体分布见图1）。由此可见，在“一带一路”的背景下，不方便法院原则在各种类型的涉外民事纠纷中均会涉及，适用范围十分广泛，其中合同纠纷或者其他财产权益纠纷占比最高，合计达到了71.82%。

① 参见（1995）粤法经二监字第3号民事裁定书。

② 案例选自最高人民法院“中国裁判文书网”民事案件专题，以“不方便法院原则”为关键词随机选取的已审结并公开上网的110例民事裁判文书，选取时间为2005年1月1日至2018年5月31日。

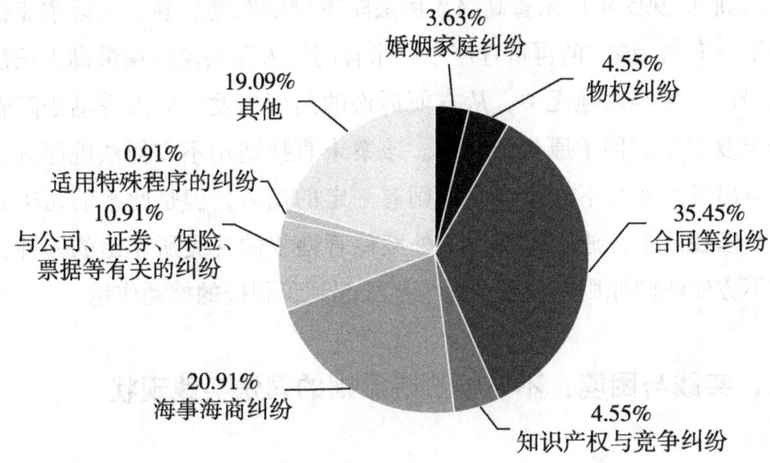

图 1　不方便法院原则适用案由分布比例图

（二）不方便法院原则适用比例低，拒绝适用比例高

在随机抽取的民事裁定书中，最终适用不方便法院原则的占 3. 64%，不适用不方便法院原则的占 96. 36%，而且在 2015 年以后尚未有适用不方便法院原则裁定驳回起诉的案例（见图 2），这与涉外民事纠纷增长的数量是不相符的。

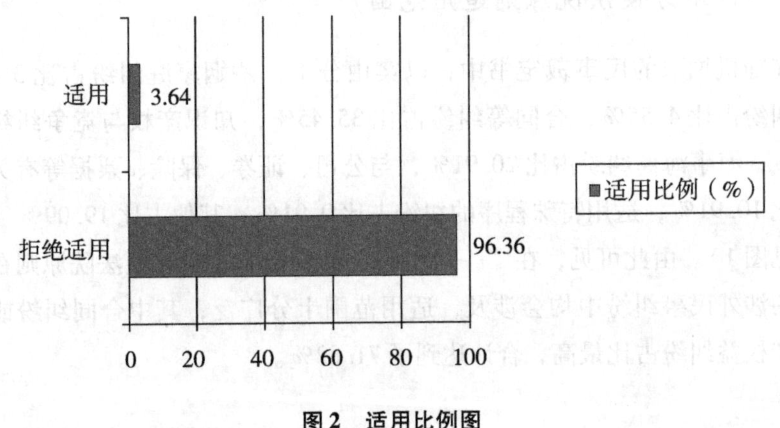

图 2　适用比例图

（三）不方便法院原则的适用标准争议较大

一审、二审法院在适用不方便法院原则时的适用标准争议大，在所选取样本中一审、二审裁判文书均有的案件共 12 件，二审撤销一审法院裁定或者

改变法律适用理由的案件有6件，占比高达50%。如在宝力威（香港）有限公司与陈某某买卖合同纠纷一案中，一审法院认为本案中与诉讼有关的各种因素均集中于香港，法院在认定事实和法律适用上存在较大困难，原告也无证据证明被告在一审法院辖区内可供执行的财产，据此适用不方便法院原则裁定驳回原告的起诉。① 而二审法院却认为应当穷尽所有的管辖连接点后方能适用不方便管辖原则，"可供扣押的财产"已经转让并不影响一审法院确立管辖权②。

（四）拒绝不方便法院原则适用的条件集中

在随机抽取的民事裁定中，以案件涉及我国国家、公民或者其他组织利益为由认定不适用的比例为38.18%；以案件在我国审理不存在不方便情形为由不适用的比例为26.36%；未直接回应当事人的不方便法院原则的抗辩而直接适用法定管辖的比例为14.55%；以其他理由不适用的比例为20.91%（见图3）。由此可见，拒绝适用不方便法院原则的条件集中在案件涉及我国国内利益和在国内审理不存在不方便情形（二者合计高达64.54%），这两种理由集中体现了我国目前司法实务对不方便法院原则的适用存在法院地方利益保护的嫌疑，在国际司法交往中易产生司法沙文主义的不良影响。

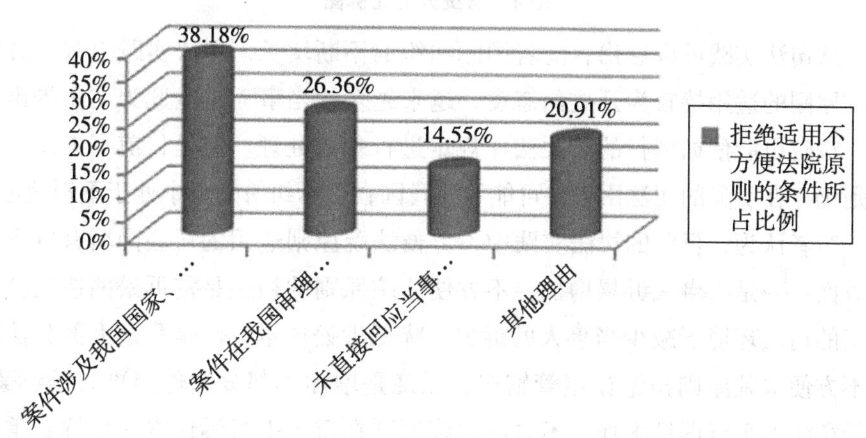

图3　拒绝适用不方便法院原则的条件比例示意图

---

① 参见（2013）深龙法民二初字第475号民事裁定书。

② 参见（2014）深中法涉外终字第12号民事裁定书。

（五）拒绝不方便法院原则适用的说理存在瑕疵

在随机抽取的民事裁定中，关于不方便法院原则适用的说理普遍存在瑕疵，这些瑕疵主要体现在以下两类：第一类是未回应当事人提出的管辖权异议或者提出的应当由更方便法院管辖的请求，有22%的案件未就当事人的抗辩进行回应，而是直接依据《民事诉讼法》中关于管辖的相关规定进行了裁判；第二类是对法律的理解明显存在偏差，部分民事裁定认为只有在人民法院无管辖权的情况下才有不方便法院原则适用的余地。这类民事裁定占比达到12%，该理解明显误解了不方便法院原则适用的前提（见图4）。

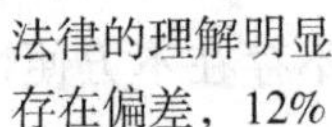

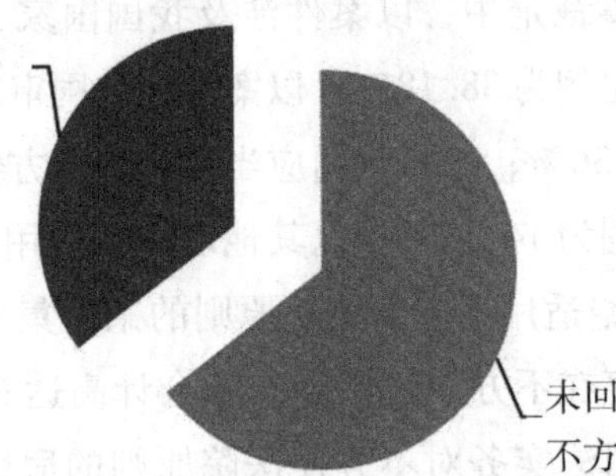

图4　瑕疵分类比例图

从司法实践可以看出，随着国际纠纷的不断增长，司法实践中对不方便法院原则的适用持较为开放的态度，越来越多的当事人也以此为主张提出抗辩，法院也能依据现行的相关法律规定进行裁判处理。但是目前不方便法院原则仍存在明显的司法困境并可能导致我国在国际纠纷处理中处于不利地位。

笔者认为，目前的司法实践中不方便法院原则适用的司法困境有以下三个方面：一是当事人诉累增加，不方便法院原则的初衷是使诉讼两造在公平公正的司法环境下减少当事人的诉累，降低诉讼成本，但是我国大部分法院以不方便法院原则拒绝让渡管辖权，无疑是增加了部分案件当事人的诉累；二是衍生的平行诉讼增加，不方便法院原则在避免平行诉讼方面发挥着重要作用，对于外国法院有管辖权并且在审理的案件，我国的司法实践中一般不以不方便法院原则拒绝行使管辖权，由此会产生不同国家间的相互矛盾的判决的情况；三是“司法沙文主义”的风险增加，我国以案件涉及我国相关利益为由拒绝适用不方便法院原则占极高比例，这实质上从根本上背离了不方便法院适用的适当性的宗旨，而过于强调属人法，以不方便法院原则之名确为维护我国相关利益之实的“司法沙文主义”，会产生管辖权无限扩大的忧虑，对我国国际交往中的司法形象和司法互惠原则的适用也是不利的。

三、借鉴与反思：不方便法院原则适用的再思考

不方便法院原则是英美法系的舶来品，是判例法国家在其自身发展过程中应对涉外案件的新情况不断演化和发展而来的。作为大陆法系国家，在接受英美法系的相关理论的确存在消化不良的问题，笔者认为，应当对英国和美国等主要欧美法国家对不方便法院原则的司法路径进行分析，采其精华，借鉴其有益部分，重新对我国的不方便法院原则适用进行界定。

（一）英美法系中不方便法院原则适用的路径分析

1. 英国法中寻找不方便法院的路径分析

目前国际私法界的通说认为，不方便法院原则源于苏格兰，在英格兰发展并正式成为一项正式的判例法制度，“Credit Chimique v. James Scott Engineering Group Ltd.”一案[①]的审理法官系统归纳了不方便法院原则的适用规则，该规则包含四项内容：（1）由被告证明在苏格兰的诉讼不应继续进行；（2）考量有管辖权的法院拒绝行使管辖权的原因，不能仅因为不方便的因素；（3）当事人能够在另一个有管辖权的法院起诉；（4）在该外国法院当事人的利益得到更为适当的维护。在该案中确立的不方便法院原则适用规则可以用图5来阐述：

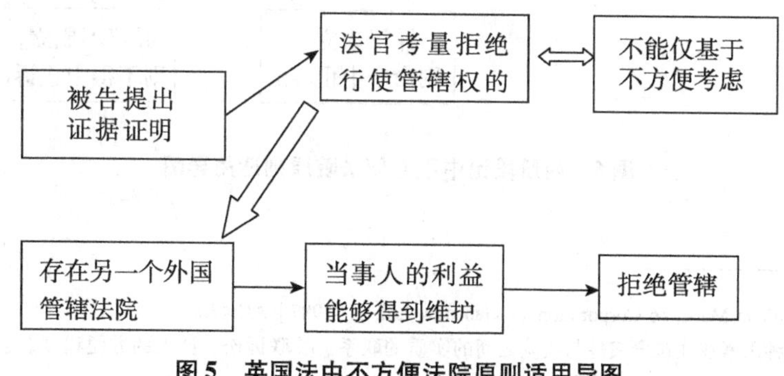

图5 英国法中不方便法院原则适用导图

① Credit Chimique v. James Scott Engineering Group Ltd.，1979，SC 410.

显然，该适用规则中，方便与否并非首要考虑因素，甚至是可以不予考虑的因素，而双方利益的保护和正义的实现占有很高的比重。因此不方便法院原则从创立之初的目的性就不在于方便。

随着社会的不断发展，英国的判例法中不方便法院原则的适用规则也在不断总结与归纳，1987 年“Spiliada Maritime Corporation v. Gansulex Ltd.”一案[①]创设的“斯皮利达亚规则”是英国目前不方便法院原则的基本规则。该规则进一步认为应当分为两个阶段适用不方便法院原则：第一阶段可以认为是“寻找适合法院”的阶段：（1）被告应提出一个更适合审理的法院；（2）被告负有举证责任来证明更适合审理的法院能够实现双方的正义。第二阶段是确定“适合的法院”阶段：（1）存在其他有管辖权的法院且该法院比受理法院更能实现双方当事人的利益；（2）被告承担举证责任，原告对受诉法院是更适合的法院承担举证责任；（3）法官结合案件的多种因素[②]来决定不方便法院是否成立；（4）若存在更适合的法院，则发出命令中止诉讼；若不存在更适合的法院，则不得中止诉讼[③]。（见图6）

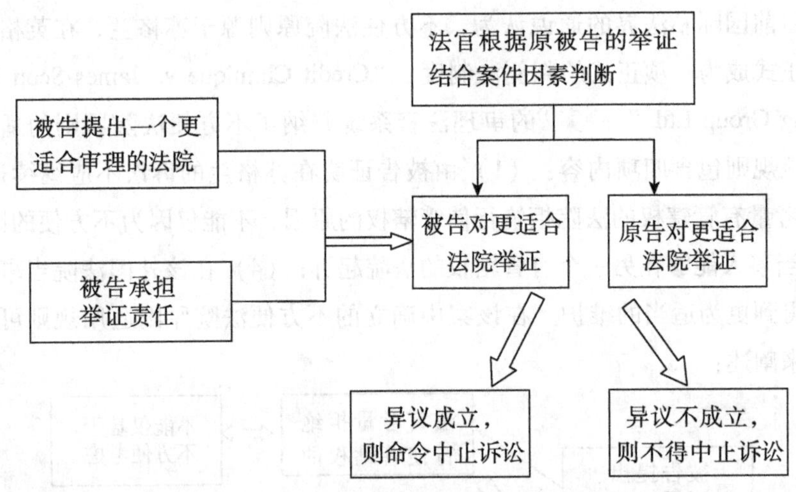

图6 两阶段论中不方便法院原则适用导图

① Spiliada Maritime Corporation v. Gansulex Ltd.，[1987] AC 476.

② 多种因素往往包含案件与法院之间的实质的联系、关联诉讼、证人的方便程度、当事人的住所地等。

③ Trevor C. Hartley，*International Commercial Ligigation*：*Text*，*Cases and Material on Private International Law*，Cambridge University Press，2010.

2. 美国法中寻找不方便法院的路径分析

美国在 Gulf Oil Gilbert Storage & Transfer Co. 一案中确立了美国法院不方便法院原则适用的步骤①。第一步是受案法院管辖权的确认和适当法院的存在，即受案法院对该案有管辖权，同时有可供选择的替代性法院对本案有管辖权，如果不能同时满足，则不得拒绝受理该案；第二步是利益的衡量，从社会公共利益和当事人的利益进行平衡，两者利益的衡量是多种因素综合的结果。社会公共利益衡量参考的因素包括法律的选择、法院的司法成本负担、法院的利益等②；当事人的利益衡量参考的因素包括取证的便利性、判决的可执行性、当事人出庭应诉的成本费用等③。在对上述两个步骤进行考量后，美国法院认为符合适用条件，往往会在附带某些条件后才驳回起诉，比如附带被告同意其他某一法院管辖、被告放弃时效利益等。如果被告不遵守上述条件，则原告可以再在美国法院提起诉讼④。

笔者认为，不方便法院原则适用的两个阶段是层层递进的程序网（见图7）：第一个阶段是程序审查阶段，是一种预防机制，探讨的是可能性问题；

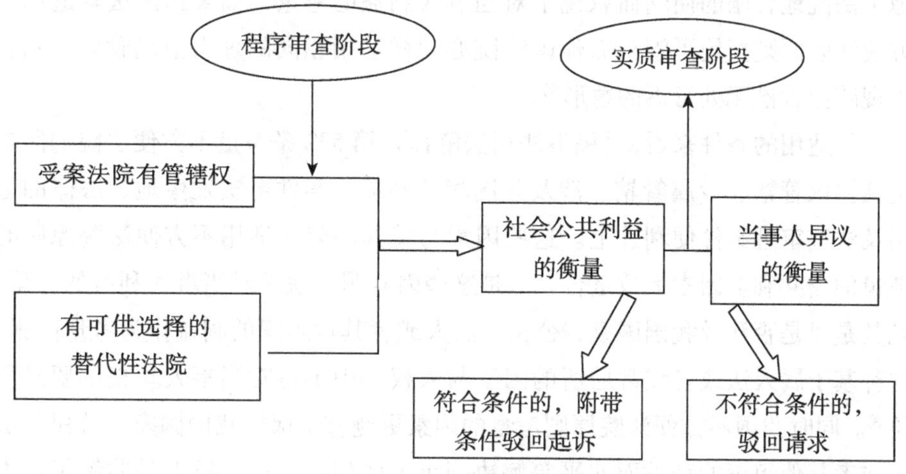

图7 美国法上不方便法院原则适用导图

① 徐伟功：《美国不方便法院原则问题研究》，载《民商法论丛》（第25卷），金桥文化出版（香港）有限公司2002年版，第424页。

② 参见李静：《论不方便法院原则在我国的适用》，北方工业大学2016年硕士学位论文。

③ 参见龚胜：《论不方便法院原则在中国的适用》，苏州大学2016年硕士学位论文。

④ 徐崇利：《美国不方便法院原则的建立与发展》，上海社会科学院出版社1990年版，第103页。

第二个阶段是实质判断阶段，不再单纯考量当事人的利益，而是将公共利益置于同等重要的地位。最终决定适用不方便法院原则后，依然可以附带条件，允许原告再次向美国法院起诉。

（二）对我国不方便法院原则适用的反思

从欧美法系适用不方便法院原则的宗旨来看，不方便法院原则的目的并非是单纯从方便法院审理或者方便当事人诉讼角度，不方便法院原则的实质是寻找公正的法院最大限度地实现当事人的利益的规则。这是一个寻找更为适合法院的规则而非更方便法院的规则。在适用不方便法院原则确定案件管辖权时，对相关法院方便性的考量应置于公正性的考量之后①。

笔者认为，我国《民诉法司法解释》第532条关于不方便法院原则的规定的确存在许多值得反思之处。

从适用目的来看，相比英国和美国而言，不方便法院原则在我国的适用也是以我国对该案有管辖权为前提，但是并没有寻找可选择法院步骤，只考虑了法院地管辖的便利而忽视了对当事人利益的考量，如果我国法院适用不方便法院原则拒绝了管辖而他国法院亦同样适用相同的理由拒绝管辖，则会出现跨国诉讼无处可诉的情形②。

从适用的条件来看，《民诉法司法解释》第532条考量不方便法院的因素包括协议管辖、专属管辖、涉及我国相关利益、案件事实发生地、法律的适用及法院审理案件便利性上。这些因素与美国法院在适用不方便法院原则时考量的公共利益因素大致重合，但是这些因素明显缺乏对当事人利益的考量，尤其是以是否涉及我国国家、公民、法人或者其他组织的利益作为考量因素，这种基于属人法或者惯常居所的因素与人权法中不得对当事人歧视的要求不符③。同时我国不方便法院原则考量的因素更侧重于保护我国国家、公民、法人或者其他组织的利益而非平等解决当事人的纠纷，这实质上是曲解了不方

① 李晶：《论普通法民事诉讼中的“自然法院”》，载黄进、肖永平、刘仁山主编：《中国国际私法与比较法年刊》（第16卷），法律出版社2015年版，第132页。

② 此种情形在其他国家多次出现过。拉丁美洲国家的法院曾基于国家主权原则不承认美国法院基于不方便法院原则对案件管辖权问题作出的决断，并同样拒绝受理案件。其结果是，拉丁美洲国家当事人的利益在国内外法院均无法得到有效保护。

③ 关于不方便法院原则的适用，2001年海牙国际私法会议起草的《民商事管辖权及判决的承认与执行的公约》草案第22条第3款规定，在决定是否应中止诉讼时，法院不应基于当事人的国籍或惯常居所予以歧视。

便法院原则的目的。

从立法技术而言，立法语言过于粗略，甚至自相矛盾。主要体现在两处：一是不方便法院原则的启动由被告申请这一规定而言，司法解释规定应由被告提出请求或者提出管辖异议，从字面理解，提出请求和提出管辖异议是并列的，但是不方便法院原则的适用前提是我国法院有管辖权，当事人若提出管辖权异议，其理由应当主张受案法院无管辖权，这就与不方便法院原则的适用前提不符，因此此处的提出请求和提出管辖异议是自相矛盾的。二是裁判的处理方式上，若条件全部满足，则裁定驳回当事人的起诉；若不符合该条规定的，对于应当以何种方式处理并没有作出明确的规定。从《民事诉讼法》规定的裁定的适用范围来看，裁定适用于对管辖权有异议的案件，但是对当事人提出不方便法院请求但不符合条件的，不能以裁定的方式回应。在目前的司法实践中，一般以裁定驳回当事人的管辖权异议来处理，但此种处理方式存在明显的漏洞与缺陷。

从司法可操作性来看，该条规定的司法可操作性不能满足审判实践中日益出现的案件新情况。首先，对不方便的因素未进行进一步细化的规定。不方便法院原则的核心是寻求更适合的法院，寻求更适合的法院必然应当有相应的标准和相应的考量因素，但是该条规定在考量因素诸如案件涉及我国相关利益等过于宽泛，可操作性不强，在司法实践中导致了法官对不方便法院原则的适用条件的理解不同，法律适用不统一的情况比比皆是，从笔者统计的该类案件的二审改判率较高就可略窥一二。

因此，不方便法院原则的适用，其核心是解决案件的公平公正问题，而不应当优先侧重于法院审理案件的便利性。英国和美国法上对该原则的适用已经形成了完整的模式，而我国的法律规定及司法实践尚停留在方便阶段，应当结合我国司法实践的具体情况对不方便法院原则适用进行调整与优化。

四、突破与创新：不方便法院原则的本土化升级

相比于确定一个“方便的法院”，不方便法院原则应当是确定一个“更合适法院”的原则，而“更合适法院”应当结合公正、效率、司法经济以及国际协调、国际礼让的原则去确定。因此，笔者认为，应当结合我国目前涉外审判的相关规定对不方便法院原则进行本土化升级。

（一）涉外案件管辖权框架的突破——协议管辖与不方便法院原则的冲撞与融合

我国的涉外案件管辖权制度是以制定法为主要架构，建立了协议管辖与法定管辖相辅相成的管辖机制。《民事诉讼法》第 265 条[①]规定了涉外案件法定管辖机制，《民诉法司法解释》第 531 条[②]规定了涉外案件协议管辖机制。在制定法规定的管辖机制下有必要建立不方便管辖原则作为解决管辖权冲突的补充机制。

将不方便法院原则作为补充机制，就需要解决在当事人协议选择法院的前提下能否继续适用不方便法院原则的问题。按照目前涉外管辖制度框架，这显然是不允许的。协议管辖是双方当事人意思自治的产物，在协议管辖条款中适用不方便法院原则是对涉外管辖机制的重大突破。笔者认为解决协议管辖与不方便法院原则的冲撞与融合需要解决涉外管辖机制两个层次的问题：第一个层次是协议管辖的准据法问题；第二个层次是协议选择外国法院管辖时能否适用不方便法院原则来否定协议管辖的效力，即不方便法院原则的反向适用问题。

1. 协议管辖效力的准据法问题

关于协议管辖效力准据法的问题，我国的审判实践倾向于以法院地法为准据法，最高人民法院在山东聚丰网络有限公司与韩国 MGAME 公司、天津风云网络技术游戏公司代理及许可合同纠纷一案[③]中认定“协议选择适用法律与协议选择管辖法院是两个截然不同的法律行为，应当根据相关法律规定分别判断其效力。对协议选择管辖法院的条款的效力，应当依据法院地法进行判断”。笔者认为，尽管目前关于没有明确的法律规定协议管辖条款效力的准据法问题，在审判实践中可以参照该案例中的裁判思路，即以法院地法判断

---

① 《民事诉讼法》第 265 条规定，因合同纠纷或者其他财产权益纠纷，对在中华人民共和国领域内没有住所的被告提起的诉讼，如果合同在中华人民共和国领域内签订或者履行，或者诉讼标的物在中华人民共和国领域内，或者被告在中华人民共和国领域内有可供扣押的财产，或者被告在中华人民共和国领域内设有代表机构，可以由合同签订地、合同履行地、诉讼标的物所在地、可供扣押财产所在地、侵权行为地或者代表机构住所地人民法院管辖。

② 《民诉法司法解释》第 531 条规定，涉外合同或者其他财产权益纠纷的当事人，可以书面协议选择被告住所地、合同履行地、合同签订地、原告住所地、标的物所在地、侵权行为地等与争议有实际联系地点的外国法院管辖。

③ 参见最高人民法院（2009）民三终字第 4 号民事裁定书。

协议管辖的效力。同时亦可以借鉴《选择法院协议公约》中以被选择的法院地来作为准据法依据。我国于2017年9月12日签署《选择法院协议公约》，目前尚未生效，但是在处理涉外案件时，该公约有重要的现实意义。上海市高级人民法院审理的高某保证合同纠纷①一案即引用了《选择法院协议公约》相关条款内容来判定协议管辖法院的效力问题。

2. 协议管辖效力与不方便法院原则之间的关系

国际交往高度频繁的今天，当事人在进行跨境交往时，往往会达成协议管辖的条款，笔者认为，对于协议选择法院的管辖协议，应当充分尊重当事人的意思自治，协议中约定的管辖法院是我国的法院时，应当法院地法标准慎用不方便法院原则；若协议管辖法院是与案件有实际联系的外国法院时，亦应当慎用不方便法院原则；若协议管辖法院是外国法院且无案件并无实际联系的，则应当结合案情的其他情况在必要时适用不方便法院原则，认定该协议管辖无效，排除该外国法院对该案的管辖权。这可以认为是不方便法院原则的反向适用（见图8），广东省高级人民法院审理的九元航空有限公司与江苏物华工程技术有限公司等合同纠纷管辖权异议案中对协议管辖条款的效力认定即采取此种观点②。

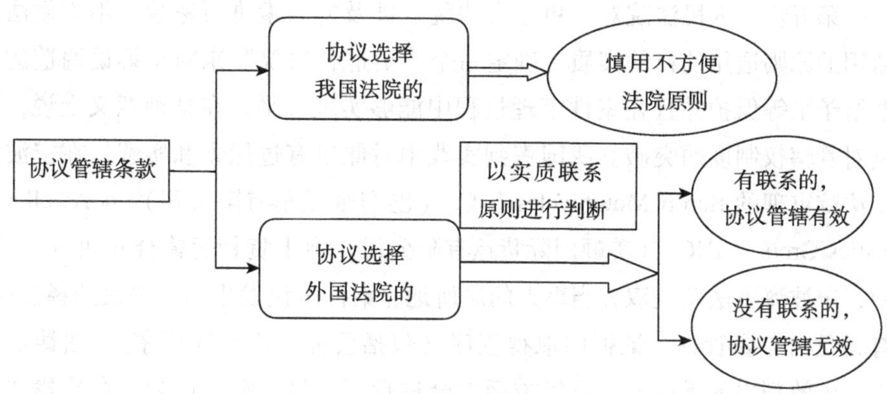

图8 不方便法院原则的反向适用导图

① 参见上海市高院人民法院（2016）沪民辖终99号民事裁定书。

② 参见广东省高级人民法院（2017）粤民辖终806号民事裁定书。

（二）不方便法院原则的适用程序

我国关于不方便法院原则的适用可以在现行法律规定下借鉴英国和美国法律的有益做法，将寻找“更合适法院”这一原则融入不方便法院原则，对不方便法院原则适用程序采取六步走的方式进行改造：

第一步：被告提出不方便法院管辖的请求。不方便法院应当由被告提出，法院不能依职权主动审查并适用。关于提出的时间，可以参照管辖权异议提出的时间，即在答辩期间内提出。

第二步：依照准据法判定案件的管辖权，由于是程序性事项，准据法应当为法院地法。

第三步：依照法院地法判断案件是否属于协议管辖和专属管辖。若属于协议管辖，则考虑能否不方便法院的反向适用问题。

第四步：在以上三步全部符合条件的情况下，寻找“更适合的法院”。在寻找更适合法院时，应当由被告来承担举证责任，由被告证明目前受案法院不是“更适合的法院”。原告对被告的举证存有异议的，应当提供证据证明受诉法院是“更适合的法院”。

第五步：人民法院对“更适合法院”涉及的因素进行考量。不方便法院适用的原则适用的目的实质上确定一个“更适合法院”来对于诉讼两造的利益给予平等保护并且在案件审理过程中能够实现公平。在某种意义上说，这是对管辖权制度的突破。我国审判实践中对此也有过探索和实践，在宁波海事法院审理的 Baron Motorcycles INC.（巴润摩托车有限公司）诉 Awell Logistics Group，INC.（美顺国际货运有限公司）海上货物运输合同纠纷①一案中，宁波海事法院从双方当事人的居所地、案件争议发生地、协议选择法院、有无我国专属管辖、证据的取得程序（包括公证、认证等程序）、法律的适用、生效判决的承认与执行等方面综合进行了考量。笔者认为，在寻找“更适合法院”过程中，可以引入美国法上关于公共利益和个人利益的综合考量。考量的因素可以结合我国具体的情况来确定，公共利益有以下几方面：（1）是否是我国专属管辖，专属管辖涉及我国公共利益，应当予以首先考虑；（2）有无协议选择法院的管辖条款；（3）判决的承认与执行，这涉及国际司法协助，

---

① 参见宁波海事法院（2008）甬海法商初字第 275 号民事裁定书，浙江省高级人民法院（2009）浙辖终字第 81 号民事裁定书。

对当事人的利益影响至关重要；（4）案件争议发生地，这其中应当采取最密切联系原则来确定受案法院是否与案件争议发生地有关。私人利益可以从以下几方面入手：Ⅰ．当事人的主要居所地，需要指出的是不能以国籍作为依据适用不方便法院原则；Ⅱ．证据因素，这主要从证据的取得程序及方便当事人诉讼来考量。

以上几个要素在寻找“更适合法院”过程中所占的比重应当有所不同，笔者认为，结合我国侧重于保护公共利益，适用比重如下所示：

（1）＝（2）＞Ⅰ＞（3）＞Ⅱ＞（4）

第六步：若不方便法院原则成立，则附条件驳回原告的起诉并向其指出“更适合法院”；若不成立，则驳回被告的申请。在附条件驳回原告的起诉时应当指出“更适合法院”，并写明理裁判理由，同时在必要时可以附加条件：若原告的起诉在指出的“更适合法院”未受理时，可以再次来受案法院起诉，该处理虽突破了“一事不再理”的原则，但是更能体现对双方当事人利益的保护。

（三）加强指导性案例对不方便法院原则的指导

涉外民事法律关系复杂多样，而不方便法院原则的适用程序具有一定的灵活性和复杂性，法官的自由裁量权显得尤为重要。为了进一步发挥不方便法院原则的作用，在法律没有赋予法官更多的自由裁量权时，指导性案例对不方便法院原则的适用提供一种审判标准，对法官审理类似案件提供参照作用。

据笔者统计，在目前已经公布的92个指导性案例中，没有涉外程序适用的指导性案例，目前可以查到的关于不方便法院原则的公报案例还是2004年《最高人民法院公报》刊登的郭叶律师行诉厦门华洋彩印案，这实质上已经迟滞了不方便法院原则在审判实践中的运用。笔者建议，在国家大力提倡“一带一路”争端解决机制的今天，应当加大对涉外程序性案件指导案例的培育，通过指导性案例发挥法官的自由裁量权，弥补现行法律规定的不足。为此，笔者将宁波海事法院2008年审理的Baron Motorcycles INC.（巴润摩托车有限公司）诉Awell Logistics Group，INC.（美顺国际货运有限公司）海上货物运输合同纠纷这一案例结合目前的法律规定和笔者设计的不方便法院原则适用的六步走程序进行改造，草拟了涉外程序指导性案例建议稿（见附件二），以期对我国不方便法院原则适用的审判实践参考。

五、结语

习总书记在 2013 年 G20 领导人第八次峰会上说，“打开窗子，才能实现空气对流，新鲜空气才能进来”。而在国际民商事案件管辖权方面，让涉外案件在各国之间流通，是国际司法协作的重要内容，也是为“一带一路”提供司法保障的重要路径。我国的立法进程和审判实践表明，不方便法院原则在协调不同国家或地区之间管辖权积极冲突方面发挥着重要而积极的作用。我国作为“一带一路”建设的首倡国，司法服务与保障“一带一路”建设也是一项重要的任务，因此重视和发展不方便法院原则，寻找“更适合的法院”不仅不会加剧国际管辖权的竞争，而且更有利于实现保护诉讼两造的利益并实现案件的公正审理，进而提升我国的国际司法形象，实现涉外民商事案件的引进来和走出去并重，打造国际矛盾纠纷解决中心。

附件一：

最高人民法院关于审理涉外民事案件的不方便法院原则若干问题的规定（建议稿）

为正确审理涉外民事案件中因不方便法院原则引起的相关争议，保护各方当事人的合法权益，为“一带一路”提供司法保障，依照《中华人民共和国民事诉讼法》《中华人民共和国涉外民事法律关系适用法》等有关法律规定，结合司法实践，制定本规定。

第一条 涉外合同或者其他财产权益纠纷的当事人，书面协议选择管辖法院条款的效力，应当依据法院地法进行判断。

第二条 一方当事人主张协议选择外国法院管辖的条款因该外国法院与案件无实际联系而无效时，人民法院经审查后认为该外国法院与案件确无实际联系时，应当予以支持。

第三条 人民法院享有管辖权的涉外民事案件同时符合下列情形的，人民法院可以裁定驳回原告的起诉：

（一）被告在提交答辩状期间提出案件应由更适合法院审理的请求；

（二）当事人之间不存在选择中华人民共和国法院管辖的协议；

（三）案件不属于中华人民共和国专属管辖；

（四）被告能证明存在更方便且能公正审理的适当法院。

第四条 人民法院可以根据下列因素判断更适合法院：

（一）当事人的主要居所地与我国没有实际联系；

（二）在我国作出的判决无法在他国得到承认与执行；

（三）当事人取得证据的成本及法院送达、法律查明的成本；

（四）案件争议的主要事实与我国没有实际联系。

第五条 被告提出受诉法院为不方便法院时应该提供证据证明其主张。原告对被告的举证存有异议的，应当提供证据予以反驳。

第六条 人民法院认定原告提出的不方便法院请求，在裁定驳回原告的起诉时应当指出更适合审理本案的外国法院，同时在必要时可以下列条件：若原告的起诉在人民法院指出的外国法院未受理时，可以再次来受诉法院起诉。

第七条 本规定施行后尚未终审的案件，适用本规定。本规定施行前已经终审，当事人申请再审或者按照审判监督程序决定再审的案件，不适用本规定。

附件二：指导性案例（建议稿）①

Baron Motorcycles，INC.（巴润摩托车有限公司）
诉 Awell Logistics Group，INC.（美顺国际货运有限公司）
海上货物运输合同纠纷案

关键词

涉外案件/管辖权/不方便法院原则/不方便审理因素

裁判要点

涉外民商事纠纷中受理法院对案件享有管辖权，但是有更合适的外国法院有权审理本案，受理法院审理本案有明显的不适合因素，受理法院可运用

① 宁波海事法院审理该案时，《民事诉讼法》未修改，《民诉法司法解释》亦尚未出台。笔者草拟的指导案例建议稿系以该案案情为基础，引用目前有效的法律规定、司法解释和笔者在本文中设计的不方便法院原则适用的六步走程序来认定不方便法院原则在审判实践中的适用。

不方便法院原则拒绝行使管辖权并裁定驳回原告起诉。

相关法条

《中华人民共和国民事诉讼法》第 259 条、第 265 条

《最高人民法院关于适用〈中华人民共和国民事诉讼法〉的解释》第 532 条

基本案情

2006 年 7 月，原告 Baron Motorcycles，INC.（巴润摩托车有限公司）从春风控股集团有限公司的外贸代理人 FREED MOTOR COMPANY LIMITED 处购买一批摩托车技配件等，并由代理人委托被告 Awell Logistics Group，INC.（美顺国际货运有限公司）办理上述货物从中国宁波到美国迈阿密的海运事宜。美顺国际货运有限公司于 2006 年 7 月 29 日接收货物后，向春风控股有限公司签发了巴润摩托车有限公司为收货人的记名提单。原告以其正本提单向被告提货，但被告始终不予交付货物。因此巴润摩托车有限公司于 2008 年 10 月 9 日向宁波海事法院提起了诉讼，要求被告支付提单项下货物或者赔偿货款。被告在提交答辩状期间对管辖权提出异议，认为原告、被告都是美国公司，提单按美国法律制作并由被告签发，诉称的事件发生在美国，诉讼标的也在美国，与美国的联系最密切，故应由美国法院管辖，要求驳回被告在宁波海事法院的诉讼。同时，被告主张原告起诉已过法定的诉讼时效，对此原告认为，在双方交涉过程中，被告一直表示货物在仓库，可以去提货，表示被告同意履行义务，不能再以诉讼时效届满为由抗辩。

裁判结果

宁波海事法院于 2009 年 2 月 10 日作出（2008）甬海法商初字第 275 号民事裁定：被告提出的管辖权异议成立，驳回原告的起诉。宣判后，Baron Motorcycles，INC.（巴润摩托车有限公司）向浙江省高级人民法院提起上诉。浙江省高级人民法院于 2009 年 5 月 5 日作出（2009）浙辖终字第 81 号民事裁定：驳回上诉，维持原裁定。

裁判理由

法院生效裁判认为：本案的争议焦点是本案能否适用不方便法院原则拒绝管辖。第一，被告在答辩期内提出不方便管辖的请求，符合法律的相关规定。第二，管辖争议系诉讼程序问题，适用法院地法，故本案管辖争议应依据《民事诉讼法》的规定进行审查。根据《民事诉讼法》第 27 条、第 265 条

规定，涉案货物是在我国宁波港装运，宁波海事法院作为运输始发地法院对本案依法享有管辖权。第三，被告主张美国当地有管辖权的法院是更适合的法院，理由如下：原告、被告都是美国公司，提单按美国法律制作并由被告签发，诉称的事件发生在美国，诉讼标的也在美国，与美国的联系最密切。对此，法院经审查后查明，从公共利益角度来看：一是原被告没有约定选择我国法院管辖的协议，且本案不属于我国法院专属管辖；二是我国与美国之前未签订关于民事判决承认与执行的互助条约，该案在我国审理后的判决的承认与执行存在障碍；三是案件争议发生地位于美国，不在我国境内。从个人利益角度考虑来看：一是原被告均系在美国注册的公司，在我国境内没有主要经营地；二是案件争议的主要事实，即被告是否在目的地港无单放货，不在我国境内发生；三是从证据的公证、认证和证明程序来看，影响本案的审理效率。法院将公共利益和个人利益相结合后，分析得出，该案件无涉我国的公共利益同时该案件在我国法院审理对双方当事人造成的不便要远远大于在美国法院审理；四是按照最密切联系原则，美国当地法院亦是有权管辖的法院。综上，对于原被告双方而言，与我国法院相比，美国有管辖权的法院是更适合法院，能够实现诉讼两造的利益和实现案件公平审理。基于此，被告提出的不方便法院请求成立，法院予以支持，裁定驳回原告的起诉。但是需要进一步指出的是，为了充分保障双方当事人的权益，若原告的起诉在美国有管辖权的法院未受理时，原告可以再次来受案法院起诉。

困境与突破：京津冀跨区域执行协作路径的探索与思考

孙 倩

一、现实困境：京津冀跨区域执行协作面临的现实问题

随着京津冀协同发展工作的推进，三地间经济交往加强，继而引发的纠纷也在逐步增加。本文从统计北京某基层法院涉津冀执行案件情况入手，对京津冀跨区域执行案件面临的现实困难进行分析。

(一) 统计分析——京津冀跨辖区执行案件数量大、难度大

从图1可以看出，北京某基层法院2014年至2016年涉津冀执行案件结案数占比持续上升，且年结案数量基本呈上升之势，尤其2016年比2015年增长了65%。这说明，京津冀跨区域执行协作工作面临案件数量大的现实情况。

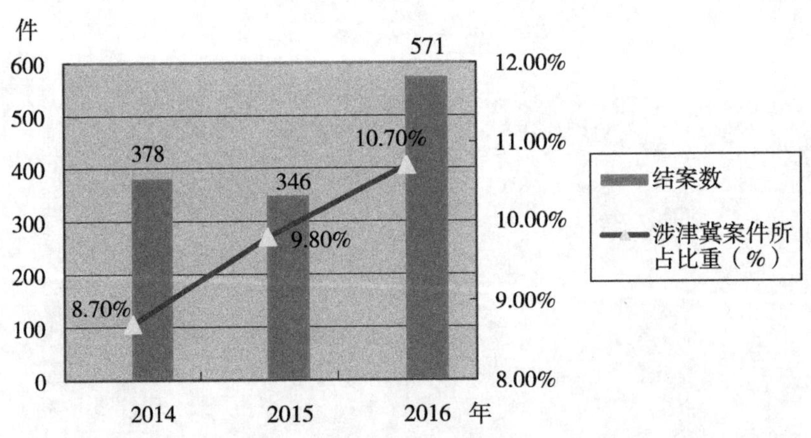

图1　北京某基层法院2014年至2016年涉津冀执行案件结案数及占比情况

从图2可以看出，2014年至2016年北京某基层法院审结的涉津冀执行案件中，侵权类案件占比超过一半。在该院司法实践中，侵权纠纷案件多为机动车交通事故责任纠纷案件，而该类案件的执行标的额往往较大，动辄数十万元。此外，图3、表1显示，该院涉津冀执行案件平均执行标的额以及平均执行天数大幅度高于该院全部审结案件的相应平均值，实际执行率又低于该院全部执行案件的实际执行率。这充分说明，该院涉津冀案件的执行难度远远大于普通案件。

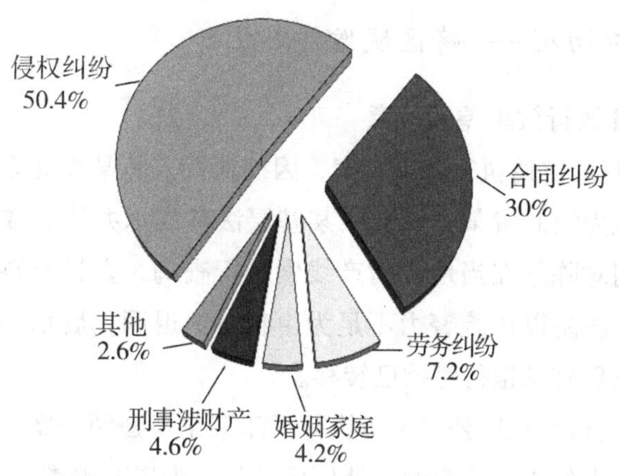

图2 北京某基层法院2014年至2016年涉津冀执行案件类型占比分布

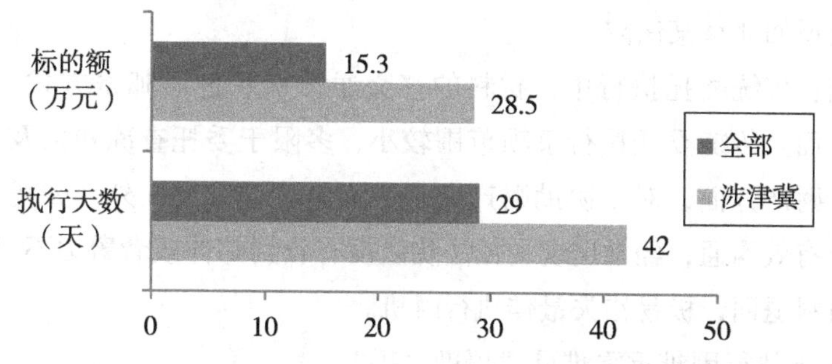

图3 北京某基层法院2014年至2016年涉津冀执行案件平均执行标的额及执行天数

表1　北京某基层法院2014年至2016年涉津冀执行案件实际执行率

类型 \ 实际执行率 \ 年份	2014年	2015年	2016年
全部案件	93.4%	93.49%	77.6%
涉津冀案件	87.5%	87.3%	70.7%
差距	5.9%	6.19%	6.9%

（二）案例切入——跨区域案件难执行

1. 传统委托执行效果差强人意

【案例1】赵某申请执行陈某一案，因被执行人陈某在北京无财产可供执行，且其户籍地为河北省某县，北京某基层法院的承办法官遂委托河北省某县法院执行部门对陈某在当地的财产线索进行查询，委托材料寄出后一个月有余，河北某县法院以该院警力不足为由将材料退回，后承办法官前往河北省某县调查，发现陈某银行存款已转移。

【案例2】北京某租赁公司申请执行天津某化工公司一案，北京某法院承办人已将被执行人位于天津市的一处厂房查封，为提高被查封财产变现效率，承办人委托天津某区法院对该厂房采取评估、拍卖措施，委托执行材料寄送至该院后，该院以案件非其本院案号，不能通过摇号确定评估公司为由，将委托材料退回北京某法院。

小结：传统委托执行中，材料的移交通常采取普通邮寄方式，时间长，效率低。而且传统委托执行事项范围较小，多限于委托查冻扣以及查封、扣押被执行财产方面，对于协助财产变现方面鲜少涉及。此外，委托与受托法院间缺乏有效沟通，经常出现受托法院以没有收到邮件或者警力不足等理由，将委托材料退回，极易错失最佳执行时机。

2. 异地执行困难重重难觅“援助之手”

【案例3】北京某基层法院执行人员前往河北省某县山区查找居住于此的被执行人下落，因不熟悉当地环境，执行人员耗费大量时间才到达被执行人居住的村子。因被执行人外出打工，未能查找到其下落。且当地村民听说执行人员所属外地法院，均不予配合提供被执行人联系方式及打工地点，最终执行人员“无功而返”。

【案例4】王某申请执行某运输公司一案，因某运输公司隐匿财产，且其法定代表人刘某逃匿到河北省某市，案件长期未得到执结。后王某于周末向北京某法院提供刘某下落，该法院立即派员将刘某控制。执行人员决定对刘某采取司法拘留措施，向河北省某市法院请求予以协助，该法院以当日非工作日，无法安排警力为由未予协助，最终北京某法院执行人员将刘某释放。

小结：因对当地环境、风俗不熟悉等原因，执行人员在异地执行过程中往往阻力较大，被执行人难找、有关人员不协助等现象较为常见。此外，异地拘留时作出拘留决定的法院不能自行采取异地拘留措施，只能请求当地法院协助执行。但是，在实践中，当地法院基于多方考虑，常常不予协助，这极易发生被拘留人逃离风险和暴力抗法风险。

（三）协作协议落地困难

切实可行的跨区域执行协作机制是解决跨区域执行难题的重要保障。2015年3月，京津冀三地高院共同签署了《北京、天津、河北法院执行工作联动协作协议书》（以下简称《协议书》），倡导三地法院加强执行协作，推动实现三地执行办案的“同城效应”。这对于解决跨区域案件执行难题无疑是切题而有效的。但是，三地法院执行协作更多是在各方自愿、相互约束力不强的条件下开展的，这一工作的顺利开展完全依托于区域内各家法院相互间存在较强的信任关系。在无责任约束的情况下，司法实践中难免会出现三地法院执行协作仅仅停留在浅层与表面的协商，而无深度的推进和协作。

（四）原因探究——多方面发展不同步

1. 经济发展水平不均衡①

从表2可以看出，京津冀三地地区生产总值不均衡，且人均生产总值差距更大，河北省的人均生产总值还不到北京与天津的一半，这同样反映在了人均可支配收入上。尽管京津冀协同发展背景下，三地经济协作日益加强，但是，这种协作仍然停留于浅层次、零散问题上，三地经济发展不均衡的问题并没有从实质上得到解决。经济发展水平不均衡、财政能力差距大等问题，使得三地在加强经济和人员往来的同时，经济纠纷乃至法律纠纷日益增多，

---

① 资料来自国家统计局网站：http：//data. stats. gov. cn/easyquery. htm？cn = E0103，最后访问日期：2017年5月29日。

但因不同地域人员经济能力、法律意识相差较大，纠纷的解决（反映到司法领域即案件的化解）难度加大就成为一项不可否认的现实。经济体量不对等、经济资源占比差异巨大、财政能力不均衡等问题，使得三地之间开展各种形式的协同工作之实效性有待进一步检验。①

表 2　京津冀三地经济发展情况统计

项目 省份	生产总值（亿元）	常住人口（万人）	人均生产总值（元）	城镇居民人均可支配收入（元）	城镇化率
北京市	23, 014. 6	2170. 5	106, 034	52, 859	86. 51%
天津市	16, 538. 2	1547	106, 905	34, 101	82. 64%
河北省	29, 806. 1	7424. 9	40, 143	26, 152	51. 33%

2. 思想认知不统一

鉴于过去地方法治发展的历史，行政区划的观念成为难以逾越的障碍，区域一体化的观念仍旧比较缺乏。在行政区划观念的影响下，地方保护主义、部门保护主义盛行，本地利益成为合作与否的前提。只有在双方获取的利益都有提高的情况下，双方才能有积极的合作态度。② 京津冀三地高级人民法院《协议书》签订后，部分地方法院对于《协议书》的落实大多持观望态度，唯恐在协作中损害本地、本部门利益，这就导致京津冀执行协作站位高、落地难。

3. 法治水平不一致

（1）现实差异。由于地域之间行政和制度上的差异客观存在，地方立法、执法、司法机关势必会把本地需求摆在最优先的位置上，各地群众的需求水平也不同，这就很容易带来立法、执法、司法上的差异。而且，当前京津冀区域内的一些政策、法规还存在不一致甚至相互抵触的现象，阻碍了资源和要素的自由流动。此外，京津冀三地居民法律意识以及法律知识方面的差异，也是导致跨区域案件在执行过程中被执行人逃避执行以及相关人员不协助等问题的重要原因。③

---

① 焦洪昌、席志文：《京津冀人大协同立法的路径》，载《法学》2016 年第 3 期。

② 天津市武清区人民检察院课题组：《京津冀协同发展中的司法合作问题研究——以检察机关开展司法合作为研究视角》，载《中国检察官》2016 年第 21 期。

③ 参见薄文广、陈飞：《京津冀协同发展：挑战与困境》，载《南开学报（哲学社会科学版）》2015 年第 1 期。

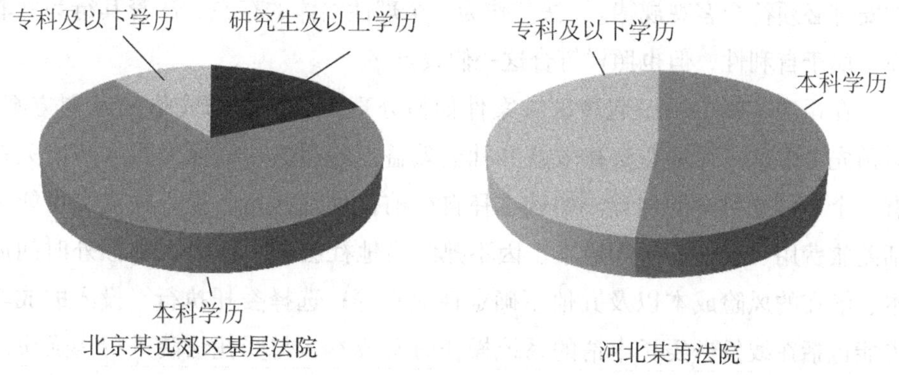

图 4　北京某远郊区基层法院与河北某市法院执行部门干警学历构成

（2）法治差异。司法案件能否妥善、高效化解，很大程度上依赖于法院建设水平、干警队伍能力水平，尤其是执行案件，其比诉讼案件更加需要现代科技手段的支撑。京津两地在法院干警队伍建设方面占有很大优势。首先，北京和天津高等院校、研究机构、法学研究人才和法学专家数量都较河北多，河北法院中干警人员构成也较北京、天津有一定差距。图 4 中，北京某远郊区基层法院执行部门中，近九成干警拥有本科以上学历，其中拥有研究生以上学历人数占近两成的比例，而河北某市法院执行局本科学历人数和专科及以下学历人数几乎各占一半，没有研究生学历的干警。其次，北京、天津身为全国科技中心，当地法院在执行办案系统以及执行指挥系统的开发和应用上也占有较大优势，都较早完成了“总对总”“点对点”网络查控系统对接，基本实现了执行案件全程网上操作，而河北法院建设中，科技支撑难以满足现实需求，科学技术对于执法办案的推动作用未能得到有效发挥。地域人才、科技力量的不均衡，必然导致各地法院司法能力差异，这对于加强执行协作无疑是一项重大阻碍。

二、构建京津冀跨区域执行协作路径之前提

（一）理论分析：通过成本—收益分析，利大于弊

经济学总是用成本—收益来衡量这个世界，在这个世界里，每一个主体都被看作理性、自利的“经济人”。这种“经济人”最注重的理性，使制度

性安排必须符合客观规律。① 法院作为一个理性主体的存在，尽管其行为并非完全属于自利性，但也照样符合这一假设。

在司法实践中，一起跨区域案件如何办理，法院会预先作出计划方案，会预先考虑这一计划在法律效益和社会效益上的得失，以便对投入产出关系有一个尽可能科学的估计。如若选择自行前往外地执行，投入的成本可能包括差旅费用、在途的时间成本、因不熟悉当地社会环境而投入的额外时间成本、潜在的风险成本以及其他不确定性成本等；选择委托执行，投入的成本可能包括在线发送委托申请的系统操作时间成本、与受托法院进行沟通协调成本及其他不确定性成本；选择在当地法院协助下异地执行，可以利用当地法院熟悉情况的优势，减低甚至避免因不熟悉当地社会环境而投入的额外时间成本，该选择的成本可能包括差旅费用、在途的时间成本、较低的潜在风险成本以及其他不确定性成本等，值得一提的是，协作路径下异地执行的潜在风险会大大降低。具体的成本投入如下列公式所示：

自行异地执行成本＝差旅费用＋在途时间成本＋额外时间成本＋风险成本＋不确定性成本

协助异地执行成本＝差旅费用＋在途时间成本＋较低的风险成本＋不确定性成本

委托执行成本＝系统操作成本＋沟通协调成本＋不确定性成本

通过上述公式我们可以看出，在协作执行的路径下，无论选择异地执行还是委托执行方式来办理跨区域执行案件，都较自行异地执行的传统办案方式节省成本，能够更好地实现资源优化配置，获得较大的收益。因此，从根本上讲，在京津冀跨区域执行协作路径下办理跨区域执行案件成本低、效益高，是一项利大于弊的正确选择。

（二）理念引领：破除地方保护，缩小认知差异

对于“协同”一词的定义，《说文》中提到“协，众之同和也。同，合会也”。“协同”一词有互相配合、协调一致、和合共同的意思。“协同”要求，尽管主体不同，但各方应统一思想，共同一致地去实现同一目标。京津冀协同发展亦指如此，若要加强协作，就务必要转变观念，破除地方保护主

① 危永波、蹇鹏飞：《法经济学理论与实证研究》，载《长江论坛》2011年第3期。

义和部门保护主义，在协作内容和目标上统一认知，杜绝“貌合神离”问题的发生。在京津冀协同发展的大背景下，要实现三地法院执行协作目标，各地都应破除地区间各自为战的观念障碍，共同追求法治理念，共同运用法治思维，在立法、司法、执法等多个层面加强协作，共同营造法治建设的“软环境”。①

（三）原则界定：依法依规，因地制宜

一是依法、依规。京津冀跨区域执行协作的开展，应不违反现有法律、法规的限定，不违背案件管辖原则，要本着“本地执行为主导，异地协助为补充”的原则，案件执行法院首先要穷尽本院执行措施，确有必要时进行事项委托，不得将全案委托异地法院执行，也不得以“已委托执行”为由，搪塞申请执行人，造成拖延执行之虞。二是因地制宜、因需择优。《协议书》对京津冀三地执行协作内容进行了明确规定，在具体实施过程中，各级法院在具体操作中，可以根据本地情况和实际需求，进一步扩充协作方式和内容，以实现协作效益最大化。

三、京津冀跨区域执行协作路径之构建

（一）模式选择

在京津冀跨区域执行协作路径的模式选择中，主要有两种模式。模式一：唯一机制模式（见图5）。在该模式中，仅在高级人民法院层面签署协作协议、构建协作机制，三地各级法院以该协议为准则，不再与其他法院签署协作协议，在三地高级人民法院的监督下，具体开展执行协作事宜，构建以高级人民法院为主导，辐射三地各级法院的协作机制。这一模式确立

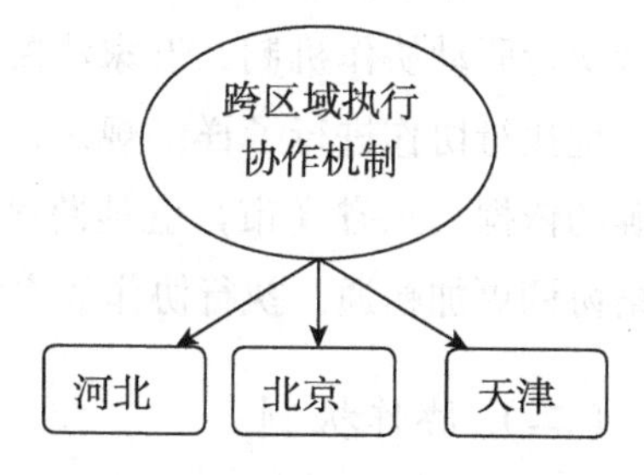

图5 京津冀跨区域执行协作路径模式一

① 马章民、骆晓一：《京津冀协同发展背景下河北法治环境建设机制研究》，载《河北法学》2016年第3期。

了三地高级人民法院的主导地位，为各级法院开展执行协作明确了统一标准。模式二："1+1"模式（见图6）。该模式与模式一有所不同，是在模式一的基础上，调动各级法院积极性，倡导各级法院在三地高级人民法院执行协作协议的约束下，联合异地一家或多家法院，共同探索适合该地区实际的执行协作机制。这一模式允许各级法院创新协作方式、扩展协作范围，对三地高级人民法院执行协作协议进行有效补充和完善。

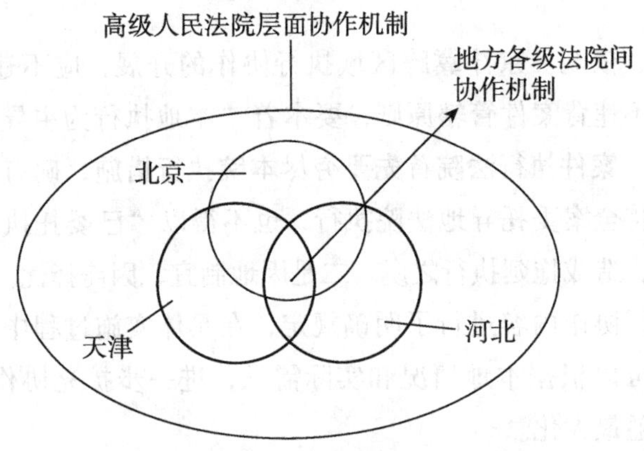

图6　京津冀跨区域执行协作路径模式二

显而易见，模式二有助于调动各级法院的积极性，针对各地现状开展针对性协作工作，因此，在司法实践中更为可行，且这一模式已被证实是有效的。北京平谷法院联合天津蓟州法院、河北三河法院、河北遵化法院、河北兴隆法院共同签署了《深化平谷、蓟州、三河、兴隆、遵化三省（市）五地法院执行工作联动协作实施细则》并正成备忘录，建立了三省（市）五地跨区域执行联动协作机制，五家法院针对其工作实际情况，对委托执行协作以及异地执行协作进行了详细规定，为跨区域案件执行协作工作的开展提供了明确的依据。三省（市）五地跨区域执行联动协作机制运行以来，五家法院联络协调更加畅通，执行协作效率大幅提升。

（二）协作机制

1. 组织机构

在高级人民法院层面，由各高级人民法院执行局局长组成京津冀执行协作工作领导小组，办事机构设在各高级人民法院执行指挥中心办公室，负责相关协作工作内容的推进落实。对于地方各级法院之间建立执行协作机制的，成立领导小组，成员包括各法院执行局局长，由各法院执行指挥办公室承担办事机构的职能，同时，各法院设置联络员一名，负责协作事项的沟通、协调等具体工作。

2. 监督机制

有效监督是确保一项机制顺利运行的重要保障。三地高级人民法院《协议书》中并未提及监督机制，笔者认为，在京津冀跨区域执行协作机制建立的初期，建立有效的监督机制显得尤为重要。领导小组作为京津冀执行协作工作的组织机构，同时负责监督各自辖区内法院跨区域执行协作工作的落实情况，对于无故不予协助的法院，任一高级人民法院可以此为由进行双边或多边协商，由不参与协助工作的高级人民法院督促该法院，情节严重的，还可通过约谈执行局长的方式进行督促；对于经协商无法解决的，由领导小组在成员法院间进行通报。此外，对于各级法院之间建立执行协作机制的，本机制设立的领导小组负责监督成员法院的相关工作落实情况，对于出现不履行协议内容的情况，任一法院可向领导小组提请召开双边或多边协调会议，共同商讨处理相关问题的方案。当然，成员法院也可通过上报本地高级人民法院进行协调处理（见图7）。

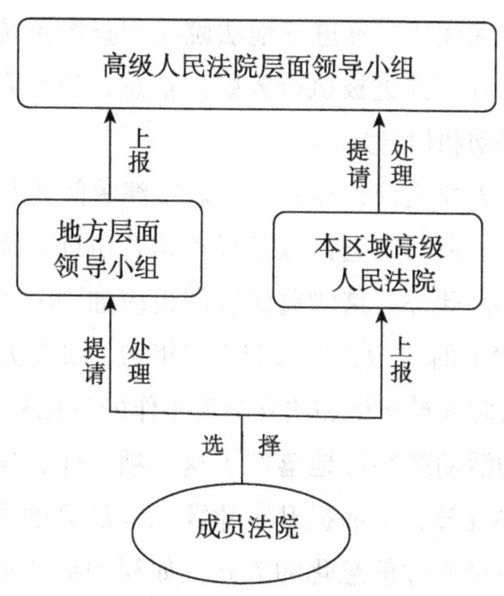

图7 内部监督机制流程图

（三）协作内容

1. 传统协作事项

一是建立执行协作平台，简化委托执行程序，快速实现人、财、物控制。为避免传统的委托执行程序复杂、委托手续寄送效率低下的弊端，最高人民法院于近期上线了“人民法院执行事项委托平台”，通过网络传输方式收发案件委托材料，最大限度节省了材料寄送时间。三地法院应借助这一东风，推进委托执行工作的开展，收到委托材料后，尽快控制被执行人财产，逐步实现在京津冀范围内，跨区域执行案件办理的“同城效应”。

二是推进异地执行协助机制，减少异地执行阻碍。执行法院在对异地被执行人及财产进行查找、控制时，往往因不熟悉当地情况或人为阻拦而无法正常开展执行工作。为此，笔者建议，京津冀法院间达成相关协议，约定执行法院在京津冀其他法院管辖区域执行时，被执行人所在地或财产所在地法院应执行法院请求，必须派员协助执行，确保异地执行协作顺利开展。

2. 新型协作事项

一是加强执行信息互通，大力推进京津冀法院间信息共享。三地高级人民法院应发挥自身技术优势，推进三地法院财产查控系统以及执行办案系统的对接，实现数据交互，推进被执行人财产信息、当事人基本信息、关联案件信息的全面执行联动和信息共享。

二是加强区域间人才交流、经验分享。京津冀间执行协作应区别于传统的执行协作机制，除了在财产查控以及异地执行协助方面加强合作外，还要挖掘资源，深化协作。此外，京津冀法院间也应加强人才、经验交流，补齐法院自身在执法办案上的“短板”。2017年年初，最高人民法院印发了《关于加强京津冀三地法院人员培训和法官交流工作的意见》，随后举办的京津冀法官挂职交流锻炼的活动就很好地落实了这一项工作，这有助于最大限度地实现资源共享、优势互补，全面提升京津冀三地法官的司法能力。此外，京津冀三地法院还应积极通过信息化的方式，如视频会商系统，在重大疑难问题研讨以及解决执行难的经验等方面加强交流，突出典型个案或典型做法的示范作用，实现京津冀执行联动协作机制的辐射效果。

三是联合采取信用惩戒措施，进一步压缩被执行人规避空间。为对被执行人形成跨区域的强大威慑力，京津冀法院间可以通过联合运用失信被执行人名单制度、电视报道、媒体曝光以及张贴公告等方式，对被执行人的失信行为进行全社会曝光，通过社会舆论及限制其特定行为的方式督促其履行法律义务。此外，在信息共享的基础上，京津冀法院应积极探索与本地发改委、公安、国土、住建、工商、金融、教育、交通机构等单位建立诚信体系联动机制，对被执行人投资、消费、置产、教育、车辆摇号等行为进行严格审查和限制，增大其失信成本，实现被执行人“一处失信，处处受限”的局面，督促被执行人及时履行法律义务。

四、结语

京津冀跨区域执行协作机制的建立与落实，可谓任重道远，更是“箭在弦上，不得不发”，但明确协作路径、职责分工是目前做好这一工作的当务之急。笔者在《北京、天津、河北法院执行工作联动协作协议书》的基础上，借鉴部分法院经验，起草了《××法院、××法院执行联动协作实施细则（建议稿）》，拟对推进京津冀跨区域执行协作提供参考。

附件：

××法院、××法院执行联动协作实施细则（建议稿）

为提高执行工作效率，共建××法院、××法院间执行联动协作机制，完善两地法院委托执行及异地执行协助机制，根据相关法律、司法解释和《北京、天津、河北法院执行工作联动协作协议书》的规定，制定本细则。

第一部分　组织机构及协作机制

第一条　【组织机构】由××法院、××法院执行局局长组成执行领导小组，由各法院执行局局长轮流担任组长，任期一年。设立日常办事机构，各院执行指挥办公室或相应部门承担该职能。

领导小组负责组织两地法院制定、修改委托执行及异地执行协助工作相关规定，协调解决工作中的重大问题。

第二条 【联络人员】成员法院各设联络员一名，负责执行事项委托及异地执行协助工作中涉及的相关事项交接等具体工作，联络员之间可就执行协作相关事项直接进行沟通。执行指挥办公室负责汇总、编制联络员通讯录并印发。

第三条 【协作机制】建立常态化会议协商制度，包括定期会议及临时会议。定期协作工作会议每半年或一年召开一次，由成员法院共同研究协作内容、操作流程等事项；任一成员法院根据各院请求和工作事项随时提起会议请求，对跨两地区的重大、敏感或疑难复杂案件进行协商解决。

第二部分 委托执行

第四条 【委托内容】财产查询、冻结、划拨、查封、扣押、被执行财产处置及其他事项，可由原案件承办法院委托被执行人或被执行财产所在地成员法院协助办理。

第五条 【委托方式】成员法院间协作执行材料应通过人民法院事项委托平台进行移交，受托法院应及时接收，及时办理，并在第一时间将办理结果通过该平台进行回复。

第三部分 异地协助

第六条 【协助事项】为确保异地查找、勘验、清点、移交等程序的有序开展，执行人员可以请求当地法院在警力、装备等方面予以协助，当地法院应当予以支持。

第七条 【前期工作】需前往其他成员法院异地执行的，执行法院应提前与当地法院联络，并由执行人员携带本院介绍信、工作证、执行公务证和相关生效法律文书前往，协助配合法院应优先提供交通、警力等支持。

第八条 【强制措施】原承办法院在异地需对相关人员采取拘传、搜查、拘留、罚款等强制措施的，经原承办法院请求，当地法院应当派员予以协助。如协助法院认为采取上述措施明显不当的，应与原承办法院协商解决，但不应停止协助。

第四部分 其他事项

第九条 【交流学习】为加强人才、经验交流学习，构建人才交流平台和经验分享平台。

成员法院间定期（每半年或一年一次）举办人才、经验交流活动，通过组织座谈会、互相参观学习、先进事迹宣传等方式，加强成员法院间人才共同培养、先进经验互相分享。

第十条　【联合惩戒】为对被执行人形成全方位惩戒，构建联合惩戒平台。

成员法院在信息共享的基础上，积极探索与本地发改委、公安、国土、住建、工商、金融机构等单位建立诚信体系联动机制，实现对失信被执行人信息的全查控，对被执行人融资、投资、置产等行为进行严格审查和限制，增大其失信成本，督促被执行人及时履行法律义务。

第五部分　监 督 机 制

第十一条　【监督机制】执行协作领导小组负责监督成员法院的相关工作落实情况，对于出现不履行协议内容的情况，任一法院可向领导小组提请召开双边或多边协调会议，共同商讨处理相关问题的方案。

协商不成的，由领导小组上报高院层面领导小组讨论处理。

第六部分　附　　则

第十二条　【细则效力】本细则自各方成员法院签字并盖章之日起生效。细则履行过程中新出现的问题，由成员法院协商后签署补充细则，补充细则与本细则具有同等效力。

××法院签字：	××法院签字：
年　月　日	年　月　日
（加盖院章）	（加盖院章）

第二编
典型案例

行政处罚决定是否构成明显不当的认定和处理

——天津市虎威化工涂料有限公司诉天津市北辰区环境保护局环保行政处罚案

【案件基本信息】

1. 判决书字号

北京市第四中级人民法院（2018）京04行终1号行政判决书

2. 案由：环保行政处罚上诉

3. 当事人

上诉人（原审原告）：天津市虎威化工涂料有限公司，住所地天津市北辰区西堤头镇西堤头村。

被上诉人（原审被告）：天津市北辰区环境保护局，住所地天津市北辰区双辰中路5号。

【基本案情】

天津市虎威化工涂料有限公司（以下简称虎威涂料公司）成立于1998年4月1日，经营范围是醇酸油漆、有机硅漆、聚氨酯漆、丙烯酸漆、环氧漆、水性内外墙涂料制造、销售。2017年5月21日，天津市北辰区环境保护局（以下简称北辰区环保局）对虎威涂料公司进行执法检查，发现其从事醇酸油漆加工生产，工艺为混配、研磨。混配、研磨过程产生挥发性有机废气直排，未按规定建有废气治理设施。检查时存在生产迹象，最后一日生产时间为2017年5月20日。北辰区环保局于2017年5月27日作出《行政处罚听证告知书》，告知虎威涂料公司，依照《天津市大气污染防治条例》第85条第1项规定，拟对其作出处2万元以上20万元以下罚款。同日，北辰区环保局作出《责令改正违法行为决定书》，责令其立即停止未在密闭空间或者设备中进行产生含挥发性有机物废气的生产经营活动，限于接到责令改正决定书之日起 1 日内改正违法行为。次日，北辰区环保局将《责令改正违法行为决定书》和《行政处罚听证告知书》送达虎威涂料公司。虎威涂料公司逾期未进行陈述、申辩，也未提出听证申请。2017 年 8 月 29 日，北辰区环保局作出被诉行政处罚决定，认定虎威涂料公司实施产生含挥发性有机物废气的生产经营活动，未在密闭空间或者设备中进行的环境违法行为，违反《天津市大气污染防治条例》第 53 条的规定，依据《天津市大气污染防治条例》第 85 条第 1 项的规定，罚款 4 万元。虎威涂料公司不服，向天津铁路运输法院提起行政诉讼。

一审法院经审理认为：虎威涂料公司违法行为与《天津市大气污染防治条例》第 85 条第 1 款规定的前提相符，北辰区环保局适用该规定对虎威涂料公司作出罚款 4 万元的行政处罚决定，适用法律正确。北辰区环保局履行了立案、调查、听证告知等程序，执法程序并无不当，判决驳回虎威涂料公司的诉讼请求。

虎威涂料公司不服，向北京市第四中级人民法院提起上诉。其上诉理由为：虎威涂料公司与案外企业存在同样违法情节的违法行为，但北辰区环保局对虎威涂料公司的罚款数额多出一倍，北辰区环保局没有证据证明虎威涂料公司违法情节比较严重，作出被诉处罚决定违反了公正、公开的原则。

【案件焦点】

本案被诉处罚决定的处罚幅度是否适当？

【法院裁判要旨】

本院经审查认为，《天津市大气污染防治条例》第 85 条第 1 项规定，违反本条例挥发性有机物污染防治规定，产生含挥发性有机物废气的生产经营活动，未在密闭空间、设备中进行，由环境保护行政主管部门责令停止违法行为，限期改正，并处 2 万元以上 20 万元以下罚款。本案中，北辰区环保局提交的现场检查笔录、现场照片、调查询问笔录能够证明虎威涂料公司未在密闭空间或者设备中，进行产生含挥发性有机物废气的生产经营活动，已经构成违反《天津市大气污染防治条例》第 53 条的行为，属于该条例第 85 条第 1 项规定的应予处罚的情形。故北辰区环保局对虎威涂料公司进行处罚事实清楚。

关于被诉处罚决定的处罚幅度是否适当问题，《行政处罚法》规定行政处罚遵循公正、公开的原则，设定和实施行政处罚必须以事实为依据，与违法行为的事实、性质、情节以及社会危害程度相当。《天津市大气污染防治条例》第 85 条第 1 项规定，违反本条例挥发性有机物污染防治规定，产生含挥发性有机物废气的生产经营活动，未在密闭空间、设备中进行，由环境保护行政主管部门责令停止违法行为，限期改正，并处 2 万元以上 20 万元以下罚款。北辰区环保局针对虎威涂料公司的违法行为决定罚款 4 万元，在 2 万元以上 20 万元以下的法定罚款幅度内，属于幅度较低的处罚。针对虎威涂料公司提出北辰区环保局对于同类违法行为作出明显不当处罚的主张，北辰区环保局主张虎威涂料公司有不配合执法的情形，但在法定期限内未提供相应证据加以证明，被诉处罚决定确有不当。但北辰区环保局对虎威涂料公司罚款 4 万元，仅比法定最低金额高 2 万元，4 万元的罚款金额与虎威涂料公司的违法行为不存在不相称的情形，不足以认定被诉处罚决定构成明显不当。且现有证据也不能证明虎威涂料公司与其他同类违法行为的事实、性质、情节以及社会危害程度相当，故其主张缺乏事实及法律依据，不予采纳。综上，依照《中华人民共和国行政诉讼法》第 89 条第 1 款第 1 项之规定，判决驳回上诉，维持一审判决。

【法官后语】

本案系首例根据《最高人民法院关于指定北京市第四中级人民法院管辖天津铁路运输法院审理的环境保护行政案件上诉的通知》的规定，天津铁路运输法院审理的环境保护行政案件的上诉案件由北京市第四中级人民法院审理的该类二审行政案件。对该类案件实行跨区划管辖审理，有助于排除地方干预，亦有助于统一京津冀环境保护行政执法和行政裁判的标准尺度。本案的争议焦点在于被诉行政处罚决定是否构成明显不当。北辰区环保局主张虎威涂料公司有不配合执法的情形，但在法定期限内未提供相应证据加以证明，被诉处罚决定确有不当。但结合环境保护整治工作的实际情况，认定针对相对人的 4 万元罚款属于法定处罚幅度内较低的处罚，并未构成“畸重”。且现有证据也不能证明虎威涂料公司与其他同类违法行为的事实、性质、情节以及社会危害程度相当。据此，人民法院认定被诉行政处罚决定尚不足以构成明显不当。本案判决对于准确理解《行政诉讼法》第 70 条所规定的“明显不当”审查标准具有借鉴意义。

编写人：张　岩　张　伟

把行政争议实质性解决贯穿于行政诉讼全过程

——某水泥公司、某矿业公司诉北京市房山区人民政府企业停产关闭通知案

【案件基本信息】

1. 裁判文书字号

北京市第四中级人民法院（2016）京04行初398号、（2016）京04行初411号行政裁定书

2. 案由：请求撤销企业关闭行政决定、履行法定职责

3. 当事人

原告：北京立马水泥有限公司，住所地北京市房山区周口店镇黄山店村。

原告：北京立马长流水矿业有限公司，住所地北京市房山区周口店镇长流水村村委会西100米。

被告：北京市房山区人民政府，住所地北京市房山区良乡政通路1号。

【基本案情】

原告北京某水泥有限公司及配套关联企业北京某矿业有限公司是被列入北京市去产能、去库存以及大气污染治理防治目录的企业。因对企业关闭相关问题未能达成一致意见，原告向法院提起行政诉讼。

原告诉称，被告于2015年7月8日向其发送《关于企业停产关闭的通知》，要求原告于2015年8月20日前停产关闭。原告认为，被告作出通知前没有对原告进行补偿和安置，致使企业运营陷入困难，故诉请法院撤销上述通知并要求被告安置企业职工。

被告辩称，双方就企业停产关闭相关问题已经进行了协商，原告同意关停企业，被告依法就原告主张的安置问题予以补偿，后因原告在协商关停企

业方案时要求过高而未能达成一致意见；应由原告对企业职工依法进行安置，被告并无相应职责。

【案件焦点】

本案被诉行政行为涉及重大公共利益，人民法院既应依法对行政行为的合法性进行审查，以监督行政机关依法行使职权；同时又要注重通过协调等手段实质性解决行政争议，以实现维护公共利益和当事人合法权益的有机统一。

【法院裁判要旨】

北京市第四中级人民法院在审理中注意到，本案事关首都大气污染防治、供给侧结构性改革以及中央京津冀协同发展等决策部署，涉及重大公共利益。同时，原告作为本市最大的民营水泥生产企业，其财产权益必然受到被诉关停通知的重大影响，其职工亦须得到妥善安置。为此，人民法院在坚持自愿、合法原则和确保信息对称的前提下，积极为双方当事人沟通协商搭建平台并提出合理的建议，促使被告召开专题会议研究解决相关问题，为实质化解行政纠纷创造了有利条件。最终，双方当事人就企业转型、员工安置、剩余原材料处理等一系列问题达成一致意见，原告主动申请撤回起诉，人民法院依法裁定予以准许。

【法官后语】

司法是化解社会矛盾、缓解社会冲突、维护社会稳定的重要窗口，是维护社会公平正义的最后一道防线。行政诉讼是维护公民、法人和其他组织合法权益，监督行政机关依法行使职权的重要制度，人民法院在审理行政案件中应当坚持合法性审查原则。同时，实质性解决行政争议也是行政诉讼的基本功能。修订后的《行政诉讼法》不仅明确了“解决行政争议”的立法宗旨，也建立了行政机关负责人出庭应诉、一并解决民事争议、行政复议机关作共同被告等有利于实质解决行政争议的新机制，同时还拓宽了行政诉讼调解的适用范围。当仅对行政行为合法性进行审理和判决难以实现案结事了时，人民法院应当积极运用协调等手段推动行政争议实质性解决。尤其在案件涉及重大公共利益的情况下，协调解决尤为必要，以实质性地解决行政争议，真正实现案结事了，防止行政诉讼程序空转。本案中，原告的财产权益必然会受到被诉关停通知的重大影响，其职工亦应得到妥善安置。合议庭在审理涉及重大公共利益案件中，对被诉关停通知合法性进行审查的同时，高度注重通过协调等手段实质性解决行政争议，并最终促使双方和解。本案是维护公共利益和当事人合法权益有机统一的典型案例，对人民法院审理其他类似案件具有借鉴意义。

编写人：向绪武

行政行为明显不当的判定标准

——刘翠英不服北京市房山区人民政府罚没移交批示案

【案件基本信息】

1. 判决书字号

北京市第四中级人民法院（2016）京04行初276号行政判决书

2. 案由：撤销罚没移交批示

3. 当事人

原告：刘翠英

被告：北京市房山区人民政府

【基本案情】

原告刘翠英系北京市房山区窦店镇望楚村村民，2015年9月2日，房山国土分局针对原告刘翠英举报的房山市政市容委在窦店镇望楚村石夏路东延工程项目建设中存在的违法占地建设行为，依法作出56号决定书，其中一项处罚内容为没收房山市政市容委在非法占用的土地上新建的建筑物及其他设施，房山国土分局就以上处罚情况向原告进行了告知。房山市政市容委法定期限内未就56号决定书提起诉讼，也未申请行政复议，该决定书于2016年3月2日生效。56号决定书生效后房山国土分局在法定期限内未主动履行移交处置职责，因此原告刘翠英向北京市东城区人民法院提起行政诉讼，诉讼期间房山国土分局于2016年7月6日就56号决定书中涉及的没收事项移交问题向房山区政府提交罚没移交请示，主要内容为"房山新城规划建设管理委员会第204次办公室主任会会议纪要通过，会议原则同意'在房山国土分局下达国土资源行政处罚决定生效后，经区政府同意移交街道办事处及乡镇政府对地上建筑物或其他设施进行处置'。但我区目前存在多条未批先建道路问题，由于道路工程的特殊性，一条道路涉及多个乡镇，如按乡镇分段移交，易造成涉案道路后期手续办理和乡镇后期管理的难度，不利于整条道路的管护。鉴于此以及后期移交的紧迫性，道路移交问题作为该会议纪要的补充，建议不再上新城会，由区政府指定建设主体部门为接受部门，统一进行移交”。2016 年 7 月 19 日，被告房山区政府对该请示予以批示，房山国土分局根据房山区政府的批示，将 56 号决定书中的没收处罚移交被处罚人房山市政市容委进行处置。原告刘翠英认为房山区政府的批示行为违法，于 2016 年 11 月 9 日向北京四中院提起行政诉讼。

【案件焦点】

被告北京市房山区人民政府对房山国土分局的罚没移交请示作出的批示行为是否属于明显不当。

【法院裁判要旨】

北京市第四中级人民法院经审理认为：关于房山区政府批示行为的合法性问题，根据《国土资源行政处罚办法》第 335 条的规定，国土资源主管部门作出没收矿产品、建筑物或者其他设施的行政处罚决定后，应当在行政处罚决定生效后 90 日内移交同级财政部门处理，或者拟订处置方案报本级人民政府批准后实施。本案 56 号决定书系房山国土分局作出，房山区政府作为房山国土分局的本级人民政府，有批准其拟定的罚没移交请示的法定职责。56 号决定书是针对房山市政市容委未经批准非法占用土地行为作出的处罚决定，房山市政市容委系被处罚人，被告房山区政府批示将没收房山市政市容委在非法占用的土地上新建的建筑物及其他设施移交给房山市政市容委自身处置，明显不当，且无法真正实现对该没收处罚的履行，从而导致 56 号决定书得不到实质意义上的执行。因此，房山区政府对房山国土分局的罚没移交请示作出的批示行为属明显不当。

综上，依照《行政诉讼法》第 70 条第 6 项的规定，判决撤销被告北京市房山区人民政府于 2016 年 7 月 19 日对北京市国土资源局房山分局《关于对道路工程行政处罚罚没地上物及其他设施移交的请示》作出的批示。

【法官后语】

本案是北京市第四中级人民法院审理的首例涉及对被没收建筑物及其他

设施进行移交处置的行政案件，也是首次适用修改后的《行政诉讼法》第70条第6项的规定以被诉行政行为明显不当为由判决撤销该行政行为的案件。

原《行政诉讼法》虽然规定了行政行为“滥用职权”可以撤销以及行政处罚显失公正可以变更，法院可以对行政裁量进行一定程度审查。但是实践中，法官极少在滥用裁量权意义上使用“滥用职权”标准,[①] 同时变更判决适用范围狭窄，因此实务中对于行政裁量的司法审查非常有限。为促进行政争议的实质性解决，回应人民群众对行政审判的新要求和新期待，2014年新修订的《行政诉讼法》在第70条引入“明显不当”这一审查根据，对于全部行政行为明显不当的，可以依法予以撤销。由此，法院对于行政行为的合理性进行一定程度的审查在立法上得到了进一步确认，并在原有规定的基础上得到扩大，一些无法明确认定为“滥用职权”的行政行为，可以通过“明显不当”这一审查标准予以纠正。“明显不当”的现实意义在于，法律赋予行政机关裁量权力，也要求行政机关根据具体情形斟酌处理，如果行政机关只考虑后期行为的便利性而不考虑事情本身的合理性和行政相对人的接受程度，以致严重偏离公正的准则，是对其裁量职责的怠惰，应该予以纠正。

从实践情况来看，行政行为明显不当主要表现为处理方式违反比例原则、缺乏正当理由的区别对待、未考虑相关因素、违背业已形成的裁量准则等情形。据此，根据修改后的《行政诉讼法》第70条的规定，人民法院既要审查被诉行政行为是否存在主要证据不足、适用法律法规错误、违反法定程序、超越法定职权等情形，也要审查被诉行政行为是否存在滥用职权和明显不当的情形，人民法院对行政行为的合法性审查在内涵上更加丰富，对行政机关依法行使职权的监督更加有力。因此，行政机关既应合法行政，又应合理行政，切实增强依法行政的意识与能力。

本案中，被告房山区政府作出批示，同意房山国土分局将没收房山市政市容委在非法占用的土地上新建的建筑物及其他设施移交给房山市政市容委

---

① 参见黄雪娇：《行政判决“明显不当”标准之探讨——以〈最高人民法院公报〉和最高人民法院指导性案例中的行政处罚案例为样本的分析》，载《河南财经政法大学学报》2017年第2期。一方面，“滥用职权”标准极易与作为日常用语的“滥用职权”“滥用权力”发生混同，使得其含义被宽泛地理解为“违法”，客观上造成“滥用职权”标准成为其他司法审查标准的上位概念，用于统称主要证据不足、适用法律、法规错误、违反法定程序、超越职权等具体的违法情形。另一方面，法官适用“滥用职权”标准审查案件，被诉行政机关及其工作人员可能还面临刑法上“滥用职权罪”的刑事追责问题，这也是导致法官在司法实践中极少适用这项标准作出裁判的重要原因。

自身处置，依据《行政处罚法》、参照《国土资源行政处罚办法》的规定，被告房山区政府作出该批示，在职权、法律适用、法定程序以及事实认定上符合法律形式上的规定，并不违反具体条文的规定。同时，被告房山区政府基于该项目属于未批先建的项目，后续的批准手续正在办理过程中，未来该项目将会合法化，为便利后续的工作的开展，将没收的非法建筑物及其他设施移交给市政市容委自身处置，并不能认定其具有恶意行使权力的主观恶意。但是，被告房山区政府的批示却在客观上导致被处罚人与处罚财产的接收处置人重合，无法真正实现对没收处罚的执行，未能达到没收被处罚人非法财物的客观效果，明显与《行政处罚法》和《国土资源行政处罚办法》对违法者予以惩戒、有效实施行政管理，维护公共利益和社会秩序，保护公民、法人或者其他组织合法权益的立法目的相悖，违背常理，因此应当属于行政行为“明显不当”。

编写人：孙永欣　周孟伟

禁止不利变更原则系有效发挥行政复议功能的前提

——王某某诉北京市某区人民政府行政复议案

【案件基本信息】

1. 判决书字号

北京市第四中级人民法院（2017）京04行初789号行政判决书

2. 案由：行政复议

3. 当事人

原告：王某某

被告：北京市某区人民政府

【基本案情】

2017年3月24日，北京市公安局某分局（以下简称某分局）对原告王某某作出行政处罚决定，认定原告因与张某发生纠纷，伙同刘某将张某打伤；根据《治安管理处罚法》第43条第1款之规定，决定给予原告行政拘留7日，并处罚款200元的处罚。原告不服，向被告北京市某区人民政府申请行政复议。被告作出被诉行政复议决定认为：某分局认定王某某具有结伙殴打他人的情形，但未适用《治安管理处罚法》第43条第2款第1项“有下列情形之一的，处十日以上十五日以下拘留，并处五百元以上一千元以下罚款：（一）结伙殴打、伤害他人的”规定，属于适用法律错误，故该处罚决定应当予以撤销；依据《行政复议法》第28条第1款第3项的规定，决定撤销某分局作出的上述行政处罚决定。王某某不服，起诉至北京市第四中级人民法院，请求依法撤销被告作出的被诉行政复议决定。

【案件焦点】

被告北京市某区人民政府作出的被诉行政复议决定是否违反《行政复议

法实施条例》第51条所规定的禁止不利变更原则；被诉行政复议决定如果违反该原则，法院应否直接判令撤销被诉行政复议决定。

【法院裁判要旨】

北京市第四中级人民法院经审理认为：被告北京市某区人民政府作为某分局的本级人民政府，具有对原告所提行政复议申请进行审查并依法作出处理的法定职责。根据《行政复议法》第28条第1款第3项第2目的规定，具体行政行为适用依据错误的，行政复议机关决定撤销、变更或者确认该具体行政行为违法；决定撤销或者确认该具体行政行为违法的，可以责令被申请人在一定期限内重新作出具体行政行为。本案中，被告以适用法律错误为由撤销某分局作出的行政处罚决定，本符合上述规定，但《行政复议法实施条例》第51条同时规定，行政复议机关在申请人的行政复议请求范围内，不得作出对申请人更为不利的行政复议决定。某分局作出的行政处罚决定适用了《治安管理处罚法》第43条第1款，依据该条款处罚，拘留的上限为10日，罚款的上限为500元，行政处罚决定最终给予原告的处罚为拘留7日，并处罚款200元。而被告认为原告具有结伙殴打他人情节，应适用《治安管理处罚法》第43条第2款第1项，依据该条款处罚，拘留的下限为10日，上限为15日；罚款的下限为500元，上限为1000元。原行政处罚决定适用法律确有错误，但是依据被诉行政复议决定所指向的应适用法律条款对原告进行处罚，将导致原告在申请行政复议之后，处罚结果有所加重。

《行政复议法实施条例》第51条是禁止不利变更原则在复议程序中的体现。该条款既包括复议机关不得直接作出对申请人更为不利的复议决定，也包括复议机关不得以撤销等方式间接导致对申请人更为不利的结果。尽管被告没有在被诉决定书中直接变更原行政行为，也没有在作出撤销决定的同时要求某分局重新作出行政处罚决定，然而该行政处罚系殴打他人事件引起，某分局必然会重新作出行政处罚决定，而重作的决定必将导致对原告更为不利的后果。因此，被告作出的被诉行政复议决定违反了《行政复议法实施条例》第51条的规定，属于适用法律法规错误，应当予以撤销。

综上，被告作出的被诉决定书违反了《行政复议法实施条例》第51条的规定，属于适用法律法规错误，应当予以撤销。原告提出的诉讼请求，本院予以支持。根据《行政诉讼法》第70条第2项之规定，判决如下：

一、撤销被告北京市某区人民政府作出的被诉行政复议决定；

二、被告北京市某区人民政府对原告王某某提出撤销某分局作出的行政处罚决定的行政复议申请在法定期限内重新作出答复。

【法官后语】

相较于行政诉讼制度，行政复议制度是一种更为便捷、高效的救济途径和纠纷解决模式。《行政复议法实施条例》第51条规定，行政复议机关在申请人的行政复议请求范围内，不得作出对申请人更为不利的行政复议决定。行政复议程序中之所以要确立禁止不利变更原则，一方面是为了充分发挥行政复议权利救济的功能作用，避免出现复议申请人经复议后获得更加不利的后果，以引导行政相对人通过行政复议程序寻求救济和解决争议。如果允许行政复议机关在复议申请人的请求范围内作出对复议申请人更加不利的决定，就可能导致行政相对人不敢、不愿申请复议，复议制度的权利救济功能和解纷主渠道的作用就难以得到充分发挥。

另一方面，复议程序中禁止不利变更原则的确立也是基于国家权力对于公民权利的谦抑，体现了“国家应当具有的谦抑美德”，一般不允许行政复议机关以对复议申请人造成更为不利后果为代价来修正原行政行为。因此，相比纠正错误的行政行为，保障行政复议申请人的权利更为符合行政复议制度的立法目的和《行政复议法实施条例》第51条的立法精神。

本案争议焦点在于，被告北京市某区人民政府作出的被诉行政复议决定是否违反《行政复议法实施条例》第51条所规定的禁止不利变更原则。就此问题，根据《行政复议法实施条例》的规定，判断被诉行政复议决定的作出是否给予申请人预期之外的处罚是人民法院审查其是否违反禁止不利变更原则的关键。《行政复议法实施条例》第51条所规定的情形既包括行政复议机关不得直接作出对申请人更为不利的复议决定，也包括行政复议机关不得以撤销等方式间接导致对申请人更为不利的结果。就本案而言，申请人提出行政复议申请的本意是希望行政复议机关以其没有殴打他人为由撤销行政处罚决定，尽管被告没有在被诉行政复议决定中直接变更原行政行为，也没有在作出撤销决定的同时，要求某分局重新作出行政处罚决定。但是本案系殴打他人事件所引起，某分局必然会重新作出行政处罚决定，而重新作出的行政处罚决定必将导致对原告更为不利的结果。故原告提起行政复议的最终结果不但没有从轻、减轻或者免于处罚，而是给复议申请人造成了更为不利的后果。据此，该被诉行政复议决定与立法本意相悖，违反了《行政复议法实施条例》第 51 条的规定，属于适用法律法规错误，对该行政复议决定依法应予撤销。

编写人：贾　毅　李振凡

行政机关组织实施的抗震加固行为合法的，人民法院应予支持

——苏某诉北京市西城区人民政府城建其他行政行为案

【案件基本信息】

1. 判决书字号

一审：北京市第四中级人民法院（2017）京04行初908号

二审：北京市高级人民法院（2018）京行终2902号

2. 案由：城建其他行政行为

3. 当事人

原告：原告苏某，男，住北京市西城区黑窑厂西里4号楼4单元×××号。

被告：北京市西城区人民政府，住所地北京市西城区二龙路27号。

第三人：北京宣房投资管理集团有限公司，住所地北京市西城区右安门内大街15号。

【基本案情】

北京市西城区黑窑厂西里4号楼（以下简称黑窑厂西里4号楼）原有3个单元（现在黑窑厂西里4号楼的1、2、3单元），产权人原为北京市宣武区房地产管理局（以下简称原宣武区房地局）。1988年5月9日，原宣武区房地局申请办理该楼房的所有权登记，并于1991年取得房屋所有权证。据房屋权属登记档案材料记载，此时的黑窑厂西里4号楼系混合结构，建筑年代为20世纪80年代，建筑面积为2413平方米。2001年6月15日，北京市宣武区公有资产管理委员会出具《北京市宣武区直管公房经营管理授权委托书》，授权北京宣房投资管理公司（2016年6月30日变更为北京宣房投资管理集团有限公司，以下简称宣房公司）自2001年1月1日起行使原宣武区房地局管理直

管公房的全部公房经营管理权。

1988 年 5 月 21 日，原宣武区房地局申请办理黑窑厂西里锅炉房的所有权登记，并于 1990 年取得房屋所有权证。此后，该锅炉房被拆除，改建为居民住宅楼。北京市宣武区陶然亭住宅合作社（以下简称陶然亭合作社）于 1997 年 8 月 27 日取得了该居民住宅楼建设项目的《建设工程规划许可证》，该证记载的建设位置为“宣武区四平园”，建设项目名称为“9#住宅”。另据《工程质量竣工核定证书》记载，该建设项目的竣工时间为“2000 年 4 月 9 日”，结构类型为“砖混”。2005 年 10 月，陶然亭合作社申请办理该楼房的所有权登记，提交了产权登记申请书、公安机关出具的地名通知书等申请材料。同年 11 月，陶然亭合作社取得了该楼房的房屋所有权证，该证记载的房屋坐落为“黑窑厂西里 4 号楼 4、5 门”，产别为“集体所有产”，建筑面积为 1736.75 平方米。另据《北京市房屋登记表》记载，该楼房系混合结构，建成年代为 20 世纪 90 年代。至此，黑窑厂西里 4 号楼由原来的 3 个单元增加到 5 个单元，这 5 个单元的房屋共同构成了现在的黑窑厂西里 4 号楼。

2013 年 12 月 15 日，北京筑福建筑事务有限责任公司（以下简称筑福公司）受宣房公司委托出具《抗震鉴定报告》，报告中记载黑窑厂西里 4 号楼的竣工时间为“80 年代”，建筑面积为“4282.66 平方米”，鉴定内容为“对黑窑厂西里 4 号楼，依据检测报告及现场踏勘测绘图纸等资料，通过现场调查、分析计算等方式进行安全鉴定与抗震鉴定”，鉴定结论为黑窑厂西里 4 号楼“不满足建筑抗震鉴定要求，建议采取整体加固措施”。2014 年 7 月 2 日，北京市西城区人民政府（以下简称西城区政府）所属的西城区重大项目建设指挥部办公室（以下简称西城区重大办）向北京市重大项目建设指挥部办公室（以下简称市重大办）报送《关于将西城区黑窑厂西里 1－4 号楼列入抗震加固范围的请示》。2014 年 8 月 21 日，北京市房屋建筑抗震节能综合改造工作领导小组办公室（以下简称市抗震节能改造办）向西城区重大办出具《关于确认西城区房屋建筑抗震节能综合改造项目的函》，同意将黑窑厂西里 4 号楼列为抗震节能综合改造项目。宣房公司就黑窑厂西里 4 号楼抗震节能综合改造项目进行了入户调查，制作了入户调查表，并与该楼部分居民分别签订了《抗震节能综合改造房屋周转协议书》。2015 年 11 月 5 日，北京市西城区住房和城乡建设委员会向宣房公司颁发“2013 年西城区（南）既有建筑抗震加固工程（黑窑厂西里 1－4 号楼）”的《建筑工程施工许可证》。

2015年11月15日，西城区重大办作出《关于明确我区2015年老旧小区综合整治任务的函》（以下简称《综合整治函》），主要内容为："老旧小区综合整治是北京市2015年为群众办实事的重要内容，按照市重大办的要求，结合实际，2015年我区老旧小区综合整治计划开展62.58万平方米抗震加固综合改造。最后任务量以实际开展为准。现将我区2015年老旧小区综合整治计划的具体明细附后，请抓好工作落实。"该《综合整治函》的附件《2015年西城区抗震加固工程任务表》中载明，黑窑厂西里4号楼系抗震加固综合改造对象，该楼竣工时间为"80年代"，建筑面积为"4282.66平方米"，产权单位为"北京市宣武区房屋土地管理局"，管理单位为"北京宣武房屋经营公司"，建筑性质为"住宅楼房"，所属街道为"陶然亭街道"。

苏某通过房改售房于2006年取得黑窑厂西里4号楼4单元×××号房屋的所有权证，据《北京市房屋登记表》记载，该房屋的建成年代为20世纪90年代。2008年，苏某又取得了黑窑厂西里4号楼4单元另一套房屋的所有权证。2016年6月，宣房公司以苏某之妻孙某为被告向北京市西城区人民法院提起民事诉讼，以孙某拒绝腾退房屋，导致其不能对黑窑厂西里4号楼进行整体抗震加固等为由，请求人民法院判令孙某将其在黑窑厂西里4号楼4单元的两套房屋"腾退至抗震加固工程完成时，并搬离房屋内除固有附属物外的其他物品"。此后，苏某以西城区政府为被告提起行政诉讼，认为被告认定事实错误、适用法律错误、滥用职权，请求撤销西城区重大办作出的《综合整治函》中对黑窑厂西里4号楼4、5单元进行抗震加固的行政行为。

在诉讼中，宣房公司述称，黑窑厂西里4号楼1、2、3单元共45套房屋，已有42套房屋出售，其余3套仍为宣房公司的直管公房；4、5单元共25套房屋，已有17套房屋出售，其余8套仍为陶然亭合作社的产权房屋；现黑窑厂西里4号楼仅有4、5单元的4户居民未搬离，其余居民已签订《抗震节能综合改造房屋周转协议书》并已搬离。原告苏某和被告西城区政府对此不持异议。宣房公司在诉讼中提交了其与居民签订的《抗震节能综合改造房屋周转协议书》，该协议约定由宣房公司向居民支付搬离和搬回的搬家费用、周转期间的周转补助金以及空调拆装费。另外，宣房公司在诉讼中提交了陶然亭合作社于2015年出具的《关于老旧小区改造抗震加固工作产权方手续委托函》，载明陶然亭合作社委托宣房公司代表其办理黑窑厂西里4号楼4、5单元抗震加固改造工程的产权方手续。

【案件焦点】

根据本案各方当事人的诉辩意见，本案的争议焦点为：一是黑窑厂西里 4 号楼 4、5 单元应否被纳入抗震加固综合改造范围；二是涉案《抗震鉴定报告》能否作为被诉行政行为的有效根据；三是将黑窑厂西里 4 号楼 4、5 单元列入抗震加固综合改造范围是否符合相关程序规定；四是被告是否滥用了职权和被诉行政行为是否侵害了原告的合法权益。

【法院裁判要旨】

围绕各方当事人的争议焦点，北京市第四中级人民法院经审理认为：

关于黑窑厂西里 4 号楼 4、5 单元应否被纳入抗震加固综合改造范围问题。第一，根据本案查明的事实，黑窑厂西里 4 号楼原有 3 个单元，即现在黑窑厂西里 4 号楼的 1、2、3 单元，根据当时房屋权属登记档案材料记载，这 3 个单元建成于 20 世纪 80 年代。而现在黑窑厂西里 4 号楼 4、5 单元的建设单位是陶然亭合作社，陶然亭合作社于 1997 年方取得《建设工程规划许可证》，该建设项目的《工程质量竣工核定证书》显示竣工时间为“2000 年 4 月 9 日”，而房屋权属登记档案材料中的《北京市房屋登记表》又显示建成年代为 20 世纪 90 年代。尽管两份材料记载的具体时间不尽一致，但足可认定黑窑厂西里 4 号楼 4、5 单元并非建成于 20 世纪 80 年代，更非 1980 年之前，而是在 20 世纪 90 年代或者 2000 年才建成的。第二，北京市人民政府于 2011 年 6 月 20 日发布《抗震节能综合改造实施意见》，将三类建设工程明确列为“排查鉴定对象”，即“1. 1980 年以前建成的城镇房屋建筑。2. 规划保留村庄的农村住宅。3. 1980 年至 2002 年建成的学校、幼儿园、医院、体育场馆、博物馆、文化馆、图书馆、影剧院、商场、交通枢纽等人员密集的公共服务设施”。应当说，黑窑厂西里 4 号楼 4、5 单元不在该三类建设工程之列，但却不能据此得出黑窑厂西里 4 号楼 4、5 单元必须被排除于抗震加固综合改造范围之外的结论。一方面，《抗震节能综合改造实施意见》列明的上述三类建设工程系“排查鉴定”的对象，该文件并未明确禁止依法对其他建设工程进行抗震鉴定并依据鉴定结果进行抗震加固综合改造。被告西城区政府在诉讼中提供的 2012 年北京市老旧小区综合整治办公室会议纪要也可以表明 1980 年以后建成的房屋建筑并未被一概排除于抗震加固综合改造范围之外，该会议纪要的相关内容为："对 1980 年以后建成且住户居民有强烈意愿进行改造的住宅楼房，由各区县负责先行进行抗震检测，如确实需要进行抗震加固改造，专题报市老旧小区综合整治办公室。"另一方面，本市行政区划范围内对既有建设工程进行抗震加固综合改造，不仅要遵循《抗震节能综合改造实施意见》的规定，同时也要遵循相关法律、法规、规章的规定。《防震减灾法》第 39 条规定，对于已经建成的重大建设工程，可能发生严重次生灾害的建设工程，具有重大历史、科学、艺术价值或者重要纪念意义的建设工程，学校、医院等人员密集场所的建设工程，以及地震重点监视防御区内的建设工程，未采取抗震设防措施或者抗震设防措施未达到抗震设防要求的，应当按照国家有关规定进行抗震性能鉴定，并采取必要的抗震加固措施。自 2002 年 1 月 1 日起施行的《北京市实施〈中华人民共和国防震减灾法〉办法》第 19 条第 1 款规定，已建成的建筑物、构筑物，未采取抗震设防措施或者未达到抗震设计标准的，建筑物、构筑物所有权人或者管理使用单位应当按照国家有关规定进行抗震性能鉴定，并采取必要的抗震加固措施。自 2014 年 1 月 1 日起施行的《北京市实施〈中华人民共和国防震减灾法〉规定》第 12 条第 1 款和第 13 条规定，已经建成的建设工程具有"达到设计使用年限需要继续使用""进行结构改造或者改变使用用途可能影响抗震性能""未采取抗震设防措施或者达不到现行抗震设防要求"等情形之一的，应当委托相关单位进行抗震鉴定，对不符合抗震设防标准且具有加固价值的房屋建筑采取抗震加固措施。根据上述法律和地方性法规的规定，应当进行抗震鉴定并采取抗震加固措施的既有房屋建筑并不局限于 20 世纪 80 年代及以前建成的房屋建筑，而是可以涵盖 20 世纪 90 年代甚至 21 世纪建成的房屋建筑；对某一房屋建筑是否需要采取抗震加固措施，核心标准在于该房屋建筑是否符合抗震设防要求并具有加固价值。因此，尽管黑窑厂西里 4 号楼 4、5 单元建成于 20 世纪 90 年代或 2000 年，但如果该房屋建筑经抗震鉴定的确不符合抗震设防要求且具有加固价值，对该房屋建筑进行抗震加固综合改造显然不违背上述法律、法规的规定。综上，黑窑厂西里 4 号楼 4、5 单元不应当仅仅因为建成于 20 世纪 90 年代或 2000 年而被排除于抗震加固综合改造范围之外。同时，黑窑厂西里 4 号楼 4、5 单元尽管与该楼的 1、2、3 单元建成于不同年代，但已共同构成现在的黑窑厂西里 4 号楼，在抗震加固综合改造工作中对该楼进行整体考虑并无不当。当然，应否对黑窑厂西里 4 号楼采取抗震加固措施，关键在于该楼能否达到抗震设防要求，这正是下一个争议焦点涉及的核心问题。

关于涉案《抗震鉴定报告》能否作为被诉行政行为的有效根据问题。根据各方当事人的诉辩意见和质证意见，本案中对该《抗震鉴定报告》是否合法有效的审查主要涉及抗震鉴定的委托主体是否适格、鉴定机构的选定是否合法、鉴定报告内容是否准确等方面的问题。第一，关于委托抗震鉴定的适格主体。在具体由谁委托鉴定机构对既有房屋建筑进行抗震鉴定这一问题上，1997年通过并经2008年修订的《防震减灾法》未作明确规定。原建设部2006年颁布的规章《房屋建筑工程抗震设防管理规定》第12条第1款虽规定对三类已建成但未采取抗震设防措施且未列入近期拆除改造计划的房屋建筑工程应当委托进行抗震鉴定，但并未明确规定抗震鉴定的委托主体；第2款则作出了“鼓励其他未采取抗震设防措施且未列入近期拆除改造计划的房屋建筑工程产权人，委托具有相应设计资质的单位按现行抗震鉴定标准进行抗震鉴定”的规定，虽对委托主体的规定更加明确，但仅为“鼓励”委托抗震鉴定。自2002年1月1日起施行并在本案涉及的抗震鉴定进行时仍有效的《北京市实施〈中华人民共和国防震减灾法〉办法》第19条则明确规定由“建筑物、构筑物所有权人或者管理使用单位”对已建成但未采取抗震设防措施或者未达到抗震设计标准的建筑物、构筑物进行抗震性能鉴定并采取必要的抗震加固措施，同时规定“城市住房制度改革中出售的房屋的抗震加固，由市人民政府另行规定”。北京市人民政府制定的《北京市房屋建筑抗震节能综合改造工作实施意见》（以下简称《抗震节能综合改造实施意见》）规定，由区县政府组织实施责任主体进行房屋建筑抗震节能综合改造工作，对于直管公房、单位自管公房、已售公有住宅、其他私有房屋建筑进行抗震节能综合改造，相应的实施责任主体分别为房屋建筑管理单位、房屋建筑产权单位、原售房单位和房屋建筑所有权人。本案中，黑窑厂西里4号楼的1、2、3单元原为宣房公司经营管理的直管公房，后部分房屋出售，部分房屋仍为宣房公司经营管理的直管公房；4、5单元原为陶然亭合作社的集体所有房产，后部分房屋出售，部分房屋仍为陶然亭合作社所有。从房屋的套数看，黑窑厂西里4号楼共有70套房屋，其中45套房屋原为宣房公司经营管理的直管公房。从实际情况看，由宣房公司委托鉴定机构对黑窑厂西里4号楼进行抗震鉴定，具有可行性和合理性，且并不为法律、法规、规章所禁止。另外，委托鉴定机构对既有房屋建筑进行抗震鉴定，目的在于确定既有房屋建筑是否符合抗震设防要求，进而排除安全隐患和风险，对于维护房屋所有权人和使用人的生命财产安全是有利的。本案中，宣房公司委托鉴定机构对黑窑厂西里4号楼进行抗震鉴定，并未要求原告或该楼内其他居民负担鉴定费用，对原告或该楼内其他居民的合法权益并未造成侵害。此外，宣房公司在诉讼中提交的证据显示，陶然亭合作社于2015年向宣房公司出具了委托书，委托宣房公司代表其办理黑窑厂西里4、5单元抗震加固改造工程的产权方手续。鉴于上述情况，不应认定涉案《抗震鉴定报告》因委托鉴定单位系宣房公司而失去合法性和有效性。第二，关于抗震鉴定机构的选定。本案中，筑福公司出具了《抗震鉴定报告》，该公司持有中华人民共和国住房和城乡建设部核发的工程设计资质证书。依据原建设部2006年颁布的规章《房屋建筑工程抗震设防管理规定》第12条的规定，抗震鉴定应当由具有相应设计资质的单位进行。北京市人民政府制定的《抗震节能综合改造实施意见》规定："实行合格承包人名录制度。为保证综合改造工程质量，参与综合改造的检测、房屋安全鉴定、设计、施工、监理单位实行合格承包人名录制度。市、区县政府出资并依法应当招标的项目，各实施责任主体应当在合格承包人名录中依法选定工程参与单位。"2012年3月，北京市住房和城乡建设委员会、北京市规划委员会、北京市财政局共同印发《北京市房屋建筑抗震节能综合改造工程设计单位合格承包人名册管理办法》和《北京市房屋建筑抗震节能综合改造工程设计单位合格承包人名册》，筑福公司列于北京市房屋建筑抗震节能综合改造工程设计单位合格承包人名册之内。据此，由具有相应设计资质并被列入上述合格承包人名册的筑福公司对黑窑厂西里4号楼进行抗震鉴定，并不违法。第三，关于鉴定报告内容的准确性。筑福公司出具的《抗震鉴定报告》载明了黑窑厂西里4号楼的产权单位、管理单位、竣工时间、结构类型、平面形式、地基基础形式、楼盖形式、屋盖形式等多方面信息，列明了鉴定内容、鉴定依据等相关内容，得出了该建筑"不满足建筑抗震鉴定要求，建议采取整体加固措施"的鉴定结论。从本案查明的事实看，黑窑厂西里4号楼的1、2、3单元建成于20世纪80年代，4、5单元建成于20世纪90年代或2000年，《抗震鉴定报告》将黑窑厂西里4号楼的竣工时间统一记载为"80年代"，并不准确。黑窑厂西里4号楼的1、2、3单元原为宣房公司经营管理的直管公房，后部分房屋已出售；4、5单元原为陶然亭合作社的集体所有房产，后部分房屋也已出售。《抗震鉴定报告》将黑窑厂西里4号楼的产权单位统一记载为西城区政府和陶然亭合作社，没有体现出部分房屋已出售的情况，亦不准确。不过，筑福公司对黑窑厂西里4号楼进行抗震鉴定，目的在于确定该楼是否符合抗震设防要求，形成的也是有关黑窑厂西里4号楼不符合抗震设防要求并建议采取整体加固措施的鉴定结论。筑福公司进行抗震鉴定并出具《抗震鉴定报告》，目的显然不在于确定黑窑厂西里4号楼的竣工时间、产权单位，也不具有改变该楼竣工时间和产权单位的效力。需要注意的问题在于，《抗震鉴定报告》对竣工时间和产权单位的记载是否会对鉴定结论产生实质性影响。首先，房屋建筑的抗震性能如何，与该房屋建筑的产权人或产权单位是谁，二者并无必然关联。涉案《抗震鉴定报告》有关产权单位的记载虽不准确，但有关抗震性能的鉴定结论并不因此受到影响。其次，关于竣工时间是否影响抗震鉴定结论一节，经鉴定机构派员出庭就此作出说明，本院尚无法得出涉案《抗震鉴定报告》所载鉴定结论会因该报告有关竣工时间的记载不准确而被动摇或推翻的结论。最后，原告苏某在庭审中还对《抗震鉴定报告》记载的黑窑厂西里4号楼的结构类型、地基基础形式等提出质疑，鉴定机构派员出庭作出说明，这些事项涉及专业性、技术性问题，原告苏某并未提供证据支持其主张，更不足以推翻涉案的鉴定结论。此外，经询问原告是否申请重新鉴定，原告苏某在庭审中明确表示其不申请重新鉴定。鉴于此，本院认为，涉案《抗震鉴定报告》虽存在部分内容不够准确的情形，但不足以动摇或推翻鉴定结论，亦不足以导致《抗震鉴定报告》丧失合法性、有效性。综上，涉案《抗震鉴定报告》是由具有工程设计资质的筑福公司经鉴定后出具的，且没有证据证明存在鉴定程序严重违法、鉴定结论明显依据不足或者足以导致鉴定结论不成立的其他情形，故该《抗震鉴定报告》的合法性和有效性应当得到认可。既然鉴定机构出具的抗震鉴定报告能够表明黑窑厂西里4号楼不满足抗震设防要求并需要采取抗震加固措施，被告西城区政府据此组织实施责任单位对该楼进行抗震加固综合改造，具有相应的事实基础。

关于将黑窑厂西里4号楼4、5单元列入抗震加固综合改造范围是否符合相关程序规定问题。本案中，在筑福公司出具《抗震鉴定报告》后，西城区重大办向市重大办报送了将黑窑厂西里4号楼列入抗震加固范围的请示，市抗震节能改造办向西城区重大办出具了将黑窑厂西里4号楼列入抗震节能综合改造项目的确认函，宣房公司进行了入户调查，黑窑厂西里4号楼抗震加固工程也取得了《建筑工程施工许可证》。可见，被告西城区政府在作出本案被诉行政行为之前，履行了一定的程序。结合各方当事人的诉辩意见，就被诉行政行为是否符合法定程序问题，尚需重点审查两个方面：一是实施责任主体的确定是否符合规定；二是提出综合改造申请前是否履行了组织业主共同决定的程序要求。第一，实施责任主体的确定。北京市人民政府制定的《抗震节能综合改造实施意见》第2条对抗震加固综合改造工作实施责任主体作出了具体规定，即“(一) 直管公房，房屋建筑管理单位是综合改造工程的实施责任主体。(二) 单位自管公房，房屋建筑产权单位是综合改造工程的实施责任主体。(三) 已售公有住宅，原售房单位是综合改造工程的实施责任主体；原售房单位灭失的，现接管单位是综合改造工程的实施责任主体；无接管单位的，由房屋所在地区县政府负责组织实施。(四) 其他私有房屋建筑，房屋建筑所有权人是综合改造工程的实施责任主体；房屋建筑所有权人下落不明或者权属不明的，实际占有人是综合改造工程的实施责任主体”。本案中，根据黑窑厂西里4号楼的权属状况，尤其是该楼70套房屋中1、2、3单元的45套房屋原为宣房公司经营管理的直管公房且至今仍有部分房屋系宣房公司直管公房，4、5单元的25套房屋原为陶然亭合作社的集体所有房产且陶然亭合作社于2015年向宣房公司出具了委托手续等实际情况，由宣房公司作为黑窑厂西里4号楼抗震加固综合改造工作的实施责任主体并无不当，原告苏某的合法权益亦未因实施责任主体确定为宣房公司而受到侵害。第二，关于业主共同决定程序。北京市人民政府制定的《抗震节能综合改造实施意见》中规定，实施责任主体应当根据鉴定、评估结果，及时向区县政府提出综合改造申请；属于已售公有住宅的，实施责任主体应当依法组织业主共同决定，经专有部分占建筑物总面积2/3以上的业主且占总人数2/3以上的业主同意后，方可提出综合改造申请。本案中，宣房公司在诉讼中提交的入户调查表和《抗震节能综合改造房屋周转协议书》能够表明宣房公司履行了征求业主意见的程序，并且抗震加固综合改造工作已得到黑窑厂西里4号楼超过2/3的业主的同意。实际上，原告在诉讼中亦认可黑窑厂西里4号楼的70户居民中，目前仅有4户居民未签订《抗震节能综合改造房屋周转协议书》。据此，本院认为，被告西城区政府将黑窑厂西里4号楼列入抗震加固综合改造范围，并不违背《抗震节能综合改造实施意见》中有关业主共同决定程序的规定。综上，被告西城区政府作出被诉行政行为前履行了必要的行政程序，不存在因违反法定程序而应当认定被诉行政行为违法的情形。

关于被告是否滥用了职权和被诉行政行为是否侵害了苏某的合法权益问题。第一，防震减灾事关人民生命财产安全和经济社会发展全局，由于地震具有巨大破坏力，精准预测又有一定难度，因此对地震的预防至关重要，通过抗震加固综合改造提高城乡建筑物的抗震能力正是地震灾害预防的关键环节之一。本案中，被告西城区政府依据法律、法规、规章和规范性文件中有关对既有房屋建筑进行抗震鉴定和采取抗震加固措施的规定，在黑窑厂西里4号楼经鉴定不满足抗震设防要求的情况下，经履行相关程序，将该楼列为抗震加固综合改造对象。该行为系被告西城区政府履行其法定职责的行为，具有相应的事实根据和法律依据，且有利于提高黑窑厂西里4号楼防御潜在地震风险的能力，有利于保护人民群众的生命财产安全。原告苏某认为被告西城区政府滥用职权的意见缺乏依据，本院不予采纳。第二，对既有房屋建筑采取抗震加固措施，可能会给该房屋建筑的使用人带来不便，如在必要时需要使用人在施工期间搬出；也可能对房屋建筑所有权人带来影响，如实施加固后房屋建筑的结构、面积等可能有所变化。不过，必要的抗震加固所带来的不便和造成的影响显然不能等同于对房屋所有权人和使用人合法权益的侵害，毋宁说是为了保障所有权人和使用人的合法权益，尤其是其生命财产安全，而应当在一定限度内予以容忍的不便和影响。实际上，房屋建筑的抗震能力不足，不仅对该房屋建筑的所有权人和使用人的生命财产安全构成潜在威胁，也会对相邻房屋建筑的安全和不特定公众的安全构成潜在威胁。为此，在《防震减灾法》第8条明确规定“任何单位和个人都有依法参加防震减灾活动的义务”的基础上，相关法律规范对房屋建筑的所有权人和使用人设定了更加明确的义务。例如，原建设部颁布的规章《房屋建筑工程抗震设防管理规定》第14条第1款规定，对经鉴定需抗震加固的房屋建筑工程，产权人应当委托具有相应资质的设计、施工单位进行抗震加固设计与施工；第15条进一步规定，房屋建筑工程的抗震鉴定、抗震加固费用，由产权人承担。《北京市实施〈中华人民共和国防震减灾法〉规定》第12条、第13条也就房屋建筑所有权人委托抗震鉴定和采取抗震加固措施的义务作出规定，第15条又规定了房屋建筑所有权人及使用人在一定条件下停止使用并搬出危险部位的义务。本案中，宣房公司是黑窑厂西里4号楼抗震加固综合改造的实施责任主体，包括原告苏某在内的购买该楼内房屋的业主并未被要求负担综合改造费用，宣房公司与业主签订的《抗震节能综合改造房屋周转协议书》还明确约定由宣房公司向业主支付搬离和搬回的搬家费用、周转期间的周转补助金等费用。更加重要的是，抗震加固综合改造有利于提升房屋建筑的抗震能力，对该楼内房屋所有权人和使用人的生命财产安全提供了更加充分的保障。综上，本案中显然不能得出被诉行政行为违法侵害原告合法权益的结论。

综上，北京市第四中级人民法院依照《行政诉讼法》第69条的规定，判决驳回原告苏平的诉讼请求。经原告提起上诉，北京市高级人民法院终审驳回上诉，维持一审判决。

【法官后语】

根据行政诉讼法的规定，原告的起诉符合法定条件是人民法院对被诉行政行为进行合法性审查并作出判决的前提。本案中，西城区重大办于2015年11月15日作出《综合整治函》，将黑窑厂西里4号楼列为抗震加固综合改造对象，原告苏某针对该抗震加固综合改造行为中涉及黑窑厂西里4号楼4、5单元的部分，向人民法院提起行政诉讼。西城区重大办系被告西城区政府设立的机构，其所作《综合整治函》将黑窑厂西里4号楼列为抗震加固综合改造对象，原告苏某所有的房屋在黑窑厂西里4号楼之内。据此，西城区重大办作出《综合整治函》的行为对原告苏某的权益产生实际影响，系可诉的行政行为，原告苏某具有提起诉讼的原告资格，西城区政府系适格被告，原告苏某提起诉讼亦未超过法定期限。据此，人民法院认定原告苏某的起诉符合法定条件，充分保护了原告苏某依法提起行政诉讼的权利。

保护人民生命和财产安全，是人民政府及其相关部门开展防震减灾工作应当追求和实现的首要目标。对于人民政府及其相关部门为防御和减轻地震灾害而依法对既有房屋建筑采取的合法抗震加固行为，人民法院应当依法予以支持。本案中，根据《防震减灾法》以及北京市地方性法规的规定，被告西城区政府负有组织有关部门采取措施做好本行政区域的防震救灾工作的法定职责。黑窑厂西里4号楼经鉴定不满足抗震设防要求，被告西城区政府将黑窑厂西里4号楼列为抗震加固综合改造对象，具有相应的事实根据和法律依据，也履行了相关的行政程序。对黑窑厂西里4号楼进行抗震加固综合改造，有利于提高该楼的抗震能力，对包括原告苏某在内的房屋所有权人和使用人而言，被诉行政行为具有明显的授益性。原告苏某认为被告西城区政府将黑窑厂西里4号楼4、5单元列入抗震加固综合改造范围的行政行为违法并侵害其合法权益的意见，缺乏相应的事实根据和法律依据，对其要求撤销该行政行为的诉讼请求应不予支持。

需要指出的是，涉案的抗震加固综合改造工作存在不严谨的情形。在《综合整治函》的附件中，黑窑厂西里4号楼的竣工时间被记载为“80年代”，产权单位被记载为“北京市宣武区房屋土地管理局”，管理单位被记载为“北京宣武房屋经营公司”，这些均存在以偏概全的错误，不能准确反映该楼1、2、3单元和4、5单元分别建成于不同年代、房屋产权属于不同单位和个人所有的实际。此外，该楼1、2、3单元房屋产权原登记在原宣武区房地局名下，4、5单元房屋产权原登记在陶然亭合作社名下，建筑面积分别为2413平方米和1736.75平方米。涉案《综合整治函》的附件将黑窑厂西里4号楼的建筑面积记载为“4282.66平方米”，虽与《抗震鉴定报告》记载的建筑面积一致，但与该楼1、2、3单元原房屋权属登记材料记载的建筑面积和4、5单元原房屋权属登记材料记载的建筑面积之和不尽一致。

鉴于西城区重大办作出《综合整治函》的目的和效果在于确定抗震加固综合改造的对象，其在该《综合整治函》的附件中对黑窑厂西里4号楼竣工时间、产权单位、管理单位、建筑面积的记载虽不准确，但并不产生改变黑窑厂西里4号楼实际竣工时间、产权单位、管理单位或建筑面积的法律效果，原告苏某的合法权益亦不会因此受到侵害，不足以影响西城区重大办通过作出《综合整治函》将黑窑厂西里4号楼列为抗震加固综合改造对象这一行政行为的合法性。不过，对于上述问题，被告西城区政府及其所属的西城区重大办应当予以重视，并应采取有效措施避免在今后工作中出现疏漏。

另需指出的是，自古以来，地震这一自然灾害给人类带来了巨大的生命和财产损失。即便在科学技术日新月异、地震监测水平不断提升的今天，地震的潜在风险和威胁也远未消除。为了保护人民的生命和财产安全，人民政府及其相关部门自当肩负起职责使命，依法做好各项防震减灾工作。同时，对于人民政府及其相关部门依法采取的防震减灾措施，任何单位和个人理应予以支持、配合，并负有依法参加防震减灾活动的义务。

从司法实践看，因行政机关组织实施对既有建筑物进行抗震加固引发的行政诉讼案件尽管数量不大，但涉及诸多具体的法律适用问题；同时，因该类行政行为带有明显的授益性色彩，司法审查的重点、强度也与一些常见的案件类型有所差别。本案中，人民法院既遵循了合法性审查原则，又体现了利益衡量原则，对多个方面的焦点问题进行了较为细致的阐述，对于类似案件具有一定的参考价值。

编写人：陈良刚

因被告原因导致原告无法证明损害情况的，由被告就损害情况承担举证责任

——郑某诉北京市海淀区人民政府行政赔偿案

【案件基本信息】

1. 判决书字号

一审：北京市第四中级人民法院（2016）京04行初1196号

二审：北京市高级人民法院（2017）京行赔终47号

2. 案由：行政赔偿纠纷

3. 当事人

原告：郑某，女，汉族，住北京市海淀区八里庄东居民区。

被告：北京市海淀区人民政府，住所地北京市海淀区长春桥路17号。

【基本案情】

2012年12月30日，被告发布腾退公告并制定了《玲珑巷项目腾退搬迁补偿安置方案》，参照《北京市集体土地房屋拆迁管理办法》等相关文件精神，组织实施玲珑巷、五路居地区综合整治腾退拆迁补偿安置工作。郑某自1987年至2013年在涉案的八里庄东居民区29号院（以下简称29号院）内居住，其居住的房屋位于上述腾退范围内。在腾退过程中，腾退指挥部与同住在29号院内的马某等四名被腾退人签订协议并进行了补偿安置后，于2013年拆除了29号院内的房屋。2015年郑某针对被告强制拆除行为提起行政诉讼，人民法院生效判决确认被告对原告居住的房屋实施的拆除行为违法。2016年，郑某向被告申请行政赔偿，请求将被拆除的涉案房屋恢复原状，赔偿因强拆造成的财物损失125,489元、房屋租金62,000元以及各项诉讼费用62,200元。2016年6月15日，被告作出《不予赔偿决定书》。原告不服，提起行政赔偿诉讼。

【案件焦点】

如何认定强制拆除房屋导致室内物品损失？

【法院裁判要旨】

北京市第四中级人民法院经审理认为：第一，关于原告请求恢复涉案房屋原状问题。原告提出行政赔偿的依据是人民法院生效判决，该判决虽确认被告对29号院内原告居住的房屋实施拆除的行为违法，但该判决确认拆除行为违法的理由是被告在实施腾退安置过程中未能尽到审慎审查职责，既没有查清29号院内实际居住人情况，亦未听取有关利害关系人的意见就拆除了涉案房屋，形成原告的居住权益得不到保障之事实。该判决并未明确原告对涉案房屋具有所有权，原告亦不能提交证据证明其对涉案房屋具有所有权或可区分所有权。故原告请求恢复房屋原状的请求没有事实根据及法律依据，不予支持。第二，关于原告请求赔偿强拆造成的财物损失问题。根据《行政诉讼法》第38条第2款的规定，在行政赔偿诉讼中，原告应当对行政行为造成的损害提供证据；因被告的原因导致原告无法举证的，由被告承担举证责任。本案中，原告仅向法院提交了财产损失清单以证明涉案房屋被拆除时室内财物情况，并未提交其他证据佐证清单内财产损失的客观性，被告亦未在实施强拆时对涉案房屋内财产进行登记，致使法院无法根据有效证据认定室内财产的真实构成情况。考虑到被告违法强拆涉案房屋的实际情况，根据上述法律规定，应由被告承担室内财产真实构成情况无法查明的不利后果并承担相应赔偿责任。基于原告长期居住在涉案房屋内的事实，室内亦应放置基本的日常生活用品，故涉案房屋内的家具及基本的生活物品等当属个人合法财产，应受法律保护。结合原告的主张，根据日常生活经验法则，酌定被告对原告提交财产损失清单的第2~16项承担赔偿责任，并酌情确定赔偿数额20,000元。关于原告提出的现金损失部分，因在案证据不足以证明强制拆除时原告有大额现金存放在被拆除房屋内，故对该部分赔偿请求不予支持。第三，关于原告请求赔偿房屋租金的问题。原告提交的证据不能证明其为此支出了租赁费用，故对原告提出的2013年10月17日至2016年4月17日期间房屋租金62,000元的赔偿请求，不予支持。第四，关于原告请求赔偿诉讼费用的问题。行政机关承担行政赔偿责任的范围，应当是受害人因行政机关及其工作人员行使行政职权而直接遭受的人身权、财产权的损害。原告请求赔偿的诉讼费用支出，均是因其针对涉案房屋被拆除后提起诉讼而支付的费用，属于当事人在法律救济程序中支出的费用，不属于国家赔偿法所规定的赔偿范围。原告要求被告赔偿其因诉讼而支出的各项费用62,200元的请求，没有法律根据，不予支持。综上，法院判决被告赔偿原告人民币20,000元，并驳回原告的其他赔偿请求。经原告提起上诉，北京市高级人民法院终审驳回上诉，维持一审判决。

【法官后语】

行政行为违法给当事人合法权益造成损害的，行政机关应当承担行政赔偿责任，依法对当事人给予赔偿，这是行政赔偿诉讼的宗旨所在。本案的典型意义在于对行政赔偿诉讼的举证责任分配和赔偿金额的认定方面作出了具有开拓性的裁判，对人民法院在审理类似案件中，如何分配行政赔偿案件中原告和被告各自的举证责任，如何确定行政赔偿的范围、方式和金额具有一定的借鉴意义。

第一，依法灵活运用行政赔偿诉讼举证责任配置原则解决纠纷。《国家赔偿法》第15条第1款规定，人民法院审理行政赔偿案件，赔偿请求人和赔偿义务机关对自己提出的主张，应当提供证据。《最高人民法院关于行政诉讼证据若干问题的规定》第5条规定，在行政赔偿诉讼中，原告应当对被诉具体行政行为造成损害的事实提供证据。《行政诉讼法》第38条第2款规定，在行政赔偿案件中，原告应当对行政行为造成的损害提供证据；因被告的原因导致原告无法举证的，由被告承担举证责任。根据上述规定，《行政诉讼法》对行政赔偿和补偿诉讼规定了不同于一般行政诉讼案件由"被告负举证责任"的举证原则，即通常情况下原告应当对行政行为造成的损害提供证据，但是，因被告的原因导致原告无法举证的，由被告承担证明责任。本案中，因被告拆除行为存在程序违法问题而被确认违法，也因被告在拆除程序中忽略了原告作为居住人的合法权益，在客观上造成原告未能在拆除前及时清理处置屋内财产，并且被告在拆除前没有对屋内物品进行清点、录像和制作物品清单及进行公证，故被告应当对拆除中损毁的财产价值负举证责任。这是基于被告的违法行为导致的原告存在举证困难时行政赔偿诉讼举证责任的转移。

第二，在如何认定赔偿具体金额的问题上，本案中法院确立了基于社会一般生活标准判断生活用品价值的赔偿原则。在双方对受到损害的物品数量和价值持不同意见，被告拒绝赔偿的情况下，人民法院结合当事人的主张和在案证据，遵循法官职业道德，运用逻辑推理、生活经验及常识确定赔偿数据。即对于日常生活用品，按照社会一般生活标准酌情确定受到损毁的物品数量和价值的赔偿金，作出有利于保护弱势原告方合法权益的判决。对于非日常生活用品的大宗财物等，在原告不能提供有说服力的证据证明这些财物客观存在于拆除现场的情况下，人民法院无酌定赔偿之基础，依法不应支持。本案裁判的标准为今后审理类似案件提供了新的思路和原则，具有较强的参考借鉴意义。

编写人：向绪武

行政机关对业主就小区停车管理的举报投诉应予答复

——朱某诉北京市朝阳区人民政府行政复议案

【案件基本信息】

1. 判决书字号

北京市第四中级人民法院（2017）京04行初697号行政判决书

2. 案由：行政复议

3. 当事人

原告：朱某

被告：朝阳区人民政府

【基本案情】

原告朱某作为乙方与甲方某停车管理公司签订《停车场车位租用协议书》，约定原告因车辆停放需要租用甲方车位，停车位场地使用服务费为1785元/年。合同签订当日，原告向合同甲方缴纳了上述服务费。2016年7月，原告向北京市朝阳区城市管理综合执法监察局（以下简称朝阳城管监察局）投诉，称其所在小区地下停车场存在未经备案非法收费问题，要求进行查处。2016年9月12日，朝阳城管监察局针对朱某的投诉作出《行政答复意见书》，认为因其反映的机动车停车场不向社会开放收费，故其反映的问题不在该机关职责范围内。2016年9月28日，原告朱某向被告北京市朝阳区人民政府提出行政复议申请，请求确认朝阳城管监察局对其针对违法行为的投诉控告不立案、不处理、不查处的行为违法，并责令朝阳城管监察局履行法定职责。同年12月9日，被告作出被诉复议决定书认为，朝阳城管监察局提交的证据能够证明其在原告朱某来访后，对某小区地下停车场进行了调查、取证，但朝阳城管监察局作出的《告知书》及《行政答复意见书》未向原告朱某有效送达，未尽到告知义务。依据《行政复议法》第 28 条第 1 款第 2 项的规定，决定责令朝阳城管监察局在法定期限内对原告朱某反映的事项履行相应的法定职责。朱某不服，提起行政诉讼，请求确认被诉复议决定违法，并要求被告责令朝阳城管监察局对违法收费行为予以查处并予取缔。

【案件焦点】

城管监察局在接到业主就小区停车管理的举报投诉后如何依法履行相应的法定职责。

【法院裁判要旨】

北京市第四中级人民法院经审理认为：被告作为朝阳城管监察局的本级人民政府，具有对原告所提行政复议申请作出处理的法定职责。根据《行政复议法》第 28 条第 1 款第 2 项的规定，被申请人不履行法定职责的，复议机关决定其在一定期限内履行。本案中，被告在查明朝阳城管监察局未向申请人有效送达答复意见，未尽到告知义务的情况下，责令该局在法定期限内履行相应职责正确。根据《行政诉讼法》第 69 条之规定，判决驳回原告朱某的诉讼请求。经原告朱某提起上诉，北京市高级人民法院作出驳回上诉，维持一审判决的终审判决。

【法官后语】

本案不但充分体现行政复议机关有错必纠，及时纠正违法或不当行政行为的功能，同时也明确了投诉举报人获得答复的程序性权利和行政机关就调查处理情况依法向投诉举报人进行答复的义务。本案还涉及小区停车管理问题。随着经济社会的快速发展，城市机动车保有量不断增加，停车问题日益凸显。面对这一问题，行政机关的治理理念正在由“管制行政”向“服务行政”“引导行政”转变，治理方式也更多地带有“灵活性”“协商性”的特点。基于共享利用、社会共治的原则，可以允许居住小区的停车设施在满足本居住小区停车需要的情况下向社会开放，并由居住小区的居民委员会、村民委员会进行自治管理，以充分保证公众社会治理的参与权和公共资源的分享权。

编写人：王　斌

从实际出发在公房承租人变更审查中将收养关系认定为家庭成员关系

——李某诉北京市东城区人民政府行政答复案

【案件基本信息】

1. 北京市第四中级人民法院（2017）京04行初1515号行政判决书

2. 案由：公房承租人变更答复

3. 当事人

原告：李某

被告：北京市东城区人民政府

【基本案情】

涉案房屋系北京市东城区房屋土地经营管理二中心永外分中心（以下简称永外分中心）管理的直管公房。2000年4月1日，永外分中心与刘某某签订公有住宅租赁合同。李某某与其妻刘某某于1979年4月收养原告李某为养女，并将其抚养成人。2008年10月23日刘某某去世。后李某某与李某因生活琐事常发生矛盾。2008年11月，李某某诉至法院要求解除与李某的收养关系。该案经北京市第二中级人民法院于2009年7月16日作出（2009）二中民终字第12660号民事判决，解除李某某与李某的收养关系。2015年3月李某某去世。2017年9月1日，原告李某向永外分中心提出《变更房屋承租人申请》，永外分中心于同年12月5日作出被诉答复，主要内容为：根据（2009）崇民初字第161号和（2009）二中民终字第12660号民事判决的判决内容，李某已不是原承租人家庭成员，也非原承租人其他家庭成员，故李某不具备申请承租人变更的主体资格，对李某的公房承租人变更申请不予变更。原告李某不服，向本院提起行政诉讼，请求判决撤销被诉答复，责令被告北京市东城区人民政府（以下简称东城区政府）重新作出答复。

【案件焦点】

原告能否认定为原承租人家庭成员。

【法院裁判要旨】

北京市第四中级人民法院经审理认为:《北京市公有住宅租赁合同》第7条规定:“租赁期限内，乙方外迁或死亡，乙方同一户籍共同居住两年以上又无其他住房的家庭成员愿意继续履行原合同，其他家庭成员又无异议的，可以办理更名手续。”《北京市公有住宅租赁合同中部分条款及有关问题的说明》第3条规定，“合同第七条中规定的有关问题……新的承租人原则上须为原承租人的直系亲属”。上述规定将公房管理机关对承租人资格审查的时点作了一定限制，说明政府对公房的管理不仅要基于承租人对公有房屋居住使用的现实需要，还需综合考量房屋的历史利用状况。《收养法》第10条第2款规定，有配偶者收养子女，须夫妻共同收养。该规定明确养子女与养父母同时建立家庭成员关系。该法第26条规定，收养人在被收养人成年以前，不得解除收养关系，但收养人、送养人双方协议解除的除外，养子女年满十周岁以上的，应当征得本人同意；收养人不履行抚养义务，有虐待、遗弃等侵害未成年养子女合法权益行为的，送养人有权要求解除养父母与养子女间的收养关系；送养人、收养人不能达成解除收养关系协议的，可以向人民法院起诉。该法第27条规定，养父母与成年养子女关系恶化、无法共同生活的，可以协议解除收养关系；不能达成协议的，可以向人民法院起诉。以上规定明确了解除收养关系的法律途径。被告依据2009年原告与其养父解除收养关系的民事判决，作出被诉答复。因收养关系的解除是指依法终止原有的亲属关系以及权利义务关系，其中涉及解除相应的人身关系和财产关系。本案中，考虑原告自小被原承租人夫妻收养，2008年原承租人去世，次年原告与其养父通过诉讼方式解除收养关系。对原告是否满足原承租人“家庭成员”条件的审查应结合《北京市公有住宅租赁合同》第7条的规定适当放宽，以保障其相应权利。故被诉答复以原告非原承租人家庭成员为由对其公房承租人变更申请不予变更失当，该答复应予撤销。据此，判决撤销被诉答复，责令被告东城区政府在判决生效之日起六十日对原告的更名申请重新作出处理。一审宣判后，双方当事人均未提起上诉。

【法官后语】

公房管理的政策法规将家庭成员原则上界定为直系亲属。根据民法、婚姻法以及收养法，直系亲属不仅包括基于血缘和婚姻形成的社会关系，还包括通过过继、收养而形成的所谓的法律拟制的亲属关系。养父母与养子女之间的收养关系适用法律关于父母子女关系的规定，养父母与养子女自收养关系成立之时组成家庭，共同扶持、赡养，形成父母子女之间的权利义务关系。本案中，李某作为原承租人刘某某自1979 年起收养的养女，属于规范性文件定义的直系亲属范围。即使原告的养父在原承租人刘某某去世后于2009 年通过诉讼解除了收养关系，但该公房的原承租人为刘某某，原告和刘某某的收养关系在房屋承租期间一直存续，养父李某某与原告收养关系的解除不影响原告被认定为原承租人刘某某的家庭成员。

公房租赁相关规定的目的是保护原承租人直系亲属的优先承租权，发挥公有房屋使用功能。李某作为原承租人的养女这一法律拟制的直系亲属亦应享有优先承租权，而且李某作为领取低保的人员，承租公房完全符合公房应有之社会救济和保障功能。如果机械地将养父母与养子女之间的关系排除在家庭成员范围之外，既不符合收养法及公房管理规定的应有之义，也有违中华民族传统的家庭观念和道德。人民法院通过依法裁判有效维护行政相对人的重大保障性居住权益，通过释法析理向社会传达传承优良家庭观念的司法理念。

编写人：王　斌

原告请求人民法院一并审查规范性文件应当符合法定条件

——孙凤岐诉北京市朝阳区人民政府、北京市人民政府房屋行政征收补偿及行政复议案

【案件基本信息】

1. 判决书字号

北京市第四中级人民法院（2018）京04行初141号行政判决书

2. 案由：不服征收补偿决定案

3. 当事人

原告：孙凤岐，男，1939年11月15日出生，满族，住北京市朝阳区永安东里3楼2单元3号。

委托代理人：郭子僮，河北昌德律师事务所律师。

委托代理人：张友伶，北京京云律师事务所律师。

被告：北京市朝阳区人民政府，住所地北京市朝阳区日坛北街33号。

法定代表人：王灏，男，区长。

委托代理人：梁俊蒙，北京市朝阳区人民政府工作人员。

委托代理人：孟丽娜，北京市康达律师事务所律师。

被告：北京市人民政府，住所地北京市东城区正义路2号。

法定代表人：陈吉宁，男，市长。

委托代理人：刘彬，北京市人民政府法制办公室干部。

【基本案情】

因涉案项目建设需要，被告北京市朝阳区人民政府（以下简称朝阳区政府）于2017年2月24日作出征收决定，决定对涉案项目用地红线范围内的房屋及其附属物实施征收，国有土地使用权同时收回。原告孙凤岐的房屋位

于征收范围内。2017 年 3 月 16 日，评估公司对原告孙凤岐的房屋出具评估报告。该评估报告于 2017 年 5 月 11 日送达原告，原告收到后未申请复核评估和鉴定。因双方未在征补方案确定的签约期限内达成补偿协议，朝阳区政府房屋征收办公室向被告朝阳区政府提出《征收补偿决定申请书》。2017 年 8 月 21 日，被告朝阳区政府作出被诉征收补偿决定，并于次日送达原告，亦在征收范围内予以公告。原告孙凤岐不服，向被告北京市人民政府（以下简称北京市政府）提出行政复议申请。2017 年 12 月 4 日，北京市政府作出维持被诉征收补偿决定的行政复议决定。原告孙凤岐仍不服，提起行政诉讼。原告孙凤岐在案件开庭审理法庭调查阶段请求一并审查《北京市旧城区改建房屋征收实施意见》（以下简称《实施意见》）第 4 条第 8 项的合法性。原告称，其在庭审中才发现《实施意见》第 4 条第 8 项有关预签协议的规定违法，直接导致被告朝阳区政府作出的征收决定和征收补偿方案违法，从而导致被诉征收补偿决定违法。

【案件焦点】

原告请求人民法院一并审查规范性文件是否符合法律规定？

【法院裁判要旨】

北京市第四中级人民法院经审理认为：被告朝阳区政府依法具有作出本案被诉征收补偿决定的法定职权，被告北京市政府依法具有受理原告的行政复议申请并作出行政复议决定的法定职权。本案中，被告朝阳区政府作出被诉征收补偿决定所依据的征收补偿方案符合法律规定，所依据的评估报告符合法律规定，且已依法保障原告孙凤岐对补偿方式的选择权及补偿权益。被告朝阳区政府所作被诉征收补偿决定和被告北京市政府所作被诉复议决定均符合法律规定。根据《行政诉讼法》第 53 条的规定，当事人在对行政行为提起诉讼时，可以一并请求就该行政行为所依据的规范性文件进行一并审查。《最高人民法院关于适用〈中华人民共和国行政诉讼法〉的解释》第 146 条规定，公民、法人或者其他组织请求人民法院一并审查《行政诉讼法》第 53 条规定的规范性文件，应当在第一审开庭审理前提出；有正当理由的，也可以在法庭调查中提出。原告孙凤岐在法庭调查中提出一并审查规范性文件的请求，并无正当理由，且原告孙凤岐请求审查的《实施意见》第 4 条第 8 项是关于区县房屋征收部门组织产权人、公房承租人预签附生效条件的征收补偿协议的规定，并非被告朝阳区政府作出被诉征收补偿决定所依据的规范性文件，故对原告孙凤岐的该项请求依法不予支持。据此，依照《行政诉讼法》第69条、第79条之规定，判决驳回原告孙凤岐的诉讼请求。

一审宣判后，双方当事人均未提起上诉。

【法官后语】

本案明确了人民法院在行政诉讼中启动规范性文件一并审查的条件，对于行政诉讼当事人依法行使诉讼权利具有指引作用。现行的《行政诉讼法》建立了规范性文件一并审查制度，既赋予公民、法人或者其他组织提起行政诉讼时请求人民法院一并审查行政行为所依据的规范性文件的请求权，又赋予人民法院就规范性文件是否合法的审查判断权。该项制度对于及时有效解决行政争议，保障公民、法人和其他组织合法权益，监督行政机关依法行政具有重要意义。

根据《行政诉讼法》及司法解释的规定，公民、法人或者其他组织请求人民法院审查规范性文件的合法性，应当符合下列条件：一是在针对行政行为提起行政诉讼时一并提出规范性文件审查请求，而不能直接针对规范性文件提起行政诉讼；二是请求一并审查的规范性文件只能是被诉行政行为所依据的规范性文件；三是请求一并审查的规范性文件应当是国务院部门和地方人民政府及其部门制定的规章以下的规范性文件，不含规章；四是应当在第一审开庭审理前提出，确有正当理由的，可以在第一审法庭调查中提出。

本案原告提起一并审查的行政规范性文件并非被告作出被诉征收补偿决定所依据的规范性文件，不属于一并审查的范围。

编写人：孙永欣

土地权属经登记发证已得到确定后产生的争议不属于土地权属争议案件受理范围

——北京宝玉砖厂诉北京市大兴区人民政府撤销土地权属争议不予受理决定书案

【案件基本信息】

1. 判决书字号

北京市第四中级人民法院（2018）京04行初517号行政判决书

2. 案由：撤销土地权属争议不予受理决定

3. 当事人

原告：北京宝玉砖厂

被告：北京市大兴区人民政府

【基本案情】

2017年10月9日，北京宝玉砖厂（以下简称宝玉砖厂）以北京市大兴区庞各庄镇合作经济联合社、北京市大兴区庞各庄镇西黑垡村经济合作社为被申请人，向北京市大兴区人民政府（以下简称大兴区政府）提交《土地使用权争议申请书》，请求确认其是北京市大兴区庞各庄镇西黑垡村委会南200米的工业用地（以下简称争议土地）的使用权人。大兴区政府收到申请后，当日将申请转交北京市国土资源局大兴分局（以下简称大兴国土分局）办理。2017年10月16日，大兴国土分局向大兴区政府提交《关于办理群众来信工作中需由区政府下达土地权属争议处理决定的请示》及《土地权属争议案件不予受理决定书（代拟稿）》。同年11月1日，大兴区政府作出被诉《土地权属争议案件不予受理决定书》（以下简称被诉决定），主要内容为：宝玉砖厂为集体所有制（股份合作），不是乡镇企业，股东张某和李某不是庞各庄镇或西黑垡村的村民，宝玉砖厂亦未在争议土地上建设乡（镇）村公共设施和公益事业；宝玉砖厂提交的证据无法证明其与争议土地的土地使用权具有直接利害关系；争议土地自2004年就停止生产，宝玉砖厂未在争议土地办公生产，也一直不占用、使用该争议土地；综上，争议土地已经确过权、发过证，土地使用权人已经确定和明确；争议土地的《集体土地使用证》证载使用者不是宝玉砖厂改制前的定福庄乡砖厂、争议土地早已停止生产，宝玉砖厂就原定福庄乡砖厂的土地租赁纠纷已经经过法院判决，且争议土地已于2012年取得了《集体土地所有证》，宝玉砖厂与争议土地集体土地所有权人无任何关系；现有证据无法证明宝玉砖厂与争议土地存在直接利害关系，也无土地使用权争议存在的事实根据，根据《土地管理法》第16条第1款，《土地权属争议调查处理办法》（国土资源部令第17号）第10条第1款第1项、第2项及第13条第1款、第3款，国土资源部《关于土地登记发证后提出的争议能否按权属争议处理问题的复函》（国土资厅函〔2007〕60号）“土地登记发证后已经明确了土地的所有权和使用权、土地登记发证后提出的争议不属于土地权属争议”之规定，对宝玉砖厂请求确认其是争议土地使用权人的申请事项，决定不予受理。宝玉砖厂不服被诉决定，以其系原定福庄乡砖厂改制后的企业，其应是争议土地使用权人等为由，提起行政诉讼。

【案件焦点】

土地权属经登记发证已得到确定后产生的争议是否属于土地权属争议，大兴区政府作出的不予受理决定书是否具有事实和法律依据。

【法院裁判要旨】

北京市第四中级人民法院经审理认为：根据《土地管理法》第16条第1款、第2款以及《土地权属争议调查处理办法》第4条第1款的规定，大兴国土分局对土地权属争议案件有受理、调查、调解及向同级人民政府上报拟定的处理意见的职责，大兴区政府具有作出处理决定的法定职权。土地权属争议处理案件申请人与争议的土地具有直接利害关系，是申请调查处理土地权属争议应当符合的条件之一。本案中，对于宝玉砖厂提出的土地使用权争议申请，大兴区政府作出被诉决定认为，宝玉砖厂因不是乡镇企业，其股东不是庞各庄镇或西黑垡村村民，其也没有在争议土地建设乡（镇）村公共设施和公益事业，故认定宝玉砖厂要求确认其是争议土地的土地使用权人不符合法律规定。对此,《土地权属争议调查处理办法》及《北京市土地权属争议调查处理办法》要求审查申请人与争议土地的利害关系问题，但本案大兴区政府仅以宝玉砖厂企业及股东身份问题认定宝玉砖厂要求确认其是争议土地的土地使用权人不符合法律规定，明显不当，依法予以指出。根据双方当事人提交的证据，涉案《集体土地使用证》登记的土地使用者为原北京市大兴县定福庄乡工业总公司砖厂（以下简称工业总公司），不是原定福庄乡转厂，且宝玉砖厂提交的证据不能证明在原定福庄乡转厂改制过程中，其取得了争议土地的使用权。结合工业总公司与张某就争议土地签订的《租赁合同》及法院就该《租赁合同》引发的民事债权纠纷作出的生效判决情况，大兴区政府认定宝玉砖厂与争议土地使用权没有直接利害关系，具有事实根据和法律依据，应予支持。根据《北京市土地权属争议调查处理办法》第14条第5项的规定，已经区（县）以上人民政府确定土地权属或者取得土地权利证书的，不属于土地权属争议案件受理范围。本案中，双方当事人均认可争议土地即为涉案《集体土地使用证》登记的土地，因该土地使用权证未被撤销、仍属有效，故宝玉砖厂要求处理的事项不属于土地权属争议案件受理范围。大兴区政府根据调查核实的情况作出的被诉决定并无不当。据此，判决驳回宝玉砖厂的诉讼请求。经宝玉砖厂提起上诉，北京市高级人民法院作出驳回上诉，维持一审判决的终审判决。

【法官后语】

土地权属争议即当事人之间就土地的使用权及所有权存在争议。根据《土地管理法》第14条的规定，土地权属争议案件，依法由行政机关进行确认，行政机关的确认文书是具有法律效力的文件。当事人对行政机关作出的确认决定不服的，可以向人民法院进行诉讼。但并不是所有的案件都符合人民法院受理土地权属争议案件的范围和条件。

本案明确了土地权属争议案件的受理范围和受理条件，对于同类案件具有借鉴意义。《土地权属争议调查处理办法》第10条规定，申请调查处理土地权属争议的，应当符合下列条件：(1) 申请人与争议的土地有直接利害关系；(2) 有明确的请求处理对象、具体的处理请求和事实根据。因此，申请人应当对与争议的土地具有直接利害关系，且承担相应的举证责任。同时，《北京市土地权属争议调查处理办法》第14条第5项规定，已经区（县）以上人民政府确定土地权属或者取得土地权利证书的，不属于土地权属争议案件受理范围。因此，对于土地登记发证后已经明确了土地的所有权和使用权，申请人提出的争议不属于土地权属争议。

本案以判决驳回宝玉砖厂的诉讼请求的方式结案，体现了法的安定性原则。法的安定性即法律关系及权利义务规定的安定性。在任何一个法的争论中，总要有一个最终的结论，哪怕这一结论不完全是正义的。法的安定性象征着秩序和安宁，通过诚信、信赖利益保护和法不溯及既往等原则得到体现和贯彻。法的安定性是社会稳定的基础，法律关系、法律秩序不能随意变更，否则人们会无所适从并不可预期。本案争议土地已经确过权、发过证，其土地使用权人已经确定和明确，且该土地使用权证未被撤销仍属有效，故土地登记发证后提出的争议不属于土地权属争议。人民法院的裁判是对法的安定性的维护。同时，为避免错误确权给当事人造成损害，法律也规定了救济措施，即利害关系人既可以向原登记机关申请更正登记，也可向原登记机关的上级主管机关提出行政复议或直接向法院提起行政诉讼。

编写人：李冬梅

填埋改造绿化人工湖的行为导致湖区原有生态服务功能发生改变是否构成环境侵权

——北京市朝阳区自然之友环境研究所诉北京都市芳园房地产开发有限公司、北京九欣物业管理有限公司环境民事公益诉讼案

【案件基本信息】

1. 裁判书字号

北京市第四中级人民法院（2015）四中民初字第233号

2. 案由：固体废物污染责任纠纷环境民事公益诉讼

3. 当事人

原告：北京市朝阳区自然之友环境研究所

支持起诉单位：中国政法大学环境资源法研究和服务中心

支持起诉单位：北京环鸣律师事务所

被告：北京都市芳园房地产开发有限公司

被告：北京九欣物业管理有限公司

【基本案情】

受北京市地下水位逐年下降的影响，涉案人工湖蓄水能力亦逐年降低，水位逐年下降。至2008年，涉案人工湖已经完全干涸，里面长满了芦苇和杂草以致引发火灾，破坏了周边环境，且湖水干涸后湖堤、沿湖道路和住户房屋地基开始出现倾斜、开裂，二被告在取得小区2/3以上业主同意的情况下，对涉案人工湖进行填埋改造，自然之友研究所在诉讼中提出了对涉案人工湖区内填土、水质、植被、湿地、蓄水等相关环境问题进行司法鉴定的申请，

经鉴定二被告以改善湖区环境为目的对涉案人工湖进行填埋改造绿化的行为，未违反我国法律法规的禁止性规定，改造后湖区的生态环境未受到损害，且生态服务价值超出了改造前的价值，故二被告的行为不具备生态环境损害侵权责任中关于实施行为造成了损害结果的法定要件，不构成生态环境损害侵权。考虑到二被告系在本案诉讼期间对小区环境实施完成了绿化改造，故本案的审理对二被告以保护生态环境为目的进行湖区绿化改造具有督促作用，发挥了环境审判引导环境保护的功能，有利于实现及时恢复、及时治理的环境审判目标。

【案件焦点】

1. 填埋改造绿化人工湖的行为导致湖区原有生态服务功能发生改变，是否构成环境侵权；2. 在诉讼中，对以保护生态环境为目的湖区绿化改造，能否发挥环境审判引导环境保护的功能；3. 如何根据社会公共利益的特点，充分保护湖区生态环境，判决确认改造绿化行为，并对改造绿化后的生态环境承担维护义务。

【法院裁判要旨】

在社会发展的过程中，人们需要不断改变环境，以谋求人与生态环境的和谐发展。在二被告对本案所涉湖区进行改造的过程中，确实存在一段期间，湖区原有生态环境发生变化，相应生态服务功能减少甚至丧失，但上述过程只是所有环境改造工程所必须经历的一个阶段，因此，对改造活动的价值判断应当以改造完成之后改造对象的生态服务价值为标准。

为坚持保护优先、预防为主、综合治理的环境保护原则，维护改造后的生态环境系统，本院对二被告的改造绿化行为予以确认。自然之友研究所提起环境民事公益诉讼的行为，以及在诉讼中对改善生态环境提出建议的行为，均有益于小区绿化改造和实现湖区生态服务功能的提升。二被告以改善湖区环境为目的对涉案人工湖进行填埋改造绿化的行为，未违反我国法律法规的禁止性规定，改造后湖区的生态环境未受到损害，且生态服务价值超出了改造前的价值，故二被告的行为不具备生态环境损害侵权责任中关于实施行为造成了损害结果的法定要件，不构成生态环境损害侵权。考虑到二被告系在本案诉讼期间对小区环境实施完成了绿化改造，故本案的审理对二被告以保护生态环境为目的进行湖区绿化改造具有督促作用，发挥了环境审判引导环境保护的功能，有利于实现及时恢复、及时治理的环境审判目标。

基于环境民事公益诉讼具有实现社会公共利益的特点，为充分保护湖区生态环境，实现当事人诉讼请求的公益目的，本院在判决确认二被告改造绿化行为的同时，判决二被告对改造绿化后的生态环境承担维护义务，不得在涉案湖区内实施破坏生态、污染环境的行为。

【法官后语】

北京受理首起环境民事公益诉讼案件，法院坚持保护优先、预防为主、综合治理的环境保护原则，对以保护生态环境为目的进行湖区绿化改造起到督促作用。涉案湖区在诉讼中改造并符合生态系统服务价值，生态服务价值超出了改造前的价值，发挥了环境审判引导环境保护的功能，判决基于环境民事公益诉讼具有实现社会公共利益的特点，为充分保护湖区生态环境，实现当事人诉讼请求的公益目的，确认诉讼中的绿化改造行为，并判决对改造绿化后的生态环境承担维护义务。

在环境民事公益诉讼中，生态环境侵权责任的构成要件包括：破坏生态、污染环境的行为，社会公共利益受到损害的事实，以及二者之间存在因果关系。根据一般逻辑和日常经验，侵权行为所造成的损害结果具有可知性，在生态环境侵权中则直接作用于生态环境，并且通过物理、化学、生物等一系列反应表现为可被感知判断的状态。在可被观察和感知的生态环境发生改变后，对于生态环境是否受到损害的判断以及对损害程度和因果关系的判断，则需要通过科学鉴定进行分析。本案中，自然之友研究所以二被告向涉案干涸湖区填土破坏了生态环境为由提起公益诉讼，要求二被告恢复涉案湖区的生态功能，赔偿生态环境受到损害期间的生态服务功能损失费。根据生态环境损害侵权责任认定的一般逻辑，应首先对二被告所实施的行为是否造成生态环境的损害进行判断。结合原告、被告提出的主张和证据，应当从填湖原因、填湖行为的违法性认定、填湖对生态环境的影响认定三方面进行分析。

1. 填湖原因分析。根据北京市国土资源局昌平分局出具的《土地登记结果信息》并结合在案证据，涉案小区用地的土地使用者为都市芳园公司，用途为住宅，使用权类型为国有出让。涉案小区原是北郊农场千亩鱼塘的一部分，在建设过程中，都市芳园公司利用坑洼的鱼塘修整出面积约为100亩的人工湖，依靠深井抽取地下水蓄水。受北京市地下水位逐年下降的影响，涉案人工湖蓄水能力亦逐年降低，水位逐年下降。因北京市政府对于抽取地下水的管理限制政策，水务部门禁止大量抽取地下水，且用水成本的提高使二被告无法继续抽取地下水灌湖。至2008年，涉案人工湖已经完全干涸，里面长满了芦苇和杂草以致引发火灾，部分人员往湖区内倾倒垃圾破坏了周边环境，且湖水干涸后湖堤、沿湖道路和住户房屋地基开始出现倾斜、开裂。对此，北京市园林绿化局复函认为，由于该湖没有防渗工程，加之没有其他补充水源，致使湖区逐年干涸。近几年来，湖底芦苇等杂草丛生，湖区景观已不复存在，且出现了较大的火灾及治安方面的隐患。为消除安全隐患和治安隐患，二被告经征求小区业主意见，开始对涉案人工湖进行改造绿化。由于小区产权属于小区全体业主共有，涉案人工湖属于小区公用设施，人工湖属于小区内景观附属设施，依据《物权法》和《物业管理条例》的规定，二被告取得小区2/3以上业主同意即可实施改造绿化，无须经过其他行政部门审批。本案审理中，原告、被告就业主意见各持己见，本院认为小区公用设施改造及业主权利的行使并非本案环境民事公益诉讼审理范围。二被告填埋涉案人工湖的原因系为改善湖区环境，具体可归纳为以下两个方面：一是客观条件已经不具备原有人工湖功能和继续蓄水的可能性；二是填湖前湖区已形成安全隐患和治安隐患，改造治理具备客观必要性。

2. 填湖行为的违法性认定。本案立案后，本院于法定期限内向有关行政机关送达案件告知书，通报案件受理情况以及可能涉及的环境问题。各行政机关根据线索展开调查，并通过回函等方式向本院答复了调查结果和相关意见。综合各行政机关的回复内容，可以认定随着附近地铁施工及地下水位的下降，涉案人工湖的湖面积逐年缩小。由于该湖既没有防渗工程，也没有其他水源补充方式，致使逐年干枯，湖景观已不复存在，且出现了较大的火灾及治安方面的隐患。根据北京市昌平区园林绿化局的复函，人工湖被列为小区内其他占地，未计入绿地面积。北京市水务局复函证明都市芳园小区内人工湖属于小区内景观附属设施，应为小区内公用设施，产权归属于本小区的全体业主，并由物业服务企业进行维修、养护、管理。此次填湖绿化未改变规划性质，未破坏土地实际使用性质。二被告在取得小区2/3以上业主同意的情况下，对涉案人工湖进行填埋改造，符合《物权法》和《物业管理条例》的相关规定。由于填埋项目未列入《建设项目环境影响评价分类管理名录》，故涉案填埋改造行为无须办理环保审批手续。本案案发源于运输车辆不符合要求、泄露遗撒产生扬尘、施工产生噪声扬尘，上述行为虽然发生在二被告改造小区绿化环境的过程中，但系运输及施工所致，并非填埋改造行为造成了生态破坏、环境污染。北京市环境保护局回函认为，该填埋行为系对已干涸的人工湖进行改造，实施的对象是“人工湖”，与植被、湿地没有关联，所以未对植被、湿地等生态环境造成破坏。根据调查核实的情况，认定二被告污染环境、破坏生态，损害社会公众利益的证据不足。同时，行政机关经调查未发现二被告有违反相关环保法律法规的行为，未对生态环境造成破坏。故对于各行政机关对二被告的改造小区填湖绿化行为不具备违法性的认定，本院予以确认。

3. 填湖对生态环境的影响认定。由于生态环境侵权的特殊性，侵权行为对环境造成的损害会通过各种环境因素表现出来。就本案而言，引发争议的行为是二被告对人工湖进行填土改造绿化。因涉案人工湖在填埋前湖水已经干涸，长满芦苇和杂草，湖水干涸后湖堤、沿湖道路和住户房屋地基开始出现倾斜、开裂，且有火灾和治安隐患，因此作为承担小区环境管理和物业服务职责的二被告，进行隐患治理与绿化改造有其必要性。在填埋后湖区面积有所缩减，并进行了绿化及景观建造。经填埋改造，小区内的可视环境有所改善，安全隐患得到消除。从二被告对人工湖填埋改造绿化行为的专业定性和定量分析来看，鉴定评估报告明确认定所填土方并未导致涉案人工湖及周围地区的土壤和水环境受到污染，且对于填埋改造湖区所造成的生态变化，鉴定评估报告中也对具体服务功能的换算价值进行了对比，即从2015年生态破坏开始至2018年评估区生态系统服务期间损失和生态系统恢复措施的期间效益分别为29.43万元和36.13万元，已采取恢复措施的服务价值超出了受损害的服务价值。因此，二被告不需要再采取其他生态恢复措施。经法庭质证及鉴定人出庭接受询问，本院认可鉴定评估报告的科学性、合法性、公正性，对鉴定评估报告证明的事实予以确认。结合各行政机关的复函、在案证据所证明的事实以及鉴定评估报告，在二被告对涉案人工湖进行填埋改造绿化后，涉案湖区及其周边的生态环境并未受到损害，改造后的生态服务价值超出了改造前的价值，故本院确认填湖行为未造成生态环境的实际损害。

为坚持保护优先、预防为主、综合治理的环境保护原则，维护改造后的生态环境系统，本院对二被告的改造绿化行为予以确认。自然之友研究所提起环境民事公益诉讼的行为，以及在诉讼中对改善生态环境提出建议的行为，均有益于小区绿化改造和实现湖区生态服务功能的提升。二被告以改善湖区环境为目的对涉案人工湖进行填埋改造绿化的行为，未违反我国法律法规的禁止性规定，改造后湖区的生态环境未受到损害，且生态服务价值超出了改造前的价值，故二被告的行为不具备生态环境损害侵权责任中关于实施行为造成了损害结果的法定要件，不构成生态环境损害侵权。考虑到二被告系在本案诉讼期间对小区环境实施完成了绿化改造，故本案的审理对二被告以保护生态环境为目的进行湖区绿化改造具有督促作用，发挥了环境审判引导环境保护的功能，有利于实现及时恢复、及时治理的环境审判目标。

基于环境民事公益诉讼具有实现社会公共利益的特点，为充分保护湖区生态环境，实现当事人诉讼请求的公益目的，本院在判决确认二被告改造绿化行为的同时，判决二被告对改造绿化后的生态环境承担维护义务，不得在涉案湖区内实施破坏生态、污染环境的行为。

编写人：马　军　马志文

仲裁机构所在地法律与仲裁地法律对仲裁协议效力规定不同时关于仲裁协议效力的认定

——中轻三联国际贸易有限公司诉塔塔国际金属（亚洲）有限公司申请确认仲裁协议效力案

【案件基本信息】

1. 裁判书字号

北京市第四中级人民法院（2017）京04民特23号

2. 案由：申请确认仲裁协议效力

3. 当事人

申请人：中轻三联国际贸易有限公司（以下简称中轻三联）

被申请人：塔塔国际金属（亚洲）有限公司［Tata International Metals（Asia）Limited］（以下简称塔塔公司）

【基本案情】

2015年3月，中轻三联和塔塔公司签署了涉案《销售合同》，《销售合同》第17条中文译文为："凡因执行本合约或与本合约有关的发生的一切争议应由合约双方友好协商解决。如果不能协商解决，应提交新加坡国际贸易仲裁委员会按照美国的仲裁规则进行仲裁，仲裁裁决的是终决的，对双方都有约束力。"2016年8月，塔塔公司依据《销售合同》中上述仲裁条款向新加坡国际仲裁中心提起仲裁。2016年9月22日，新加坡国际仲裁中心正式受理塔塔公司提起的仲裁申请。2016年9月28日，新加坡国际仲裁中心向双方当事人发出确认受理通知。2017年5月5日，中轻三联向本院提起本案申请。为查明新加坡的相关法律，塔塔公司向本院提交由北京译灵通翻译有限公司翻译的《塔塔国际金属（亚洲）有限公司与中轻三联国际贸易有限公司案关于新加坡法律项下仲裁协议效力问题的法律专家意见》。

【案件焦点】

1. 对涉外仲裁协议效力审查，当事人没有约定对涉外仲裁协议的效力审查所适用的法律；2. 合同中明确作出提交新加坡国际贸易仲裁委员会的意思表示，但并非新加坡任何一家仲裁机构的明确具体名称时对选择仲裁机构的认定；3. 当事人没有选择适用的法律，适用仲裁机构所在地的法律与适用仲裁地的法律将对仲裁协议的效力作出不同认定，如何认定仲裁效力。

【法院裁判要旨】

1. 当事人没有约定对涉外仲裁协议的效力审查所适用的法律，故应优先适用仲裁机构所在地法律或者仲裁地法律。2. 当事人在上述合同中明确作出提交新加坡国际贸易仲裁委员会的意思表示，虽然在表述上新加坡国际贸易仲裁委员会并非新加坡任何一家仲裁机构的明确具体名称，因约定的名称错误导致无法对仲裁机构确切认定，但根据约定内容可以认定当事人有明确选择仲裁的意思表示，并且可以推定为当事人认可在新加坡法律框架内进行仲裁。3. 在适用仲裁机构所在地法律与适用仲裁地法律对仲裁协议效力产生不同认定的情况下，选择适用使仲裁协议有效的法律作为准据法，体现了法院在仲裁司法审查中支持仲裁协议有效的原则。4. 从纽约公约内容、国际商事仲裁的发展趋势到我国司法解释的规定分析，放宽对仲裁协议效力要求，尽量使仲裁协议有效，不仅有利于尊重当事人选择仲裁作为解决争议方式的本意，也有利于促进和支持仲裁的发展，为国际商事仲裁营造良好的法治环境。根据法院在仲裁司法审查中持支持和鼓励仲裁的司法理念，以及在涉及国际商事仲裁中尽量确认仲裁协议有效的原则，并结合上述涉及仲裁协议效力法律适用的分析，本院认定涉案的仲裁协议有效。

【法官后语】

随着我国越来越重视优化“营商环境”和“一带一路”倡议的深入发展，司法支持仲裁、调解等纠纷替代解决方式也随之蓬勃发展。本案正是法院在“支持仲裁”方面做出的努力。中轻三联与塔塔公司在签订仲裁协议过程中，因当事人不清楚仲裁机构名称的原因，对仲裁机构约定不明。最终双方当事人对适用法律规范出现冲突、仲裁协议的效力不明。但在本案当中，法院通过对外国法查明的方式积极治愈了出现问题的仲裁协议，使得当事人最初达成的仲裁意愿得到确认，为其他法院在处理同样纠纷提供了借鉴。通过本案的解决，确立了司法机关尊重当事人的仲裁意愿的基础之上，尽量“治愈”所谓的“病态仲裁协议”，使已经达成的仲裁意思表示得以有效。同时，也向全世界释放我国司法机关为国际创设优异“营商环境”的信号，吸引更多的商事主体和商事活动来到我国进行商业活动，促进全球经济一体化发展。

本案被申请人塔塔公司系在香港特别行政区注册成立的企业法人，依据《最高人民法院关于适用〈中华人民共和国民事诉讼法〉的解释》第551条规定的“人民法院审理涉及香港、澳门特别行政区和台湾地区的民事诉讼案件，可以参照适用涉外民事诉讼程序的特别规定”故本案参照适用涉外民事诉讼程序的特别规定进行审查。本案属于涉外仲裁协议效力认定，对涉外仲裁协议效力审查，应按照《涉外民事关系法律适用法》第18条规定的“当事人可以协议选择仲裁协议适用的法律。当事人没有选择的，适用仲裁机构所在地法律或者仲裁地法律”以及《最高人民法院关于适用〈中华人民共和国仲裁法〉若干问题的解释》第16条规定的“对涉外仲裁协议的效力审查，适用当事人约定的法律；当事人没有约定适用的法律但约定了仲裁地的，适用仲裁地法律；没有约定适用的法律也没有约定仲裁地或者仲裁地约定不明的，适用法院地法律”，确定本案适用的准据法。本案中，当事人没有约定对涉外仲裁协议的效力审查所适用的法律，故应优先适用仲裁机构所在地法律或者仲裁地法律。

案件涉及的《销售合同》第17条约定：“凡因执行本合约或与本合约有关的发生的一切争议应由合约双方友好协商解决。如果不能协商解决，应提交新加坡国际贸易仲裁委员会按照美国的仲裁规则进行仲裁，仲裁裁决的是终决的，对双方都有约束力。”当事人在上述合同中明确作出提交新加坡国际贸易仲裁委员会的意思表示，虽然在表述上新加坡国际贸易仲裁委员会并非新加坡任何一家仲裁机构的明确具体名称，因约定的名称错误导致无法对仲裁机构确切认定，但根据约定内容可以认定当事人有明确选择仲裁的意思表示，并且可以推定为当事人认可在新加坡法律框架内进行仲裁。依据《涉外民事关系法律适用法》及相关司法解释的规定和当事人仲裁条款约定内容，本院认为仲裁地应认定为新加坡，确定本案仲裁协议效力所应适用的准据法为新加坡法。根据查明的新加坡法律的规定，本仲裁协议可以认定有效。在仲裁协议有效情况下，如何进行仲裁，如何理解和判断仲裁机构的选定，则不属于本案仲裁协议效力的司法审查范围。尽量使仲裁协议有效的原则，既体现在《承认及执行外国仲裁裁决公约》（以下简称《纽约公约》）中，也体现在最高人民法院颁布的司法解释中，而且在新颁布实施的司法解释中也得以明确。

根据《最高人民法院关于审理仲裁司法审查案件若干问题的规定》第14条规定："人民法院根据《中华人民共和国涉外民事关系法律适用法》第十八条的规定，确定确认涉外仲裁协议效力适用的法律时，当事人没有选择适用的法律，适用仲裁机构所在地的法律与适用仲裁地的法律将对仲裁协议的效力作出不同认定的，人民法院应当适用确认仲裁协议有效的法律。"上述规定在适用仲裁机构所在地法律与适用仲裁地法律对仲裁协议效力产生不同认定的情况下，选择适用使仲裁协议有效的法律作为准据法，就体现了法院在仲裁司法审查中支持仲裁协议有效的原则。从《纽约公约》的内容、国际商事仲裁的发展趋势到我国司法解释的规定分析，放宽对仲裁协议效力要求，尽量使仲裁协议有效，不仅有利于尊重当事人选择仲裁作为解决争议方式的本意，也有利于促进和支持仲裁的发展，为国际商事仲裁营造良好的法治环境。根据法院在仲裁司法审查中持支持和鼓励仲裁的司法理念，以及在涉及国际商事仲裁中尽量确认仲裁协议有效的原则，并结合上述涉及仲裁协议效力法律适用的分析，应当认定涉案的仲裁协议有效。

编写人：马　军　马志文

环境民事公益诉讼案件中预防性判决的重要性

——北京市人民检察院第四分院诉北京多彩联艺国际钢结构工程有限公司大气污染责任纠纷环境民事公益诉讼案

【案件基本信息】

1. 裁判书字号

北京市第四中级人民法院（2017）京04民初73号

2. 案由：大气污染责任纠纷环境民事公益诉讼

3. 当事人

公益诉讼起诉人：北京市人民检察院第四分院

被告：北京多彩联艺国际钢结构工程有限公司

【基本案情】

北京多彩联艺国际钢结构工程有限公司（以下简称多彩公司）在北京市大兴区北臧村镇皮各庄二村村西的生产基地从事钢结构制造过程中，喷漆工艺未在密闭空间中进行，喷漆场地未安装废气污染防治设施，喷漆产生的挥发性有机物废气未经处理直接排放大气环境，对周围大气环境造成污染。根据鉴定意见，多彩公司在进行底漆喷涂、面漆喷涂、常温晾干工序的生产过程产生了大量对大气环境和人体具有危害性的漆雾和有机废气。多彩公司受到大兴环保局的行政处罚以及北京市检四分院立案后，仍在进行钢结构焊接、喷漆作业，并未停止污染环境违法行为，法院到多彩公司的生产基地现场进行勘验，结合实际情况，为防止损害扩大，保护生态环境，依职权对多彩公司采取行为保全，在其提交符合环境保护标准，不存在污染环境、破坏生态证明之前，禁止在该生产加工基地从事涉及喷漆、焊接及废气排放的生产行为。

【案件焦点】

1. 多彩公司的行为是否造成生态环境损害，以及应如何确定该生态环境损害侵权责任的构成要件；2. 多彩公司是否应为防止生态环境损害发生和扩大，承担停止侵害的预防性责任；3. 多彩公司应如何承担生态环境损害的赔偿责任及赔礼道歉等责任。

【法院裁判要旨】

环境民事公益诉讼审判应当遵循保护优先、预防为主的原则。在生产经营中，环境侵权行为经常具有持续性、隐蔽性、间断性等特点。本案中，多彩公司的生产加工基地未办理环境审批手续，亦未依据《大气污染防治法》的规定来安装防治设施或采取相应措施，在其进行钢结构焊接、喷漆作业过程中，废气未经处理直接外排大气环境，对周围大气环境造成污染，对人体健康造成危害，损害了社会公共利益。生态环境一旦受到污染破坏，即具有不可逆性和难以治理恢复的特征。对于污染环境、破坏生态可能发生或已经具有损害社会公共利益重大风险的行为，应当及时采取停止侵害、消除危险的措施，对将要发生的污染、破坏行为予以预防，对正在发生污染、破坏行为予以制止，满足对生态环境公共利益的最大保护。北京市检四分院提出的多彩公司立即停止侵害大气环境的诉讼请求，能够实现预防环境损害侵权的目的和保护生态环境公共利益的功能，本院予以支持。法院为保护社会公共利益，对可能导致污染环境、破坏生态的行为作出预防性裁判，以停止侵害、消除危险，避免危害的发生和扩大。

【法官后语】

《人民陪审员法》实施后，全国首例适用"3名法官+4名陪审员大合议庭"审理判决案件，2017年《民事诉讼法》修改后检察机关首例作为公益诉讼起诉人提起公益诉讼，北京市首起"环境禁令"行为保全和首判大气污染责任环境民事公益诉讼案件。本案落实"绿色司法"，在环境民事公益诉讼审判遵循保护优先、预防为主的原则。考虑环境侵权行为经常具有持续性、隐蔽性、间断性等特点。生态环境一旦受到污染破坏，即具有不可逆性和难以治理恢复的特征。法院判决积极运用预防性责任承担方式，对于污染环境、破坏生态等可能发生或已经具有损害社会公共利益重大风险的行为，为满足对生态环境公共利益的最大保护，对可能导致污染环境、破坏生态的行为作出预防性裁判，以停止侵害、消除危险，避免危害的发生和扩大。

我国环境保护相关法律、法规确立了污染者承担责任的损害担责原则。生态环境损害侵权作为一种特殊的侵权类型，适用无过错责任原则，即环境污染者无论是否具有主观过错，只要其行为与损害事实之间具有因果关系，就应承担生态环境损害的侵权责任。在对多彩公司的行为是否造成生态环境损害进行认定时，应当从生态环境损害侵权构成要件的角度分析损害事实、行为违法性、因果关系。

首先，从生态环境损害事实上分析，多彩公司在北京市大兴区北臧村镇皮各庄二村村西的生产基地从事钢结构制造过程中，喷漆工艺未在密闭空间中进行，喷漆场地未安装废气污染防治设施，喷漆产生的挥发性有机物废气未经处理直接排放大气环境，对周围大气环境造成污染。

其次，从生态环境损害侵权行为的违法性上分析，在加工生产钢结构过程中排放废气所造成的大气污染损害，应根据《大气污染防治法》来认定污染行为的违法性。《大气污染防治法》第45条规定："产生含挥发性有机物废气的生产和服务活动，应当在密闭空间或者设备中进行，并按照规定安装、使用污染防治设施；无法密闭的，应当采取措施减少废气排放。"多彩公司的生产加工基地未办理环境审批手续，亦未依据大气污染防治法的规定安装防治设施或采取相应措施，其行为具有违法性。

最后，从多彩公司的行为与损害事实之间的因果关系上分析，根据鉴定意见，多彩公司主要在进行底漆喷涂、面漆喷涂、常温晾干工序的过程中产生大量漆雾和有机废气：1. 漆雾在喷涂时油漆在高压作用下经喷枪雾化成微粒，大部分油漆到达金属件表面，部分随气流弥散形成漆雾。漆雾形成的颗粒通过呼吸进入人体，会对人体造成很大的健康危害。2. 有机废气油漆和稀料中的有机溶剂不会随漆脂附着在喷涂物表面的，在喷涂和常温晾干过程将全部释放出来形成有机废气，主要有苯、甲苯、二甲苯、非甲烷总烃等有机物。有机废气是无色具有刺激性的气体，排放至大气中会通过呼吸或体表接触作用人体，具有致癌、致畸、刺激性等危害作用。鉴定意见确定了多彩公司在生产过程产生了大量对大气环境和人体具有危害性的漆雾和有机废气，上述分析即是本案判断因果关系的依据，也是认定本案生态环境损害程度的依据。

因此，多彩公司的行为具有违法性，现已存在污染环境的损害事实，且违法行为与损害事实之间具有因果关系，故多彩公司的行为符合生态环境损害侵权构成要件，应当承担侵权责任。虽然多彩公司已就上述行为承担了行政责任，但是在行政责任与民事责任同时存在的情况下，多彩公司承担行政责任不影响承担生态环境损害侵权民事责任。

本案中，多彩公司的生产加工基地未办理环境审批手续，亦未依据《大气污染防治法》的规定安装防治设施或采取相应措施，在其进行钢结构焊接、喷漆作业过程中，废气未经处理直接外排大气环境，对周围大气环境造成污染，对人体健康造成危害，损害了社会公共利益。生态环境一旦受到污染破坏，即具有不可逆性和难以治理恢复的特征。对于污染环境、破坏生态可能发生或已经具有损害社会公共利益重大风险的行为，应当及时采取停止侵害、消除危险的措施，对将要发生的污染、破坏行为予以预防，对正在发生污染、破坏行为予以制止，满足对生态环境公共利益的最大保护。多彩公司虽然已经停止喷涂、焊接等产生漆雾和有机废气的生产经营活动，并表示今后坚决杜绝此类污染的再次发生，但并不影响本院在公益诉讼中对其具有损害公共利益的重大风险行为作出预防性裁判。侵权责任法明确了法律具有预防并制裁侵权行为的功能，根据《最高人民法院关于审理环境民事公益诉讼案件适用法律若干问题的解释》第 19 条规定："原告为防止生态环境损害的发生和扩大，请求被告停止侵害、排除妨碍、消除危险的，人民法院可以依法予以支持。"上述《侵权责任法》和《环境民事公益诉讼解释》的规定是法院认定环境侵权人承担预防性责任的法律依据。北京市检四分院提出的多彩公司立即停止侵害大气环境的诉讼请求，能够实现预防环境损害侵权的目的和保护生态环境公共利益的功能，本院予以支持。法院为保护社会公共利益，对可能导致污染环境、破坏生态的行为作出预防性裁判，以停止侵害、消除危险，避免危害的发生和扩大，对于具体承担责任的方式，本院将结合污染环境行为的特性予以判定。

在生态环境损害发生后，侵权人应根据破坏生态、污染环境的实际情况，对生态环境损害适用不同的修复与赔偿方式。北京市检四分院委托具有鉴定资质的专业环境鉴定机构进行鉴定，其目的在于针对涉案的污染源排放、区域环境质量等情况，综合生态环境治理修复条件，进行专业科学的论证分析，制定科学合理的生态环境修复与赔偿方案。环保鉴定中心出具的鉴定意见认为，基于环境损害鉴定评估工作对时效性、科学性、准确性的要求，结合本次钢结构喷漆大气污染事件的特点，该大气环境污染事件所致的生态环境损害无法通过恢复工程恢复，因此采用虚拟治理成本法评估该钢结构喷漆大气污染事件造成的生态环境损害数额。多彩公司虽然对鉴定意见提出异议，并提供与生产经营相关的合同、发票等证据，但并不足以证明其实际生产加工情况以及实际造成的环境污染损害。在多彩公司的举证及质证意见不足以否定鉴定意见的情况下，本案鉴定意见符合大气污染生态环境的实际情况，本院予以采信。北京市检四分院提出的多彩公司赔偿因违法排放喷漆产生的挥发性有机物废气造成的生态环境损害 894,880 元的诉讼请求，有科学、合理的鉴定意见为依据，应当予以支持。

对于北京市检四分院提出的多彩公司通过省级以上媒体向社会公开赔礼道歉和承担鉴定费 33,000 元的诉讼请求，本院认为，优质的生态环境是人们健康生存发展、追求美好生活的基础，破坏生态、污染环境的行为会导致社会公共利益以及公众精神性环境权益受到侵害。多彩公司的行为已造成生态环境损害，其也必然会损害社会公众所享有的追求美好生态环境的精神利益。从权利救济与过错担责并重的角度出发，污染者不仅应认真吸取教训，采取环境保护措施，履行生态环境保护义务，更应对其造成社会公众生态环境精神利益的损害，通过向社会公开表达悔过与歉意的方式，承担民事责任。依据《最高人民法院关于审理环境民事公益诉讼案件适用法律若干问题的解释》第 18 条的规定，对破坏生态、污染环境，已经损害社会公共利益的行为，公益诉讼起诉人可以请求被告承担赔礼道歉的民事责任。对于北京市检四分院提出的多彩公司承担赔礼道歉责任的诉讼请求，应当予以支持，具体赔礼道歉方式由本院结合侵权过错与程度、污染范围、造成环境损害结果与社会影响等情况综合判定。根据环境民事公益诉讼解释的相关规定，人民法院可以支持公益诉讼起诉人提出的被告承担合理的检验、鉴定费用的请求。现北京市检四分院提出由多彩公司支付鉴定费用的诉讼请求符合法律规定，应当予以支持。

编写人：马　军　马志文

当事人是否约定了仲裁庭组成及仲裁程序的认定

——贸达商品有限公司与北京康坦愢咖啡贸易有限责任公司申请承认和执行仲裁裁决案

【案件基本信息】

1. 判决书字号

北京市第四中级人民法院（2018）京04协外认9号民事裁定书

2. 案由：申请承认和执行外国仲裁裁决

3. 当事人

申请人：贸达商品有限公司，住所地香港特别行政区皇后大道中208号胜基中心12楼A座。

被申请人：北京康坦愢咖啡贸易有限责任公司，住所地北京市朝阳区三间房东路1号19幢部分。

【基本案情】

申请人贸达商品有限公司（以下简称贸达公司）申请称：1. 承认及执行英国咖啡协会于2016年6月21日作出的《仲裁裁决书》及2016年10月18日作出的《仲裁上诉裁决书》；2. 责令康坦愢公司立即履行《仲裁裁决书》的裁决事项。

被申请人北京康坦愢咖啡贸易有限责任公司（以下简称康坦愢公司）陈述意见称：从贸达公司与康坦愢公司之间的约定来看，对两份仲裁裁决应当予以拒绝承认和执行。仲裁庭的组成与贸达公司、康坦愢公司之间的协议与1996年《英国仲裁法》不符。贸达公司、康坦愢公司因S31066号《销售确认书》产生的争议如提交仲裁，应当根据《英国仲裁法》规定由独任仲裁员组成仲裁庭。

法院经审理查明：2012 年 2 月 21 日，康坦偲公司（买方）与贸达公司（卖方）签订《销售确认书》，约定如下：仲裁：伦敦仲裁（如有）——适用英国咖啡协会（BCA）规则；现存生效的 EEC 规则（注：此处系笔误，应为 ECC 规则）所有条款应视为并入本合同。任何因本合同产生的争议应提交前述协会，并依照该协会在本合同签署之日有效的仲裁及上诉规则进行仲裁。2015 年 7 月 30 日，依据《销售确认书》第 17 条约定的仲裁协议，贸达公司作为仲裁申请人将与被申请人康坦偲公司、季明之间的争议提交英国咖啡协会仲裁。该案案号为 BCA043 号，仲裁庭由三名仲裁员组成。BCA043 号仲裁裁决书写明：鉴于争议双方已于 2012 年 2 月 21 日订立 S31066 号合同；欧洲咖啡合同（ECC）规定，发生任何争议后，如当事人不能通过友好协商解决，应当提交合同约定仲裁地仲裁，并根据该地设立的咖啡贸易组织的规则和惯例仲裁解决；合同中约定的仲裁地为英国伦敦，当地设立的咖啡贸易组织是英国咖啡协会（BCA）；根据英国咖啡协会仲裁规则（2012 年 2 月 1 日生效）第 1（a）条规定，1996 年英国仲裁法适用于 2012 年 2 月 1 日开始及之后发生的所有仲裁和/或上诉，除非仲裁法相关条款被仲裁规则明文修改或是与仲裁规则不一致。根据仲裁规则确定的任何仲裁和/或上诉的仲裁地应当在英国，并且应当根据 1996 年英国仲裁法第 3 章确定。查明事实：涉案合同适用 EEC 规则（注：此处系笔误，应为 ECC 规则）当时版本并载明了伦敦仲裁条款（英国咖啡协会仲裁规则）。

2016 年 6 月 21 日仲裁庭作出 BCA043 号裁决书。

上述裁决作出后，康坦偲公司、季明提起上诉。英国咖啡协会于 2016 年 7 月 27 日指定上诉委员会审理本案。根据英国咖啡协会仲裁规则（2012 年 2 月 1 日生效）第 1（a）条规定，1996 年英国仲裁法适用于 2012 年 2 月 1 日开始及之后发生的所有仲裁和/或上诉，除非仲裁法相关条款被仲裁规则明文修改或是与仲裁规则不一致。根据仲裁规则确定的任何仲裁和/或上诉的仲裁地应当在英国，并且应当根据 1996 年英国仲裁法第 3 章确定。仲裁庭查明事实：康坦偲公司、季明未及时全额支付上诉费用，并在 2016 年 7 月 18 日就未付的 3500 英镑上诉费用请求给予 5 天宽限期；2016 年 7 月 19 日期限届满时，英国咖啡协会未收齐费用。直至 2016 年 7 月 21 日，费用才全部支付完毕；2016 年 8 月 12 日，上诉委员会同意宽限费用缴交的期限，并启动上诉程序。当天，上诉委员会在邮件中就如何启动上诉程序给出了明确的指引——在

2016年9月5日下班前向英国咖啡协会提交一式七份申请书以及支付25,000英镑保证金；2016年9月5日，英国咖啡协会只收到五份申请书，未收到任何保证金；9月8日，上诉委员会发出最后通告令，要求康坦憁公司、季明在9月13日下班前支付保证金及补交两份申请书；9月9日，康坦憁公司、季明邮件告知其会遵守上诉委员会的要求，但可能无法在规定的期限内履行；9月12日，康坦憁公司、季明请求再延长10天付款期限以转账支付所要求的金额；9月13日，上诉委员会拒绝了康坦憁公司、季明再次延长付款期限的请求；最后通告令规定的期限届满时，英国咖啡协会未收到任何费用或要求补交的两份申请书；2016年9月16日，上诉委员会确认本案上诉依据英国咖啡协会仲裁规则第63（a）条的规定视为撤回。

2016年10月18日，上诉委员会裁决如下：本案上诉视为撤回，2016年6月21日作出的043号原仲裁裁决生效。

【案件焦点】

本案当事人是否约定了仲裁庭组成及仲裁程序的认定？

【法院裁判要旨】

在仲裁协议中，已明确约定适用英国咖啡协会（BCA）规则，本院视为该条款已对仲裁庭组成以及程序进行了约定，其中英国咖啡协会（BCA）规则2012年版明确规定，“应当由以三位仲裁员组成的仲裁庭裁定，其中一位仲裁员应当为主席；英国咖啡协会任命三位仲裁员以组成仲裁庭”。BCA 043号仲裁案件严格按照BCA规则选定三位仲裁员，其中包括一名主席，仲裁庭的组成并未违反BCA规则。本院认为英国咖啡协会的仲裁庭组成合法。

【法官后语】

一、承认和执行外国仲裁裁决的法律适用

应依照《承认和执行外国仲裁裁决公约》（以下简称《纽约公约》），世界上大多数国家均已加入这部公约，外国仲裁裁决在中国申请承认和执行主要依据该公约的规定办理。我国在参加《纽约公约》时作了互惠保留声明和商事保留声明。根据《纽约公约》的规定，缔约国和非缔约国的仲裁裁决都可以依公约规定的条件和程序以承认和执行，但是任何一个国家在加入公约时都可以声明，该公约的规定仅适用于缔约国。并且我国只承认和执行对属于契约性和非契约性商事法律关系争议作成的仲裁裁决，具体来说分为以下两大类：

第一类，根据我国加入该公约时所作的互惠保留声明，我国仅对在另一缔约国领土内作成的仲裁裁决的承认和执行适用该公约。

第二类，根据我国加入该公约时所作的商事保留声明，我国仅对按照我国法律术语契约性和非契约型商事法律关系引起的争议适用该公约。

本案中，我国和大不列颠及北爱尔兰联合王国（英国）同为《纽约公约》的缔约国，因此承认和执行英国仲裁裁决应适用《纽约公约》。

二、关于如何认定双方约定了仲裁庭组成和仲裁程序

双方的争议焦点在于双方是否约定了仲裁庭组成和仲裁程序。仲裁的基础系依据当事人之间的仲裁协议，从仲裁协议中可推断出在订立协议时双方的真实意思表示。本案中，贸达公司与康坦偲公司在《销售确认书》中约定了仲裁协议：仲裁：伦敦仲裁（如有）——适用英国咖啡协会（BCA）规则。根据1996年《英国仲裁法》的规定，适用该法律的条件是仲裁地在英格兰和威尔士或北爱尔兰。《英国仲裁法》关于仲裁协议的要求和我国仲裁法有一定区别。《仲裁法》第16条仲裁协议规定，仲裁协议包括合同中订立的仲裁条款和以其他书面方法在纠纷发生前或者纠纷发生后达成请求仲裁的协议。仲裁协议应当具有下列内容：（1）请求仲裁的意思表示；（2）仲裁事项；（3）选定的仲裁委员会。而《英国仲裁法》对于仲裁协议只强调了要以书面形式来订立，对仲裁事项以及仲裁委员会并不作强制要求，对于选择仲裁庭的组成、仲裁程序的适用、实体事项法律的规定方面等充分尊重当事人的合议，赋予当事人更加广泛的意思自治权利，十分强化当事人意思自治原则。本案中，双方虽未明确约定如何组成仲裁庭，但却约定了仲裁规则，即英国咖啡协会（BCA）规则，根据《销售确认书》的订立时间可以确定适用的版本应为英国咖啡协会（BCA）规则2012年版，仲裁规则中明确规定了“应当由以三位仲裁员组成的仲裁庭裁定，其中一位仲裁员应当为主席；英国咖啡协会任命三位仲裁员以组成仲裁庭”。在《英国仲裁法》中，仲裁规则并不是构成仲裁协议的必备条件，当事人既约定了仲裁规则即表明仲裁中的程序性事宜包括仲裁庭的组成应依照双方约定进行，而不应视为双方没有约定从而

适用《英国仲裁法》。在审理此类案件时尤其涉及域外法律，法官要做的不仅是对照法条，还要适当了解所依据法律的立法精神从而对案件有更准确的判断。

编写人：王 翔 茹 莹

对销售不安全食品、药品的行为法院应作出预防性裁判

——北京市人民检察院第四分院与罗建平、卢称英食品、药品安全民事公益诉讼案

【案件基本信息】

1. 裁判书字号

北京市第四中级人民法院（2018）京04民初5号

2. 案由：食品、药品安全民事公益诉讼

3. 当事人

公益诉讼起诉人：北京市人民检察院第四分院

被告：罗建平、卢称英

【基本案情】

从2015年4月至2016年9月，罗建平、卢称英通过aqyingzi、899、010jm、vipijm2008四家淘宝网店销售苦瓜清脂系列减肥产品、经典秀身系列减肥产品及神农风骨草产品。经过鉴定，上述产品含有酚酞或双氯芬酸钠，长期或过量使用会对人体造成损害。2018年1月2日，北京市检察院第四分院请求人民法院依法判令罗建平、卢称英停止销售涉案的苦瓜清脂系列、经典秀身系列减肥保健品及神农风骨草保健品等有毒、有害食品，并在全国公开发行的媒体上公开赔礼道歉，并以公布包括所销售的保健品的名称、销售时间、淘宝网店名及产品中所含的有毒、有害的成分及危害性等事实的方式向消费者提示产品存在的危害以消除危险。

【案件焦点】

1. 罗建平、卢称英的行为是否侵害众多不特定消费者合法权益或者具有

危及消费者人身、财产安全的情形，以及应如何确定该侵害消费者合法权益侵权责任的构成要件；2. 罗建平、卢称英是否应为防止侵权损害发生和扩大，承担停止侵害的预防性责任；3. 罗建平、卢称英应如何承担侵害消费者合法权益的民事侵权责任。

【法院裁判要旨】

罗建平、卢称英销售有毒、有害食品的行为，侵害众多不特定消费者合法权益，并具有危及消费者人身安全的危险，对人体健康造成危害，损害了社会公共利益。

【法官后语】

本案是北京首例检察机关在食品、药品安全领域提起的消费民事公益诉讼案件，法院对销售不安全食品药品，具有损害公共利益的重大风险行为作出预防性裁判，消除公共危险，对公众消费环境精神利益予以保护。

对于北京市检四分院诉罗建平、卢称英食品、药品安全民事公益诉讼一案，结合查明的事实及诉争内容，确认本案审判要点如下：（一）罗建平、卢称英的行为是否侵害众多不特定消费者合法权益或者具有危及消费者人身、财产安全的情形，以及应如何确定该侵害消费者合法权益侵权责任的构成要件；（二）罗建平、卢称英是否应为防止侵权损害发生和扩大，承担停止侵害的预防性责任；（三）罗建平、卢称英应如何承担侵害消费者合法权益的民事侵权责任。

一、罗建平、卢称英的行为是否造成损害以及如何确定其侵权责任的构成要件

《侵权责任法》第41条规定："因产品存在缺陷造成他人损害的，生产者应当承担侵权责任。"第42条规定："因销售者的过错使产品存在缺陷，造成他人损害的，销售者应当承担侵权责任。销售者不能指明缺陷产品的生产者也不能指明缺陷产品的供货者的，销售者应当承担侵权责任。"依据上述法律规定，产品责任属无过错责任，即只要产品存在缺陷，损害事实发生及产品缺陷与损害事实之间具有因果关系，生产者、销售者无论是否具有主观过错，均应承担产品侵权责任。

根据上述法律规定，应从产品损害赔偿侵权构成要件的角度分析罗建平、

卢称英造成的损害事实、行为违法性、因果关系。首先，罗建平、卢称英通过淘宝网店销售苦瓜清脂系列、经典秀身系列等减肥保健品及神农风骨草保健品，其中含有酚酞或双氯芬酸钠等可能损害人体健康的有毒、有害物质，侵害众多不特定消费者合法权益，并具有危及消费者人身安全的危险。其次，从产品责任侵权行为的违法性上分析，应根据《产品质量法》认定销售者行为的违法性。《产品质量法》第33条规定："销售者应当建立并执行进货检查验收制度，验明产品合格证明和其他标识。"第34条规定："销售者应当采取措施，保持销售产品的质量。"罗建平、卢称英对其销售的产品应进行查验或采取其他方式保证产品质量，在既不能指明缺陷产品的生产者也不能指明缺陷产品供货者的情况下，其行为具有违法性。最后，根据《专家论证报告》，罗建平、卢称英销售的涉案保健品中所添加的酚酞长期或过量使用可引起电解质紊乱、血糖升高、肠功能的依赖性，会导致特殊人群病情加重。双氯芬酸钠长期使用可导致部分患者出现消化道出血、胃肠道溃疡、头痛、心律失常等不良反应。上述分析即是本案判断因果关系的依据，也是认定本案产品缺陷损害程度的依据。

综上所述，罗建平、卢称英的行为具有违法性，现已存在侵害不特定消费者权益的损害事实，且违法行为与损害事实之间具有因果关系，故罗建平、卢称英的行为符合产品责任侵权构成要件，应当承担侵权责任。

产品责任侵权行为会存在需要同时承担刑事责任与民事责任的情形，根据《侵权责任法》第4条规定的"侵权人因同一行为应当承担行政责任或者刑事责任的，不影响依法承担侵权责任"，罗建平、卢称英已接受刑事处罚，上述刑事责任的承担，不影响法院认定侵权人依法承担侵权民事责任。

二、罗建平、卢称英是否应为防止侵权损害发生和扩大，承担停止侵害的预防性责任

食品、药品安全民事公益诉讼作为消费民事公益诉讼的重要组成部分，应当遵循保护优先、预防为主的审判原则。在日常生活中，产品责任侵权行为具有一定的持续性、隐蔽性、间断性等特点。本案中，罗建平、卢称英未查验其所销售产品合格标识、所含成分及实际生产者、供货者，将含有可能损害人体健康的有毒、有害物质的产品销售到全国各地，对人体健康造成危害，损害了社会公共利益。对罗建平、卢称英侵害消费者权益并已具有损害社会公共利益重大风险的行为，应当及时采取停止侵害、消除危险的措施，

并对将要发生的侵权行为予以预防，从而满足对公共利益的最大保护。罗建平、卢称英虽然已经停止销售行为，并表示今后坚决不再从事类似违法行为，但并不影响法院在公益诉讼中对其具有损害公共利益的重大风险行为作出预防性裁判。《侵权责任法》也明确了法律具有预防并制裁侵权行为的功能。根据《最高人民法院关于审理消费民事公益诉讼案件适用法律若干问题的解释》（以下简称《消费民事公益诉讼解释》）第13条规定："原告在消费民事公益诉讼案件中，请求被告承担停止侵害、排除妨碍、消除危险、赔礼道歉等民事责任的，人民法院可予支持。"北京市检四分院提出的罗建平、卢称英停止销售涉案的苦瓜清脂系列、经典秀身系列减肥保健品及神农风骨草保健品等有毒、有害食品的诉讼请求，符合上述规定，应予支持。

三、罗建平、卢称英应如何承担侵害消费者合法权益的民事侵权责任

对于罗建平、卢称英承担民事侵权责任的问题，北京市检四分院提出了判令罗建平、卢称英在全国公开发行的媒体上赔礼道歉，并以公布包括所销售的保健品的名称、销售时间、淘宝网店名及产品中所含的有毒、有害的成分及危害性等事实的方式向消费者提示产品存在的危害以消除危险的诉讼请求。依据《消费民事公益诉讼解释》第13条的规定："原告在消费民事公益诉讼案件中，请求被告承担停止侵害、排除妨碍、消除危险、赔礼道歉等民事责任的，人民法院可予支持。"本案中，罗建平、卢称英的违法行为在对不特定消费者造成损害的同时，必然还会产生社会公众享有正常、有序、安全消费环境的精神利益损失。从权利救济与过错担责并重的角度出发，罗建平、卢称英不仅应认真吸取教训，更应对其造成社会公众消费环境精神利益的损害，通过向社会公开表达悔过与歉意的方式承担民事责任，故对于北京市检四分院提出的罗建平、卢称英承担赔礼道歉责任的诉讼请求，予以支持，具体赔礼道歉方式由法院结合侵权过错与程度、损害范围、社会影响等情况综合判定。

法院最终判决如下：

一、罗建平、卢称英停止销售苦瓜清脂系列、经典秀身系列减肥保健品及神农风骨草保健品等有毒、有害食品；

二、罗建平、卢称英在一家全国公开发行的媒体上公开向社会赔礼道歉，内容应包括罗建平、卢称英所销售的保健品的名称、销售时间、淘宝网店名及产品中所含的有毒、有害的成分及危害性，赔礼道歉的内容及媒体、版面、

字体需经本院审核，上述内容于本判决生效之日起三十日内向本院提交，并于审核通过之日起六十日内刊登，如未履行上述义务，则由本院选择媒体刊登判决主要内容，所需费用由罗建平、卢称英负担。

编写人：马　军　李晓蕊

及时化解案结事了

——唐伶俐诉中城数据股份有限公司民间借贷纠纷案

【案件基本信息】

1. 调解书字号

北京市第四中级人民法院（2018）京04民初269号民事调解书

2. 案由：民间借贷纠纷

3. 当事人

原告：唐伶俐，女，1969年8月3日出生，台湾地区居民，住北京市朝阳区东三环中路39号院16号楼7层701。

被告：中城数据股份有限公司，住所地北京市西城区新街口外大街8号5幢（C座）207号（德胜园区）。

【基本案情】

2015年4月20日，唐伶俐与中城数据股份有限公司（以下简称中城公司）签订借款合同，合同约定，中城公司向唐伶俐借款300万元，借款期限自中城公司实际收到借款之日起24个月，借款期限内利率为月利率3%，借款逾期后利率在月利率3%基础上上浮35%，按月付息，清偿顺序为先息后本。借款合同签订后，唐伶俐于2015年4月22日将300万元借款汇入中诚公司账户。借款贷出后，中诚公司于2018年2月11日支付利息260万元，借款本金300万元及其后产生的逾期借款利息未归还。

因中城公司未履行还款义务，唐伶俐起诉请求：1. 判令中城公司偿还借款本金300万元；2. 判令中城公司支付截至2018年6月11日拖欠未付的逾期借款利息24万元并继续支付逾期借款利息至中城公司将借款本息全部清偿完毕之日止（以借款本金300万元为基数，按年利率24%自2018年6月12日开始计算）。

【案件焦点】

及时保护当事人合法权益。

【法院裁判要旨】

本案立案后，法院及时和双方当事人进行沟通，在得知中城公司系基于暂时经营困难未及时履行合同义务而非恶意违约的信息后，经法院与双方当事人协调，最终当事人双方达成调解协议：一、2018年7月4日前中城数据股份有限公司一次性向唐伶俐偿还借款本金的80%，即240万元。二、如中城数据股份有限公司如约履行本协议第1条，则唐伶俐免除中城数据股份有限公司偿还剩余拖欠本金及利息的债务，双方债权债务终止。三、如中城数据股份有限公司未能如约履行本协议第1条，则中城数据股份有限公司应当向唐伶俐偿还借款本金300万元、自2018年2月11日起至2018年6月11日止的借款利息24万元以及自2018年6月12日起至实际偿还全部本息之日止的借款利息（以本金300万元为基数按年利率24%计算）。四、本案诉讼费32,720元，减半收取16,360元，由中城数据股份有限公司负担（已由唐伶俐垫付，中城数据股份有限公司于2018年7月4日前直接支付给唐伶俐）。

【法官后语】

在案件审理的过程中，唐伶俐本人参与诉讼，承办人在与其接触中感知其对大陆地区司法制度认知不足，特别是不了解法院诉讼流程。承办人耐心细致地向其解释法院受理案件后的审判规则，在唐伶俐表示希望能及时解决纠纷的愿望后，承办法官多次和被告中城公司展开调解工作。中城公司认可确实向唐伶俐借款，并且对唐伶俐主张的借款金额和计息方式都无异议，只是由于公司资金周转不灵，及时履行存在困难。同时，中城公司表示最近公司会有一笔回款，如款项到位，会积极履行债务。在获取上述信息后，承办法官抓住中城公司近期有款项进账这一调解契机，经多次和双方沟通，最后当事人双方达成调解协议，实现了法律效果和社会效果的统一。

编写人：崔智瑜

被拆迁人对拆迁安置房产的优先权能否对抗抵押权

——案外人王军华申请执行异议案

【案件基本信息】

1. 判决书字号

北京市第四中级人民法院（2018）京04执异235号执行裁定书

2. 案由：金融借款合同纠纷执行异议

3. 当事人

案外人：王军华，住所地吉林省吉林市高新区厦门街。

申请执行人：北京中恒永禄投资有限公司，住所地北京市石景山区实兴大街30号院3号楼2层D－0010房间。

【基本案情】

在北京市第四中级人民法院执行原告北京中恒永禄投资有限公司（以下简称中恒永禄公司）与被告吉林市置业房地产开发有限公司（以下简称置业公司）、吉林市伯爵房地产开发有限公司（以下简称伯爵公司）等金融借款合同纠纷一案中，案外人王军华对本院查封、评估和拍卖伯爵公司的房产不服，向该院提出书面异议。

案外人王军华称，王军华诉伯爵公司房屋拆迁安置补偿合同纠纷一案，吉林市丰满区人民法院判决伯爵公司按图纸将坐落于伯爵·盛世纪一层的B1号房屋（138.45平方米）交付王军华，并协助办理房屋产权登记。在此案执行过程中，王军华发现上述B1号房屋被伯爵公司擅自登记在自己名下，并被法院查封，致使其无法办理产权登记。其间，因伯爵公司在建设中改变了原有设计，B1号房屋面积与约定不符，后丰满区人民法院裁定，伯爵公司将其所有的坐落于伯爵·盛世纪的户室号为000105号（面积119.25平方米）、户室号为000106号（面积29.40平方米）的商业用房安置给王军华，其所有权归王军华。据此，王军华认为上述用于安置的房屋为其所有，不属于查封、评估、拍卖的范围，请求法院解除对上述房屋的查封，停止评估、拍卖，将其归还王军华。

申请执行人中恒永禄公司称，王军华的异议请求不能成立，主要理由为：该公司对伯爵·盛世纪房产的抵押权已经法院生效判决所确认，且抵押权设立时该公司并不知道王军华与伯爵公司存在合同纠纷一节；伯爵·盛世纪房屋登记在一个产权证号下，属于一个产权，无法分割，故王军华的异议请求不具备执行条件；王军华于2009年和伯爵公司签订的拆迁安置合同中，安置房屋的位置并不特定，不符合《最高人民法院关于审理商品房买卖合同纠纷案件适用法律若干问题的解释》第7条规定的适用条件，而2016年再次签订协议时，由于双方对案涉房产被查封的事实均明知，故该协议无效。

法院查明，王军华原有的一套商业用房在伯爵公司开发的伯爵·盛世纪工程拆迁范围内。2009年12月28日，王军华与伯爵公司签订了《房屋拆迁产权调换协议》，约定王军华于2010年1月8日前搬迁腾空被拆迁房屋，伯爵公司将坐落于原地的伯爵·盛世纪项目B栋4单元1号，即按图纸显示为B1的138.45平方米商业网点作为产权调换房屋，于2012年5月11日交付给王军华，但伯爵公司未履行上述义务。2015年1月15日，王军华向法院起诉。2015年7月14日，吉林市丰满区人民法院作出（2015）丰民一初字第28号民事判决，判令伯爵公司按图纸将坐落于伯爵·盛世纪一层的B1号房屋交付给王军华，并协助其办理房屋产权登记。判决生效后，王军华申请法院强制执行。其间，因伯爵公司在项目建设中擅自改变了原有设计，没有相应的面积给王军华，双方又于2016年11月1日签订了一份《协议书》，约定伯爵公司将伯爵·盛世纪的户室号为000105号（面积119.25平方米）、户室号为000106号（面积29.40平方米）的商业用房安置给王军华。2016年11月5日，丰满区人民法院以（2016）吉0211执恢119号裁定书确认了上述内容。但因房屋被多家法院查封，至今无法办理更名过户手续。

伯爵·盛世纪A号商场坐落于吉林省吉林市丰满区吉林大街135号，2012年建成。2013年4月25日，伯爵公司为伯爵·盛世纪A号商场-1、1~4层商业用房办理了房屋所有权初始登记，所有人为伯爵公司（房屋所有权证编号为吉林市房权证丰字第Y00003942号）。

2014年7月8日，借款人置业公司与委托人北京中泰创信企业管理有限公司（以下简称中泰创信公司）、受托人包商银行股份有限公司北京分行（以下简称包商银行）共同签订了《委托贷款借款合同》。同年7月11日，伯爵公司与包商银行签订《抵押合同》，约定伯爵公司以伯爵·盛世纪A号商场的房屋，为包商银行的债权设立抵押担保，并于同年7月9日办理了抵押登记。后中泰创信公司将其对置业公司的债权转让给了中恒永禄公司，并将债权转让事宜通知了置业公司。

因置业公司未依约履行还款义务，中恒永禄公司于2015年1月26日向本院提起诉讼，北京市第四中级人民法院受理后于2015年2月4日对上述房屋进行了保全查封（轮候查封）。2015年12月18日，北京四中院作出（2015）四中民（商）初字第47号民事判决书，对上述借款合同和抵押合同的效力予以确认，并判令各被告履行合同义务。判决生效后，中恒永禄公司于2017年7月向北京四中院申请强制执行，后于同年12月申请撤销了强制执行。2018年8月10日，北京四中院作出（2018）京04执恢15号执行裁定书，恢复对本案的执行。

对王军华的执行异议，北京四中院裁定中止执行。

【案件焦点】

被拆迁人对拆迁安置房产的优先权能否对抗抵押权？

【法院裁判要旨】

法院生效裁定认为：根据《最高人民法院关于人民法院办理执行异议和复议案件若干问题的规定》第27条的规定，通常情形下，抵押权具有优先受偿效力，但在法律、司法解释另有规定的情况下，特殊债权可优先于担保物权。被拆迁人对拆迁安置房屋的优先取得权即为特殊债权。主要理由是：根据《最高人民法院关于审理商品房买卖合同纠纷案件适用法律若干问题的解释》第7条的规定，拆迁安置房屋特定化之后，被拆迁人享有优先取得安置房的权利，当权利发生冲突时，被拆迁人的优先权可以对抗一般购房消费者。结合《最高人民法院关于建设工程价款优先受偿权问题的批复》中，关于抵押权的行使不能对抗已经支付了全部或大部分购房款的商品房消费者的规定，可以得出被拆迁人对安置房屋的取得权优先于抵押权的结论。本案中，王军华与伯爵公司按照产权调换方式签订拆迁补偿安置协议，明确了拆迁安置房产的位置和用途，此后伯爵公司未依约履行义务，而是擅自将该拆迁安置房产设定了抵押，王军华在整个过程中并无过错，其关于排除对案涉房产执行的异议请求，应予支持。关于中恒永禄公司的意见，经查，对于王军华与伯爵公司分别于2009年和2016年签订的两份合同，应当作为一个整体来看待，前一份合同是后一份合同的前提和基础，后一份合同是为了履行前一份合同的调整方案，且造成两份合同出现的原因在于伯爵公司，故不能据此否定双方所约定的安置房屋具有特定性以及后一份合同的效力，其关于驳回王军华异议请求的意见不能成立。

【法官后语】

一、拆迁补偿安置协议的合同性质和对被拆迁人侧重保护的原因

案涉房产属于拆迁补偿安置性房产，以产权调换为补偿方式的拆迁补偿安置协议在性质上属于以物易物的互易合同，被拆迁人有权取得安置房产系以其原有房产被拆除为代价，故其权益性质有别于一般房产受让人。考虑到被拆迁房产通常为被拆迁人赖以生存和生产的基本物质条件，以及房屋拆迁往往涉及社会公共利益，被拆迁人服从公益的行为应予倡导和保护等因素，我国法律对被拆迁人的权益持侧重保护或特别保护的原则。

二、被拆迁人对拆迁安置房产享有特殊债权，应予优先保护

案涉《房屋拆迁产权调换协议》中不仅对房产的补偿方式、安置房产面积、交付时间等一般性内容进行约定，而且还对安置用房的位置、用途等作出明确具体的约定，在此情形下，合同标的已具有特定性。根据《最高人民法院关于审理商品房买卖合同纠纷案件适用法律若干问题的解释》第7条的规定，拆迁安置房屋特定化之后，被拆迁人即享有优先取得安置房的权利，当权利发生冲突时，被拆迁人的优先权可以对抗一般购房消费者。上述司法解释的内容体现了对被拆迁人的侧重保护原则，按此规定，被拆迁人对特定化的拆迁安置房产所享有的已非一般债权，而是特殊债权，应予优先保护。

三、被拆迁人所享有特殊债权能够对抗申请执行人的抵押权

案外人执行异议案件的争议焦点是存在冲突的各项权利的排序问题。根据《最高人民法院关于人民法院办理执行异议和复议案件若干问题的规定》第27条的规定，申请执行人对执行标的依法享有对抗案外人的担保物权等优

先受偿权，人民法院对案外人提出的排除执行异议不予支持，但法律、司法解释另有规定的除外。该项规定明确了在申请执行人对执行标的依法享有担保物权的情况下，只有法律、司法解释特别规定的权益才能对抗执行。那么，被拆迁人对拆迁安置房产是否属于这一特别权益呢？回答是肯定的。理由是：《最高人民法院关于建设工程价款优先受偿权问题的批复》规定了抵押权的行使不能对抗已经支付了全部或大部分购房款的商品房消费者，而《最高人民法院关于审理商品房买卖合同纠纷案件适用法律若干问题的解释》第7条又规定了被拆迁人对特定化后的安置房产的取得权优先于一般购房消费者，由此可以推出被拆迁人对安置房产的取得权优先于抵押权的结论。本案中，案涉《房屋拆迁产权调换协议》签订时间早于抵押权的设立时间，物保债权人通过审查及相应安排，完全可以防控被拆迁人权利优先性所带来的信用风险，故其反驳案外人的答辩意见不应得到支持。

编写人：王　靖

代理进口公司走私故意的认定以及涉案货物中“收藏品”与“艺术品”如何区分

——艺创嘉诚公司走私普通货物案

【案件基本信息】

1. 判决书字号

北京市第四中级人民法院（2017）京04刑初13号刑事判决书

2. 案由：走私普通货物犯罪

3. 当事人

被告单位：北京艺创嘉诚国际货运代理有限公司，住所地北京市门头沟区门头沟路58号19室。

被告人：孙婷，住所地北京市朝阳区。

【基本案情】

公诉机关北京市人民检察院第四分院指控：2011年7月，泰康人寿保险股份有限公司（后更名为泰康保险集团股份有限公司，以下简称泰康保险公司）委托艺创嘉诚公司进口油画1幅、雕塑2件。在进口过程中，艺创嘉诚公司经理孙婷、员工汪淑惠采取低报成交价格的方法向海关申报进口，逃避海关监管。经北京海关关税处计核，共偷逃应缴税额人民币4, 327, 961. 21元。

被告单位艺创嘉诚公司的诉讼代表人王硕辩解称：一、本案的基本事实尚未完全查清，存在走私行为系他人所为的可能。二、艺创嘉诚公司并不知道涉案艺术品的真实价格，只是根据委托方提供的价格向海关申报，因此对公诉机关指控的犯罪数额不具有犯罪故意。三、指控艺创嘉诚公司走私的基本证据并不充分，认定该公司单独实施犯罪存在较大疑点。四、涉案艺术品属于收藏品，本案的犯罪数额尚不能合法确定。

被告人孙婷表示认罪悔罪，请求法庭从轻处罚。

被告人孙婷的辩护人的主要辩护意见为：一、孙婷、汪淑惠不具有偷逃税款432万余元的主观故意。二、将拍卖价格作为计税价格核定税款，既不合法也不合理。三、艺创嘉诚公司系被泰康保险公司利用，客观上成为其走私的工具，本案中泰康保险公司是主犯，而艺创嘉诚公司是从犯。四、孙婷虽然是汪淑惠的主管领导，但对汪低报货物价格一事并不知情，属于疏于管理，并非故意指使或放任其为之。五、泰康保险公司同意以其缴纳的保证金补缴税款，国家税款损失得以挽回，可对孙婷、汪淑惠从轻处罚。六、孙婷在接受侦查机关询问时，主动交代了主要犯罪事实，其与所在公司均可视为自首；孙婷向侦查人员提供了他人的犯罪线索和证据材料，系立功行为。七、孙婷到案后如实供述了案件事实，认罪悔罪态度良好。八、孙婷一向表现良好，系初犯、偶犯，人身危险性和社会危害性较小。九、孙婷的孩子不满3岁，需要母亲照料，且其具备适用缓刑的条件。此外，针对本案部分证据所证明的内容，孙婷的辩护人认为，去除拍卖会标签系喜龙公司主动提出，且孙婷对此并不知情；证人刘新新等人的证言不足以证明艺创嘉诚公司有过少报关税的情况；指控艺创嘉诚公司走私的证据其实并不充分。

被告人汪淑惠表示认罪悔罪，请求法庭从轻处罚。

被告人汪淑惠的辩护人的主要辩护意见为：一、本案系泰康保险公司最终决定涉案艺术品的报关价，或至少不能排除这种合理怀疑。二、被告人所能认知的涉案艺术品价值较低，不具有偷逃税款432万余元的主观故意。三、被告人报关完毕后，泰康保险公司作为货主和受益人仍负有补缴税款的义务，其不补缴税款的责任不应由被告人承担。四、汪淑惠只是一名公司员工，其具有自首情节，目前又处于哺乳期，且泰康保险公司已全部退赔了税费损失，请求法庭在审理中充分考虑上述情节。

法院经审理查明：2011年七八月，被告单位艺创嘉诚公司受泰康保险公司委托，代理运输进口油画1幅、雕塑2件。在进口过程中，被告人孙婷、汪淑惠采取低报成交价格的方法向海关申报，偷逃应缴税款共计人民币4,327,961.21元。被告人孙婷于2015年12月3日被抓获归案；被告人汪淑惠于2015年12月7日主动向侦查机关投案。

【案件焦点】

代理公司对走私物品是否有走私故意以及涉案货物中“收藏品”与“艺术品”如何区分？

【法院裁判要旨】

法院认为，被告单位艺创嘉诚公司在代理进口艺术品过程中，违反海关法律法规，逃避海关监管，偷逃应缴税款，情节严重，该公司及其直接负责的主管人员被告人孙婷、直接责任人员被告人汪淑惠的行为均已构成走私普通货物罪，依法应予惩处。北京市人民检察院第四分院指控艺创嘉诚公司、孙婷、汪淑惠犯走私普通货物罪的事实清楚，证据确实、充分，指控罪名成立。鉴于案发后被告人孙婷能如实供述主要犯罪事实，认罪悔罪，且能积极配合侦查机关查办其他刑事案件；被告人汪淑惠自动投案，如实供述主要犯罪事实，具有自首情节，亦能认罪悔罪；同时考虑到艺创嘉诚公司未从走私行为中获利，本案的走私行为涉及多个环节，其他相关主体亦有一定责任，以及偷逃的税款已退缴在案、艺创嘉诚公司能预缴部分罚金等具体情节，根据罪刑相适应原则，依法可对艺创嘉诚公司、孙婷从轻处罚，对汪淑惠减轻处罚，并对孙婷、汪淑惠均适用缓刑。据此，作出上述判决。

【法官后语】

一、代理进口公司对走私物品是否有走私故意的认定

在本案中，被告单位艺创嘉诚公司的诉讼代表人王硕辩解称，艺创嘉诚公司作为代理公司，并不知道涉案艺术品的真实价格，只是根据委托方提供的价格向海关申报，因此对公诉机关指控的犯罪数额不具有犯罪故意。且本案中关于艺创嘉诚公司是否向对方询问过货物真实价格这一情节，证据之间存在矛盾。

法院认定艺创嘉诚公司具有主观故意的理由在于：该公司向出口和进口报关企业分别提供的货物价格相差悬殊，足以证明其对进口申报价格明显低于货物实际价格的事实是明知的，表明其主观上具有低报价格、偷逃税款的故意。关于故意内容与偷逃税款数额之间的关系，亦即主观故意的范围问题，虽然现有证据不足以证明艺创嘉诚公司在行为时即明知货物的准确拍卖价格，

但作为一家从事艺术品代理进出口业务的企业，其应当了解我国的海关监管和税收制度，清楚只有发票和付款凭证等才能准确反映货物的交易价格，也应当知道由于价格申报不实会对国家税收造成损失，也会给企业带来法律风险。本案中，该公司在明知艺术品价格普遍较高、价格难以判断、影响艺术品价格的市场因素复杂、拍卖价格具有很大不确定性、预估价格并不等同于拍卖价格的情况下，却没有向委托方索要真实发票、付款凭证等能够反映货物真实交易价格的证明材料，而是以远低于货物交易价格的数额向海关申报，造成国家税款流失，表明其主观上对危害结果的发生至少持放任态度，具有概括的走私故意，应当对偷逃税款总额承担相应的责任。本案辩护方关于艺创嘉诚公司仅应对货物预估价格范围内的税款损失负责，而对实际价格和预估价格的差值所对应的偷逃税款数额不具有主观故意的辩护意见，系对行为人主观故意范围的机械理解，不能成立。

二、涉案货物中“收藏品”与“艺术品”的认定

本案中，被告人孙婷的辩护人提出，将拍卖价格作为计税价格核定税款，既不合法也不合理。理由为：根据《海关计核涉嫌走私的货物、物品偷逃税款暂行办法》第19条的规定，涉案艺术品作为有价值的收藏品，应当以国家鉴定部门确定的价值核定其计税价格；艺术品拍卖就是一场“高价做局”的暴力游戏，在巨大利益的驱动下，拍卖价往往与作品的实际价值相差悬殊；艺术品的拍卖价格具有很大的不确定性等。

本院经审理认为，根据《海关计核涉嫌走私的货物、物品偷逃税款暂行办法》第16条之规定：“涉嫌走私的货物能够确定成交价格的，其计税价格应当以该货物的成交价格为基础审核确定。”该办法第19条规定：“涉嫌走私进口的黄金、白银和其他贵重金属及其制品、珠宝制品以及其他有价值的收藏品，应当按国家定价或者国家有关鉴定部门确定的价值核定其计税价格。”对上述规定应当理解为，在能够确定成交价格的前提下，除了该办法规定的几种特殊货物之外，均应以该货物的成交价格为基础审核确定计税价格。而上述规定中的“收藏品”的含义和范围，应当结合《进出口税则》所规定的税则号列、商品名称及相关注释加以理解，该税则将“收藏品”界定为“具有动物学、植物学、矿物学、解剖学、历史学、考古学、古生物学、人种学或钱币学意义的收集品和珍藏品”，而油画和雕塑则包括在“艺术品”的范围内，且“收藏品”和“艺术品”分属不同的税则号列。由此可见，在进出口

税收领域，涉案油画和雕塑均属于“艺术品”范畴，而不属于“收藏品”，以其成交价格作为计税价格的核定基础符合上述办法的规定。辩护方仅以作品价值较高为由，即认为涉案货物属于“收藏品”，并据此要求对偷逃税款数额进行重新核定的辩护意见，与我国进出口商品的归类标准和计税价格的核定原则不符。综上，该案中走私货物属于“艺术品”。

编写人：王　靖

象牙制品价值核定标准的理解适用以及走私人被放行后接“电话传唤”到案是否认定自动投案

——冷国志走私珍贵动物制品案

【案件基本信息】

1. 判决书字号

北京市第四中级人民法院（2016）京04刑初23号刑事判决书

2. 案由：走私珍贵动物制品犯罪

3. 当事人

被告人：冷国志，住所地江苏省淮安市淮阴区。

【基本案情】

公诉机关北京市人民检察院第四分院指控：被告人冷国志乘坐ET604次航班由安哥拉共和国首都罗安达经亚的斯亚贝巴转机于2014年4月5日抵达北京首都国际机场T3航站楼入境。入境时其选走无申报通道，未向海关申报任何物品。当海关人员对冷国志托运的行李进行检查时，在其行李箱内查获疑似象牙牙段1件、牙尖2件、制品31件，共计34件疑似象牙制品。经国家林业局森林公安司法鉴定中心鉴定均为象牙制品，净重11.36千克。经北京林业大学野生动植物及其制品价值鉴定中心证明，上述象牙制品价值为人民币473,337.12元。涉案象牙制品已起获并收缴。

被告人冷国志对起诉书指控其走私珍贵动物制品的事实不持异议，表示认罪悔罪，请求法庭考虑其认罪态度和身体状况，对其从轻处罚。

被告人冷国志的辩护人的主要辩护意见为：象牙制品交易在购买地安哥拉属合法；冷国志携带象牙入境，目的是馈赠亲友，不以牟利为目的；冷国志患有严重肝病和双股骨头缺血性坏死，生活自理困难，家庭情况特殊；冷国志系初犯，社会危害性较小；冷国志平时表现较好，到案后如实供述自己的罪行，认罪悔罪态度较好，具有自首情节；象牙制品价值的鉴定标准确有不合理之处。综上，请求法庭对冷国志予以从轻或减轻处罚。

法院经审理查明：被告人冷国志从安哥拉共和国首都罗安达出发，经由他国，乘坐 ET604 次航班于 2014 年 4 月 5 日抵达北京首都国际机场 T3 航站楼。冷国志入境时选走无申报通道，未向海关申报任何物品。海关人员在冷国志托运的行李箱内查获疑似象牙牙段 1 根、象牙牙尖 2 根、象牙制品 31 件。经鉴定，上述物品均为象牙制品，共计净重 11. 36 千克。经本院核定，上述象牙和象牙制品共计价值人民币 436, 835 元。

2014 年 4 月 5 日，首都机场海关旅检处将冷国志携带的象牙制品扣留后，对其放行。后该处将案件线索移送侦查机关。北京海关缉私局经工作后，电话通知冷国志到该局接受询问。2014 年 11 月 18 日，冷国志接到电话通知后，自行前往该局接受询问，并如实交代了犯罪事实。2015 年 4 月 14 日，北京海关缉私局对本案立案侦查，并于同日对冷国志取保候审。

案发后，涉案象牙和象牙制品被依法扣押。

【案件焦点】

象牙制品价值核定标准的理解适用以及走私人被放行后接“电话传唤”到案是否认定自动投案？

【法院裁判要旨】

法院认为，被告人冷国志违反海关法规和国家禁止珍贵动物及其制品进出口的相关规定，逃避海关监管，携带珍贵动物制品入境，其行为已构成走私珍贵动物制品罪。对于涉案象牙和象牙制品的价值核定问题，经查，涉案象牙制品共计 34 件，其中象牙牙段 1 根净重 6. 876 千克，核定价值为 25 万元；其余部分合计 4. 484 千克，核定价值为 186, 835 元，共计价值 436, 835 元。被告人冷国志所犯走私珍贵动物制品罪，依法应予惩处。鉴于案发后，冷国志在未被侦查机关讯问和采取强制措施之前，在没有受到外力强制的情况下，没有选择逃跑或逃避侦查，而是按照侦查机关电话传唤的要求，自行前往侦查机关接受询问，并能如实供述起诉书指控的主要犯罪事实，可视为具有自首情节，同时结合冷国志当庭认罪悔罪，主动预缴罚金等情节，依法可对其减轻处罚。

【法官后语】

一、走私珍贵动物制品案件中象牙制品价值核定标准的理解与适用

《国家林业局关于发布破坏野生动物资源刑事案件中涉及走私的象牙及其制品价值标准的通知》（林濒发〔2001〕234号）规定了走私刑事案件中象牙制品的价值核定标准，即“一根未加工的象牙价值为25万元；由整根象牙雕刻而成的一件象牙制品，应视为一根象牙，其价值为25万元；由一根象牙切割成数段象牙块或者雕刻成数件象牙制品的，这些象牙块或者象牙制品综合，也应视为一根象牙，其价值为25万元；对于无法确定是否属一根象牙切割或者雕刻成的象牙块或象牙制品，应根据其重量来核定，单价41,667元/千克”。

本案中，涉案象牙制品共计34件，其中象牙牙尖2根、牙段1根、其他象牙制品（象牙手串等）31件。经鉴定机构称重，上述象牙制品共计净重11.36千克，其中牙段1根净重6.876千克，其余象牙制品合计净重4.484千克，即其余象牙制品单个净重均小于6千克。对于上述象牙制品的价值核定，侦控机关和法院之间存在不同意见。受侦查机关委托，北京林业大学野生动植物及其制品价值鉴定中心对上述象牙制品进行了价值鉴定。该中心认为，根据上述林濒发〔2001〕234号文件，对于无法确定是否属于一根象牙切割或者雕刻成的象牙块或象牙制品，应根据其重量核定，单价为每千克41,667元，由于在案的全部象牙制品不能确定来自同一根象牙，故应按照其总重量核定，总价值为人民币473,337.12元。

而法院则认为，侦控机关及该鉴定中心对林濒发〔2001〕234号文件的理解不够全面、准确，导致适用该文件所计算的象牙制品价值有误。主要理由如下：

（一）对林濒发〔2001〕234号文件的理解，应当从规范的制定依据和立法原意出发。《林业部关于在野生动物案件中如何确定国家重点保护野生动物及其制品价值标准的通知》（林策通字〔1996〕8号）规定：“国家一级保护陆生野生动物的价值标准，按照该种动物资源保护管理费的12.5倍执行”，“国家重点保护陆生野生动物具有特殊利用价值或者导致野生动物死亡的主要

部分，其价值标准按照该种动物价值标准的80%予以折算；其他部分，其价值标准按照该种动物价值标准的20%予以折算。”这一规定表明，陆生野生动物制品的价值是按照该动物资源保护管理费的一定倍比来确定的，平均一只（头）野生动物所占用或消耗的资源保护管理费，是确定该野生动物制品价值的基础。因此，一支完整的象牙计价25万元，也是按照平均一只野生象的资源保护管理费的一定倍比计算出的。然而，实践中涉案的象牙并非都是一整根，不足一整根象牙，或者不属于一根象牙上的象牙块或象牙制品的价值如何确定，需要确定合理的标准。那么，如何解决这一问题呢？经走访国家林业主管部门，请教鉴定机构技术人员，我们了解到解决的办法是：在确定一根象牙的价值为25万元的基础上，通过对一定数量的象牙样本进行净重统计，得出一根象牙的平均净重为6千克的结论，由此计算出每千克象牙的价值为41,667元，以此作为非整根的象牙块或散件象牙制品的价值核定标准，并由此形成了林濒发〔2001〕234号文件的核心内容。当然，象牙的平均净重与所选取样本的数量和代表性有关，完全客观反映野生象的象牙平均净重只是一个理想状况。

（二）林濒发〔2001〕234号文件中所规定的象牙制品的前后两种价值核定方法并非相互独立和并行存在，而是相互关联的，前者是后者的基础，后者是前者的推论，后者的适用结果不应违反前者所确立的标准。具体而言，一根象牙计价25万元是最基本的价值核定标准，每千克象牙计价41,667元是这一基础标准的推论。在具体案件中，应当首先判断涉案象牙制品是否属于一根完整象牙的一部分。对于一根完整的象牙，或者属于一根象牙上的象牙块、象牙制品的总和，无论总重量大小，价值均应计为25万元；对于确实不属于一根完整象牙一部分的象牙制品，按每千克41,667元的标准计价。但是，对于任一单件象牙制品，其价值不应超过25万元，即对于净重超过6千克的象牙块或象牙制品，虽然按照每千克41,667元的标准计算超过了25万元，但应计价为25万元。这是因为任一单件象牙制品均属于一根完整象牙的一部分，部分的价值不应大于全体的价值；否则，实践中就会出现走私一段象牙制品的罪责反而大于走私一根完整象牙的悖论。

具体到本案，涉案的34件象牙制品中，1根象牙牙段的净重为6.876千克，应当核定价值为25万元；其余部分合计4.484千克，核定价值为186,835元，共计价值应为436,835元。

二、行为人被放行后其接侦查人员电话通知后自行前往侦查机关接受调查的行为性质分析

本案中，被告人冷国志于2014年4月5日携带疑似象牙制品入境后被当场查获，当时海关工作人员将上述物品扣留后，对冷国志放行。此后，海关旅检处将案件线索移送首都机场海关缉私分局，后者又将线索移送北京海关缉私局侦查一处，直到侦查一处电话约谈冷国志，其间长达半年之久。而在此时间段，冷国志又有过多次出入境的经历。2014年11月13日，侦查一处电话通知冷国志，要求其到该局接受调查。11月18日，冷国志自行来到该局接受了询问。2014年11月20日，该局对此案进行初查，于2015年4月14日立案侦查。立案当日，冷国志再次接到电话通知后自行来到海关缉私局，该局为其办理了取保候审手续。整个侦查阶段，冷国志没有逃避调查，始终能积极配合，如实交代犯罪事实。

判断冷国志的到案行为是否属于自动投案，关键在于正确把握侦查机关“电话传唤”的性质，以及冷国志前往侦查机关接受调查是否受到强制力约束。

（一）侦查机关电话通知或“电话传唤”不属于法定的传唤方式，没有法定拘束力和强制力

《公安机关办理刑事案件程序规定》第194条规定，“传唤犯罪嫌疑人时，应当出示传唤证和侦查人员的工作证件，并责令其在传唤证上签名、捺指印……对在现场发现的犯罪嫌疑人，侦查人员经出示工作证件，可以口头传唤，并将传唤的原因和依据告知被传唤人。在讯问笔录中应当注明犯罪嫌疑人的到案方式，并由犯罪嫌疑人注明到案时间和传唤结束时间”。上述规定表明，公安机关的传唤方式分为两种：一种是书面传唤，要求侦查人员向犯罪嫌疑人出示传唤证和工作证件，是一种通常适用的传唤方式；另一种是口头传唤，适用于在现场发现犯罪嫌疑人的情形，显然此时要求侦查人员出示传唤证不现实，所以仅要求其出示工作证件，并将传唤的原因和依据告知被传唤人即可。因此，传唤必须满足必要的形式要件，即使是口头传唤，也要求侦查人员现场出示工作证件，且对适用条件作出了明确限定。由此可见，本案中的“电话传唤”不是口头传唤，不属于法定的传唤方式，当然也不具有法定的拘束力和强制力。

（二）冷国志前往侦查机关接受调查前，并未受到讯问或被采取强制措施，人身处于自由状态

事实上，“电话传唤”这种不规范的传唤方式带有很大的风险和不确定性，犯罪嫌疑人是否“就范”往往取决于侦查人员与犯罪嫌疑人之间心理博弈的结果，所以这一方式通常适用于较轻的刑事案件，对于重大案件鲜有适用。本案中，行为人携带涉案物品被查获后，海关工作人员询问后对其放行，因此时案件尚未移送侦查机关，故还没有进入刑事诉讼阶段。从行为人离开海关直至其被采取强制措施以前，其并未受到有法律效力的实际控制，人身处于完全自由状态，事实上行为人在此期间曾多次往返境内外也说明了这一点。当行为人接到侦查机关电话通知后，其可以选择逃走，也可以拒绝配合，但其在没有外力强制的情况下，选择前往侦查机关接受调查，并始终如实交代所犯罪行，表明其主观上具有归案的主动性和自愿性。

（三）根据司法解释关于犯罪嫌疑人在被通缉、追捕过程中自动投案的解释精神，也应当认定本案行为人系自动投案

《最高人民法院关于处理自首和立功具体应用法律若干问题的解释》规定，“犯罪后逃跑，在通缉、追捕过程中，主动投案的”视为自动投案。本案中，假设行为人在接到“电话传唤”后没有选择接受调查，而是躲避或逃跑，则侦查机关必然要进行追捕或上网通缉。如果在抓捕过程中，行为人向侦查机关投案的，认定其自动投案显然没有任何争议。与上述假设的情形相比较，本案中行为人的行为无疑更能反映其归案的主动性和自愿性，当然也更值得鼓励，认定其系自动投案符合立法和司法解释的精神。

综上，冷国志经“电话传唤”后的归案行为可视为自动投案。

编写人：王 靖

私家车跑“顺风车”是否改变了保险合同中约定的“家庭自用车辆”使用性质

——中国人民财产保险股份有限公司北京分公司与柴阳宾财产保险合同纠纷上诉案

【案件基本信息】

1. 判决书字号

北京市第四中级人民法院（2018）京04民终125号民事判决书

2. 案由：财产保险合同纠纷

3. 当事人

上诉人（原审原告）：柴阳宾，男，1983年4月13日出生，汉族，自由职业，住山西省襄汾县。

被上诉人（原审被告）：中国人民财产保险股份有限公司北京市分公司，住所地北京市东城区朝阳门北大街17号。

【基本案情】

柴阳宾向一审法院起诉请求：原告柴阳宾向北京铁路运输法院提出诉讼请求：被告承担其为修理被保险车辆支付维修费、赔偿路产损失、拖车费、乘客损害赔偿金共计9万余元。

事实和理由：2017年4月13日，原告驾驶自己的京牌小轿车在北京市京藏公路发生交通事故，导致原告的车辆受损，路产受损，车上人员受伤。经北京市公安局公安交通管理局昌平交通支队沙河大队认定，原告负此次事故的全部责任。事故发生后，原告及时向被告报案，并要求被告依法在承保范围内向原告支付维修费、赔偿路产损失、拖车费、乘客损害赔偿金共计9万余元，但被告拒绝赔偿。原告认为，原告的该车辆在被告处投了保险，被告行为严重侵害了原告的合法权益，被告应当承担全部赔偿责任。为了维护自身的合法权益，故诉至法院。

被告保险公司辩称：被告京牌车辆在我司投保有机动车交通事故责任强制保险（以下简称交强险）和商业保险，涉案交通事故发生在保险期限之内。原告柴阳宾在投保时车辆的使用性质是家庭自用汽车，而在事故发生时，柴阳宾在事故发生时将车辆用于运营使用，也收取乘客相关的费用，我司认为，该行为属于擅自改变了车辆的运营性质，并且其应当是通过滴滴网约车平台接的单，将车辆作为了营运车辆使用。原告擅自改变车辆的使用性质，不属于保险责任，同时根据相关法律规定，原告的行为是保险标的危险程度显著增加，因此我司不同意赔偿。

一审法院经审理认为：原告通过滴滴平台注册并将被保险车辆进行旅客运输的行为显著增加了被保险车辆的行驶风险，且原告未向保险公司履行通知义务，故因保险标的的危险程度显著增加而发生的保险事故，被告在商业保险内不负有赔偿责任，但应当在交强险财产部分项下对原告进行赔偿。一审法院确认被告应在交强险财产部分赔偿原告2000元。判决如下：一、被告中国人民财产保险股份有限公司北京市分公司于本判决生效之日起十日内向原告柴阳宾支付保险赔偿金2000元；二、驳回原告柴阳宾其他诉讼请求。如果未按本判决指定的期间履行给付金钱义务，应当依照《民事诉讼法》第253条之规定，加倍支付迟延履行期间的债务利息。案件受理费1075元，由原告柴阳宾负担由1052元由被告中国人民财产保险股份有限公司北京市分公司负担23元，于本判决生效后七日内向一审法院交纳。

柴阳宾不服一审判决向二审法院提起上诉，其上诉理由为：1. 一审法院认为上诉人通过滴滴平台接洽乘客，并按照滴滴平台核算的金额向乘车人收取费用，属于改变车辆使用性质，于法无据，认定错误。《北京市私人小客车合乘出行指导意见》第2条规定，合乘出行作为驾驶员、合乘者及合乘信息服务平台各方自愿的、不以营利为目的的民事行为，相关责任义务按照有关法律法规的规定由合乘各方自行承担。第9条规定，本市鼓励社会各界开展私人小客车合乘出行宣传活动，规范合乘行为，抵制非法运营，维护合乘当事人合法权益。由此可以看出，顺风车是一种互助共享。不以营利为目的的民事行为，而非运营行为。并得到政府和社会各界的认可和大力支持，一审法院认为，上诉人通过滴滴平台接洽顺风车乘客属于运营行为，于法无据，认定错误。2. 上诉人虽通过平台收取乘客一定费用，但并不能以此认定就是以营利为目的。《北京市私人小客车合乘出行指导意见》第1条规定，私人小客车合乘也称为拼车顺风车，是合乘服务提供者事先发布出行信息出行线路相同的人选择乘坐驾驶员的小客车分摊合乘部分出行成本燃料费和通行费和免费互助的共享出行方式。本案中上诉人向乘客收取费用，也只是基础的燃料费和通行费。相比较。营运车辆该费用相差甚远，根本不能称之为以营利为目的。3. 一审法院认为，上诉人通过滴滴平台接下顺风车乘客属于。营运性质，使得保险标的的危险程度显著增加，适用法律错误认定无据。上面已经提到上诉人的行为，并非营运行为令上诉人通过滴滴平台接洽顾客的频率也比较低，并不能证明一定是增加了保险标的的危险程度因此，上诉人认为，一审法院认定错误适用法律也错误综上所述，一审法院仅仅因为上诉人通过滴滴平台接下顺风车乘客就认定上诉人改变车辆使用性质。显著增加保险标的的危险程度，属于认定错误适用法律错误于法无据。望法院依法重新判决。

针对柴阳宾的上诉，中国人民财产保险股份有限公司北京市分公司认为原审法院认定事实清楚，适用法律正确，应驳回上诉，维持原判。为证实自己主张，申请向二审法院调取柴阳宾在滴滴平台车辆注册之日起至事发之日起的所有接单记录。

【案件焦点】

柴阳宾通过滴滴平台接洽乘客，并按照滴滴平台核算的金额向乘车人收取费用，是否属于改变车辆使用性质？是否属于《保险法》第52条①规定的因保险标的的危险程度显著增加的情形。

【法院裁判要旨】

本院经审查认为，《网络预约出租汽车经营服务管理暂行办法》中定义的顺风车是在车辆自用的基础上顺便搭乘出行线路相同之人。其目的在于互助，

---

① 在合同有效期内，保险标的的危险程度显著增加的，被保险人应当按照合同约定及时通知保险人，保险人可以按照合同约定增加保险费或者解除合同。保险人解除合同的，应当将已收取的保险费，按照合同约定扣除自保险责任开始之日起至合同解除之日止应收的部分后，退还投保人。被保险人未履行前款规定的通知义务的，因保险标的的危险程度显著增加而发生的保险事故，保险人不承担赔偿保险金的责任。

非营利性质，亦非营运行为，若其路线合理，频次不高，危险的加重程度不足以动摇当事人之间的对价平衡关系，则被保险人无须履行通知义务，也不宜认定为保险标的的危险显著增加。但实践中的顺风车搭乘行为是否均为上述非营利性的互助行为，不能仅凭顺风车定义一概而论。应从出行目的、行驶线路、出行频率、费用分摊等事实来判断，是否为合理路线上顺路搭载乘客的行为。通过二审调取的证据看，柴阳宾自注册到事故发生日不到 15 个月的时间里，在滴滴快车平台上共接单 2560 笔，在滴滴顺风车平台上共接单 148 笔，接单频次达到日均 6 次之多；结合柴阳宾自述的自由职业；及其与乘客约定的行驶线路为南河沿大街到八达岭长城，事故发生在自八达岭长城返回途中等实际情况。二审法院认为，柴阳宾通过滴滴顺风车平台接洽乘客，并按照平台核算的价格收取费用，其行为属于通过网约车平台提供的乘客需求信息而响应的营运车辆的载客服务；并非私家车主自用的基础上，顺便搭乘出行线路相同之人的顺风车搭乘行为。柴阳宾使用私家车载客，改变了被保险车辆使用的用途及范围，显著增加了保险标的的危险，因其并未向保险公司履行通知义务，故由此发生的保险事故，保险人不承担赔偿责任。

综上，依照《中华人民共和国民事诉讼法》第 170 条第 1 款第 1 项、第 171 条、第 175 条之规定，裁定如下：

驳回上诉，维持原裁定。

【法官后语】

该案认定的关键在于柴某通过平台接洽乘客，并按照平台核算的金额向乘车人收取费用，此行为是否改变了保险合同中约定的“家庭自用车辆”使用性质，增加了保险标的的危险程度，是否符合保险法第 52 条规定的免责情形。

首先，需要判断顺风车的性质。《网络预约出租汽车经营服务管理暂行办法》第 38 条规定：“私人小客车合乘，也称为拼车、顺风车，按城市人民政府有关规定执行。”《北京市私人小客车合乘出行指导意见》第 1 条规定：“私人小客车合乘，也称为拼车、顺风车，是由合乘服务提供者事先发布出行信息，出行线路相同的人选择乘坐驾驶员的小客车、分摊合乘部分的出行成本（燃料费和通行费）或免费互助的共享出行方式。”通过上述规定可以看出，顺风车是在车辆自用的基础上顺便搭乘出行线路相同之人。其目的在于互助，非营利性质，亦非营运行为，若其路线合理，频次不高，危险的加重程度不足以动摇当事人之间的对价平衡关系，则被保险人无须履行通知义务，也不宜认定为危险显著增加。故，结论是保险人没有充分的证据证明顺风车驾驶员或者车辆实际管理人将投保车辆用于营运的，不应认定为改变使用用途，增加保险标的风险，保险公司免责。由此发生保险事故的，保险人应负赔偿责任。

其次，如何判断搭载行为是否为真正意义上的顺风车。我们要理解营运的概念，即长期以车辆为主要运输工具运输人员，并以此获得经济收入的运输形式。我们认为，应从出行目的、行驶线路、出行频率、费用分摊等事实来判断是否为运营行为，若不能证明系在合理路线上顺路搭载乘客的，发生保险事故后，保险人不承担赔偿责任。柴阳宾的实际情况是自注册到事故发生日不到15个月的时间里，在快车平台上共接单2560笔，在顺风车平台上共接单148笔，接单频次达到日均6次之多。结合其自认自由职业和其与乘客约定的行驶线路等实际情况看，柴阳宾是通过平台接洽，并以私家车搭载乘客为主业的运营行为。换言之，柴阳宾是实际从事的是网约巡游车，而非其所述的顺风车。二者的差别在于，顺风车一般是由合乘服务的提供者事先发布出行计划，或者由乘客发布后，出行线路一致的人进行响应，而不是根据乘客的出行需求来响应。后者以乘客需求来响应，需要选择不熟悉的线路，增加路上行驶的时间，后者行为明显超出了车辆出行为自用的目的，增加了私家车发生风险的概率。综上，该案柴某载客行为实为巡游车载客行为，改变了被保险车辆使用的用途及范围，显著增加了保险标的的危险，因其并未向保险公司履行通知义务，故判决免除了保险公司的赔偿责任。

我们认为，对顺风车应当给予肯定的司法评价，有利于政府倡导的节能绿色的出行政策的推行。但现实中，网约顺风车搭乘行为是否属于真正意义上的顺风车，不能一概而论。需要依照《保险法》第52条的规定，结合案件实际情况，综合判断是载客行为是否明显增加事故风险，从而确定是否适用免责条款。

编写人：张勤缘

消费者赔付金的性质与评价

——吴运林诉上海寻梦信息技术有限公司网络服务合同纠纷案

【案件基本信息】

1. 判决书字号

一审：上海市长宁区人民法院（2018）沪0105民初7119号（2018年9月28日）

二审：上海市第一中级人民法院（2019）沪01民终258号（2019年4月3日）

2. 案由：网络服务合同纠纷

3. 当事人

上诉人（原审原告）：吴运林，男，1985年3月1日生，汉族，住江西省南昌市高新技术开发区。

被上诉人（原审被告）：上海寻梦信息技术有限公司，住所地上海市长宁区娄山关路533号2902~2913室。

【基本案情】

原告吴运林诉称：原告为被告上海寻梦信息技术有限公司（以下简称寻梦信息技术公司）运营的“拼多多”网络平台的入驻商家，注册店铺名为“顶峰数码”，主要经营3C数码配件、移动电源、数据线、手机壳等产品。2018年1月2日，被告以原告销售的两款移动电源存在双方约定的“A类描述不符”以及“物流服务承诺未兑现”等情形，对其商铺资金进行冻结，并划扣了货款共计119,998.75元，并禁止其商品上架销售。原告请求判令：1. 被告寻梦信息技术公司恢复原告在“拼多多”网购平台注册的“顶峰数码”店铺的正常经营，解除对该店铺的账户资金冻结（目前账户被冻结保证金718.55元、货款80.77元）；2. 被告返还原告货款119,998.75元，并赔偿原告利息损失。

被告（被上诉人）寻梦信息技术公司辩称：不同意原告吴运林的全部诉讼请求。

法院经审理查明，一、原告、被告签约情况。被告寻梦信息技术公司系“拼多多”网站（域名 www. pinduoduo. com）的运营方。2017 年 8 月 24 日，原告吴运林入驻被告平台网站，注册店铺名称“顶峰数码”，经营范围为移动电源等数码产品销售。原告通过在线点击同意的方式签署平台合作协议 V2. 5、V3. 0 版本。二、平台合作协议所涉条款。“签约须知”一栏载明：甲方（被告）在此特别提醒乙方（原告）认真阅读、充分理解本协议各条款（对于本协议中以加粗字体显示的内容，应重点阅读）。三、《拼多多描述不符处理规则》所涉条款。四、《拼多多发货规则》所涉条款。五、所涉“A 类描述不符”移动电源销售、抽检、检测及处理情况。上述移动电源销售页面标称容量 12,000 毫安，于 2017 年 9 月 6 日至 10 月 29 日销售 2368 单，销售金额 37,523. 97 元。2017 年 10 月 26 日，被告委托案外人“海华”自“顶峰数码”网店购买上述移动电源一枚，付款 14. 8 元。“海华”于同月 29 日收货后将该商品寄往被告。被告收货后寄往案外人华测检测认证集团股份有限公司进行检测。检测报告判定“不合格”。检测机构具有相应资质。2018 年 1 月 7 日，被告以站内信形式向原告发送两份《顶峰数码描述不符处理通知》，称原告所售上述两款移动电源均存在“A 类描述不符情形”，平台有权采取包括但不限于禁售商品、商品移除资源位、禁止上资源位、移除广告、禁止上新、禁止上架、增加店铺及/或关联店铺的保证金、限制店铺账户资金提现、解除协议、清退店铺等措施及相关救济途径。同日，被告对原告账户作限制资金提现处理。2018 年 2 月 23 日，被告从原告账户扣款 111,221. 75 元。被告提供的后台记录显示，其向消费者赔付 3543 张现金券，共计 111,221. 72 元。被告于 2018 年 1 月 7 日至同月 14 日，累计从原告账户划扣 8777 元。其中，虚假发货共计扣款 5860 元，延迟发货共计扣款 1707 元，商品缺货共计扣款 1210 元。

上海市长宁区人民法院于 2018 年 9 月 28 日作出（2018）沪 0105 民初 7119 号民事判决：驳回原告吴运林的全部诉讼请求。

吴运林不服原审判决，提起上诉。上海市第一中级人民法院于 2019 年 4 月 3 日作出（2019）沪 01 民终 258 号民事判决，判决：驳回上诉，维持原判。

【案件焦点】

消费者赔付金的性质如何确定？

【法院裁判要旨】

法院生效判决认为：依法成立的合同，对当事人具有法律约束力。本案中，吴运林通过与寻梦公司签订合作协议，取得网上店铺之经营权。合作协议内容经双方认可，且不存在违反法律行政法规强制性规定、损害社会公共利益等情形，系属有效，双方均应按约履行自己的义务。店铺经营过程中，寻梦公司以店铺销售产品存在“描述不符”情形为由，采取了限制店铺账户资金提现、扣收店铺账户资金等措施。寻梦公司已于一审中提交了消费者订单截屏、快递查询截屏、视频等一系列证据，较为完整地证明涉案商品抽检过程，而吴运林未能提供相应证据予以反驳，故上述所称，生效法院不予采信。根据《××平台合作协议》之约定，合作协议相关的规则，均是合作协议不可分割的一部分，与协议正文有同等法律效力。在此情况下，虽上述协议、规则的内容均为格式条款，但吴运林并未指出相应条款中存在免除网络平台责任、加重商家责任、排除商家主要权利等情形。民商事活动中，无论是作为网上店铺经营者的商家，还是包括网络平台在内的其他任何民商事主体，皆需遵循诚实信用原则及公平原则，此亦系法院在认定各方法律责任时需依循之基本准则。网络平台为维护市场交易秩序、净化网络交易环境，对商家进行一定范围内的自治管理，对出售假货或者描述不符商品等有违诚信的商家进行相应规制，具有合理性，但亦应恪守诚信，遵循公平原则，合理确定各方的权利和义务。本案中，鉴于商家销售系争产品存在“描述不符”情形，寻梦公司根据双方约定对商家采取相应措施，具有合同依据。至于“消费者赔付金”，根据《合同法》之规定及合同法法理，扣收钱款虽名为“消费者赔付金”，实为违约金之性质。

【法官后语】

本案系互联网商务迅速发展的情况下，电子商务平台与平台经营者之间对消费者权益的保护进行探索而引发的纠纷，是“拼多多”平台主动打假系列案件之一。“拼多多”平台主动打假是互联网治理语境下消费者权益保护新型模式的有益探索。作为电子商务平台的运营者与进驻平台的经营者对经营者的相应经营行为进行了约定和限制，对不诚信的经营者扣收“消费者赔付金”，实现了互联网电子商务平台的自律管理，能够有效遏制电子商务平台上假冒伪劣产品的泛滥，有效规范电子商务行业的发展。本案的争议焦点集中在电子商务平台格式条款的有效性和消费者赔付金的性质两方面。

一、电子商务平台格式条款的审查

“格式条款”，又称为标准条款、标准合同、格式合同、定式合同、定型化合同，也有人称作附合合同等。《合同法》第40条规定了格式条款的效力问题。人民法院在判断格式条款的效力时，应当依照该规定来进行审查。具体而言，格式条款无效有两种情形：一是格式条款符合合同无效的情形[①]和免责条款无效[②]的情形；二是提供格式条款一方免除其责任、加重对方责任、排除对方主要权利的情形。审判实践中，一般从上述两方面对格式条款的有效性进行审查。同时对于格式条款，提供格式条款一方应当采取合理的方式提请对方注意免除或者限制其责任的条款，也就是提供方应当尽到的提示义务。结合到本案，在吴运林与寻梦公司签订《××平台合作协议》取得网上店铺之经营权时，该《××平台合作协议》内容经双方认可，且不存在违反法律行政法规强制性规定、损害社会公共利益等情形，系属有效。《××平台合作协议》的所附的各项规则是合作协议的有效组成部分，各项规则中约定的均是电子商务平台对入驻平台经营者经营行为的相应规制的规则，并不存在免除电子商务平台责任、加重对方责任、排除对方主要权利的情形，而且电子商务平台对相关条款内容业已通过加粗字体、添加下划线等形式予以特别提示，已经尽到了提示义务，因此涉案的格式条款并未违反合同法的相应规定，应当为有效的格式条款。

二、消费者赔付金的性质

涉案《××平台合作协议》所附各项规则对入驻的经营者的违规处理措施中约定“自商家店铺保证金或账户可提现余额内扣收消费者赔付金，用以

---

① 《合同法》第52条规定：“有下列情形之一的，合同无效：（一）一方以欺诈、胁迫的手段订立合同，损害国家利益；（二）恶意串通，损害国家、集体或者第三人利益；（三）以合法形式掩盖非法目的；（四）损害社会公共利益；（五）违反法律、行政法规的强制性规定。”

② 《合同法》第53条规定：“合同中的下列免责条款无效：（一）造成对方人身伤害的；（二）因故意或者重大过失造成对方财产损失的。”

对一定期限内所有描述不符商品订单对应的消费者进行赔付"，此即所谓"消费者赔付金"制度。消费者赔付金的性质是本案最大的争议焦点。关于消费者赔付金的性质问题，一直有比较大的争议，一种观点认为，电子商务平台经营者和电子商务平台之间系合同约定，按照《合同法》的相关规定，该法律关系约束的是平台经营者和电子商务平台，消费者在该法律关系中是第三人，按照合同相对性原理，该法律关系并不约束消费者。消费者赔付金本质上是违约金，实际系针对平台经营者的违约行为制定的，应该按照《合同法》中关于违约金的相关规定进行处理。另一种观点认为，"消费者赔付金"从法律性质上来说，其并不是违约金，消费者赔付金与传统违约金是有区别的，这是一种新型的法律关系，关涉电子商务平台、平台经营者和消费者三者之间的关系，平台经营者为赔付主体，消费者为赔付对象，电子商务平台则处于监督赔付的法律地位。

笔者认为，消费者赔付金制度是伴随互联网经济发展的过程中，电子商务平台充分发挥网络治理的一种创新制度，对于消费者赔付金制度，不能仅仅将其定位于违约金，而应当从其产生的背景及在互联网治理中发挥作用等方面进行全面考虑。消费者赔付金制度实质上是卖方保证金制度的一种最新发展形式。保证金制度在国家立法或者行政法规层面也是一直提倡和鼓励的。商务部于2011年颁布的《第三方电子商务交易平台服务规范》中明确规定，鼓励网络第三方交易平台和平台经营者向消费者提供"卖家保证金"服务。2019年正式实施的《电子商务法》第58条也明确规定，"国家鼓励电子商务平台经营者建立有利于电子商务发展和消费者权益保护的商品、服务质量担保机制。电子商务平台经营者与平台内经营者协议设立消费者权益保证金的，双方应当就消费者权益保证金的提取数额、管理、使用和退还办法等作出明确约定"。因此，消费者赔付金制度本质上应当是消费者担保金的性质，在法律关系方面存在三方法律主体，即电子商务平台、平台经营者、消费者，对于电子商务活动而言，电子商务平台作为为平台经营者和消费者提供交易活动的场所，承担着法律规定的平台责任，例如，当经营者出现售假行为时，电子商务平台承担着先行赔偿责任或者连带责任等相应责任，电子商务平台通过一系列协议安排将电子商务平台可能承担的责任转化为行业自律的行为，有利于形成一个消费者权益保护的闭环操作，如图1所示：

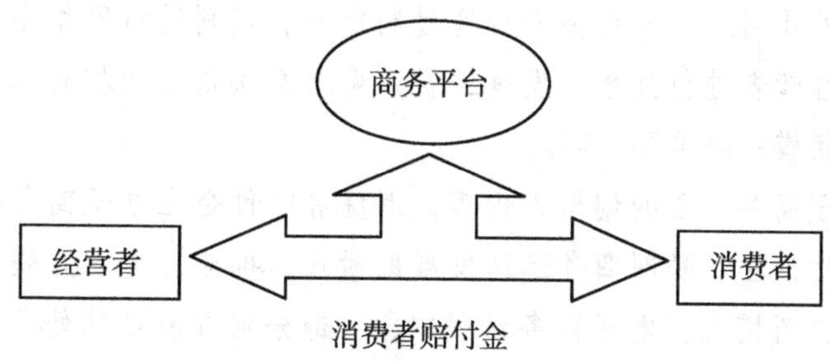

图1　消费者赔付金制度运行图

司法实践中，将消费者赔付金制度界定为消费者担保金，就应当从《合同法》《消费者权益保护法》《电子商务法》的相关规定和立法精神，从平等商事主体、消费者权益保护等来理解和消费者赔付金引起的纠纷。消费者赔付金是电子商务平台与平台经营者在入驻平台协议中明确约定的，作为竞争已经完全市场化的电子商务平台而言，电子商务平台和平台经营者是完全平等的商事主体，经营者对于入驻电子商务平台有着完全的商业考量的自由，电子商务平台为招揽经营者入驻，吸收消费者消费，完全可以根据电子商务平台的情况制定相关的平台规则，包括消费者赔付金制度。基于尊重交易、鼓励交易的商法原则，在平台规则未违反合同法的强制性规定，未违反自愿原则的情况下，人民法院应当对其条款的有效性予以确认。同时，如果将消费者赔付金的性质认定为违约金的话，依照合同法及相关司法解释的规定，违约金约定过高的，人民法院有调整的权力①，而且对于违约金明显高于实际损失的，人民法院应当调整②。因此，鉴于目前电子商务平台对消费者作出的"假一赔十"的承诺以及电子商务平台与经营者约定的消费者赔付金的数额往往也是以"假一赔十"作为基数的，因此将消费者赔付金定位为违约金的话，则将大大削弱消费者赔付金的适用空间，限制平台自律功能的发挥。

三、互联网治理语境下消费者权益保护新模式的构建

网络自治是社会治理的重要组成部分，电子商务平台在网络自治中发挥

---

① 《合同法》第114条第2款规定，约定的违约金低于造成的损失的，当事人可以请求人民法院或者仲裁机构予以增加；约定的违约金过分高于造成的损失的，当事人可以请求人民法院或者仲裁机构予以适当减少。

② 《最高人民法院关于适用〈中华人民共和国合同法〉若干问题的解释（二）》第29条第2款规定："当事人约定的违约金超过造成损失的百分之三十的，一般可以认定为合同法第一百一十四条第二款规定的'过分高于造成的损失'。"

着极为重要的作用。电子商务平台通过制定平台规则进行网络空间治理，对违反规定的经营者进行处理、发挥保护消费者合法权益的权责，是构建消费者权益保护新模式的重要一环。

作为电子商务平台的创新性内容，消费者赔付金在电子商务平台上发挥着重要的作用，在互联网商务迅速发展的时代，也应当建立互联网时代的消费者权益保护新模式。电子商务过程中，大部分消费者往往处于弱势，一旦产生纠纷，追偿能力和诉讼能力均处于下风，因此搭建起电子商务平台—平台经营者—消费者之间的权利义务关系就显得尤为重要，消费者赔付金在这个环节中就发挥着重要的作用。

消费者赔付金是电子商务平台主动使用互联网发展而做出的一种规则改变，在电子商务平台制定的规则体系，无论从形式上还是从内容上，都已经超过合同法规定的相对性效力，这种规则体系实质上兼具商法和经济法的理念和功能，是一种新型的消费者保护模式的积极探索。在目前所有的大型电子商务平台上，平台所适用的规则不仅仅存在于电子商务平台与平台经营者之间，而且也在电子商务平台上进行公示，对所有在电子商务平台上进行商业活动或者消费活动的个体上说，都会产生信赖利益，这与普通的合同条款只存在于双方当事人之间，只有双方当事人知晓的情况有着明显的差别。在消费者已然产生信赖利益保护的情况下，就不能将电子商务平台制定的平台规则简单地认定为合同法意义上的合同，简单地适用合同法的相关规则，将不利于互联网治理和新型数字经济的发展，也无法满足互联网交易模式的需求。

市场秩序的维护应当基于市场参与者的意识表示的一致性，电子商务平台制定的平台规则体系是网络市场参与者进行网络平台自治的重要组成部分，而消费者赔付金制度作为电子商务平台规则的重要一环，对消费者赔付金制度进行法律性质认定是对互联网治理的肯定，也是对电子商务平台自治创新的一种肯定，因此在司法实践中对于此类创新应该相对审慎，在最大限度保护消费者权益的前提下为创新留出充分空间。

编写人：张勤缘　杨宗腾

公司提供担保，债权人对债务人与担保人是否系股东关系或实际控制关系仅负形式审查义务

——中国进出口银行诉温德拉（天津）实业有限公司、陕西龙门钢铁有限责任公司等金融借款合同案

【案件基本信息】

1. 裁判书字号

一审判决书：北京市第四中级人民法院（2017）京04民初40号判决书。

二审判决书：北京高级人民法院（2018）京民终127号判决书。

2. 案由：金融借款合同纠纷

3. 当事人

原告（被上诉人）：中国进出口银行。

被告（被上诉人）：温德拉（天津）实业有限公司（曾用名：天津通用邱钢钢管实业有限公司）。

原审被告：温德拉企业管理集团有限公司。

原审被告：陕西龙门钢铁有限责任公司。

原审被告：禹作胜。

【基本案情】

中国进出口银行（以下简称进出口银行）与实业公司签订了《借款合同》，约定借款金额为不超过3268万美元。进出口银行另与龙钢公司签订《保证合同》，由龙钢公司对实业公司上述债务提供担保。后实业公司未依约支付利息，进出口银行宣布贷款提前到期，要求实业公司偿还全部未付款项，同时要求龙钢公司承担保证责任。

龙钢公司称，实业公司法定代表人禹作胜持有津浦首汽投资有限公司80%股权，持有温德拉企业管理集团有限公司8%股权；津浦首汽投资有限公司持有温德拉企业管理集团有限公司80%股权；温德拉企业管理集团有限公司持有实业公司93.6364%股权，持有勝源物资有限公司100%股权；勝源物资有限公司持有通用钢铁（中国）有限公司100%股权，通用钢铁（中国）有限公司持有洋浦胜通投资有限公司99.1%股权，持有龙钢公司32%股权；洋浦胜通投资有限公司持有天津邱钢投资有限公司98.67%股权；天津邱钢投资有限公司持有龙钢公司28%股权。龙钢公司据此主张，禹作胜系实业公司控股股东，并通过一系列股权安排成为龙钢公司实际控制人。龙钢公司为实际控制人提供担保，未经股东会决议，根据《担保法》《合同法》《公司法》的相关规定，系无效担保。

龙钢公司公司章程第六章对董事会作出规定，第31条规定，董事会对股东会负责，行使下列职权：……4. 决定公司的筹融资计划，以及公司财产的抵押、担保等事宜。公司为公司股东或者实际控制人提供担保的，必须经股东会决议，前款规定的股东或者受前款规定的实际控制人支配的股东，不得参加前款规定事项的表决，该项表决由出席会议的其他股东所持表决权的过半数通过……

【案件焦点】

龙钢公司是否应对进出口银行承担保证责任？

【法院裁判要旨】

一审法院认为，龙钢公司与进出口银行签订的《保证合同》合法有效。进出口银行已按照《保证合同》的约定要求龙钢公司出具了相应的董事会决议，龙钢公司的董事会亦有权决定公司财产的抵押、担保等事宜，因此进出口银行已经尽到了相应的注意义务。根据龙钢公司提交的工商档案等相关证据，实业公司与龙钢公司之间并不存在直接的股权关联关系，并无证据证明实业公司系龙钢公司的股东或者实际控制人。进出口银行当时基于对龙钢公司《公司章程》的认知和《保证合同》的约定，已经尽到应有的注意义务和审查之责，属于善意相对人。禹作胜签署《保证合同》即使属于越权行为，也不能对抗作为善意相对人的进出口银行。

二审法院同意一审法院意见。

【法官后语】

关于法定代表人越权担保的效果归属争议已久。有效说、无效说、效力待定说三种学说在审判实践中均占有一定的市场。新近观点认为应当抛弃对《公司法》第16条规定的管理型强制性规定与效力性强制性规定的讨论，跳出内外效力的困囿，从私法赋权性规定角度出发，首先应适用《合同法》第50条法定代表人代表行为制度判断效果是否归属于公司，其次对法定代表人的无权代表行为类推适用无权代理行为处理，最后考察相对人即债权人是否对法定代表人的越权担保尽到审查义务，以判定法定代表人的越权担保行为是否对公司发生效力。该观点亦被九民会纪要采纳。

对于相对人是否应当对法定代表人的权限尽到审查义务，新近观点提出了多项理由：第一种理由认为，《公司法》第16条规定是公开施行的宣示性规范，对相对人提出了相应的注意义务；第二种理由认为，《公司法》第16条与《合同法》第50条存在一定程度上的交集。《合同法》第50条中的"知道或者应当知道"具有"引致功能"，相对人即债权人据此负有对法定代表人权限的审查义务；第三种理由认为，法律只能保护善意相对人。恶意相对人不能因其恶意而得利益是为法的一般原则；还有理由认为，特殊情形下，公司的内部行为对外部的相对人具有"溢出效应"。相对人的善意表现为审查义务的应尽。相对人的审查义务在诉讼法语境中对应于相对人的举证责任。相对人欲表明其系善意，已经对法定代表人权限的进行了相应的审查，一般应当对债务人与担保人之间的股权关系、担保决策机构、决策机构的决议、公司章程对担保及限额的规定等进行审查。但该审查应当仅限于形式审查，即只需要对相关决策流程的完备性进行审查，而不需要对各流程涉及的具体内容真实性面面俱到、一一考证。法律不能无限扩大相对人的注意义务而忽略交易安全和效率平衡。

本案中，龙钢公司为证明签订《保证合同》时禹作胜同时系实业公司和龙钢公司的实际控制人，提供了八个公司的七层股权关系才将实业公司和龙钢公司连接在一起。对相对人进出口银行而言，已经远远超出其形式审查义务的标准。如果依龙钢公司所主张，债权人在与担保人签订保证合同时需要对担保人和债务人穷尽所有的股权关系进行全面的审查来确定两者是否存在股东关系或者实际控制关系，不仅有违交易效率追求，对相对人苛责过多，亦与《公司法》第16条保护中小股东利益的规范目的相去甚远。根据工商登记情况，担保人龙钢公司的股东仅为通用钢铁（中国）有限公司和天津邱钢投资有限公司两家公司，股东结构中并不存在实业公司。进出口银行依据龙钢公司公司章程的规定要求龙钢公司出具董事会决议，已经尽到应有的注意义务和审查之责。

编写人：崔西彬

灵活调解方案，助力企业起死回生

——原告中合盟达融资租赁有限公司诉被告重庆泓海置业有限公司等抵押合同、保证合同纠纷案

【案件基本信息】

1. 调解书字号：

北京市第四中级人民法院（2017）京04民初31号民事调解书

2. 案由：抵押合同、保证合同纠纷

3. 当事人

原告：中合盟达融资租赁有限公司

被告：重庆泓海置业有限公司

被告：石波云

被告：杨颖

被告：谢添

被告：刘锦欣

【基本案情】

融资租赁公司提起诉讼，请求判决置业公司在自2016年5月25日起至实际支付之日产生的租金范围内承担抵押担保责任，对置业公司名下坐落于重庆市某处6号楼、7号楼和8号楼的15套房屋和某路的58套非住宅房屋折价、拍卖或者变卖价款享有优先受偿权；判决石某、杨某、谢某、刘某对上述债务承担连带保证责任；判决五被告在支付租赁物留购价款100元内承担担保责任；判决五被告承担律师费44万元和诉讼费用。

立案后，融资租赁公司申请财产保全，法院依法作出财产保全裁定，对置业公司名下的国有土地使用权、待售房产和杨某名下的房产进行了查封。

【法院调解结果】

案件审理中，各方当事人均具有调解意向。经法院组织调解，各方达成如下调解意见：

一、置业公司尚欠融资租赁公司的主债务为本金70,000,000元及相应利息……

二、融资租赁公司于本调解书生效之日起三个工作日内向法院申请解除对置业公司名下的位于重庆市某处的国有土地使用权的查封措施；

三、融资租赁公司于本调解书生效之日起三个工作日内向法院申请解除对置业公司名下位于重庆市某处1号楼、6号楼、7号楼、8号楼22套住宅（详见附件）的查封措施，同时配合置业公司解除上述住宅（详见附件）的抵押，置业公司于上述财产全部解除查封及抵押解除之日起四十三个工作日内将销售所得回款的部分偿还融资租赁有限公司，合计为人民币5,000,000元；

四、如上述第三项调解项履行完毕，置业公司于2018年5月1日前办理完成重庆市奉某处6号楼、7号楼、8号楼住宅竣工备案手续，于2018年6月1日前办理完成重庆市某处6号楼、7号楼、8号楼商业、车库竣工备案手续及车位不动产权证；

五、如上述第四项调解项履行完毕，自履行完毕之日起三个工作日内，融资租赁公司分七次向法院申请解除对置业公司名下位于重庆市某处92套商铺（详见附件）的查封措施，七次解除查封的商铺建筑面积依次为1019.73平方米、958.78平方米、1008.03平方米、967.10平方米、959.86平方米、997.93平方米、804.43平方米（根据实际销售的需要，个别商铺的解除查封经融资租赁公司和置业公司商议后可安排对等调换），同时配合置业公司解除上述92套商铺（详见附件）的抵押，置业公司于每一批次商铺全部解除查封及抵押解除之日起四十三个工作日内将销售所得回款的部分偿还融资租赁公司，每次人民币7,000,000元（还款期限届满时，如实际销售过程中后续回款情况不能满足，融资租赁公司应给予置业公司二十二个工作日的宽限期限，但累计宽限次数不超过三次），七次合计人民币49,000,000元，七次解封中，前次解封后，置业公司的还款金额达到人民币7,000,000元，融资租赁公司方可履行下次申请解封义务，如置业公司在还款期限届满前完成还款金额人民币 7,000,000 元，可提前要求融资租赁公司履行义务，融资租赁公司应提前履行下次申请解封义务；

六、如上述第四项调解项履行完毕，自履行完毕之日起三个工作日内，融资租赁公司分七次向法院申请解除对置业公司名下位于重庆市某处 404 个车位（详见附件）的查封措施，七次解除查封的车位数依次为 58 个、58 个、58 个、58 个、58 个、58 个、56 个，置业公司根据车位不动产权证，提出具体解封车位的位置和个数（如最终批准的车位个数有变化），置业公司于每一批次车位全部解除查封之日起四十三个工作日内将销售所得回款的部分偿还融资租赁公司人民币 2,000,000 元（还款期限届满时，如实际销售过程中后续回款情况不能满足，置业公司自行负责偿还融资租赁公司达到人民币 2,000,000 元，宽限期限二十二个工作日，但累计宽限次数不超过三次），以上七次合计人民币 14,000,000 元，七次解封中，前次解封后，置业公司的还款金额达到人民币 2,000,000 元，融资租赁公司方可履行下次申请解封义务，如置业公司在还款期限届满前完成还款金额人民币 2,000,000 元，可提前要求融资租赁公司履行义务，融资租赁公司应提前履行下次申请解封义务；

七、如上述第二项、第三项、第四项、第五项、第六项调解项全部履行完毕，即置业公司合计偿还完毕融资租赁公司人民币 68,000,000 元（含本金 61,692,905.75 元及截至 2018 年 1 月 30 日之前的利息 6,307,094.25 元），置业公司需十个工作日内偿还融资租赁公司剩余贷款本金及欠付的全部利息；

八、前述置业公司的还款顺序为优先偿还截至 2018 年 1 月 30 日的欠息 6,307,094.25 元，之后的还款顺序为先偿还本金、后偿还利息；

九、置业公司于每月 5 日前就销售回款情况向融资租赁公司进行告知，具体告知形式由双方在执行中协商；

十、上述调解项确定的置业公司的还款义务，如有任何一期未足额履行或存在隐匿房产销售收入或逃避被查封部分销售回款未予告知的情形，融资租赁公司有权就剩余全部未还本金及利息申请强制执行，有权就置业公司名下的坐落于重庆市某处的 1 号楼、6 号楼、7 号楼、8 号楼尚未解除查封措施的在建工程折价、拍卖或者变卖所得价款享有优先受偿权，石某、杨某、谢某同时对该债务承担连带保证责任；

十一、案件受理费 204,300 元，由融资租赁公司负担 102,150 元，由置业公司负担 102,150 元（于 2018 年 2 月 13 日前支付给融资租赁公司），财产保全费5000元，由融资租赁公司负担；

十二、杨某名下的位于重庆市某区的房产的解封事宜，由双方在执行过程中另行协商。

附件（略）。

调解书生效后，原告、被告均按调解书执行，目前已履行到第四阶段。

【法官后语】

该案例以调解形式结案。法院在调解过程中对被告的涉诉情况、资信能力、项目进展、公司业绩等各方面均进行了核查，对其履约能力进行了综合评估。对于整幢楼层，虽然在物理属性上不能分割，但在有具体识别标记予以隔断的前提下，法院考虑采取“分步解封、随还随解、解后即还”的灵活方式。该方案的可执行性得到当地不动产登记中心的肯定性答复后，法院及时在春节前出具调解书，被告企业赶在春节房产销售高峰期出售房产。目前，该调解书正在顺利执行中。据了解，被告企业已恢复正常经营，房产销售收入可观。

该案的工作创新机制在于如下几点：

1. 加强对被告履约能力的评估，不作无准备调解。被告提出调解申请后，法院积极帮助原告对被告履约能力进行了相应的评估。经核实，被告企业在全国范围内除该起诉讼外无其他涉诉情况。法院亦要求被告提交了其过往的项目工程及该项目工程的进展情况。法院了解到，被告企业在全国多个省市内承接了大量的核心地段房地产项目，且未见任何违约行为。被告在本起案件中出现违约是因国有土地使用权证未及时办理导致工期拖延，已建成房产未及时销售。

2. 加强与被告企业当地不动产登记中心的互动沟通，保证调解方案的可执行性。法院在考虑“分步解封、随还随解、解后即还”的灵活方式后，及时对当地不动产登记中心进行了咨询。对于在物理属性上不能分割整幢楼层能否分开解封，当地不动产登记中心回复称，只要有具体识别标记予以隔断，法院的协助执行通知书内容明确具体，不动产登记中心可以分步操作。在得到该肯定答复后，法院按照前述思路出具了调解书。

3. 加强与执行部门的协调配合，提前对调解书的执行作出预案。因被解封财产处于外地，且调解书涉及多次解封，需要法院多次前往解封执行。执行部门了解到该案情况后，提前安排专人跟进此案进展，防止原告每次申请解封时因承办执行员的不同而导致的工作不衔接和间断耽搁情形。

编写人：崔西彬

仲裁庭未追加仲裁第三人不属于程序违法不构成撤销仲裁裁决法定事由

——申请人 TEXTILES FROM EUROPE，INC.（VICTORIA CLASSICS）申请撤销中国国际经济贸易仲裁委员会中国贸仲京裁字第 1386 号仲裁裁决书案

【案件基本信息】

1. 裁定书字号：

北京市第四中级人民法院（2017）京 04 民特 29 号裁定书

2. 案由：申请撤销仲裁裁决纠纷

3. 当事人

申请人（仲裁被申请人）：TEXTILES FROM EUROPE，INC.（VICTORIA CLASSICS）

被申请人（仲裁申请人）：吴江市南鑫纺织有限公司

【基本案情】

中国国际经济贸易仲裁委员会根据 TEXTILES FROM EUROPE，INC.（VICTORIA CLASSICS）与杭州萧山凤凰羽绒制品有限公司自 2012 年 12 月 14 日至 2013 年 9 月 4 日签订的多份销售确认书中仲裁条款的约定，以及吴江市南鑫纺织有限公司和杭州萧山凤凰羽绒制品有限公司共同向 TEXTILES FROM EUROPE，INC.（VICTORIA CLASSICS）公司出具、落款日期为 2014 年 3 月 4 日的债权转让通知书，以及吴江市南鑫纺织有限公司于 2015 年 9 月 29 日向仲裁委员会提交的书面仲裁申请，受理了吴江市南鑫纺织有限公司与 TEXTILES FROM EUROPE，INC.（VICTORIA CLASSICS）之间上述 SALES CONFIRMATION 项下的买卖合同争议仲裁案。案件编号为 G20151383。仲裁程序适用《中国国际经济贸易仲裁委员会仲裁规则》（2015

年版)。

TEXTILES FROM EUROPE, INC. (VICTORIA CLASSICS)与杭州萧山凤凰羽绒制品有限公司的销售确认书记载,因合同的履行引发的纠纷或与本合同有关的一切争议,由双方友好协商解决。协商不成,应提交中国国际贸易促进委员会对外经济贸易仲裁委员会,根据程序暂行规定进行裁决。仲裁为终局性仲裁裁决,对双方均有约束力。

仲裁审理中,TEXTILES FROM EUROPE, INC. (VICTORIA CLASSICS)提交了关于追加杭州萧山凤凰羽绒制品有限公司为仲裁第三人的申请。后仲裁委员会仲裁院通知 TEXTILES FROM EUROPE, INC. (VICTORIA CLASSICS),对于其于 2016 年 10 月 12 日当庭提交的关于追加杭州萧山凤凰羽绒制品有限公司为仲裁第三人的申请,鉴于仲裁程序中并无第三人,仲裁委员会决定对 TEXTILES FROM EUROPE, INC. (VICTORIA CLASSICS)追加仲裁第三人的申请不予同意。

TEXTILES FROM EUROPE, INC. (VICTORIA CLASSICS)认为贸仲未追加第三人属程序违法,申请撤销仲裁裁决。

【案件焦点】

当事人以仲裁庭未追加仲裁第三人是否属程序违法构成撤销仲裁裁决法定事由?

【法院裁判要旨】

北京市第四中级人民法院经审理认为:案涉仲裁裁决中,仲裁裁决认定鉴于仲裁程序中并无第三人,仲裁委员会决定对 TEXTILES FROM EUROPE, INC. (VICTORIA CLASSICS)追加仲裁第三人的申请不予同意。关于仲裁程序中有无第三人问题,法院认为,首先,《仲裁法》及《最高人民法院关于适用〈中华人民共和国仲裁法〉若干问题的解释》对仲裁第三人制度均没有规定;其次,仲裁程序就有合意性、确定性和封闭性,仲裁当事人在仲裁程序开始时就已确定,未经当事人变更仲裁协议而增加当事人,仲裁当事人不能变更;最后,退一步讲,即使能够追加第三人,也需要现有双方当事人的明确或默示授权,且案外第三人同意参与仲裁程序,任何一方仲裁协议当事人及仲裁机构均无权强制案外第三人参加仲裁程序。本案仲裁案件中,TEX-

TILES FROM EUROPE，INC.（VICTORIA CLASSICS）申请追加杭州萧山凤凰羽绒制品有限公司为第三人，但实际杭州萧山凤凰羽绒制品有限公司已将其债权及仲裁条款转让给吴江市南鑫纺织有限公司。TEXTILES FROM EUROPE，INC.（VICTORIA CLASSICS）的申请既没有另一方仲裁当事人吴江市南鑫纺织有限公司的授权，亦没有杭州萧山凤凰羽绒制品有限公司的同意。故仲裁庭驳回其该项申请并无不当。TEXTILES FROM EUROPE，INC.（VICTORIA CLASSICS）的该项理由不属于撤销仲裁裁决的事由。

【法官后语】

相较于诉讼程序，仲裁程序具有程序简易、效率高、保密性强等特征，已日益得到广大企业的青睐。仲裁程序与诉讼程序虽有诸多共性，但亦存在着诸多不同。两者的诸多规定并不能互通适用。第三人制度即是其一。

关于仲裁第三人制度，学界及仲裁实践中一直存在肯定说、反对说和有条件认可说。近年来，随着国外仲裁理念的传播和国内仲裁实践的发展，肯定说的呼声越来越高，认为鉴于民事法律关系的日益复杂性，仲裁审理的结果不可避免地涉及案外第三人利益，而且仲裁审理程序与诉讼审判程序亦具有同质性，第三人制度对仲裁案件的审理会大有裨益，也会集中解决多元市场交易主体间的争议。《仲裁法》司法解释草案对此也作出过努力。草案第一稿第 1 条第 3 款规定，第三人行使订立仲裁协议的一方在仲裁事项中的权利的，仲裁协议对第三人有效。其后修改稿中变更为：仲裁协议当事人之外的第三人行使订立仲裁协议的一方在仲裁事项中的权利或者承担仲裁事项中的义务的，仲裁协议对第三人有效。可见，最高人民法院意图在仲裁协议扩张基础上构建我国的仲裁第三人制度。但最后出台的司法解释将该条款删除，仅保留了合同转让和合同主体合并分立两种情形。第三人制度原是民事诉讼程序中的概念，包括有独立请求权的第三人和无独立请求权的第三人。将诉讼程序中的第三人制度引入仲裁程序中是否与仲裁基础制度理念相符以及如何操作适用等问题均是肯定说和有条件肯定说不可不直面的问题。本案例实系采纳了有条件的肯定说，与上述草案稿的规定一致，且兼具仲裁制度理念的论述与适用条件的阐释，对仲裁实践与撤销仲裁裁决类案件均具有一定指导意义。

仲裁程序是由合同各方共同选定的争议解决方式，即仲裁协议只适用于缔约各方。仲裁当事人在仲裁程序开始时就已确定。如果没有合同当事人的授权，第三人因为没有签订仲裁协议就无法参加与仲裁程序中。任何一方仲裁协议当事人及仲裁机构页无权强制没有签订仲裁协议的第三人参与到仲裁程序中。即使第三人与仲裁事项享有独立请求权或者与仲裁案件处理结果具有法律上利害关系，但因为非仲裁协议的签订方，均不能参与到仲裁程序中，而只能另案提起仲裁或者诉讼。

反之，如果将仲裁协议的效力扩张至没有签订仲裁协议的第三人，则应允许该第三人参与到仲裁程序中。具体的适用规则应是：在仲裁程序中，如果没有签订仲裁协议的第三人申请参加到仲裁程序中，需经原仲裁协议签订方认可；如果仲裁中的一方当事人申请追加没有签订仲裁协议的第三人参与到仲裁程序中，则不仅应当经该第三人同意，还应经其他仲裁协议当事人的认可。

编写人：崔西彬

第三编

新闻发布

北京市第四中级人民法院建院两周年新闻通报会

时　间：2017 年 1 月 5 日

地　点：北京市第四中级人民法院新闻发布厅

发布人：时任北京市第四中级人民法院党组书记、院长　吴在存

主持人：北京市第四中级人民法院党组成员、副院长　程　琥

北京市第四中级人民法院关于建院两周年履职情况的通报

四中院自2014 年12 月30 日挂牌履职以来，在中央、市委的坚强领导下，在最高人民法院、市高级人民法院的正确指导下，在人民群众和社会各界的关怀支持下，全院干警牢记职责使命，强化责任担当，大力弘扬改革创新精神，坚定不移落实中央、市委、最高人民法院和市高级人民法院各项改革部署，弛而不息推进跨行政区划法院改革、审判权运行机制改革、内设机构改革等各项改革，始终坚持以执法办案为第一要务，着力创新审判工作机制方式，努力从源头上破解人民群众反映强烈的“立案难”“诉讼难”“执行难”等问题，跨区法院建设发展取得了较好成效，跨区划特殊重大案件审判工作质效不断提升，跨行政区划法院司法公信力初步建立。

两年来，四中院共受理各类案件5686 件。其中，以北京市各区县政府为被告的行政案件4290 件，占75.4%；以重大金融保险纠纷、涉外涉港澳台商事纠纷、环境资源、食品药品等公益诉讼为主体的特殊重大民商事案件873 件，占15.4%；以特殊重大主体职务犯罪案件、重大走私类案件为主体的刑事案件82 件，占1.4%；大标的执行案件441 件，占7.8%；结案共计5380 件，法定审限内结案率99.6%。

两年来，四中院在各个方面工作中取得的成绩，得益于中央推进跨区法

院改革的正确决策部署，得益于上级机关和有关方面的指导帮助，得益于全院干警不懈的努力拼搏，得益于包括广大新闻媒体在内的社会各界的关心、理解、参与、监督、帮助和支持。作为中央确定的整建制综合改革试点法院，四中院全院上下牢固树立改革创新意识，在改革创新中求突破，以改革创新促发展。履职两年来，四中院工作可以概括为推进了“五大改革”，实现了“五项创新”。

一是深化调查研究，加强沟通协调，努力推动跨行政区划法院改革。以承担最高人民法院和市法学会重大课题为契机，认真系统研究跨区法院设置和管辖问题，进一步明确跨区法院功能定位，充分发挥四中院作为全国首批跨区划法院的“试验田”作用。积极与中央政法委、全国人大、最高人民法院等上级机关沟通联络，主动参与各类调研，积极发表意见建议，推动顶层设计与基层实践的有机结合，相关调研成果被最高人民法院吸收，为跨区法院改革的进一步深化推进提供了必要实践成果和智力支持。结合审级制度改革、行政案件集中管辖、涉仲裁类案件集中管辖、铁路法院升级改造等重大改革项目推进提出跨区法院设置及案件管辖方案，发挥跨区法院的独特职能优势，促进跨区法院在京津冀协同发展和“一带一路”等重大国家发展倡议中充分发挥职能作用。立足改革实践积极研究谋划跨区法院建设发展思路，一体化落实中央各项改革部署要求，初步探索形成跨区法院建设样本，为此项改革的深化推进创造和积累了可复制、可借鉴的经验。

二是提升工作标准，严格责任落实，深化推进审判权运行机制改革。制定和出台了20余个审判权运行机制改革规范性文件，为审判权运行机制改革和司法责任制的落实奠定了坚实的制度基础。大力推进改革实践，进一步完善院庭长权力清单和负面清单，加大院庭长办案工作力度，院庭长直接承办案数量超过全院结案数的20%。进一步加大对审判团队科学配置的研究探索力度，初步建立了37个“111”模式的审判团队，“以委任制为主、以聘任制为辅”的法官助理分级分层管理模式和“以聘任制为主、以委任制为辅”的书记员分层分级管理模式已初步建立。统筹推进法律实习生接收、志愿者招募及社会服务购买等各项工作，辅助审判执行及各项工作开展，减轻工作压力。改革审判委员会运行模式，两年来研究讨论个案的审委会占比不到10%，且均系相关法律适用问题，突出审委会集中研究执法标准统一、审判工作重大事项职能。围绕“让审理者裁判、由裁判者负责”建立“案件评查、纪检监察、审务督查”三位一体的工作机制和发改案件讲评通报制度，确保责任认定科学准确、责任落实精确到人。此外，四中院还积极探索构建“繁案精审、简案快审”机制，结合新行政诉讼法实施在全国率先适用行政审判简易程序审理案件。在充分调研的基础上，及时制定出台《规范上下级法院审级监督关系的规定》，与京津冀三地铁路运输法院共同构建有效工作机制，建立专业审判领域述评指导和案例指导制度，有效防止因不当监督对下级法院审判工作造成不利影响。

三是强化问题意识，坚持需求导向，以高水平信息化建设助推改革。全面深化司法改革、全面推进信息化建设，是人民法院两场深刻的自我革命，是人民司法工作发展的“车之两轮、鸟之双翼”。两年来，四中院始终坚持司法信息化建设服务审判执行工作、服务人民群众、服务审判管理、服务科学决策的建设方向，充分运用信息化手段方式推进和保障审判执行工作科学发展。高标准建成18个高清数字法庭，实现庭审全过程影音实时同步记录，重大案件庭审过程通过互联网实时直播。开发完成诉讼服务微信平台系统，电话录音留证系统、法律咨询辅助系统、无线诉讼服务门户等重大信息化项目系统建设，依托网络技术为法官执法办案、当事人参与诉讼提供更加便捷、高效的服务。大力推进“智汇云”“睿法官”等项目系统应用，推行网上办公，推动和实现司法裁判标准的统一，确保法律统一实施、法院工作运行更加顺畅有序，为当事人和人民群众提供更加便捷、优质的诉讼服务。

四是完善立保同步，实行裁执分离，特色化推进执行工作体制改革。实质化推动“审执分立”和“裁执分离”，物理隔离执行实施行为与执行裁判行为，实现执行裁判权、实施权、监督权“三权分离”。针对执行工作中财产难寻、人难找，当事人故意转移资产、拖延诉讼等问题，创设“立保同步、保调对接”工作机制，有效提升保全成功率，当事人开展调解、实现和解的意愿大大提高。仅2016年四中院保全执行标的物遍及全国28个省（市、自治区），保全财产金额达105亿元，执行案件执结率达88%。涉案标的近40亿元的案件，在法院主持下，当事人达成和解，分期履行。创新执行方式，根据四中院执行案件标的额度大、案情复杂、财产变现困难的工作实际，积极探索在执行程序中引入“第三方参与”机制，对无力偿债但处于正常经营状态的企业，引入第三方参与，采取资产重整、转股、活封、委托经营等方式，调整转变传统的查封、冻结、评估、拍卖方式，多方搭建资产处置平台盘活资产，实现当事人财产权益最大化。与此同时，灵活采用“活封”等各类手段，试行执行预登记制度，推动执行程序前置，有效提升执行效果。

五是构建四大平台，提升管理效能，扎实推进内设机构扁平化改革。为切实落实好中央、市委和最高人民法院关于内设机构改革的相关部署要求，两年来，四中院积极探索构建以平台建设为抓手的内设机构扁平化管理模式，分别依托法官委员会，构建法官执业综合管理平台；依托审判委员会，构建审判业务综合管理平台；依托司法服务办公室，构建内外司法服务综合管理平台；依托综合行政办公室，构建队伍综合服务保障平台，将涉及法院管理的50余项工作职能集中整合到这四个平台之中，有效减少因机构职能交叉、人员职责不清导致的管理层级过多、管理效能低下等问题。认真总结、固化、宣传、推介机构设置扁平化改革实践中形成的好经验，相关文章被《人民法院报》全文刊登并产生较好的社会反响，为下一步全市法院深化推进内设机构改革提供了可复制、可借鉴的典型经验。

六是研判登记立案，提升诉服水平，推动诉前多元矛盾化解机制创新。自建院伊始就全面推行立案登记制改革，在制定出台《登记立案实施办法》及八个菜单式工作指南的基础上，在全市率先制定并发布了《立案释明规则》，进一步加大并规范立案释明工作力度，引导当事人更加理性地行使诉权，有效规制滥诉行为，2016 年甄别排查各类滥用诉权行为 1356 起，并对滥用诉权行为当事人予以惩戒 3 人次。建立全市首家驻院法律援助工作站，由专业律师为当事人提供免费法律咨询服务，引入法律实习生志愿服务，设立志愿者服务岗，为诉讼群众提供便捷高效的公益诉讼服务。积极推进多元化纠纷解决机制建设，与北京多元调解发展促进会、“一带一路”国际商事调解中心等机构建立合作关系，为当事人提供更加多元化的纠纷解决路径，2016 年在立案阶段超前化解各类纠纷 200 余件，有效减轻当事人诉累，从源头上缓解审判任务压力。

七是围绕审判实际，解决突出问题，推动审判执行工作机制创新。作为改革法院，四中院始终坚持用改革思维和改革方式解决当前审判执行工作中的症结性、难点性问题，通过建立常态化的审判工作重大问题会商机制，定期研究破解制约审判执行工作的突出问题，着力加大审判工作机制方式创新力度，两年来在“立审执相衔接”机制大框架下，在审判执行工作各环节多点布局，打造了以“十接五化”为主要内容的一套“组合拳”，有效解决社会公众反映强烈的“立案难”“诉讼难”“执行难”问题，得到人民群众和社会各界广泛好评，《人民法院报》头版头条予以专题报道。四中院将保险公司责任保险担保方式引入财产保全工作中，有效降低保全成本、提高保全效率，这一经验做法被最高人民法院认可吸收并写入新近发布的司法解释中。两年共审结重大金融借款合同纠纷案件711件，涉案标的额达248亿元，标的额占全市同类案件的三分之一。立足于解决当事人诉讼中调查取证难问题，充分听取律师代表意见，在全市率先制定出台《关于充分保障律师执业权利共同维护司法公正的若干规定（试行）》并落实委托调查令制度，极大地便利了当事人调查取证，有效地保障了当事人诉讼权利的行使。立足于解决大标的民商事案件“送达难”问题，向有关方面发送《关于有效维护金融债权解决“送达难”在合同中约定送达地址的司法建议》，且一并制作发送规范化、模板化合同建议条款，促进合同当事人履行诚信义务，有效推动“送达难”问题的解决。结合重大走私、职务犯罪案件审理特点，联合公安机关、检察机关、律师协会推动建立了“侦控辩审”四方联席会议机制，加强各方履职的联系沟通和协调联动，以严格执行法定程序和推动落实庭审实质化，确保案件公正裁判，形成防范冤假错案的合力。与检察机关共同制定出台《关于协同推进法律监督机制建设的框架意见》，创新完善法检两院各司其职、相互配合、互相制约的体制机制，协同推进跨行政区划法检机关法律监督机制建设。根据跨区法院刑事审判工作实际制定出台《特殊主体重大职务犯罪案件审理规范》，加强对刑事一审程序庭前会议制度的调研并制定出台《庭前会议规则》，确保庭审集中高效，确保庭审中心作用的充分发挥。

八是实质性化解行政争议，促进官民关系和谐，推动司法行政互动机制创新。两年来，四中院注重发挥跨区法院独特优势，积极助力法治政府建设，取得明显成效。在立案环节，切实畅通行政诉讼救济渠道，2015年收案量为2014年全市同类案件的7倍，2016年为2015年的两倍多，两年共审结以区政府为被告的一审行政案件4093件，行政案件立案率大幅度上升。在审理环节，严格司法审查标准，立足实质性化解行政争议，依法纠正违法行政行为，新行政诉讼法实施一年来行政机关实体败诉率达32%。加大行政机关负责人出庭应诉工作力度，实现16区政府负责人出庭应诉全覆盖，行政机关工作人员出庭率达100%，行政诉讼“告官不见官”的情形在四中院已成为历史。

在延伸审判职能方面，四中院依托常态化公开庭审打造依法行政教育基地，超过3000名行政领导和执法人员来四中院旁听庭审并座谈交流，厅局级领导干部达2000余人。多名法官多次应邀赴16区为区政府常务会议讲法释法，促进行政机关依法行政，协同推进法治政府建设。与此同时，采取巡回走访座谈方式，遍访北京16区政府法制部门，收集到6大类200余个问题，对症下药帮助解决各区政府在推进依法行政工作中的疑难问题。发布行政审判白皮书和十大典型案例，首次分别向市、区政府发送推进法治政府建设的建议书及各区政府行政案件司法审查分报告，为各区提供依法行政个性化的“体检报告”，得到市区两级政府一致好评，在第四届“中国法治政府奖”评选中，高票获评这一奖项。

九是整合外部力量，优化资源配置，推动公共关系协调机制创新。在全国法院中首家成立司法服务办公室作为统一对外联络部门，统筹代表委员、特邀监督员、人民陪审员、行业协会、两级政府法制部门、专家咨询委等外部资源力量联络工作，健全人民陪审员参审监督机制，建立专家咨询论证制度，有效带动提升审判执行工作科学化、民主化、规范化水平。加强与律师协会沟通协调，深入推进与高等院校、科研机构合作共建，先后与中国政法大学、北京师范大学、中国人民大学、国家行政学院、北京市委党校等开展合作共建。积极开展对外宣传工作，加强互联网、微博及微信公众号建设，落实月度新闻发布会制度，两年来召开17场新闻发布会，及时有效对外传播审判工作重大事项和重要改革举措，使之成为促进审判执行工作、展现机制创新成果的重要平台。

十是凝聚改革共识，发挥引领作用，推动党建队建工作机制创新。在全市率先成立法官委员会作为代表和维护法官权益的自治组织，突出法官主体地位、发挥法官主体作用，自成立以来在审判业务专家评选、法官绩效考核评定等工作中代表和维护法官权益，努力实现法官群体的自我教育、自我管理、自我监督、自我提高。开展三类人员饱和工作量核定测算工作，科学测算各专业审判领域饱和工作量，为审判资源优化配置、审判质效评估奠定良好基础。创新党建队建工作机制，建立“调查研究、教育培训、人才培养”三位一体的调研工作新格局，有效发掘和培养调研人才，为建设学习型、研究型法院营造良好氛围。探索建立“实训制培训、带教制培养”工作模式，将传帮带的优良传统与新型审判组织建设有机结合，促进人才成长。开展基层党建项目创新评比工作，依托各党支部、党小组结合本职工作项目化推进基层党建工作机制创新，实现“以党建带队建，以队建促审判”。

一、中国青年报：北京市四中院两年受理“民告官”案4290件 “民告官不见官”已成历史

本报北京1月5日电（中国青年报·中青在线记者 王亦君） 北京市第四中级人民法院召开建院两周年新闻通报会称，该院自2014年成立以来，共受理以北京市各区县政府为被告的行政案件4290件；自2015年5月1日修改后的新行政诉讼法实施1年多来，行政机关的败诉率达32%。

北京市四中院院长吴在存介绍，两年来该院受理各类案件5686件。其中，以北京市各区县政府为被告的行政案件占75.4%；以重大金融保险纠纷、涉外涉港澳台商事纠纷、环境资源、食品药品等公益诉讼为主体的特殊重大民商事案件873件，占15.4%；以特殊重大主体职务犯罪案件、重大走私类案件为主体的刑事案件82件，占1.4%；大标的执行案件441件，占7.8%。两年来，该院结案共计5380件，法定审限内结案率99.6%。

据介绍，北京市四中院两年来共审结以北京市区、县政府为被告的一审行政案件4093件，行政案件立案率大幅度上升。

在审理环节，北京市四中院立足实质性化解行政争议，依法纠正违法行政行为，新行政诉讼法实施1年来行政机关实体败诉率达32%。该院还加大行政机关负责人出庭应诉工作力度，实现16区政府负责人出庭应诉全覆盖，行政机关工作人员出庭率达100%，行政诉讼“告官不见官”的情形在该院已成为历史。

北京市四中院还首次分别向市、区政府发送推进法治政府建设的建议书及各区政府行政案件司法审查分报告，为各区提供依法行政个性化的“体检报告”。

二、北京日报：北京市四中院通报建院以来工作情况 “民告官”案行政机关出庭率100%

本报讯（记者 王谌） 昨天，市四中院召开建院两周年新闻发布会，通报相关工作情况。该院自2014年建院以来，受理以全市各区政府为被告的行政诉讼案4290件，行政机关工作人员出庭率达100%，未再出现“民告官而不见官”的情形。2015年新行政诉讼法实施一年来行政机关实体败诉率达32%。

据四中院院长吴在存介绍，四中院履职两年来，共受理各类案件5686件。其中，以全市各区政府为被告的行政案件4290件，约占3/4。结案5380件，法定审限内结案率达到99.6%。

“2015年收案量为2014年全市同类案件的7倍，2016年为2015年的两倍多，两年共审结以区政府为被告的一审行政案件4093件，行政案件立案率大幅度上升。”吴在存说，四中院在审理行政诉讼案过程中，严格遵守司法审查标准，立足实质性化解行政争议，依法纠正违法行政行为，新行政诉讼法实施一年来行政机关实体败诉率达32%。与此同时，加大行政机关负责人出庭应诉工作力度，实现16区政府负责人出庭应诉全覆盖，行政机关工作人员出庭率达100%。

为延伸审判职能，四中院首次分别向市、区政府发送推进法治政府建设的建议书及各区政府行政案件司法审查分报告，为各区提供依法行政个性化的“体检报告”。与此同时，采取法官巡回走访座谈方式，遍访全市16区政府法制部门，就收集到的6大类200余个问题，对症下药帮助解决各区政府在推进依法行政工作中的疑难问题。

针对执行工作中财产难寻、人难找、当事人故意转移资产、拖延诉讼等问题，四中院创设“立保同步、保调对接”工作机制，提升保全成功率，当事人开展调解、实现和解的意愿大大提高。仅2016年四中院保全执行标的物遍及全国28个省（市、自治区），保全财产金额达105亿元，执行案件执结率达88%。

此外，四中院还将保险公司责任保险担保方式引入财产保全工作中，有效降低保全成本、提高保全效率。两年来，该院共审结重大金融借款合同纠纷案件711件，涉案标的额达248亿元，标的额占全市同类案件的1/3。

三、新京报：北京四中院建院两周年：受案5686件公益诉讼案中涉环境类最多

新京报（记者　王巍）　今天上午，全国首批跨行政区划法院之一——北京市第四中级人民法院，向媒体通报了建院两年以来案件的审理以及队伍建设情况。据介绍，自2014年年底建院，四中院共受理各类案件5686件。作为可以审理公益诉讼案件的法院，四中院截至目前受理公益诉讼11件，其中涉及环境案件占比重最大。

作为中央确定的整建制综合改革试点法院，四中院的管辖案件包括起诉县级以上人民政府的行政案件以及跨地区的重大环境资源保护案件、重大食品药品安全案件等重大特殊的案件。

根据通报，自2014年年底建院两年来，四中院共受理各类案件5686件。其中，以北京市各区政府为被告的行政案件4290件，占75.4%；以重大金融保险纠纷、涉外涉港澳台商事纠纷、环境资源、食品药品等公益诉讼为主体的特殊重大民商事案件873件，占15.4%；以特殊重大主体职务犯罪案件、重大走私类案件为主体的刑事案件82件，占1.4%；大标的执行案件441件，占7.8%；结案共计5380件，法定审限内结案率99.6%。

在今天上午的通报会上，四中院院长吴在存介绍说，建院两年来，四中院共受理公益诉讼案件11件，其中既包括检察机关提起的带有公益诉讼性质的案件，也包括消协和环保组织提起的与民生相关的案件，这其中，涉环境案件占比重最大，四中院也是目前全国受理公益诉讼案件数量最多的法院。

由于公益诉讼案件审理周期比较长，目前11起案件都在审理过程中，2017年，四中院会根据案件审理情况适时对情况进行通报。

在公众关心的“民告官”案件方面，四中院2016年受理的行政案件为2015年的两倍多，建院两年共审结以区政府为被告的一审行政案件4093件，行政案件立案率大幅度上升。在审理环节，新行政诉讼法实施一年来，四中院审理的行政案件中，行政机关实体败诉率达32%，同时，四中院的行政诉讼实现16区政府负责人出庭应诉全覆盖，行政机关工作人员出庭率达100%，行政诉讼“告官不见官”的情形在四中院已成为历史。据法官介绍，有的行

政长官，在出庭应诉前，熬夜“恶补”法律规定来应对行政诉讼，因此，行政长官出庭的规定从一定程度上促进了政府官员们掌握法律的积极性。

四、中国法院网：“五改革、五创新”推进跨区划法院改革　北京四中院召开建院两周年新闻通报会

1月5日讯　2014年12月30日，北京市第四中级人民法院正式挂牌成立。作为全国首批跨行政区划法院和北京市首批整建制综合改革试点法院，北京四中院建院两周年来积极推进跨行政区划法院改革、审判权运行机制改革、内设机构改革等各项改革，始终坚持以执法办案为第一要务，着力创新审判工作机制方式，努力从源头上破解人民群众反映强烈的“立案难”“诉讼难”“执行难”等问题，审判工作质效不断提升，跨区划法院建设发展取得了较好成效。2017年1月5日上午，北京四中院召开新闻通报会，该院党组书记、院长吴在存通报了两年来各项工作情况、取得成效和面临问题，以及跨区划法院下一步发展方向等，该院“五大改革、五项创新”十方面举措为跨区划法院两周年交上了一份硕果累累的答卷。

据介绍，北京四中院两年来共受理各类案件5686件。其中，以北京市各区政府为被告的行政案件4290件，占75.4%；以重大金融保险纠纷、涉外涉港澳台商事纠纷、环境资源、食品药品等公益诉讼为主体的特殊重大民商事案件873件，占15.4%；以特殊重大主体职务犯罪案件、重大走私类案件为主体的刑事案件82件，占1.4%；大标的执行案件441件，占7.8%；结案共计5380件，法定审限内结案率99.6%。

据了解，作为中央确定的整建制综合改革试点法院，北京四中院牢固树立改革创新意识，在改革创新中求突破，以改革创新促发展。在深化推进跨区划法院改革方面，积极调研，充分发挥四中院作为全国首批跨区划法院的“试验田”作用。同时，发挥跨区法院的独特职能优势，促进跨区法院在京津冀协同发展和“一带一路”倡议等重大国家发展战略中充分发挥职能作用。在深化推进审判权运行机制改革方面，该院制定和出台了20余个审判权运行机制改革规范性文件，进一步完善院庭长权力清单和负面清单，加大院庭长办案工作力度，科学配置审判团队，合理进行三类人员分层分级管理。在全

面推进信息化建设方面，充分运用信息化手段方式推进和保障审判执行工作科学发展，高清数字法庭、互联网实时庭审直播、无线诉讼服务门户等重大信息化项目系统建设，为法官执法办案、当事人参与诉讼提供更加便捷高效的服务。在推进执行工作体制改革方面，实质化推动“审执分立”和“裁执分离”，实现执行裁判权、实施权、监督权“三权分离”，并创设“立保同步、保调对接”，在执行程序中引入“第三方参与”等全新工作机制，收到良好的社会效果。在推进内设机构扁平化改革方面，积极探索构建依托于法官委员会、审判委员会、司法服务办公室、综合行政办公室四大平台的扁平化管理模式，大幅精简内设机构，有效提高管理效能。在推动诉前多元矛盾化解机制创新方面，率先制定发布登记立案释明规则，引导当事人更加理性地行使诉权；建立全市首家驻院法律援助工作站，由专业律师为当事人提供免费法律咨询服务；与北京多元调解发展促进会、一带一路国际商事调解中心等机构建立合作关系，积极超前化解纠纷，缓解审判压力。在推动审判执行工作机制创新方面，多点布局，积极创新，打造了以“十接五化”为主要内容的一套“组合拳”，有效解决社会公众反映强烈的“立案难”“诉讼难”“执行难”问题。率先制定出台保障律师执业权利的规定等，协同推进法律职业共同体建设。在推动司法行政互动机制创新方面，注重发挥跨区法院独特优势，积极助力法治政府建设，加大行政机关负责人出庭应诉工作力度，实现16区政府负责人出庭应诉全覆盖，行政机关工作人员出庭率达100%。在推动公共关系协调机制创新方面，成立全国法院首家司法服务办公室作为统一对外联络部门，对接代表委员、特邀监督员、人民陪审员、行业协会等，同时加强与律师、高等院校、科研机构的合作共建，加强自媒体平台建设，积极展现创新成果。在党建队建工作机制创新方面，在全市率先成立法官委员会作为代表和维护法官权益的自治组织，突出法官主体地位、发挥法官主体作用。建立“调查研究、教育培训、人才培养”三位一体的调研工作新格局，同时加强基层党建工作，实现“以党建带队建，以队建促审判”。

北京四中院党组成员、副院长、新闻发言人程琥主持了新闻通报会，该院各部门负责人、干警代表，中央及首都各大媒体记者四十余人参加了新闻通报会。

北京市第四中级人民法院 2016年行政案件司法审查报告暨典型案例新闻发布会

时　间： 2017年4月27日

地　点： 北京市第四中级人民法院新闻发布厅

发布人： 北京市第四中级人民法院党组成员、副院长　程　琥

北京市第四中级人民法院行政庭庭长　陈良刚

主持人： 时任北京市第四中级人民法院司法服务办公室负责人　崔秀春

北京市第四中级人民法院 关于2016年度行政案件司法审查情况的通报

2016年，四中院紧紧围绕“努力让人民群众在每一个司法案件中感受到公平正义”的目标，坚持司法为民、公正司法，充分发挥跨行政区划法院的行政审判职能优势，严格贯彻2015年行政诉讼法，依法保障当事人合法权益，有效解决行政争议，积极助力法治政府建设，为京津冀协同发展和建设国际一流和谐宜居之都提供有力司法保障。

一、2016年审理行政案件的基本情况

2016年，面对案件持续攀升、新难问题不断出现、审判难度日益加大、人员相对不足的复杂情况，四中院依托跨行政区划法院的功能定位，充分发挥行政审判职能作用，行政审判工作取得新成效。

（一）严格落实立案登记制，案件数量持续增长

2016年，四中院严格按照相关法律和司法解释规定的受案范围和法定程

序受理行政案件，畅通行政诉讼救济渠道，切实维护行政相对人合法权益，积极引导群众理性合法地解决行政争议。2016 年，四中院共有一审行政案件 2893 件，占全院案件总数的 76.3%，是 2015 年四中院行政案件总数 1397 件的 2 倍多。其中，有 1363 件案件因不符合行政诉讼法明确规定的立案条件而被裁定不予立案；登记立案 1530 件，审结 1406 件，同比分别增长 46.0% 和 44.2%。行政案件数量上升在一定程度上反映了公民权利保障意识日益增强、行政诉讼救济渠道更加畅通。

（二）行政案件涉及领域众多，行政案件类型相对集中，政府信息公开案件所占比重明显下降

2016 年四中院行政案件涉及的行政管理领域较为广泛，涵盖房屋、土地、公安、林业、工商、农业、劳动和社会保障、教育、文化等诸多行政管理领域。其中，有近七成的一审行政案件发生在与民生相关的行政管理领域，因重大工程项目建设、棚户区改造、环境整治、土地房屋腾退搬迁、老旧小区综合整治、拆除违法建设等引发的涉民生案件占比较大，表明涉民生行政案件仍是当前行政审判工作的重中之重。人民法院通过精心审理涉及人民群众财产、人身安全的行政诉讼案件，有效地维护了行政相对人的合法权益和正常的生产、生活秩序。有近九成的一审行政案件集中在政府信息公开、行政复议、要求履行法定职责、征收拆迁、公房管理等重点领域。其中，政府信息公开案件占 2016 年全年登记立案数的 28%，较 2015 年该类案件占全年登记立案数的比例同比下降 27 个百分点，行政复议案件、征收拆迁案件、公房管理案件、要求履行法定职责案件、土地行政许可案件所占比例较 2015 年有所上升，分别上升 17 个百分点、5 个百分点、5 个百分点、2 个百分点和 2 个百分点。

（三）行政诉讼被告分布广泛，16 个区政府均有涉诉案件

2016 年，四中院新收行政案件中，16 个区政府均有涉诉案件。从分布区域看，各区案件数量明显不均衡，少数区域行政案件比较集中，海淀、东城、西城和朝阳 4 区政府涉诉案件量居前四位，占涉诉行政案件总数的 82.8%，同比上升 7 个百分点。怀柔、密云、石景山、延庆、昌平 5 区政府涉诉案件量居后五位，占涉诉行政案件总数的 3%。从案件增幅看，海淀、东城和平谷

3区政府涉诉案件量相较于2015年增幅较大，分别是2015年本区涉诉案件量的2.5倍、5.7倍和25.5倍。朝阳、丰台、通州、昌平和密云5区政府涉诉案件量同比下降。

（四）复议机关作为共同被告案件增幅较大，复议机关履行复议监督职责意识明显增强

新行政诉讼法实施以后，对于复议机关决定维持原行政行为的，以复议机关作为共同被告参加诉讼。2016年，四中院新收的因市政府作出维持原行政行为的复议决定而成为行政诉讼共同被告的案件共计293件，占当年全部受理行政案件总数的19.2%，比2015年四中院受理该类案件数量上升240%。

（五）新类型案件层出不穷，案件审理难度不断加大

2015年新行政诉讼法实施以后，新类型案件大量出现。四中院首次审理了袁某某要求撤销西城区政府非物质文化遗产目录案，这是本市首例涉及非物质文化遗产的行政案件；某商贸有限公司诉海淀区政府要求行政诉讼一并解决民事争议的土地行政许可案；刘某诉房山区政府行政处罚移交请示批示案，本案首次适用了新行政诉讼法新增的明显不当裁判方式；以及涉及行政协议、行政复议双被告、要求一并审查规范性文件等新类型案件。

（六）行政机关应诉水平进一步提升，行政机关负责人出庭应诉工作取得重要进展

推动行政机关负责人出庭应诉，是贯彻落实2015年新行政诉讼法的重要举措。涉及重大公共利益、社会高度关注或者可能引发群体性事件等案件以及人民法院书面建议行政机关负责人出庭的案件，被诉行政机关负责人应当出庭。2016年，行政机关负责人出庭应诉工作取得重要进展，全年庭审实现了行政机关工作人员出庭率100%，全市16区政府负责人出庭应诉覆盖率100%。2016年，西城、海淀、朝阳、通州、顺义、昌平、石景山、大兴、门头沟等多个区政府的一把手作为行政机关负责人在四中院出庭应诉，社会反响良好。

（七）建立行政争议多元化解决机制，促进行政争议实质性解决

针对一些行政案件矛盾成因复杂、政策法律规定不明确、纠纷无法一次

性解决等特点，推动建立行政争议多元化解决机制，促进行政争议的实质性解决。坚持自愿、合法原则，在不损害国家、社会和他人合法权益的前提下，积极开展行政赔偿、行政补偿以及涉及行政自由裁量权案件的调解工作，从根本上解决争议，促进案结事了。2016 年，四中院加大行政争议协调和解力度，因行政争议得到实质性解决而由原告主动申请撤诉的案件达 90 件，同比上升 11.1%。调解协调案件相对集中于房屋征收拆迁、要求履行法定职责、政府信息公开等行政管理领域。

（八）行政机关败诉率较 2015 年同比有所下降，行政机关的依法行政水平进一步提升

2016 年，四中院审结的一审行政案件中，判决行政机关败诉案件 79 件，占全部实体判决案件的 14.3%。败诉行政机关涉及 14 个区政府。从行政机关败诉案件类型看，政府信息公开类案件占 20.3%，公房租赁类案件占 20.3%，行政复议类案件占 19.0%，要求履行法定职责类案件占 13.9%，房屋征收补偿类案件占 8.9%，行政强制类案件占 5.1%，行政处罚类案件占 5.1%，其余类型案件占 7.4%。与 2015 年相比，行政机关败诉率有所回落；从案件类型看，行政机关败诉案件中政府信息公开类案件的比重降幅明显，行政复议、公房租赁、要求履行法定职责、房屋征收补偿、行政强制等类型案件的比重有所上升；从败诉原因看，因主要证据不足、不履行或拖延履行法定职责、行政程序违法、适用法律法规错误、行政行为明显不当等导致行政机关败诉的案件各占行政机关败诉案件的 61%、13%、8%、6%、5%，其余情形占 7%。

二、发挥行政审判职能、助力法治政府建设的主要举措

郡县治则天下安，县域强则国家富。四中院依托跨行政区划法院职能定位，充分发挥当前集中管辖以区政府为被告的一审行政案件的独特优势，充分发挥审判职能作用，助力法治政府建设，取得良好效果。

（一）全面深化立案登记制改革，强化源头多元解纠力度

新行政诉讼法实施以来，随着立案登记制改革落地生效，坚决清理限制

和剥夺当事人诉权的“土政策”，严禁以任何理由随意限缩受案范围、违法增设受理条件，法院案件受理制度得到进一步完善，行政案件受理渠道畅通，对人民法院依法应该受理的案件，做到有案必立、有诉必理，行政诉讼案件数量大幅攀升，从而使当事人诉权得到充分保障。在积极支持和保障人民群众依法理性表达利益诉求的同时，注重加大释明引导和多元化解行政争议力度。坚决防范和治理恶意诉讼、滥用诉权问题，有效规范个别当事人长期缠诉闹访、扰乱诉讼秩序的行为。

（二）狠抓执法办案第一要务，公正高效审结大量行政案件

围绕首都城市战略定位、疏解非首都核心功能、行政副中心建设、京津冀协同发展国家战略实施、加快建设国际一流的和谐宜居之都等方面，更好地发挥四中院作为跨区法院的服务保障职能。通过依法审理行政案件，更好地服务经济发展，促进发展质量和效益的提高。积极服务保障供给侧结构性改革，通过妥善审理涉及政府职能转变、简政放权、产权流转等方面的新类型案件，保障“去产能、去库存、去杠杆、降成本、补短板”深入推进；通过依法妥善审理因棚户区改造、老旧小区综合整治等重点工程和重点领域发生的征收拆迁、环境整治等涉及面广、影响力大的行政案件，依法维护了公民、法人及其他组织的合法利益，保障了首都经济社会发展；通过依法公正审理行政协议案件，促进法治政府和政务诚信建设；通过依法妥善审理政府信息公开、村务公开、行政复议等案件，有效地维护了群众的知情权、参与权、表达权和监督权；通过依法妥善审理公房管理、土地登记等涉及人民群众生产生活的案件，有效地维护了人民群众正常的生产、生活秩序。创新完善繁简分流工作机制，探索建立行政案件速裁机制，努力实现“繁案精审、简案快审”，行政一审案件平均审理用时仅为93天，比6个月的法定审限缩短了近一半。

（三）依法公正审理财产征收征用案件，加大棚户区改造房屋征收拆迁司法保障力度

棚户区改造等重点工程项目实施是民生工程，体现了以人民为中心的新发展理念。涉及棚户区改造项目的房屋征收拆迁补偿案件，涉及面广，直接关系民生，关系区域经济发展。自四中院挂牌履职以来，共受理房屋征收与

补偿类案件320余件，在已经审结的该类案件中，裁定驳回原告起诉118件，占比57%；判决驳回原告诉讼请求62件，占比30%；原告主动撤诉20件，占比10%，因被诉补偿决定未充分保障被征收人选择权、未尽到审慎核查义务、行政行为明显不当、送达程序违法等违法情形被判决撤销7件，占比3%，切实维护群众利益，促进房屋征收拆迁法治化、规范化。四中院在审理此类案件过程中，在严格依法办案的前提下，坚持快立、快审、快结，缩短审理周期，提高审判效率。加强征收拆迁矛盾纠纷的协调和解力度，遵循及时合理补偿原则，对房屋征收拆迁补偿标准明显偏低的，综合运用多种方式进行公平合理补偿，切实维护被征收人合法权益，促进棚改房屋征收拆迁补偿纠纷实质性解决，依法保障棚户区改造重点工程项目顺利推进。

（四）加大绿色发展司法保障力度，促进生态环境建设

坚持用绿色发展理念引领环境资源类行政案件审判工作，利用跨区法院职能优势，以环境司法工作为抓手，充分运用司法手段改善、减轻和消除破坏环境、污染环境的危害行为，着力化解与生态环境相关的行政争议，着力提高环境资源行政案件的专业化审判水平。如四中院受理的因某区政府关停某水泥厂引发的环境资源行政案件，考虑到案件涉及京津冀生态环境保护和产业结构调整转型及企业数百名职工就业生计等问题，法院摒弃就案办案方式，先后十余次组织涉案各方当事人及有关方面进行面对面的实质性协商，在利益衡平和有效维护社会公共利益的基础上，最终促使区政府及有关方面与涉诉企业达成补偿协议，有效实现了行政争议的实质性解决，也有效避免了涉众群体访等次生问题的发生，有力保障绿色发展理念落地生根。

（五）切实加强产权司法保护，促进经济社会健康持续发展

产权制度是社会主义市场经济的基石，保护产权是坚持社会主义基本经济制度的必然要求。依法公正审理行政协议案件，依法妥善处理历史形成的产权案件，促进法治政府和政务诚信建设。对因招商引资、政府与社会资本合作等活动引发的纠纷，认真审查协议不能履行的原因和违约责任，切实维护行政相对人的合法权益。对政府违反承诺，特别是仅因政府换届、领导人员更替等原因违约、毁约的，要坚决依法支持行政相对人的合理诉求。对确因国家利益、公共利益或者其他法定事由改变政府承诺的，要依法判令补偿

财产损失。如四中院在审理某公司诉某区政府履行招商引资行政协议案件中，准确界定涉案协议为行政协议，明确某区政府在行政协议履行中的义务，通过多方调解，促成双方达成和解协议，某公司向法院申请撤诉，从而实质性解决行政争议。

（六）抓住“关键少数”以上率下作用，带动区域整体法治水平提升

行政机关负责人出庭应诉制度作为新行政诉讼法的一个重要制度创新，有助于提升行政机关依法行政的意识和能力、促进行政争议的实质性化解、树立行政机关良好的法治形象。2016年在四中院审理案件中行政机关负责人出庭应诉的自觉性、主动性不断提升，改变过去“告官不见官”的状况，行政机关工作人员出庭应诉率100%，区政府负责人出庭覆盖率100%。西城、海淀、朝阳、通州、顺义、昌平、石景山、大兴、门头沟等多个区政府一把手作为行政机关负责人在四中院出庭应诉行政案件，7名法官十余次应邀赴16区向区政府常务会议开展会前讲法并释法答疑，充分展现了“关键少数”在全面依法治国中以上率下的引领示范作用，有力地带动了区域整体法治水平提升，树立了法治政府良好形象。

（七）坚持司法公开，推进阳光司法

通过邀请人大代表、政协委员旁听行政案件，互联网全程直播庭审等方式，增进人大、政协对行政审判的了解、理解与支持，自觉接受社会各界监督。通过网络、电视、报纸和“北京四中院”微信公众号等形式向社会发布典型案例、工作动态、经验成果，发挥行政审判的规则引领作用，拓展司法裁判示范功能。通过“12368”电话语音系统、手机短信、电子触摸屏等现代信息技术平台，公开审判流程信息。在各立案窗口免费提供诉讼指南资料，引导当事人正确行使诉权。2016年发布各类宣传稿件1000余篇，组织新闻发布会7次，组织媒体记者进法院采访报道200余人次。四中院依托常态化庭审公开着力打造依法行政教育基地，全年共有包括国家行政学院、市委党校等3000余名局级以上公务员、一线行政执法人员在内的社会各界群众参加庭审观摩活动并座谈交流，把公开庭审打造成全民共享的法治公开课。注重建立健全裁判文书上网情况检查通报制度，行政案件裁判文书上网率达99%以上。

（八）发挥跨区法院独特职能优势，人民群众获得感明显增强

探索设立跨区法院的目的在于消除地方保护和行政干预形成的诉讼“主客场”问题。在建院之初严格司法监督下，行政机关依法行政的能力和水平大幅提升，尊法、学法、守法、用法意识明显增强。以严格司法监督换来依法行政提速增质，2016 年是四中院作为跨区法院履职的第二年，区政府负责人出庭应诉主动性、自觉性明显增强，依法决策、科学决策、民主决策加强，行政行为规范化程度提升，行政机关实体败诉率同比下降近 11 个百分点。率先在全市建立首家驻院法律援助工作站，引入执业律师等第三方力量合力化解行政争议，当事人满意度达 98.6%。以建设智慧法院为依托，通过网上立案、巡回审判等方式，更好地方便群众诉讼，为履行跨区法院职能提供科技支撑。人民群众在行政诉讼中的获得感、认同感和满意度明显增强，人民群众依法理性维护自身权益意识明显增强，出现了“三降一升”，即上诉率、改判发回率、申诉率下降，服判息诉率上升的良好发展势头。

（九）积极延伸审判职能，深化依法行政与公正司法的良性互动机制

为加强各种资源力量整合及协调联动，四中院率先成立全国首家司法服务办公室，统筹对接两级政府法制部门等，建立常态化的沟通联络机制，采取巡回走访座谈方式，遍访北京 16 区政府法制部门，对症下药帮助解决各区政府在推进依法行政工作中遇到的相关疑难问题。有效发挥司法建议和行政审判白皮书功能作用，在整体发布行政案件年度审查报告及典型案例的基础上，创新发布针对每个区的行政案件司法审查分报告，为各区依法行政提供个性化“体检报告”。紧紧围绕影响首都经济社会发展的重大问题进行前瞻性调研，针对棚改征收拆迁、拆除违法建设、行政副中心建设、疏解非首都功能、京津冀协同发展等开展法律风险评估及政策应对专项调研，有针对性地提出有效防范法律风险、超前预防行政争议发生的相关意见建议，为党委政府决策提供参考，协同推进法治政府建设，在第四届“中国法治政府奖”评选中，四中院高票获评这一奖项，成为该奖项设立以来全国法院系统首个获此殊荣的法院。

（十）推进行政法官队伍正规化、专业化、职业化建设，为履行跨区法院职能提供有力组织保障

行政审判职能发挥和行政诉讼目标实现，离不开一支高素质的行政法官队伍。行政执法涉及领域越多，对行政审判专业化要求越高。深入学习贯彻习近平总书记系列重要讲话精神和治国理政新理念新思想新战略，牢固树立“四个意识”，推进“两学一做”学习教育常态化制度化，落实全面从严治党要求，按照“五个过硬”的总要求，不断提高行政法官队伍正规化、专业化、职业化水平，打造一支过硬行政法官队伍。加大对新行政诉讼法实施后新难问题的调查研究，认真总结审判经验，不断解决审判实践中的新问题。充分发挥法官会议在统一裁判尺度方面的重要作用，高度重视行政审判典型案例的编写、报送和宣传工作，发挥案例的示范引领价值。加强和改进新形势下行政审判教育培训工作，提高行政法官认识和把握大局、公正司法、做群众工作以及信息技术应用等各方面的能力，培养高素质的行政法官队伍。

三、从行政审判看当前依法行政工作取得的明显成效和存在的突出问题

从四中院审理的行政诉讼案件情况来看，行政机关在严格规范行政行为、妥善化解行政争议、行政应诉规范化建设等方面均取得了明显成效。同时，也存在一些亟待改进的突出问题。

（一）依法行政工作取得明显成效

近年来，本市以首善标准高度重视依法治市、依法行政和法治政府建设工作，大力支持人民法院依法独立开展行政审判工作，依法治市、依法行政、法治政府建设都取得了重要进展，依法行政水平进一步提升。

1. 运用法治思维和法治方式推进工作的能力和水平进一步增强。一是进一步加强行政决策合法性论证，在一些重大决策出台前主动征询法院意见，就项目共性问题加强与司法机关的沟通，统一执法与司法标准，并推动法律顾问制度的落实，通过法律顾问团为重大决策提供咨询服务，充分发挥重大决策的合法性和合理性论证作用。法院也更加注重依托案件审理对涉及的行

政决策问题及时提供前瞻性意见建议，帮助行政机关增强行政决策的合法性和权威性。二是持续开展行政执法案卷评查活动，以行政执法评查带动行政执法能力的提升。三是从行政机关败诉案件类型分析情况来看，行政机关败诉率处于下降趋势，从一个角度说明行政行为更趋规范。

2. 行政机关更加注重行政纠纷的源头预防，积极防范法律风险。一是积极参与到司法与行政的良性互动机制建设中，邀请行政法官列席政府常务会议，开展依法行政专题培训，提升政府工作人员专业法律素养。二是以区政府负责人出庭应诉为契机，积极组织区政府所属部门领导干部和一线执法人员旁听庭审，通过鲜活的庭审案例，提升政府工作人员的依法行政意识。三是对于重大工程项目推进，加强前期沟通交流工作，对项目可能出现的法律问题进行前期研判，全面梳理排查，制订工作预案，从源头上预防法律风险的产生。四是高度重视司法服务办公室的互动“隔离墙”作用，就执法和应诉工作中遇到的法律难题进行超前沟通交流，行政机关与法院的互动交流更加合法、规范。

3. 行政应诉工作的规范化、精细化水平持续提升。一是积极查找行政应诉工作中的瑕疵和细节问题，按照新行政诉讼法的应诉要求及时提交各类手续，进行答辩、举证，未出现超出法律规定的举证期限提交证据的情形。二是对庭审重要性的认识不断提升，庭前准备更为及时充分，庭审中答辩更加规范高效，庭审后协调化解争议更为积极主动，以庭审为中心，积极利用庭审平台化解争议，促进庭审取得良好效果。三是高度重视应诉人员业务能力的培养，积极采取业务培训、座谈交流、旁听庭审等多种形式，着力提升行政应诉工作水平，培养专业化、职业化的应诉工作队伍。

4. 加强协调和解、促进行政争议实质性解决的积极性和主动性进一步增强。一是加强对败诉案件的分析研究，积极查找行政执法工作漏洞和败诉风险点，及时纠错，回应原告合理诉求，实质化解行政争议。二是重视司法建议中反馈问题的整改，制定详尽的整改措施，完善具体管理制度，纠正被诉行政行为存在的问题和瑕疵，并积极回函，将整改情况向法院通报。三是积极配合法院开展行政争议多元化解决，采取更为灵活的方式和措施实质化解争议。四是充分发挥政府法制工作人员、法律顾问、公职律师在推进依法行政、行政应诉工作中的重要作用。

5. 行政首长出庭应诉的积极性、主动性意识明显增强。一是区政府一把手带头出庭应诉的意识不断增强，通过出庭应诉实质化解行政争议的愿望日益强烈。二是行政机关负责人出庭应诉的机制更加健全，将负责人出庭应诉纳入依法行政考核评估范围，规范化程度进一步提高。三是区政府负责人出庭应诉的制度价值和实践效果不断凸显，实现“出庭、出声、出效果”。四是行政机关负责人出庭应诉的效果不断延伸，打造成依法行政教育平台。

（二）行政机关需要引起重视和改进的相关问题

通过对2016年四中院审理行政案件的系统分析和梳理，比较突出问题主要集中在行政复议、政府信息公开、要求履行法定职责、公房管理等领域。

1. 行政复议类案件

在四中院2016年审结的行政案件中，行政复议类案件的裁定驳回率较2015年大幅下降，主要判决方式为判决驳回原告诉讼请求，占比高达87.0%，说明行政复议类案件的质量有所提高。区政府在履行行政复议职责的过程中，仍存在一些问题。主要表现在：

第一，不正确履行行政复议职责。部分区政府对行政复议在预防和化解行政争议方面的职能作用重视程度不高，在行政复议受理程序中未能把握好行政复议申请的初步证明责任，忽视了复议机关本身应当依职权履行的调查核实义务，仅以复议申请人举证不能为由不受理原告的行政复议申请或驳回申请人的复议申请，导致被诉的行政复议不予受理决定被撤销重做，从而使一些本可以在复议阶段化解的行政争议，逐步演变为行政诉讼。

第二，不严谨对待行政复议申请。行政复议决定驳回当事人的复议申请或者对当事人的申请不予受理时，未认真核实行政复议申请是否超过法定期限，错认复议申请超期；未认真界定被复议行为，错定复议案件性质；未认真核对申请人的签字人数，错列复议申请人；未认真核查申请人的复议请求，错置复议审查对象。上述问题导致复议决定书认定事实不清，主要证据不足。

第三，错误适用行政复议受理条件规定。行政机关将实体审查中的证据要求作为受理条件进行审查，或者对于行政机关应当主动履行的法定职责以申请人未提出履责申请为由在程序上驳回原告的行政复议申请，导致复议决定适用法律、法规错误。

第四，复议决定作出的程序不合法、不规范。在收取复议申请信件的过程中未尽到必要的、形式上的注意义务和审核义务，导致申请信件下落不明，未能在法定期限内作出复议决定；未充分注意法律对复议期限的要求，导致超越法定复议期限，存在程序瑕疵。

2. 政府信息公开类案件

2016 年政府信息公开类案件的实体审理败诉率大幅下降，表明政府信息公开工作正在逐步规范化和合法化，更加关注申请人的实质需求，回应申请人的真实关切。通过司法审查发现，政府信息公开工作仍然存在问题。主要表现在：

第一，认定申请人申请公开的信息不属于政府信息、属于不应当纳入公开范围的内部管理信息或者过程性信息、依法不属于本行政机关公开的信息或者该政府信息不存在等不予公开时，存在未进行必要的查询、检索工作，认定事实不清、主要证据不足或不注意收集和固定证据，未履行法定告知义务，或者理由说明不充分或欠缺等问题。

第二，以申请人填写的申请表述不清晰、不符合政府信息公开的申请要求为由，对申请人申请的信息不予公开，将信息公开申请处理过程中应当履行的释明义务和给予当事人的更改、补充的权利作为终局处理决定，违反法定程序，存在程序性瑕疵。

第三，信息公开工作存在形式化、表面化的倾向，开辟接收申请人政府信息公开的电子邮箱渠道后未投入充足的人力和时间对该渠道进行管理，未能保障申请人通过该途径获取政府信息的及时性，或者由于行政机关内部信件转办和管理系统的延迟导致政府对信息公开申请邮件的答复超期，损害申请人的信赖利益。

第四，政府信息公开工作中对申请表的审查不够细致，信息公开答复遗漏应当处理的申请事项，未全面对应原告的申请事项，对此项内容是否存在以及能否公开未履行法定告知和说明理由义务，亦缺乏证据证明履行了必要的查询、检索义务。

3. 要求履行法定职责类案件

区政府在处理履责申请时由于疏忽大意或缺少对自身职责的准确认识而拒绝履行或拖延履行，导致未能及时、全面、准确履行法定职责，产生败诉风险。主要表现在：

第一，区政府对原告提交的申请书未作实质性判断，将实质性的土地确权申请作为信访件进行处理，阻断原告进一步获得救济的权利，导致被诉答复缺乏事实和法律依据。

第二，区政府对行政复议等明确属于其职责范围的事项，在履责信件收取的过程中未尽到必要的、形式上的注意义务和审核义务，导致申请信件下落不明，未能在法定期限内对申请作出处理决定，或在处理申请事项的过程中，未遵循法定的程序，超越法定的期限作出处理决定。

第三，区政府对立法直接赋予区政府的具体调查、处理职责认识不清，未能依照正确的程序和规定对原告申请作出实质性答复，未充分、全面履行调查、处理职责，而将其法定职责范围内的申请事项作为信访事项转交下级机关进行处理，导致作出的被诉答复缺少事实根据和法律依据。

4. 公房管理类案件

直管公房产权属于政府，由区政府委托房管中心等单位实施日常管理，具体的法律责任由区政府承担。但是由于公房类案件多源于公房承租人及其亲属之间的财产纠纷，导致区政府被动介入较为复杂和混乱的家庭矛盾中。同时在公房管理过程中和公房类案件审理中，可供遵循的规范依据较少，给行政机关进行公房承租人变更等管理行为和法院审判工作带来困难，导致在司法审查中，该类案件的总体败诉率远高于其他类型案件。主要表现在：

第一，对申请人是否符合公房承租人变更条件、案外人是否属于需要征求其意见的家庭成员或者是否属于符合承租条件的家庭成员未依职权予以查清，过分强调申请人提交证据的义务，降低了自身应尽的审查责任，导致被诉不予变更公房承租人的答复认定事实不清、主要证据不足。

第二，对“同一户籍”、“共同居住两年以上”、“其他住房”以及“其他家庭成员”等公房承租人变更条件的把握认识不准确，导致变更或拒绝变更公房承租人的行为认定事实不清，主要证据不足。

第三，各区对公房承租人变更申请的审查标准不一致，部分公房管理部门超出规定条件，额外附加变更承租人的条件，导致被诉答复缺少法律依据。

第四，证据意识不足和证据提供存在瑕疵，向法庭提交的证据材料制作时间在作出答复之后，无法证明其在收到变更承租人申请后进行了相关审核工作，导致被诉答复主要证据不足；被告提交的证据不足以证明其作出公房承租人变更行为的合法性。

除了上述导致行政机关败诉的原因和问题之外，在行政审判实践中还反映出行政执法中存在的一些共性问题，比如：行政自由裁量权行使不够规范统一，导致出现同样情况不同处理的执法不公现象；对职权法定原则把握不当，证据意识仍显不强，对法律理解适用存在偏差，正当程序意识薄弱；行政文书制作不规范，有损行政行为的合法性；还有一些执法机关由于执法作风不够严谨、规范，存在瑕疵，导致行政相对人的不信任并激化矛盾等。

四、进一步增强预防和化解行政争议能力，推进法治政府建设的若干建议

为进一步有效预防、化解行政争议，促进行政机关依法行政，推进法治政府建设，针对当前行政审判中反映出的行政执法中存在的问题以及引发行政争议的主要原因，提出如下几点建议：

（一）进一步增强以人民为中心的发展理念，努力实现保障民生与依法行政的有机统一

坚持以人民为中心的发展思想，是党的十八届五中全会首次提出的，体现了党的根本宗旨，也是贯穿新发展理念的一条主线。行政审判工作搞得好不好，直接关系民生的保障和改善程度。人民群众的多元司法需求不断满足和获得感明显增强在很大程度上与行政审判民生保障功能发挥密切相关，在行政审判中实现“让人民群众在每一个司法案件中感受到公平正义”的工作目标，就根本上而言就是要坚持人民主体地位，践行好司法为民宗旨。包括棚户区改造、征收拆迁、环境保护、政府信息公开在内的众多行政管理领域涉及民生问题，行政执法活动不仅要依法依规进行，而且要更加注重保障民生、为百姓提供优质服务，努力实现保障民生与依法行政的有机统一。建议进一步加强对一线行政执法人员的教育培训，牢固树立以人民为中心的发展理念，努力避免“重实体、轻程序”以及以保障民生为名突破法律规定的倾向。

（二）进一步加强行政执法规范化建设，切实提升行政执法的权威性和公信力

一是实施清单管理制度，细致梳理行政机关的权力清单和负面清单，加强对行政自由裁量权行使的规范化管理，建立健全行政裁量权基准制度，科

学合理细化、量化行政裁量权，严格规范裁量权行使，避免执法的随意性。二是注重严格依法履行职责，遵循合法行政、合理行政、程序正当、高效便民、诚实守信、权责统一的原则和精神，严格依照法定权限和程序行使权力、履行职责。三是注重发挥政府法制部门以及政府法律顾问、公职律师在政府决策、破解执法难题、促进依法行政方面的积极作用。四是充分保障被征收人的实体权益，坚持公益征收、公平补偿、程序正当的基本要求，妥善安置被征收人，增强征收补偿工作的透明度和民主性，公开征收的标准、结果，保障被征收人的知情权和表达权，依法妥善解决征收拆迁纠纷。

（三）进一步加强乡镇政府服务能力建设，着力提升依法行政水平

大量的行政管理与执法行为发生在基层，大量的行政案件也发生在基层，基层执法涉及普通老百姓的切身利益。从实践情况来看，行政诉讼中反映的很多问题，也多存在于基层执法活动中。一是坚持以法治思维推动乡镇政府服务能力建设，保证行政权力规范透明运行，人民权益得到切实有效保障。二是区政府及相关职能部门要注重加强对乡镇政府行政管理和执法工作的经常性指导和监督，充分发挥法律顾问、公职律师在基层依法行政中的重要作用，及时解决乡镇政府执法中遇到的法律问题和困难，有效促进乡镇政府执法水平的提高，力争将矛盾纠纷化解在基层。三是注重加大依法行政学习和培训力度，促进基层执法人员自觉养成依法办事的意识和习惯，推动形成办事依法、遇事找法、解决问题靠法、化解矛盾用法的良好氛围。

（四）进一步强化程序意识，注重执法效率和程序规范

行政程序是行政机关行使行政权力时所应遵循的方式、步骤、顺序和期限等。程序公正是行政行为合法性的前提和保证。一旦违背法定程序，行政机关就将承担其行政行为被撤销或者被确认违法的法律后果。2015 年行政诉讼法新增加了行政行为程序轻微违法，对当事人权利影响不大的，人民法院应当作出确认行政行为违法的判决方式，对行政程序的合法性提出更高要求。建议政府部门执法人员进一步牢固树立程序意识，将依法行政的理念贯彻到每一个工作步骤和工作环节之中。在执法过程中要严格遵守法律规定的程序，按照法定的各项程序环节依次进行，杜绝遗漏程序、合并程序、颠倒程序等

情况的发生；同时要严格遵守有关办案期限的法律规定，高度关注程序的合法与效率，避免因无故拖延办案期限、怠于执法，造成行政行为的合法性受到质疑。

（五）进一步完善行政争议多元化解机制，充分发挥行政复议在预防和化解行政争议上的主渠道作用

2015 年行政诉讼法新增加的行政复议双被告的规定，对行政复议机关认真履行复议监督职责提出明确要求。预防和化解行政纠纷，行政程序特别是行政复议是“第一道防线”，优势明显，有利于充分发挥政府内部监督纠错的作用，提升政府公信力。一是注重改革完善行政复议体制，健全行政复议案件审理机制，完善人民调解、行政调解、司法协调联动工作体系，建立预防和化解行政争议的综合协调机制。二是注重畅通复议申请渠道，严格依照法定条件、范围和程序受理复议申请，对依法不属于复议范围的事项，认真做好释明、告知工作。三是注重提升行政复议案件办理质量，充分听取各方意见，查明事实、分清是非，注重运用调解、和解方式解决纠纷，调解、和解达不成协议的，要及时依法公正作出行政复议决定，对违法或者不当行政行为，坚持该撤销的撤销，该变更的变更，该确认违法的确认违法。

（六）进一步推进行政机关负责人出庭应诉工作，形成推动法治政府建设合力

行政机关负责人出庭应诉，有助于发挥行政机关负责人作为“关键少数”的表率作用，促进行政争议的实质解决；有助于行政机关负责人直观了解一线行政执法水平，发现和改进行政执法问题，促进行政争议的源头预防。一是继续严格落实 2015 年行政诉讼法对行政机关负责人出庭应诉的规定要求，尽快完善行政机关负责人出庭应诉的配套机制建设，就应当出庭的案件类型、不能出庭的理由说明、出庭应诉效果评价等方面形成机制约束和精细化管理，实现负责人出庭应诉工作的制度化、常态化。二是继续加大司法建议落实力度，进一步建立完善人民法院与行政机关之间司法建议发送、落实和反馈情况的信息沟通机制，并将行政机关落实反馈情况纳入依法行政考核范围，提高司法建议回函率。三是继续充实行政应诉工作力量，合理安排应诉人员，积极发挥政府法律顾问和公职律师在应诉准备、庭审参与中的作用，确保行

政应诉工作力量与工作任务相适应。四是继续提升应诉工作人员的专业素质和业务能力，加强应诉队伍专业化、规范化建设，通过积极开展集中培训、旁听庭审和案例研讨等形式多样的活动，提升应诉工作人员的庭审应对能力。

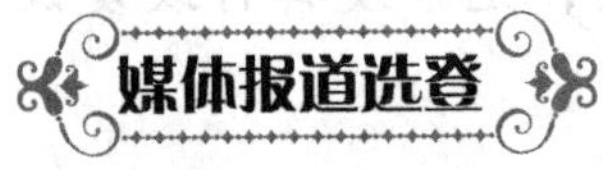

一、人民政协报：北京四中院发布《2016年度行政案件司法审查报告》报告显示——“告官不见官”状况有所改变

本报讯（记者　李木元）　日前，北京市第四中级人民法院（以下简称北京四中院）发布《2016年度行政案件司法审查报告》（以下简称《报告》），通报2016年行政案件审理工作的基本情况。《报告》显示，2016年北京四中院庭审实现了行政机关工作人员出庭率100%，全市16个区政府负责人出庭应诉覆盖率100%。

《报告》统计表明，2016年北京四中院发挥跨行政区划法院行政审判职能优势，深化立案登记制改革，共新收一审行政诉讼案件2893件，是2015年的2倍多，其中登记立案案件和审结案件都较上年增长四成以上。

全部案件中有近七成发生在与民生相关的行政管理领域，有近九成的案件集中在政府信息公开、要求履行法定职责、公房管理等重点领域。其中，政府信息公开案件所占比重明显下降，复议机关作为共同被告案件增幅较大。

在2016年北京四中院新收的行政案件中，北京16个区政府均有涉诉案件，从分布区域看，海淀、东城、西城和朝阳4区政府涉诉案件量居前四位，占涉诉行政案件总数的82.8%，同比上升7个百分点。

《报告》指出，法院在审理中发现，行政机关在严格规范行政行为、妥善化解行政争议、行政应诉规范化建设等方面均取得了明显成效。2016全年庭审实现了行政机关工作人员出庭率100%。

北京四中院副院长程琥说，行政机关负责人出庭应诉制度作为新行政诉讼法的一个重要制度创新，有助于提升行政机关依法行政的意识和能力、促进行政争议的实质性化解，所涉行政机关负责人出庭应诉的自觉性、主动性均不断提升，改变了过去“告官不见官”的状况，树立行政机关良好的法治形象。

北京四中院行政庭庭长陈良刚还在发布会上公布了行政诉讼十大典型案例。陈良刚表示，此次案例选取经历了法官个人报送、法官大会投票以及专家学者评议三个环节，所选案例涵盖新类型案件、政府信息公开案件、要求履行法定职责、房屋征收、行政复议，对树立执法和裁判准则发挥重要作用。

二、劳动午报：四中院去年新收行政案数量增长 16 区政府均有涉诉案件

本报讯（实习记者　李婧）　记者昨天从北京市第四中级人民法院获悉，四中院自成立以来，行政案件数量持续增长，2016 年新收一审行政诉讼案件 2893 件，达 2015 年案件数量的两倍多。

当天上午，四中院向社会公开发布《2016 年度行政案件司法审查报告》。副院长程琥介绍，2016 年北京四中院新收涉诉一审行政诉讼案件 2893 件，是 2015 年该院行政案件数量的两倍多，有近九成的一审行政案件集中在政府信息公开、行政复议、要求履行法定职责、征收拆迁等重点领域。

程琥指出，该院在审理中发现，行政机关在严格规范行政行为、妥善化解行政争议、行政应诉规范化建设等方面均取得了明显成效，败诉率回落，争议协调化解案件增多。在四中院的推动下，全年庭审实现了行政机关工作人员出庭率 100%，全市 16 个区政府负责人出庭应诉覆盖率 100%。

三、北京日报：行政诉讼政府败诉率下降

本报讯（记者　王谌）　新行政诉讼法实施两周年之际，主要管辖行政诉讼案的市四中院发布 2016 年度行政案件司法审查报告。去年四中院审理的一审行政案件中，有近七成发生在与民生相关的领域，本市 16 个区政府全部涉诉，行政机关一审败诉率较前年有所下降。

据市四中院副院长程琥介绍，2016 年该院共有一审行政案件 2893 件，占全院案件总数的 76.3%，是 2015 年的两倍多。其中，有近七成的一审行政案件发生在与民生相关的行政管理领域，因重大工程项目建设、棚户区改造、

环境整治、土地房屋腾退搬迁、老旧小区综合整治、拆除违法建设等引发的涉民生案件占比较大。

去年全年，该院新收行政案件中，16个区政府均有涉诉案件。

四、北京青年报：2016年四中院新收行政诉讼案件翻倍　海淀、东城、西城和朝阳四区政府涉诉最多

本报讯（记者　李铁柱）　北京四中院是全国首批跨行政区划法院，主要受理以北京市各区人民政府为被告的民告官案件等。4月27日，北京第四中级人民法院发布2016年度行政案件司法审查报告，并公布了十大典型案例。审查报告显示，2016年四中院新收一审行政诉讼案件2893件，是2015年行政案件数量的2倍多，其中，在四中院审结的一审行政案件中，行政机关败诉案件为79件，相比2015年有所下降。

村务公开未获回复　村民起诉区政府

因为申请公开村集体土地征收征用信息没有获得回复，北京市通州区梨园地区西小马庄村的村民东先生将区政府告上法庭。

东先生起诉称，2015年6月至8月，他根据法律规定，先后两次通过邮政EMS向西小马庄村村民委员会提出公开该村村集体土地征收征用情况等25项村务信息的申请。村委会均予以签收，但却没有回复。8月25日，他向通州区政府提出《要求区政府责令村务公开申请书》，但区政府签收后却仍然没有采取措施责令村务公开，东先生认为通州区政府的行为构成行政不作为。

此案开庭时，通州区区长岳鹏曾出庭应诉。四中院经审理认为，区政府虽然将东先生反映的事项转交了梨园镇政府及通州区民政局处理，但并没有依法定职权对西小马庄村村民委员会是否及时、全面公布了原告所提出的多个村务公布请求进行调查核实。

最终四中院判决通州区政府在判决生效60天内对东先生关于通州区梨园地区西小马庄村村务公布事项的申请进行调查处理。

“民告官”案　16个区政府全涉诉

据了解，2016年四中院新收一审行政案件2893件，占全院案件总数的

76.3%，是2015年四中院行政案件总数1397件的2倍多。这2893件案件中，有1363件案件因不符合行政诉讼法明确规定的立案条件而被裁定不予立案，登记立案的1530件案件中，审结1406件。

据四中院法官介绍，2016年四中院审理的“民告官”案件涉及的领域较为广泛，涵盖房屋、土地、公安、林业、工商等诸多行政管理领域。从地域分布来看，2016年四中院新收的“民告官”案件中，北京16个区政府均有涉诉案件，但各区案件数量明显不均衡，海淀、东城、西城和朝阳四区政府涉诉案件最多。

四中院法官发现，在“民告官”案件中，申请政府信息公开类案件所占比重明显下降，征收拆迁案件、公房管理案件等案件较2015年则有所上升。

政府败诉率下降

2015年新修订的《行政诉讼法》明确规定被诉行政机关负责人应当出庭应诉。根据四中院统计，2016年全年庭审实现了行政机关工作人员出庭率100%，全市16区政府负责人出庭应诉率100%。西城、海淀、朝阳、通州等多个区政府负责人作为行政机关负责人都曾在四中院出庭应诉。

此外，在四中院审理的“民告官”案件中，行政机关败诉率较2015年同比有所下降。2016年，四中院审结的一审行政案件中，判决行政机关败诉案件79件，与2015年相比，行政机关败诉率有所回落。

败诉行政机关涉及14个区政府。从行政机关败诉案件类型来看，政府信息公开类案件占20.3%，公房租赁类案件占20.3%，行政复议类案件占19.0%，要求履行法定职责类案件占13.9%，房屋征收补偿类案件占8.9%，行政强制类案件占5.1%，行政处罚类案件占5.1%，其余类型案件占7.4%；从行政机关败诉原因来看，主要原因多是因为证据不足、不履行或拖延履行法定职责、行政程序违法、适用法律法规错误等。

北京市第四中级人民法院
环境民事公益诉讼新闻通报会

时　间： 2017 年 6 月 5 日

地　点： 北京市第四中级人民法院新闻发布厅

发布人： 北京市第四中级人民法院民庭庭长　马　军

主持人： 时任北京市第四中级人民法院司法服务办公室负责人　崔秀春

北京市第四中级人民法院
关于环境民事公益诉讼审理情况的通报

环境民事公益诉讼对于提升生态文明治理的法治化水平，保障和促进绿色发展与社会经济可持续性发展发挥不可或缺的重要作用，日益受到社会关注与重视。2012 年修订的《民事诉讼法》第 55 条首次确立了民事公益诉讼制度，2014 年修订的《环境保护法》第 58 条对可以提起环境民事公益诉讼社会组织的条件作出明确界定，2015 年《最高人民法院关于适用〈中华人民共和国民事诉讼法〉的解释》和《最高人民法院关于审理环境民事公益诉讼案件适用法律若干问题的解释》，专门规定了环境民事公益诉讼的程序，公益诉讼制度在立法和司法解释层面基本构建形成。

根据《最高人民法院关于全面深化人民法院改革的意见》《北京市高级人民法院关于北京市第四中级人民法院案件管辖的规定》，北京四中院作为全国首批跨行政区划法院，受理全市范围内跨地区的重大环境资源保护案件、重大食品药品安全案件等。自 2015 年 7 月 23 日开始受理北京市首例社会组织提起的环境民事公益诉讼案件，到 2016 年 12 月 27 日受理北京市首例检察机关提起的环境民事公益诉讼案件，目前已经受理 10 起环境民事公益诉讼案件。两年来，北京四中院不断总结审判实践经验，探索公益诉讼案件裁判方法，服务于首都的社会环境治理。法院审理环境民事公益诉讼的程序有哪些特点、审理周期为什么长？社会组织等在诉讼中发挥什么作用？行政管理部门职能发挥情况如何？环境治理恢复存在哪些问题？司法审判中还有什么实践难题？有关环境民事公益诉讼的诸多问题受到社会各界普遍关注。

“世界环境日”当天，为回应社会关切，北京四中院公开通报环境民事公益诉讼审理情况，向社会发布案件情况，保障公众对环境民事公益诉讼的知情权，建议社会组织和社会公众积极参与并行使公益权利，共同形成治理生态环境，提升生态文明法治建设，保障和促进社会可持续性绿色发展的合力。

一、北京四中院受理环境民事公益诉讼情况分析

北京四中院受理环境民事公益诉讼案件主要有以下特点：案件呈阶段性增长趋势，涉诉案件类型广泛，诉讼主体多元化，案件大多涉及鉴定，鉴定周期长。

1. 案件受理呈阶段性增长趋势。目前，北京四中院已经受理环境民事公益诉讼案件 10 件，在环境民事公益诉讼数量上居全国之首（2015 年至 2016 年全国法院共受理环境民事公益诉讼 137 件，其中社会组织提起环境民事公益诉讼 112 件，检察机关提起环境民事公益诉讼 25 件）。2015 年北京四中院受理 1 件环境民事公益诉讼案件，2016 年受理 9 件环境民事公益诉讼案件。分析其阶段性诉讼增长的原因如下：2015 年受民诉法司法解释和环境民事公益诉讼司法解释出台影响，具有起诉主体资格的社会组织等处于诉讼准备阶段，除基于环境民事公益诉讼这一新类型案件进行诉讼法律方面准备外，环境民事公益诉讼需要对已经损害社会公共利益或者具有损害社会公共利益重大风险的行为进行初步调查举证，故案件数量较少。2016 年社会组织等主体对各种环境污染及生态损害事件通过一定时间的证据收集及诉讼程序准备，起诉条件已经成熟，故提起较多的诉讼。分析环境民事公益诉讼阶段性增长与近期受理案件减少的主要原因：因为一段时期历史积累的可提起环境民事公益诉讼案件已经提起，社会组织等公益诉讼主体主要精力投入在已经立案的诉讼中。在全社会加强环境综合治理情况下，企业积极采取措施进行整改，北京地区污染环境和破坏生态的事件逐渐减少。同时，社会组织等主体也在提升环境保护与诉讼能力，不断拓展深入开展维护环境权益事业的方式与

领域。

2. 涉及环境民事公益诉讼类型广泛。北京四中院受理的环境民事公益诉讼案件所涉及类型包括：大气污染、固体废物污染、生态环境损害、土壤污染、水资源污染、校园环境污染等。其中以涉及大气污染和土地水资源环境污染为主，有4件案件为大气污染责任类型，4件案件为土地、水资源环境污染责任类型，1件案件为产品环境安全责任，1件涉及生态环境和固体废物污染责任类型。在大气污染责任类型中，3件涉及汽车污染物超标排放，1件涉及燃煤锅炉超标排放。对于非大气污染类的其他环境民事公益诉讼案件，主要涉及环境侵权行为导致多种损害事实并存，即环境侵权行为导致土地、水资源、生态等综合受损。如检察机关起诉北京某公司环境民事公益诉讼案件，起诉书认为该公司未按照环境保护部门的相关规定落实环保措施，通过加热、挤压、切割、表面清洗、喷涂、包装等生产工艺对铝棒进行加工，在生产过程中产生废水，通过管线排放到院内东侧无任何措施的渗坑内，对环境及地下水造成了污染。

3. 环境民事公益诉讼主体呈多样性。原告主体方面，根据法律和司法解释规定，提起环境民事公益诉讼的主体包括有权提起诉讼的机关和有关组织。目前，提起环境民事公益诉讼的社会组织有中国生物多样性保护与绿色发展基金会、北京市朝阳区自然之友环境研究所、中华环境保护基金会，提起环境民事公益诉讼的检察机关为北京市人民检察院第四分院。被告主体方面，涉及从资源开发、产品加工生产、房地产开发到汽车制造销售、酒店服务、物业管理企业、学校以及个人等不同主体。

4. 环境民事公益诉讼案件大多涉及鉴定，鉴定周期长。污染环境与破坏生态的行为认定与恢复治理均涉及专业化的环境鉴定。从目前受理案件分析，鉴定内容主要集中在以下三个方面：第一，损害环境事实的鉴定：在污染环境方面包括污染物种类、排放方式、排放量、污染环境面积、深度以及污染损害程度数据；在破坏生态方面包括的功能变化评估，如水文、植被和整体生态系统的变化等。第二，侵权行为对环境和社会公共利益造成的损害后果及赔偿鉴定：侵权人行为与上述损害事实之间的因果关系；在实施行为期间对环境以及社会公共利益造成的具体损害后果；对于污染环境、破坏生态行为造成今后一定时期内环境功能的损害；与损害后果相应的赔偿。第三，消除危险、恢复原状等与替代性修复方案鉴定：侵权人如何采取停止侵害、排除妨碍、消除危险的合理预防、处置措施及费用；恢复原状的方案及费用；不能完全修复情况下替代性修复方案及费用的评估鉴定。污染环境、破坏生态的损害后果及恢复方案均涉及专业技术和对生态环境修复的系统性工程，相关鉴定评估工作十分复杂，鉴定取证检测难度大，具体工作量大，人力、物力、时间和技术投入均要求高，因此导致案件鉴定周期长。

二、北京四中院审理环境民事公益诉讼的经验做法

1. 跨区划集中管辖，加强立案受理和释明工作，建立“立、审衔接的绿色公益诉讼通道”。

作为全国首家在省、直辖市采取跨区划立案受理公益诉讼案件的法院，四中院受理北京市范围内社会组织提起的各类环境民事公益诉讼案件。在立案时对符合立案条件的一律及时受理，并针对公益诉讼程序进行释明工作，赢得社会组织信赖。为方便各社会组织立案，建立“立、审衔接的绿色公益诉讼通道”，并以此对环境民事公益诉讼实施“三同步”：第一，在立案当天即可将案件转审判庭，使审判庭可根据案件情况向原告了解案情，并及时采取相应的环境保护措施；第二，立案当天通过《人民法院报》公告加急通道向社会公众公告受理环境案件情况和告知社会组织可参与或支持环境民事公益诉讼；第三，立案当天向行政主管部门发出公益诉讼告知书，督促行政主管部门采取措施。

2. 依法审理公益诉讼，建立完善保障有关机关、社会组织、公众参与公益诉讼的机制。

环境民事公益诉讼属于新类型诉讼，可以作为原告提起诉讼的主体范围，其他主体如何参加诉讼，支持诉讼人主体资格的审查都是新问题。目前根据法律和司法解释规定，提起环境民事公益诉讼的主体包括有权提起诉讼的机关和有关组织。有关组织提起环境民事公益诉讼是依照法律、法规的规定，在设区的市级以上人民政府民政部门登记的社会团体、民办非企业单位以及基金会等，可以认定为《环境保护法》第58条规定的社会组织。该社会组织章程确定的宗旨和主要业务范围是维护社会公共利益，且从事环境保护公益活动的，提起的诉讼所涉及的社会公共利益，应与其宗旨和业务范围具有关联性。同时，该社会组织在提起诉讼前五年内未因从事业务活动违反法律、

法规的规定受过行政、刑事处罚。有关机关提起环境民事公益诉讼，根据《全国人民代表大会常务委员会关于授权最高人民检察院在部分地区开展公益诉讼试点工作的决定》《人民法院审理人民检察院提起公益诉讼案件试点工作实施办法》《人民检察院提起公益诉讼试点工作实施办法》规定，由人民检察院在北京等13个省市试点提起生态环境和资源保护等民事公益诉讼。目前，北京四中院受理8件社会组织提起公益诉讼和2件检察机关提起的公益诉讼。

环境民事公益诉讼立案后，如何参加公益诉讼和支持公益诉讼？根据《最高人民法院关于审理环境民事公益诉讼案件适用法律若干问题的解释》规定，有权提起诉讼的其他机关和社会组织在公告之日起30日内申请参加诉讼，经审查符合法定条件的，人民法院应当将其列为共同原告；同时对于检察机关、负有环境保护监督管理职责的部门及其他机关、社会组织、企业事业单位依据《民事诉讼法》第15条的规定，可以通过提供法律咨询、提交书面意见、协助调查取证等方式支持社会组织依法提起环境民事公益诉讼。环境民事公益诉讼系社会组织等主体为保护社会公共利益免遭侵害而提起的诉讼，涉及社会的公共利益，因此法院在立案后有向社会公开披露的义务，符合条件的社会组织等主体均可参加到提起的诉讼中，也可通过提供法律咨询、提交书面意见、协助调查取证等方式支持社会组织依法提起环境民事公益诉讼。

在北京四中院受理的公益诉讼案件中，有其他社会组织申请参加已经立案的公益诉讼，也有社会组织等主张参与支持诉讼。为方便社会公众积极参与和有关机关、社会组织等支持诉讼，在受理有关机关、社会组织支持诉讼的范围上，北京四中院充分发挥社会组织支持诉讼的优势，让环境保护组织、检察机关、企业事业单位等充分发挥支持作用，实践中有中国政法大学环境资源法研究和服务中心和律师事务所作为支持诉讼人参与到支持环境民事公益诉讼中。其中，如中国政法大学环境资源法研究和服务中心专门为支持环境民事公益诉讼的鉴定提供经费，律师事务所向法院提交了支持诉讼的书面法律意见，均有效地实现了支持环境民事公益诉讼的目的。

3. 加强司法告知功能的发挥，督促行政部门及时采取有效治理措施。

在社会治理过程中，行政部门具有主动进行行政管理的权力，因此在维护公共利益，治理生态、环境等领域时，有效发挥政府职能是公益诉讼的保障。我国在司法程序中建立公益诉讼制度是对损害公共利益行为通过司法保障救济的最终手段，而不能因此代替行政管理职能。法院立案后向行政部门告知受理情况是公益诉讼特有的程序。《最高人民法院关于适用〈中华人民共和国民事诉讼法〉若干问题的解释》第286条规定，“人民法院受理公益诉讼案件后，应当在十日内书面告知相关行政主管部门”。《最高人民法院关于审理环境民事公益诉讼案件适用法律若干问题的解释》第12条亦对告知作了相同的规定。实践中，法院立案后首先向行政部门发函，以督促行政部门引起涉案环境的重视，发挥行政职能。北京四中院受理的环境民事公益诉讼案件均涉及政府行政管理职能与行为，大部分案件已经行政部门作出违法行为认定与处罚，立案后法院均向行政主管部门发函告知受理情况，行政主管部门对法院告知予以积极调查和回函。其中发函最多的一起环境民事公益诉讼案件，北京四中院向14个行政部门发函进行告知，相关行政部门到现场勘验、调查，采取措施，并提出具体研究意见，在给法院的回函中作出细致答复，取得良好行政与司法互动的效果。

4. 加大公益诉讼司法公开力度，形成审理程序与实体调解裁判全方位向社会公众公开的制度，接受各界监督。

环境民事公益诉讼的审判程序向社会公开，在审判进行调解和裁判时也全面向社会公开，接受社会各界意见和监督。法院在调解案件时，根据《最高人民法院关于审理环境民事公益诉讼案件适用法律若干问题的解释》第25条规定，“环境民事公益诉讼当事人达成调解协议或者自行达成和解协议后，人民法院应当将协议内容公告，公告期间不少于三十日。公告期满后，人民法院审查认为调解协议或者和解协议的内容不损害社会公共利益的，应当出具调解书。调解书应当写明诉讼请求、案件的基本事实和协议内容，并应当公开”。如北京四中院审理的因“毒跑道”事件引发的全国首例校园环境民事公益诉讼案，中国生物多样性保护与绿色发展基金会与北京市朝阳区刘诗昆万象新天幼儿园的环境民事公益诉讼以调解方式结案。四中院首先将调解协议的内容在《人民法院报》上进行了公告，公告期30日。公告期满后，在社会各界均对调解内容没有意见的情况下，法院通过审查认为调解协议或者和解协议的内容不损害社会公共利益的，出具调解书。这是北京市首例调解审结社会组织起诉的公益诉讼案件，具有以下特点：一是在范围上未局限于就案办案，而是通过调解推动多家案件以外幼儿园拆除塑胶跑道，以一案解决数案，降低诉讼成本，并及时保护环境，维护未成年人权利；二是在内容上具有全面、及时和执行到位的特点，能够通过调解全面及时地将污染源拆除和恢复生态环境原状，案件调解同时，执行已经完成；三是在责任上通过公益捐款这种创新形式承担社会责任，代替过去仅限于被污染环境的治理，使包括具有公益性的捐款款项、承担相应社会责任的款项以及惩罚性赔偿的款项能够有专门的途径，为社会整体环境治理发挥更大的公益功能，在公益诉讼中丰富了承担环境责任的方式。这种向社会公开当事人承担责任内容，并征求社会各界意见后进行的公益诉讼调解，取得了良好的社会效果。其他部分正在进行调解的公益诉讼案件，一旦形成调解方案，四中院也会及时向全社会公开，接受各界建议。北京四中院通过司法实践经验的总结，形成公益诉讼审判特有的程序与实体向社会公众公开的制度，接受各界意见与监督，方便社会公众积极参与和社会组织支持诉讼，从而树立公益诉讼治理保护生态环境的司法公信。

三、北京四中院审理公益诉讼案件发现的问题和建议

1. 环境民事公益诉讼中对污染环境、破坏生态的认定均需要环境立法在技术标准方面的支持，建议加强涉及环境鉴定标准方面的立法，弥补鉴定标准不足。

从我国涉及鉴定的立法现状分析，其立法存在不足。目前我国鉴定主要依据是司法部颁布的《司法鉴定通则》，属于部门规章，该通则于2016年进行了修改。在具体操作层面的规范上，以环境鉴定评估标准为例，2016年6月，环保部制定发布我国首个环境损害鉴定评估标准《生态环境损害鉴定评估技术指南总纲》，是国家层面制定的首个涉及环境损害鉴定评估的标准，除总纲外，环保部还制定了与之配套的《生态环境损害鉴定评估技术指南损害调查》。上述规定在一定程度上弥补因相关规范缺失所带来的环境司法鉴定难和环境修复专业技术支持不到位的问题。从生态环境诉讼所涉及广泛的各种类型的技术鉴定标准分析，仍有待于出台更具体的类型化和可操作性规范，并且将环境鉴定如何纳入司法鉴定体系的工作尚未完成。在我国鉴定立法上还处于法律依据和鉴定标准、操作规范不足的状态，建议系统性加强环境鉴定方面的立法，以解决公益诉讼的需求。

2. 生态环境鉴定机构不足，难以满足环境审判需求，建议增加环境鉴定机构，并加强符合司法需求的培训，保障公益诉讼鉴定费用。

环境民事公益诉讼鉴定问题是审理的难点，无论是环境污染、生态破坏的损害认定，还是评估环境影响、修复工程造价、生态补救措施、替代性修复方案，均需要专业鉴定评估。目前，普遍存在缺少相应鉴定机构和鉴定能力不足、鉴定周期长问题。在缺乏鉴定机构和技术支持，以及鉴定能力不足情况下，审判中存在难以通过鉴定解决认定损害、评估环境影响、修复工程造价、生态补救措施、替代性修复方案问题。同时，环境民事公益诉讼案件鉴定费用难以保障，造成案件审理障碍。

在环境鉴定鉴定机构上，我国处于较为缺乏的状态。目前，环境保护部门别于2014年、2016年颁布《环境损害鉴定评估推荐机构名录》两批，总共涉及鉴定机构29家。由于环境鉴定所涉工作量大，且我国环境污染、破坏生态问题突出，在全国范围内仅有29家鉴定机构，尚难以承担行政、司法的实际需求。2016年10月司法部与环保部共同制定《环境损害司法鉴定机构登记评审办法》《环境损害司法鉴定机构登记评审专家库管理办法》，明确了环境司法鉴定机构申报、登记、审核以及专家库的职能要求，为进一步规范环境损害司法鉴定机构准入制定规范。上述工作标志着我国环境损害司法鉴定管理工作逐步走上正轨，为满足环境司法的需求，四中院建议尽快增加设立环境鉴定机构，建立完善环境鉴定机构名册和在全国分级设立国家与地方的专家库，加强鉴定机构的准入与退出的审核管理，规范环境鉴定程序，确保环境鉴定的质量与效率，储备与培养环境鉴定专业人才，为审判提供助力。

环境资源案件鉴定费用难以保障，建议建立专项环境资源案件鉴定费用保障与审核机制，涉及环境资源案件的鉴定费用由该专项基金预支。从司法实践分析，目前我国受理大量的涉及环境民事公益诉讼案件，通过鉴定审结的案件较少，难以预收鉴定费用成为阻碍鉴定的难题。对于涉及环境公益的鉴定费用负担不应依赖市场机制和由诉讼当事人承担，而应当通过一定程序的审批后，由环境治理专项资金予以保障支出。

3. 结合检察机关提起公益诉讼试点工作，总结试点期间经验成果，加强对检察机关提起环境民事公益诉讼的审判问题研究。

在我国党的十八届四中全会通过的《中共中央关于全面推进依法治国若干重大问题的决定》提出，“探索建立检察机关提起公益诉讼制度”，为检察机关运用检察权维护社会公益提供了方向指引。2015 年 7 月 1 日，第十二届全国人民代表大会常务委员会第十五次会议通过《全国人民代表大会常务委员会关于授权最高人民检察院在部分地区开展公益诉讼试点工作的决定》明确授权最高人民检察院在生态环境和资源保护、国有资产保护、国有土地使用权出让、食品药品安全等领域开展提起公益诉讼试点。全国共有 13 省市作为试点地区，在确定的试点地区中，“京津冀”三地中仅有北京属于试点地区。此后，最高人民检察院颁布《人民检察院提起公益诉讼试点工作实施办法》，最高人民法院颁布《人民法院审理人民检察院提起公益诉讼案件试点工作实施办法》，上述规定进一步明确了检察院作为提起公益诉讼的主体。作为检察机关提起的公益诉讼，因属于新类型重大案件，而且涉及环境污染、破坏生态、食药安全等领域，与地方经济发展、企业生产经营紧密相关，常常受到地方利益影响，具有通过跨区划管辖解决“主客场”和地方保护的现实需求。检察机关提起公益诉讼的试点期到 2017 年 7 月 1 日结束，对于今后检察机关提起民事公益诉讼，一方面需要完善立法提供相应法律依据；另一方面需要总结检察机关提起公益类型案件试点期间的经验成果，对审判实践中遇到的程序与实体问题加强研究。

4. 环境资源案件涉及环境功能修复的判决执行问题，采取多种替代功能，充分发挥协调功能，设立专门执行机构或者专项财政资金账户、公益诉讼专项基金等以解决执行问题。

加强公益诉讼案件费用保障与资金账户的建立，通过多种途径，建议在环境保护主管部门、公益组织等建立专项资金账户或公益诉讼基金。探索环境民事公益诉讼裁判救济的替代性解决方式，利用环境绿化、“海绵城市”、环保资源利用、预防性降低污染、公益捐助等多种方式进行替代性解决方式。污染环境和破坏生态都存在损害难以确定，环境不可修复的特点。实践中常涉及损害程度和恢复原状标准如何确定；原状恢复与损害程度之间关系；修复方式以及成本计算；恢复原状成本过高或难以恢复时的替代方式；受到损害至恢复原状期间服务功能的损失如何认定等诸多专业技术问题。法院裁判后的执行阶段面对的不是传统执行案件中的金钱给付，而是一个非常复杂的环境生态技术工程建设，一般情况下应当优先采取某种补救措施以承担恢复原状的责任。在该措施无法执行或难以补救的情况下，安排另一个替代责任方式。建议加强公益诉讼案件费用保障与资金账户的建立，通过多种途径，力争建立专项资金账户或公益诉讼基金，以确保赔偿金能够形成环境专项资金“蓄水池”和支持环境民事公益诉讼的“供水池”。同时，建议设立具有专业技术能力，能够专门执行生态环境系统工程修复的机构，对造成的环境损害予以全面修复、综合治理。

5. 建议加强涉及环境民事公益诉讼的预防性诉讼立案和惩罚性赔偿制度研究，设立服务于公益的专项管理基金，建立完善公益赔偿功能与修复功能相结合的制度。

对涉及环境预防性诉讼予以立案审理，充分发挥公益诉讼的司法预防功能。公益诉讼的提起并不要求损害事实已经发生，只要根据有关的行为、事实足以判断存在损害公益的可能，就允许提起公益诉讼，即通过提起公益诉讼的方式来防止可能发生的公益损害。对于实施污染环境或破坏生态的行为，只要提供具有损害社会公共利益重大风险的初步证明材料，就应采取预防性诉讼予以立案。在公益诉讼中强调预防性立案，是因为如环境破坏等损害公益的行为往往具有不可逆性，损害发生后很难恢复原状，而且恢复的成本巨大。因此，在公益侵害尚未发生或尚未完全发生时，采取司法手段加以预防排除有其必要性。

在民事诉讼中，惩罚性赔偿和补偿性赔偿均作为现行赔偿损失责任中的两种具体方式，惩罚性赔偿的被告往往承担高于实际损失的责任，用以实现司法的制裁、遏制、惩罚功能。我国目前法律对惩罚性损害赔偿的规定仅限于《消费者权益保护法》《产品质量法》《食品安全法》之中。由于民事公益诉讼补偿性赔偿往往因为各种原因并不能达到完全赔偿，如环境损害在损害时并不能评估其后的严重性，在修复时往往时过境迁，修复成本随时间发生变化，而引入惩罚性赔偿能够适当的解决相关问题。在环境民事公益诉讼中引入惩罚性赔偿不仅符合惩罚性赔偿成立的要件，还发挥预防遏制环境侵权的功能。在我国司法实践中，一方面完全将公益诉讼赔偿与社会组织隔离，其能够使社会组织提起公益诉讼真正公益化；另一方面法院面临无法管理恢复原状的赔偿与惩罚性赔偿的费用的问题。因此，建议成立专项公益诉讼赔偿管理基金进行赔偿费用管理，并设立监管组织，将惩罚性赔偿与补偿性赔偿的款项统一管理、使用，建立完善公益赔偿功能与修复功能相结合的制度。

媒体报道选登

一、法制日报：北京四中院受理十起环境公益诉讼——缺少鉴定机构及鉴定能力不足成审理难点

《法制日报》（本报记者　黄洁）　记者从北京市第四中级人民法院今天召开的环境民事公益诉讼审理情况通报会上获悉，自 2015 年 7 月至今，该院已经受理环境民事公益诉讼 10 起，数量居全国之首，其中大气污染和土地水资源环境污染最多，各有 4 件。目前，环境民事公益诉讼还普遍存在鉴定机构缺少、鉴定能力不足、鉴定周期长的问题，给案件的审理带来难度。

据悉，北京四中院作为全国首批跨行政区划法院，受理全市范围内跨地区的重大环境资源保护案件、重大食品药品安全案件等。自 2015 年 7 月 23 日受理北京市首例社会组织提起的环境民事公益诉讼案件至今，已受理 10 起环境民事公益诉讼案件，案件所涉类型包括大气污染、固体废物污染、生态环境损害、土壤污染、水资源污染、校园环境污染等。该院受理的环境民事公益诉讼案件具有阶段性增长、涉诉案件类型广泛、诉讼主体多元化、案件大多涉及鉴定且鉴定周期长等特点。

据介绍，2015 年，《民诉法司法解释》和《最高人民法院关于审理环境民事公益诉讼案件适用法律若干问题的解释》出台，至 2016 年起诉条件逐渐成熟，社会组织等主体环境保护与诉讼能力也在不断提升，去年一年就相继提起 9 件环境民事公益诉讼案件。这些提起环境民事公益诉讼的主体包括中国生物多样性保护与绿色发展基金会、北京市朝阳区自然之友环境研究所、中华环境保护基金会等社会组织，北京市人民检察院第四分院也在其中。环境民事公益诉讼中的被告，则涉及从事资源开发、产品加工生产、房地产开发、汽车制造销售、酒店服务、物业管理企业、学校以及个人等多样化主体。

据北京四中院民庭庭长马军介绍，环境民事公益诉讼的鉴定问题最为突出。此类案件的鉴定内容主要集中在以下三个方面：第一，损害环境事实的鉴定和破坏生态方面包括的功能变化评估；第二，侵权行为对环境和社会公共利益造成的损害后果及赔偿鉴定；第三，消除危险、恢复原状等与替代性修复方案鉴定。但是，实践中普遍存在缺少相应鉴定机构和鉴定能力不足、鉴定周期长的问题，从而导致审判中难以通过鉴定解决认定损害、评估环境影响、修复工程造价、生态补救措施、替代性修复方案等问题，给审理带来难度。环境民事公益诉讼案件鉴定费用难以保障，也是造成案件审理的障碍之一。

对此，北京四中院建议，应加强涉及环境鉴定标准方面的立法，弥补鉴定标准不足，增加环境鉴定机构，加强其符合司法需求的培训等。

记者了解到，在今年3月底评选出的“2016年中国十大公益诉讼”中，北京四中院有3起案件入选，其中两件环境民事公益诉讼，一件消费民事公益诉讼。备受关注的因“毒跑道”事件引发的全国首例校园环境民事公益诉讼，即中国生物多样性保护与绿色发展基金会与北京市朝阳区刘诗昆万象新天幼儿园环境民事公益诉讼，最终以调解方式结案。法院不仅以一案解决数案，通过调解推动多家案件以外的幼儿园拆除塑胶跑道，而且全面及时拆除污染源，恢复生态环境原状，执行到位，通过公益捐款这种创新形式承担社会责任，取得了良好的社会效果。

二、中国青年报：四家社会组织作为原告提起环境公益诉讼

中青在线北京6月5日电（中国青年报·中青在线记者　王亦君）“环境损害发生之初无法评估其后果的严重性，而且修复成本随时间发生变化，导致损害往往不能得到完全赔偿。引入惩罚性赔偿能够适当解决问题。”

今天是“世界环境日”，北京市第四中级人民法院（以下简称北京四中院）通报环境民事公益诉讼审理情况，建议在环境民事公益诉讼中引入惩罚性赔偿，发挥预防、遏制环境侵权的作用。

环境公益诉讼在中国已有两年多实践。2013年实施的《民事诉讼法》首次确立民事公益诉讼制度，2015年实施的《环境保护法》对可以提起环境民事公益诉讼社会组织的条件作出明确界定；2015年，最高人民法院发布两个司法解释，专门规定环境民事公益诉讼的程序。立法层面搭建完备后，环境公益诉讼进入社会实践，但并没有出现“井喷”。

北京四中院是全国首批跨行政区划法院之一，受案范围涵盖北京市范围

内重大环境资源保护案件。该院民事审判庭庭长马军介绍，自 2015 年 7 月 23 日受理北京市首例社会组织提起的环境民事公益诉讼案件，到 2016 年 12 月 27 日受理北京市首例检察机关提起的环境民事公益诉讼案件，目前已经受理 10 起环境民事公益诉讼案件。

原告主体方面，根据法律和司法解释规定，提起环境民事公益诉讼的主体包括有权提起诉讼的机关和有关组织。目前，在北京四中院提起环境民事公益诉讼的社会组织有中国生物多样性保护与绿色发展基金会、北京市朝阳区自然之友环境研究所、中华环境保护基金会，提起环境民事公益诉讼的检察机关为北京市人民检察院第四分院。被告主体方面，涉及从资源开发、产品加工生产、房地产开发到汽车制造销售、酒店服务、物业管理企业、学校以及个人等不同主体。

在这两年间，全国法院共受理环境民事公益诉讼 137 件，其中社会组织提起环境民事公益诉讼 112 件，检察机关提起环境民事公益诉讼 25 件。"北京四中院审理的环境民事公益诉讼数量居全国首位。四中院发现，这些案件有以下特点：案件呈阶段性增长趋势，涉诉案件类型广泛，诉讼主体多元化，案件大多涉及鉴定，鉴定周期长。"马军说。

据马军介绍，北京四中院受理的环境民事公益诉讼以涉及大气污染和土地水资源环境污染为主，案件审理周期长。"污染环境、破坏生态的损害后果及恢复方案均涉及专业技术和对生态环境修复的系统性工程，相关鉴定评估工作十分复杂，鉴定取证检测难度大，具体工作量大，人力、物力、时间和技术投入均要求高，因此导致案件鉴定周期长。"马军说。

污染环境与破坏生态的行为认定与恢复治理均涉及专业化的环境鉴定。从目前受理案件分析，鉴定内容主要集中在以下三个方面：第一，损害环境事实的鉴定：在污染环境方面包括污染物种类、排放方式、排放量、污染环境面积、深度以及污染损害程度数据；在破坏生态方面包括的功能变化评估，如水文、植被和整体生态系统的变化等。第二，侵权行为对环境和社会公共利益造成的损害后果及赔偿鉴定：侵权人行为与上述损害事实之间的因果关系；在实施行为期间对环境以及社会公共利益造成的具体损害后果；对于污染环境、破坏生态行为造成今后一定时期内环境功能的损害；与损害后果相应的赔偿。第三，消除危险、恢复原状等与替代性修复方案鉴定：侵权人如何采取停止侵害、排除妨碍、消除危险的合理预防、处置措施及费用；恢复原状的方案及费用；不能完全修复情况下替代性修复方案及费用的评估鉴定。污染环境、破坏生态的损害后果及恢复方案均涉及专业技术和对生态环境修复的系统性工程，相关鉴定评估工作十分复杂，鉴定取证检测难度大，具体工作量大，人力、物力、时间和技术投入均要求高，因此导致案件鉴定周期长。

北京四中院建议：加强涉及环境民事公益诉讼的预防性诉讼立案和惩罚性赔偿制度研究，设立服务于公益的专项管理基金，建立完善公益赔偿功能与修复功能相结合的制度。

就惩罚性赔偿而言，在一般民事诉讼中，惩罚性赔偿因被告往往要承担高于实际损失的责任，故遏制侵权的功能显著。但我国法律对惩罚性损害赔偿的规定仅限于《消费者权益保护法》《产品质量法》《食品安全法》中，环境民事公益诉讼无法适用惩罚性赔偿，只能适用补偿性赔偿。“由于环境损害发生之初无法评估其后果的严重性，而且修复成本随时间发生变化，损害往往不能得到完全赔偿。”

北京四中院建议在环境民事公益诉讼中引入惩罚性赔偿，发挥预防、遏制环境侵权的作用，并建议成立专项公益诉讼赔偿管理基金进行赔偿费用管理，设立监管组织，将惩罚性赔偿与补偿性赔偿的款项统一管理、使用，建立完善公益赔偿功能与修复功能相结合的制度。此外，北京四中院还建议加强涉及环境鉴定标准方面的立法、增加环境鉴定机构。

另外，建议结合检察机关提起公益诉讼试点工作，总结试点期间经验成果，加强对检察机关提起环境民事公益诉讼的审判问题研究。

2015 年 7 月 1 日，第十二届全国人大常委会第十五次会议通过《全国人民代表大会常务委员会关于授权最高人民检察院在部分地区开展公益诉讼试点工作的决定》明确授权最高人民检察院在生态环境和资源保护、国有资产保护、国有土地使用权出让、食品药品安全等领域开展提起公益诉讼试点，北京属于试点地区。

此后，最高人民检察院颁布《人民检察院提起公益诉讼试点工作实施办法》，最高人民法院颁布《人民法院审理人民检察院提起公益诉讼案件试点工作实施办法》，上述规定进一步明确了检察院作为提起公益诉讼的主体。作为检察机关提起的公益诉讼，因属于新类型重大案件，而且涉及环境污染、破坏生态、食药安全等领域，与地方经济发展、企业生产经营紧密相关，常常受到地方利益影响，具有通过跨区划管辖解决“主客场”和地方保护的现实需求。检察机关提起公益诉讼的试点期到 2017 年 7 月 1 日结束，对于今后检察机关提起民事公益诉讼，一方面需要完善立法提供相应法律依据；另一方面需要总结检察机关提起公益类型案件试点期间的经验成果，对审判实践中遇到的程序与实体问题加强研究。

三、人民法院报：环境民事公益诉讼，这家法院受理数量全国居首

本报讯（记者　马玲）　今天上午，在“世界环境日”之际，北京市第四中级人民法院召开新闻通报会，公开通报该院两年来环境民事公益诉讼审理情况，向社会发布案件情况。

作为全国首家在省、直辖市采取跨区划立案受理公益诉讼案件的法院，北京四中院受理北京市范围内社会组织提起的各类型环境民事公益诉讼案件。据该院民庭庭长马军介绍，目前，北京四中院已经受理环境民事公益诉讼案件 10 件，在环境民事公益诉讼数量上居全国之首，案件受理呈阶段性增长趋势，具有涉诉案件类型广泛、诉讼主体多元化、案件鉴定周期长的特点。

在审理过程中，北京四中院加强立案受理和释明工作，建立“立、审衔接的绿色公益诉讼通道”；建立完善保障有关机关、社会组织、公众参与公益诉讼的机制；加强司法告知功能的发挥，督促行政部门及时采取有效治理措施；加大公益诉讼司法公开力度，严格按照法律规定将调解或和解协议内容公告不少于三十日，并将法院最终出具的调解书内容公开。

据了解，在今年 3 月底评选出的“2016 年中国十大公益诉讼”中，北京四中院有三起案件入选，两件环境民事公益诉讼，一件消费民事公益诉讼。其中，备受关注的因“毒跑道”事件引发的全国首例校园环境民事公益诉讼，即中国生物多样性保护与绿色发展基金会与北京市朝阳区刘诗昆万象新天幼儿园的环境民事公益诉讼，最终以调解方式结案。

北京四中院还通过调解推动多家案件以外的幼儿园拆除塑胶跑道，而且全面及时拆除污染源，恢复生态环境原状，执行到位，并通过公益捐款这种创新形式承担社会责任，取得了良好的社会效果。

四、北京商报：北京环境公益诉讼高速增长

北京商报讯（记者　蒋梦惟　实习记者　杨宏伟）6月5日为“世界环境日”，当日，北京市第四中级人民法院针对环境民事公益诉讼审理情况举办了通报会。会上，北京四中院民事审判庭庭长马军指出，北京四中院自2015年受理了北京首例社会组织提起的环境民事公益诉讼案件以来，此类案件出现了阶段性增长。截至目前，该院已受理此类案件10起，受理数居全国之首。马军还指出，目前，此类案件的处理，还面临生态环境鉴定机构稀缺，难以承担行政司法审判的实际需求及过高的鉴定费用由谁支付有待解决的双重困境。

据马军介绍，在15年之前，此类案件的数量在全国仅有几例，在北京为零。但15年之后，此类案件的数量进入了一个高速增长期，出现这种状况的原因，一方面，在于2014年《环境保护法》推出之后，我国真正建立了环境公益诉讼制度和相关审批制度；另一方面，在于社会对环境问题重视程度的加深。社会对环境污染零容忍的态度，使14年甚至更早的历史遗留环境问题也被提起诉讼。

针对处理环境公益诉讼案件的情况，马军表示，生态环境鉴定机构缺乏，难以承担行政、司法审判实际需求是环境公益诉讼目前面临的一大困境。对此，为满足环境司法的需要，马军建议尽快增设环境鉴定机构，建立完善环境鉴定机构名册并在全国分级设立国家与地方专家库。同时，还要加强鉴定机构准入与退出的审核标准，并对机构加强司法需求培训，确保环境鉴定的质量与效率。

北京市第四中级人民法院
执行财产处置辅助系统上线仪式发布会

时　间：2017 年 11 月 21 日

地　点：北京市第四中级人民法院新闻发布厅

发布人：时任北京市第四中级人民法院党组书记、院长　孙　力

主持人：北京市第四中级人民法院执行局局长　张　卫

北京市第四中级人民法院
关于执行财产处置辅助系统上线使用情况的通报

为提高执行财产处置效率，全面维护当事人合法权益，北京四中院根据执行工作实际需求，依托现有数字技术，由京东提供大数据支持，开发该系统，属北京法院的首个尝试。

一、北京四中院执行财产处置辅助系统研发的背景

在十二届全国人大四次会议上，周强院长代表最高人民法院向全国人民作出了“用两到三年时间基本解决执行难问题”的庄严承诺，“基本解决执行难”这一艰巨的任务摆在了面前。2017 年是“基本解决执行难”工作的关键之年、攻坚之年、见效之年，也是北京法院“基本解决执行难”工作的最后一年，四中院要在有限的时间里，把阻碍执行难问题解决的“关卡”各个击破，确保全面实现对全国人民的承诺。

当前在全球范围内，运用大数据推动经济发展、完善社会治理、提升政府服务和监管能力，已成为发展的大趋势。网络强国战略和大数据战略是以习近平总书记为核心的党中央作出的重大部署。最高人民法院院长周强也指出，“要顺应大数据时代要求，积极运用互联网思维，不断加强和完善法律数

据智能化开发与应用”。2016年，最高人民法院提出建设“智慧法院”并制定了五年发展规划。司法改革和信息化建设是人民司法事业发展的“车之两轮、鸟之两翼”，为积极落实最高人民法院建设“智慧法院”的重大部署，作为本市第一批整建制综合改革试点法院，四中院立足于跨行政区划法院职能定位，积极探索借助网络大数据推进执行信息化建设，助力执行难问题的解决。

在司法实践中，被执行人财产变现难是执行难问题的一个重要表现。四中院执行案件中，金融借款合同纠纷案件和涉外商事案件占绝大多数，这类案件标的额巨大，且多数案件被执行人身处外省市，多数案件涉及被执行人财产的变现，待变现标的物也多在外省市，其处置难度之大，成为四中院解决执行难问题的一大阻碍。随着大数据时代的到来，如何适应互联网信息技术发展带来的机遇，充分挖掘司法大数据可能具有的超凡价值，为法院涉案财产的处置提供可供参考的依据，进入考量范围。

二、四中院司法拍卖辅助系统研发的必要性

首先，拍品评估难。根据相关法律规定，法院对涉案财产进行变现处理时，应当首先采取拍卖的方式，而涉案财产的评估又是司法拍卖的必备前置环节。目前，北京法院通过系统摇号的方式，随机确定有相应资质的评估机构对拟变现财产进行价格评估。在司法实践中，评估机构收费较高、评估期限过长、评估价格浮动较大等问题，一定程度上影响了涉案财产的变现效率。比如，四中院拟处置的一批在建商品房，其评估价格远远高于当前市场价格，经一拍、二拍降价后仍高于市场价格，最终导致流拍。目前，四中院拟对该套房产进行第二轮拍卖，处置期限的拉长，很大程度上影响了当事人合法权益的实现。

其次，拍品定价难。根据当前法律规定，一拍起拍价可以在评估价或市场价的70%以内进行确定。为提高拍品的成交率，拍品的一拍起拍价往往低于评估价格或市场价格。一拍起拍价的确定一般由执行法官在评估价的基础上，参照市场价格、类似物品成交情况以及当事人意见等进行确定。但在司法实践中，部分市场信息难以收集或法官掌握不全面，一方面大大增加了法官的工作量，难以实现执行工作高效性；另一方面还可能因信息不全面，导

致一拍起拍价的确定缺乏根据，进而影响拍卖程序的公平、公正。

最后，拍品推广难。对申请执行人来说，提起诉讼不仅仅是为了胜诉，最终目的还是确保胜诉权益的实现，具体到涉案财产变现问题上，就是确保拍品能够得以有效推广，增加竞买人数量，提高拍品的处置效率，尽快实现其胜诉权益。但在司法实践中，法院将待处置财产信息发布到网络拍卖平台后，社会民众只能自行前往平台查看拍品的相关信息，网拍平台的推广渠道尚未拓宽，拍品信息未能个性化推广至有相应购买力的人群；执行法院推广渠道也较窄，往往是通过法院内部推广平台或渠道进行推送，受众范围较小，致使部分拍品因推广范围较小、围观度低等原因，最终流拍。

三、北京四中院执行财产处置辅助系统上线运行的重要意义

（一）有利于进一步规范涉案财产处置工作

“智能评估”模块根据涉案财产的属性、现状，通过相应大数据平台分析，快速对涉案财产进行价格评估，对评估机构出具的评估报告进行一定程度的补充、修正，进而规范价格评估工作的开展；“拍卖预测”模块在评估价格的基础上，结合待处置财产的状态、相似市场交易情况，预测第一次拍卖起拍价，为执行法官确定一拍价格提供较为科学的参考，防范定价不规范风险，规范网络司法拍卖工作，进而推动执行工作向着更加规范、更加透明的方向发展。

（二）有利于提高涉案财产的处置效率

对于不需要委托评估机构进行价格评估的待变现财产，辅助系统结合财产本身情况，综合分析相似物品大数据，进而对待变现财产进行快速价格评估，并提供较为客观、合理的一拍价格，这大大节省了案件价格评估、定价的时间，提高了该类财产的处置效率。此外，该系统借助京东公司自有的庞大客户群体，根据客户不同喜好和自身经济实力，将待处置财产个性化地推广至相应客户，帮助执行法院进行大数据营销，这不仅极大拓宽了待处置财产的推广范围，还使产品推介更具有针对性，有利于提高待处置财产的成交率，进而提高案件的执行效率。

（三）有利于维护当事人的合法权益

当事人参与涉案财产的处置工作，对于司法处置工作的开展有一定监督作用。为推进网络司法拍卖工作更加公开、透明，确保当事人全程参与涉案财产处置工作，辅助系统一键形成二维码并发送至当事人手机，当事人扫描二维码即可进入拍品信息页面，案件相关信息及待处置财产状况、评估价格、拟起拍价格以图文方式呈现，页面还设置有“建议留言”模块，当事人可以对上拍价格提出建议，这种方式既简洁实用又方便安全，充分保障了当事人在涉案财产处置工作中的知情权和“话语权”，实现了财产处置全程可控、可视、可沟通，有效维护了当事人合法权益。

（四）有利于提升司法资源利用率

辅助系统作为虚拟“第三人”，通过大数据分析与应用，很大程度上分担了法官大量的重复性事务工作，体现了大数据在服务当事人、服务法院、服务干警等方面的作用和价值，有助于将法官从事务性工作中解脱出来，提升司法资源利用率，保障执行工作更加规范、高效开展。

2017 年是“基本解决执行难”的关键之年、攻坚之年、见效之年，破解执行财产处置难无疑将极大地助力“基本解决执行难”目标的实现。四中院将以“北京四中院执行财产处置辅助系统”上线运行为契机，开拓新思路，探索新方法，继续探索将执行工作真正融入大数据时代，积极构建解决执行难工作新格局。

一、经济日报：北京四中院执行财产处置辅助系统上线运行

经济日报北京 2017 年 11 月 22 日讯（记者　李万祥）　为提高执行财产处置效率，全面维护当事人合法权益，“北京四中院执行财产处置辅助系统”11 月 21 日正式上线运行。这一系统属北京法院的首个尝试，可集中解决从价

格评估到执行财产成交程序中一系列实际问题，有效提高了执行财产处置工作规范化和执行财产处置效率。

作为跨区划法院，北京四中院执行案件中，金融借款合同纠纷案件和涉外商事案件占比较高，且呈现标的额巨大，待处置财产数量多，多分散于外省市等特点。目前，依托互联网技术，执行财产的查询和控制难题已经得以有效缓解，但执行财产处置这最后一个关键环节却被诸多实际问题“拖慢步伐”。

经济日报·中国经济网记者了解到，在司法实践中，执行财产处置过程常面临拍品评估周期长、评估价格起伏大、拍品定价难、推广难等问题，很大程度上降低了执行财产处置效率，也是北京四中院着力破解执行难的关键一环。

不断加强和完善法律数据智能化开发与应用是破解执行难的突破点。作为北京市第一批整建制综合改革试点法院，北京四中院立足于跨行政区划法院职能定位，积极探索借助网络大数据推进执行信息化建设，开发执行财产处置辅助系统，将执行财产处置程序中的评估、拍卖预测及信息告知、拍品推广、法规查询等功能集于一体。该系统以服务当事人和辅助法官为总体方向，让当事人在执行财产处置过程中充分感受到执行程序的公开、公平、公正。

其中，“智能评估”模块依托网络大数据建设的各类商品数据平台，根据执行财产的价格特点，综合参考其自身现状、产权及该类财产市场价、历史成交量等因素，对执行财产进行实时评估。如待处置房产，仅需几秒钟时间，系统就能得出相对客观、贴近市场价格的预评估价格，一定程度上解决了评估周期长、评估价格与市场价格差距较大等问题，进一步规范执行财产价格评估工作的同时，为今后价格评估模式的创新提供新思路、新方向。

在智能评估的基础上，“拍卖预测”模块建立拍卖预测模型，并智能匹配相似财产的起拍价、成交价、拍卖次数、拍卖时间等数据，经测算给出一个较为客观的建议起拍价，为执行法官最终确定起拍价格提供较为科学的参考依据，既有助于提高执行财产处置工作的规范性，又能确保拍卖程序更加公平、公正，还为待处置执行财产进入市场提前预热。

通过该系统“信息告知”模块，可以一键形成二维码并发送至当事人手机，当事人扫描二维码即可进入拍品信息页面，案件相关信息及待处置财产状况、评估价格、拟起拍价格以图文方式呈现，页面还设置有“建议留言”模块，当事人可以对上拍价格及其他事项提出建议，不仅方便当事人快速、便捷获取相关案件执行财产基本信息、评估信息，及时知晓涉案财产处置的相关进展，还便于其反馈对拟拍卖财产的定价建议，让当事人“话语权”落地有声，确保执行财产处置流程更加公开、透明、规范。

二、法制日报：北京法院首个执行财产处置辅助系统上线：几秒钟算出待处置财产预评估价

本报讯（记者　黄洁）　今天上午，北京市第四中级人民法院执行财产处置辅助系统正式上线运行。这套系统可实现对诉讼拍卖财产的智能评估定价，将有效提高执行财产处置工作规范化、执行财产处置效率。据悉，这是北京法院系统首个上线的执行财产处置辅助系统。

作为一家跨区划法院，北京四中院受理的执行案件中，金融借款合同纠纷案件和涉外商事案件占比较高，这些案件呈现出标的额巨大、待处置财产数量多且多分散于外省市等特点，执行财产处置过程中，常面临拍品评估周期长、评估价格起伏大、拍品定价难等问题，很大程度上降低了执行财产处置效率。执行财产处置辅助系统为处置执行财产提供了智能化、全方位评估定价工具。

执行财产处置辅助系统集评估、拍卖预测及信息告知、拍品推广、法规查询等功能于一体。记者从现场演示中看到，借助系统“智能评估”模块，仅几秒钟便得出一所待处置房产贴近市场价格的预评估价格。

据北京四中院相关负责人介绍，“智能评估”模块依托大数据下的各类商品数据平台，根据执行财产的价格特点，综合参考其自身现状、产权及该类财产市场价、历史成交量等因素，可实现对执行财产的实时评估，一定程度上解决了评估周期长、评估价格与市场价格差距较大等问题。在智能评估的基础上，“拍卖预测”模块建立起拍卖预测模型，智能匹配相似财产的起拍价、成交价、拍卖次数、拍卖时间等数据，经测算给出较为客观的建议起拍价，为执行法官最终确定起拍价格提供较为科学的参考依据。

除此之外，法官还可借助系统的“信息告知”模块一键形成二维码，发

送至当事人手机。当事人扫描二维码即可进入拍品信息页面，案件相关信息及待处置财产状况、评估价格、拟起拍价格等都将以图文方式呈现。页面设置有建议留言模块，当事人可以对上拍价格及其他事项提出建议，从而快速、便捷地获取相关案件执行财产基本信息、评估信息，及时知晓涉案财产处置进展，确保执行财产处置流程更加公开、透明、规范。系统还具备拍品推介功能，可根据客户不同喜好和自身经济实力，将待处置财产个性化地推广至相应客户，拓宽待处置财产的受众范围，提高法院执行财产处置效率及溢价率。

北京四中院相关负责人说，执行财产处置辅助系统就像法院与当事人之间的客观虚拟“第三人”，让执行工作更加公开、公平、公正，也体现出大数据在服务当事人、服务法院方面的作用和价值，对于提升司法资源利用率，保障执行工作更加规范、高效开展，具有较好的推动作用。

三、北京日报：法院上线执行财产处置辅助系统

本报讯（记者　王谌）　昨日，“北京四中院执行财产处置辅助系统”正式上线运行，这套北京法院首个执行财产处置辅助系统，借助大数据等现代化信息技术手段提高财产处置效率，破解执行难，全面维护当事人合法权益。

作为跨行政区划法院，四中院执行案件中，金融借款合同纠纷案件和涉外商事案件占比较高，且呈现标的额巨大、待处置财产数量多、多分散于外省市等特点。目前，依托互联网技术，执行财产的查询和控制难题已经得到有效缓解，但执行财产处置常被拍品评估周期长、评估价格起伏大、定价难、推广难等问题“拖慢步伐”。

执行财产处置辅助系统包括“智能评估”“拍卖预测”“法规查询”“信息告知”“拍品推广”五大模块。“智能评估”模块依托各类商品大数据平台，综合参考执行财产的现状、产权及该类财产市场价、历史成交量等因素，实时评估，规范执行财产价格评估。“拍卖预测”模块建立拍卖预测模型，测算出较为客观的建议起拍价，为执行法官最终确定起拍价格提供较为科学的参考依据，确保拍卖程序更加公平、公正。“法规查询”模块解析执行案件涉及的法律、法规及拍卖财产信息，自动计算税费、购买资质与购买限制查询、

购买风险识别。“信息告知”模块可以形成二维码并发送至当事人手机，当事人扫描二维码即可查询案件相关信息及待处置财产状况、评估价格、拟起拍价格，并设置“建议留言”功能，保障当事人的知情权和话语权。“拍品推广”模块借助庞大的网络客户群体，将待处置财产个性化地推广至相应客户，拓宽待处置财产的受众范围，破解法院待处置执行财产社会关注度低乃至“无人问津”的困境。

四中院相关负责人表示，该系统作为法院与当事人之间的客观虚拟“第三人”，将使执行工作更加公开、公平、公正，体现了大数据在服务当事人、服务法院方面的作用和价值，有助于提升司法资源利用率，保障执行工作更加规范、高效开展，推动“基本解决执行难”目标的实现。

四、北京晚报：四中院上线运行“执行财产处置辅助系统”：智能评估房屋拍卖价仅需几秒钟

本报讯（记者　张宇）　为提高执行财产处置效率，全面维护当事人合法权益，今天上午，“北京四中院执行财产处置辅助系统”正式上线运行。据悉，这一系统是北京法院的首个尝试。一套待处置房产，仅需几秒钟时间，系统就能得出相对客观、贴近市场价格的预评估价格。

司法实践中，执行财产处置过程常面临拍品评估周期长、评估价格起伏大、拍品定价难、推广难等问题。北京四中院根据执行工作实际需求，依托现有数字技术，由京东公司提供大数据支持，开发该系统，将执行财产处置程序中的评估、拍卖预测及信息告知、拍品推广、法规查询等功能集于一体。

“智能评估”模块依托网络大数据建设的各类商品数据平台，根据执行财产的价格特点，综合参考其自身现状、产权及该类财产市场价、历史成交量等因素，对执行财产进行实时评估。如待处置房产，仅需几秒钟时间，系统就能得出相对客观、贴近市场价格的预评估价格。

在智能评估的基础上，“拍卖预测”模块可给出一个较为客观的建议起拍价，为执行法官提供较为科学的参考依据。“拍品推介”模块则借助庞大的网络客户群体，根据客户不同喜好和自身经济实力，将待处置财产个性化地推广至相应客户，破解法院待处置执行财产社会关注度低乃至“无人问津”的困境。

北京市第四中级人民法院
走私刑事案件审判白皮书新闻通报会

时　间：2017 年 12 月 21 日

地　点：北京市第四中级人民法院新闻发布厅

发布人：北京市第四中级人民法院刑庭庭长　王　靖

主持人：北京市第四中级人民法院司法服务办公室负责人　杨晋东

北京市第四中级人民法院
关于走私刑事案件审判白皮书内容的通报

四中院作为全国首批跨行政区划法院之一，自建院以来积极落实中央改革部署，集中管辖北京市走私刑事案件。随着我国改革开放和国际交往的不断深入，一些企业和个人为了中饱私囊，在对外贸易中想尽各种方法偷逃税款，造成了国家税款大量流失，还有的不法分子公然违反法律和海关监管制度，铤而走险，将法律明令禁止入境的物品以各种方式走私进口，破坏社会秩序。近年来，随着互联网经济、国际物流业务的发展，走私犯罪呈现一些新特点，犯罪手段日益翻新，使得案件审理出现了一些新问题，犯罪形势的变化和发展对人民法院刑事审判工作提出了新要求。为了更好地总结审判工作经验，有效预防和惩治走私犯罪行为，维护首都市场经济秩序，四中院对 2015 年至 2017 年第三季度北京市走私刑事案件的审理情况进行了全面梳理，分析案件特点和规律，明确裁判思路，总结经验做法，在此基础上形成了《走私刑事案件审判白皮书》，于今天正式公开发布。

一、审理走私刑事案件的基本情况

2015 年 1 月 1 日至 2017 年 9 月 30 日，四中院受理刑事一审案件共计 84

件，其中走私案件为51件，占一审案件总数的60.7%。受理的走私案件共涉及走私珍贵动物、珍贵动物制品罪，走私普通货物、物品罪，走私毒品罪和走私国家禁止进出口的货物、物品罪4个罪名，其中走私珍贵动物、珍贵动物制品案件28件，占一审案件总数的33.33%；走私普通货物、物品案件13件，占比15.47%；走私毒品案件9件，占比10.71%；走私国家禁止进出口的货物、物品案件1件，占比1.19%。共计对10余个被告单位和54名自然人被告判处刑罚，对5名自然人被告免除刑事处罚。在判刑的被告人中，判处实刑的为30人，判处缓刑的为24人。

二、审理走私刑事案件的主要特点和原因分析

第一，走私珍贵动物制品案件占较大比重，犯罪手段以隐藏或伪装后“行李夹带”通关为主，犯罪动机多样。

从受理的走私珍贵动物制品案件情况看，犯罪对象包括象牙、犀牛角、穿山甲片、玳瑁、棕熊胆及狼牙等。从行为方式上看，以隐藏或伪装后“行李夹带”为主，行为人将锡纸包裹的动物制品藏匿在行李箱的酒盒、奶粉桶、暖水瓶、钢管等盒状物或管状物中，或隐藏在改装后的用铁板覆盖的行李箱底部，也有的行为人直接把整根象牙绑在身上，外穿羽绒服隐藏。从年龄、职业、文化层次和经济收入上看，被告人的年龄主要集中在40岁上下，文化层次较低，大多在国外务工谋生，回国前在该国购买或受赠珍贵动物制品，后在北京首都机场通关时被查扣。这些案件中，被告人的犯罪动机多数为将珍贵动物制品携带进境后转手牟利，少数为馈赠亲友、个人收藏等，个别案件由于证据原因，犯罪动机难以准确查明。随着国际交往的日益深入，外出务工、留学、旅游人员越来越多，预计今后此类以“行李夹带”等常见方式走私珍贵动物制品的案件，仍会占据相当比重，也说明保护生物多样性和生态安全任务的长期性和艰巨性。

第二，走私普通货物、物品案件主要发生在民营企业的对外贸易活动中，犯罪手段多样且隐蔽性强。

走私普通货物、物品案件的被告主体以公司企业为主，自然人为辅，其中多数被告单位为民营企业。在审结的13件案件中，除了2件是被告人回国时帮助国内朋友捎带物品，1件是以假退运的形式携带琥珀原石入境以外，其

余10件案件均为被告单位在贸易往来中，为降低经营成本而实施走私活动。此类案件中，行为人普遍采用的手段是在货物进口环节，向海关伪报货物品名、数量、价格等，逃避海关监管，偷逃应缴关税。为了达到伪报的目的，被告人通常采用伪造外贸合同、货物发票、运单、箱单等报关单据的方式欺骗海关。还有的企业，为了达到逃避关税的目的，向报关代理公司隐瞒真实的货物交易价格，利用代理企业的报关行为进行走私活动。实践中，海关仅通过核查单据很难发现其中的问题，由于售货方为境外企业，相关核实工作也存在很大困难。除上述常见的走私方式外，自然人走私普通物品的行为方式通常是将走私物品藏匿在行李箱内，不向海关申报，从而达到偷逃应缴税款的目的。

第三，走私毒品案件的犯罪人以外籍人员为主，走私手段包括贴身藏匿、人体藏匿、改装设备藏匿等，毒品数量和纯度普遍较高。

审结的9件走私毒品案的被告人有8人是外国人，其中7人来自非洲国家，仅有1人是中国人。犯罪手段方面，被告人大多采用贴身藏匿和人体藏匿毒品的方式走私进境，如将毒品藏在所穿用的鞋底内、身体隐私部位内等。还有的案件，被告人将毒品藏匿于经过改装的仪器设备中，利用国际物流寄递走私出境。毒品的数量和含量方面，单起案件的走私毒品数量较大，纯度较高，除一件走私362.8克甲基苯丙胺纯度为19.5%以外，其他均为900克以上的海洛因或甲基苯丙胺，最高为8328克甲基苯丙胺，纯度从47.8%到82.5%不等。

第四，审判阶段的律师辩护率较高，为开展刑事案件律师辩护全覆盖试点工作奠定基础。

长期以来，四中院高度重视被告人辩护权的保障工作，被告人没有委托辩护人的，对于法律规定应当通知法律援助机构指派律师为其辩护的，严格依照法律规定办理；对于法律规定可以通知法律援助机构指派律师为其辩护的，坚持尽可能通过法律援助机构为其指定辩护人。特别是刑事案件认罪认罚从宽制度试点工作开展以来，对于自愿如实供述自己的犯罪，同意适用认罪认罚从宽制度的被告人，一律通知法律援助机构指派律师为提供辩护。在审理的三大类走私刑事案件中，58名自然人被告中有44人有律师为其辩护，审判阶段律师辩护率达75.86%，其中走私毒品案件律师辩护率达到100%。辩护律师广泛参与刑事审判，一方面有效保障了被告人的合法权益；另一方面也有力促进了刑事诉讼结构的平衡，为推进以审判为中心的诉讼制度改革、开展刑事案件律师辩护全覆盖试点工作奠定了坚实基础。

第五，审判阶段违法所得的追缴到位率较高，三大类案件的财产刑执行到位率相差较大。

审结的走私珍贵动物制品案和走私毒品案的涉案赃物在审判阶段已全部追缴到位，走私普通货物、物品案所造成的国家税款损失已全部挽回。走私案件赃物、赃款追缴比例较高，一方面源于案件特点和查获方式，在走私案件中，走私现场当场查获的比例很高，其中走私珍贵动物制品和走私毒品几乎均属此种情形，走私普通货物、物品案中也有少量属于这种情形，即走私对象在侦查之初即处于侦查机关控制之下。另一方面与司法机关重视该项工作有关，近年来，公检法三机关不断加大刑事案件的追赃减损工作力度，建立了相关工作机制，加强彼此之间的协调配合。在审判阶段，为提高判决执行率，注重做好被告人的说服教育工作，促使其主动退缴违法所得，及时将审判中发现的赃款赃物线索移送侦查机关，督促侦查机关加大追赃力度。此外，走私案件中被告人认罪悔罪比例较高、部分被告单位具备退缴违法所得的经济能力、海关对涉嫌犯罪人的保证金制度等也是违法所得追缴到位率高的重要原因。

在财产刑的执行方面，三类走私犯罪的情况差异较大，其中走私普通货物、物品案件在审判阶段的罚金执行到位率达83%，走私珍贵动物制品案的罚金执行到位率近40%，而走私毒品案件所判处的财产刑均未执行到位。原因在于，走私珍贵动物制品案及走私普通货物、物品案中，大部分被告人能够认罪、悔罪，多数被告人能在宣判前积极预缴罚金，而走私毒品案件的被告人大多为外籍人员，个人财产状况难以查明，审判阶段均未发现可供执行的个人财产。

三、四中院刑事审判工作机制和主要做法

在审理走私类刑事案件过程中，四中院严格贯彻证据裁判原则，准确认定案件事实，正确适用法律。实践证明，走私类刑事案件的审理已初步取得了良好的法律效果和社会效果，具体表现在几类审判指标上，如当庭宣判率高、律师辩护率高、犯罪所得追缴和罚金刑执行到位率高、上诉率低以及无

抗诉案件、无被改判案件、无被发回重审案件和无申诉信访案件等。工作机制和主要做法是：

第一，统一和明确裁判标准，坚持证据裁判原则，确保案件经得起历史检验。

为了统一和明确走私案件的证据认定标准，四中院与市检四分院就案件证据标准问题多次交换意见，并通过个案的证据审查和认定，使法检两家在常见走私案件证据规格和标准方面形成统一认识。在审判中坚持证据裁判原则，严格执行法定证明标准。一是对于证据之间存在矛盾的案件不勉强下判，而是注重分析矛盾产生的原因，通过庭后核实、听取专家意见等工作去伪存真，增强内心确信。二是重视对有关珍贵动物制品价值标准的规范性文件的解读，对与上述文件内容不符的价值鉴定意见不予采信。三是坚持“疑点利益归属被告人”的原则，对存疑事实作出有利于被告人的认定。

第二，严格证据标准，积极推动珍贵动物制品物种鉴定检验规范化。

动物制品的物种属性是走私珍贵动物及其制品案件的关键证据，也是控辩双方争议的焦点之一。在四中院集中管辖此类案件前，涉案珍贵动物制品的种属检验意见多由我国濒危物种科学委员会出具，虽然该委员会是我国履行《濒危野生动植物种国际贸易公约》的科学机构，在濒危野生动植物保护领域具有很高的权威性，但其不属于司法鉴定机构。为了确保案件质量，四中院着手推动物种鉴定的规范化：一是明确了物证鉴定机构的鉴定资质是鉴定意见证明效力的前提，对于涉案物种属性问题原则上均应委托有鉴定资质的机构进行鉴定。二是考虑工作的延续性，制订了分阶段推动的方案。对于过渡期内侦查终结的案件，辩护方未提出质疑，且其他证据能够佐证的，可以濒危物种科学委员会出具的检验意见作为认定物种的依据；对于过渡期后受理的案件，均应委托有鉴定资质的机构出具鉴定意见；辩护方对鉴定意见提出质疑且有合理理由的，应当组织重新鉴定检验或通知作出原鉴定意见的鉴定人员出庭接受控辩双方的质询。三是充分利用首都科研优势，发挥专家意见对鉴定结论客观性的佐证作用，确保案件裁判经得起历史检验。

第三，强化以庭审为中心，推进庭审实质化，提高当庭宣判率。

四中院制定出台了《刑事审判合议庭运行规则》，对刑事案件的受理、庭前会议、法庭调查和辩论、案件评议、审理报告和裁判文书的制作和签发等内容进行了明确规范，强化了庭审在事实调查、证据采信和法律适用中的决定性作用。实践中，对于事实清楚、争议不大且被告人认罪的，做到当庭宣判；对于被告人不认罪或部分事实有待进一步查清的，待补充完善证据后，也应争取实现当庭宣判。在已审结的走私案件中，走私普通货物、物品案件当庭宣判率达到46.15%；走私毒品案件达到33.33%；走私珍贵动物制品案件达到25%。

第四，积极开展认罪认罚从宽制度试点工作，切实贯彻宽严相济刑事政策。

四中院将被告人认罪的走私刑事案件列为适用认罪认罚从宽制度的重点之一，规范合议庭的审查职责，简化庭审程序。对于事实清楚、被告人当庭确认适用认罪认罚制度的案件，庭审讯问予以简化；庭审质证时，采取集中质证或分组质证的方式简化质证程序。同时，规范了裁判文书的简化方式。自开展试点工作以来，已适用认罪认罚从宽制度审结走私珍贵动物制品案件2件，审限均在一个月以内，且均为当庭宣判，宣判后被告人均未上诉。

第五，规范院庭长审判管理权监督权的行使，积极落实院庭长办案制度。

规范审判管理权、监督权的行使方式，取消院庭长直接听取案件汇报的制度，提出院庭长对个案处理所提的个人建议仅供审判组织参考，对审判组织如何作出裁判没有当然的约束力。近三年来，除审判委员会讨论决定的案件外，院庭长对其未直接参加审理案件的裁判文书不进行审核签发，也不再以口头指示、旁听合议、文书送阅等方式变相审批案件，审结的全部走私刑事案件，均由审判组织独立作出裁判，裁判文书亦由审判长签发，真正实现了审判组织独立行使审判权。积极落实院庭长办案制度，近三年来，院庭长独立承办的刑事案件占全部刑事案件的20%以上，切实发挥了院庭长作为资深法官的引领示范作用。

一、新京报：四中院发布《走私刑事案件审判白皮书》，梳理各类型走私犯罪特点

新京报（记者　王巍）　旅行社导游小曾带团出国工作，其间帮领导将

一块名表从瑞士带回国，在进关时并未申报并被海关查获，小曾后被法院认定构成走私普通物品罪，虽免予刑事处罚，但小曾所携带的名表遭到没收。

昨天上午，作为“专审”走私案的四中院发布《走私刑事案件审判白皮书》披露，类似小曾这样通过行李夹带的形式闯关，已经成为走私普通物品的一个主要手段。

行李夹带成走私常用方式

自2015年起，北京四中院负责管辖海关所属公安机关侦查的走私类刑事案件。昨天上午，北京四中院对外发布《走私刑事案件审判白皮书》（以下简称白皮书），对两年来51件走私案的特点类型进行归纳总结。

白皮书对2015年1月1日至2017年9月30日，四中院受理的51起一审走私刑事案件统计显示，此类案件分为三大类：其中走私珍贵动物、珍贵动物制品案件28件，占一审案件总数的33.33%；走私普通货物、物品案件13件，占比15.47%；走私毒品案件9件，占比10.71%；走私国家禁止进出口的货物、物品案件1件，占比1.19%。

新京报记者注意到，根据白皮书的梳理，个人走私普通物品的方式，通常是将走私物品藏匿在行李箱内，以达到逃避海关监管，偷逃应缴税款的目的。法院相关人士则透露，导游、领队带团时伺机夹带超限额奢侈品回国，已成为走私普通货物案比较显著的手段。

导游走私可能“人财两空”

“在走私普通物品的案件中，我们发现不少是导游携带奢侈品，在未申报的情况下过关”，四中院法官翟长玺介绍说。

据了解，近年来，导游代购带货“闯关”被行政处罚乃至追究刑事责任的案件屡见不鲜，很多人对此类案件的严重程度不以为意，但是，类似案件判决援引的法律规定显示，利用导游领队等职务便利带货，除了可能构成走私普通物品罪以外，还可能断送“职业生涯”。

根据刑法规定，虽然部分走私罪因为情节轻微而免予刑事处罚，但法院会根据不同情况对被告人予以训诫、具结悔过，或者道歉赔偿，以及行政部门给予行政处分，某些“因利用职业便利实施犯罪”可能会被在三年至五年内禁止从业。

同时，走私普通货物、物品，偷逃应缴税额在10万元以上不满50万元的，即被认定"偷逃应缴税额较大"，在没有其他从轻减轻情节的情况下，便会被判处三年以下有期徒刑或者拘役，并处偷逃应缴税额一倍以上五倍以下罚金。

案例 导游携名表"闯关"逃税15万元

未进行申报构成走私罪；免予刑事处罚，名表被没收

2015年11月初，作为某旅行社有限公司出境领队的小曾，带领旅行团赴欧洲多国旅游。行程期间，小曾接到公司同事一通电话，委托小曾到瑞士一表行帮助公司的总经理取1块手表，并不需要小曾支付任何费用。

小曾按照同事给的地址，到该表行找到联系人将手表取走，并未支付任何费用。2015年11月17日，小曾携带该块手表从荷兰阿姆斯特丹转机抵达北京首都国际机场。入境时，小曾选择无申报通道通关，未向海关申报任何物品，海关关员在其手提行李中将该块手表查获。

经鉴定，该手表的品牌为理查德米勒（RICHARD MILLE），是全新的真品。经北京海关关税处计核，该手表偷逃税款人民币15万余元。随后，涉案手表被扣押在北京海关缉私局。小曾被以涉嫌走私普通物品罪公诉至法院。

四中院对该案进行审理时认为，小曾违反海关法规，逃避海关监管，携带物品入境时，偷逃应缴税额较大，其行为已构成走私普通物品罪，北京市人民检察院第四分院指控被告人小曾犯走私普通物品罪罪名成立。

鉴于小曾在入境被查获后，首都机场海关缉私分局仅对其进行了询问并扣留了手表，后北京海关缉私局将该案以刑事案件立案后，经电话传唤，小曾主动到案，并如实供述了主要犯罪事实，其行为符合自首的要件；此外，小曾事前没有和他人预谋走私，仅是在国外临时受托，为公司领导带物品回国，从中亦没有获利，社会危害性较小，且犯罪情节轻微，故可依法对曾某免予刑事处罚。

法院判决小曾构成走私普通物品罪，虽然未判处其实刑，但法院判决扣押在北京海关缉私局的理查德米勒（RICHARD MILLE）牌手表，被予以没收。

分　析

为“面子”走私珍贵动物制品

据介绍，根据白皮书分析，走私珍贵动物犯罪手段以隐藏或伪装后“行李夹带”通关为主，此类犯罪被告人以赴海外务工人员为主，在犯罪过程中，被告人一方面，存在很强的侥幸心理，他们知道入境是要接受严格的安检，但认为只要采取特殊包装和隐藏，比如锡纸包装，就可以通过X光机的检查；另一方面，此类案件的被告人犯罪动机有两种，一种是认为象牙等动物制品珍贵，在国内可以卖出高价，另一种则是认为回国后将这些物品送给亲友“很有面子”。

走私普通物品者女性占多数

根据白皮书统计，截至2017年9月30日，四中院审理走私普通货物、物品案13件，10件为单位犯罪，3件为自然人犯罪。所有因走私涉案的被告人中，男性为8人，女性为10人，大学以上学历8人。可以发现此类案件多为长期从事海外贸易和国际品牌的代理企业，单位犯罪的动机往往是为了降低成本，自然人在此类案件中的犯罪动机，就包括导游领队或者代购，随身携带部分高价的奢侈品入境而不申报，这些物品，往往被藏匿在行李箱内逃避监管。

二、法制晚报：北京四中院：走私刑事案件珍贵动物及制品案占比最多

本报讯（记者　周蔚）　北京第四中级人民法院作为全国首批跨行政区划法院之一，集中管辖北京市走私刑事案件。

2017年12月21日上午，北京四中院召开新闻发布会，正式对外发布《走私刑事案件审判白皮书》及八个典型案例。

数据：走私珍贵动物、珍贵动物制品案件最多

2015年1月1日至2017年9月30日，四中院受理刑事一审案件共计84件，其中走私案件为51件，占一审案件总数的60.7%。受理的走私案件共涉及走私珍贵动物、珍贵动物制品罪，走私普通货物、物品罪，走私毒品罪和

走私国家禁止进出口的货物、物品罪 4 个罪名，其中走私珍贵动物、珍贵动物制品案件 28 件，占一审案件总数的 33.33%；走私普通货物、物品案件 13 件，占比 15.47%；走私毒品案件 9 件，占比 10.71%；走私国家禁止进出口的货物、物品案件 1 件，占比 1.19%。

共计对 10 余个被告单位和 54 名自然人被告判处刑罚，对 5 名自然人被告免除刑事处罚。在判刑的被告人中，判处实刑的为 30 人，判处缓刑的为 24 人。

手段：以隐藏或伪装后“行李夹带”通关为主

从受理的走私珍贵动物制品案件情况看，犯罪对象包括象牙、犀牛角、穿山甲片、玳瑁、棕熊胆及狼牙等。

从行为方式上看，以隐藏或伪装后“行李夹带”为主，行为人将锡纸包裹的动物制品藏匿在行李箱的酒盒、奶粉桶、暖水瓶、钢管等盒状物或管状物中，或隐藏在改装后的用铁板覆盖的行李箱底部，也有的行为人直接把整根象牙绑在身上，外穿羽绒服隐藏。

从年龄、职业、文化层次和经济收入上看，被告人的年龄主要集中在 40 岁上下，文化层次较低，大多在国外务工谋生，回国前在该国购买或受赠珍贵动物制品，后在北京首都机场通关时被查扣。

在走私毒品案件中，犯罪人以外籍人员为主，走私手段包括贴身藏匿、人体藏匿、改装设备藏匿等，毒品数量和纯度普遍较高。

此外，走私普通货物、物品案件主要发生在民营企业的对外贸易活动中。

保障：走私毒品案件律师辩护率达到 100%

长期以来，四中院高度重视被告人辩护权的保障工作。特别是刑事案件认罪认罚从宽制度试点工作开展以来，对于自愿如实供述自己的犯罪，同意适用认罪认罚从宽制度的被告人，一律通知法律援助机构指派律师为提供辩护。

在审理的三大类走私刑事案件中，58 名自然人被告中有 44 人有律师为其辩护，审判阶段律师辩护率达 75.86%，其中走私毒品案件律师辩护率达到 100%。辩护律师广泛参与刑事审判，一方面有效保障了被告人的合法权益；另一方面也有力促进了刑事诉讼结构的平衡，为推进以审判为中心的诉讼制度改革、开展刑事案件律师辩护全覆盖试点工作奠定了坚实基础。

机制：强化以庭审为中心，推进庭审实质化，提高当庭宣判率

在审理走私类刑事案件过程中，四中院严格贯彻证据裁判原则，准确认定案件事实，正确适用法律。

实践中，对于事实清楚、争议不大且被告人认罪的，做到当庭宣判；对于被告人不认罪或部分事实有待进一步查清的，待补充完善证据后，也应争取实现当庭宣判。在已审结的走私案件中，走私普通货物、物品案件当庭宣判率达到46.15%；走私毒品案件达到33.33%；走私珍贵动物制品案件达到25%。

宣判后被告人表示认罪服判、不上诉的分别占比为71.43%、92.31%和88.89%；涉案赃物或偷逃的税款在审判阶段已全部追缴；走私珍贵动物制品案件和走私普通货物、物品案件的罚金刑在审判阶段的执行到位率分别达39.13%和82.48%。

近三年来，在该院审结的走私刑事案件中，无被抗诉案件、无被改判案件、无被发回重审案件和无申诉信访案件。

三、民主与法制网：北京四中院发布《走私刑事案件审判白皮书》八大案例归纳走私刑事案件之特性

本网讯（记者 刘瑜） 核心提示：作为全国首批跨行政区划法院之一，北京市第四中级人民法院（以下简称北京四中院）在集中管辖北京海关所属的公安机关侦查的走私类刑事案件的过程中，积极开展大数据分析，注重调研新情况新问题。

作为全国首批跨行政区划法院之一，北京四中院在集中管辖北京海关所属的公安机关侦查的走私类刑事案件的过程中，积极开展大数据分析，注重调研新情况新问题。2017年12月21日上午，北京四中院召开新闻发布会，正式对外发布《走私刑事案件审判白皮书》及八个典型案例，归纳了当前首都走私刑事案件的共性和特性，探索了审判实践新问题的解决路径，总结了

较为成熟的经验做法，对促进今后走私刑事案件审理的规范化具有重要参考意义，为维护首都市场经济秩序营造了良好司法环境。

发布会上，通报了四中院在审理走私刑事案件中总结的基本情况、案件特点和原因分析、审理中发现的问题和裁判思路，以及该院刑事审判工作机制和经验做法。

在对 2015 年 1 月 1 日至 2017 年 9 月 30 日的走私刑事案件四大类二十六项数据统计分析的基础上，四中院发现，近年来走私刑事案件呈现以下五个主要特点：一是走私珍贵动物制品案件占较大比重，犯罪手段以隐藏或伪装后“行李夹带”通关为主，犯罪动机多样。二是走私普通货物、物品案件主要发生在民营企业的对外贸易活动中，犯罪手段多样且隐蔽性强。三是走私毒品案件的犯罪人以外籍人员为主，走私手段包括贴身藏匿、人体藏匿、改装设备藏匿等，毒品数量和纯度普遍较高。四是审判阶段的律师辩护率较高，为开展刑事案件律师辩护全覆盖试点工作奠定基础。五是审判阶段违法所得的追缴到位率较高，走私珍贵动物制品，走私普通货物、物品和走私毒品三大类案件的财产刑执行到位率相差较大。

据介绍，针对以上走私刑事案件所体现出的特点及审理中发现的问题，该院依法履行刑事审判职责，采取了一系列行之有效的措施，促进了审判质效的不断提升。主要做法包括：一是统一和明确裁判标准，坚持证据裁判原则，确保案件经得起历史检验。二是严格证据标准，积极推动珍贵动物制品物种鉴定检验规范化。三是强化以庭审为中心，推进庭审实质化，提高当庭宣判率。四是积极开展认罪认罚从宽制度试点工作，切实贯彻宽严相济刑事政策。五是规范院庭长审判管理权监督权的行使，积极落实院庭长办案制度。六是建立“侦控辩审”四方联席会议机制，共同推进以审判为中心的刑事诉讼制度改革。

数据显示，通过以上审判机制方式的落实，走私刑事案件的审理已初步取得了良好的法律效果和社会效果。如律师辩护率达 75.86%，其中走私毒品案件的律师辩护率达 100%；三大类走私案件的当庭宣判率分别达到 25%、46.15% 和 33.33%，宣判后被告人表示认罪服判、不上诉的分别占比为 71.43%、92.31% 和 88.89%；涉案赃物或偷逃的税款在审判阶段已全部追缴；走私珍贵动物制品案件和走私普通货物、物品案件的罚金刑在审判阶段的执行到位率分别达 39.13% 和 82.48%。近三年来，在该院审结的走私刑事案件中，无被抗诉案件、无被改判案件、无被发回重审案件和无申诉信访案件。

北京四中院希望能以此白皮书的发布为契机，加强审判机制创新，深入研究分析当前走私刑事案件的新情况，厘清相关法律问题，解决审理中的难题。四中院也将继续深化推进以审判为中心的刑事诉讼改革，坚持优质高效的专业化审判，为维护首都和谐稳定作出新的贡献。

四、中国新闻网：北京四中院通报近三年走私案件：走私动物制品占比大

中新网12月21日电（记者　汤琪　冷昊阳）　北京市第四中级人民法院21日发布的一份白皮书介绍，2015年1月1日至2017年9月30日，该院受理的刑事一审案件超6成为走私案件，其中，走私珍贵动物制品等案件占较大比重。

21日上午，北京四中院发布《走私刑事案件审判白皮书》，对2015年至2017年第三季度北京走私刑事案件的审理情况进行了梳理，分析案件特点和规律。

据介绍，近年来，随着互联网经济、国际物流业务的发展，走私犯罪呈现出一些新特点，犯罪手段日益翻新，使案件审理出现了一些新问题，犯罪形势的变化和发展对人民法院刑事审判工作提出了新要求。

据了解，北京四中院作为全国首批跨行政区划法院之一，集中管辖北京市走私刑事案件。2015年1月1日至2017年9月30日，四中院受理刑事一审案件共计84件，其中走私案件为51件，占一审案件总数的60.7%。

记者注意到，受理的走私案件共涉及走私珍贵动物、珍贵动物制品罪，走私普通货物、物品罪，走私毒品罪和走私国家禁止进出口的货物、物品罪4个罪名。

其中，走私珍贵动物、珍贵动物制品案件28件，占一审案件总数的33.33%；走私普通货物、物品案件13件，占比15.47%；走私毒品案件9件，占比10.71%；走私国家禁止进出口的货物、物品案件1件，占比1.19%。

白皮书显示，走私珍贵动物制品案件占较大比重，犯罪手段以隐藏或伪装后“行李夹带”通关为主，犯罪动机多样。

例如，行为人将锡纸包裹的动物制品藏匿在行李箱的酒盒、奶粉桶、暖水瓶、钢管等盒状物或管状物中，或隐藏在改装后的用铁板覆盖的行李箱底部，也有的行为人直接把整根象牙绑在身上，外穿羽绒服隐藏。

值得注意的是，白皮书还介绍称，走私普通货物、物品案件所有涉案的自然人被告人共计 18 人，女性占到 10 人，且文化层次相对较高。为此，北京四中院相关负责人对媒体解释说，这与此类案件多位单位犯罪案件直接相关，特别是在一些长期从事海外贸易或国外品牌的代理企业中，法定代表人、实际负责人、高级管理人员的文化层次普遍较高，而其中女性占比较高，特别是这些企业中负责报关业务的职员大多为女性。

北京市第四中级人民法院
掌上智慧法院平台上线发布会

时　间： 2018 年 1 月 10 日

地　点： 北京市第四中级人民法院新闻发布厅

发布人： 北京市第四中级人民法院党组成员、副院长　程　琥

主持人： 北京市第四中级人民法院司法服务办公室负责人　杨晋东

北京市第四中级人民法院
关于掌上智慧法院平台功能情况的通报

北京四中院掌上智慧法院平台上线运行，属北京法院的首个尝试。该平台综合应用人工智能、微信多路实时视频通话、人脸语音识别等多项领先技术，实现了网上调解、在线立案、微信庭审、举证质证、电子送达、卷宗借阅等在线诉讼服务和远程审判全流程办案，最大限度降低了跨区域案件诉讼成本，真正实现了“让数据多跑路，让群众少跑腿”。

一、北京四中院推进掌上智慧法院建设的基本考虑

司法改革与信息化建设是人民法院发展的“车之双轮、鸟之双翼”。北京四中院作为整建制综合改革试点法院，建院以来始终注重在推进司法改革的同时将信息化建设作为提升审判质效、深化改革成果、服务人民群众的重要途径，顺应现代科学技术发展趋势，一手抓深化司法体制改革，一手抓现代科技应用，努力实现科技应用与司法实践的深度融合。今天向大家发布的掌上智慧法院是北京四中院信息化建设的重要成果，推进掌上智慧法院建设，主要有以下几方面考虑。

一是顺应人民群众对阳光司法便民司法的需求。掌上智慧法院不仅给身

处外地的当事人带来诉讼上的便利，也为本地当事人提供了更加多样化的诉讼服务。如“立案释明”栏目总结了北京四中院成立以来人民群众咨询频率较高的问题进行展示，“类案智推”功能支持当事人在诉前通过输入关键词或口语化案情描述查询类案，预判案件结果，并推送匹配的法律知识。这些功能都是以云计算为基础，人工智能为抓手，既可以为案件当事人提供全程诉讼支持，又能为普通老百姓提供有效的知识服务，满足人民群众多元化的司法需求。

二是满足跨行政区划法院审判事业发展的需要。北京四中院作为全国首批跨行政区划法院，按照中央和市委改革部署，努力在“跨”字上做文章，发挥跨区法院在服务保障京津冀协同发展中的积极作用。去年，经最高人民法院指定，北京四中院管辖天津铁路运输法院审理的环境保护行政诉讼上诉案件，跨区划管辖案件迈出了坚实的一步。随着案件管辖范围的不断扩展，面临的首要问题就是当事人与法院距离较远可能带来的诉讼不便利。依托掌上智慧法院，可以实现远程补正、远程询问、远程开庭等功能，最大限度降低因跨区划案件管辖给当事人带来的诉讼不便利问题，为跨区法院审判事业发展奠定基础。

三是适应现代科学技术发展对审判工作的要求。现代科技发展日新月异，既给审判工作带来便利，有效提升了审判质效，又给审判工作带来新的挑战，使审判工作面临新的形势和机遇。北京四中院开发应用掌上智慧法院，正是基于对当前科学技术发展给审判工作带来深刻变化的判断，基于智慧法院建设集成化、融合化发展的新需求，将审判工作和司法行为数字化、电子化、网络化，使智慧法院借助微信平台实现便携化，确保智慧法院建设成果更加贴近当今广大人民群众的生活，更易于大家接受和使用。

二、北京四中院掌上智慧法院的主要功能及设计特点

北京四中院掌上智慧法院平台包括“微诉平台”和“掌上四中”，利用微信强大的联结能力可为当事人、律师、人大代表、人民陪审员等各个相关群体提供兼具同质化和个性化的移动司法服务。

“微诉平台”结合北京四中院作为跨行政区划法院的具体实际开发的全流程网上办案平台，可提供类案智推、在线调解、电子送达、微信庭审、卷宗

借阅等多项服务，为未来跨区划行政案件的在线审理奠定基础。“掌上四中”着重针对北京四中院案件审理特点，定制开发的个性化服务平台，包括法院信息指南、司法信息公开、特色诉讼服务在内的三大类二十余项个性化应用服务，大大提升当事人网上诉讼体验。其中，法院信息指南部分包括北京四中院概况、组织机构、法官信息、官方微信、位置导航等个性服务；特色诉讼服务部分主要提供行政案件网上预约立案、远程补正、身份验证、立案释明等定制服务；司法信息公开部分提供案件查询、判决文书查询、庭审直播等特色应用服务。

在平台设计上，北京四中院智慧法院平台具有“四全”特色，即实现了办案流程全覆盖、服务群体全覆盖、先进技术全覆盖、权威资源全覆盖。

一是办案流程全覆盖。针对跨区划案件审理特点，在安全可控的前提下支持在线诉讼服务和远程审判全流程办案，实现全流程网上办理系统内闭环数据流转，确保在线诉讼和审判工作的系统性、衔接性和完整性，为对接外省审判系统奠定了坚实的平台化基础。主要提供网上调解服务、在线立案、案件缴费、微信庭审、举证质证、电子送达、卷宗借阅等服务。

二是服务群体全覆盖。智慧法院平台依托微信这个国内最大的社交平台实现，服务群体面广量大，且该平台还针对当事人、法官、律师、人大代表等不同群体提供方便实用的特定功能。尤其，该平台不仅适用于普通群体，还适用于行动不便的老龄群体、伤残群体等特殊群体，充分体现出平台的包容性、普适性和友好性。

三是先进技术全覆盖。北京四中院智慧法院平台在具体技术实现上，依托于以腾讯公司为代表的国内多家知名公司，采取联合建设的方式，博采众长，集各方优势于一体，综合应用人工智能、大数据、云计算、生物识别、微信多路实时视频通话、自然语言处理、语音识别、知识图谱、深度学习等多项业内领先技术，确保服务项目的先进性、科学性和智能性。

四是权威资源全覆盖。智慧法院平台对接的数据资源，为全球最大的中文法律知识数据集成平台——法信产品，该产品在业内具有无可争议的权威性。智能的技术＋权威的数据，确保了智慧法院服务项目的权威性、精准性和实用性，这在类案推送及法律知识检索服务中体现得尤为明显。

三、北京四中院掌上智慧法院的服务特色

北京四中院掌上智慧法院平台，在设计实现过程中对不同群体进行了大量调研工作，确保在功能实现上紧密贴合法官、律师、当事人等各方群体实际需求，充分发挥平台的服务功能。尤其是，平台对面广量大的当事人群体而言，其服务功能更是具有“四省”特色，即操作简单很省心、便捷高效很省时、减轻诉累很省力、降低成本很省钱。

一是操作简单很省心。平台提供全流程在线诉讼服务，且相关功能模块简单明了易操作，当事人无须担心不清楚诉讼流程，仅从模块名称就能清楚明了相关服务功能，并随时启动操作。特别是平台提供的类案精准推送服务，对广大法律知识欠缺的群体而言，尤为实用，不必为不清楚相关法律知识而费心。当事人只需通过输入关键词或口语化案情描述查询类案，平台就可智能推送类案判决结果及匹配的法律知识，便于当事人了解类案判决情况。

二是便捷高效很省时。诉讼服务全流程网上办理，突破了天气情况、健康状况、时空因素等限制，当事人足不出户，就可在移动端随时随地、一键启动“全天候”诉讼服务，十分便捷。此外，网上诉讼连续流程间的时间间隔为“零等待”，可降低诉讼当事人的时间成本。尤其是远程补正、身份验证等服务，相较于传统诉讼流程，极为便捷高效，大幅缩短了办理时程。

三是减轻诉累很省力。平台提供的全流程网上诉讼服务，减轻了当事人在传统诉讼过程中的多次奔波之苦。平台提供的行政案件网上预约立案、远程补正、身份验证等北京四中院首创的特色诉讼服务，更是有效减轻了当事人诉累，真正实现“让数据多跑路，让群众少跑腿”，充分体现了司法改革精神和法院服务的人性关怀。

四是降低成本很省钱。在跨区划案件的传统诉讼过程中，当事人往往需要频繁往返两地甚至多地，不仅要承受身体上的劳累，还要遭受金钱上的损失，而北京四中院智慧法院提供的全流程网上诉讼服务，可让当事人足不出户就能完成诉讼全程，大大降低其诉讼成本，有效提升其获得感。

北京四中院将在现有基础上，继续融合移动网站、微信公众号、支付宝服务等多个服务入口，进一步拓展诉讼服务渠道，尝试提升多场景下的业务应对模式，加强个性化服务定制，引入语音交互方式，对接智能客服系统，

深入研究跨域审判业务联动，为社会公众、诉讼当事人、法官、律师、人大代表、政协委员以及人民陪审员、外部专家等各个群体提供更多便捷服务，更好地应用现代科学技术推动跨区法院审判工作的开展。

一、经济日报：北京法院：掌上智慧法院助力跨区法院发展“让群众少跑腿”

经济日报北京2018年1月10日讯（记者　李万祥）　北京市第四中级人民法院掌上智慧法院平台1月10日上线运行。今后，通过微信公众号平台，当事人足不出户，就可在移动端随时随地、一键启动“全天候”诉讼服务。据悉，这属北京法院的首个尝试，以后将在北京所有法院推广。

据介绍，该平台综合应用人工智能、微信多路实时视频通话、人脸语音识别等多项领先技术，实现了网上调解、在线立案、微信庭审、举证质证、电子送达、卷宗借阅等在线诉讼服务和远程审判全流程办案，最大限度降低了跨区域案件诉讼成本，实现了“让数据多跑路，让群众少跑腿”。

北京四中院掌上智慧法院平台包括“微诉平台”（全称“法信微诉平台”）和“掌上四中”，可为当事人、律师、人大代表、人民陪审员等各个相关群体提供兼具同质化和个性化的移动司法服务。如类案精准推送服务，网友只需通过输入关键词或口语化案情描述查询类案，平台就可智能推送类案判决结果及匹配的法律知识，便于快速了解类案判决情况。

据悉，2017年10月，经最高人民法院指定，北京四中院管辖天津铁路运输法院审理的环境保护行政诉讼上诉案件，跨区划管辖案件迈出了重要的一步。掌上智慧法院实现了远程补正、远程询问、远程开庭等功能，这将最大限度降低因跨区划案件管辖给当事人带来的诉讼不便问题，为跨区法院审判事业发展奠定基础。

二、北京日报：首个掌上智慧法院上线

本报讯（记者 王谌） 昨日，四中院“掌上智慧法院”平台上线运行，这是本市首个“掌上智慧法院”。该平台提供全流程网上诉讼服务，能够最大限度降低跨区域案件诉讼成本。

四中院副院长程琥介绍，作为全国首批跨行政区划法院，四中院案件管辖范围的不断扩展，面临的首要问题就是当事人与法院距离较远可能带来的诉讼不便利，“掌上智慧法院”可以实现远程询问、远程开庭等功能。掌上智慧法院平台包括“微诉平台”和“掌上四中”两大板块。“微诉平台”可实现全流程网上办案，提供类案智推、在线调解、电子送达、微信庭审、卷宗借阅等多项服务。“类案智推是一大特色，该功能支持当事人在诉前通过输入关键词或口语化案情描述查询类案，预判案件结果，并推送匹配的法律知识。为普通老百姓提供有效的知识服务，满足人民群众多元化的司法需求。”程琥说。

“掌上四中”提供个性化服务，包括法院信息指南、特色诉讼服务、司法信息公开在内的三大类二十余项个性化应用服务。其中，特色诉讼服务主要提供行政案件网上预约立案、身份验证、立案释明等定制服务；司法信息公开部分提供案件查询、判决文书查询、庭审直播等特色应用服务，顺应人民群众对阳光司法、便民司法的要求。

三、北京青年报：北京首家掌上智慧法院平台上线 最大限度降低跨区域案件诉讼成本法院公众号可实现微信视频庭审

本报讯（记者 李铁柱） 北京四中院微信公众号又添新功能。1 月 10 日上午，北京市第四中级人民法院正式上线“北京四中院掌上智慧法院”平台，该平台实现了网上调解、在线立案、案件缴费、微信庭审、举证质证、电子送达、卷宗借阅等在线诉讼服务和远程审判全流程办案，40 余项功能最大限度降低了跨区域案件诉讼成本，真正实现“让数据多跑路，让群众少跑腿”。据了解，这也是北京首家掌上智慧法院。

视频开庭　庭审内容实时转化为文字

四中院是全国首批跨行政区划法院以及北京市首批整建制改革试点法院，主要受理以北京市各区人民政府为被告的行政案件等。去年 10 月，经最高法指定，四中院开始管辖天津铁路运输法院审理的环境保护行政诉讼上诉案件。随着案件管辖范围的不断扩展，面临的首要问题就是当事人与法院距离较远可能带来的诉讼不便利。

北京青年报记者点击进入四中院微信公众号后看到，在公号界面下方，有两个入口，分别是“微诉平台”和“掌上四中”。

北京四中院副院长程琥介绍，“微诉平台”将提供类案智推、在线调解、电子送达、微信庭审、卷宗借阅等多项服务，为未来跨区划行政案件的在线审理奠定基础。通过掌上智慧法院，实现了远程补正、远程询问、远程开庭等功能，最大限度降低因跨区划案件管辖给当事人带来的诉讼不便问题，为跨区法院审判事业发展奠定基础。

以远程开庭为例，根据现场人员的演示，原被告通过视频和验证码双重验证，便可进入视频庭审中，开庭过程中，法官、原被告三方的语音可以实时转化为文字。

行政案件可网上预约立案

选择类案智推时，网友只需通过输入关键词或口语化案情描述查询类案，平台就可智能推送类案判决结果及匹配的法律知识，便于快速了解类案判决情况。

“掌上四中”则着重针对四中院目前案件审理特点，定制开发包括法院信息指南、司法信息公开、特色诉讼服务在内的三大类二十余项个性化应用服务。

其中，特色诉讼服务主要提供行政案件网上预约立案、远程补正、身份验证、立案释明等定制服务。当事人足不出户，就可以利用手机启动诉讼服务。

司法信息公开部分提供案件查询、判决文书查询、庭审直播等特色应用服务。

当事人足不出户可完成诉讼全程

程琥介绍，针对跨区划案件审理特点，掌上智慧法院支持在线诉讼服务和远程审判全流程办案，主要提供网上调解服务、在线立案、微信庭审、举证质证、电子送达、卷宗借阅等服务。

同时，依托微信平台，针对当事人、法官、律师、人大代表等不同群体及行动不便的老龄、伤残等特殊群体提供方便实用的特定功能。

“在跨区划案件的传统诉讼过程中，当事人往往需要频繁往返两地甚至多地，不仅要承受身体上的劳累，还要遭受金钱上的损失，而四中院智慧法院提供的全流程网上诉讼服务，可让当事人足不出户就能完成诉讼全程，降低诉讼成本。”程琥说。

四、新京报：北京四中院微信实现审判流程“在线化” 在京津冀打官司从此少跑腿

新京报（记者 王巍） 作为跨行政区划的北京四中院微信公众号依托人工智能技术，构建微诉平台，首次实现类案智推、立案、举证、审判、送达、卷宗借阅等全流程在线服务，最大限度地降低因跨区划案件管辖给当事人带来的诉讼不便问题，为跨区法院审判事业发展奠定基础。

今日（1月10日）上午，北京四中院掌上智慧法院平台上线运行，属北京法院的首个尝试。该平台综合应用人工智能、微信多路实时视频通话、人脸语音识别等多项领先技术，实现了网上调解、在线立案、微信庭审、举证质证、电子送达、卷宗借阅等在线诉讼服务和远程审判全流程办案，最大限度地降低了跨区域案件诉讼成本，真正实现了“让数据多跑路，让群众少跑腿”。

掌上智慧法院平台包括“微诉平台”（全称“法信微诉平台”）和“掌上四中”，利用微信强大的联结能力为当事人、律师、人大代表、人民陪审员等各个相关群体提供兼具同质化和个性化的移动司法服务。

“微诉平台”是人民法院出版社结合四中院作为跨区划行政法院实际开发的全流程网上办案平台，为未来跨区划行政案件的在线审理奠定基础。

2017年10月26日，经最高人民法院指定，北京四中院管辖天津铁路运

输法院审理的环境保护行政诉讼上诉案件，跨区划管辖案件迈出了重要的一步。通过掌上智慧法院，实现了远程补正、远程询问、远程开庭等功能，最大限度降低因跨区划案件管辖给当事人带来的诉讼不便问题。

“掌上四中”是着重针对四中院目前案件审理特点，定制开发的个性化服务平台，包括法院信息指南、司法信息公开、特色诉讼服务在内的三大类二十余项个性化应用服务。其中，特色诉讼服务部分主要提供行政案件网上预约立案、远程补正、身份验证、立案释明等定制服务；司法信息公开部分提供案件查询、判决文书查询、庭审直播等特色应用服务，大大提升当事人网上诉讼体验。

北京市第四中级人民法院
环境民事公益诉讼新闻通报会

时　间：2018 年 6 月 5 日

地　点：北京市第四中级人民法院新闻发布厅

发布人：时任北京市第四中级人民法院党组书记、院长　孙　力

主持人：北京市第四中级人民法院民庭庭长　马　军

北京市第四中级人民法院
关于环境民事公益诉讼审理情况的通报

自党的十八大首次将“建设美丽中国”作为党的执政理念提出以来，生态文明建设作为治国理政的重要方面，越来越受到各方面的重视，“绿水青山就是金山银山”的理念已经深入人心。今年 5 月 18 日至 19 日，全国生态环境保护大会召开，习近平总书记出席会议并发表重要讲话，强调要“坚决打好污染防治攻坚战，推动生态文明建设迈上新台阶”，将“用最严格制度最严密法治保护生态环境”作为新时代推进生态文明建设的六条原则之一。

北京四中院作为全国首批跨行政区划法院集中管辖审理本市跨地区的重大环境资源保护第一审案件，在审理环境民事公益诉讼案件过程中高度重视落实中央关于生态文明建设各项决策部署，立足审判职责，着力以案件审判维护美丽中国建设成果，引导环境保护水平的不断提升。

自 2015 年以来，北京四中院共计受理环境民事公益诉讼案件数量 16 件，其中社会组织提起诉讼的 13 件，检察机关提起诉讼的 3 件。从各年此类案件受理数量分布情况看，2015 年受理 1 件，2016 件受理 9 件，2017 年受理4 件，2018 年至今受理 2 件。

从受理案件的主体分析，2015 年至 2016 年 12 月前仅有社会组织作为原告起诉。自 2015 年 7 月起，最高人民检察院开展了为期两年的改革试点工

作，2016年12月27日，市检四分院向四中院提起北京市第一起环境民事公益诉讼。2017年6月27日，全国人大常委会审议通过修改民事诉讼法和行政诉讼法的决定，检察机关提起公益诉讼制度正式建立。截至目前，四中院受理由检察机关提起的民事公益诉讼案件共计4件，其中3件是环境民事公益诉讼，1件是食品药品消费民事公益诉讼。

从案件审理过程看，环境民事公益诉讼审理主要呈现以下三方面特点：

第一，案件类型不断丰富，凸显社会公众环保意识不断增强。目前，北京四中院受理的该类案件包括大气污染、固体废物污染、土壤污染、水污染、校园环境污染、生产排放气体污染等各类纠纷，除这些传统污染纠纷外，还有一些新类型案件涉及保护领域更加广泛，诉讼内容涉及对环境产生影响的产品生产、制造、销售、网络交易平台、线下服务等诸多环节，受理案件类型体现了广泛性、新颖性、时代性的特点，如受理的重庆市绿色志愿者联合会诉上海拉扎斯信息科技有限公司、北京小度信息科技有限公司、北京三快科技有限公司等公益诉讼案件，涉及美团外卖、饿了么、百度外卖的三大互联网外卖平台所涉一次性筷子、塑料制品、外卖垃圾给生态环境造成的影响，体现了互联网服务发展和消费转型带来的环境保护新要求。

第二，环境鉴定成为环境民事公益诉讼审理的关键环节，具有较强复杂性和专业性。在环境民事公益诉讼案件审理中，环境鉴定是关系案件审理进度和质量的重要一环，也是环境公益诉讼与其他案件相比较为特殊的一点。环境鉴定主要涉及三方面专业内容：一是对破坏生态、污染环境事实的鉴定；二是对生态环境和社会公共利益造成的损害后果及赔偿鉴定；三是对生态环境的修复方案或者替代性修复方案进行鉴定。环境鉴定过程的复杂远超想象，例如，在某一起案件的审判中就涉及地质、土壤、植被、水文、野生生物、湿地、重金属浓度、洪水调蓄功能等内容。而其中仅对湿地植被的鉴定，就要分析沉水植物、浮水植物和挺水植物以及湿生植物的状况等。为确保鉴定结果科学准确，鉴定机构需要在不同季节，数次到现场采样、勘察、分析。

针对环境鉴定工作存在的上述特点，北京四中院主要开展了三方面工作，以保证鉴定工作的高效有序开展：一是根据生态环境特点研究确定鉴定内容和委托事项。除当事人提出的争议焦点问题外，全面根据大气污染、土地污染、生物植物破坏等类型进行区分，对综合性污染做到全覆盖，对发现的新生态环境污染情况及时提出，针对污染类型和可修复特点进行责任分析和修复赔偿鉴定；二是突出生态环境的现场勘验，充分调取生态环境鉴定材料。每一起环境案件法官都要到现场观察勘验，主持鉴定机构的鉴定取样，不但保证鉴定依据的合法性，也增强了法官对环境损害程度的判断；三是加强环境鉴定的专业对接与鉴定要求沟通。环境鉴定涉及委托事项从损害结果、污染程度、成因分析、责任认定、因果关系、修复方案、恢复周期、功能损失、替代性方案、赔偿数额、健康影响等诸多内容，法官为一起鉴定常常需要多次甚至数十次与鉴定专家沟通交流，保证了生态环境专业评估和司法审判工作的有效衔接。

第三，环境民事公益诉讼的特殊性推动了审判方式的创新发展。由于环境民事公益诉讼具有一系列自身特殊性，北京四中院在案件审理中针对此类案件特点深化推动审判机制创新，注重环境审判与环境治理相结合，充分发挥案件审判对环境保护的示范引领和推动作用。

在审判程序方面。北京四中院建立了“环境案件立、审、执衔接绿色公益诉讼通道”，做到环境公益诉讼“四同步”：一是立案后同步即将案件材料转到审判庭，使审判庭可根据案件情况向原告了解案情，并及时采取相应的环境保护措施；二是立案后通过报纸公告同步向社会公众公告受理环境案件情况、告知社会组织可参与或支持环境公益诉讼；三是立案后同步向行政主管部门发出公益诉讼告知书，督促行政主管部门采取措施；四是立案后同步采取保全措施，第一时间到涉及生态环境损害现场进行调查，掌握破坏生态、污染环境的第一手资料，保全环境证据，防止环境损害持续扩大。

在保全措施方面。北京四中院经过充分研究论证，2017 年首次在环境民事公益诉讼中适用行为保全制度，主动依职权在开庭审理前采取行为保全措施，赋予环境公益诉讼预防和禁止持续污染的效力。法院对污染环境行为采取保全措施，不仅考虑企业污染环境的现状，更多考虑对今后污染行为可能发生的预防治理，预防性地采取行为保全措施，以获得环境保护和治理的最大效益。

在处理方式方面。为督促污染者主动承担社会责任，北京四中院优先选择调解方式处理案件，在许多案件中，通过法院工作，被告积极主动履行环境保护义务，主动承担修复环境的责任。在修复环境的方式上，北京四中院正在探索多元化的途径，以期更有利于保护环境、增益环境。

鉴于环境公益诉讼案件审理中存在的上述特点，北京四中院在审理这类案件过程中，坚持和把握了以下几方面原则，确保案件审理效果：

一是坚持保护优先、预防为主原则，积极主动作为，落实对社会公共利益的最大保护。在公益诉讼案件审理中，对于污染环境、破坏生态可能发生或已经具有损害社会公共利益重大风险的行为，及时采取停止侵害、消除危险的措施，对将要发生的污染破坏行为予以预防，对正在发生污染破坏行为予以制止，满足对社会环境公共利益的最大保护。在判决时，以预防性裁判的方式防止损害公共利益的重大风险行为再次发生。例如，在刚才这个案件中，企业虽然已经停止喷涂、焊接等产生漆雾和有机废气的生产经营活动，并表示今后坚决杜绝类似污染的再次发生，但法院仍然按照法律规定对其具有损害公共利益的重大风险行为作出了预防性裁判。

二是明确区分行政责任与民事责任，确定了民事责任的承担。污染环境的行为常会导致同时符合承担行政责任与民事责任的情形，根据《侵权责任法》规定，侵权人因同一行为应当承担行政责任或者刑事责任的，不影响依法承担侵权责任。例如，刚才这起案件中，企业造成大气污染环境损害的行为已被行政主管部门作出行政处罚决定，予以查封、罚款，上述行政责任的承担，不影响法院判决侵权人依法承担环境侵权的民事责任。

三是严格按照《人民陪审员法》规定，充分发挥人民陪审员作用，保障司法民主。《人民陪审员法》已于4月27日公布实施。北京四中院在公益诉讼案件中适用7人合议庭审理模式，也属《人民陪审员法》实施后的全国首例。在案件审理中，依法随机抽取4名陪审员，在整个案件审理中发挥了重要作用。公益诉讼关乎社会公共利益，人民陪审员来自社会各界，代表民意，通过充分发挥人民陪审员的实质参审作用，更有利于保障人民群众知情权、参与权、表达权和监督权，保障了案件审理公正民主高效。

下一步，北京四中院将以现代环境司法理念作为引领，落实绿色司法原则，认真研究新形势下环境资源审判工作的任务和措施，继续审理好环境公益诉讼案件，充分发挥法院在生态环境保护和社会环境治理中的积极作用，不断提升生态环境案件审判水平，为实现绿色发展、建设美丽首都提供有力的司法服务和保障。

一、中国妇女报：北京首例大气污染民事公益诉讼案宣判　涉事公司被判赔偿89万余元用于生态环境保护、修复、治理

中国妇女报·中国女网（记者　王春霞）　6月5日，北京首例大气污染民事公益诉讼案在北京市第四中级人民法院一审宣判。法院认为北京多彩联艺国际钢结构工程有限公司（以下简称多彩公司）在北京市大兴区北臧村镇皮各庄二村村西的生产基地从事钢结构制造过程中产生的大量漆雾和有机废气的行为违法，对大气环境造成污染，对人体健康具有危害，损害了社会公共利益，构成生态环境侵权。法院判定多彩公司赔偿生态环境损害89.488万元。

法院根据环境法损害担责原则，依据鉴定意见中采用的虚拟治理成本法评估的生态环境损害数额，作出上述判决，赔偿款专项用于生态环境保护、修复、治理。

为防止生态环境损害的发生和扩大，对具有损害公共利益的重大风险行为作出预防性裁判，法院判定多彩公司在证明采取有效环境保护措施，继续生产符合环境保护标准之前，禁止在北京市大兴区北臧村镇皮各庄二村村西的加工生产基地从事涉及喷漆、焊接等产生漆雾和有机废气的钢结构加工生产行为。多彩公司对破坏生态环境、损害公共利益的行为，应向社会公开赔礼道歉，并承担因诉讼支出的鉴定费用。

当日，北京四中院向多彩公司发出司法建议书，建议完善配套设施，使外排喷漆废气符合环保标准。重视环境保护标准，建立适合环境保护要求的钢结构生产机制。树立环境保护意识，承担保护和改善环境的社会责任。

北京四中院作为全国首批跨行政区划法院，集中管辖审理北京市跨地区的重大环境资源保护第一审案件。

北京四中院院长孙力介绍，自2015年以来，该院共计受理环境民事公益诉讼案件数量16件，其中社会组织提起诉讼的13件，检察机关提起诉讼的3件。

“环境鉴定成为环境民事公益诉讼审理的关键环节，具有较强的复杂性和专业性。”孙力说，环境鉴定主要涉及三方面专业内容：一是对破坏生态、污染环境事实的鉴定；二是对生态环境和社会公共利益造成的损害后果及赔偿鉴定；三是对生态环境的修复方案或者替代性修复方案进行鉴定。

孙力介绍，针对环境鉴定工作存在的上述特点，北京四中院根据生态环境特点研究确定鉴定内容和委托事项。突出生态环境的现场勘验，充分调取生态环境鉴定材料，保证了生态环境专业评估和司法审判工作的有效衔接。

二、法制日报：北京首例检方提起大气污染公益诉讼案宣判污染企业被判赔偿89.4万元用于生态修复

本报讯（记者　黄洁　通讯员　付金）　6月5日上午，北京首例由检察机关提起的大气污染公益诉讼案，在北京市第四中级人民法院一审宣判，被告北京多彩联艺国际钢结构工程有限公司因生态环境侵权行为，被依法判令赔偿89.4万余元，用于生态环境的保护、修复、治理。同时，在证明采取有效环境保护措施，继续生产符合环境保护标准之前，禁止在原生产基地从事相关加工生产行为。

根据公益诉讼起诉人北京市人民检察院第四分院的起诉，多彩公司是一家主要从事钢结构加工的企业。该公司在从事钢结构加工喷漆工艺过程中产生大量的挥发性有机物废气，未按照法律规定在密闭空间或设备中进行喷漆作业，亦未安装、使用污染防治设施或采取措施减少废气排放，致使喷漆产生的挥发性有机物废气直接外排大气环境，造成了环境污染，侵害了社会公共利益。要求判令多彩公司停止对大气环境的侵害，赔偿生态环境损害894,880元，在省级以上媒体向社会公开赔礼道歉，承担鉴定费33,000元。

北京四中院经审理后，支持了公益诉讼起诉人的全部四项诉讼请求，判令多彩公司在证明采取有效环境保护措施，继续生产符合环境保护标准之前，禁止从事涉及喷漆、焊接等产生漆雾和有机废气的钢结构加工生产行为，同时赔偿因其行为造成的生态环境损害894,880元，专项用于生态环境保护、修复、治理。

判决后，多彩公司的诉讼代理人表示，目前多彩公司的厂房已经拆除、

设备移走、工人遣散，目前没有继续生产的计划。

据北京四中院院长孙力介绍，2015 年至今，北京市四中院共计受理环境民事公益诉讼案件数量 16 件，其中社会组织提起诉讼的 13 件，检察机关提起诉讼的 3 件。从案件审理过程看，环境民事公益诉讼案件呈现以下特点：一是案件类型不断丰富，除了刚刚宣判的大气污染类案件外，还包括固体废物污染、土壤污染、水污染、校园环境污染、生产排放气体污染等各类纠纷；二是新类型案件也不断涌现，如该院受理的重庆市绿色志愿者联合会起诉的公益诉讼案件，就涉及互联网外卖平台的一次性筷子、塑料制品、外卖垃圾给生态环境造成的影响，体现了互联网服务发展和消费转型带来的环境保护新要求。

同时，在审理环境民事公益诉讼案件中，环境鉴定成为关键环节，其中破坏生态、污染环境事实，对生态环境和社会公共利益造成的损害后果及赔偿，对生态环境的修复方案或者替代性修复方案等，都是鉴定的主要方面，具有较强复杂性和专业性。

记者了解到，针对环境公益诉讼的上述新特点，北京市四中院已经建立起“立、审、执衔接环保绿色公益诉讼通道”，采取环境公益诉讼“四同步”措施，即立案后同步将案件材料转到审判庭，使审判庭可根据案件情况向原告了解案情，并及时采取相应的环境保护措施；立案后同步向社会公众公告受理环境案件情况和告知社会组织可参与或支持环境公益诉讼；立案后同步向行政主管部门发出公益诉讼告知书，督促行政主管部门采取措施；立案后同步采取保全措施，主审法官第一时间前往现场调查，保全环境证据，同时依法采取财产保全和行为保全，防止环境损害扩大。

三、北京日报：首例大气污染公益诉讼案宣判 涉事企业判赔 89 万元并向公众道歉

本报讯（记者　王谌）　本市首例检察机关提起的大气污染公益诉讼案前天宣判，被诉的北京多彩联艺国际钢结构工程有限公司（以下简称“多彩”公司）被判决赔偿 894, 880 元，用于生态环境保护、修复和治理，同时必须向社会赔礼道歉。

“多彩”公司是一家从事钢结构制造的企业，其在大兴区北臧村镇皮各庄

二村村西的生产基地生产过程中，产生大量漆雾和有机废气，对大气环境造成污染，对人体健康具有危害，损害了社会公共利益，构成生态环境侵权。对此，北京市检察院第四分院提起公益诉讼。

日前，北京四中院对此案作出一审判决。北京四中院经审理后认为，“多彩”公司在从事钢结构制造过程中，喷漆工艺未在密闭空间中进行，喷漆场地未安装废气污染防治设施，喷漆产生的挥发性有机物废气未经处理、直接外排，对周围大气环境造成污染引发案件。“多彩”公司在生产加工钢结构的过程中确实存在喷漆废气未经处理、直接外排大气环境的事实，经过鉴定，超标排放的挥发性有机物废气会影响周边居民的生活环境和身体健康，同时增加了大气环境污染治理成本的投入。法院判决“多彩”公司在证明采取有效环境保护措施、继续生产符合环境保护标准之前，禁止涉案生产基地从事涉及喷漆、焊接等产生漆雾和有机废气的钢结构加工生产行为，赔偿因钢结构喷漆加工生产行为造成的生态环境损害 894, 880 元，在一家省级以上媒体公开向社会赔礼道歉，并承担本案鉴定费 33, 000 元。

宣判后，北京四中院还向污染企业发送了司法建议，建议其完善配套设施、重视环境保护标准、树立环境保护意识，以实际行动承担保护和改善环境的社会责任。

作为集中审理本市跨地区的重大环境资源保护、食品药品安全第一审案件的法院，自 2015 年以来，北京四中院共受理环境民事公益诉讼案件 16 件，其中社会组织提起诉讼的 13 件，检察机关提起诉讼的 3 件。

北京四中院院长孙力说，针对环境民事公益诉讼的特殊性，法院也采取一些特殊措施，借案件审理，发动全社会参与环境保护。法院立案后，会将案件材料转到审判庭，使审判庭可根据案件情况向原告了解案情，并及时采取相应的环境保护措施；通过报纸公告同步向社会公众公告受理环境案件情况、告知社会组织可参与或支持环境公益诉讼；同步向行政主管部门发出公益诉讼告知书，督促行政主管部门采取措施；采取保全措施，第一时间到涉及生态环境损害现场进行调查，掌握破坏生态、污染环境的第一手资料，保全环境证据，防止环境损害持续扩大。

四、北京青年报：环境民事公益诉讼案宣判污染企业被判赔 89 万元

本报讯（记者　李铁柱）　北京多彩公司因在从事钢结构加工喷漆工艺过程中，没有采取措施减少废气排放，致使废气直接排放到大气中，被环保部门依法处罚。后北京市人民检察院第四分院发现该公司的违法行为仍在持续进行中，造成了环境污染，于是提起公益诉讼，这是北京市首个由检察机关提起的环境民事公益诉讼。昨天正值第 47 个世界环境日，北京四中院对该案公开宣判，法院经审理判决多彩公司赔偿 89 万余元，并承担本案鉴定费 3 万余元。

北京检方首提大气污染诉讼

2016 年，大兴环保局陆续接到有工厂直排废气的举报，随即对投诉点进行检查，发现被投诉的北京多彩公司生产车间无废气污染防治设施，喷漆生产的挥发性有机物废气未经处理，直接外排到大气环境。后大兴区环境保护监察支队出具《环境保护监察意见书》，并作出决定，对多彩公司喷漆、焊接电源开关箱予以查处，对多彩公司处罚 20 万元。

处罚后，北京市检四分院两次到多彩公司进行现场调查时发现，该公司违法行为仍在持续进行，大气环境依旧处于受侵害状态。根据新修订的《民事诉讼法》，人民检察院在履行职责中发现破坏生态环境和资源保护等损害社会公共利益的行为，在相关单位不提起诉讼的情况下，检察院可向法院提起诉讼这一规定，北京市检四分院提起环境民事公益诉讼。这是北京市首个由检察机关提起的环境民事公益诉讼。

企业赔偿款将专项用于环保

在此前的庭审中，多彩公司称，公司在大兴区环保局检查后，已经认识到其废气污染的社会危害性，立即停产整顿，积极缴纳了行政罚款 20 万元。厂房和设备均已拆除，不再对大气环境造成污染，同意在省级以上媒体公开赔礼道歉，愿意承担污染环境修复责任，愿意赔偿因排放污染物给生态环境造成的合理损失，“愿意承担责任，真诚请求社会原谅”。

值得注意的是，在当时的庭审中，审判席上除了坐着 3 名法官，还坐着 4 名人民陪审员。新颁布实施的《人民陪审员法》规定，根据《民事诉讼法》《行政诉讼法》提起的公益诉讼案件，由人民陪审员和法官组成 7 人合议庭进行。本案是该法施行后法院首次组成 7 人大合议庭审理公益诉讼，这在全国法院属于首例。

昨日上午，北京四中院经过审理作出判决，判令多彩公司在证明采取有效环境保护措施，继续生产符合环境保护标准之前，禁止从事涉及喷漆、焊接等产生漆雾和有机废气的钢结构加工生产行为；多彩公司赔偿因钢结构喷漆加工生产行为造成的生态环境损害 894,880 元，赔偿款专项用于生态环境保护、修复、治理；多彩公司在一家省级以上媒体公开向社会赔礼道歉，赔礼道歉的内容及媒体、版面、字体需经法院审核，如未履行上述义务，则由法院选择媒体刊登判决主要内容，所需费用由多彩公司负担；多彩公司承担本案鉴定费 33,000 元。

环境鉴定成公益诉讼关键环节

昨日庭审之后，北京四中院还对近三年公益诉讼审理情况及案件特点进行了通报。自 2015 年以来，四中院共受理环境民事公益诉讼案件数量 16 件，其中社会组织提起诉讼的 13 件，检察机关提起诉讼的 3 件。被告主体方面，在汽车销售、酒店、物业管理企业等传统企业之余，又新增了网络创新服务企业以及更为小型、更加隐蔽的生产经营企业，涉及保护领域更加广泛，囊括了对环境产生影响的产品的生产、制造、销售、网络交易平台、线下服务和消费者等诸多环节。

北京四中院院长孙力表示，目前，环境鉴定已经成为环境民事公益诉讼审理的关键环节。环境鉴定主要涉及三方面专业内容，对破坏生态、污染环境事实的鉴定，对生态环境和社会公共利益造成的损害后果及赔偿鉴定，对生态环境的修复方案或者替代性修复方案进行鉴定。

“环境鉴定过程比想象中要复杂得多，如在某一起案件的审判中，就涉及地质、土壤、植被、水文、野生生物、湿地、重金属浓度、洪水调蓄功能等内容。而其中仅对湿地植被的鉴定，就要分析沉水植物、浮水植物和挺水植物以及湿生植物的状况等。为确保鉴定结果科学准确，鉴定机构需要在不同季节，数次到现场采样、勘察、分析。”孙力介绍。

北京市第四中级人民法院
2017年行政案件司法审查报告暨典型案例新闻发布会

时　间： 2018年7月5日

地　点： 北京市第四中级人民法院新闻发布厅

发布人： 北京市第四中级人民法院党组成员、副院长　程　琥
　　　　北京市第四中级人民法院行政庭庭长　陈良刚

主持人： 北京市第四中级人民法院司法服务办公室负责人　杨晋东

北京市第四中级人民法院关于2017年行政案件司法审查报告暨典型案例的通报

2017年北京四中院深入学习贯彻习近平新时代中国特色社会主义思想和党的十九大精神，紧紧围绕“努力让人民群众在每一个司法案件中感受到公平正义”的工作目标，忠实履行宪法和法律赋予的职责，充分发挥行政审判职能作用，为推动行政争议实质性解决、保护行政相对人合法权益、助推首都法治政府建设发挥了重要作用。

一、2017年审理行政案件的基本情况

（一）不断完善行政诉权保护机制，人民群众通过法治渠道解决争议、寻求救济的意识和能力进一步增强

持续深化立案登记制改革，对于依法应当受理的行政案件，做到有案必立、有诉必理。持续加强诉讼服务引导和法律释明工作，注重发挥北京市法

律援助中心驻院工作站免费法律咨询、答疑解惑的作用。对于极个别当事人无理缠诉、滥用诉权的行为，依法采取有效措施及时予以制止。2017年，起诉到四中院的一审行政案件共1722件，相较于2016年的2893件减少1171件，同比下降40.5%。其中，经登记立案后进入审理程序的一审行政案件达1544件，比2016年的1530件有小幅上升；因不符合法定立案条件，四中院裁定不予立案的有178件，相较于2016年的1363件减少1185件，同比下降86.9%。上述数据表明，人民群众依法行使诉权、“信法不信访”的意识和能力明显增强，人民法院通过行政诉讼解决行政争议，维护群众合法权益更加有力有效。

（二）房屋土地征收拆迁腾退等涉民生案件占比持续攀升，案件涉及领域进一步拓宽，新类型案件不断出现

行政案件所涉及的行政管理领域继续呈现分布广泛又相对集中等特点。因爆燃事故调查处理、对既有建筑进行抗震加固、配售经济适用住宅、民办幼儿园办园许可、对学区进行划分、农村土地承包经营权登记发证等引发的新类型案件不断涌现。因棚户区改造、房屋土地征收拆迁腾退等引发的城建类案件占比进一步提升，其中国有土地上房屋征收与补偿案件在2015年和2016年分别占当年新收案件总数的8%、13%，2017年则达到27%，在各类案件中跃居第一。因个别建设工程项目历史遗留问题引发的行政案件数量有所上升，占比分别从2015年的2%、2016年的2%，到2017年的10%。同期政府信息公开类案件则呈现大幅下降趋势，占比由2015年的55%、2016年的28%，到2017年的9%。随着修订后的《行政诉讼法》以及《最高人民法院关于适用〈中华人民共和国行政诉讼法〉的解释》（法释〔2018〕1号）的实施，涉及行政协议、原告请求一并审查规范性文件、一并解决相关民事争议等新类型案件均有所增多。

（三）案件数量区域分布不均衡的局面有所改观，行政复议机关作共同被告案件大幅减少

2017年16区均有涉诉案件，城区涉诉案件多于郊区涉诉案件。东城、西城、海淀、朝阳4区涉诉案件占一审行政案件总量从2016年的82.8%，到2017年的62.6%，同比下降20个百分点。密云、石景山、通州、平谷4区涉

诉案件数量大幅上升，增幅分别达到200%、137%、107%、100%。房山、顺义、怀柔3区涉诉案件有所减少，其中房山区涉诉案件降幅达63%。此外，2017年诉至北京四中院的以行政复议机关作共同被告的案件共计188件，占一审行政案件总量的10.9%，比2016年下降8.3个百分点。该类案件大幅减少在一定程度上表明行政复议解决行政争议主渠道的作用正在显现。

（四）行政应诉能力和水平进一步提升，行政机关负责人出庭应诉长效机制逐步深化

2017年，行政机关负责人出庭应诉工作取得新的进展，在涉及重大公共利益、社会高度关注、可能引发群体性事件的案件中，行政机关负责人积极主动出庭应诉，做到“出庭出声出效果”。行政机关工作人员出庭率继续保持在100%。

（五）原告主动撤诉率和服判息诉率双双大幅提升，行政诉讼实质化解行政争议的作用进一步彰显

制定出台《关于完善行政争议实质化解工作机制的意见》等相关文件，不断完善行政争议多元实质性解决机制。对于行政赔偿、行政补偿以及涉及行政自由裁量权的案件，在坚持自愿、合法原则和不损害国家、社会及他人合法权益的前提下，不断加大调解和解工作力度，努力从根本上解决争议。2017年，在四中院审结的1535件一审行政案件中，原告主动申请撤诉的案件达到269件，是2016年原告撤诉案件总数的近3倍，四中院行政案件服判息诉率和撤诉率双双达到建院以来的最好水平，人民群众的获得感、幸福感、安全感进一步增强，司法公信力进一步提升。

（六）行政机关败诉比例小幅上升，行政审判助推法治政府建设更加有力有效

2017年四中院审结的一审行政案件中，判决行政机关败诉的案件有76件，占全部实体判决案件的17.6%，同比上升了3.3个百分点。本年度有13个区政府出现败诉案件。在行政机关败诉案件中，直管公房管理类案件占比最大，达到28.9%，其余依次为行政复议、履行法定职责、行政强制、信息公开、土地管理、征收拆迁类案件。尤其需要指出的是，直管公房产权属于

政府，由区政府委托房管中心等单位实施日常管理，具体的法律责任由区政府承担。但是由于直管公房管理类案件多源于公房承租人及其亲属之间的财产纠纷，导致区政府被动介入较为复杂的家庭矛盾中。同时在公房管理过程中和公房类案件审理中，可供遵循的规范依据较少，给行政机关进行公房承租人变更等管理行为和法院审判工作带来一定困难，导致在司法审查中该类案件行政机关的败诉率处于较高水平，也远高于其他类型的行政案件。

二、北京四中院依法履行行政审判职责、助推法治政府建设的主要举措

2017年，北京四中院坚持以习近平新时代中国特色社会主义思想为指导，充分发挥行政审判职能作用，积极助力法治政府和法治社会建设，取得了良好成效。

（一）主动将行政审判融入党和国家工作大局，为首都经济社会发展提供有力司法服务和保障

围绕"放管服"改革，依法妥善审理涉及政府职能调整、简政放权等方面的新类型案件；围绕乡村振兴、乡村治理，依法妥善审理涉及要求政府履行监督职责、村务公开等行政案件；围绕加强产权保护，依法妥善审理涉及企业房屋征收和土地腾退案件；围绕生态环境保护，依法稳妥审理环境资源保护行政案件；围绕城市管理，依法稳妥审理涉小区停车管理行政案件；围绕文化引领，依法妥善审理涉及非物质文化遗产名录行政案件；围绕公共资源供给，依法稳妥处理涉教育、医疗、食品、药品监管等行政案件，及时回应人民群众在教育、医疗等方面的司法需求；围绕"疏解整治促提升"专项行动、轨道交通建设、城市副中心建设、北京冬奥会筹办等重点工作，充分发挥审判职能，注重处理好保障公民个人权益和维护公共利益的关系，为相关工作顺利推进作出积极贡献。

（二）坚持以人民为中心的发展思想，努力满足人民群众多元司法需求

继续深化立案登记制改革，推进立案登记工作规范化。加强诉讼过程中

的释明、引导工作，使当事人知晓其诉讼权利、义务和诉讼流程。主动适应社会主要矛盾新变化，聚焦首都群众美好生活新需要，进一步加强有关国有土地上房屋征收与补偿、集体土地征收、劳动社会保障、房屋土地登记、教育卫生等涉民生案件审判。不断创新审判机制，在庭审中首次引入专家证人就专业技术问题进行辅助说明。常态化召开专业法官会议，及时解决疑难法律适用问题。有效推进矛盾纠纷多元化解和案件繁简分流机制作用，实现简案快审、繁案精审，把有限的精力和资源用到精品案件上。

（三）坚持依法严格监督与实质化解争议并重，切实增强人民群众获得感和官民关系和谐

扎实推进行政审判规范化建设，在充分调研基础上形成类型化案件审理规则与裁判标准。坚持依法裁判和协调化解相结合，促进行政争议实质性化解。在审理某水泥有限公司、某矿业有限公司诉房山区政府要求撤销企业关闭通知一案中，通过大量耐心细致协调工作，促使原被告双方达成和解协议，原告主动撤回起诉，为京津冀协同发展、生态环境建设以及社会稳定提供了有力保障。2017 年 4 月，该案作为唯一一起行政案件，入选最高人民法院公布的 10 起人民法院为京津冀协同发展提供司法服务和保障参考性案例，和市委政法委“疏解整治促提升”专项行动提供法治保障典型案例。

（四）积极创新助力法治政府建设机制，切实促进行政机关依法行政意识和能力提升

持续推进行政机关负责人出庭应诉，负责人出庭应诉的案件数量不断增多，“关键少数”以上率下、带动区域整体法治水平提升的作用得到进步发挥。推动领导干部和一线执法人员旁听案件庭审进行法治教育，切实提升行政执法人员的法治意识和能力。进一步强化行政审判职能的延伸，充分发挥司法建议作用，把解决个案问题与解决普遍性问题结合起来。进一步完善行政审判年度报告和典型案例公开发布制度，继续针对各区政府涉诉案件情况发送司法审查分报告，切实发挥个性化法治体检报告的作用。积极参与各区政府常务会议会前讲法工作，选派资深行政法官向各区政府常务会议通报涉诉情况并以案释法。

（五）推动落实普法责任制与深化司法公开深度融合，切实担负起弘扬法治精神和促进法治社会建设的职责使命

充分利用行政案件数量较多、类型较为丰富、社会关注度较高等特点，着力将行政案件庭审打造成全民共享的法治公开课，让庭审既成为明辨是非、定分止争的过程，又成为提高法律意识、普及法律知识、树立法治权威、彰显法治力量的过程。2017年12月14日，司法部、全国普法办会同最高人民法院组织落实普法责任制部际联席会议成员，在北京四中院旁听一场行政案件庭审，并以落实较为丰富、社会关注度较高等特点，着力将行政案件庭审打造成全民共享的法治公开课100余位部级和局处级干部在北京四中院共上法治宣传教育课。继续通过发布行政审判白皮书、典型案例以及专题新闻发布会等方式，展示行政审判风采，讲好行政审判故事，传播行政审判正能量。

（六）全面落实司法体制改革部署要求，争当司法体制改革"领头羊"

围绕司法体制改革新形势、新特点，不忘初心，砥砺前行，确保设立跨行政区划法院的改革初衷得到更好实现。经最高人民法院指定，自2017年10月26日起管辖审理天津铁路运输法院审理的环境保护行政案件上诉案件，在"跨"字上迈出了实质性的一步。进一步明确法官、院庭长职权界限，坚持院庭长有序放权与有效监督相统一，取消案件行政化审批，促进院庭长监督管理更加规范、有效。加强新型审判团队建设，强化合议庭负责制，突出法官的办案主体地位。落实专业法官会议制度，为法官及合议庭正确理解和适用法律、处理案件提供咨询意见，发挥专业法官会议在统一法律适用方面的重要作用。实现院庭长办案制度化、常态化，院庭长办理行政案件数量占总结案总数的29.5%，发挥示范引领作用。

（七）不断加强智慧法院建设，切实提升行政审判规范化、智能化水平

持续推进智慧法院建设，将互联网技术深度融合到行政审判工作中，让信息多跑路、群众少跑腿。利用"12368"电话语音系统、手机短信、电子触摸屏等现代信息技术平台公开审判流程，让当事人更好地了解和参与司法过

程。不断完善司法文书和诉讼材料送达机制，建立统一的电子送达平台，拓宽电子送达媒介，构建邮箱、传真、短信、手机 APP、邮政快递等多渠道送达体系，进一步降低当事人的诉讼成本。有序推动电子卷宗随案同步生成和深度应用工作，有效利用信息化方式提升工作质量和效率。

（八）坚持抓党建带队建促审判，努力锻造既政治过硬又本领高强的行政法官队伍

把党的政治建设摆在首位，发挥党建引领作用，促进党建与审判深度融合，行政庭党支部的“双结构促双融合”党建创新项目获评全市法院优秀党建创新项目。按照“五个过硬”要求，建设符合首都法院定位和特点的高素质专业化行政法官队伍。进一步完善廉政风险防控机制，确保法官队伍纯洁，确保司法公正廉洁。在调查研究中锻炼队伍，承担多项省部级司法调研重大课题，形成一批优质调研成果。充分运用北京教育研究资源聚集的优势，加强与多所高校合作，加快推进高层次行政审判人才培养，努力培养更多在全国叫得响、立得住的审判业务专家。2017 年，北京四中院又有一名行政法官获得北京市审判业务专家称号，北京四中院获评此称号行政法官累计达四名。

三、从行政审判看当前行政执法工作取得的成效与存在的问题

从 2017 年北京四中院审理的行政案件情况看，各区政府在严格规范行政行为、妥善化解行政争议、行政应诉规范化建设等方面均取得了新的明显成效，同时也存在一些亟待解决的突出问题。

（一）依法行政和应诉工作取得新的明显成效

1. 运用法治思维和法治方式推动工作的意识和能力进一步增强

行政决策机制不断健全，公众参与度逐步提高，专家论证和风险评估质量显著增强，提升了行政决策的合法性和科学性。法律顾问制度不断落实，在制定规范性文件、行政决策、行政执法活动中越来越注重听取专家、法律顾问的意见。行政诉讼中在确保工作人员出庭应诉的前提下，委托律师代理案件也越来越多。

2. 依法规范公正文明执法的意识和能力进一步增强

更加注重收集固定证据并通过证据查明事实。更加重视行政程序，关注整个执法过程的合法化、规范化。随着修订后的行政诉讼法全面实施，司法审查标准更加严格，行政机关败诉风险更大。在新行政诉讼法实施一年间，北京四中院作出的一审实体判决中，区政府败诉率32%。而在2017年北京四中院作出区政府一审行政案件实体判决中，败诉率降至17.6%，比全市一审行政案件实体判决败诉率低10个百分点，表明区政府依法行政的能力水平有了明显提升。

3. 对行政争议进行源头预防和实质性解决的意识和能力进一步增强

积极配合人民法院开展协调调解工作，采取更为灵活的方式和措施促进争议的实质性解决。普遍重视法院的司法建议，积极整改司法建议中指出的问题。注重对行政机关败诉案件进行梳理分析，将行政机关败诉案件的裁判文书汇编成册，提供给下级机关作为执法参考，避免类似问题再次发生。

4. 依法规范应诉并积极借助行政诉讼改进执法工作的意识和能力进一步增强

部分区政府在法制办公室内设置应诉科，整合并加强了行政应诉力量，提升了行政应诉工作的规范化水平。部分区政府及时完善行政机关负责人出庭应诉工作机制，行政机关负责人出庭应诉比率不断提高。一些区政府通过法治培训、组织旁听庭审等方式强化行政执法人员的法律素养和应诉技能，定期邀请行政法官在政府常务会议上通报涉诉情况，对人民法院提出的建议予以高度重视。

（二）依法行政和行政应诉工作中需要关注的问题

1. 行政机关因作出的行政行为不合法或未依法履行法定职责而败诉的案件仍占有较大比重

一是行政机关超越法定职权实施行政行为。该原因导致行政机关败诉的案件有8件，涉及3个行政机关。例如，在某集体土地上房屋拆迁工作中，有5户被拆迁人未与拆迁人达成拆迁补偿安置协议，拆迁行政主管部门亦未作出拆迁纠纷行政裁决，行政机关直接对该5户被拆迁人的房屋实施了强制拆除，超越了其法定职权；另有2户被拆迁人与拆迁人之间的拆迁补偿安置纠纷虽经拆迁行政主管部门作出裁决，但行政机关亦未通过法律规范明文规定的途径解决被拆迁人拒不搬迁问题，而是自行对被拆迁房屋进行了强制拆除，亦属于超越法定职权的行为。

二是被诉行政行为认定事实不清，主要证据不足。该原因导致行政机关败诉的案件有46件，占行政机关败诉案件总数的一半以上。例如，某公司以某镇政府为被申请人向某区政府申请行政复议，请求确认该镇政府强制拆除其房屋的行政行为违法。镇政府在行政复议程序中主张涉案房屋系违法建设并提供了规划行政主管部门出具的复函。而该公司提交的行政复议申请书则明确载明涉案房屋已“办理了立项批准文件、建设用地规划意见书、建设用地规划许可证、建设工程规划许可证以及建设用地使用证等政府批文”。在复议申请人与被申请人就涉案房屋是否办理了规划许可等审批手续提出相互冲突的事实主张的情况下，该区政府未经进一步调查核实就迳行认定涉案房屋未依法取得相应的建设工程规划许可证，进而认定该房屋系违法建设，属于认定事实不清，主要证据不足。

三是被诉行政行为适用法律法规错误。该原因导致行政机关败诉的案件有3件。例如，某投资管理中心向市国土资源局某分局提出土地权属争议处理申请，该分局认为该申请事项不属于土地权属争议处理案件受理范围，拟定了不予受理建议书并报某区政府审核。某区政府作出不予受理决定书。该不予受理决定书既未阐明决定不予受理的具体理由，亦未援引具体的法律规范，构成适用法律错误。同时，该区政府所作不予受理决定亦因超期而违反法定程序。

四是行政机关作出被诉行政行为未遵循法定程序。该原因导致行政机关败诉的案件有9件。例如，根据《行政复议法实施条例》第29条的规定，行政复议申请材料不齐全或者表述不清楚的，行政复议机构可以自收到该行政复议申请之日起5日内书面通知申请人补正；补正申请材料所用时间不计入行政复议审理期限。在郭某诉某区政府行政复议案中，某区政府以收到郭某提交的补正材料之日作为受理其行政复议申请之日，缺乏法律依据。按照《行政复议法》第17条第2款有关“行政复议申请自行政复议机关负责法制工作的机构收到之日起即为受理”的规定，应以收到郭某的行政复议申请之日作为受理日期，在扣除郭某补正申请材料所用时间后，某区政府作出本案被诉行政复议决定时已超过法定的行政复议办理期限，违反了法定程序。

五是行政机关未及时、全面、准确履行法定职责。该原因导致行政机关败诉的案件有14件。例如，在刘某诉某区政府要求履行法定职责案中，刘某向区政府提出履责申请，要求区政府监督其所在的村民委员会的村务信息公开行为。区政府信访办将刘某的申请书以信访件的形式转至镇政府处理，镇政府信访办对刘某作出答复意见书，并将相关情况向区政府信访办进行反馈。该案中，鉴于《村民委员会组织法》已明确规定接到村民反映的镇或县级人民政府均负有调查核实的法定职责，被告某区政府收到原告刘某要求调查核实村务公开的申请后，将其作为信访事项交由镇政府处理，不能代替自己应尽职责的履行，不能免除其作为责任主体应尽的调查核实、作出处理的法定职责。区政府将刘某的村务公开申请事项转交镇政府调查处理，并由后者直接向原告作出答复，并未充分、全面地履行其法定职责。

2. 有的行政机关预防争议和实质化解争议的意识不强，效果不理想

一是有的行政机关在行政程序中不注重听取相对人的意见，作出行政行为后释法析理、答疑解惑不及时不到位，导致行政相对人不理解、不认同、不接受，引发群体性诉讼。

二是有的行政机关在行政行为因事实不清、证据不足被法院判决撤销后，未经进一步调查取证就重新作出基本相同的行政行为，致使当事人反复诉讼，争议迟迟得不到解决。

三是有的行政机关作出承诺后原告主动撤回起诉，但行政机关未能在合理期限内按照承诺履行职责，不仅引发新的案件，还因原告对行政机关的不信任感增强而大大增加争议实质解决的难度。

四是有的案件需要通过协调调解方式解决，而行政机关为了避免将矛盾纠纷揽到自己头上，实质化解争议的积极性和主动性不强，措施不够有力，导致问题无法及时得到妥善解决。

五是有的案件中行政复议机关虽纠正了原行政行为，但解决争议不到位、不彻底，如仅确认原行政行为违法，而对复议申请人一并提出的行政赔偿请求不予处理，导致争议未能在行政复议程序中得到最终解决。

3. 有的行政机关对行政应诉规范化建设重视不够，行政应诉工作质量不高

一是行政机关负责人出庭应诉的积极性和主动性有待提高。行政机关负责人出庭应诉的案件总量虽有所增多，但总体比例仍然不高，各区发展也不平衡。副职负责人出庭应诉相对较多，正职负责人出庭应诉较少。有的负责

人庭审参与程度不高，未能充分发挥化解行政争议的积极作用。

二是行政应诉工作的质量和效果有待提升，有的案件中仍然存在行政机关未在法定期限内提交答辩状、答辩状内容过于简单、提交证据材料不全面、出庭应诉人员对案件情况及相关法律政策不熟悉、对诉讼中矛盾纠纷实质化解不积极、对人民法院司法建议回复不及时等情形。

三是对行政诉讼监督作用重视不够。有的行政机关未能充分认识到行政诉讼有助于倾听群众呼声、回应群众关切、密切官民关系的积极作用。有的行政机关不注重汲取败诉教训，不及时规范行政执法行为和完善制度机制，有时导致同类违法问题反复出现。

四、进一步规范行政执法行为、加强依法行政工作的主要建议

党的十九大对全面推进依法治国作出了战略部署，明确提出到2035年法治国家、法治政府、法治社会基本建成。行政审判与国家法治建设尤其是法治政府建设联系最为紧密，直接反映依法行政的水平，直接衡量公民权利的保障程度。为进一步规范行政行为，助推法治政府建设，四中院在对涉诉案件情况认真分析基础上，特提出如下建议：

（一）进一步增强运用法治思维和法治方式解决行政执法难题的自觉性和主动性

郡县治，天下安。直接涉及人民群众具体利益的行政行为大多由区县人民政府及其工作部门做出，各种社会矛盾和纠纷大多数发生在基层并需要区县人民政府及其工作部门处理和化解。提高区县人民政府依法行政的意识与水平，是推进国家治理现代化和加快建设法治政府的关键一环。因此，建议进一步增强运用法治思维和法治方式推动工作的自觉性和主动性，将法律的规定、原则和精神贯穿于行政活动始终，牢牢守住法律的底线和红线。要切实增强行政机关领导干部和执法人员依法履职的能力并建立健全约束机制，让依法行政真正内化于心、外化于行。

（二）进一步提升行政活动全过程和各方面严格依循法律能力和水平

一是严格遵循行政职权法定原则，避免超出法定权限的范围和幅度，避

免在缺乏法律依据的情况下实施损害公民、法人和其他组织合法权益的行政行为。

二是强化证据意识，行政程序中须依照法律规定全面收集固定证据并确保取证程序和证据形式合法，行政诉讼中须在法定举证期限内及时全面提供证据，避免因事实不清、证据不足导致行政行为违法，也要避免因提供证据超期或不全面而导致败诉。

三是强化程序意识，作出行政行为应当严格遵守法定的步骤、顺序、方式、期限及其他程序制度，尤其要避免因遗漏法定步骤、颠倒各步骤的顺序以及无故拖延办案期限等造成行政行为违法。

四是强化履责意识，及时全面充分履行依法应当履行的职责，避免行政不作为、慢作为以及形式作为而实质不作为。

五是不断提高准确适用法律的能力，尤其要避免出现应当援引法律依据而不援引、援引法律依据不具体不准确、援引已经失效的法律规范、援引不具有合法性的规范性文件等造成行政行为违法。

六是在确保行政行为合法的基础上实现行政行为的合理性，要基于正当目的实施行政行为，符合法律原则、精神，体现公平正义，防止行政行为因滥用职权或明显不当而丧失合法性。

（三）进一步完善行政争议源头预防和在行政程序中实质性解决制度机制

一是积极防范群体性纠纷。在从事房屋土地征收腾退等容易引发群体性纠纷的行政活动时，要确保相关工作的各环节、各方面合法规范公开公正，还要切实加强与行政相对人和利害关系人的沟通协商，充分听取其意见，对合理的意见和建议予以采纳，对依法不能满足的要求予以充分解释，尽可能降低涉诉风险，尤其要避免因工作作风简单而激化矛盾。

二是依法稳妥解决个别建设工程项目历史遗留问题引发的行政纠纷。个别建设工程项目历史遗留问题引发的行政纠纷往往涉及征收拆迁补偿安置标准统一问题，解决起来往往难度较大，需要多措并举综合施策。要积极配合法院做好矛盾纠纷实质性化解工作，争取尽早实质性解决纠纷。

三是充分发挥行政复议解决行政争议主渠道作用。要严格执行行政复议法，加强行政复议指导监督，纠正违法或不当的行政行为，依法及时化解行政争议。

（四）进一步发挥行政应诉在建立健全依法行政长效机制中的重要作用

一是进一步加强行政机关负责人出庭应诉工作，对于涉及重大公共利益、社会高度关注、可能引发群体性案件以及人民法院提出书面建议的案件，做到行政机关负责人出庭应诉。

二是进一步加强行政应诉队伍的专业化建设，更好发挥典型案例研讨、旁听行政案件庭审等机制的积极作用，不断提升行政应诉人员的专业素养和法律素养。

三是进一步加强司法与行政良性互动，诉讼中发现被诉行政行为存在不合法、不合理情形的，及时依法予以纠正、调整、采取补救措施，对人民法院通过行政裁判、司法建议等方式指出的行政执法与应诉问题予以高度重视并切实加以整改，努力实现，对依法不能满足的要求予以充分解释。

四是加强对行政诉讼法及司法解释的学习。最高人民法院于 2018 年 2 月 6 日发布了《最高人民法院关于适用〈中华人民共和国行政诉讼法〉的解释》，并已自 2018 年 2 月 8 日起实施。该司法解释对行政应诉工作影响较大，建议高度重视，及时组织培训学习。

一、中国青年报：北京四中院通报 2017 年行政诉讼情况　涉民生案件占比持续攀升行政机关败诉案件多涉公房管理类

中国青年报·中国青年网（记者　王亦君　实习生　刘晶晶）　7 月 5 日，北京市第四中级人民法院（以下简称北京四中院）发布了《2017 年度行政案件司法审查报告》（以下简称报告）及十大典型案例。

北京四中院副院长程琥通报了该院 2017 年审理行政案件的基本情况。2017 年该院进入审理程序的一审行政案件达 1544 件，比 2016 年的 1530 件有小幅上升。在涉诉区域中，东城、西城、海淀、朝阳4区涉诉案件占一审行政案件总量同比降低，占比62.6%。其中，房屋土地征收拆迁腾退等涉民生案件占比持续攀升，案件涉及领域进一步拓宽，新类型案件不断出现。

行政案件涉及的行政管理领域继续呈现分布广泛又相对集中特点。因爆燃事故调查处理、对既有建筑进行抗震加固、配售经济适用住宅、民办幼儿园办园许可、对学区进行划分、农村土地承包经营权登记发证等引发的新类型案件不断涌现。因棚户区改造、房屋土地征收拆迁腾退等引发的城建类案件占比进一步提升，其中国有土地上房屋征收与补偿案件在2015年和2016年分别占当年新收案件总数的8%、13%，2017年则达到27%，在各类案件中跃居第一。因个别建设工程项目历史遗留问题引发的行政案件数量有所上升，占比分别从2015年的2%、2016年的2%，到2017年的10%。

程琥介绍说，该院出台了《关于完善行政争议实质化解工作机制的意见》等相关文件，不断完善行政争议多元实质性解决机制。对于行政赔偿、行政补偿以及涉及行政自由裁量权的案件，在坚持自愿、合法原则和不损害国家、社会及他人合法权益的前提下，不断加大调解和解工作力度，努力从根本上解决争议。因此，2017年度，原告主动撤诉率和息诉服判率双双大幅提升，原告主动申请撤诉的案件达到269件，是2016年的近3倍。

报告显示，行政机关败诉率与2015年新行政诉讼法实施一年时相比下降了14.4%，依法规范公正文明执法的意识和能力进一步增强，行政机关工作人员出庭率连续3年保持100%，尤其在涉及重大公共利益、社会高度关注、可能引发群体性事件的案件中，行政机关负责人积极主动出庭应诉，做到“出庭出声出效果”，行政机关负责人出庭应诉长效机制在北京四中院的积极推动下得到逐步深化。

同时，行政机关在依法行政和行政应诉工作中仍存在因作出的行政行为不合法或未依法履行法定职责而败诉的案件占比较大，预防争议和实质化解争议的意识不强、效果不理想以及对行政应诉规范化建设重视不够、行政应诉工作质量不高等突出问题，亟须行政机关引起重视。

在2017年北京四中院审结的一审行政案件中，全市有13个区政府出现了败诉案件，在行政机关败诉案件中，直管公房管理类案件占比最大，达到28.9%，其余依次为行政复议、履行法定职责、行政强制、信息公开、土地管理、征收拆迁类案件。

程琥介绍说，直管公房产权属于政府，由区政府委托房管中心等单位实施日常管理，具体法律责任由区政府承担。但由于直管公房管理类案件多源于公房承租人及其亲属之间的财产纠纷，导致区政府被动介入较为复杂的家庭矛盾中。

同时在公房管理过程中和公房类案件审理中，可供遵循的规范依据较少，给行政机关进行公房承租人变更等管理行为和法院审判工作带来一定困难，导致在司法审查中该类案件行政机关的败诉率处于较高水平，也远高于其他类型的行政案件。

发布会上，北京四中院行政庭庭长陈良刚通报了2017年行政审判十大案例，案件经由法官推荐、法官会议专题讨论、邀请法学专家进行评议等程序选定，涉及公房管理、城市建设、投诉举报、村务公开、行政复议等多个领域。北京市律师协会副会长邱宝昌认为，此举对于规范行政执法行为及统一行政裁判标准具有示范意义。

二、法制日报：北京四中院发布2017行政审判白皮书 “民告官”案件一年下降40%

本报讯（记者 黄洁 见习记者 张雪泓） 北京市第四中级人民法院今天发布《2017年度行政案件司法审查报告》（以下简称《报告》），报告显示，该院2017年接收一审行政案件1722件，同比下降40.5%，其中仅178件被裁定不予立案，同比下降86.9%。房屋土地征收拆迁腾退等涉民生案件占比持续攀升，新类型案件不断出现。

报告显示，在行政案件所涉及的行政管理领域方面，因爆燃事故调查处理、配售经济适用住宅、民办幼儿园办园许可、学区划分等引发的新类型案件不断涌现。因棚户区改造、房屋土地征收拆迁腾退等引发的城建类案件占比进一步上升，其中国有土地上房屋征收与补偿案件在2015年和2016年分别占当年新收案件总数的8%、13%，2017年则达到27%，在各类案件中跃居第一。同期政府信息公开类案件则呈现大幅下降趋势，占比从2015年的55%、2016年的28%，下降到2017年的9%。

北京四中院相关负责人表示，上述数据表明人民群众依法行使诉权、“信法不信访”的意识和能力明显增强，人民法院通过行政诉讼解决行政争议，维护群众合法权益更加有力、有效。

北京四中院还公布了一起强拆研究政府被判违法的案例。2006年8月，某研究所与北京市门头沟区国有资产监督管理委员会签订《房产及土地使用权转让协议》，购买了一处房屋，此后又取得了该房屋所有权证及国有土地使用证。2012年5月28日、8月15日，门头沟区人民政府分别作出房屋征收决定和补充决定，研究所的上述房屋被纳入征收范围。2014年5月，研究所的房屋及机器设备被强制拆除。研究所认为门头沟政府实施了强制拆除行为，遂提起行政诉讼，请求人民法院确认其强制拆除行为违法。北京四中院最终认定门头沟政府实施了强拆行为，并判决确认其拆除研究所的房屋及室内机器设备的行为违法。

报告指出，在案件数量区域分布方面，不均衡分布局面有所改观，行政复议机关作为共同被告案件大幅减少。报告显示，2017年北京16区均有涉诉案件，城区涉诉案件多于郊区涉诉案件。东城、西城、海淀、朝阳4区涉诉案件占一审行政案件总量的62.6%，同比下降20个百分点。密云、石景山、通州、平谷4区涉诉案件数量大幅上升，增幅分别达到200%、137%、107%、100%。而房山、顺义、怀柔3区涉诉案件有所减少，其中房山区涉诉案件降幅达63%。

报告披露，2017年，行政机关负责人出庭应诉工作取得新的进展，在涉及重大公共利益、社会高度关注、可能引发群体性事件的案件中，行政机关负责人积极主动出庭应诉，做到"出庭出声出效果"。行政机关工作人员出庭率继续保持在100%。

此外，行政机关败诉比例小幅上升，2017年北京四中院审结的一审行政案件中，判决行政机关败诉的案件有76件，占全部实体判决案件的17.6%，同比上升3.3个百分点。有13个区政府出现败诉案件，在行政机关败诉案件中，直管公房管理类案件占比最大，达到28.9%，其余依次为行政复议、履行法定职责、行政强制、信息公开、土地管理、征收拆迁类案件。

白皮书指出，行政机关因作出的行政行为不合法或未依法履行法定职责而败诉的案件仍占有较大比重。有的行政机关预防争议和实质化解争议的意识不强，导致效果不理想。有的行政机关对行政应诉规范化建设重视不够，行政应诉工作质量不高，如行政机关负责人出庭应诉的案件总量虽有所增多，但总体比例仍然不高，各区发展也不平衡。此外，副职负责人出庭应诉相对较多，正职负责人出庭应诉较少。负责人庭审参与程度不高，未能充分发挥化解行政争议的积极作用。在应诉工作方面，有的案件中仍然存在行政机关未在法定期限内提交答辩状、答辩状内容过于简单、提交证据材料不全面、出庭应诉人员对案件情况及相关法律政策不熟悉、对诉讼中矛盾纠纷实质化解不积极、对人民法院司法建议回复不及时等诸多情形。

针对以上情况，北京市四中院建议，各行政机关要进一步提升行政活动全过程和各方面严格依循法律能力和水平，严格遵循行政职权法定原则，避免超出法定权限的范围和幅度。进一步完善行政争议源头预防和在行政程序中实质性解决制度机制。要强化证据意识、程序意识、履责意识，不断提高准确适用法律的能力，防止行政行为因滥用职权或明显不当而丧失合法性。

三、民主与法制时报：北京四中院召开行政审判白皮书新闻发布会

本报讯（记者　赵春艳　通讯员　付金）　近日，北京四中院召开新闻发布会，向社会公开发布《2017 年度行政案件司法审查报告》及十大典型案例。

发布会上，北京四中院副院长程琥通报了该院 2017 年审理行政案件的基本情况。2017 年该院进入审理程序的一审行政案件达 1544 件，比 2016 年的 1530 件有小幅上升，通过案件审理该院不断完善行政诉权保护机制，促进和推动人民群众通过法治渠道解决争议、寻求救济的意识和能力进一步增强。受理案件中，房屋土地征收拆迁腾退等涉民生案件占比持续攀升，学区划分、配售经适房等新类型案件不断出现，同期政府信息公开类案件则呈现大幅下降，仅占 9%。在涉诉区域中，东城、西城、海淀、朝阳 4 区涉诉案件占一审行政案件总量同比降低，占比 62.6%。原告主动撤诉率和息诉服判率双双大幅提升，原告主动申请撤诉的案件达到 269 件，是 2016 年的近 3 倍，行政诉讼实质化解行政争议作用彰显。行政机关败诉案件中，直管公房管理类案件占比最大，达到 28.9%。

白皮书显示，2017 年各区政府在运用法治方式推动工作、规范公正文明执法、源头预防和实质性解决、借助行政诉讼改进执法工作等方面的意识和能力进一步增强。行政机关败诉率与新行政诉讼法实施一年时相比下降了

14.4%，司法建议对照整改程度不断提高，行政机关工作人员出庭率连续3年保持100%，行政机关负责人出庭应诉长效机制在北京四中院的积极推动下得到逐步深化。同时，行政机关在依法行政和行政应诉工作中仍存在因作出的行政行为不合法或未依法履行法定职责而败诉的案件占比较大，预防争议和实质化解争议的意识不强、效果不理想以及对行政应诉规范化建设重视不够、行政应诉工作质量不高等突出问题，亟须行政机关引起重视。

为规范行政执法行为、加强依法行政工作，四中院给出了四个“进一步”的建议：进一步增强运用法治思维和法治方式解决行政执法难题的自觉性和主动性；进一步提升行政活动全过程和各方面严格依循法律的能力和水平；进一步完善行政争议源头预防和在行政程序中实质性解决制度机制；进一步发挥行政应诉在建立健全依法行政长效机制中的重要作用。

发布会上，该院行政庭庭长陈良刚通报了2017年行政审判十大案例，案件经由法官推荐、法官会议专题讨论、邀请法学专家进行评议等程序选定，涉及公房管理、城市建设、投诉举报、村务公开、行政复议等多个领域，对于规范行政执法行为及统一行政裁判标准具有示范意义。

四、北京青年报：民告官案“二把手”出庭应诉多

本报讯（记者　李铁柱）　7月5日上午，北京第四中级人民法院发布《2017年度行政案件司法审查报告》（以下简称《报告》），《报告》显示，民告官案件中，配售经济适用住宅、学区房划分等跟公众密切相关的新型案件不断出现。在备受关注的行政机关负责人出庭方面，出庭率继续保持在100%，但在这些案件中，副职负责人出庭应诉相对较多，正职负责人出庭应诉较少。

案例　门头沟政府被判违法

2006年8月，某研究所与北京市门头沟区国有资产监督管理委员会签订《房产及土地使用权转让协议》，购买了一处房屋，此后又取得了该房屋所有权证及国有土地使用证。

2012年5月28日、8月15日，门头沟区人民政府分别作出房屋征收决定和补充决定，研究所的上述房屋被纳入征收范围。2014年5月，研究所的房

屋及机器设备被强制拆除。该研究所认为门头沟政府实施了强制拆除行为，提起行政诉讼，请求法院确认其强制拆除行为违法。

北京四中院经过审理，最终认定被告实施了强拆行为，并判决确认被告拆除原告的涉案房屋及室内机器设备的行为违法。后被告提起上诉，北京市高级人民法院作出驳回上诉，维持一审判决的终审判决。

数据 政府败诉比例小幅上升

作为受理本市区人民政府为被告的行政案件的一审法院，《报告》显示，2017 年，起诉到北京四中院的一审行政案件共 1722 件，相比 2016 年的 2893 件减少 1171 件，其中，经登记立案后进入审理程序的一审行政案件达 1544 件，比 2016 年的 1530 件有小幅上升；因不符合法定立案条件，法院裁定不予立案的有 178 件，相较于 2016 年的 1363 件减少 1185 件，同比下降 86.9%。

在案件类型方面，因爆燃事故调查处理、对既有建筑进行抗震加固、配售经济适用住宅、民办幼儿园办园许可、对学区进行划分、农村土地承包经营权登记发证等引发的新类型案件不断涌现。

值得注意的是，行政机关败诉比例小幅上升。《报告》显示，2017 年四中院审结的一审行政案件中，判决行政机关败诉的案件有 76 件，占全部实体判决案件的 17.6%，同比上升了 3.3 个百分点。本年度有 13 个区政府出现败诉案件。

在行政机关败诉案件中，直管公房管理类案件占比最大，达到 28.9%。也远高于其他类型的行政案件。此外，行政机关因作出的行政行为不合法或未依法履行法定职责而败诉的案件仍占有较大比重。其中因事实认定不清、证据不足的有 46 件，因未及时、全面、准确履行法定职责的有 14 件，因未遵循法定程序的有 9 件，因行政机关超越法定职权的有 8 件，因适应法律法规错误的有 3 件。

现象 副职出庭多 正职出庭少

行政诉讼法规定，被诉行政机关负责人应当出庭应诉。不能出庭的，应当委托行政机关相应的工作人员出庭。在民告官案件中，行政机关负责人出庭一直备受关注。

2017 年，在四中院审理的涉及重大公共利益、社会高度关注、可能引发群体性事件的案件中，行政机关负责人积极主动出庭应诉，做到“出庭出声出效果”。行政机关工作人员出庭率继续保持在100%。

但《报告》也显示，行政机关负责人出庭应诉的积极性和主动性仍然有待提高。行政机关负责人出庭应诉的案件总量虽有所增多，但总体比例仍然不高，各区发展也不平衡。副职负责人出庭应诉相对较多，正职负责人出庭应诉较少。有的负责人庭审参与程度不高，未能充分发挥化解行政争议的积极作用。

北京市第四中级人民法院 2018 年行政案件司法审查报告暨典型案例新闻发布会

时　间：2019 年 5 月 9 日

地　点：北京市第四中级人民法院新闻发布厅

发布人：北京市第四中级人民法院党组成员、副院长　程　琥

北京市第四中级人民法院行政庭庭长　陈良刚

主持人：北京市第四中级人民法院司法服务办公室负责人　杨晋东

北京市第四中级人民法院关于 2018 年行政案件司法审查报告暨典型案例的通报

行政审判作为全面依法治国的重要组成部分，是“官民”矛盾的“减压阀”，是经济社会发展的“守护者”，是法治政府建设的“助推器”，是国家治理现代化的“风向标”。2018 年，是全面贯彻落实党的十九大精神的开局之年，是扎实开展法治政府建设、深入推进依法行政的关键之年，也是四中院行政审判事业发展进程中很不平凡的一年。一年来，面对人员相对不足、案件高位徘徊、新难问题不断出现、审判难度日益加大的复杂情况，四中院以习近平新时代中国特色社会主义思想为指导，全面贯彻落实党的十九大和十九届二中、三中全会精神，紧紧围绕“让人民群众在每一个司法案件中感受到公平正义”的工作目标，坚持司法为民、公正司法，推动各项工作“更进一步”，坚持最高标准、最严要求、最好效果，忠实履行宪法和法律赋予的职责，推动行政审判工作全面提升，为保护行政相对人合法权益、服务保障首都工作大局、推进法治政府建设作出了应有的贡献。

一、2018年审理行政案件的基本情况

（一）持续深化立案登记制改革，紧抓行政审判质效不放松

全面履行行政审判职能，依法保护当事人诉权，严格按照相关法律和司法解释规定的受案范围和法定程序受理各类行政案件，切实维护行政相对人合法权益，积极引导诉讼群众依法理性解决行政争议。2018年，起诉到四中院的一审行政案件共1686件，相较于2017年的1722件减少36件。其中，因不符合法定立案条件，裁定不予立案的有147件，相较于2017年减少31件；经登记立案后进入审理程序的一审行政案件达1539件，比2017年的1542件有小幅下降；审结一审行政案件1557件，法定审限内结案率100%，一审案件上诉率、发改率、申诉率逐年降低，一审案件服判息诉率稳步提升。四中院建院以来行政案件先大幅增长后趋于平稳在一定程度上反映了公民权利保障意识日益增强、行政诉讼救济渠道更加畅通，群众依法理性行使诉权的能力明显增强。

（二）案件管辖改革不断深化，行政审判格局持续优化

2018年12月11日，通过远程庭审系统全程在线审理首例天津环保行政上诉案，初步建立起跨域审理行政案件的典型样本，总体效果良好，示范意义重大。标志着四中院依托跨区法院职能定位服务保障京津冀协同发展战略，在“跨”字上迈出更加坚实的一步。北京互联网法院挂牌履职后，四中院管辖涉互联网行政案件的上诉案件。截至目前，四中院行政案件已经形成由以北京市各区政府为被告的一审行政案件、天津环保行政案件的上诉案件、涉互联网行政案件的上诉案件共同组成的行政案件管辖格局，审级相对完整，初步建立起“普通案件在行政区划法院审理，特殊案件在跨行政区划法院审理的诉讼格局”。

（三）案件类型日趋多样，新类型案件不断出现

2018年，四中院受理案件类型中，诉不履行法定职责类案件位居首位，占全年受理行政案件总数的比例达22.8%，同比增长近8个百分点，要求区政府履行的职责涵盖公房管理、政府信息公开、劳动与社会保障、信访、拆

除违法建设、查处违法行为、安置补偿、土地房屋审批登记以及环境整治等多个领域。行政协议类案件和行政强制类案件数量大幅上升，从占比均不足1%分别增至9.5%和7.0%，对行政机关转变执法方式，提升执法能力提出更高要求。国有土地上房屋征收补偿类案件比例有所下降，但仍以占比14.1%位居第二。行政复议类案件比例连续两年下降，占比已从2016年的25%降至2018年的8.2%。政府信息公开、公房管理和行政赔偿案件数量近两年相对平稳。环保行政上诉案件和互联网行政上诉案件也已出现，改变了建院以来仅审理一审行政案件的局面。

（四）行政案件涉及领域众多，涉民生案件占比仍然较高

2018年，四中院受理行政案件涉及行政管理领域持续扩大，城乡“无煤化”清洁能源改造、农村集体经营性建设用地入市、双创社区建设、文物纪念馆保护利用、校园周边卷烟零售清理、污水处理特许经营、金融商务区建设、简易楼解危排险等新领域不断涌现，审理难度不断加大。因重大工程项目建设、涉疏解非首都功能、城乡环境整治、居民住房改善等进行土地房屋征收拆迁腾退引发的相关案件占比较高，达70%以上，涉及一批国家和本市重大工程项目、高速铁路建设、城市公共轨道交通建设及公交场站建设，以及30余个棚户区改造、环境整治和居民住房改善项目。此外，涉及消费者权益保护、食品药品安全监管、劳动与社会保障、城乡环境保护、义务教育入学、医疗卫生监管、农村土地管理等涉民生案件更加丰富多样。

（五）行政案件区域分布相对均衡，各区政府涉诉案件数量总体平稳

2018年，16个区政府均有涉诉案件，东城、西城、朝阳、顺义涉诉案件量居前四位，占一审行政案件收案总量的64%。其中，东城涉诉513件，同比增长28%，案件量第一；西城涉诉201件，与2017年基本持平，案件量第二；朝阳涉诉180件，同比下降30%，案件量第三；顺义涉诉案件179件，同比增长145%，案件量第四；海淀涉诉案件量连续两年大幅下降，2018年排在第五；密云、平谷、门头沟、大兴、通州等区涉诉量有较大幅度下降；怀柔涉诉案件量有较大幅度上升，从前几年每年不足10件，增加到2018年41件。

（六）行政复议案件持续减少，行政复议解决行政争议的主渠道作用日益显现

2018年，四中院受理的一审行政案件中，涉市政府行政复议双被告案件有103件，同比下降45%，占一审行政案件受理总量的7%，同比下降5个百分点。区政府作出行政复议申请不予受理决定、程序性驳回行政复议申请决定或者改变原行政行为的行政复议决定而作单独被告的案件比例逐年下降，占比已从2016年的25%降至2018年的8%。行政复议涉诉案件比例下降反映出行政复议机关更加充分履行复议监督职责，不断发挥行政复议纠正错误行政行为、实质化解行政争议的主渠道作用，行政复议公信力不断提升。

（七）行政应诉能力和水平明显提升，行政机关负责人出庭应诉机制不断深化

行政机关负责人出庭应诉制度作为行政审判体制机制改革的重要抓手，在实质性化解行政争议、提升行政机关依法行政水平、推动法治政府建设等方面具有明显优势。2018年，行政机关负责人在涉及重大公共利益和群众权益、社会影响较大、人民群众关注度高、新类型案件中出庭，如环境资源保护、棚户区改造、集体经营性建设用地入市、双创社区建设、集体土地林木清除、畜禽养殖禁养区综合整治、大棚房清理、历史文化景区保护建设等。在首例天津环保行政上诉案件中，天津市北辰区环境保护局局长作为行政机关负责人远程出庭应诉。行政机关负责人出庭应诉更加关注行政执法实践的需要和存在的问题，主动化解涉诉矛盾纠纷的意识和能力有所增强。

（八）坚持严格依法审判，有效保障群众利益，促进依法行政

充分发挥行政审判监督作用，有效维护行政相对人合法权益，对违法违规、明显不当的行政行为或者行政机关不严格履行、怠于履行法定职责的，坚持依法判决撤销，确认违法或无效，判决变更以及判决其在一定期限内履行。此类案件共计54件，在实体判决案件中的占比为11.4%，相较于2017年下降6.2个百分点。在败诉案件中，行政复议类案件占比较高，达37%，行政复议工作制度化、规范化仍有较大提升空间。公房管理类案件占比达17%，与2017年相比有较大幅度下降。政府信息公开类案件因该类案件总量

逐年下降，败诉案件也呈逐年下降趋势，2018年败诉案件占比达7%，这与行政机关不断加强政务公开工作密切相关。行政强制类案件和征收补偿类案件在败诉案件中的占比均为13%，与2017年相比有所增长。

二、充分发挥行政审判职能、助推法治政府建设的主要举措和成效

2018年，四中院坚持以习近平新时代中国特色社会主义思想为指导，深入贯彻落实党的十九大和十九届二中、三中全会精神，坚持稳中求进的工作总基调，坚持最高标准、最严要求、最好效果的工作要求，以强化服务保障大局、保障公民、法人和其他组织合法权益、推进行政争议实质化解、着力解决行政审判突出问题为重点，维护司法公正，提升司法公信力，助推法治政府建设，有效回应人民群众新期待，努力让人民群众在每一个司法案件中感受到公平正义，行政审判工作取得良好成效。

（一）发挥行政审判职能的主要举措

1. 围绕跨区法院审判职能发挥，公正高效审结各类行政案件。通过依法妥善审理涉及行政许可、信息公开、公司登记、资源管理、行政协议等行政案件，积极营造公平法治、稳定透明的营商环境；通过依法妥善审理涉集体经营性建设用地入市、集体土地承包确权登记等案件，健全自治、法治、德治相结合的乡村治理体系；通过依法妥善审理涉“双创社区”建设、涉中关村软件园区建设等案件，服务保障创新型国家、创新型产业、创新型社区建设；通过依法妥善审理涉城乡“无煤化”清洁能源改造、污水处理特许经营、畜禽养殖禁养区综合整治、企业经营性污染等案件，保护城乡生态环境；通过依法妥善审理涉村务公开监督案件，促进基层社会组织微治理释放大能量，实现政府治理、社会调节、居民村民自治良性互动，打造共建共治共享社会治理格局；通过依法妥善审理涉文物纪念馆保护利用、历史文化景区环境整治等案件，推动中华优秀传统文化创造性转化、创新性发展。

2. 始终坚持在首都发展大局中谋划行政审判工作，积极探索服务保障首都经济社会发展新机制。在审理涉及国家和本市重大工程项目和“疏解整治促提升”专项行动案件中，始终立足首都城市战略定位，紧紧围绕京津冀协

同发展战略，充分发挥行政审判职能作用，有效保障“疏解整治促提升”专项行动有序开展，着力推动重大工程项目建设的顺利进行。注重源头预防，主动预警防范法律风险。主动进行专项调研，提炼总结常见问题和经典案例要旨；主动开展各种资源力量整合及协调联动工作，通过常态化的沟通联络机制提供日常性的法律论证服务。注重实质化解，构建依法妥善审理案件配套机制。通过启动立案阶段矛盾纠纷化解机制、行政争议实质化解机制、案件快速审理机制，实质化解行政争议，及时保障人民群众合法权益和项目建设顺利进行。注重职能延伸，及时追踪案件审理效果。追踪个案审理效果，提升行政机关整体的依法行政水平和规范应诉能力；追踪同案审理结果，为行政机关提供明确统一的法律指引；追踪行政执法和应诉工作成果，持续关注法治政府建设情况。

3. 坚持以人民为中心的发展思想，为群众提供更加优质高效的司法服务和保障。紧紧围绕“让人民群众在每一个司法案件中感受到公平正义”的工作目标，通过行政审判，使当事人的合法权益及时得到保护。坚持依法受理行政案件，充分保护当事人的诉权，对于符合受案范围和起诉条件的案件及时受理。积极稳妥拓展行政审判新领域，依法受理与人身权、财产权等权利密切相关的行政案件。继续审理好与人民群众生产、生活密切相关的各类涉民生案件。重点审理好食品药品监管、教育医疗等公共产品供给、劳动与社会保障完善、棚户区改造、简易楼解危排险、居民住房改善项目建设等涉及人民群众生活、身体健康和生命安全的案件，切实保护当事人的合法权益。主动适应人民群众对行政审判新期待，在加快案件审理节奏的同时，坚持严格依法办案，切实保障群众合法权益。妥善处理涉及农村土地征收征用、集体土地房屋拆迁等案件，促进城乡统筹发展。有效实现行政案件繁简分流，不断缩短案件审判用时，为人民群众提供高效快捷的司法救济。创新诉讼服务便民利民新机制，提升司法公共服务水平。增强司法公开与信息化建设的深度融合，高度重视电子卷宗随卷生成深度应用、审判流程全公开、线上庭审直播、裁判文书及时上网等工作。

4. 构建行政争议多元解决机制，力促行政争议实质性化解。新行政诉讼法明确将“解决行政争议”作为立法宗旨，这是对人民法院行政诉讼功能的最新要求。四中院积极践行新行政诉讼法的立法精神，进一步提升行政纠纷实质化解水平，减少程序空转。对涉及集体土地腾退拆迁、国有土地房屋征收、申请收回国有土地使用权等历史遗留问题行政案件，加大调解和解力度，依法、积极开展协调工作，一批重大、长期矛盾得到化解。2018 年审结的一审行政案件中，经协调化解行政争议和相关纠纷、诉前引导和诉中协调后，原告自愿撤诉99 件，行政争议实质化解效果良好。2018 年，四中院妥善协调化解一起土地闲置18 年未开发，企业要求区政府收回土地的历史遗留案件，实现了法律效果和社会效果的有机统一。

5. 全面深化司法与行政良性互动机制，形成法治政府建设合力。行政审判与法治政府在国家治理体系中虽然分工不同，但目标同一，相辅相成。坚持定期发布行政审判白皮书和典型案例，继续针对各区政府涉诉案件情况发送司法审查分报告，切实发挥个性化法治体检报告的作用。对经济建设、社会发展建设和行政执法中的重大法律适用问题进行深入研究，就可能存在的法律风险提出司法建议，为党委和政府科学决策建言献策。持续推进司法建议反馈机制的落实深化，司法建议反馈率100%，司法建议在预防法律风险、修补管理漏洞，推动行政机关依法行政方面的作用得到进一步发挥。畅通法院与行政机关沟通交流渠道，通过共同举办法律适用疑难问题研讨会、安排法官到行政机关授课、邀请行政机关负责人及行政执法人员旁听庭审等方式，积极与行政机关就应诉机制、法律适用、争议化解等问题进行沟通交流，共同提升行政执法和行政审判水平。

6. 积极落实“谁执法，谁普法”的责任制，将庭审打造成全民共享法治公开课。依托司法公开三大平台建设，严格落实行政审判流程公开、行政裁判文书公开，积极开展庭审直播活动，近年到院旁听庭审达6000 多人次，生效裁判文书上网公开率始终在99%以上。持续推进行政机关负责人出庭应诉，负责人出庭应诉的案件数量不断增多，“关键少数”以上率下、带动区域整体法治水平提升的作用得到进一步发挥。积极参与各区政府常务会议会前讲法工作，选派资深行政法官向各区政府常务会议通报涉诉情况并以案释法。着力将行政案件庭审打造成全民共享的法治公开课，以庭审公开促司法公信，以依法裁判促依法行政，达到了庭审一案引领一片的良好效果。通过公正裁判传播社会主义法治文化，弘扬社会主义核心价值观，将“法安天下”的规范价值和“德润人心”的道德风尚融为一体。积极挖掘行政审判普法价值，通过依法公正裁判，讲好法治故事、传播法治精神。

7. 依托智慧法院建设成果，力求“让数据多跑路，让群众少跑腿”。推动远程审判工作，利用远程庭审系统全流程在线审理首例天津环保行政上诉案，建立起线上跨域审理行政案件的典型样本。首次尝试利用微信公众号上线运行北京四中院掌上智慧法院平台，最大限度降低了跨区域案件诉讼成本，努力实现“让数据多跑路，让群众少跑腿”。主动适应新时代大数据发展和法治政府建设的需要，联合高端互联网企业开展行政审判助推法治政府建设信息化项目，通过整合行政执法和行政审判电子资源，构建辅助行政决策、行政执法、行政应诉以及行政审判的知识库和数据库，推动数字法治和智慧司法平台建设，为行政审判和法治政府建设提供专业、智能、开放、实用的特色服务。不断上线集约送达系统、新庭审直播系统等，升级电子卷宗随卷生成系统，为行政审判工作插上智慧的翅膀。

8. 围绕跨区划法院职能定位，不断深化行政案件管辖改革。经最高人民法院指定，四中院管辖审理天津铁路运输法院审理的环境保护行政案件上诉案件；随着北京互联网法院成立，四中院成为部分涉互联网行政案件的二审法院。围绕跨行政区划法院的职能定位，坚持理论研究与实践探索并行，软件更新与硬件改造同步，建立行政案件远程审理机制，助力行政案件跨区域集中管辖。多次举办跨行政区划法院设置及管辖改革研讨，为解决跨行政区划法院建立完善中的体制机制障碍建言献策。专题调研跨区法院服务保障京津冀协同发展的举措，就平台对接、业务交流、人才培养、智慧法庭建设等进行互动交流，推进建立统一、高效、便利的一审、二审衔接系统。对基础设施进行信息化改造，建设互联网法庭和远程审判法庭，协同天津铁路运输法院和北京互联网法院进行办案信息化平台建设，推动科技创新成果在行政审判领域的深度应用，保障跨区划法院审判职能发挥。

9. 以实战、实用、实效为导向，打造革命化、正规化、专业化、职业化的行政法官队伍。旗帜鲜明地把政治建设摆在首位，以习近平新时代中国特色社会主义思想指导行政审判工作，抓党建、带队建、促审判，扎实推动基层党建与队伍建设、审判工作深度融合。扎实推进队伍专业化建设，加强行政审判团队建设，充分发挥员额法官对法官助理的“传、帮、带、教”作用，帮助法官助理快速提升专业能力。不断推进专业法官会议规范化建设，建立法官会议运行台账，实现全程留痕，全年共召开专业法官会议近 30 次。充分利用首都行政审判的资源优势，在学术论文、调研报告、案例分析、裁判文书、指导性案例等方面持续推出精品。实践证明，四中院行政审判队伍是一支有理想、有情怀、敢担当的过硬队伍。2018 年，行政庭庭长陈良刚荣获全国法院行政审判工作先进个人称号；行政庭张岩团队、向绪武团队获评首届全市法院“先进审判团队”。调研报告、案例分析、裁判文书在最高人民法院、北京市高级人民法院、中国法学会、北京市法学会等组织的征文或者评选活动中荣获的一、二、三等奖共计 20 余项。

（二）助推法治政府建设的主要成效

从 2018 年四中院审理的行政案件情况看，各区政府在严格规范行政行为、妥善化解行政争议、行政应诉规范化建设等方面均取得了新的明显成效。

1. 积极履行推进法治建设第一责任人职责。区党政主要负责人积极履行推进法治建设第一责任人职责，将建设法治政府摆在工作全局的重要位置，自觉运用法治思维和法治方式深化改革、推动发展、化解矛盾、维护稳定。区党政主要负责人等“关键少数”坚持以身作则、以上率下，区域尊法学法守法用法的良好法治氛围逐步形成。

2. 扎实开展政府常务会议会前学法。各区政府将邀请法官通报行政审判情况和典型案例作为政府常务会议定期会前学法的必要环节，目前已经实现制度化、常态化、全覆盖。四中院积极支持区政府常务会议定期会前学法，选派审判经验丰富的法官通报行政案件情况，以案释法，区政府负责人、各委办局、街道、乡镇等主要负责人参加活动，发挥通报一次、规范一片的作用。

3. 注重从源头上预防和减少行政争议。在制定规范性文件和重大行政决策前，注意听取法院意见和建议，防止因违法决策、不当决策出现大面积违法、损害群众利益，引发大量行政争议。进一步规范行政执法行为，加强和改进行政复议工作。注重对行政机关败诉案件进行梳理分析，避免类似问题再次发生。

4. 积极主动地支持、配合法院开展行政审判工作。维护司法权威，以正确态度积极对待行政诉讼行为，支持法院依法受理和审理行政案件，将行政机关负责人参与行政诉讼活动情况纳入政府绩效考核的重要指标。区政府主要负责人按照行政诉讼法规定到法院出庭应诉案件的积极性、主动性明显增强，严格执行法院生效裁判，行政诉讼“立案难、审理难、执行难”等难题有效破解。积极配合法院开展协调调解工作，采取切实有效措施促进争议的实质性解决。普遍重视法院的司法建议，积极整改司法建议中指出的问题。

三、从行政审判看当前行政执法和应诉工作存在的主要不足

从四中院审理的行政案件情况看，当前行政执法和行政应诉工作主要存在以下不足亟待重视改进。

（一）依法行政意识仍需增强

部分行政机关对职权法定的认识不够到位，依法行政的能力、意识、水平有待进一步提高，尤其是基层一线政府执法队伍相对薄弱，不规范执法的情形较为突出。超越法定职权、违反法定程序实施行政强制行为现象较为突出。

（二）证据意识有待强化

行政机关应当在事实认定清楚、证据充分的情况下作出行政行为。从2018年败诉情况看，行政机关因事实证据问题被判败诉案件数约占败诉案件总数的60%，主要表现在未充分履行调查核实职责，认定事实不全面，主要证据不完整；证据意识淡薄，不注重收集和固定证据；遗漏应当处理的事项或答复内容与申请内容不符；未在行政诉讼法规定的举证期限内提交证据，依法被视为没有证据等情形。比如，在公房管理类案件中，行政机关没有积极主动充分履行调查处理职责，导致在家庭成员的认定、是否有其他住房、是否与原承租人共居满两年等事实认定方面不清，主要证据不足。此外，公房管理类败诉案件还存在证据留存固定方面的问题，在履行调查核实职责的同时没有做好全程留痕和工作记录，导致在行政诉讼中缺乏有效证据。

（三）违反行政程序现象较为突出

依法行政不仅要求实体公正，而且要求程序公正，违反法定程序作出的行政行为即使结果正确也要被判决撤销或者确认违法。实践中一些执法部门在执法过程中随意简化程序或者不遵守程序的现象比较突出，因违反法定程序导致行政机关败诉的案件约占败诉案件总数的26%，主要表现为行政机关作出行政行为时已超出法定期限；相关行政决定送达方式不合法，送达不到位、超期送达、送达方式不当；违反正当程序原则，未保障相对人、利害关

系人的知情权、程序参与权和救济权；无视法律的程序性规定，法律法规所规定的法定步骤缺失等。比如，在行政复议案件中，行政复议程序上不予受理问题较多，包括没有准确把握“权利义务实际影响”的判断基准，对被申请人是否负有法定职责或者对行政行为是否影响相对人合法权益作简单化认定；不当排除行政复议受理范围，不正确把握被申请人作出的“通知”“公告”“告知”等行为的可复议性；行政复议受理条件审查中考虑不应当考虑的因素，进行过度审查，行政复议案件受理标准没有与行政诉讼受理标准保持一致。此外还包括因工作疏忽遗漏复议请求、错误确定复议标的，违反正当法律程序原则，未追加应当追加的第三人等败诉原因。

（四）法律适用能力仍需提高

行政行为的作出必须具有依据并且符合依据的内容要求，这是依法行政的基本要求。因被诉行政行为适用法律、法规错误导致行政机关败诉的案件约占败诉案件总数的24%，主要表现在对行政行为的性质及是否可复议认定错误；对行政机关是否负有特定法定职责认识不当；适法能力不足，未遵循法不溯及既往原则。

（五）履行职责不够及时全面

绝大多数行政机关能够做到依法履职尽责，但仍有少数行政机关在履职过程中存在瑕疵。因未履行职责或履职不及时、不全面导致败诉的案件约占行政机关败诉案件总数的4%，主要表现在行政机关代收邮件及文件分类管理的内部工作制度不规范，导致相对人申请履行法定职责的信件出现内部流转问题；行政机关提交的证据仅能证明依据相对人的申请开展了相关工作，达不到证明行政机关已经及时、全面、准确履行法定职责的程度。比如，在征收补偿类案件中，主要存在的问题是在进行国有土地上房屋征收时，未充分履行调查核实的职责，对被征收人、被征收房屋面积和性质等征收补偿基础事项进行简单认定、错误认定。

四、建设法治政府，推进依法行政的主要建议

党的十九大描绘了2035年基本建成法治国家、法治政府、法治社会的宏

伟蓝图。2019年5月中共中央办公厅、国务院办公厅印发了《法治政府建设与责任落实督察工作规定》，这对法治政府建设和行政审判工作提出了新的更高要求。行政审判与国家法治建设尤其是法治政府建设联系最为紧密，直接反映依法行政的水平，直接衡量公民权利的保障程度。为进一步规范行政行为，助推法治政府建设，四中院在对涉诉案件情况认真分析基础上，特提出如下建议：

（一）进一步增强行政机关工作人员运用法治思维和法治方式的能力

法治政府的核心是依法行政，行政机关领导干部和执法人员要严格遵守宪法和法律，自觉运用法治思维和法治方式思考问题、推动工作，想问题、作决策、办事情必须守法律、重程序、受监督，努力形成办事依法、遇事找法、解决问题用法、化解矛盾靠法的良好法治环境。

（二）进一步提高基层行政执法水平

基层行政执法是行政执法体系中最为基础、执法活动最多，也是执法能力最为薄弱、引发行政争议最多、败诉案件最为集中的环节，是推进依法行政的重中之重。围绕基层治理法治化、街道功能充分发挥，深化“街乡吹哨、部门报到”改革，推进基层综合执法体制机制改革，落实新颁布的《北京市城乡规划条例》，不断优化街道、乡镇等基层政府的职责事项清单，推进执法权限和力量向基层延伸和下沉，切实改变基层治理多头执法、多层执法和执法标准混乱的问题。加大学习和培训力度，不断增强基层一线执法人员的法律素养和法治意识，树立合法合理、遵守法定程序、公平正义、公开诚信、履职尽责的意识。

（三）进一步加强行政执法规范化建设

坚持严格规范公正文明执法，提高执法公信力。要将服务守法、保护合法、制裁违法相统一，改变“执法就是处罚”的片面认识。规范执法行为，提高执法水平，消除执法中的随意性和执法不公问题，提高执法公信力。行政诉讼法规定行政行为程序轻微违法，对当事人权利不产生实际影响的，亦应判决确认行政行为违法，对行政执法程序的合法性提出了更高的要求。树立实体公正与程序公正并重理念，确保程序合法性、过程公开性，充分保障当事人的陈述权和申辩权，杜绝漠视程序、遗漏程序、合并程序、颠倒程序等情况发生。

（四）进一步加大行政争议实质性化解力度

对于一些重大工程项目推进中，涉及的集体土地征收拆迁、国有土地上房屋征收拆迁等历史遗留问题的行政案件，要在坚持法律底线的基础上，加大协调和解力度，相关行政机关要积极支持和配合法院依法开展的协调和解工作，力求这些案件都能在法治轨道上尽早得到解决，避免矛盾纠纷因长期得不到解决留下社会安全隐患。畅通行政复议救济渠道，严格依照法定条件、范围和程序受理复议申请，对依法不属于复议范围的事项，认真做好释明、告知工作，指出解决问题的途径或方法，不能简单的一驳了之。

（五）进一步加强政务公开、政府信息公开工作

坚决贯彻落实党中央、国务院关于全面推进政务公开的指示精神，积极回应人民群众对于政府信息公开的需求。2019 年 4 月 3 日，国务院正式对外公布新修订后的《信息公开条例》，这是条例实施 11 年来的首次修订，自 2019 年 5 月 15 日起施行，这对政务公开、政府信息公开工作提出了新的更高要求。要以贯彻执行新修订的条例为契机，坚持“以公开为常态、不公开为例外”的原则，凡是能主动公开的一律主动公开，切实满足人民群众获取政府信息的合理需求，同时要防止有的申请人不当行使申请权、超出行政机关公开政府信息的能力，影响政府信息公开工作的正常开展。

（六）进一步提高主动接受司法监督意识

行政审判是对行政执法的重要监督，行政机关要主动接受司法监督，认真参与诉讼活动，依法出庭应诉，提高行政机关负责人出庭应诉率。行政机关负责人出庭应诉是法律规定的义务，应当按照国务院办公厅《关于加强和改进行政应诉工作的意见》的规定依法出庭应诉，将行政机关负责人出庭应诉工作作为衡量领导干部法治素养好、依法办事能力强的重要标准，合理设定考核项目和指标，确保行政机关负责人出庭应诉制度落到实处。

一、工人日报：一些执法部门违反行政程序现象突出

本报北京5月19日讯（记者　张伟杰）　5月9日，北京四中院召开新闻发布会，公开发布《2018年度行政案件司法审查报告》及十大典型案例。报告显示，一些执法部门在执法过程中随意简化程序或者不遵守程序的现象比较突出，因违反法定程序导致行政机关败诉的案件约占败诉案件总数的26%。

违反行政程序主要表现为行政机关作出行政行为时已超出法定期限；相关行政决定送达方式不合法，送达不到位、超期送达、送达方式不当；违反正当程序原则，未保障相对人、利害关系人的知情权、程序参与权和救济权等。报告指出，依法行政既要求实体公正，又要求程序公正，违反法定程序作出的行政行为即使结果正确也要被判决撤销或者确认违法。

据北京四中院新闻发言人程琥介绍，2018年该院进入审理程序的一审行政案件达1539件，与2017年基本持平。受理案件中，诉不履责类、行政协议类和行政强制类案件大幅上升，行政复议类案件占比连续两年下降。案件涉及领域逐年拓宽，天津环保行政上诉案件、涉互联网行政上诉案件等新类型案件已经出现，涉民生案件占比仍然较高，其中因重大工程项目建设、城乡环境整治、居民住房改善等进行土地房屋征收拆迁腾退引发的涉民生案件占比达70%。从该市各区涉诉情况看，东城、西城、朝阳、顺义4区涉诉案件合计占一审行政案件总量的64%。行政机关实体败诉案件中，行政复议类案件占比高达37%，行政复议工作制度化、规范化仍有较大提升空间。

报告显示，在2018年该院以判决方式审结的案件中，行政机关败诉率为11.4%，同比下降6.2个百分点。行政机关更加重视行政应诉工作，行政机关工作人员出庭率连续4年保持100%。

同时，行政机关在行政执法和行政应诉工作中，还存在作出的行政行为认定事实不清、主要证据不足，预防争议和实质化解争议的意识不强，对行政应诉规范化建设重视不够、行政应诉工作质量不高等问题，亟须行政机关在今后的执法及应诉中予以重视。

为进一步规范行政执法、加强依法行政、推进法治政府建设，四中院在报告中提出建议：进一步增强行政机关工作人员运用法治思维和法治方式的能力；进一步提高基层行政执法水平；进一步加强行政执法规范化建设；进一步加大政务公开、政府信息公开力度；进一步增强主动接受司法监督意识等。

二、法制日报：北京四中院发布行政审判白皮书 不履行法定职责类案件超两成

本报讯（记者 徐伟伦） 2018 年在北京四中院进入审理程序的一审行政案件达 1539 件，与 2017 年基本持平。受理案件中，诉不履责类、行政协议类和行政强制类案件大幅上升，其中诉不履责类案件位居首位，占全年受理行政案件总数的比例达 22.8%，同比增长近 8 个百分点。

2018 年北京四中院受理的一审行政案件中，涉市政府行政复议双被告案件同比下降 45%，占一审行政案件受理总量的 7%，同比下降 5 个百分点。

近日，北京市第四中级人民法院发布《2018 年度行政案件司法审查报告》（以下简称白皮书）及十大典型案例。

白皮书显示，当事人起诉行政机构不履行法定职责类案件超过两成，位居各类行政案件首位；行政机关在行政执法和行政应诉工作中，仍存在作出的行政行为认定事实不清、主要证据不足、未遵循法定程序、预防争议的意识不强等问题，亟须予以重视。

复议类案件占比继续下降

“目前，北京四中院受理的行政案件已经形成由以北京市各区政府为被告的一审行政案件、天津环保行政案件的上诉案件、涉互联网行政案件的上诉案件共同组成的行政案件管辖格局。”北京四中院副院长、新闻发言人程琥说。

据程琥介绍，2018 年在北京四中院进入审理程序的一审行政案件达 1539 件，与 2017 年基本持平。受理案件中，诉不履责类、行政协议类和行政强制类案件大幅上升，其中诉不履责类案件位居首位，占全年受理行政案件总数

的比例达 22.8%，同比增长近 8 个百分点，要求区政府履行的职责涵盖公房管理、政府信息公开、拆除违法建设、查处违法行为以及环境整治等多个领域。

此外，与往年相比，国有土地上房屋征收补偿类案件比例有所下降，但仍以占比 14.1% 位居第二。行政协议类案件和行政强制类案件数量大幅上升，从占比均不足 1% 分别增至 9.5% 和 7.0%，上述案件的增长，对行政机关转变执法方式，提升执法能力提出更高要求。

北京四中院调研后发现，行政案件涉及领域众多，涉民生案件占比仍然较高。2018 年，北京四中院受理的行政案件涉及行政管理领域持续扩大，城乡“无煤化”清洁能源改造、文物纪念馆保护利用、校园周边卷烟零售清理、简易楼解危排险等新领域不断涌现。因重大工程项目建设、涉疏解非首都功能、城乡环境整治等进行土地房屋征收拆迁腾退引发的相关案件占比较高。

与相关案件占比较高相对应的是行政复议类案件占比连续两年下降，白皮书显示，2018 年北京四中院受理的一审行政案件中，涉市政府行政复议双被告案件同比下降 45%，占一审行政案件受理总量的 7%，同比下降 5 个百分点。同时，区政府作出行政复议申请不予受理决定、程序性驳回行政复议申请决定或者改变原行政行为的行政复议决定而作单独被告的案件比例也在逐年下降，占比从 2016 年的 25% 降至 2018 年的 8%。

程琥认为，行政复议涉诉案件比例下降反映出行政复议机关更加充分履行复议监督职责，不断发挥行政复议纠正错误行政行为、实质化解行政争议的主渠道作用，行政复议公信力不断提升。

基层不规范执法问题突出

对于当前行政执法和应诉工作中存在的主要不足，白皮书指出，从行政审判角度看，部分行政机关对职权法定的认识不够到位，尤其是基层一线政府执法队伍相对薄弱，不规范执法的情形较为突出；超越法定职权、违反法定程序实施行政强制行为现象较为突出。

“依法行政不仅要求实体公正，而且要求程序公正，违反法定程序作出的行政行为即使结果正确也要被判决撤销或者确认违法。”程琥介绍说，实践中一些执法部门在执法过程中随意简化程序或者不遵守程序的现象比较突出，主要表现为行政机关作出行政行为时已超出法定期限；相关行政决定送达方式不合法，送达不到位、超期送达、送达方式不当；违反正当程序原则，未保障相对人、利害关系人的知情权、程序参与权和救济权；无视法律的程序性规定，法律法规所规定的法定步骤缺失等。

除了程序，行政机关应当在事实认定清楚、证据充分的情况下作出行政行为，但从目前北京四中院的审理情况看，行政机关因事实证据问题被判败诉案件数约占败诉案件总数的60%。主要表现在未充分履行调查核实职责，认定事实不全面，主要证据不完整；证据意识淡薄，不注重收集和固定证据；遗漏应当处理的事项或答复内容与申请内容不符；未在行政诉讼法规定的举证期限内提交证据，依法被视为没有证据等情形。

此外，行政行为的作出必须具有依据并且符合依据的内容要求，这是依法行政的基本要求之一。而在北京四中院2018年审理的行政案件中，因被诉行政行为适用法律、法规错误导致行政机关败诉的案件约占败诉案件总数的24%，说明行政机关法律适用的能力仍需提高。

行政首长主动出庭发声

“民告官”中，行政机关负责人能否出庭应诉与群众面对面对话，是民众普遍关心的核心问题之一。

“行政机关负责人出庭应诉制度作为行政审判体制机制改革的重要抓手，在实质性化解行政争议、提升行政机关依法行政水平、推动法治政府建设等方面具有明显优势。”北京四中院行政庭庭长陈良刚分析称，群众告官不见官，会让群众觉得没有得到应有的尊重和重视，因此负责人出庭对于缓解行政相对人对行政机关的不信任甚至抵触情绪有很大作用，“通过在法庭中和行政机关负责人面对面进行沟通甚至辩论，能够有效增强群众对政府的信任度”。

陈良刚透露，从近年来行政机关负责人出庭的情况看，没有出现过负责人保持沉默的情形，能够主动做到出庭且出声，负责人除了结合案件发表相关的答辩意见、辩论意见外，往往还能结合本职工作，对宏观思路、问题解决方案等发表意见，对群众遇到的相关困难困境表达关心关怀，部分还会提出临时举措，“这样的出庭对群众来说会有一种更深刻的感受”。

陈良刚认为，行政机关负责人出庭有助于处理纠纷化解的同时，也能有效提升领导干部的法治意识，通过应诉了解本部门的执法状况和不足，对于完善本机关本部门的工作机制，增强法治队伍建设等方面有直接的推动意义。

据介绍，在 2018 年北京四中院审理的相关案件中，行政机关负责人在涉及重大公共利益和群众权益、社会影响较大、人民群众关注度高、新类型案件中均能主动出庭，应诉时更加关注行政执法实践的需要和存在的问题，主动化解涉诉矛盾纠纷的意识和能力有所增强。

积极参与法治政府建设

行政审判与法治政府在国家治理体系中虽然分工不同，但目标同一，相辅相成。近年来，北京四中院坚持定期发布行政审判白皮书和典型案例，对经济建设、社会发展建设和行政执法中的重大法律适用问题进行深入研究，就可能存在的法律风险提出司法建议，为党委和政府科学决策建言献策。

“我们准备做城市亮化工程，还得请你们帮忙看看目前的方案有无不妥之处。”

类似这样的问询在北京各级法院都算是常事，各级政府在制定规范性文件和重大行政决策前，大多会注意听取法院意见和建议，防止因违法决策、不当决策出现大面积违法、损害群众利益的情况。

此外，北京市的各区政府还会将邀请法官通报行政审判情况和典型案例作为政府常务会议定期会前学法的必要环节，目前已经实现制度化、常态化、全覆盖，发挥通报一次、规范一片的作用。法院与行政机关在日常工作中还会通过共同举办法律适用疑难问题研讨会、安排法官到行政机关授课、邀请行政机关负责人及行政执法人员旁听庭审等方式，积极与行政机关就应诉机制、法律适用、争议化解等问题进行沟通交流，共同提升行政执法和行政审判水平。

对于此次发布的十大典型案例，北京市高级人民法院行政庭副庭长刘行认为，每一起行政案件背后反映的是社会治理的共性问题，处理个案、化解争议的同时，更是搭建一个官民互动的平台，案例中涉及的村务公开、环境整治、土地房屋征收补偿等事项都是党和政府的重点工作，也是群众特别关切的领域，“通过这些领域裁判规则的引领和发布，让行政机关看到自身执法中存在哪些问题，该如何对待群众诉求，如何在严格执法的同时存有温度，使群众有更多获得感”。

三、北京日报：去年行政案件诉不履责居首

本报讯（记者 王谌） 昨天，市四中院发布《2018年度行政案件司法审查报告》及十大典型案例。报告显示，去年该院受理案件中，诉不履行法定职责类案件位居首位，占全年受理行政案件总数的比例达22.8%。

2018年，市四中院进入审理程序的一审行政案件达1539件。2018年该院受理案件中，诉不履责类、行政协议类和行政强制类案件大幅上升，行政复议类案件占比连续两年下降。其中，诉不履行法定职责类案件位居首位，占全年受理行政案件总数比例达22.8%，同比增长近8个百分点，要求区政府履行的职责涵盖公房管理、政府信息公开、劳动与社会保障、信访、拆除违法建设、查处违法行为、安置补偿、土地房屋审批登记以及环境整治等多个领域。

行政协议类案件和行政强制类案件数量，从占比均不足1%分别增至9.5%和7.0%，对行政机关转变执法方式，提升执法能力提出更高要求。国有土地上房屋征收补偿类案件比例有所下降，但仍占比14.1%，位居第二。

从各区涉诉情况看，东城、西城、朝阳、顺义4区涉诉案件合计占一审行政案件总量的64%。行政机关实体败诉案件中，行政复议类案件占比高达37%，行政复议工作制度化、规范化仍有较大提升空间。

发布会上，该院行政庭庭长陈良刚通报了2018年行政审判十大典型案例，涉及土地行政裁决、房屋行政征收、环保行政处罚、村务公布监督、行政复议、公房管理、政府信息公开等多个领域。

四、新京报：北京四中院：超两成官司诉政府不履责

新京报（记者 王巍） 当事人起诉行政机构不履责类案件超过两成；行政复议类案件占比连续两年下降；行政机关败诉率与去年相比下降至11.4%；环保类、涉互联网类新类型上诉案件出现……5月9日上午，北京四中院召开新闻发布会，公开发布《2018年度行政案件司法审查报告》（以下简称白皮书）中披露的“民告官”案件新特点。

行政协议类和行政强制类案件上升

根据北京四中院党组成员、副院长、新闻发言人程琥通报，2018 年，该院进入审理程序的一审行政案件达 1539 件，与 2017 年基本持平。受理案件中，诉不履责类、行政协议类和行政强制类案件大幅上升。

诉不履行法定职责类案件位居首位，占全年受理行政案件总数的比例达 22.8%，同比增长近 8 个百分点，要求区政府履行的职责涵盖公房管理、政府信息公开、劳动与社会保障、信访、拆除违法建设、查处违法行为、安置补偿、土地房屋审批登记以及环境整治等多个领域。

此外，行政协议类案件和行政强制类案件数量大幅上升，从占比均不足 1%分别增至 9.5%和 7.0%，上述案件的增长，对行政机关转变执法方式，提升执法能力提出更高要求。

与往年相比，国有土地上房屋征收补偿类案件比例有所下降，但仍以占比 14.1%位居第二。政府信息公开、公房管理和行政赔偿案件数量近两年相对平稳。

行政复议类案件持续两年下降

根据白皮书统计，行政复议类案件比例连续两年下降，占比已从 2016 年的 25%降至 2018 年的 8.2%。

2018 年，涉市政府行政复议双被告案件有 103 件，同比下降 45%，占一审行政案件受理总量的 7%，同比下降 5 个百分点。

根据四中院介绍，行政复议涉诉案件比例下降反映出行政复议机关更加充分履行复议监督职责，不断发挥行政复议纠正错误行政行为、实质化解行政争议的主渠道作用，行政复议公信力不断提升。

涉环保等新类型案件出现

2018 年，四中院受理的案件中，环保行政上诉案件和互联网行政上诉案件也已出现。

行政案件涉及行政管理领域持续扩大，城乡“无煤化”清洁能源改造、农村集体经营性建设用地入市、双创社区建设、文物纪念馆保护利用、校园周边卷烟零售清理、污水处理特许经营、金融商务区建设、简易楼解危排险等新领域不断涌现，审理难度不断加大。因重大工程项目建设、涉疏解非首都功能、城乡环境整治、居民住房改善等进行土地房屋征收拆迁腾退引发的相关案件占比较高，达70%以上，涉及一批国家和本市重大工程项目、高速铁路建设、城市公共轨道交通建设及公交场站建设，以及30余个棚户区改造、环境整治和居民住房改善项目。

此外，还有涉及消费者权益保护、食品药品安全监管、劳动与社会保障、城乡环境保护、义务教育入学、医疗卫生监管、农村土地管理等民生案件。

北京市第四中级人民法院环境民事公益诉讼新闻通报会

时　间： 2019年6月5日

地　点： 北京市第四中级人民法院新闻发布厅

发布人： 北京市第四中级人民法院民庭庭长　马　军

主持人： 北京市第四中级人民法院司法服务办公室负责人　杨晋东

北京市第四中级人民法院关于环境民事公益诉讼审理情况的通报

习近平总书记在2019年世界园艺博览会开幕式上发表重要讲话时指出，生态文明建设已经纳入中国国家发展总体布局，建设美丽中国已经成为中国人民心向往之的奋斗目标。与我国生态文明建设高速发展相适应，绿色司法已成为新时代司法工作的重要主题，环境资源审判事业正加速发展。

根据最高人民法院发布的中国环境资源审判白皮书显示，2018年，全国法院共受理社会组织提起的环境民事公益诉讼案件65件，审结16件；共受理检察机关提起的环境民事公益诉讼案件113件，审结72件，环境民事公益诉讼案件呈现地域范围逐步扩展、受保护环境公益内容更加广泛的趋势。法院在审判中不断创新审判执行方式，坚持系统保护思维和恢复性司法理念，通过适用“补种复绿”“增殖放流”“劳务代偿”等责任承担方式，以及探索异地修复、替代修复、代履行、第三方监督、执行回访等制度，确保生态环境得到及时、有效的修复。

自2015年以来，四中院共计受理公益诉讼21件，其中环境民事公益诉讼案件数量17件，食品药品安全公益诉讼3件，消费者公益诉讼1件。在环境民事公益诉讼中社会组织提起诉讼的14件，检察机关提起诉讼的3件。目前已审结环境公益诉讼案件11件。四中院环境公益诉讼审判工作主要呈现以下几方面特点：

一、首都生态环境保护新特色——案件体现典型城市生态环境保护的特征

四中院4年来受理的环境民事公益诉讼案件从类型上可细分为，大气污染环境公益诉讼、固体废物污染环境公益诉讼、居住环境公益诉讼、绿地湿地生态保护公益诉讼、土壤污染环境公益诉讼、水资源污染环境公益诉讼、校园环境污染公益诉讼、网络平台环境保护公益诉讼8个类型，体现了非常明显的城市及城乡结合区域生态环境服务功能的公益特性，涉大气、水、土壤污染的环境公益诉讼类型占据案件数量与诉讼请求的绝大部分，充分体现了在打赢污染防治攻坚战、解决突出环境问题过程中司法审判的重要性。如在大气污染环境公益诉讼中，涉及3件汽车排放尾气超标，经检测不符合环保生产一致性要求，超过北京市采用的《轻型汽车污染物排放限值及测量方法》规定的限值，另有2件因柴油货车排放超过国家标准的诉讼，该类型的环境公益诉讼紧密围绕首都的大气污染防治，体现了城市发展中对治理空气污染的社会需求。除大气污染环境公益诉讼外，其他类型的公益诉讼也都体现了城市环境特点，如城市小区居住环境、校园环境、城市绿地湿地环境，以及网络平台服务与城市环境之间的关系。正是上述公益诉讼的提起，推动了城市环境的治理，四中院不仅通过审判保护了涉案生态环境，也通过预防为主、保护优先、普法宣传、公众参与、司法建议等手段，不断保护和改善环境，防治污染和其他公害，保障公众健康，推进城市生态文明建设，为其他城市生态环境治理提供可借鉴的司法经验。

二、首都生态环境保护新方向——污染企业主动承担环境治理责任

当前，生态文明理念日益深入人心，在这样的大背景下，污染企业通过司法审判，深刻认识到良好生态本身能够源源不断创造综合效益，实现经济社会可持续发展，企业不能因自己的发展与利益而损害生态环境。四中院在审理民事环境公益诉讼中，不限于就案办案，注重对污染企业开展一系列的

生态环境保护教育工作，审判中围绕环境问题，采取到污染环境现场勘查，对污染事件经过全面调查，对污染行为后果分析鉴定等方式，让企业认识到破坏生态与污染环境的性质和影响，提升企业生态环境保护意识。在案件审判过程中，四中院充分开展能动司法，积极听取环境公益组织、环境行政主管部门、环境鉴定评估部门、环境保护专家对治理修复环境的意见，围绕环境修复工作让企业主动拿出治理方案，自行承担环境社会责任，落实环境法中“谁污染，谁治理”的损害担责原则。目前，四中院通过调解方式审结的环境公益诉讼案件达5件，占审结案件近50%。企业经调解积极开展环境修复、主动承担环境治理责任，都实现了环境法的立法目的，真正让污染者自行承担责任，从污染破坏环境到修复改善环境，最终走向主动保护建设美丽环境。

三、首都环境公益诉讼新亮点——环境问题研究与综合治理形成合力

在公益诉讼经过近五年的历程后，公益诉讼参与各方逐渐形成共识，围绕公益诉讼不再是各家组织或个别案件的“单打独斗”，四中院通过诉讼、交流、研讨、教学、公益宣传等发现，在首都环境综合治理过程中整个社会的公益力量正在形成合力。首先，提起公益诉讼的原告、公益诉讼起诉人之间的合力。公益组织从过去单独到法院起诉，到现在对诸多案件的合作分工诉讼，如原告中华环境保护基金会（以下简称中华环保会）、中国生物多样性保护与绿色发展基金会（以下简称绿发会）与被告重庆长安汽车股份有限公司大气污染责任纠纷环境民事公益诉讼案件中，两家公益组织先后提起诉讼，从就一事提起不同诉讼请求到合并案件及诉讼请求，最终就长安汽车承担环境社会责任达成一致调解。公益诉讼起诉的合作呈多样性，有在法庭上显名的联合起诉、支持起诉，也有诉外支持和配合分工。

其次，检察机关正在逐渐成为提起环境公益诉讼的主力军。检察机关和公益组织提起的诉讼领域中各有侧重，因为检察机关专业性强，对调查取证、鉴定检测、诉讼保全、庭审诉辩都更具备专业经验，如检察机关就污染涉及刑事、污染更加隐蔽难调查取证、污染情况紧急以及污染鉴定更具专业性的案件都倾注更大的力量，检察机关的起诉推动了公益诉讼的发展。

最后，交流研讨提升环境公益诉讼水平的合力。北京拥有一批长期从事教学并研究关注环境问题的大学院校，师资力量雄厚、专业造诣深厚，环境专家学者众多，为提升环境公益诉讼水平提供了良好的学术研究条件。以此为基础，专家、学者、法官、检察官、环保组织人员共同研讨环境治理问题，形成环境研究良性互动和研究合力。

四、首都环境公益诉讼新机制——建立生态环境类型化保护机制

针对环境公益诉讼相较于普通环境侵权的特殊裁判规则不同，四中院根据审判中涉及的生态环境进行类型化研究，分别在程序和实体上进行探索，有针对性地将生态环境类型和侵害行为类型进行归纳，从而总结生态环境保护案件的审判规律。在审判程序上，逐步建立起环境公益诉讼绿色通道、诉讼保全、公众参与、现场勘验、鉴定规范、举证程序、庭前会议、环境技术专家参与、综合治理与司法建议等一系列程序机制，确保环境公益诉讼及时充分发挥环境保护功能。在实体审理中，探索建立专家库，有效发挥技术专家在环境证据固定、环境损害查明、因果关系判断、修复方案选择、修复成果验收等方面的重要作用，使鉴定更加专业和全面。对于生态环境的鉴定工作，就不同类型推荐不同鉴定方法，并由法官与鉴定人充分论证鉴定事项与采取的方法。在审判结果上，针对破坏生态和污染环境的不同类型，采取多元化裁判方式来恢复环境、保护生态，使环境审判始终遵循生态环境治理的科学规律，发挥积极有效的环保功能。

五、首都环境公益诉讼新团队——专业审判提升环境司法水平

四中院受理环境公益诉讼案件数量居全国前列，案件涉及的环境保护类型广泛，疑难专业环境问题随审判工作的开展不断涌现。为保证案件审判的专业化，四中院成立了以庭长为团队负责人，以法官为团队成员的5人环境公益诉讼团队，同时根据《人民陪审员法》和《民事诉讼法》的规定，由人民陪审员参与到审判团队的专业审判中，并随每件环境公益诉讼案件配备专

案审判助理和书记员。去年，四中院在全国首次运用7人（3名法官和4名人民陪审员）合议庭审理公益诉讼案件后，建立了“3+4+N+1”的民事公益诉讼审判团队，即3名法官+4名人民陪审员+1名至2名法官助理+1名书记员。审判团队的法官均为拥有15年以上审判经验的资深高级法官，法官助理也有5年以上审判经验，团队人员的高素质和丰富经验为环境公益诉讼审理打下良好基础，进一步推动本市环境公益诉讼审判工作。

一、法制日报：北京四中院：环境公益诉讼中大气污染占比最高

本报讯（记者　徐伟伦）　在世界环境日来临之际，北京市第四中级人民法院今天上午针对环境民事公益诉讼审理情况召开新闻通报会，作为全国首批跨行政区划法院，在该院审理的相关案件中，涉大气、水、土壤污染的环境公益诉讼类型占绝大多数，其中大气污染公益诉讼占比最高。对可能发生环境污染的生产行为，该院在审理相关案件时予以预防性判决，禁止被告实施破坏生态、污染环境的行为，做到“保护优先、预防为主”。

据了解，北京四中院集中管辖审理北京市跨地区重大环境资源保护案件，自2015年以来共受理环境民事公益诉讼17件，目前已审结11件，案件多涉首都城市生态环境保护，涉及大气污染、固体废物污染、绿地湿地生态保护、土壤污染、水资源污染、校园环境污染、居住环境保护、网络平台环境保护八个类型。

“有个成语叫‘覆水难收’，环境污染在一定程度上具有不可逆性。”北京四中院民事审判庭庭长马军介绍，针对客观上无法修复的受损生态环境，该院不断探索建造草坪绿地、公益林、公益新能源充电桩等多种替代性修复方法，促进区域环境容量和承载能力的恢复和提升。在责任分配方面，该院更加注重“谁污染，谁治理”，让污染者担责，加强诉讼中推动被告及时采取环境保护修复措施。

“生态环境损害修复资金的管理和使用制度尚未建立时，污染者应当承担的替代性修复赔偿资金没有合适的使用渠道，在一定程度上制约了环境公益诉讼功能的有效发挥。”马军庭长说，为了解决生态环境损害修复资金的管理和使用难题，北京四中院在近日调解结案的自然之友诉现代汽车大气污染环境民事公益诉讼案中，首次创新引入公益信托机制。被告现代汽车公司主动出资120万元设立公益信托基金，信托期限10年，信托目的为保护、修复大气环境，受益人为大气保护项目执行区域的公众。同时，通过建立专业决策委员会依法决策资金的使用，通过设立公益信托监察人和公益资金使用年度报告监督机制，对信托执行情况进行全面监督，确保信托基金科学合理使用。

据了解说，该院已建立起公益诉讼绿色通道、诉讼保全、公众参与、技术专家支持、综合治理与司法建议等一系列程序机制，探索环境损害鉴定方法类型化，并采取多元化裁判方式来恢复环境、保护生态。截至目前，该院成功调解结案的环境公益诉讼已有5件，占审结案件的近50%。

二、北京日报：市四中院通报环境民事公益诉讼审理情况　环境诉讼案注重“谁污染，谁治理”

本报讯（记者　王谌）　昨天，市第四中级人民法院针对环境民事公益诉讼审理情况召开新闻通报会。通报显示，法院在审理环境民事公益诉讼中，注重“谁污染，谁治理”，实现了环境法的立法目的。

市四中院是全国首批跨行政区划法院，集中管辖审理北京市跨地区重大环境资源保护案件。自2015年以来，四中院共计受理公益诉讼21件，其中环境民事公益诉讼案件数量17件，食品药品安全公益诉讼3件，消费者公益诉讼1件。在环境民事公益诉讼中社会组织提起诉讼的14件，检察机关提起诉讼的3件。目前已审结环境公益诉讼案件11件，其中调解结案5件。

据通报，四中院在审理民事环境公益诉讼中，注重落实环境法中“谁污染，谁治理”的损害担责原则。如绿色发展基金会与刘诗昆幼儿园校园环境公益案中，在受理的同时建议被告以保护未成年人身心健康为重，及时拆除塑胶跑道，铺设绿地；中华环保联合会、自然之友研究所诉长安汽车公司大气污染公益诉讼中，长安汽车公司及时采取措施，推动进行技术攻关，把包装消声材料塑料薄膜减薄，将材料穿孔率由原来2%改进成10%，从而减少排污，经过环保局复测完全达标。

“生态环境损害修复资金的管理和使用制度尚未建立时，污染者应当承担的替代性修复赔偿资金没有合适的使用渠道，在一定程度上制约了环境公益诉讼功能的有效发挥。”北京四中院民事审判庭庭长马军介绍，为了解决生态环境损害修复资金的管理和使用难题，四中院在自然之友诉现代汽车大气污染环境民事公益诉讼案中，创新引入公益信托机制。被告现代汽车公司主动出资120万元设立公益信托基金，信托期限10年，信托目的为保护、修复大气环境，受益人为大气保护项目执行区域的公众。

三、北京晚报：北京四中院：民事环境公益诉讼，涉大气污染案件最多

本报讯（记者　张宇）　“美丽中国，我是行动者”是今年世界环境日主题。今天（6月5日）上午，北京市第四中级人民法院针对环境民事公益诉讼审理情况召开新闻通报会。据通报，自2015年以来，该院共受理环境民事公益诉讼17件，其中大气污染公益诉讼占比最高。

据悉，北京四中院集中管辖审理北京市跨地区重大环境资源保护案件。自2015年以来，该院共受理环境民事公益诉讼17件，目前已审结11件，案件多涉首都城市生态环境保护，涉及大气污染、固体废物污染、绿地湿地生态保护、土壤污染、水资源污染、校园环境污染、居住环境保护、网络平台环境保护八个类型。涉大气、水、土壤污染的环境公益诉讼类型占据绝大部分，其中大气污染公益诉讼占比最高。

据通报，起诉主体方面，公益组织从过去“单打独斗”逐渐转向合作起诉、分工配合。检察机关正在逐渐成为提起环境公益诉讼的主力军。北京四中院建立了公益诉讼绿色通道、诉讼保全、公众参与、技术专家支持、综合治理与司法建议等一系列程序机制，探索了环境损害鉴定方法类型化，并采取多元化裁判方式来恢复环境、保护生态。

北京四中院通过司法保护生态环境有何经验？据该院民庭庭长马军介绍，该院坚持“保护优先、预防为主”原则，对可能发生环境污染的生产行为予以预防性判决，禁止被告实施破坏生态、污染环境的行为。

此外，针对客观上无法修复的受损生态环境，北京四中院不断探索建造

草坪绿地、公益林、公益新能源充电桩等多种替代性修复方法，促进区域环境容量和承载能力的恢复和提升。

在责任分配方面，北京四中院更加注重让污染者以及时治理修复环境的方式承担损害赔偿责任，如绿色发展基金会与刘诗昆幼儿园校园环境公益案，在诉讼中进行了拆除塑胶跑道，铺设绿地；中华环保联合会、自然之友研究所诉长安汽车公司大气污染公益诉讼中，长安汽车公司及时采取措施，推动进行技术攻关，从而减少排污，经过环保局的复测完全达标；都市芳园公司在诉讼中建造的人工林、水域等为生态系统提供超出原有的生态服务价值。“四中院成功调解结案的环境公益诉讼已有 5 件，占审结案件的近 50%。企业在调解中主动拿出治理方案，真正落实了‘谁污染，谁治理’的损害责任承担原则。”据了解。

四、民主与法制网：北京四中院通报环境公益诉讼情况

本网讯（记者　刘瑜）　6 月 5 日是世界环境日，“美丽中国 我是行动者”是今年世界环境日主题。

作为审理重大环境资源保护案件的跨行政区划法院，北京市第四中级人民法院于 6 月 5 日上午召开新闻通报会，对该院环境民事公益诉讼审理情况进行通报。

据悉，北京四中院自 2015 年以来共受理环境民事公益诉讼 17 件，目前已审结 11 件，案件多涉首都城市生态环境保护，涉及大气污染、固体废物污染、绿地湿地生态保护、土壤污染、水资源污染、校园环境污染、居住环境保护、网络平台环境保护八个类型。涉大气、水、土壤污染的环境公益诉讼类型占据绝大部分，其中大气污染公益诉讼占比最高。

据通报，起诉主体方面，公益组织从过去“单打独斗”逐渐转向合作起诉、分工配合。检察机关正在逐渐成为提起环境公益诉讼的主力军。北京四中院建立了公益诉讼绿色通道、诉讼保全、公众参与、技术专家支持、综合治理与司法建议等一系列程序机制，探索环境损害鉴定方法类型化，并采取多元化裁判方式来恢复环境、保护生态。

北京四中院民庭庭长马军介绍，该院坚持“保护优先、预防为主”原则，

对可能发生环境污染的生产行为予以预防性判决，禁止被告实施破坏生态、污染环境的行为。此外，针对客观上无法修复的受损生态环境，不断探索建造草坪绿地、公益林、公益新能源充电桩等多种替代性修复方法，促进区域环境容量和承载能力恢复和提升。

在责任分配方面，北京四中院更加注重让污染者以及时治理修复环境的方式承担损害赔偿责任，如绿色发展基金会与刘诗昆幼儿园校园环境公益案在诉讼进行拆除塑胶跑道，铺设绿地；中华环保联合会、自然之友研究所诉长安汽车公司大气污染公益诉讼中，长安汽车公司及时采取措施，推动进行技术攻关，把包装消声材料塑料薄膜减薄，将材料穿孔率由原来 2% 改进成 10%，从而减少排污，经过环保局的复测完全达标；都市芳园公司在诉讼中建造的人工林、水域等为生态系统提供超出原有的生态服务价值。修复环境，时不我待，及时消除污染改善生态，建造蓝天绿水的美丽家园，成为法官办理公益诉讼案件的使命。

“生态环境损害修复资金的管理和使用制度尚未建立时，污染者应当承担的替代性修复赔偿资金没有合适的使用渠道，在一定程度上制约了环境公益诉讼功能的有效发挥。”马军庭长介绍，为了解决生态环境损害修复资金的管理和使用难题，北京四中院在 5 月 29 日调解结案的自然之友诉现代汽车大气污染环境民事公益诉讼案中，首次创新引入公益信托机制。被告现代汽车公司主动出资 120 万元设立公益信托基金，信托期限 10 年，信托目的为保护、修复大气环境，受益人为大气保护项目执行区域的公众。同时，通过建立专业决策委员会依法决策资金的使用，通过设立公益信托监察人和公益资金使用年度报告监督机制，对信托执行情况进行全面监督，确保信托基金科学合理使用。

“四中院成功调解结案的环境公益诉讼已有 5 件，占审结案件的近 50%。企业在调解中主动拿出治理方案，真正落实了‘谁污染，谁治理’的损害责任承担原则。”据介绍。

通报会上，播放了四中院公益诉讼纪实片，全面展现了北京四中院在环境民事公益诉讼审判中的探索实践历程。

图书在版编目(CIP)数据

跨行政区划法院改革的探索与实践. 2019年卷 / 刘毅主编. -- 北京 : 法律出版社, 2019
ISBN 978 -7 -5197 -4100 -6

Ⅰ. ①跨… Ⅱ. ①刘… Ⅲ. ①法院-司法制度-体制改革-研究-北京 Ⅳ. ①D926.22

中国版本图书馆CIP数据核字(2019)第274579号

跨行政区划法院改革的探索与实践(2019年卷)
KUA XINGZHENG QUHUA FAYUAN GAIGE DE TANSUO YU SHIJIAN(2019 NIAN JUAN)

刘 毅 主编

策划编辑 李 群
责任编辑 李 群 陈昱希
装帧设计 汪奇峰

出版 法律出版社
总发行 中国法律图书有限公司
经销 新华书店
印刷 中煤(北京)印务有限公司
责任印制 吕亚莉

编辑统筹 法规出版分社
开本 710毫米×1000毫米 1/16
印张 37
字数 550千
版本 2019年12月第1版
印次 2019年12月第1次印刷

法律出版社/北京市丰台区莲花池西里7号(100073)
网址/www.lawpress.com.cn
投稿邮箱/info@lawpress.com.cn
举报维权邮箱/jbwq@lawpress.com.cn

销售热线/400-660-8393
咨询电话/010-63939796

中国法律图书有限公司/北京市丰台区莲花池西里7号(100073)
全国各地中法图分、子公司销售电话:
统一销售客服/400-660-8393/6393
第一法律书店/010-83938432/8433 西安分公司/029-85330678 重庆分公司/023-67453036
上海分公司/021-62071639/1636 深圳分公司/0755-83072995

书号:ISBN 978-7-5197-4100-6
定价:99.00元

(如有缺页或倒装,中国法律图书有限公司负责退换)